常山年鉴

（2020）

常山县地方志编纂委员会 编

方志出版社
Publishing House of Local Records

图书在版编目（CIP）数据

常山年鉴．2020／常山县地方志编纂委员会编．--北京：方志出版社，2020.12

ISBN 978-7-5144-4708-8

Ⅰ．①常… Ⅱ．①常… Ⅲ．①常山县—2020—年鉴 Ⅳ．①Z525.54

中国版本图书馆CIP数据核字(2021)第004440号

常山年鉴（2020）

编　　者：常山县地方志编纂委员会
责任编辑：齐　笑

出 版 者：方志出版社
地址　北京市朝阳区潘家园东里9号（国家方志馆4层）
邮编　100021
网址　http://www.zgfzcb.cn
发　　行：方志出版社图书经销中心
电话（010）67110500
经　　销：各地新华书店
印　　刷：杭州乐通印刷有限公司

开　　本：889×1194　　1/16
印　　张：31.625
字　　数：774千字
版　　次：2020年12月第1版　　2020年12月第1次印刷
印　　数：0001～1200册

ISBN　978-7-5144-4708-8　　定价：280.00元

编辑说明

一、《常山年鉴（2020）》以马克思列宁主义、毛泽东思想、邓小平理论、“三个代表”重要思想、科学发展观、习近平新时代中国特色社会主义思想为指导，坚持辩证唯物主义和历史唯物主义立场、观点和方法，记载2019年度常山县行政区域自然、政治、经济、文化、社会等方面的概貌和发展情况。

二、《常山年鉴（2020）》采用分类编辑法，主体内容分为类目、分目（部分分目下设副分目或附“小资料”）、条目三个层次。卷首设“图照”“目录”“特载”“专记”“大事记”“县情概览”；卷中设中国共产党常山县委员会、常山县人民代表大会、常山县人民政府、政协常山县委员会、民主党派、人民团体、法治、军事、工业、农业•农村、林业•水利、贸易、通信、交通、城乡建设与管理、自然资源•环境保护、综合管理与监督、财政•税务、金融•保险、教育、科学技术•气象、文旅体卫、人力资源和社会保障、社会生活、乡镇（街道）25个类目；卷末设附录和索引，附录设组织机构及负责人名录、荣誉录、重要文件目录、国民经济若干统计资料、艺文。

三、《常山年鉴（2020）》以县级机关各部门、各乡镇（街道）及有关驻常山的省部属单位为基本记述主体，以事物性质分类，设类目。类目设计和编排次序根据年鉴基本体例和行业归类特点设置，与具体部门单位行政级别无关。

四、《常山年鉴（2020）》所刊载的内容、照片和图表数据，均由全县各机关部门、企事业单位、乡镇（街道）和驻常山省部属单位提供；所用统计资料由县统计局提供。撰稿人和摄影者分别统一署名于条目和照片之后，封面拍摄者为李君平。因统计来源、口径方式、时间等原因，有关部门所用个别数据与“统计资料”中的数据不尽一致，引用时以县统计局《常山县国民经济与社会发展统计公报》为准，并参照《常山统计年鉴（2019）》。

五、《常山年鉴（2020）》采用中国法定计量单位考虑到社会使用习惯，全书中亩不统一换算。

六、《常山年鉴（2020）》荣誉录，收录2019年1—12月公布的国家（含部门）、浙江省（含部门）、衢州市（含部门）以及中共常山县委、常山县人民政府命名、表彰、颁发的荣誉称号。

数字常山2019

土地总面积：1099平方千米

建成区面积：16.1平方千米

乡镇（街道）：3个街道6个镇5个乡

行政村：180个

总人口：343587人

城镇人口：113576人

乡村人口：230011人

年平均气温：18.1℃

年总降水量：1944.5毫米

地区生产总值：150.4亿元

工业生产总值：196.2亿元

产值超亿元工业企业：34家

新增省科技型中小企业：24家

专利申请量：666件

专利授权量：448件

社会消费品零售额：74.32亿元

财政总收入：18.95亿元

金融业增加值：8.09亿元

年末本外币存款余额：236亿元

外贸进出口总额：20.93亿元

旅游总收入：67.9亿元

公路总里程：1071.6千米

中小学校：39所

医疗机构：266家

7月18日，全国人大代表第三小组到常山专题调研赏石小镇建设项目　　（江琪 摄）

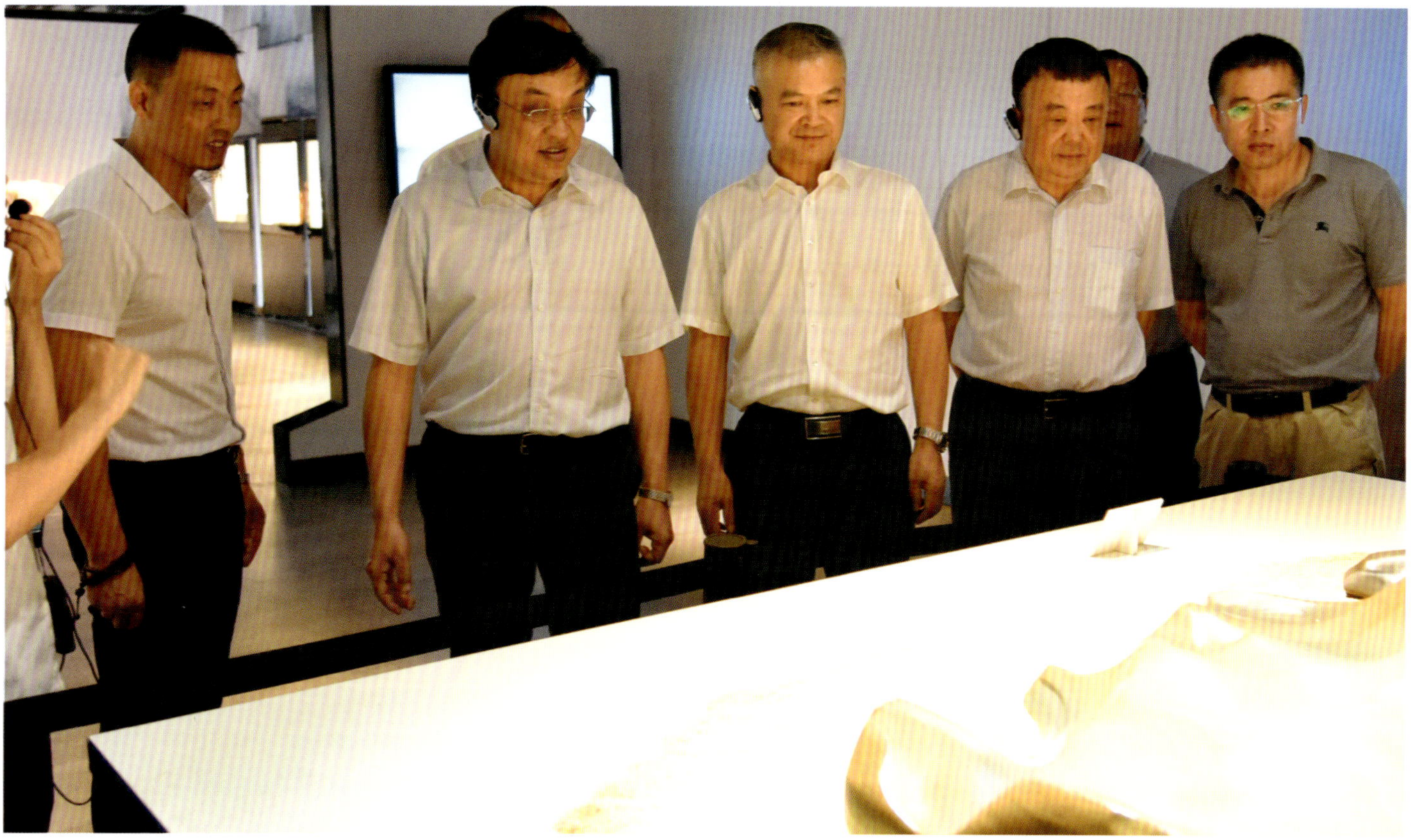

7月23日，副省长冯飞（左二）到常山开展“三服务”工作　　（郑月红 摄）

① 1月3日，浙江省副省长高兴夫（前左二）到常山县调研交通项目建设和工业企业运行情况 （李俊秋摄）
② 10月28日，浙江副省长彭佳学（前右二）到球川镇蓝之玫基地指导扶贫工作 （球川镇 供图）
③ 8月1日，衢州市委书记徐文光（左四）到常山县调研党建治理大花园建设情况 （江琪 摄）
④ 3月19日，衢州市委副书记、市长汤飞帆（中）到常山开展“三服务”工作 （汪东丽 摄）

① 2月20日，常山县十六届人大三次会议开幕式举行（汪杰 摄）

② 1月20日，全县机构改革动员大会召开（李俊秋 摄）

③ 2月11日，全县“营商环境年、基层治理年、效率革命年”动员大会召开（李俊秋 摄）

④ 9月12日，全县“不忘初心、牢记使命”主题教育工作部署会召开（李俊秋 摄）

① 2月19日，中国人民政治协商会议第九届常山县委员会第三次会议开幕式举行 （李欣宁 摄）

② 9月20日，胡兆富先进事迹宣讲报告会暨县管领导干部“不忘初心、牢记使命”主题教育专题读书班开班式 （李俊秋 摄）

③ 12月8日，常山县乡村振兴产业发展大会举行 （县新闻传媒集团 供图）

④ 10月21—22日，全省县域医共体建设工作推进会在常山县召开 （李俊秋 摄）

①
②
③④

10月28—29日，全省农村饮用水达标提标行动暨冬修水利工作现场会在常山召开

（新闻传媒集团 供图）

① 大会会场

② 考察新昌乡黄塘供水站(单村供水站典型)

③ 考察芳村水厂(乡镇联片水厂典型)

④ 考察辉埠镇久泰弄村“同廊道”建设

⑤ 考察县农村饮用水管理服务中心(箬岭水厂)

① 新都工业园区夜景（徐高禄 摄）

② 4月19日，全县工业经济发展大会召开（李俊秋 摄）

③ 4月8日，斯凯孚中国小圆锥滚子轴承生产基地建成开业（李俊秋 摄）

④ 5月21日，浙江常山万洋众创城项目启动暨奠基仪式在衢州绿色产业集聚区常山片区举行（李俊秋 摄）

⑤ 9月12日，常山县2019年下半年第一批重点项目集中开工仪式举行（县城投集团 供图）

⑥ 10月30日，常山县2019年下半年第二批重点项目集中开工仪式举行（县城投集团 供图）

斯凯孚中国小圆锥滚子轴承生产基地
SKF China sTRB Manufacturing Site
卓越制造
承启未来
Excellent Manufacturing for Tomorrow
SKF

聚·变 2019
万洋众创城启动暨奠基仪式
给常山
一座城
给企业
一个家
奠基

年9月重点项目集中开工仪式
浙江·常山
2019年9月11日
奠基

常山县2019年下半年第二批重点项目集中开工仪式
浙江·常山
2019年10月30日

①
② ③ ④ ⑤
⑥

① 伟盛茭白基地 （县农业农村局 供图）
② 球川镇九都村蓝莓基地 （球川镇 供图）
③ 爱佳果蔬开发有限公司数字化选果线 （县农业农村局 供图）
④ 2月22日，全域土地综合整治与生态修复工程暨金色同弓田园综合体项目开工 （县资规局 供图）
⑤ 12月8日，常山县年产3万吨胡柚速冻生产线投产仪式举行 （江琪 摄）
⑥ 江家畈常山胡柚精品园 （县农业农村局 供图）

开工典礼

常山县年产3万吨胡柚
速冻生产线投产仪式

沿江公路（常山段）建设　（县交通运输局 供图）

① ②
④ ③

① 9月19日，沿江公路（常山段）鲁士大桥合拢贯通
② 10月29日，沿江公路（常山段）湖口大桥合拢贯通
③ 11月9日，沿江公路（常山段）虹桥溪大桥合拢贯通
④ 11月30日，沿江公路（常山段）长风栈桥贯通

320国道衢州航埠至常山草坪段改建工程（常山段）

351国道龙游横山至开化华埠段公路工程（常山段）

（县交通运输局 供图）

▶ 常山县城东新区滨江一期人行景观桥建设工程

▶ 常山县城市危旧住宅区治理棚改项目

◀ 钱塘江治理常山县常山港治理二期工程

◀ 常山县文昌阁重建工程

（县发改局 供图）

金川街道常桥村花石纲景点雪景（王建敏 摄）

金川街道徐村村紫薇花海（金川街道 供图）

东案乡集镇全貌（东案乡 供图）

东案乡东案村古民居（东案乡 供图）

芳村镇集镇商贸综合体　（芳村镇　供图）

何家村绣溪古街风貌　（何家乡　供图）

渣濑湾村“一米菜园”建设 （紫港街道 供图）

龙绕村“夕阳红幸福食堂”（球川镇 供图）

新昌乡郭塘村农家庭园 （县农业农村局 供图）

同弓乡全域土地综合整治施工现场（同弓乡 供图）

白菊花尖云海

七彩峡谷景点

千亩杜鹃花海

1月1日，梅树底景区开园

1月1日，常山县千人徒步越野活动在梅树底景区举行

AAAA级景区——梅树底景区（东案乡 供图）

东明湖公园

三衢石林

常山国际慢城花海

新昌乡黄塘村滑草场

（市生态环境局常山分局 供图）

何家长风月亮湾　（市生态环境局常山分局 供图）

常山国际慢城绿道（市生态环境局常山分局 供图）

新昌乡黄塘村云上漂　（新昌乡 供图）

浙江常山国家油茶公园　（市生态环境局常山分局 供图）

新昌乡达塘村石林桃园
（新昌乡 供图）

常山赛得健康小镇（市生态环境局常山分局 供图）

常山赏石小镇中国观赏石博览馆
（市生态环境局常山分局 供图）

4月26日，2019•海峡两岸（常山）赏石文化交流展暨第三届赏石文化节举行 （青石镇 供图）

1月18日，中国首届常山鲜辣美食节暨世界首届斗辣会举行（李俊秋 摄）

2月2日，青石镇举办“村镇银行杯”第二届农民运动会 (青石镇 供图）

2月2日，国际慢城第三届农民运动会举行 （紫港街道 供图）

7月1日，2019常山万人排舞大赛决赛举行　　（县文广旅体局　供图）

4月21日，2019四省边际城市群文化产业博览会举行
（县文广旅体局　供图）

常年青村孝道百家宴　（天马街道　供图）

4月29日，2019年全国国际跳棋锦标赛暨第四届全国智力运动会测试赛在常山举行　（江琪　摄）

7月21日，“农商银行杯”全国皮划艇赛艇U系列锦标赛（浙江站）在常山举行　（李志强　摄）

◀ 2月19日，元宵节“为常山喝彩”大型非遗展示展演活动举行
（天马街道 供图）

▶ 5月18日，常山县纱帽山村枇杷文化节举行 （招贤镇 供图）

◀ 7月27日，宋诗之河最美朗读大赛决赛举行 （新昌乡 供图）

▶ 11月23日，2019中国山地自行车公开赛总决赛举行（县文广旅体局 供图）

常山县政区图

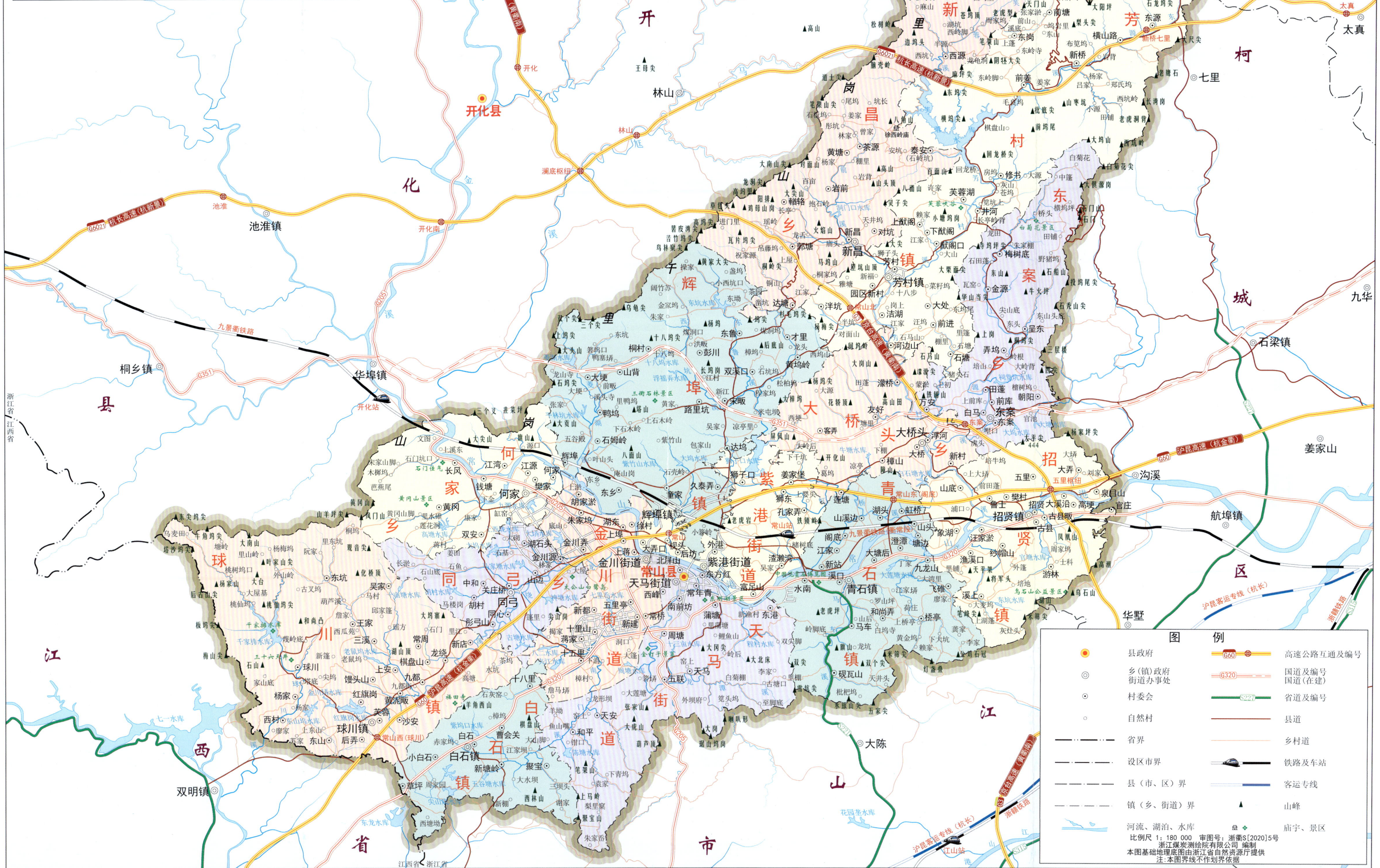

开化县
淳安县
衢江区
柯城区
江山市
江西省
常山县
天马街道
金川街道
紫港街道
辉埠镇
芳村镇
招贤镇
青石镇
球川镇
白石镇
何家乡
同弓乡
新昌乡
东案乡
大桥头乡
图例
县政府
乡(镇)政府
街道办事处
村委会
自然村
省界
设区市界
县（市、区）界
镇（乡、街道）界
河流、湖泊、水库
高速公路互通及编号
国道及编号
国道(在建)
省道及编号
县道
乡村道
铁路及车站
客运专线
山峰
庙宇、景区
比例尺 1：180 000 审图号：浙衢S[2020]5号
浙江煤炭测绘院有限公司 编制
本图基础地理底图由浙江省自然资源厅提供
注：本图界线不作划界依据

常山城区图

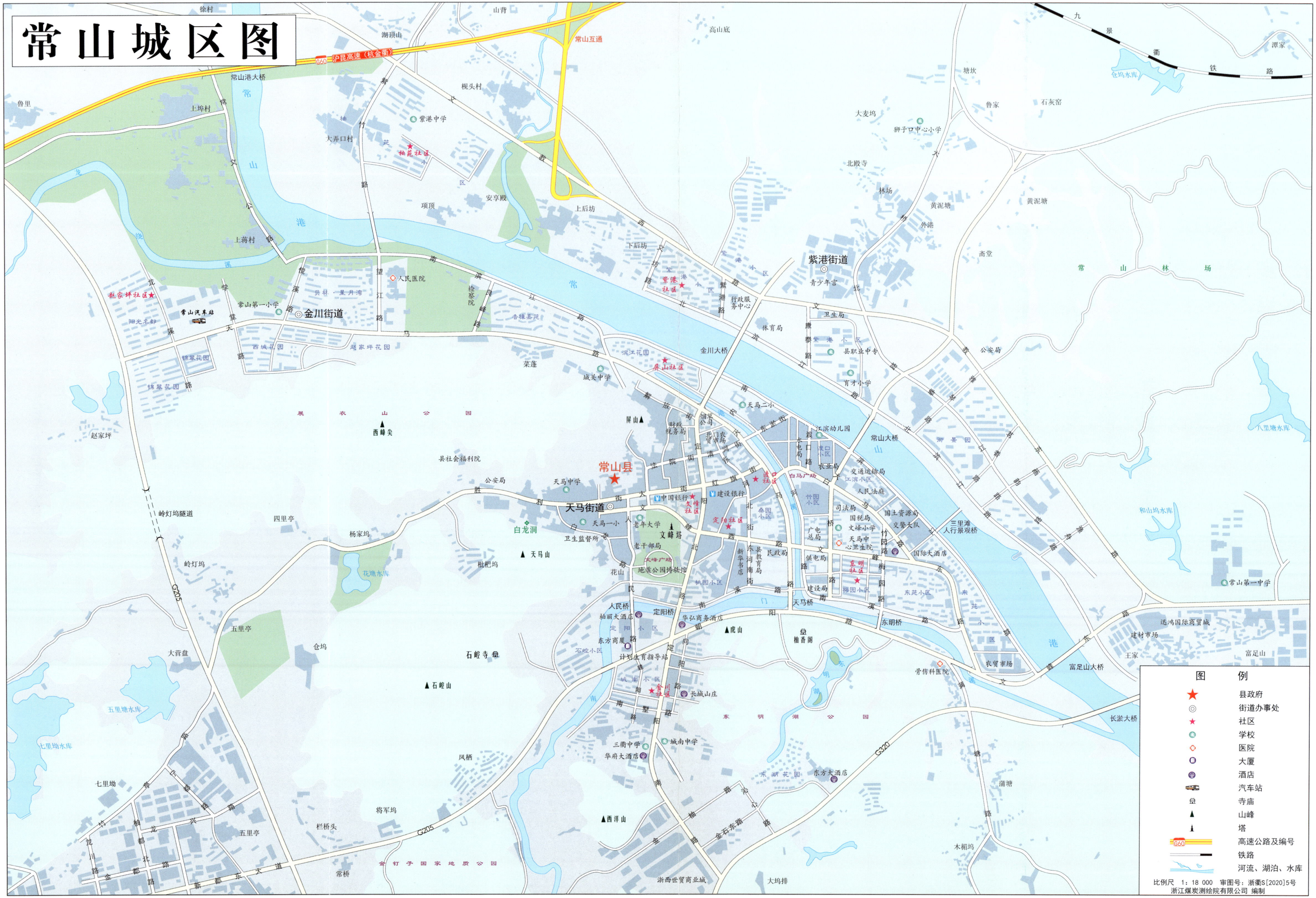

G60 沪昆高速（杭金衢）
常山互通
常山港大桥
九景衢铁路
徐村
山背
湖顶山
高山底
谭家
塘坎
鲁家
石灰窑
芙蓉水库
鲁里
上埠村
枧头村
紫港中学
大麦坞
狮子口中心小学
大弄口村
柚苑社区
北殿寺
林场
黄泥塘
项顶
安享殿
上后坊
外港
上蒋村
下后坊
斋堂
常山港
紫港街道
青少年宫
常山林场
人民医院
赵家坪社区
常山汽车站
阳光名都
常山第一小学
金川街道
西城花园
锦翠花园
赵家坪花园
菜蓬
紫港社区
行政服务中心
卫生局
体育局
县职业中专
公安局
金川大桥
屏山社区
城关中学
育才小学
天马二小
展衣山公园
西峰尖
赵家坪
屏山
江滨幼儿园
常山大桥
八里塘水库
县社会福利院
常山县
公安局
天马中学
白马广场
交通运输局
人民法院
岭灯坞隧道
四里亭
天马街道
中国银行
建设银行
文峰社区
定阳社区
司法局
国税局
国土资源局
文峰小学
交警大队
三里滩人行景观桥
和山坞水库
白龙洞
杨家坞
天马一小
老年大学
卫生监督所
文峰塔
老干部局
天马中心卫生院
国际大酒店
天马山
枇杷坞
花塘水库
岭灯坞
文峰广场
地质公园博物馆
花山
民政局
供电局
东明社区
常山第一中学
建设局
东苑小区
梅园小区
人民桥
定阳桥
天马桥
东明桥
迅鸿国际商贸城
五里亭
柏丽大酒店
华弘商务酒店
虎山
建材市场
东方商厦
楂香阁
王家
大营盘
仓坞
石岭寺
计划生育指导站
富足山大桥
富足山
骨伤科医院
农贸市场
五里塘水库
石岭山
金川社区
长城山庄
东明湖公园
长淤大桥
七里塘水库
三衢中学
城南中学
凤栖
华府大酒店
东湖花园
东方大酒店
G320
七里塘
蒲塘
将军坞
西洋山
五里亭
栏桥头
G205
金钉子国家地质公园
常桥
浙西世贸商业城
大坞排
木榈坞
图例
县政府
街道办事处
社区
学校
医院
大厦
酒店
汽车站
寺庙
山峰
塔
高速公路及编号
铁路
河流、湖泊、水库
比例尺 1：18 000 审图号：浙衢S[2020]5号
浙江煤炭测绘院有限公司 编制

目录

特载

聚焦“强发展” 聚力“求突破” 以高质量县域治理现代化决胜高水平全面小康——在县委十三届八次全体（扩大）会议上的报告 …… 1
政府工作报告——在常山县第十六届人民代表大会第四次会议上 …… 16

专记

“宋诗之河”入选浙江省首批诗路旅游目的地培育名单 …… 33
常山县全域开展农村“一户多宅”整治 为农村宅基地制度改革奠定坚实基础 …… 35
举全县之力推进农村饮用水达标提标行动 38
全力推进常山交通项目“大会战” 跑出重点项目加速度 …… 39
坚决打赢教育翻身仗 开创常山教育现代化建设新时代——常山县创建“浙江省教育基本现代化县”综述 …… 41
常山县“三建一破”聚力国企大改革 推进国有经济高质量发展 …… 45

大事记

1月 …… 47
2月 …… 48
3月 …… 49
4月 …… 51
5月 …… 53
6月 …… 55
7月 …… 56
8月 …… 59
9月 …… 61
10月 …… 63
11月 …… 65
12月 …… 67

县情概览

基本县情 …… 70
地形地貌 …… 71
水　文 …… 72
气　候 …… 72
人　口 …… 74
国民经济和社会发展 …… 74
精神文明建设 …… 79
　深化“最美常山”建设 …… 79
　胡兆富英雄事迹学习宣传 …… 80
　周桔凤获第七届全国道德模范提名奖 80
　全县第三届乡贤才俊评选 …… 80
　首次社会主义核心价值观示范基地评选 …… 80
　完成《常山孝经》编印 …… 80
　“衢州有礼·慢城常山”城市品牌打造 81

乡村学校少年宫建设…………………… 81
文明城市创建…………………………… 81
乡镇（街道）和村居概况…………………… 81

中国共产党常山县委员会

综　述…………………………………… 83
重要会议………………………………… 85
县委十三届五次全体会议……………… 85
全县机构改革动员大会………………… 85
县委十三届六次全体（扩大）会议… 85
“三年”动员大会……………………… 86
全县工业经济发展大会………………… 86
“活力新衢州、美丽大花园”建设院士专家恳谈会……………………………… 86
省委第四巡视组巡视常山县工作动员会………………………………… 86
全县“不忘初心、牢记使命”主题教育工作部署会……………………………… 86
胡兆富先进事迹宣讲报告会暨县管领导干部主题教育专题读书班……… 86
全省县域医共体建设工作推进会在常山县召开……………………………… 86
全省农村饮用水达标提标行动暨冬修水利工作现场会……………………… 86
2019中国·常山乡村振兴产业发展大会 87
重要活动………………………………… 87
首届常山鲜辣美食节…………………… 87
学习考察………………………………… 87
东南数字经济发展研究院首家分院成立 87
斯凯孚中国小圆锥滚子轴承生产基地建成开业………………………………… 87
2019·海峡两岸赏石文化交流展暨第三届常山赏石文化节……………………… 88
浙江（常山）万洋众创城项目启动暨奠基仪式……………………………………… 88
第八届灵隐佛教文化论坛在常山县落幕 88
农业农村部核查组实地核查典型事例 88
国际慢城联盟总部到常山考察……… 88
社会治理综合服务中心正式启用　…… 88
“常山阿姨”在亚洲区家政学会国际双年会上推介……………………………… 89
全国首个县级“工匠日”启动……… 89
2019常山江“宋诗之河”与旅游融合发展论坛……………………………… 89
纪检监察工作……………………………… 89
概况……………………………………… 89
县纪委十三届四次全会召开………… 90
“清廉常山”建设…………………… 90
警示教育……………………………… 90
县委巡察工作………………………… 91
省委巡视反馈及整改………………… 91
县委办公室工作………………………… 91
概况…………………………………… 91
综合文稿……………………………… 92
信息工作……………………………… 92
宣传报道……………………………… 92
督查考核……………………………… 93
调研改革……………………………… 93
“周二集中办文日”制度实行……… 93
密码通信……………………………… 93
组织工作………………………………… 93
概况…………………………………… 93
机构改革……………………………… 94
干部选拔任用………………………… 94
干部管理考核………………………… 94

干部教育培训…………………………… 94
“五比亮剑”考核活动 ……………… 94
“常青藤”行动 ……………………… 95
“三个三”基层党建工程…………… 95
村级班子整顿提升…………………… 95
乡村振兴讲堂建设 ………………… 95
“消薄”攻坚战……………………… 96
人才平台建设………………………… 96
数字经济突破………………………… 96
本土人才培育………………………… 97
人才发展环境优化…………………… 97
老干部工作…………………………… 97
概况…………………………………… 97
离退休干部“三项建设” …………… 97
“党建+”活动 ……………………… 98
老干部服务保障……………………… 98
关心下一代工作……………………… 99
概况…………………………………… 99
新中国成立70周年纪念活动………… 99
弘扬雷锋精神主题实践活动………… 99
老少同乐庆“六一”活动………… 100
帮困助学活动……………………… 100
组织青少年到教育阵地参观……… 100
公务员管理工作…………………… 100
公务员招录………………………… 100
公务员职务与职级并行工作……… 100
机关党建工作……………………… 101
概况………………………………… 101
深化红色物业联盟………………… 101
机关党建“三服务” ……………… 101
机关党建“三联创建” …………… 101
县委机关工委自身建设…………… 102
机构编制工作……………………… 102
概况………………………………… 102
党政机构改革完成………………… 102
乡镇（街道）模块化运行改革…… 102
事业单位改革……………………… 103
县级机关内部“最多跑一次”工作改革 ………………………… 103
医共体机构改革…………………… 103
其他各领域机构改革……………… 103
机构改革后续管理工作…………… 104
宣传工作…………………………… 104
概况………………………………… 104
理论武装…………………………… 105
典型选树宣传……………………… 105
媒体融合…………………………… 105
常山江“宋诗之河”文化品牌打造 105
农村文化礼堂建设………………… 106
文化活动…………………………… 106
文化产业发展……………………… 106
新闻传媒工作……………………… 107
概况………………………………… 107
传播方式创新……………………… 107
全媒体传播格局构建运行………… 107
多个主题报道专栏开设…………… 107
融媒体技术平台建设……………… 108
联动服务解决企业和群众实际困难 108
“传媒讲坛”每周举办…………… 108
15名中层干部竞聘上岗…………… 108
广告经营模式创新………………… 108
统战工作…………………………… 108
概况………………………………… 108
思想政治教育……………………… 108
创新乡贤服务机制………………… 108
助力非公有制经济发展…………… 109

引导民营企业参与社会公益活动 … 109
多党合作新成效…………………… 109
民族宗教和谐发展………………… 109
佛教优秀文化挖掘………………… 109
海内外交友交流活动……………… 110
组织参与志愿服务………………… 110
对台工作………………………………… 110
概况………………………………… 110
对台基层交流……………………… 110
增进对台文化经贸交流…………… 110
接待台胞到常山考察交流………… 111
党校工作………………………………… 111
概况………………………………… 111
利用高校资源拓展办学…………… 112
习近平新时代中国特色社会主义思想进修班举办………………………… 112
农村支部书记培训班举办………… 112
常山县年轻干部培训班举办……… 112
全县公务员“学法用法”培训班举办 … 112
全县统战骨干进修班举办………… 113
加入“加快发展县干部教育培训帮扶项目”………………………………… 113
巡察县委党校工作………………… 113
“不忘初心、牢记使命”主题教育专题读书班举办………………………… 113
调研考察…………………………… 113
党校新校区正式启用……………… 114
第十一期初任公务员培训班举办… 114
信访工作………………………………… 114
概况………………………………… 114
首次成功探索“信访听证”终结… 115
推进信访“最多跑一次”工作改革 … 115
档案工作………………………………… 115
概况………………………………… 115
全市档案业务测评暨省级数字档案馆系统评估推进会在常山召开…………… 116
通过省级数字档案馆系统评估…… 117
第12个国际档案日系列宣传活动… 117
党史工作………………………………… 117
概况………………………………… 117
常山党史三卷编写工作动员会召开… 117
地方志工作……………………………… 118
概况………………………………… 118
《常山年鉴（2018）》出版发行… 118
《常山年鉴（2019）》编纂工作开展… 118

常山县人民代表大会

综　述………………………………… 119
重要会议………………………………… 120
县第十六届人民代表大会第三次会议 120
县第十六届人大常委会会议……… 121
重要活动………………………………… 122
对县住建局、市场监管局进行工作评议………………………………… 122
全县民营经济高质量发展专项监督 123
人大监督与舆论监督相结合模式创新 123

常山县人民政府

综　述………………………………… 126
县政府常务会议………………………… 128
县政府第32次常务会议…………… 128
县政府第33次常务会议…………… 128
县政府第34次常务会议…………… 129
县政府第35次常务会议…………… 129
县政府第36次常务会议…………… 129

县政府第37次常务会议…………… 129
县政府第38次常务会议…………… 129
县政府第39次常务会议…………… 129
县政府第40次常务会议…………… 130
县政府第41次常务会议…………… 130
县政府第42次常务会议…………… 130
县政府第43次常务会议…………… 130
县政府第44次常务会议…………… 130
县政府第45次常务会议…………… 130
县政府第46次常务会议…………… 131
县政府第47次常务会议…………… 131
县政府第48次常务会议…………… 131
县政府第49次常务会议…………… 131
县政府第50次常务会议…………… 131
县政府第51次常务会议…………… 132
县政府第52次常务会议…………… 132
县政府第53次常务会议…………… 132
县政府第54次常务会议…………… 132
县政府第55次常务会议…………… 132
县政府第56次常务会议…………… 132
县政府第57次常务会议…………… 132
县政府第58次常务会议…………… 132
县政府第59次常务会议…………… 133
县政府第60次常务会议…………… 133
县政府第61次常务会议…………… 133
县政府第62次常务会议…………… 133
县政府第63次常务会议…………… 133
县政府第64次常务会议…………… 134
县政府第65次常务会议…………… 134
县政府第66次常务会议…………… 134
县政府第67次常务会议…………… 134
县政府第68次常务会议…………… 134
县政府第69次常务会议…………… 134
县政府第70次常务会议…………… 134
县政府第71次常务会议…………… 134
县政府第72次常务会议…………… 135
政府办公室工作………………………… 135
概况………………………………… 135
信息工作…………………………… 135
提案议案…………………………… 135
综合工作…………………………… 135
政务公开…………………………… 136
政工人事…………………………… 136
政府咨询………………………………… 136
概况………………………………… 136
调研课题成果转化………………… 136
机关事务保障………………………… 136
概况………………………………… 136
完成县社会治理综合服务中心项目 137
完成全县机构改革办公用房调整… 137
完成年度各类接待任务…………… 137

政协常山县委员会

综　述…………………………………… 138
重要会议………………………………… 139
县政协九届三次会议召开………… 139
县政协常委会议…………………… 139
县政协主席会议…………………… 139
协商议政………………………………… 140
政协专题视察……………………… 140
政协对口协商……………………… 140
186件立案提案全部办复 ………… 141

民主党派

民革常山总支…………………………… 142

概况…………………………………… 142
参政议政……………………………… 142
服务社会扶贫帮困…………………… 142
民盟常山总支………………………… 142
概况…………………………………… 142
“民盟同心·专家工作站”牵线服务企业…………………………………… 143
盟员服务社会………………………… 143
农工党常山总支……………………… 143
概况…………………………………… 143
新发展农工党党员2人 ……………… 144
农工党参政议政……………………… 144
调研反映社情民意…………………… 144
围绕中心参与社会服务……………… 144
参加统战理论实践学习……………… 144
民建常山支部………………………… 145
概况…………………………………… 145
举办“一乐杯”创业创新大赛……… 145

人民团体

常山县总工会………………………… 146
概况…………………………………… 146
常山县第七批县级劳模评选工作…… 146
工会实名制工作……………………… 146
全县职工文体活动…………………… 147
职工医疗互助保障报销实现“零跑腿” 147
工会服务阵地规范化建设…………… 147
共青团常山县委员会………………… 147
概况…………………………………… 147
“学英雄、践三永、悟初心、担使命”主题系列活动………………………… 147
共青团基层组织改革建设…………… 148
“志愿之城”升级版打造…………… 148
“孝善文化馆”打造………………… 148
“幸福爷爷·快乐奶奶”孝老品牌建设………………………………………… 149
“三支队伍”助力“三服务”……… 149
“四个小哥”青春联盟助力基层治理 149
“常雁回归”助力招才引智………… 149
“希望工程”关爱困难学生………… 150
常山县科学技术协会………………… 150
概况…………………………………… 150
精准服务院士工作站建设…………… 150
“院士之家”平台运行……………… 151
常山县工商业联合会………………… 151
概况…………………………………… 151
调研服务企业………………………… 151
清廉企业建设………………………… 151
第二届异地常山商会会长会议在福州召开………………………………………… 151
县工商联助力常山—古蔺扶贫协作和对口支援工作………………………………… 151
新成立3个异地常山商会…………… 152
常山县妇女联合会…………………… 152
概况…………………………………… 152
首届最美厨娘技能大赛活动………… 153
开设“常山阿姨”异地认证………… 153
工作调研……………………………… 153
调研“常山阿姨”工作……………… 154

法治

政法委及综治………………………… 155
概况…………………………………… 155
扫黑除恶专项斗争…………………… 157

常山县社会治理综合服务中心在全市率先建成运行…………………… 157
“两法衔接”办案中心实体化运行 157
平安护航新中国成立 70 周年大会战 158
公 安………………………………… 158
概况………………………………… 158
全县公安机构人员………………… 159
“110”宣传日活动 ……………… 159
专项严打整治行动………………… 159
全省首家拘留所专业调解委员会成立 159
打造“枫桥派出所”常山模式…… 160
创新公安办证模式………………… 160
常山县公安局火车站派出所成立… 160
全国皮划艇赛艇 U 系列锦标赛浙江站安保工作………………………………… 161
“以案为鉴正风肃纪”教育整顿活动 161
成品油市场乱象整治……………… 161
“五大融合”提升县域治理能力… 161
专项行动护航常山经济发展……… 161
国庆安保工作 …………………… 162
“亡人交通事故防控”项目攻坚… 162
公安窗口服务品牌打造…………… 162
“情指行”一体化建设…………… 162
公安服务一站式办法……………… 163
战狼精神文化品牌建设…………… 163
暖警爱警工作……………………… 163
山地自行车公开赛总决赛安保工作 163
“驻网联商”警务新模式………… 163
检 察………………………………… 164
概况………………………………… 164
优化法治营商环境………………… 166
维护特殊群体合法权益…………… 166
落实认罪认罚从宽制度…………… 166
完善诉讼机制改革………………… 166
加强修复性司法机制运用………… 166
推进从严治检……………………… 166
自觉接受监督……………………… 167
法 院………………………………… 167
概况………………………………… 167
调处民事纠纷……………………… 168
依法惩治犯罪……………………… 168
“僵尸企业”司法处置工作……… 168
解决执行难工作…………………… 168
融入基层社会治理………………… 168
优化诉讼服务……………………… 169
推进司法公开……………………… 169
法院干部队伍建设………………… 169
司法行政…………………………… 169
概况………………………………… 169
扫黑除恶专项斗争………………… 170
法律服务紧跟政府中心工作……… 170
证明事项清理与法制审核………… 170
政府涉法事务风险防范…………… 170
行政执法监督指导………………… 171
行政复议体制改革………………… 171
常山地方特色调解品牌打造……… 171
民主法治村的创建与复评………… 171
法律服务三个平台实现一体化…… 171
政法一体化办案…………………… 172
特赦工作…………………………… 172
安置帮教工作……………………… 172
法治宣传…………………………… 172
浙江省第三监狱…………………… 172
概况………………………………… 172
干警队伍建设……………………… 173
监管安全规范……………………… 173

“两大中心”标准化打造…………173
政治改造工作…………173
后勤保障工作…………173

军　事

人民武装…………174
概况…………174
上级机关工作指导…………174
国防教育工作…………174
年度征兵任务完成…………175
民兵组织整顿…………175
军事训练…………175
遂行应急抢险任务…………175
退役军人事务…………175
概况…………175
退役军人信息采集和光荣牌悬挂工作 176
对烈士家庭和优秀退（现）役军人的走访调研活动…………176
基层服务站分类管理 …………176
军转干部安置…………176
士兵退役办理手续…………176
部分退役士兵社保接续工作 …………177
退役军人就业创业扶持工作…………177
胡兆富被评为全国模范退役军人…177
退役军人优待政策…………177
烈士褒扬纪念…………178
拥军优抚宣传…………178
武警常山中队…………178
概况…………178
中队党支部建设…………178
军事集训和比武考核…………179
执勤任务…………179
中队后勤建设…………179
拥政爱民…………180
人民防空…………180
概况…………180
工程建设…………180
指挥通信…………180
宣传教育…………180

工　业

工业经济…………181
概况…………181
政策扶持…………181
培育数字经济产业…………181
产业转型升级…………181
创业创新平台建设…………182
企业服务…………182
经济技术开发区…………182
概况…………182
生态园区整治…………183
“四大区块”一体化改革…………183
企业事项全程代理 …………183
盘活闲置低工资企业…………183
产城一体化项目加快实施…………183
招商引资…………184
概况…………184
招商工作机制创新…………184
项目服务…………184
山海协作…………185
常山—古蔺东西部扶贫协作…………185
主要工业产业…………185
轴承行业…………185
新材料行业…………185

水泥建材行业…………………………186
纺织服装行业…………………………186
金属加工行业…………………………186
省级重点项目…………………………186
·电力工业·……………………………190
概况……………………………………190
用电服务模式…………………………190
电网建设及规划………………………190

农业·农村

综　述…………………………………192
农村工作………………………………193
概况……………………………………193
乡村休闲旅游…………………………193
扶贫开发………………………………194
农民素质提升工程……………………194
生活污水治理…………………………194
生活垃圾治理…………………………194
常山县公厕建管“所长制”被列为全国九大“农村‘厕所革命’典型范例”　195
历史文化古村落保护…………………195
农业综合开发…………………………195
概况……………………………………195
项目申报………………………………196
项目推进………………………………196
粮油生产………………………………196
概况……………………………………196
水稻新品种推广和高产创建…………196
粮食生产功能区提标改造……………196
粮油产业项目建设……………………196
蔬菜瓜果………………………………197
概况……………………………………197
经济特产………………………………197
概况……………………………………197
球川蓝莓基地初步建成………………197
茶叶籽食用油生产线建成……………198
香柚产业发展…………………………198
常山胡柚………………………………198
概况……………………………………198
青石镇列入国家农业产业强镇示范建设单位……………………………………198
常山胡柚“进超入市”………………198
常山胡柚优质果园评选活动…………198
2019中国·常山乡村振兴产业发展大会　199
“衢枳壳”抗呼吸道感染儿科新药研究获省科技厅立项……………………………199
常山食用菌……………………………199
概况……………………………………199
食用菌科研成果………………………199
全县食用菌培训班举办………………199
畜牧业…………………………………200
概况……………………………………200
畜禽排泄物综合利用…………………200
美丽生态牧场创建……………………200
生猪屠宰管理…………………………200
病死动物无害化处理…………………200
动物卫生监督执法……………………200
重大动物疫病防控……………………201
渔　业…………………………………201
概况……………………………………201
水产健康养殖示范创建………………201
渔业资源增殖放流……………………201
基层渔技体系改革与建设……………201
水产养殖病害防控……………………201
开展初级水产品和养殖水质检测……202

农业产业化…………………………… 202
名特优新农产品展示展销………… 202
农业龙头企业……………………… 202
休闲观光农业与全省同步发展…… 202
农业项目……………………………… 202
概况………………………………… 202
农业项目决策咨询………………… 203
农业重大项目谋划和建设………… 203
农业固定资产投资………………… 203
农产品质量安全监管………………… 203
概况………………………………… 203
农产品质量安全专项整治………… 203
农产品质量安全巡查抽检………… 203
省级食品安全县协同创建………… 203
农产品质量安全监管体系构建…… 203
食用农产品合格证管理制度推行 … 204
土壤肥料……………………………… 204
概况………………………………… 204
植保植检……………………………… 204
概况………………………………… 204
统防统治与绿色防控融合示范县建设 204
农药废弃包装物回收处置………… 205
农村经济管理………………………… 205
概况………………………………… 205
消除集体经济薄弱村……………… 205
集体经济发展试点项目扶持……… 205
“一事一议”项目………………… 205
农村产权制度改革试点…………… 206
村级财务管理规范年活动………… 206
新型农业主体培育………………… 206
农村能源……………………………… 206
概况………………………………… 206
农田氮磷生态拦截沟渠建设……… 206
农村沼气安全运维服务…………… 206
农作物秸秆综合利用……………… 207
农村能源利用调查………………… 207
农业机械化…………………………… 207
概况………………………………… 207
农机化发展………………………… 207
农机安全管理……………………… 207
农机注册登记换证………………… 208
农机安全生产宣传教育…………… 208
农业执法……………………………… 208
概况………………………………… 208
农药实名制改革试点……………… 208
农业执法宣传工作………………… 208
农业执法行动……………………… 209
渔政执法行动……………………… 209

林业·水利

综述………………………………… 210
林业·水利…………………………… 210
概况………………………………… 210
全县农村饮用水达标提标行动…… 211
全省农村饮用水达标提标行动暨冬修水利工作现场会在常山召开……… 211
“宋诗之河”工程建设…………… 211
“美丽河湖”建设………………… 211
创新“一村万树”绿化美化常山模式 211
林业资源保护……………………… 212
全国第一张取水许可电子证照落地常山 212
打击非法占用林地等涉林违法犯罪 212
森林防火工作……………………… 212
有害生物防控综合施策…………… 212
中型水库管理………………………… 213

概况……………………………… 213
省水利厅领导检查指导………… 213
芙蓉水库灌区节水配套改造项目建设 213
河道采砂管理…………………… 213
概况……………………………… 213
打击河道非法采砂行为………… 214
陆域机制砂整治行动…………… 214
制石制砂规范化管理…………… 214

贸易

国内贸易………………………… 215
概况……………………………… 215
电子商务………………………… 215
“浙江鲜辣美食之乡”创建……… 215
非法成品油整治………………… 215
散装水泥管理…………………… 215
对外及对中国香港台湾地区贸易……… 215
概况……………………………… 215
组织企业参加相关展交（博览）会 216
供销合作………………………… 219
概况……………………………… 219
球川镇蓝莓基地建设…………… 219
县农合联服务农村经济发展……… 219
农产品购销合作………………… 220
粮食流通………………………… 220
概况……………………………… 220
早稻订单合同签订……………… 220
危旧仓库气密性改造和信息化智能提升工程建设……………………… 220
“中国好粮油示范县”项目……… 220
烟草专卖………………………… 221
概况……………………………… 221
客户服务………………………… 221
专卖管理………………………… 221

通 信

邮　政…………………………… 222
概况……………………………… 222
助力常山胡柚网售……………… 222
邮政储蓄………………………… 222
寄递包裹………………………… 222
电商和文传……………………… 223
电信·移动·联通………………… 223
概况……………………………… 223
电信助推常山“智慧城市”建设… 224
移动大数据分析服务…………… 224
联通助推常山“智慧城市”建设… 224
联通助力城乡建设……………… 224

交 通

综　述…………………………… 225
公　路…………………………… 226
概况……………………………… 226
320国道衢州航埠至常山草坪段改建工程 ………………………… 227
351国道常山段建设工程 ………… 228
衢州市沿江公路（常山段）工程进入扫尾阶段……………………… 228
杭金衢高速公路常山段拓宽工程主线段开建……………………… 228
常山界牌岭至新桥段公路工程第二标段开建……………………… 229
《四好农村路规划》获县政府批复 229

“四好农村路”近期规划开始实施 229
石姆岭矿区道路修复………………… 229
交通运输安全生产………………… 229
交通运输行业春运工作…………… 230
交通运输综合行政执法改革……… 230
耘耕小镇公交班车开通…………… 230
交通建设项目“百日决战”行动… 230
非法成品油专项整治……………… 231
交通运输行业扫黑除恶专项斗争… 231
水路·铁路………………………… 231
概况……………………………… 231
常山江航运开发项目前期工作…… 232
天马梯级下移方案调整纪事……… 232
九景衢铁路常山站运营情况……… 232

城乡建设与管理

综　述……………………………… 233
城市规划…………………………… 233
概况……………………………… 233
《常山县危旧房地块周边配套设施规划》编制完成……………………………… 234
《常山县人才公寓布点规划》编制完成……………………………………… 234
《常山县芳村镇历史文化名镇保护规划》编制完成……………………………… 234
《常山县球川镇历史文化名镇保护规划》编制完成……………………………… 234
完成常山县中心城区及重点片区航测 235
在编《常山江宋诗田园总体规划》 235
在编《常山县综合交通专项规划》 235
在编《常山县黄冈山文化旅游区总体规划及策划方案》……………………… 235
在编《常山县万寿寺规划及建筑方案设计》…………………………………… 235
在编《常山县国土空间总体规划》 236
规划管理…………………………… 236
概况……………………………… 236
土地规划设计制订………………… 236
城市交通规划管理………………… 236
违反建筑整治规划管理…………… 236
村镇建设…………………………… 237
概况……………………………… 237
同弓乡规划建设…………………… 237
球川镇规划建设…………………… 237
大桥头乡规划建设………………… 237
招贤镇规划建设…………………… 237
何家乡规划建设…………………… 237
新昌乡规划建设…………………… 238
芳村镇规划建设…………………… 238
辉埠镇规划建设…………………… 238
白石镇规划建设…………………… 238
青石镇规划建设…………………… 238
城市建设…………………………… 238
概况……………………………… 238
“厕所革命”深入推进…………… 239
农村生活污水处理设施运维……… 239
城市亮化建设及设施改造提升…… 239
城市天然气利用工程完成年度投资 239
城区“五水共治”管网提标改造… 240
市政园林与环境卫生……………… 240
概况……………………………… 240
河道整治疏浚保清洁……………… 240
城市公园改造……………………… 240
东明湖公园防汛防火保平安……… 240
公共绿地养护……………………… 241

年垃圾无害化处理率达 100% …… 241
垃圾分类工作…………………………… 241
建筑业…………………………………… 242
概况……………………………………… 242
建筑业企业发展扶持政策落实…… 242
建筑节能改造及示范工程建设…… 242
工程质量监管………………………… 242
在建工程无欠薪……………………… 242
房地产业………………………………… 242
概况……………………………………… 242
商品房销售…………………………… 243
小区物业管理………………………… 243
直管公房管理………………………… 243
白蚁虫害防治工作…………………… 243
城市管理………………………………… 243
概况……………………………………… 243
建设工程造价代理机构备案管理… 244
住建审批事项实现“最多跑一次” 244
施工合同履约检查…………………… 244
安全监督………………………………… 244
概况……………………………………… 244
“智慧工地”综合管理平台推广应用…………………………………………… 245
重大危险源管控……………………… 245
起重机械专项检查…………………… 245
建设工程安全生产 ……………… 245
安全知识和安全文明标准化宣贯… 245
施工现场扬尘治理…………………… 245
住房公积金管理………………………… 246
概况……………………………………… 246
公积金业务“掌上办”“网上办”推行…………………………………………… 246
退休“一件事”联办………………… 246
公积金贷款“一证通办”………… 246
贷款结清“小金”代办…………… 246
乡镇延伸“就近办” ……………… 246
城市综合管理…………………………… 247
概况……………………………………… 247
市容市貌……………………………… 247
信访投诉……………………………… 248
违建管控……………………………… 248
服务民生……………………………… 248
城投集团………………………………… 248
概况……………………………………… 248
城投集团及下属子公司挂牌成立… 249
常山县委党校迁建工程项目完成 … 249
常山港治理二期工程……………… 249
县农饮水工作超额完成…………… 250
常山港治理二期工程“宋诗之河”项目完工验收…………………………… 250
常山县滨江一期人行景观桥建设工程项目竣工验收………………………… 250
常山县文昌阁重建工程完工……… 250
常山县农村饮用水达标提标工程获同类项目最大审批额度……………… 251
发债融资工作………………………… 251
完成资产审计………………………… 251
闲置资产盘活………………………… 251
心安公司面向行政事业单位及国资公司拓展服务业务…………………… 252
危旧房项目建设……………………… 252

自然资源·环境保护

自然资源………………………………… 253
概况……………………………………… 253

国土空间规划编制…………………… 254
不动产登记工作……………………… 254
农村宅基地使用权与房屋所有权确权登记工作…………………………………… 254
第三次全国国土调查工作………… 254
全域土地整治和土地开发………… 255
“十类地”盘活处置……………… 255
“除险安居”三年行动…………… 255
“大棚房”整治和“扫黑除恶”专项行动……………………………………… 255
山水林田湖生态修复……………… 255
耕地保护监督员试点工作………… 256
资规局信访办理工作……………… 256
征迁补偿工作……………………… 256
矿产资源管理职能整治…………… 256
环境保护…………………………… 256
概况………………………………… 256
环保项目谋划和实施……………… 257
第二次污染源普查基本完成……… 257
新版排污许可证核发……………… 257
环保“最多跑一次”工作改革…… 257
环境执法行动……………………… 257
生态环保宣传活动………………… 258

综合管理与监督

发展和改革………………………… 259
概况………………………………… 259
县发改局机构改革………………… 260
家政服务业提质扩容……………… 261
能耗“双控”监管………………… 261
营商环境建设……………………… 261
概况………………………………… 261
“厕所革命”在全省推广………… 262
个人全生命周期改革……………… 262
企业全生命周期改革……………… 262
项目全生命周期改革……………… 262
“无证明之城”创建……………… 262
“信用示范之城”建设…………… 263
“掌上办事之城”建设…………… 263
“低保惠民联办”改革…………… 263
车辆全生命周期一件事改革……… 263
乡村基层“最多跑一次”改革深化 263
公共场所便利化改革扩面………… 264
营商环境指标和政务服务指标提升 264
“双随机、一公开”监管………… 264
公共资源市场化配置监督管理…… 264
概况………………………………… 264
小额工程专项检查行动…………… 265
审计工作…………………………… 265
概况………………………………… 265
财政涉农项目专项资金同级审计… 265
政府投资项目审计………………… 266
民生保障项目资金使用审计……… 266
领导干部经济责任审计…………… 266
审计调研服务工作………………… 266
统计工作…………………………… 266
概况………………………………… 266
第四次经济普查工作……………… 267
县情县力三项统计调查工作……… 267
调研基层数据质量………………… 267
优化人才队伍……………………… 268
统计法治工作……………………… 268
市场监督管理……………………… 268
概况………………………………… 268
创建“浙江省食品安全县”……… 268

建成“浙江省山茶油及食用植物油质量检验中心”…… 269
“三强一制造”建设…… 269
“最多跑一次”改革…… 269
放心食品提升工程…… 269
“送药上山进岛”便民服务点建设 269
建成非公党建服务中心…… 270
重点专项整治…… 270
深化“双随机、一公开”检查…… 270
“放心消费在常山”行动…… 270
应急管理…… 270
概况…… 270
应急管理机构改革…… 271
“防风险、保安全、迎大庆”专项行动…… 271
安全生产监督管理…… 271
防汛减灾…… 271
森林防灭火…… 272
应急管理体系建设…… 272
消　防…… 272
概况…… 272
火灾防控基础建设…… 273
消防安全检查和消防比武活动…… 273
全媒体宣传消防知识…… 273
消防宣教场地建成…… 273
压路机侧翻事故救援…… 274
D5689 次动车组常山段火灾扑救… 274

财政·税务

财　政…… 275
概况…… 275
财政收入…… 275
服务经济发展…… 275
保障和改善民生…… 276
规范财政管理…… 276
构建集中财力办大事体系…… 276
税　务…… 283
概况…… 283
党建工作 …… 283
干部队伍建设…… 283
税收法治建设…… 283
城乡居民“两费”工作机制建设… 284
网上办税“最多跑一次”…… 284
国有资产监督管理…… 284
概况…… 284
优化做大“资产池”…… 284
推进国有企业市场化转型…… 284
扩大固定资产投资…… 285
资产管理迈入“云时代”…… 285

金融·保险

综　述…… 286
人行常山支行…… 287
概况…… 287
推进从严治党…… 287
信用县创建工作…… 288
有效规范金融市场…… 288
金融风险有效控制…… 288
银保监常山监管组…… 288
概况…… 288
重点项目信贷投放…… 289
民营企业融资…… 289
防范信用风险…… 289
强化机构审慎监管…… 290

工行常山支行…………………………… 290
概况……………………………………… 290
首笔“房管家”业务成功办理…… 290
“e 抵快贷”产品推广 …………… 291
“经营快贷”推出………………… 291
“无本续贷”业务………………… 291
第一家老年客户旗舰店打造 ……… 291
工行基层党组织设置的优化调整… 291
农行常山支行…………………………… 291
概况……………………………………… 291
主题教育……………………………… 292
建行常山支行…………………………… 292
概况……………………………………… 292
为省级以上文明村授信…………… 293
“胡柚助农贷”获省分行批复…… 293
首笔项目贷和网络供应链贷申报获批 293
中标住建系统对公存款项目……… 293
农村蓝海“裕农通 +”建设 ……… 294
中行常山支行…………………………… 294
概况……………………………………… 294
重大项目新增贷款………………… 294
“战役贷”“中银通宝”产品…… 294
邮储常山支行…………………………… 295
概况……………………………………… 295
常山农商银行…………………………… 295
概况……………………………………… 295
全县“丰收驿站”建成 204 家…… 296
金融服务“一站式办”…………… 296
“智慧金融圈”打造……………… 297
融资畅通工程……………………… 297
邻居银行品牌文化建设…………… 297
农发行常山信贷组…………………… 298
概况……………………………………… 298
储备粮收储贷款发放……………… 298
中长期项目贷款投放 6 笔………… 298
常山联合村镇银行…………………… 298
概况……………………………………… 298
金融服务与支农支小……………… 299
小额信贷产品创新………………… 299
企业管理制度完善………………… 299
泰隆银行常山支行…………………… 299
概况……………………………………… 299
小微企业无缝续贷还款方式创新… 299
商标和专利质押贷在常山率先推出 300
PAD 金融移动服务送上门 ……… 300
温州银行常山支行…………………… 300
概况……………………………………… 300
金华银行常山支行…………………… 300
概况……………………………………… 300
小微企业金融支持………………… 301
与常山万洋众创城签订战略合作协议 301
与常山县不动产中心签订合作协议 301
不良贷款清收……………………… 301
参加全县性公益活动……………… 301
民泰银行常山支行…………………… 301
概况……………………………………… 301
农村普惠金融服务………………… 301
小微企业续贷业务实现无须还本发放 302
通过 PAD 实现整村批量授信 …… 302
台州银行常山支行…………………… 302
概况……………………………………… 302
“24 小时移动营业厅”系统开发成功 302
通过移动 PAD 实现全流程上门办理 302
保险业………………………………… 302
中国人民财产保险股份有限公司常山支公司………………………… 302

中国人寿保险股份有限公司常山县支公司……………………………………………… 303
中国太平洋财产保险股份有限公司常山支公司……………………………………… 303
中国人寿财产保险股份有限公司常山县支公司……………………………………… 303

教　育

综　述……………………………………… 304
教育行政……………………………………… 305
交流合作　………………………………… 305
常山县通过中国语言资源保护工程汉语方言调查 2018 年立项项目验收并获得优秀 305
走访慰问培智学校…………………… 305
开展“三服务”活动………………… 305
学习考察………………………………… 305
工作指导………………………………… 306
全市基础教育半年工作会议……… 306
庆祝第 35 个教师节大会召开 …… 306
县委第一巡察组巡察县教育局党委工作动员会召开……………………………… 306
纪念县教育局关工委成立 30 周年和县退教协会成立 20 周年大会召开 …… 306
扶贫协作交流………………………… 306
获评区域推进语言文字规范化县… 307
学前教育……………………………………… 307
概况……………………………………… 307
成立培智学校学前教育部………… 307
省特级教师团队开展准提培训…… 307
省级幼儿园评估专家组评估指导… 307
全县幼儿园教师 16 学时培训 …… 307
义务教育……………………………………… 308
概况……………………………………… 308
首个村校书法联谊教育基地揭牌… 308
常山县学校武术队…………………… 308
宋畈小学王金良被评为“全国优秀教师”……………………………………………… 308
衢州市中考标准化考场建设工作现场会召开……………………………………… 308
育才中学教学质量庆功表彰会召开 309
初中教育大会召开…………………… 309
第 52 届中小学田径运动会举办 …… 309
“心系公益，情暖校园”爱心捐赠活动……………………………………………… 309
普通高中教育……………………………… 309
概况……………………………………… 309
常山一中入选浙江省第二批普通高中化学学科基地………………………………… 309
调研普通高中分类办学教育工作… 309
职业高中教育……………………………… 309
概况……………………………………… 309
常山县职业教育高峰论坛举行…… 310
常山县职业教育大会召开………… 310
考察调研………………………………… 310
浙江广播电视大学常山学院…………… 312
概况……………………………………… 312
社区教育学习品牌创建…………… 312

科学技术·气象

科学技术…………………………………… 313
概况……………………………………… 313
油茶产业创新服务综合体建设项目获省科技厅奖励……………………………… 313
省级星创天地项目申报成功……… 313

山海协作和科技合作………………… 314
科技型企业培育……………………… 314
企业研发平台建设…………………… 314
全面创新改革联系点创建工作…… 314
省级可持续发展创新示范区创建工作 314
防震减灾数字智慧平台建设……… 315
科技保姆“三服务”工作………… 315
气象工作……………………………… 315
概况…………………………………… 315
常山气象防灾减灾综合工程（一期）项目 …………………………………… 315
基层气象灾害防御工作管理……… 315
公共安全气象管理………………… 316
气象科普宣传……………………… 316

文旅体卫

文化 旅游 ……………………………… 317
概况…………………………………… 317
旅游产业经济……………………… 317
民生工程…………………………… 317
群众文化活动……………………… 318
文化旅游营销推广………………… 318
文化旅游市场环境………………… 318
·县新华书店· ………………………… 320
概况…………………………………… 320
组织系列读书活动………………… 320
政治读物征订工作………………… 320
全民读书周活动…………………… 320
体 育 ………………………………… 320
概况…………………………………… 320
全国国际跳棋赛事在常山举行…… 321
承办浙江省青少年皮划艇赛艇锦标赛 321
承办浙江省青少年山地自行车冠军赛 321
常山县第六届全民运动会举行…… 321
体育基础设施建设 ………………… 322
常山县文学艺术界联合会…………… 323
概况…………………………………… 323
《常山宋诗一百首选注》整理编印 323
农民书法家进城送福送春联活动… 323
《常山县领导联系结对文艺家工作制度》制定出台……………………………… 323
中国报告文学协会采风团走进常山活动 …………………………………………… 323
浙江省首届“青春诗会”暨常山江“宋诗之河”采风活动………………… 324
《常山县文艺发展扶持奖励办法》制定出台…………………………………… 324
文艺服务调研 ……………………… 324
红色经典歌剧舞剧选段展演……… 324
调研民间文艺工作………………… 324
浙江省网络作家协会体验营活动… 324
县文联入驻新“文艺之家”……… 324
西泠印社艺术家采风团走进常山活动 324
第十届全浙书法篆刻大展活动…… 325
县文联所属文艺协会组织建设…… 325
常山县成为衢州市第一个“浙江省诗词之乡”………………… 325
编发《三衢山》杂志……………… 325
卫生健康……………………………… 325
概况…………………………………… 325
家庭医生签约服务………………… 326
县域医共体建设…………………… 326
医疗卫生服务“最多跑一次”工作改革 …………………………………………… 326
卫健系统人才队伍建设…………… 326
常山县域医院龙头学科建设……… 327

全县计划生育指标情况…………… 327
计生家庭奖特扶及计保险情况…… 327
·疾病预防控制与监测·……………… 327
人感染 H7N9 禽流感防控 ……… 327
霍乱等肠道传染病防控…………… 327
手足口病监测与防控……………… 327
麻风病防控………………………… 327
艾滋病防治………………………… 327
肺结核防治………………………… 327
规划免疫…………………………… 328
狂犬病防控………………………… 328
消除麻疹工作……………………… 328
血吸虫病防治……………………… 328
疟疾监测…………………………… 328
病媒生物监测……………………… 328
适龄儿童窝沟封闭………………… 328
职业卫生监测……………………… 328
慢性病社区综合防治……………… 328
·卫生监督·………………………… 329
卫生行政许可……………………… 329
卫生行政处罚……………………… 329
集中式供水卫生监督检测………… 329
集中消毒餐饮具的消毒效果监测… 329
非法行医打击……………………… 329
·妇幼保健·………………………… 329
概况………………………………… 329
·健康浙江·………………………… 330
概况………………………………… 330
生活饮用水保障…………………… 330
改水改厕工作……………………… 330
医疗保障…………………………… 330
概况………………………………… 330
内部管理制度健全………………… 331
医保“最多跑一次”工作改革…… 331
医保支付方式改革………………… 331
医疗救助政策落实………………… 331
医保基金监管……………………… 331
医共体建设………………………… 332
医保 36 个子项网上办理 ………… 332

人力资源和社会保障

综 述……………………………… 333
人才队伍建设……………………… 333
概况………………………………… 333
常山第六届职工职业技能大赛…… 333
“十百千”人才服务企业专项行动 334
博士后科研工作站成立…………… 334
就业创业…………………………… 334
概况………………………………… 334
服务企业用工……………………… 334
东西部扶贫劳务协作……………… 334
兑现各项惠企减负红利政策……… 335
社会保障…………………………… 335
概况………………………………… 335
首推退休“老年类”事项联办 …… 335
推广事项告知承诺制……………… 335
基本养老保险精准扩面…………… 335
劳资监管…………………………… 336
概况………………………………… 336
常山县无欠薪工作通过省级考核… 336
劳资纠纷妥善处置………………… 336

社会生活

人民生活…………………………… 337
概况………………………………… 337

民政事业…………………………… 342
概况…………………………… 342
“孝老之城”建设………………… 342
“低保惠民联办”………………… 342
社会救助工作…………………… 342
社会福利和养老服务工作………… 343
社会组织管理工作………………… 343
社区和社会工作………………… 344
婚姻登记工作…………………… 344
殡葬管理工作…………………… 344
福利彩票销售服务工作…………… 344
水库移民工作…………………… 344
地名管理工作…………………… 345
福利企业管理工作………………… 345
法治民政工作…………………… 345
慈善工作………………………… 345
常山县残疾人联合会………………… 345
概况…………………………… 345
全市社区精准康复业务培训会…… 348
全市助残服务“最多跑一次”工作改革推进会在常山召开…………………… 348
全县残疾人工作会议召开………… 348
紫港社区创建省级无障碍社区…… 348
残联组织改革…………………… 348
“清廉残联”建设………………… 349
常山县红十字会……………………… 349
概况…………………………… 349
“5·8”世界红十字日宣传义诊活动 349
博爱救助………………………… 349
应急救援………………………… 349
救护培训………………………… 350
大爱“三献”…………………… 350
博爱社区创建试点………………… 350
首个“红十字”主题文化方志建成 350

乡镇（街道）

天马街道…………………………… 351
概况…………………………… 351
农房风貌提升…………………… 353
县城危旧房治理改造……………… 353
“四个平台”运行………………… 353
土地开发、农村土地综合治理…… 353
紫港街道…………………………… 355
概况…………………………… 355
风貌提档升级…………………… 355
基层治理………………………… 356
“厕所革命”工作………………… 356
金川街道…………………………… 357
概况…………………………… 357
36个村“抱团消薄” ………… 357
风貌提升行动…………………… 357
模块化运行改革………………… 358
弱势群体社会保障………………… 358
社会治理………………………… 358
基层党建………………………… 358
辉埠镇……………………………… 360
概况…………………………… 360
园区整合………………………… 361
交通大会战……………………… 361
轻钙产业整治…………………… 361
村级集体经济…………………… 361
乡村环境整治…………………… 362
生态环境治理…………………… 362
招贤镇……………………………… 365
概况…………………………… 365

项目建设…………………………… 366
幸福指数提升……………………… 366
招贤古渡建设……………………… 366
文化礼堂建设……………………… 367
青石镇……………………………… 368
概况………………………………… 368
2019·海峡两岸（常山）赏石文化交流展在青石镇举办…………………………… 369
320国道改建工程决战誓师大会在青石镇举行…………………………… 369
青石镇被评为省农业产业强镇…… 370
常山赏石小镇2018年度考核结果“优秀”……………………………………… 370
“云河工作室”在青石镇揭牌成立 370
白石镇……………………………… 371
概况………………………………… 371
乡村振兴讲堂在全市先试先行…… 372
“双招双引”积蓄动能…………… 372
美丽乡村建设……………………… 373
特色产业培育……………………… 373
农房整治拆后利用………………… 373
球川镇……………………………… 374
概况………………………………… 374
营商环境优化……………………… 375
招商引资…………………………… 375
模块化改革………………………… 375
基层社会治理球川模式…………… 375
村级“消薄”完成………………… 375
下山脱贫工作……………………… 375
“五四三”整治…………………… 375
农房整治…………………………… 375
芳村镇……………………………… 377
概况………………………………… 377
基层党建基础……………………… 378
集镇风貌…………………………… 378
项目建设…………………………… 379
乡风文明建设……………………… 379
基层改革和基层治理……………… 379
东案乡……………………………… 381
概况………………………………… 381
人居环境新面貌…………………… 381
民生项目…………………………… 381
党建统领基层治理示范…………… 382
乡风文明建设……………………… 382
大桥头乡…………………………… 383
概况………………………………… 383
基层治理模式……………………… 384
美丽乡村特色创建………………… 385
何家乡……………………………… 385
概况………………………………… 385
全域旅游…………………………… 386
农房整治…………………………… 386
公共服务项目……………………… 386
“消薄”工作……………………… 386
建房储备金制度…………………… 387
乡村保洁…………………………… 387
打造餐饮风味主题………………… 387
首届常山鲜辣美食节暨世界首届斗辣会在何家乡举行…………………………… 387
党员联户“至少办一件”成何家乡党建品牌………………………………………… 388
“三联工程”……………………… 388
“一长三员”绩效考核办法率先推出 388
同弓乡……………………………… 389
概况………………………………… 389
全域土地综合整治项目…………… 390

农房整治…………………………… 390
乡村旅游…………………………… 390
新昌乡……………………………… 391
概况………………………………… 391
“全域景区化”建设……………… 392
全域旅游迸发新鲜活力…………… 392
“乡村振兴讲堂”创新昌模式…… 392

附　录

组织机构及负责人名录…………………… 394
新增副处级以上领导干部简介…… 394
县级领导机构及负责人名录……… 394
县级机关部门及负责人名录……… 395
县级社会团体及负责人名录……… 405
乡镇领导机构及负责人名录……… 406
荣誉录……………………………… 408
省部级及以上表彰（命名）的荣誉一览表 …………………………………… 408
地市级表彰（命名）的荣誉一览表 421
县委、县政府表彰（命名）的荣誉一览表 …………………………………… 439
重要文件目录……………………… 443
中共常山县委、常山县人民政府联发文件一览表…………………………… 443
中共常山县委文件一览表………… 443
常山县人民政府文件一览表……… 444
县委办公室、县政府办公室联发文件一览表…………………………… 445
县委办公室文件一览表…………… 446
县政府办公室文件一览表………… 446
国民经济若干统计资料…………… 451
2019 年常山县经济与社会发展主要指标一览表…………………………… 451
2019 年常山县社会消费品零售总额一览表 …………………………………… 454
2019 年常山县私营企业户数、从业人数一览表…………………………… 454
2019 年常山县个体工商业户数、从业人数一览表…………………………… 455
艺文………………………………… 456
常山宋诗十六首及其注释………… 456

索　引

…………………………………… 464

Contents

Special Reports

Focus on "strong development", gather strength "seek breakthrough" to win a high level of building moderately prosperous society with high quality county governance modernization 1
Government work report........................ 16

Special Accounts

"The River of Song Poetry" was selected into the list of the first batch of poetry and road tourism destinations in Zhejiang Province ... 33
The reform of rural "one family with many homestead" in Changshan county has laid a solid foundation for rural homestead system reform 35
Lift force of the county to promote rural drinking water standards bid action 38
To push forward the Changshan transportation project "grand Battle" out of the key project acceleration 39
Resolutely wine the education turnaround battle. start a new era of the education modernization, reviews report of Changshan county to create "education basic modernization county in Zhejiang province" 41
Changshan County, "three construction and one break" together to promote the reform of state-owned enterprises, to promote the high-quality development of the state-owned economy ... 45

Memorabilia

January 47
February 48
March 49
April 51
May 53
June 55
July 56
August 59
September 61
October 63
November 65
December 67

Survey of Changshan County

General information 70
Landform 71

Hydrology 72
Climate 72
Population 74
Economic and social development 74
Construction of spiritual civilization 79
General situation on villages and towns ... 81

Changshan County Committee of the Communist Party of China

Overview 83
Important meetings 85
Important events 87
Work of the department of Discipline Inspection and Supervision 89
Work of the County Party Committee Office 91
Organization work 93
Old cadres work 97
Care for children work 99
Civil servants management work 100
Party's construction in government offices 101
Organization establishment work 102
Publicity work 104
News media work 107
The united front work 108
Taiwan work 110
Party school work 111
Petition work 114
File management 115
Work on party's history 117
Local chronicles work 118

Changshan County People's Congress

Overview 119
Important meetings 120
Important events 122

Changshan County People's Government

Overview 126
Government executive meetings 128
Government office work 135
Government consultation 136
Government office security 136

Chinese People's Political Consultative Conference of Changshan Count

Overview 138
Important meeting 139
political consultation 140

Democratic Parties

Changshan County Committee of Revolutionary Committee of the Chinese Kuomintang... 142
Changshan County Committee of the China Democratic League 142
Changshan County Committee of the Chinese Peasants and Workers Democratic Party 143
Changshan County Committee of the China Democratic National Construction Association 145

People's Organizations

The Changshan County Federation of Trade Unions 146

Communist Youth League of Changshan County 147

The Changshan County Association of Science and Technology 150

The Changshan County Federation of Industry and Commerce 151

The Changshan County Women's Federation 152

Political and Legislative Affairs

Politics and law committee and comprehensive control 155

Public security 158

Supervision 164

Law court 167

Judicial Administration 169

The Third Prison of Zhejiang Province 172

Military

People's armed forces 174

Veterans affairs 175

Armed Police Changshan Squadron 178

People's air defence 180

Industry

Industrial economy 181

Economic-technological development zone 182

Inviting investments from outside 184

The major industry 185

·Electric power industry· 190

Agriculture · Rural area

Overview 192

Rural work 193

The overall development of agriculture 195

Production of cereal and oil 196

Vegetables and fruit 197

Economic special local production 197

Citrus Changshan Huyou 198

Edible mushroom produced in Changshan 199

Animal husbandry 200

Fisheries 201

Agricultural industrialization 202

Agricultural projects 202

Agricultural products quality and security control 203

Soil and fertilizer 204

Crop protection and quarantine 204

Rural Economics and Management 205

Rural energy 206

Agricultural mechanization 207

The agricultural law enforcement 208

Forestry · water conservancy

Overview 210

Forestry and Water conservancy 210

Medium-sized reservoir management 213

The administration of sand mining in river course 213

Trade

Domestic commerce and trade 215
Foreign trade and trade with HongKong and Taiwan.. 215
Supply and sales cooperation 219
Grain circulation 220
Monopoly of tobacco sale 221

Communication

Postal service 222
China Telecom, China Mobile and China Unicom 223

Traffic

Overview 225
Highway 226
Waterway·Railway 231

Urban and Rural Construction and Administration

Overview 233
Urban planning 233
Planning management 236
Construction of villages and small townships 237
Urban construction 238
Municipal garden and environmental sanitation 240
Building industry 242
Real estate business 242
Urban management 243
Security monitoring 244
Housing fund management 246
Integrated management for urban 247
City Investment Group 248

Territorial resources, Environmental Protection and Meteorology

Natural resources 253
Environmental protection 256

Integrated Management and Supervision

Development and reformation 259
Construction a business environment ... 261
Marketization allocation of common resources and its supervision and management 264
Audit work 265
Statistic work 266
Markets supervision and administration ... 268
Emergency management.................... 270
Fire fighting.................................. 272

Government Finance and Taxation

Financial 275

Taxation 283
National endowment supervision and management 284

Finance and Insurance

Overview 286
Changshan County Branch of People's Bank of China 287
Changshan Supervision Group of China Banking and Insurance Regulatory Commission 288
Changshan County Branch of Industrial and Commercial Bank of China Limited 290
Changshan County Branch of Agricultural Bank of China Limited 291
Changshan County Branch of China Construction Bank Limited 292
Changshan County Branch of Bank of China Limited 294
Changshan County Branch of Postal Savings Bank of China 295
Rural credit cooperatives of Changshan County 295
Changshan County Loaning Group of Agricultural Development Bank of China 298
Changshan twon Jointed Bank Company Limited 298
Changshan Sub-branch of Zhejiang Tailong Commercial Bank 299
Changshan County Branch of Wenzhou bank 300
Changshan County Branch of Jinhua bank 300
Changshan County Branch of Mintai commercial bank 301
Changshan County Branch of Taizhou bank 302
The insurance industry 302

Education

Overview 304
Education administration 305
Preschool education 307
Compulsory education 308
Regular senior middle school education 309
Vocational senior middle school education 309
Changshan County College of Zhejiang Radio & TV University 312

Sciences and Technology·Weather

Sciences and technology 313
Weather 315

Cultural and Tourism·Sports and Hygiene

Cultural and tourism 317
·Xinhua Bookstore of county· 320
Physical Culture 320
The Changshan County Federation of Literature and Art Circles 323
Hygiene and health 325
·Disease prevention, control and surveillance · 327
·Sanitary control· 329
·Motherhood and child protection· 329
·Health in Zhejiang· 330

Medical Security 330

Manpower Resource and Social Security

Overview 333
Talent team building 333
Employment and self-employment 334
Social Security 335
labor supervision 336

Social Life

People's livelihood 337
Civil administration 342
The Changshan County Disabled Person's Federation 345
The Changshan County Red Cross Society 349

Township and neighborhood

Tianma Subdistrict 351
Zigang Subdistrict 355
Jinchuan Subdistrict 357
Huibu Town 360
Zhaoxian Town 365
Qingshi Town 368
Baishi Town 371
Qiuchuan Town 374
Fangcun Town 377
Dong'an Township 381
Daqiaotou Township 383
Hejia Township 385
Tonggong Township 389
Xinchang Township 391

Appendix

List of Organizations and Persons in charge 394
Honor Roll 408
Directory of Important Documents 443
Economic Statistical Information 451
Literature and Art 456

Index

.... 464

特　载

聚焦“强发展”　聚力“求突破”
以高质量县域治理现代化决胜高水平全面小康

——在县委十三届八次全体（扩大）会议上的报告

县委书记　叶美峰

（2020年1月10日）

这次县委全会的主要任务是：以习近平新时代中国特色社会主义思想为指导，深入学习贯彻中共十九届四中全会、中央经济工作会议和省委十四届六次全会、市委七届七次全会精神，总结回顾2019年工作，研究部署推进县域治理现代化和2019年各项工作任务，动员全县上下锐意创新，务实担当，聚焦“强发展”，聚力“求突破”，奋力争当推进县域治理现代化排头兵，全力推动高质量发展走在前列，确保高水平全面建成小康社会圆满收官。

下面，我代表县委常委会，向大会报告工作。

一、回顾总结过去一年工作，高质量发展迈出坚实步伐

刚刚过去的2019年，是新中国成立70周年，是高水平全面建成小康社会的关键之年。这一年，我们深入学习贯彻习近平新时代中国特色社会主义思想，全面落实中央和省委、市委各项决策部署，紧扣“强发展”主旋律，扎实开展“营商环境年、基层治理年、效率革命年”活动，以“人人尽责、事事落实、天天坚持”的担当精神，干成了一批大事要事、好事实事，形成了良好的发展氛围和社会效应，推动各项事业全面发展、全面进步。全年预计实现地区生产总值149亿元，比上年增长6.5%；财政总收入18.9亿元，其中一般公共预算收入11.8亿元，分别增长10.8%和7.4%；城乡居民人均可支配收入预计分别达到38520元和22000元，分别增长8.5%和9.0%。

我们以高质高效的要求扎实推进“不忘初心、牢记使命”主题教育。围绕“理论学习有收获、思想政治受洗礼、干事创业敢担当、为民服务解难题、清正廉洁作表率”，抓好学习教育、调查研究、检视问题、整改落实工作，全面开展“学英雄、践三永、悟初心、担使命”行动，严格落实“9+1”专项整治，推动主题教育全程高质量、全面高质量。县领导到西源革命纪念馆开展初心之行，组织3次县委理论学习中心组专题研讨会，举办县管领导干部读书班3期。发掘宣传胡兆富先进典型事迹，胡兆富被评为全国模范退役军人、浙江省优秀共产党员和最美退役军人，得到省委书记车俊批示肯定和亲

切接见。深入开展包乡走村服务破难，破解招贤镇泉目山村渡口停渡、农村孤寡留守老人就餐难等民生问题30个，为民办实事15227件次。

我们以绝对忠诚的态度坚决抓好省委巡视整改。积极配合省委第四巡视组对常山县的“政治体检”，围绕反馈的12方面38个问题，主动认领、深刻剖析，逐条研究、制订方案，落实214项整改举措，明确牵头领导、责任部门和责任人，形成层层抓整改、层层抓落实的责任链条。县领导分别召开巡视整改专题民主生活会进行反思和剖析，并在年度落实全面从严治党主体责任考核会上报告整改情况。突出编外用工清理、选人用人、干部生活作风等重点问题，即知即改、立行立改、举一反三，有效堵塞了一批漏洞，及时完善了一套制度，严肃查处了一批案件，形成了强大的震慑效应。召开全县领导干部警示教育大会，持续放大巡视整改效应，切实把整改成果转化为创新工作、推动发展的强大动力。

我们以久久为功的定力推动产业蓄能升级。坚持平台推动、项目带动、创新驱动，促进产业加快发展、动能加快转换。推动开发区与辉埠新区优化整合，打破体制约束，打开要素瓶颈，提升平台能级。坚决淘汰落后产能，16家轻钙企业全面关停，生态园区17家企业全部出清。强力攻坚重大项目，大和热磁、斯凯孚一期项目投产，总投资50亿元的万洋众创城和总投资30亿元的众卡产业园加快建设。赏石小镇、云耕小镇在2018年度省级特色小镇创建和培育对象考核中分获优秀、合格等次。在全市率先成立东南数字经济发展研究院常山分院，被列入省级传统产业改造提升试点县。两年引进院士15人，吸引项目投资10亿元，双明轴承成为全市唯一省级院士专家站。深入开展“组团联企”“破山”行动，召开全县营商环境警示教育大会，赛得健康小镇“十年难题一朝破解”，营商环境进一步优化。

我们以奋勇争先的姿态深化重点领域改革。统筹推进重点领域改革，积极推动“最多跑一次”改革向各个领域延伸，“低保惠民联办”成为全国15个社会救助领域优秀创新实践案例之一，在全省“最多跑一次”改革工作例会作典型经验交流，“低保惠民联办”和“车事一站办到底”被省委改革办《竞跑者》推广。在全国首创公安事项进驻乡镇便民服务平台，实施“常青藤”行动激励退职领导干部退有所为，得到省委书记车俊批示肯定。建成社会治理综合服务中心，实现群众反映诉求、化解矛盾“最多跑一地”，获得省委常委、秘书长陈金彪和省委常委、政法委书记王昌荣肯定。深入推进乡镇模块化改革，全市乡镇（街道）模块化运行示范观摩现场会在常山召开。大力实施国资改革，推动企业重组、资产重整、人员重聘，组建国投、城投、农投三家国有公司，全年承接各类建设项目40个，总投资52.5亿元，实现从“考场”到“战场”的良好开局。

我们以统筹融合的理念提升城乡发展品质。高质量推进城乡环境整治，全面打响治气、治水、治土“三大攻坚战”，中央和省环保督察反馈问题得到有效整改，绿色发展指数从2017年度的74名提升到2018年度的39名。优化完善交通路网，沿江公路、320国道“二改一”等项目全速推进，城市框架逐步拉开。深入实施城市“双修”工作，城区道路“白改黑”、口袋公园建设有序推进，文昌阁、滨江一期人行景观桥竣工在即，城市品位不断提升。强势推进“一户多宅”整治，大力开展农房体系构建和风貌提升工作，“一米菜园”扮靓农户房前屋后，“千年宋诗河·百里慢城歌”诗画风光带建设多点开花，徐村“紫薇花海”、长风“古渡金沙”、东方巨石阵成为网红打卡地。创新常山胡柚销售模式，推进衢枳壳提取物儿童抗炎药物研究，常山油茶入选中国特色农产品优势区，东海常山木本油料运营中心油茶籽油挂牌交易，被评为浙江省现代林业经济示范区油茶产业示范县。总投资24.3亿元的金色同弓田园综合体项目入选2019年度省级田园综合体建设名单，总投资50亿元的远山云间旅游度假区项目正式签约。成立慈常飞地有限公司，力争帮助120个左右贫困村完成“消薄”任务。

我们以打造精品的追求弘扬常山特色文化。坚持以文化凝聚力量、以文化引领发展，打造特色文化品牌。推动宋诗活化、物化、景观化，常山江“宋诗之河”被纳入钱塘江诗路黄金旅游带规划，入选全省首批诗路旅游目的地培育名单，发布全国首张“宋诗地图”，得到省委常委、宣传部部长朱国贤批示肯定。民族系列动画片《胡柚娃》参展法国戛纳电视节，备受海外片商青睐，斩获浙江省“五个一工程奖”，《胡柚娃》电影顺利通过中共中央宣传部国家电影局审查。开展庆祝新中国成立70周年系列活动，成功举办2019海峡两岸赏石文化交流展、“浙江书法奖·沙孟海奖”第十届全浙书法篆刻作品展、中国首届常山鲜辣美食节暨世界首届斗辣会、中国山地自行车公开赛等活动赛事，汇聚人气、凝聚人心，持续放大“衢州有礼·慢城常山”城市品牌效应。大力弘扬文明新风，深入落实党员干部“移风易俗八项要求”，提升社会文明素质。

我们以人民至上的情怀补齐民生短板。坚持尽心竭力解难事、诚心诚意办实事、体贴入微管小事、坚持不懈做好事，把“群众利益无小事”落到实处。危旧房安置区建设破难前行，农民集聚安置工程启动实施，群众居住条件逐步改善。深入实施教育综合改革，高考一段上线人数再增10.87%，育才中学中考四项考核指标获全市第一，创造中考历史最好成绩。“三医联动”改革全面深化，全省县域医共体建设现场推进会在常山召开，成岳冲副省长到会讲话并批示肯定，国家卫生县城顺利通过复审，健康常山基础不断夯实。全省农村饮用水达标提标行动现场会在常山召开，传达车俊书记、袁家军省长批示精神，彭佳学副省长到会讲话。成为全国唯一县级家政服务业提质扩容“领跑者”行动试点城市，在第二十届亚洲区家政学会双年国际学术会议开幕式和全国家政培训提升行动启动仪式上介绍“常山阿姨”做法。厕所革命“所长制”成功入选全国农村“厕所革命”九大典型范例，《浙里改（领跑者）》推广常山经验做法，袁家军省长批示肯定。成功创建“浙江省食品安全县”。深入推进扫黑除恶专项斗争，打击绩效位列全市第一，9月实现国庆安保进京“零上访”，有望实现省级平安县创建“十五连冠”。

我们以从严从实的导向全面加强党的建设。县委常委会带头做好示范，引导广大党员干部增强“四个意识”，坚定“四个自信”，做到“两个维护”。牢牢掌握意识形态工作主动权，推进责任落实，加强建章立制，守牢主阵地、唱响主旋律。落实“三个三”基层党建工程，创新“党建联盟帮带”、党员联户“四双工作法”“至少办一件”、网格问效等做法，基层党建基础更加坚实。激励干部担当作为，10名优秀村社支部书记兼任乡镇（街道）党（工）委委员，评选“效率之星”和“拖拉机干部”，综合比选优秀年轻干部纳入储备人才，让实干者实惠、吃苦者吃香。组织全县副科级以上领导干部到省三监接受警示教育、召开全县领导干部警示教育大会等，要求广大党员干部适应在探照灯下工作、在显微镜下生活。加大案件查办力度，处置问题线索674件，立案238件，党纪政务处分230人，其中县管领导干部28人，依法采取留置措施13人，移送司法机关6人。

与此同时，县委常委会全力支持人大、政府、政协充分发挥职能作用开展工作，积极推动山海协作和东西部扶贫，统战、人民武装、工青妇、双拥、老干部、统计、党校、档案、残疾人和关心下一代等各项工作均取得了新的成效。

回顾刚刚过去的一年，我们面对新形势新任务新要求，始终保持良好的精神状态，视挑战为机遇，变被动为主动，把难题转化成了经验，以一腔热血、一份责任推动一方发展、造福一方百姓。在此，我代表县委，向为全县发展付出艰辛努力的各界人士，表示衷心的感谢！

在总结成绩的同时，县委常委会也分析了工作中存在的问题和不足。主要是：传统产业“增绿”不足，优势产业“增值”乏力，“两山”转化通道尚未有效打通；招商引资成效不佳，一些重点项目推进不力；环境污染问题时有发生，生态环境保护任务艰巨；“消薄”工作质量不高，脱贫攻坚合力有待加强；党的建设存在薄弱环节，基层基础不够扎实，少数领导干部纪律规矩意识不强，全面从严治党需要不断向纵深推进，等等。历史的人干历史的事，无论是过去的、当下的问题，还是潜在的、暴露的问题，我们都要以对历史、对人民负责的态度，不畏难、不敷衍、不退缩，勇于担当、攻坚克难，在解决问题中把常山发展带入一个新的境界。

二、深入贯彻中共十九届四中全会精神，争当推进县域治理现代化排头兵

中共十九大提出“必须坚持和完善中国特色社会主义制度，不断推进国家治理体系和治理能力现代化”。中共十九届四中全会专题研究坚持和完善中国特色社会主义制度、推进国家治理体系和治理能力现代化问题并作出决定，事关根本，立意高远，内涵丰富，在中共历史上具有开创性的里程碑意义。省委十四届六次全会提出省域治理现代化目标和“六大体系”路线图、“十招”组合拳，创造性回答了高水平推进省域治理现代化的一系列方向性、根本性、全局性重大问题。市委七届七次全会发出“实现市域治理现代化走在前列”的衢州声音，构建市域治理“八大体系”，提出“省设计、市统筹、县搭台、乡整合、村做实、群众主体参与、数字技术支撑”架构，彰显了市委推进衢州基层之治的决心和担当。

近年来，县委贯彻落实中央和省市委部署，坚持党建统领基层治理，在推进县域治理方面进行了有力的探索实践，形成了基层诚信治理体系建设、党员联户“四双工作法”“至少办一件”等一系列务实管用的好措施、好办法、好机制。我们要坚持传承和创新相结合，把经验做法转化为制度优势，转化为社会治理效能，鼓励支持基层和群众积极探索创新，走出一条具有时代特征、县域特点、常山特色的治理新路子，争当推进县域治理现代化排头兵。

——推进县域治理现代化，是建设“党建治理大花园”的重要基石。近年来，市委坚持党建统领基层治理，系统重构乡村振兴大花园建设体系，形成了“3752”顶层设计，大力推动城乡融合、市域一体的美丽大花园

建设，基层治理在这当中起着基础性、根本性作用。推进县域治理现代化，就是要坚持以党建为统领，以人民为中心，以善治为目标，推动社会治理重心向基层下移，尽可能把资源、服务、管理放到基层，为乡村振兴大花园建设夯实治理根基。

——推进县域治理现代化，是构建社会治理崭新格局的有效途径。随着中国特色社会主义进入新时代，人民群众在民主、法治、公平、正义、安全、环境等方面的需求日益增长，对社会治理提出了新挑战新要求，迫切需要进一步加强和创新社会治理，努力打造共建共治共享的社会治理格局。推进县域治理现代化，就是要坚持以改革为动力，充分发挥基层首创精神，在实践探索中不断创新社会治理体制机制、模式招式，开创多元主体协同共治的社会治理新格局。

——推进县域治理现代化，是激发常山改革发展活力的关键之举。当前，常山经济社会各项事业的发展态势总体向好，但仍存在很多制约高质量发展的问题和短板。要加快发展，实现后发赶超，必须加快构建适应高质量发展要求的县域发展治理新格局。推进县域治理现代化，就是要以科学高效的县域治理来激活力、强动力，引领全县广大党员干部干事创业永葆激情、勇于担当，以永不懈怠的精神状态和一往无前的奋斗姿态开拓发展新局面。

按照“省设计、市统筹、县搭台、乡整合、村做实、群众主体参与、数字技术支撑”架构，主动融入，找准定位，积极作为，全力构建“六面一体”县域治理新格局，争当推进县域治理现代化排头兵。

1. 扩大创新治理受益面。突出改革牵引、创新驱动，不断扩大县域治理受益面。深化“最多跑一次”改革。坚持群众导向、问题导向，加快实现群众和企业全生命周期“一件事”全流程“最多跑一次”，推动“最多跑一次”改革向公共服务、公共场所、机关内部办事延伸，实现政务服务“同城通办、就近能办、异地可办”，促进智能服务更精准，公共服务场所更便利，机关内部审批更高效。加快“最多跑一地”改革。按照“小事不出村、大事不出乡、接访在县里”要求，完善县级社会矛盾纠纷调处化解中心建设，推动现有信息平台与省统一政务咨询投诉举报平台、市矛盾纠纷多元化解平台、基层治理四平台等打通融合，完善社会矛盾纠纷多元预防调处化解综合机制。推进乡镇模块化运行改革。围绕“统领有力、治理有效、发展有劲、服务有礼”要求，厘清部门和乡镇（街道）职责边界，理顺模块对上、对下以及模块内部、模块之间的关系，完善模块干部管理考核办法，全面激发乡镇（街道）活力。以乡镇大执法模块改革为重点，探索横向纵向大小战区模式，推进执法力量下沉。

2. 延伸诚信治理覆盖面。以诚信为基础，倡导诚信文明、弘扬诚信精神、实践诚信治理，推进诚信建设制度化。全力打造“信用常山”。以信用之城建设为抓手，大力推广球川镇黄泥畈村基层诚信治理体系建设做法，创建一批诚信村、文明村。建立健全公共信用评价体系，突出加强政务诚信和个人诚信体系建设，统筹推进企业诚信、商务诚信、社会诚信和司法公信等建设。推进“信安分”落地应用，完善守信联合激励和失信联合惩戒机制，使守信者受益、失信者受限，营造“诚实守信、自律互信”的社会氛围。以法治维护公平正义。加强法治常山建设，全面开展“民主法治村”创建，运用法治思维和法治方式，切实解决影响公正文明执法的深层次问题。统筹推进严格执法、公正司法、全民守法，推动形成办事依法、遇事找法、解决问题用法、化解矛盾靠法的良好氛围。落实公平竞争制度，有效保护各类市场主体的经营自主权、财产权等合法权益，营造依法平等使用资源要素、公平公开参与竞争、依法平等享受支持政策的环境。

3．防控风险治理影响面。坚持底线思维，强化责任担当，健全各类重大风险防范化解机制，坚决打赢防范化解重大风险攻坚战。全力维护政治安全。把维护国家政治安全特别是政权安全、制度安全放在第一位，准确把握外部环境的深刻变化和改革发展稳定面临的新情况新问题新挑战，有针对性地加强防范和依法打击力度，坚决消除一切可能影响政治安全的风险隐患，全力维护社会安定，切实保障人民安宁。健全风险防控体系。深入推进重大决策社会风险评估工作，着力健全社会风险预测预警预防和管控体系，完善预案编制、风险研判、应急决策、协同处置等机制，实打实、常态化地对各个领域的重大风险进行梳理和分析，提高精确预测、精细预警、精准预防和科学处置水平，最大限度把各类风险防范在源头、化解在基层、消灭在萌芽状态。

4．夯实党建治理基础面。坚持党建统领基层治理，做实做细做深做优“三个三”基层党建工程，切实打通基层治理的“最后一公里”。做细做优“三联工程”。严格执行“周二无会日”制度，深入开展“组团联村”，深化“四双”工作法、“至少办一件”、党员联户等创新举措，常态化开展联系服务群众“五上门”活动，实现有效联户、精准联户。坚持“支部建在网格上”，严格执行网格党小组“五个一”运行制度，充分激发网格“一长三员”骨干力量，推动精准化服务、精细化管理。办好乡村振兴讲堂。加快乡村振兴讲堂功能升级，与“衢州有礼”诗画风光带、乡村振兴党建示范带有机结合，全力打造乡村振兴讲堂示范带。大力开展“双百示范”行动，选树100名优秀讲师，打造100个乡村振兴讲堂示范点和一批“乡村振兴讲堂综合体”，力争到2020年底50%的乡镇（街道）建成综合体，实现从“有形覆盖”向“有效覆盖”转变。

5．拓展智慧治理渗透面。注重科技创新，强化数字技术、智慧服务应用，推动县域治理更有创新力影响力。优化“慢城通”服务平台。以“慢城通”建设为中心，打通教育、民政、医疗卫生、公共交通等便民服务事项，推进“慢城通”和基层治理四平台无缝对接，实现多场景多服务的“扫码办”，群众诉求在线反映、在线答复，构建具有常山特色的智慧化社会治理体系和社会服务模式。推进政府数字化转型。以“最多跑一次”改革为总牵引，以现代信息技术为主引擎，将数字化变革性力量融入现代政府建设之中，拓展在交通安全、社会服务、未来社区、智慧医院等领域数字化应用。推进政府工作流程整合，促进公共数据整合共享开放，探索政府数字化转型的新平台、新机制和新模式，以政府数字化转型带动各个领域数字化转型。

6．提升平安治理教育面。深化平安常山、法治常山建设，持续保持高压态势，加大依法打击犯罪工作力度，扩大专项斗争战果。强化扫黑除恶。全面开展依法打深打透大案要案、线索核查清仓见底、案件诉讼提质增效、黑恶罪犯教育改造和检举揭发等扫黑除恶“十大专项”行动，推动“四大转变”，努力实现“五个确保”。坚持打防管建并举，深化“一案三查”、案件协作等机制，集中查办一批涉黑涉恶或重大刑事案件。大力开展“一案一整治”，将打击犯罪、堵漏建制相结合，强化重点领域综合治理，全面铲除黑恶势力滋生土壤。强化树正打歪。聚焦项目推进、招投标、信访、交通运输等领域中的突出问题，集中排查，集中整治，坚决向危害发展环境、阻碍经济发展的歪风邪气“亮剑开炮”，严厉打击恶意阻挠中心工作和重点项目推进的违法犯罪行为，着力形成拔钉清障的强大态势。强化行业治乱。坚持乱象整治、堵疏结合、长效机制三同步，全力推进村级工程、砂石矿产管理、混凝土行业、保健品市场、农村赌博、“套路贷”、医保骗保等重点领域治乱行动，对问题突出的行业实行挂牌整治，进一步规范行业经营行为、维护市场经济秩序。

三、聚焦“强发展”，聚力“求突破”，确保高水平全面小康社会圆满收官

2020年是全面建成小康社会和“十三五”规划的收官之年，既是决胜年，又是攻坚年，也是为“十四五”发展和实现第二个百年目标打基础的关键一年。2019年工作的总体思路是：以习近平新时代中国特色社会主义思想和中共十九大精神为指引，全面贯彻落实中共十九届四中全会精神，按照中央、省委经济工作会议和省委、市委全会决策部署，坚定实施“四四二”战略体系，持续推进“衢常一体、融合发展”，紧扣“强发展、求突破”工作总要求，开展“三年活动”，实现“六大突破”，强化“五个保障”，深化全面从严治党，争当推进县域治理现代化排头兵，奋力谱写高水平全面建成小康社会的崭新篇章！

2019年经济社会发展的主要预期目标是：地区生产总值增长6.5%左右；投资稳定增长，结构持续优化；一般公共预算收入增长7%；城镇居民和农村居民人均可支配收入与经济增长基本同步；完成国家和省市下达的其他约束性指标。

导向是行动的指引和方向。新的一年，全县上下要坚持问题导向、目标导向、结果导向“三个导向”，紧紧咬定“争三进四”这一总目标，大力开展产业提质年、项目攻坚年、作风治理年“三年活动”，集中全部力量和有效资源攻坚“六大突破”，整合资源要素强化“五个保障”，全力化解工作中的突出矛盾和问题，力争全市综合目标考核进入前三、26县考核上升四位，高水平全面建成小康社会圆满收官，争创省级美丽乡村示范县，实现省级平安县“十六连冠”。实现这些目标，需要全县各个板块的爆发支撑。各乡镇（街道）、各部门要自我加压，对标提标，奋勇争先，打造一批特色强的品牌、争取一批分量重的试点、赢得一批过得硬的荣誉，助推全县发展实现大突破、迈上新台阶、攀向更高峰。

根据上述总体思路和工作目标，做好新一年各项工作，重点就是要实施好“365”工作体系：

“3”就是开展“三年活动”，即产业提质年、项目攻坚年、作风治理年。

——产业提质年，就是要以龙头为引领、以创新为驱动，千方百计调结构、促转型、增后劲。坚定不移让产业“扛大旗”“挑大梁”，按照“产业集聚＋产业关联＋产业融合”思路，扶大育强，推动产业链向末端延伸，向价值链高端提升，打造轴承、半导体、新材料和大健康“四大百亿”产业。加强互联网、大数据、工业设计等推广应用，重点推动轴承数字化改造、机器换人，延伸拓展新材料产业链，推动水泥建材清洁化生产，培育装配式建筑产业，重点关注冷柜、钢琴等乡贤回归产业，着力构建结构优化、质效双提的

产业格局。

——项目攻坚年，就是要以提速为目标、以机制为保障，千方百计抓谋划、重推进、强支撑。坚持“项目为王”，把项目作为第一抓手，将优质资源向项目集聚，将骨干力量向项目集中，聚焦基础设施、产业升级、科技创新、生态环保等重点领域，全力谋划一批打基础、利长远、补短板、增动能的新项目、大项目、好项目，狠抓攻坚推进，优化服务机制，强化要素保障，确保项目早落地、早开工、早投产、早见效，努力营造大干项目、干大项目的浓厚氛围。

——作风治理年，就是要以问题为导向、以治理为抓手，千方百计优作风、提效率、树形象。以全面落实省委巡视反馈意见整改为契机，实施干部作风治理“1530”行动，开展作风建设大学习、大讨论、大检视、大落实、大提升行动，集中排查整治吃拿卡要、公款吃喝、恶意诬告、不正当交往等行为，坚决调整一批、严肃查处一批品行不端、作风不实、心术不正的干部，重塑“德才兼备，敢担当有作为”的常山铁军形象，全力修复山清水秀、风清气正的政治生态。

“6”就是实现“六大突破”，要突出重点领域、抓住关键环节，精准发力、突破见效，起到牵一发而动全身、落一子而全盘活的效果，推动经济社会高质量发展。

1．保持战略定力，在产业提质增效上求突破。坚持“产业崛起”战略不动摇，积极转变发展方式、优化产业结构、转换增长动力，推动产业提质增效。构筑产业集群。立足优势特色，以强龙头、补链条、聚集群为发展思路，发挥瑞典斯凯孚、天津利安隆、大和热磁等龙头企业带动作用，加速轴承产业基地化、“云耕小镇”高端化、新材料和大健康聚合化。积极培育壮大装备制造业，推动产业集群化、智能化、品质化发展。深挖传统产业潜力，加大轴承、纺织、建材等传统产业数字化、智能化改造力度，扶持本土原生性成长企业做强，鼓励企业主动上云、深度用云，培育一批省级以上两化融合试点示范企业和示范智能车间。推动企业转型。把稳企业摆在经济工作首位，坚持分行业扶持、分梯度培育，稳步实施“12550”行动计划，力争将哲丰新材料培育成首家产值50亿元以上的企业。坚持扶大育小同步推进，形成大中小企业融通发展的良好态势。持续推动“低小散”企业“退散进集”，深化“亩均论英雄”改革，抓住国家用地、用能等差异化改革政策，优化土地要素、能源要素等向优势行业倾斜，推动一批低效企业淘汰出清。强化平台支撑。加快园区整合向融合迈进，实行四大区块统一规划布局、统一运营管理。产业集聚区围绕“产城融合＋能级提升”，加快万洋众创城建设，高品质打造万洋秀谷滨水综合体，谋划布点生活性配套项目；新都工业园区重点发展电子信息、食品加工、纺织等行业，加快低效闲置工业用地“腾笼换鸟”二次开发，促进高效集约发展；生态园区和辉埠新区抓好企业出清和产业整治“后半篇”文章，探索引进上市公司托管生态园区，加快推进碳酸钙创新综合体建设。协同推进各类平台建设，精心培育云耕小镇，全力备战赏石小镇命名验收，强化发展支撑。

2．优化体制机制，在项目落地转化上求突破。坚持以项目补短板，以项目蓄动能，以项目促发展，变革体制机制，用项目高质量撑起发展新高度。变革招引机制。坚持大招商、招大商，开展领导招商、以商招商、以链招商、中介招商，探索“飞地招商”，力求招进一个项目、引来一批企业、带动一个产业。重组招商机构，理顺招商职能，优化招商机制，聚焦“四大百亿”产业，健全招商政策，制定招商选资“清单目录表”，努力招引一批符合常山发展需求的大项目好项目。加快项目落地。紧扣提升项目“落地率、转化率”，建立县领导牵头分管产业项目负责制，考察、选址、洽谈、落地全程负责、一包到底，确保项目快落地、早见效。健全项目研判机制，提升研判效率。强化项目攻坚。坚持“一切围绕项目干、一切围绕项目转”，全面推行重大项目推进全系统分类、全责任落实、全流程管理、全过程考核“四全工作法”，加快远山云间、赛得健康小镇二期建设，推进大和热磁、万洋众创城、哲丰等二期项目落地，高起点启动浙赣“衢饶”示范区建设，确保“月月有开工、天天在建设”。

3．攻坚旧城改造，在城市品质提升上求突破。围绕城市让生活更美好，以旧城改造为突破口，提升城市能级，彰显城市特质。拉开城市框架。坚持交通先导，加快推进沿江公路建设和常山江航运开发，积极谋划320国道整体外移、公铁路衔接型综合客运枢纽，争取义金衢上城际铁路进入国家铁路规划网，构筑城市综合立体交通网，拓宽城市发展空间。狠抓旧城改造。坚定城市向东发展，有序推进城东新区地块开发，加快狮子口片区征迁改造，拓展城市发展空间。开展旧城有机更新，实施“拆墙透绿”，打通一批断头路，改造一批旧小区，完善一批基础配套。建立城市征迁改造机构，梳理完善政策，建强征迁队伍。加快危旧房改造安置区建设，制定出台安置房选房方案，确保安置平稳有序。提升城市品质。坚持规划一体考虑、基础设施一体建设、城市功能一体统筹，打造“文昌阁—心舟公园—人行景观桥”城东新区生态廊道轴、“紫港古渡—东淤桥—步行街—北门片区”旧城区文化发展轴，构建“一江两岸”城市魅力风景线。开工建设“三馆两中心”，完善学校、文化、社区服务等配套设施，扮靓高速常山出口、金川大桥等重要节点，提升城市颜值。建设一批历史文化主题公园，提升城市文化品位。

4．丰富业态功能，在国际慢城建设上求突破。按照“整体规划、精品设计、项目引领、核心启动”思路，加快国际慢城项目招引建设，加快文旅融合，构建具有“山水原色、田园绿色、业态特色”的慢城景观和产业格局。严格规划管控。加快国际慢城景观水系专项规划、慢城森林绿道专项规划、慢城业态导入三年实施计划等规划编制工作，进一步优化空间布局、功能布局、产业布局，切实提升慢城的生态品质和生活品位。全面加强规划管控，建立慢城项目联合审批机制，着眼长远，科学论证，让项目建设有据可依、有据必依。突出项目引领。以核心项目为引领，精心谋划，精细实施，着力以“一道一桥一水系”带动基础设施建设，以“一心一宿两基地”带动休闲业态植入，以“两赛两节”带动慢城人气集聚，彰显慢乡、慢旅、慢品的独特韵味。加快文旅融合。围绕慢生活、慢休闲、慢运动主题，依托国际慢城“六朵金花”，发挥生态资源和特色文化优势，加强山水林田湖生态保护修复，传承贡面制作、木榨油、喝彩歌谣等传统文化，打造文化乡愁之旅、精神回归之旅。依托山地自行车公园，提升国际慢城运动基地建设水平，发挥“体育＋旅游”的叠加效应，聚拢人气，拉动消费。

5．坚持全域提升，在创建省级美丽乡村示范县上求突破。按照“重点培育、全面提升、争创示范”要求，开展全域环境整治，打造一批精品点、精品线，力争创成省级美丽乡村示范县。打好生态宜居牌。以中央环保督察为契机，持续开展环保执法“零点”行动，深入实施农村生活污水、农村生活垃圾、农村公厕等农村环境“三大革命”，加快推进辉埠片区矿山生态修复和土地复垦复绿，坚决打赢防治污染攻坚战。巩固农房整治成果，开展迁移一批“村中坟”、拓宽一批村庄道路、建设一批小微停车场的“三个一批”行动，实现小微停车场行政村全覆盖，切实优化人居环境。打造诗画风光带。结合“百江千河万溪”美丽河湖创建，以诗画风光带建设为主抓手，重点突出同弓片区、新昌片区、慢城片区、何家片区及风光带沿线乡村，推进金色同弓田园综合体建设，统筹开展美丽庭院、美丽乡村特色精品村、美丽乡村示范乡镇（风景线）和美丽城镇样板镇创建，构建点上精致、线上出彩、面上美丽新格局。打响“慢村生活”高端民宿品牌。加大政策扶持力度，整合现有的村上酒舍、不老泉、云上轩、申山乡宿等高端民宿资源，汇集主题性、特色性、唯一性于一体，做到标准化、个性化、多样化相统一，打响“慢村生活”高端民宿品牌，纳入区域联动旅游体验线路，形成对外推介和竞争的整体合力。

6．突出富民惠民，在民生事业提质上求突破。坚持民生优先，持续优化公共服务供给，不断刷新常山的“幸福指数”“民生高度”。推进产业富民。围绕乡村振兴示范县建设，突出产业带动，加大胡柚药用性开发研究，推动衢枳壳申报纳入“中国药典”，推进胡柚数字化分选和一二三产融合发展；坚持“线上＋线下”“品牌＋平台”，加快油茶产业创新服务综合体建设，推进茶油生产企业整合做大，打响“中国放心油”品牌；做大猴头菇产量，做好深加工文章，力争在药用研发方面取得新突破。加强产业发展规划，加大政策扶持力度，大力培育蓝莓、香榧、香柚等农业新兴产业，拓宽产业增收渠道。加强就业指导和服务，实施农民职业化教育培训和农民工职业技能培训，做大常山阿姨学院，打造浙江省产教融合示范基地，坚决打赢低收入百姓增收攻坚战。深化服务安民。持续深化教育综合改革，优化教育布局，引进民办精品高中，扩大学前教育供给，启动高考一类上线人数“300+”行动。深化县域医共体改革，推进县级医院等级创建、便民智慧服务升级，满足群众就医需求。着眼群众出行，争创“四好农村公路示范县”和“全国无障碍环境县”，积极推进城乡客运交通一体化建设。打造首批14个农村“夕阳红”食堂，构建“孝老之城”特色养老品牌。推动文化惠民。抢抓钱塘江诗路文化带建设机遇，加快宋诗活化、物化、景观化，打造“宋诗主题文化街”和“印象常山　风雅宋韵”大型实景剧，推进“宋诗之河”黄金旅游带建设，推动文旅融合高质量发展。结合《胡柚娃》电影公开放映，谋划发展动漫影视产业，提升胡柚娃IP价值。依托赵鼎墓考古重大发现，做好赵鼎墓开发、修复工作。大力推广农村“学哲学用哲学”，力争与中国社科院哲学所合作举办全国性农民哲学论坛。

“5”就是强化“五个保障”。就是要整合资源优势，突出核心要素，形成全方位、全周期、全链条的保障，为实现“六大突破”提供有力支撑。

1．强化资金保障，解决“钱从哪里来”问题。坚持改革创新，大力推进财政资金统筹使用，盘活各领域“沉睡”的财政资金，提高资金使用效益。把握省、市组建一批产业基金的契机，积极向上对接沟通，争取更多的资金、项目向常山县倾斜。探索产业基金投资优质企业新模式，发挥政府产业基金的杠杆作用。完善总部经济政策，加大企业培育力度，培植稳定税源。深入实施全域土地综合整治项目，确保土地收益20亿元以上。深化政银企合作，充分调动县内各金融机构服务地方发展的积极性，争取更多的信贷资金投放常山。做好国资国企改革“后半篇”文章，做大做强城投集团、农投集团，培育稳定的现金流。提高资本融通创新能力，加强资本运作、推动金融创新，依托转型后国企的优质资产，以银行、债券等形式开展市场化融资，做大总量，提高现金流。

2．强化项目保障，解决“动能从哪里来”问题。结合“十四五”规划编制，主动对接积极融入国家和省、市重大战略，立足区域产业优势、资源优势、区位优势，围绕“四大百亿”产业、打造综合立体交通网、国际慢城建设等，以系统性思维谋划一批具有全局性、基础性、战略性的重大基础设施项目、民生项目和产业项目，力争谋划“十四五”期间“四大百亿”项目20个，其中10亿元以上项目6个。加强向上对接，积极做好“跑部进省”文章，围绕山海协作、衢常一体等重大战略，精心包装储备一批强基础、管长远、利全局的重大项目，做好省市集中开工项目、省市县长项目、重大前期攻坚计划项目、重大服务业项目等筛选和申报，积极争取更多项目列入上级项目库。强化金融支持，谋划一批集成项目，推动现有龙头企业实现二次创业、二次投资，夯实项目基础。

3．强化人才保障，解决“谁来干”问题。完善人才培养、引进和使用机制，在经济社会发展各个领域都集聚一批实用型、技能型、领军型人才。全面实施“两进两回”行动，推动科技、资金、人才等资源要素流向农村，激发乡村发展活力，推进乡村全面振兴。深入实施“双招双引”工程，加快“人才飞地”布点，整合形成“中介猎才、项目联才、驿站招才、飞地聚才、大赛评才”的组合式引才模式，力争引进一批带项目、带资金、带技术的创业创新人才。加强国资平台队伍建设，引进、培养一大批守规矩、懂经营、会管理的经济型人才。充分发挥院士专家工作站作用，建立本土人才与高层次人才交流共学机制，帮助本土人才拓宽视野、提升能力。统筹运用包括产业配套、政策优惠、资金扶持、环境优化、情感关怀在内的综合性措施，把常山打造成人尽其才、才尽其用的人才高地。

4．强化机制保障，解决“活力从哪里来”问题。谋划组建大规划策划办、大项目统筹办、大资金保障办、大建设调度办、大监管服务办，建立健全工作规则和操作流程，强化重大项目建设机制保障。坚持视如家事、跨前一步，推进“三服务”活动制度化，深化优化营商环境“10+N”行动，建立企业需求表、创新产品表和金融政策表，深化企业和个人“一件事”改革、企业投资项目审批改革等，全面启动一般企业投资项目审批“最多80天”改革，缩短企业办事时限，帮助企业解决人才、融资等难题，构建运转高效、协调有序的管理服务机制。健全督查机制，创新督查方法，加大督查力度，强化联合督查，不断提升督查工作实效。坚持以实绩论英雄，完善目标考核体系和考核办法，实施严格的问责问效机制，激发干部干事创业热情。

5．强化作风保障，解决“干得怎么样”问题。不断巩固和拓展主题教育成果，瞄准“四风”出重拳，结合省委巡视整改，处理一批作风轻浮、工作不实，消极应付、推诿扯皮，不敢担当、不愿担当的反面典型，锻造敢于担当、勇于负责的好作风。克服“不想为”的思想惰性，做到在破难题解矛盾上、在落实上级决策部署上、在服务企业群众上，不为困难找理由，只为干好想办法。补齐“不能为”的能力短板，强化系统思维、全局意识，自觉从大局看问题，把工作放到大局中去思考、定位，提高解决改革发展问题的本领。消除“不敢为”的畏难情绪，敢于直面问题、敢于迎难而上、敢于承担责任，让“人人尽责、事事落实、天天坚持”成为常山干部的行动追求。

四、坚持全面从严治党，为常山全方位振兴凝聚力量

牢牢把握新时代党的建设总要求，坚持和加强党的全面领导，切实扛起管党治党主体责任，系统推进党的建设各项任务，以高质量党建为高质量发展提供坚强的政治保障。

1. 着力加强政治建设，提升政治领导力。把“不忘初心、牢记使命”作为加强党的建设的永恒课题、终身课题，巩固成果、深化拓展，进一步锤炼党性修养，坚定理想信念。把牢政治方向。坚定不移用习近平新时代中国特色社会主义思想定向领航，增强“四个意识”，坚定“四个自信”，做到“两个维护”。落实党管意识形态工作责任制，大力弘扬胡兆富等先进典型事迹，用好西源革命纪念馆、久泰弄国防教育主题展馆，白石草坪炮台山等红色资源，提升主流舆论和文化的传播力、引导力、影响力和公信力。提升政治素养。依托县委理论学习中心组学习会、慢城大讲坛、乡村振兴讲堂等有效载体，用活“线上＋线下”宣讲平台、“理论＋文艺”宣讲方式，让党的创新理论“飞入寻常百姓家”。规范政治生活。严格执行新形势下党内政治生活若干准则，坚持“三会一课”、双重组织生活、民主评议党员制度，引导党员干部做到“我是党员我带头”，推动党内政治生活严起来、实起来、活起来。

2. 坚决抓好巡视整改，提升担当执行力。坚持把巡视整改作为破解疑难问题、推动改革发展的有利契机，以整改成效推动常山高质量发展。压紧压实责任。持续做好省委巡视整改“后半篇”文章，层层分解任务，以最坚决的态度、最务实的举措、最严格的标准抓好整改。不折不扣整改。紧盯突出问题，从最难改的入手，从最棘手的破题，以点带面，全力突破，确保巡视整改不留“死角”“盲区”。严厉打击干部队伍中的歪风邪气，同公职人员诬告陷害行为坚决斗争到底。建立健全跟踪督查机制，实行整改销号制度，对敷衍整改、虚假整改的行为严肃追责问责。常管常抓见效。扎实开展“回头看”，达到“整改一个问题、固化一条措施、完善一项制度、出台一套办法、治理一片领域”的良好效果。坚持以巡促干，全力做好扩大有效投资、办好民生实事、加快乡村振兴等各项工作，真正把巡视工作的成果体现到推动中心工作上。

3. 锻造常山铁军战队，提升发展推动力。坚持严管和厚爱结合、激励和约束并重，推动党员干部担当尽责、善作善成。凭实绩论英雄。用好“干部五条”，推进干部考实积分管理制度和不担当不作为问题整治清理，选拔使用一批政治过硬、忠诚担当、德才兼备、群众公认的铁军先锋。深入实施“红黄灰”三色考评管理举措，用好能上能下、鼓励激励、容错纠错“三项机制”，让“有错”干部变“有为”，让“有为”干部真“有位”。在一线练干部。把征迁一线、项目一线、服务企业一线、组团联村一线、招商引资一线“五大现场”作为干部淬炼培养的练兵场，推动干部在一线破难中长才干、在争先比拼中亮担当、在创新实干中展风采。育常雁促常青。围绕打造“常雁常青”干部工作品牌，

选优配强乡镇党政正职领导，推动领导干部“头雁领航”。深化年轻干部“365”培养工程，加快年轻干部“雏雁丰翼”。实行“2050”计划，建强“常青藤”专班，激励退职干部“回雁奋飞”。强化末位干部后续管理，实现末位干部“尾雁快飞”。

4．筑牢基层战斗堡垒，提升党的组织力。树立“一切工作到支部”导向，推动力量下沉，打造推动高质量发展的坚强战斗堡垒。聚力推进“两全”建设。开展“单月乡镇、双月部门”互看互学，打造党建过硬、服务发展双重示范点，推进创建工作提档提速提质。建强村级“头雁”队伍。结合2021年村（社）党组织集中换届，试点村党组织书记、村委会主任和村级经济合作社组织负责人“一肩挑”，选优配强村级“领头雁”队伍。用好支部书记学院，教育广大村干部葆有“四颗心”，争做“四个人”，坚持“两条根本原则”。严厉整治村干部违规承揽工程行为，动态考核调整村支部书记兼任乡镇（街道）党（工）委委员人选，激发村干部干事创业热情。严把党员“进出”关口。推行党员“一件事”改革，实现全链条、全过程教育管理。建立发展党员工作“红黄灰”“分色预警制”，全面执行重点人员预审制度，解决违规党员、家族党员、关系党员等问题，杜绝“近亲繁殖”“带病入党”现象。全面推行党员先锋指数考评制度，畅通党员出口关，确保党员队伍的纯洁性。

5．推进全面从严治党，提升自我净化力。坚持严标准严要求，以提升自我净化力为重点，推进全面从严治党向纵深发展。压实管党责任。坚持党要管党从严治党，严肃整治“六机”“四匠”现象，用好“个性化”责任清单、两个责任报告评议、廉情抄告等制度，层层传导压力，层层落实责任，推动“两个责任”贯通协同、落细落实。严明纪律规矩。围绕净化修复政治生态，强化政治体检、政治监督，严肃查处对党不忠诚不老实、阳奉阴违的“两面人”和违背党的政治路线、破坏党内政治生态的行为，确保政令畅通、令行禁止。加大巡察力度，提升巡察效能，确保巡出震慑、察出“病根”。加强日常监管。强化党员领导干部“八小时之外”的监督管理，督促自觉净化社交圈、生活圈、朋友圈。运用监督执纪“四种形态”，对苗头性问题及时谈话函询、定向反馈、点出问题、提醒纠偏，提高干部自身免疫力。加大行政审批、执法司法、工程建设等重点领域监管力度，补齐土地矿产资源开发、低收入居民生活保障等关键环节制度漏洞，不断完善权力运行制约和监督机制。

2020年是“两个一百年”奋斗目标的交汇之年，做好这个特殊重要年份的工作，意义重大而深远。让我们紧密团结在以习近平同志为核心的党中央周围，牢记初心使命，彰显实干担当，聚精会神强发展，凝心聚力求突破，用高水平县域治理现代化助推高质量发展，努力交出一份高水平全面建成小康社会的优异答卷。

名词解释

1．“9+1”专项整治：省委部署的九大专项整治+市委部署的编外用工清理规范专项整治。

2．“破山”行动：建立“1+1+N”服务企业工作体系，即一个联席会议、一个要素保障组、“N”个服务小专班，直奔企业，解决问题，着力破除市场的冰山、融资的高山、转型的火山。

3．低保惠民联办：整合民政、教育、社保等8个单位低保惠民政策，形成13项政策打包式、便民化、高效率办理，实现“一证通享、一窗通办、一网联送”。

4．车事一站办到底：整合公安、税务、交通、卫健、综合执法、银行等9部门审批权限和服务资源，成立全省首家行政服务中心交管分中心，所有与车辆、驾驶员、道路有关的127个事项均在中心内一站式办结。

5．“常青藤”行动：通过双向选择，择优选派部分退出现职干部以分组进入全县各重点工作专班集中办公的形式，设立项目攻坚协调员、招商引资联络员、矛盾纠纷化解员、营商环境观察员、基层治理服务员、效率革命督导员等“六大员”。

6．乡镇模块化改革：将乡镇（街道）主要职能按大党建、大协调、大治理、大经济、大执法、大服务等模块进行划分归类的乡镇（街道）机构改革后的运行机制创新。

7．城市“双修”：指生态修复、城市修补，是治理“城市病”、改善人居环境、转变城市发展方式的有效手段。

8．一米菜园：利用农户房前屋后、拆后土地、闲置空地等碎片化的土地，打造宽度在1米左右，便于农户生产劳作，适宜游玩采摘，高颜值、效益好的现代乡村菜园。

9．“五个一工程奖”：一部好的戏剧作品，一部好的电视剧（片）作品，一部好的电影作品，一部好的图书（限社会科学方面），一篇好的理论文章（限社会科学方面）。

10．“浙江书法奖·沙孟海奖”：每三年一届的“沙孟海奖”全浙书法篆刻大展是浙江书坛最高级别的展示平台，也是推动浙江书法发展的活力载体。

11．中考四项考核指标：总平均分、优秀率、合格率、全市后20%控制率。

12．“三医联动”改革：医疗、医保、医药改革联动。

13．“三个三”基层党建工程：实施“三大主体工程”，就是落实乡镇（街道）主体责任、发挥村（社）组织主体作用、激发党员群众主体意识，做实党建责任内容；推进“三个全覆盖”，就是推进组团联村全覆盖、网格支部全覆盖、党员联户全覆盖，做实党建工作载体；运用“三大指数”，就是运用乡镇（街道）党（工）委的服务指数、村（社）党组织的堡垒指数、党员的先锋指数，做实党建考核制度。

14．党建联盟帮带：推行强村带弱村，试行村干部跨村任职，优化人才资源配置，加快软弱后进村摘帽，探索一条“强村带弱村”新路子。

15．党员联户“四双工作法”：双向选择、双方承诺、双重赋权、双线推进。

16．党员联户“至少办一件”：每名联户党员每年为联系户至少办一件实事。

17．省域治理“六大体系”：党的领导制度体系、现代法治体系、高质量发展制度体系、社会治理体系、基层治理体系和治理能力保障体系。

18．省域治理“十招”：一是深化“最多跑一次”改革，完善治理制度体系；二是推进社会治理领域“最多跑一地”，有效化解矛盾纠纷；三是加强信用浙江建设，优化治理环境；四是防范化解重大风险，守住治理底线红线；五是加快数字浙江建设，提升治理效能；六是弘扬与时俱进的浙江精神，增强治理软实力；七是夯实基层基础，打通治理的“神经末梢”；八是常态化开展“三服务”活动，提升治理获得感；九是全面推进美丽建设，增强治理的绿色动能；十是强化对权力运行的制约和监督，激励党员干部在推进治理现代化中担当作为。

19．市域治理“八大体系”：战略规划体系、市域统筹体系、制度规则体系、区域开放体系、产业创新体系、基层治理体系、服务供给体系、干部人事体系。

20．党建治理大花园“3752”顶层设计：“3”是指加强“三个统筹”：规划布局、政策资源、工作保障；“7”是指做好“七篇文章”：党建篇、农房篇、资源篇、集聚篇、改革篇、产业篇、治理篇；“5”是指推动五大振兴全面振兴同步振兴；“2”是指实现基层党建全领域建强、全区域提升。

21．党员联系服务群众“五上门”：群众有生病卧床要上门看望，群众有红白喜事要上门帮忙，群众有矛盾纠纷要上门劝解，群众有不满情绪要上门疏导，群众有突发事件要上门了解。

22．网格党小组“五个一”制度：开展一次学习、通报一些情况、汇报一块工作、认领一批任务、协商一些难题。

23．网格“一长三员”：网格长和专职网格员、兼职网格员、网格指导员。

24．“打财断血”“打伞破网”：推进扫黑除恶专项斗争的关键举措，其中“打财断血”是指斩断黑恶势力利益链条，彻底摧毁其经济基础和“造血”功能，“打伞破网”是指铲除黑恶势力背后的“保护伞”“关系网”。

25．“一案三查”：既要查办黑恶势力，又要追查黑恶势力背后的“关系网”和“保护伞”，还要倒查党委、政府的主体责任和有关部门的监管责任。

26．干部作风治理“1530”行动：“1”就是出台《关于进一步加强干部作风建设的意见》；“5”就是开展大学习、大讨论、大检视、大落实、大提升“五大活动”；“30”就是作风建设“30条保障”，包括《常山县开展作风治理的十条举措》《常山县党员领导干部作风建设十条承诺》和《常山县加强日常管理监督深化干部队伍作风建设的十条意见》。

27．“12550”行动计划：到2021年，培育1家50亿元以上的“航母型”企业、2家20亿元以上的“小巨人”企业、5家10亿元以上的“单打冠军”企业、50家亿元以上“金种子”企业。

28．义金衢上城际铁路：义乌—金华—衢州—常山—上饶。

29．“一道一桥一水系”：时空隧道、森林栈桥、湿地水系。

30．“一心一宿两基地”：度假酒店、慢城文化馆、山地运动基地、微视频拍摄基地。

31．“两赛两节”：山地车公开赛、两栖车邀请赛，慢城花海节、慢城民俗文化节。

32．“两进两回”行动：科技进乡村、资金进乡村，青年回农村、乡贤回农村。

33．“双招双引”工程：招商引资、招才引智。

34．“三服务”活动：服务企业、服务群众、服务基层。

35．优化营商环境“10+N”行动：“10”是指营商环境便利化的主要指标，按照企业全生命周期分为企业开办、办理建筑许可、用电报装、用水报装、用气报装、不动产登记、获得信贷、纳税、跨境贸易、企业注销。“N”是指若干个无法很好量化的支撑性指标，具体有惠企政策、执行合同、知识产权保护、办理破产等，是一组动态开放的指标。

36．年轻干部“365”培养工程：按照“成熟型干部、中期培养的优秀干部、远期培育的年轻潜力干部”3个层次，工业经济、城建规划、金融财贸、项目管理、产业招商和综合管理6种类型，动态储备500名优秀年轻干部，重点提升政治素质、基础素质、专业素质、实践素质和综合素质5种能力，储备一批、使用一批优秀年轻干部。

37．“2050”计划：在退出现职的县管领导、中层干部中分别选拔20名、50名优秀干部，吸纳加入“常青藤”行动计划。

38．村干部“四四二”要求：葆有感恩心、责任心、进取心、包容心“四颗心”，争做发展的带头人、风尚的示范人、和谐的引领人、群众的贴心人“四个人”，坚持公正和激情、团结和规矩“两条根本原则”。

政府工作报告

——在常山县第十六届人民代表大会第四次会议上

县长　张少华

（2020年4月21日）

自1月21日以来，在以习近平同志为核心的党中央坚强领导下，和全国人民一道，我们打了一场众志成城、艰苦卓绝、气壮山河的新冠肺炎疫情防控人民战争，34万常山人民全力抗击疫情的画面历历在目，令人刻骨铭心。

这是一场大考。新冠肺炎疫情突如其来、来势汹汹，作为全市首例确诊感染者所在县，我们顶着巨大压力，第一时间启动战时运行状态，成立指挥部，构建了科学、高效的"1+1"指挥体系，一个体系、一个口子、一致行动。这是一场国考。我们和全国其他地区面对着同样一份试卷，始终把"找到人、管住人、看好门"作为第一任务。率先制定"暖心十条"，率先开展机关干部"包区清楼"机制，率先推行居家隔离ABC分级分类管控机制，率先探索"大数据＋网格"管控模式，坚决做到靶向管控、智慧管控，全县累计集中隔离434人、居家隔离5234人。这是一场联考。我们始终坚持联防联治、群防群治，迅速成立1+X"红细胞"党建联盟，把党旗插在抗"疫"最前线，全县111家机关单位、2000余名党员干部、1200余名志愿者和千千万万的群众一起，联合作战、携手共战，3名输入型确诊病例第一时间得到有效处置，没有出现二代感染病例。这是一场统考。我们坚持一手抓疫情防控、一手抓复工复产，成立企业项目复工指挥部，制定"备案制＋负面清单＋承诺制"，打好员工返岗、减税降费、线上办公等系列助企组合拳，兑现涉企政策1.23亿元，有力推进全县企业项目复工复产。

疫情就是命令，防控就是责任。在这场大考中，考出了党员干部的"执行力"。在感染科一线、村社一线、交通检疫一线，党员干部面对急难险重任务，听令而行、闻令而动，不分昼夜、奋力担当，坚持一鼓作气、战斗到底，用实际行动诠释了"一个支部一座堡垒，一名党员一面旗帜"。考出了职能部门的"战斗力"。全县各单位各司其职、各尽其责，密切协作、并肩作战，在排查、救治、管控、保障等各个环节出实招、做细活，以非凡的战斗力，克服了防疫物资短缺、省际卡口压力大、复工复产等难题，体现了"危难时刻显担当"的大无畏精神。考出了广大群众的"协同力"。全县上下发扬无私奉献、大爱无疆的崇高精神，成立志愿服务队127个，为全县上下抗"疫"提供了源源不断的动力。县人民医院的五位白衣天使成为"最美逆行者"；青石镇连夜运送17吨胡柚驰援武汉等等，这些最美事迹都在讲述着常山"大难之中有大爱"的故事。考出了基层治理的"创造力"。"慢城537平台"精准的数据推送，基层网格层层织密防控网，村民党员自发的自我管控，无不体现出基层治理体系建设的努力。这场大战，也为我们实现基层治理体系和基层治理能力现代化积累了宝贵经验。

没有一个寒冬不会过去，没有一个春天不会到来。在这个春暖花开的美好时刻，我们终于迎来了县"两会"的胜利召开。我们将更加信心百倍、豪情满怀，也定不辱时代使命、不负人民期望，尽心竭力建设一个更幸福、更安康、更美丽的常山！

下面，我代表常山县人民政府向大会报告工作，请予审议，并请县政协委员和其他列席人员提出意见。

一、2019年工作回顾

2019年是新中国成立70周年，也是高水平全面建成小康社会的关键之年。这一年，面对严峻复杂的经济形势、艰巨繁重的转型任务、任重道远的改革征程，县政府在市委、市政府和县委的坚强领导下，在县人大、县政协的大力支持下，全面贯彻县委“四四二”战略体系，紧扣“强发展”主旋律，扎实开展“营商环境年、基层治理年、效率革命年”活动，聚力改革创新，全力攻坚克难，全县经济社会保持良好发展态势。全县实现地区生产总值150.4亿元，比上年增长6.6%；财政总收入18.9亿元，一般公共预算收入11.8亿元，分别增长10.8%和7.4%；城镇和农村居民人均可支配收入分别达到39654元和22149元，增长8.9%和9.7%。同时，我们还承担了3项国家级试点、13项省级试点，承办了40个省市重大活动，知名度和美誉度进一步提升。

（一）2019年，是负重前行、破难攻坚的砥砺奋进之年

着力“补短板”，还上一批“旧欠账”。我们勇于正视发展中的薄弱环节，下定决心补短板、还旧账，不断夯实发展基础。工业平台整合升级。园区四个区块全部完成整合，经济技术开发区和辉埠新区合二为一，明确各个区块功能定位。完善基础配套，建成综合供能服务站、哲丰苑西侧支路，开建辉何公路、园区污水预处理厂、应急备用水厂，全年基础设施投入1.8亿元，比上年增长25.4%。引入高端平台，总投资50亿元的万洋众创城开工建设、快速推进，招商形势良好，签约入驻企业35家。推进产城融合，用地1800余亩的集聚区产城融合基础设施项目完成选址，启动土地征迁工作。园区热源点规划正式获批。交通建设后来居上。打响交通项目攻坚大会战，320国道“二改一”、351国道、杭金衢高速公路常山段拓宽等项目工程建设加速推进，沿江公路全线贯通，“四好农村路”完成年度任务，淳常公路建设获省交通运输厅批示表扬，全年完成“四个结构”交通基础投资10.25亿元，增长31.3%，全市排名实现从末尾到前列的“逆袭赶超”。巡视整改固本强基。把省委巡视反馈问题整改作为推动发展的重要抓手，围绕新旧动能转换不力、精准脱贫不够扎实、招商引资成效不佳等14个问题，落实整改举措70项，完成问题整改11个。注重举一反三，从制度层面剖析原因、查补漏洞，重新规范、出台各类政策制度50余项。

聚力“强攻坚”，啃下一批“硬骨头”。我们坚持历史的人做历史的事，统筹力量、尽锐出战，成功攻克一批重点、难点、焦点问题。环保整治坚决有力。抓好环保督察反馈问题整改落实，28件中央环保督察交办信访件和21件省环保督察信访件全部完成整改。整合26个部门力量，累计投入2亿元，强势推进轻钙产业整治，全县16家轻钙企业全面关停，拆除立窑43座、厂房8万平方米。开展生态园区整治提升行动，累计投入1.1亿元，出清企业17家，完成空间规划和产业规划编制，成功争取并完成热源点规划修编，路网、绿化改造提升工程陆续启动。开展危废固废“雷霆斩污”等环保执法专项行动，立案查处案件41起。全面打响治气、

治水、治土“三大攻坚战”，完成涉气“散乱污”企业整治23家，工业园区“污水零直排区”通过验收。项目攻坚卓有成效。建立项目全生命周期管理机制，实现项目谋划、招引、实施全流程监管，全年完成重点项目投资108亿元，比上年增长24.1%，其中23个省市重点项目均超时序进度，省市县长项目开工入库率超额完成省定任务，排名全市第一。开展重点项目“百日攻坚”行动，实现项目“月月有开工、天天在建设”，9月以来共举行4次集中开工，37个项目集中开建。大力整治项目工程领域乱象，群众密切关注的城市道路“白改黑”、白石镇饮用水管网改造两个遗留民生实事项目顺利竣工。危旧房改造全面提速。精准制定建设、安置、运行和保障方案，构建“长效管理、质量管控、矛盾化解”的工作机制，有效攻克地下溶洞、项目融资、规划配套等多重难关，安置区建设驶入快车道，22幢安置房有序推进，完成总工程量的40%。

合力“破难题”，解决一批“老大难”。我们坚持志不求易、事不避难，在破解难题中不断推动发展。特色小镇全力攻坚。坚决向赛得健康小镇建设中破坏营商环境的人和事“亮剑开炮”，有效拔除各类“障碍钉子”，两个月内项目从重重受阻向节节推进转变，“十年难题实现一朝破解”，项目二期13个地块全部征收完成，8个地块交付使用。积极化解赏石小镇企业融资、展品续租、景区配套等系列难题，石博园第三功能区招商洽谈正式启动，核心区AAAA景区创建稳步推进，赏石小镇被评为2018年考核优秀小镇。创新云耕小镇发展思路，推进小镇定位向智能制造、现代物流多领域辐射转型，斯凯孚中国小圆锥滚子轴承生产基地、众卡产业园、沃科思等一批大项目开工建设，新增固定资产投资6.5亿元，顺利通过省级考核。矿砂领域有乱治乱。聚焦粗放生产、盗采偷采等乱象，创新探索“政府管控、国资统筹、市场配置、有序经营”的砂石资源归集“常山模式”，推动矿山历史遗留问题进入司法程序，建立非法采矿制砂联动打击机制，关停碎石场22家，查处涉砂案件11起，行政拘留25人，2个片区砂石加工经营权成功出让。

（二）2019年，是活力迸发、亮点纷呈的改革创新之年

培育高质发展新动能。我们通过改革创新深挖潜力，努力为高质量发展培育新动能。国资改革亮丽开篇。通过企业重组、资产重整、人员重聘，国投公司、城投集团、农投集团挂牌成立，公司法人治理结构和运营监管机制逐步健全，实现“当年启动、当年完成、当年收益”。共下设11个子公司，承接各类建设项目40个，总投资52.5亿元，其中政府投资项目完成投资16.2亿元，比上年增长10%，有力扛起全县发展大旗。绿色金改重构生态。秉持大金融集成理念，推动金融工作多维度创新、多元化发展。2019年末，全县金融机构人民币各项贷款余额195.8亿元，比年初增长26.7亿元，增幅全市第一，金融业增加值增速高于GDP增速0.6个百分点。全年处置不良贷款4.6亿元，不良贷款率下降到0.91%，比年初下降0.48个百分点。持续推进“无还本续贷”工作，发放无还本续贷649笔，共7.6亿元，为企业节约续贷周转成本1046万元。创新政银合作模式，与市工行合作，成立全市首个金融服务支持小组，专业指导国资改革。开放协作持续升级。山海协作打开新空间，新增产业合作项目19个，由常山县国资公司控股的上林英才产业园作为消薄“飞地”落地慈溪高新技术开发区，已入驻并实现产业化项目10

余个，预计每年能为常山120个薄弱村带来近千万的保底收益。东西部扶贫达到新高度，常山－古蔺扶贫车间在全国东西部扶贫协作现场经验交流会上作经验介绍。创新以企业收购农产品为主的消费扶贫新模式，完成扶持金额1.41亿元，占全省消费扶贫目标总额的17.6%。衢饶示范区建设迈出新步伐，筹委会集中办公区落户常山，示范区常山片区总规和控规完成编制，总投资2亿元的“未来驿站”即将开工。

提升营商环境新能级。我们践行“不动体制动机制、不变职能强功能”的理念，在提升服务效能上大胆创新，营商环境不断优化。“最多跑一次”改革纵深推进。唱响数字城市“三城记”，精简证明273类，累计开通掌上办事项600余项。围绕“三个生命周期”，推出退休一件事联办、婚育户联办，推行企业开办一个工作日。以县人民医院为示范点，推进“八站四心”公共场所便利化改革。“车事一站办到底”“低保惠民联办”被省委改革办《竞跑者》推广，其中“低保惠民联办”成为全国15个社会救助领域优秀创新实践案例之一。开发完成小额建设工程交易电子招标系统，实现电子交易全流程。“最多跑一地”改革落地见效。全市首家挂牌开放社会治理综合服务中心，运行5个月共受理群众诉求事项1136件，办结率96.1%；线上受理群众诉求事项9.5万件，办结率99.9%，有效实现群众投诉、信访“最多跑一地”，获省委秘书长陈金彪、省委政法委书记王昌荣高度肯定。全县推行信访代办制，设立县、乡、村三级全覆盖调委会，共调处案件数7937件，调解成功率达99.7%。“三服务”活动创新深化。持续深化“三服务”活动，创新“破山”行动、“常青藤”行动等活动载体，精准高效服务企业、服务群众、服务基层。其中，激励退出现职领导干部退有所为的“常青藤”行动获得省委车俊书记的批示肯定。

打造民生领域新高地。我们以创新理念、改革手法推进工作取得新突破，多项工作在全国、全省走在前列。“厕所革命”“常山阿姨”成为全国典型。新改造农村独立公厕130座，实现农村A级以上公厕全覆盖。“一厕一所长、一厕一风景”做法入选全国农村“厕所革命”九大典型范例，被省委改革办《领跑者》推广，获袁家军省长批示点赞。“常山阿姨”品牌持续走红，分别在第二十届亚洲区家政学会双年国际学术会议开幕式和全国家政培训提升行动启动仪式上作经验介绍，常山成为全国唯一县级家政服务业提质扩容“领跑者”行动试点城市，获得王文序副省长批示肯定。“农饮水”“医共体”树立全省标杆。聚焦农村饮用水达标提标工程实施中的组织架构、资金统筹、建维机制等难点，创新“建管合一、全域覆盖”的常山方案，投入资金5.5亿元，实现“三年任务两年完成”。黄塘单村供水站点入选全省农村饮用水达标提标“一号案例”。全省农村饮用水达标提标行动暨冬修水利现场会在常山召开，传达车俊书记、袁家军省长批示精神，彭佳学副省长到会讲话。构建常山县域医共体建设“365”运行体系，在全省率先实行分院院长年薪制、医保总额预算管理等机制，全省医共体建设工作推进会在常山召开，成岳冲副省长到会讲话并批示肯定。

（三）2019年，是锐意进取、捷报频传的提质提效之年

产业转型奏响发展强音。把产业发展作为“强发展”的主攻方向，产业转型行稳致远。工业经济量质齐升。全县129家规模以上工业企业实现产值130亿元，比上年增长

8.2%；实现增加值34.6亿元，比上年增长7.6%。大力发展数字经济，全市率先成立东南数字经济发展研究院常山分院，完成5家轴承企业数字化改造。轴承行业改造提升被列入传统产业改造提升省级试点，数字经济发展综合评价位列全市第二。全力扶持企业做大，出台“工业新政28条”，设立工业转型升级专项资金和企业还贷周转资金各1亿元，大和热磁、斯凯孚一期顺利投产，哲丰新材料二期开工建设。创新开展招才引智，新建专家院士工作站5家，开展合作项目5个，吸引投资5亿元，双明轴承建成全市唯一省级院士专家站。持续深化“亩均论英雄”改革，处置僵尸企业8家，出清亩均税收万元以下企业38家。现代农业固老培新。创新胡柚销售模式，试水网红直播销售和农博会网络销售，实行农投集团价格托底收购。艾佳果蔬建成胡柚全自动分级生产线和速冻生产线，实现胡柚差别化、不间断销售。衢枳壳儿科抗呼吸道感染项目获省级立项。成立“油博士工作站”，建立全省首家山茶油及食用植物油质量检验中心，“新华·中国油茶产品”价格指数（常山发布）正式发布，东海常山木本油料运营中心成交额突破11亿元。由工商资本主导，主打一、二、三产融合和总部经济的“两香一莓”特色农业产业培育起势迅猛，新建香柚基地4500亩、香榧基地3000亩、蓝莓基地1200亩。青石镇入选全国农业产业强镇建设名单。美丽经济多点开花。以大项目为牵引，着力培育大康养产业，总投资50亿元的远山云间旅游度假区项目正式签约，总投资24.3亿元的金色同弓田园综合体开工建设，成为全市唯一入选省级田园综合体建设名单的项目。深化文旅融合，常山江“宋诗之河”被纳入钱塘江诗路黄金旅游带规划，入选全省首批诗路旅游目的地培育名单，发布全国首张“宋诗地图”。打响休闲品牌，国际慢城运动基地入选省级运动休闲旅游示范基地，慢城绿道被评为浙江省十佳运动休闲绿道。成功举办首届中国常山鲜辣美食节，获“浙江鲜辣美食之乡”称号。

城乡环境彰显蝶变之美。坚持统筹融合的理念，外提风貌、内精管理，建设美丽宜居城乡。城市能级不断提升。国际慢城城市休闲谷动工建设，滨江东路、府前路、朱富线城市化道路改造工程竣工通车，滨江一期人行景观桥、文昌阁基本建成。完成城区5个“口袋公园”、渡口小区改造、万鑫路灯提升工程建设。深化“红色物业联盟”“楼长制”城市治理品牌，被评为浙江省生活垃圾分类工作优秀县，通过国家卫生县城复审。农民集聚破冰前行，制定出台实施意见和操作细则，重点明确“1+3”城乡安置布局和公司化运作模式，6个安置区启动建设。集镇环境全面改善。实现11个乡镇省级卫生乡镇创建全覆盖，新昌、何家、同弓、白石、东案、球川6个乡镇成功创建国家卫生乡镇。白石镇入选省美丽乡村示范乡镇，新昌乡、芳村镇入选省旅游风情小镇培育名单。与浙江大学合作，全国首个“校地共建”乡村未来社区在芳村镇落地，完成“四化九场景”实施规划。球川镇“诚信考评＋流动红旗”商户管理模式得到车俊书记肯定表扬。乡村风貌更显韵味。诗画风光带建设全线推进，7个重点村和17个实施村更加靓丽，新增A级景区村30个。农房新貌连片提升，拆除各类农房5.1万余宗、面积236.3万平方米，“一米菜园”美丽行动、村庄停车场等彰显乡村韵味。全域土地综合整治成效明显，在全省现场会上作典型发言，新增水田2053亩、旱地113亩、旱改水1127亩，完成建设用地复垦1270亩。投入2000万元实施“万家灯火”工程，为51个村庄的主干道、主要集聚场所装上路灯。被评为2019年农村生活污水治理设施运维管理优秀县，入选全省首批15个数字乡村试点示范县。

社会福祉提升幸福指数。始终把改善民生放在首位，落细落实每一项举措，群众幸福感不断提升。社会保障更加有力。全年民生支出41.8亿元，占财政总支出的75%。“强村富民”“千企结千村”行动颇具成效，全县180个行政村经营性收入10万元以上村达175个，占比97.2%。低收入农户人均可支配收入预计达11400元，比上年增长16%，全年减少低收入对象1226人。就业形势保持稳定，新增就业7065人。县第二社会福利中心开工建设，新建示范型居家养老服务中心4家。建成10家乡镇（街道）“残疾人之家”。成功创建浙江省食品安全县、省级“无欠薪”县。社会福利、慈善、医疗救助、红十字、住房公积金等工作取得新成效。社会事业稳步发展。全年教育总支出6.9亿元，比上年增长13%。设立“文峰书香”教育奖励基金，按学年度实施精准嘉奖。中高考再创佳绩，高考一段上线人数达251人，育才中学中考四项考核指标获全市第一。五里小学迁建、3幢校园体艺楼、2所幼儿园建设有序推进。设立常山工匠学院，确定每年9月25日为常山“工匠日”。新妇保院建成启用，人民医院二期项目全面启动。27个文化礼堂和1家南孔书屋建成投用。中国·常山山地自行车公开赛、第三届常山赏石文化节、四智会国际跳棋比赛、全国皮划艇赛艇U系列赛等赛事活动精彩纷呈。建立“专班协调+专项督查”机制，总计投入1.8亿元，提前全面完成2019年十方面为民办实事项目。工青妇、儿童、档案、气象、电大、决策咨询等工作取得新成绩。社会治理持续深化。推进“慢城通+基层治理”，全市率先建成城市大脑数据专区，打通49项便民服务功能模块，归集3.9亿余条数据，2840项政务服务事项实现掌上申报，占比达98.8%。“扫黑除恶+树正打歪”组合拳成效显著，全年街面“两抢”案件零发生，非法经营成品油整治力度和成效均居全市首位，治理“套路贷”专项行动共查封冻结涉案资金1800余万元，实现全县医保欺诈骗保专项整治全覆盖，被列入全省首批省级禁毒示范县创建名单。“1+3+X”信访调解对接机制收效明显，实现国庆安保“零进京”，实现省级平安县创建“十五连冠”。国防动员、人民防空、民族、宗教、外事、侨务、对台、供销等工作得到加强。

一年来，我们以打造最具核心竞争力的政府团队为目标，全面推进智慧政府、法治政府、服务政府、廉洁政府建设，主动接受人大、政协监督，认真办理人大代表议案建议149件、政协委员提案186件。高标准开展“不忘初心、牢记使命”主题教育，广泛宣传胡兆富先进典型事迹，坚持把主题教育与政府工作相结合，办成了一批民生实事、调解了一批信访矛盾、破解了一批企业难题。

各位代表，过去的一年，我们共同见证了常山深化改革的铿锵步伐，共同收获了常山“八大会战”的战斗成果，共同开启了常山“强发展”的崭新征程！这些成绩的取得，得益于县委的正确领导，离不开县人大、县政协和社会各界的鼎力支持。在此，我谨代表县人民政府，向给予政府工作有力监督和支持的人大代表、政协委员，向各民主党派、工商联、各人民团体和社会各界人士，向驻常部队官兵，向所有关心、支持、参与常山建设，为常山发展付出心血和汗水的朋友们表示崇高的敬意和衷心的感谢！

各位代表，风雨多经人不老，关山初度路犹长。在肯定成绩的同时，我们也清醒地认识到前进的道路上仍然面临诸多困难和问题：一是实体经济仍是短板。工业平台层次不高、配套不全；产业竞争力不强，支撑高质量发展的大项目、好项目落地少，科技投入、创新能力不足，新产业、新业态发展依然滞后，传统产业转型任重道远。二是民生改善仍需加强。普惠性公办幼儿园数量偏少，高层次教卫人才紧缺，文化体育设施总量较少，民生事业与群众新需求有不小差距；城市管理不够精细，美丽乡村精品不多，建设高品质宜居城乡任务艰巨。三是环保压力仍然沉重。钙产业后续整治、矿山生态修复、出境水质提升等一系列环保整治问题成因复杂、任务艰巨，需要精准破题、持续发力、全面解决。四是行政效能仍需提升。干部队伍专业化水平有待提高，少数干部思想僵化、思维固化，“慵懒散”问题还未根除，担当精神、实干劲头亟须增强。对此，我们将不畏艰难，以“钉钉子”的精神，一锤接着一锤敲，逐一加快解决。

二、2020 年目标任务和重点工作

鞍马犹未歇，战鼓又催征。2020 年是高水平全面建成小康社会的决胜之年，也是“十三五”规划的收官之年。新征程上，我们必须以“而今迈步从头越”的豪迈气概，“快马加鞭勇争先”的冲天干劲，在常山“强发展”的道路上攻坚突破、行稳致远、再立新功！

2019 年政府工作的总体要求是：高举习近平新时代中国特色社会主义思想伟大旗帜，全面贯彻中共十九大和十九届二中、三中、四中全会精神，学习贯彻习近平总书记浙江考察重要讲话精神，按照中央、省委经济工作会议和省市县委决策部署，坚持新发展理念，深入实施“四四二”战略体系，紧扣“强发展、求突破”工作总要求，更大力度推进县域治理现代化，扎实开展产业提质年、项目攻坚年、作风治理年活动，全面做好“六稳”工作，统筹推进稳增长、促改革、调结构、惠民生、防风险、保稳定，奋力推进常山高质量发展，确保与全省同步高水平全面建成小康社会和“十三五”规划圆满收官。

2020 年全县经济社会发展的主要预期目标为：地区生产总值增长 7% 左右；投资增长 10%，结构持续优化；财政收入、一般公共预算收入分别增长 8.2% 和 7%；城乡居民人均可支配收入分别增长 8.5% 左右和 10% 左右；研发经费支出占 GDP 比重达到 2% 左右；单位工业增加值能耗降幅、污染物减排确保完成省市下达目标任务。

实现上述目标，要认真贯彻落实县委十三届八次全会精神，围绕高质量发展内涵，聚焦重大改革、重大平台、重大项目、重大政策、重大规划，抓好七个方面工作。

（一）保持定力推进产业提质

聚焦“产业崛起”，优化产业结构，转换增长动能，努力在壮大产业体量、强化平台和科技支撑力上求突破。

持续擂响工业战鼓。工业是高质量发展的主战场，继续重中之重抓工业，持续强化工业顶梁柱效应。加速产业壮大。围绕先进制造业高质量发展新要求，强化政策引导和要素供给，加快推进装备制造、钙产业、现代纺织三个传统产业转型升级，加快培育新材料、大健康、数字经济三个新兴产业，构建“3+3”重点产业发展体系。加强企业培育。大力实施凤凰行动、雄鹰行动、雏鹰行动，支持企业并购重组、股改上市，努力培育平台型、高精尖的实力企业，力争新增产值超 5 亿元企业 2 家、规模以上企业 10 家。

激发“二期现象”，加速推进哲丰新材料二期项目建设，加快常林纸业二期项目落地，支持引导斯凯孚、大和热磁、利安隆扩建“上二期”。加快动能转换。深化“亩均论英雄”改革，倒逼低效企业改造提升。把握好出清和导入平衡点，分批分期实施“退散进集”行动。持续开展“四无”企业、“低散乱”块状行业整治，盘活“僵尸企业”20家以上。加大稳企力度。加强经济型干部的培养和交流，提高服务经济发展的能力和水平。构建亲清政商关系，开展“组团联企”“破山”行动2.0版，建立部门领衔服务机制，“一企一策”为企业纾困解难。全面落实国家减税降费政策，想方设法降低企业用气、融资、物流成本，为企业发展提供更加充足的阳光雨露。尊重企业家、理解企业家、支持企业家，加强年轻一代企业家培养，造就一支优秀企业家队伍。

壮大新兴产业集群。把新兴产业换道超车作为绿色发展、“两山”转化的重要突破口，加快培育新的经济增长点。打造美丽经济幸福产业新高地。深化文旅融合发展，扎实推进全域旅游示范县创建，聚焦诗画风光带建设和沿江公路，谋划引进综合体、主题公园等幸福产业项目。启动远山云间旅游度假区、石博园第三功能区建设，加快赛得健康小镇、金色同弓田园综合体等项目建设。推进“宋诗之河”黄金旅游带建设，进一步打响常山江“宋诗之河”文化品牌。加大村上酒舍、不老泉、云上轩等高端民宿宣传策划和精准营销，进一步打响“慢村生活”高端民宿品牌。鼓励生产康养衍生产品，积极开发富有特色、独具创意的旅游商品，拉长康养旅游产业链条。积极争取各类示范基地、永久会址，充分发挥节会赛事活动辐射带动作用，拓展文体经济、会议经济。培育数字经济智慧产业新引擎。坚持产业数字化、数字产业化两手抓，发挥东南数字经济研究院常山分院智囊团作用，深化传统制造业改造提升省级试点，推进轴承行业数字化改造，建立循环经济统计信息服务平台，打造“两化”融合示范试点企业1家，新增上云企业120家。打造麦迪森车联网数字经济产业园。推进数字乡村试点示范县建设，健全农业产业数字化平台。建设直播基地，积极发展网红直播、网红经济。鼓励电商发展，大力发展新零售，加快线上平台、线下门店、物流体系等深度融合，力争创建省级电商专业村3个以上，不断释放消费潜力。抓好5G网络基础设施布局建设。

致力园区能级提升。加快园区整合向融合迈进，实行四大区块统一规划布局、统一运营管理。做好产业集聚区产城融合文章。继续大力助推万洋众创城建设，高品质打造开发区科创中心，谋划布点学校、餐饮、金融等生活性配套设施，加快辉何公路、应急备用水厂、云耕小镇整体提升工程等项目建设，把产业集聚区打造成集品质生活、创业创新于一体的活力园区。做好生态园区和辉埠新区塑形提档文章。全面完成生态园区扩容提质征迁行动。大力推进两大区块基础配套、平台提升工程建设，进一步完善路网、管网、绿化、热源点等配套设施，积极引进上市公司托管生态园区，加快技术先进、产品高端企业引进步伐，努力实现两个区块提档升级。做好新都工业园区二次开发文章。实施绿化、亮化、美化提升工程，改善园区整体面貌。建成工业园区污水处理厂，完成鑫宏电镀生产线改造。推进小微创业园建设，加快低效闲置工业用地“腾笼换鸟”，促进高效集约发展。

构建创新生态体系。攻坚科技创新短板，加强创新环境建设。全面落实科技新政。加大财政科技投入力度，引导企业注重创新重视研发，确保有研发投入活动的企业数量增长10%以上。争创省级高新技术产业园区和省级农业现代科技园区。推进油茶产业创新服务综合体建设。深入实施科技企业、科技项目“双倍增”计划，新培育国家级高新技术企业10家、省科技型中小企业20家以上。进一步做深产学研合作，加快科技成果转化落地。全面实施人才新政。深化与企业、商会、中介机构等合作，加快“人才飞地”建设，办好第三届创新创业大赛。构建“1+N”的人才政策体系，研究制定鼓励柔性引才实施办法，探索挂职引才，深化以才引才，力争引进“千人”“万人”专家1人以上，创建市级以上各类创新创业平台10家，培养高技能人才1500人次。

（二）集中火力开展项目攻坚

坚持“项目为王”，强攻大项目，主攻大招商，努力在投资增长和大项目引进上求突破。

全速推进项目大攻坚。心思向谋项目集中。高质量编制“十四五”规划，运用系统集成跨界理念，围绕交通先导、乡村振兴、康养旅游、智能制造等重点领域、新兴产业，谋划一批具有前瞻性、引领性的大项目。紧盯重大激励政策，加快“跑部进厅”步伐，力争在项目、资金争取上有更大突破。力量向推项目集结。完善项目全生命周期管理机制，高效运行大规划策划办、大项目统筹办、大资金保障办、大建设调度办、大监管服务办“五大办”，构建项目链、工作链、责任链“三条链”协同机制，确保制造业投资、民间投资、高新技术产业投资、交通投资、生态环保和公共设施投资增长10%以上。加强工程施工节点管控，抓实工程质量全过程监管，保障147个县重点项目规范建设、高效推进。要素向大项目集聚。紧盯国家政策性银行贷款投向，强化项目精准谋划，破解公益性项目、重大基础设施项目融资难题。实施征迁清零攻坚战，主攻城市空间拓展和线性工程征迁。全力推进“十类地”综合处置，消化批而未供土地1200亩，盘活存量建设用地1200亩，开发城镇低效用地400亩，复垦建设用地2000亩。紧抓省政府土地审批权下放机遇，加快报批供地速度。深化资源要素市场化配置改革，开展企业节能低碳行动，想方设法突破能耗制约瓶颈。

全面开展招商大比拼。坚持把“双招双引”作为“一把手工程”，积极参与全市招商竞赛，建立三大产业招商服务中心、三个区域派驻招引组、八大重点产业双招服务团队，构建扁平一体高效的“3+3+8”专职双招队伍，形成从信息获取、归口研判、对接洽谈、决策咨询到落地推进的工作闭环。坚持全民招商、“二期”招商、企业家招商，借力中介招商、飞地招商，建立县领导盯引机制、重大项目首报首谈机制，加强专业谈判能力，力求在产业链核心企业、重大产业项目招商上求突破、见实效，力争新引进亿元以上项目20个、20亿元以上项目2个，力争实现实际到位资金超30亿元。强化签约项目全程代办、全程服务，大力破解项目落地难、落地慢问题。

全力打好交通大会战。主动融入浙江大通道建设，保持交通项目集中攻坚态势，加快构建综合立体交通网。加速贯通“互联动脉”。完成320国道“二改一”、沿江公路建设，加快推进杭金衢高速公路常山段拓宽工程、351国道、淳常公路建设，力争开工建设常山江航运工程、南方水泥铁路专用线项目，谋深谋细320国道和205国道外移、义金衢上、衢黄城际铁路等交通储备项目。

不断畅通“内外循环”。开工建设公铁路衔接型综合客运枢纽工程、“老常芳线”狮子口段改造提升工程、城南第二通道，实施东河南街和溪滨路、定阳北路延伸工程，打通一批城市“断头路”，打造城市内外快速环路。持续打通“乡村支线”。推进城乡客运一体化发展，推行城乡公交“2元一票制”、特殊人群减半或免费乘车，增设环线、火车站等专线，为广大群众提供便捷、实惠、高效的公交出行服务。抓好“四好农村路”建设，改造提升乡村“微交通”，解决乡村道路通而不连、连而不畅等问题。

（三）持续用力纵深推进改革

敢于“下深水”、敢啃“硬骨头”，努力在国资改革、金融创新、“最多跑一次”改革等重点领域和关键环节上求突破。

放大国资改革乘数效应。坚定不移深化国企改革，切实当好经济发展排头兵。强化“支持＋配合”。全力支持国企改革，妥善做好国企债务处置和账务管理。支持城投、农投参与有现金流的政府性投资项目建设，助推国企做大做强。注重“管理＋经营”。完善“三大投”现代企业制度、法人治理结构、国企监管体制，提升经营水平，规范经营行为。持续推进国有资产分类处置，实现资产保值增值。加快城投、农投业务向工程建设、污水处理、矿产资源、数字经济等经营性领域延伸，提升国企造血功能。突出“融资＋建设”。增强国企融资能力，健全融资运行机制，协同推进银行贷款、股权融资、债券融资，力争城投集团通过AA级信用评级并成功发债，再创常山国企改革新速度。严格执行契约化管理制度，高质量推进国企参与建设的46个县重点项目，让国企成为推动全县高质量发展的中坚力量。

注入金融创新源头活水。落细落实融资畅通工程，建立融资绿色项目库，健全银政企联动机制。抓住“增加制造业中长期融资”的机遇，扩大制造业中期流贷、技改贷。深化企业无还本续贷、循环贷等还款服务，扩大小微企业首贷、信用贷，着力解决贷款供需不对称问题，以金融活水激发企业活力。鼓励金融机构积极争取绿色信贷、扶贫贷款等各类单列融资额度向常山县倾斜，引进股份制商业银行1家，力争新增信贷30亿元，继续保持金融生态优化走在全市前列。鼓励保险资金以债权、股权投资等多种形式，参与全县经济社会发展。放大基金引导作用，大力争取省市产业基金支持，提高县级产业基金运作效能。

打造营商环境最优城市。对照营商环境指标评价体系，积极推进“10+N”营商环境便利化改革。纵深推进“最多跑一次”改革，加快实现个人、企业、项目全生命周期“一件事”全流程“最多跑一次”。推进一般企业投资项目审批“最多80天”改革，开展低风险小型项目最多20个工作日试点，完善投资项目在线平台3.0功能，深化“标准地＋承诺制”改革。加速“最多跑一次”向机关内部、公共场所延伸，推动机关内部90%以上非涉密事项实现“一窗受理、一网通办”。探索政务服务“主动推送”、跨县域通办，推进政务服务从“可办”向“易办”升级。深入实施省信用体系“531X”工程，加快推广“信用＋基层治理”，创新推出“信安分”22条优惠政策，加强公共和个人信用信息应用联动，完善守信联合激励、失信联合惩戒机制。

拓展开放协作深度广度。高站位推进“融杭接沪、融衢联饶”。抢抓全市域长三角一体化发展战略机遇，主动融入杭州都市圈、创新生态圈；深化“衢常一体、融合发展”，主动对接高铁新城建设，积极对接“一楼一镇两园六飞地”为核心的创新平台体系；加快浙赣边际合作“衢饶”示范区建设，启动建设未来驿站，完成能源驿站和部分配套设施建设，改造提升球川小微产业园。高质量推进区域协作。全面深化山海协作，升级“飞地”模式，吸引慈溪优秀企业落户万洋众创城和山海协作产业园，变“单向飞地”为“双向飞地”。加强与慈溪、拱墅、新昌三地教卫人才共享，谋划建设“生态旅游文化飞地产业园”，推动山海协作向社会事业、文化旅游等领域拓展。不断加强东西部扶贫协作，推进扶贫车间、扶贫产业示范基地、扶贫电商平台建设，携手古蔺巩固脱贫攻坚成果。

（四）精准发力提升城市能级

强化规划赋能、项目赋能、管理赋能，努力在提升城市能级和品质上求突破。

强规划，谋未来之城。坚持城市规划“一张图”，完善城市空间管控机制，统筹城市建设项目布局。高质量编制国土空间规划，科学划定“三区三线”，优化城市空间布局，为重大战略任务落地实施提供空间保障。聚焦城市框架拓展，深化外港片区、国际慢城区块等城市组团设计，开展慢城景观水系专项规划编制、城市发展轴线规划研究，完善中心城区慢行交通系统、重大公共服务设施布局等专项规划。

强项目，建品质之城。坚持项目驱动，以精品项目带动城市品质提升。新城致力拓空间。加速城东新区向腹地拓展，全面启动外港片区开发，实施区块征迁，先行布点学校、医院等公共配套。开工建设城东总部经济大楼。谋划建设慢城“时空隧道”和“森林栈桥”，改造提升慢城水系和部分节点，以“一心一宿两基地”带动休闲业态植入，集聚慢城人气。老城致力快更新。全力抓好危旧房安置区建设，制订安置房选房方案，确保安置平稳有序。改造提升柚苑小区、城南小区。实施城区干道功能提升工程，扮靓高速常山出口、金川大桥等重要节点。启动农贸市场整体搬迁，新建农批市场，打造高品质的“城市餐厅”。集镇致力建精品。大力开展美丽集镇建设，以“人产城文景”深度融合的理念，高标准落实“五美”要求，集成推进球川镇美丽大花园建设工程、芳村镇乡村未来社区、大桥头乡坡地村镇、辉埠镇生态整治及修复等重点集镇项目，争创省级美丽城镇样板 2 个以上。

强管理，创整洁之城。聚焦精细化管理，围绕问题最突出、群众最关心的“城市病”，系统整治餐饮油烟、无序停车、违规装修、绿化失管等城市乱象，抓好垃圾分类处理。聚焦智慧化管理，依托“城市大脑”，加快打造智慧交通、智慧工地、智慧社区，积极解决停车难、工地污染扰民、物业管护水平低等问题。聚焦网格化管理，推进“党建+城市管理”，深耕“红色物业联盟”，引导社会力量参与城市管理，形成共治共享城市治理格局。

（五）汇聚合力推动乡村振兴

积极打造充满活力、独具魅力的乡村大花园，努力在创建省级美丽乡村示范县、农业品牌打造上求突破。

聚焦示范创建，建美乡村花园。全力争创省级美丽乡村示范县，持续提升乡村风貌。围绕空间布局美，健全美丽乡村规划体系，以诗画风光带建设为主抓手，重点打造同弓片区、新昌片区、慢城片区、何家片区及风光带沿线村，形成串点成线、连线成片、片片成景的乡村花园新格局。围绕特色风貌美，统筹推进农民集聚工程，念好安置区建设“好优快”三字诀，建设有吸引力的芳村镇、招贤镇、球川镇农民集聚区。持续做好农房整治“后半篇”文章，加大“拆管用”力度，开展“三个一批”行动，不断优化人居环境。继续实施“万家灯火”工程，改善30个村照明条件。大力开展“四美联创”，创建新时代美丽乡村45个，力争新增A级景区村30个、省级精品村5个。围绕生态环境美，深入实施农村公厕、垃圾、污水“三大革命”，新建农村A级公厕60座，新增农村垃圾资源化利用实施村5个。启动“绿色常山”工程，完成造林6500亩。围绕协同发展美，全面实施“两进两回”行动和“常雁腾”计划，推动科技、资金、人才等资源要素流向农村，激发乡村发展活力。突出抓好同弓乡、青石镇、招贤镇、球川镇等全域土地综合整治项目，鼓励整村搬迁，同步推进空间优化、产业植入和生态修复。加快土地集中连片流转，确保全年流转土地3万亩以上。深化宅基地“三权分置”，依法促进农村土地经营权流转交易，盘活农村闲置宅基地资源。

做活融合文章，推动农业升级。以“品质＋品牌”为基础，走好融合发展、绿色发展新路子，促进农业提质增效。推动规模化生产。加强胡柚基地标准化管理，新增胡柚种植面积2000亩以上。新建10个智能化优质油茶新品种基地，争创国家级油茶产业示范区。加大土地流转力度，力争新建香柚基地5000亩、香榧基地3000亩、蓝莓基地3000亩。推动高端化加工。加速推进香榧总部经济项目，申报香柚一、二、三产融合发展省级示范项目。深化胡柚药用保健功能研发、美妆产品开发，加快“衢枳壳”入中国药典步伐。筹建国家山茶油质检中心。发挥“党建＋协会＋产业”的叠加作用，推进油茶加工企业集团化改造。强化品牌塑造和管理，打响“中国放心油”品牌。打造食用菌科技产业园，加强猴头菇科学研究、技术推广和药用研发，力争实现年产猴头菇100万袋目标，振兴猴头菇产业。推动跨界化营销。坚持“线上＋线下”“跨界融合＋平台驱动”，打造集农业产业数字化、智慧化、金融化和交易中心、展示中心等多功能于一体的“乡村振兴”特色产业园。扎实推进油茶“金融性、物理性”双平台建设，加速市场交易金融结算业务落地常山，争取入驻木本油料运营中心的油茶企业超300家。

（六）竭尽全力打赢三大战役

立足守底线防风险，以重点战役带动总体推进。

巩固提升脱贫成效。全面打赢精准脱贫、“消薄清零”攻坚战，继续实施低收入农户高水平全面小康计划，突出产业扶贫、就业扶贫，确保实现“两不愁三保障”，低收入农户收入增长10%以上，最低收入水平达到年人均12163元以上，经营性收入10万元以上行政村实现全覆盖。实施精准救助，及时做好因病致贫、因病返贫人口的监测和帮扶。深化“低保惠民联办”，完善“融慈善”社会救助机制，加大医疗救助力度，切实提高困难群体基本生活水平。

坚决推进铁腕治污。大力开展环境提升“大会战”，积极推进省级生态文明示范县创建。集成整治重点区块。坚决打赢辉埠区域生态环境系统整治提升决战，加快推进关停企业的厂房拆除、废渣清理、土地平整和复垦复绿。继续推进蓝天三衢生态治理工程二期，完成8个废弃矿山生态修复。科学有效处置历史遗留废渣，系统解决“碱性水”问题，坚定不移抓好第二轮中央、省环保督察和省长江办移交问题整改。统筹开展“三治联动”。打好治水长效战，加快“污水零直排区”建设，建成天马污水处理厂三期扩建工程，新建改造污水管网12千米，确保出境水水质保持在Ⅱ类以上。打好治气攻坚战，集中开展治气六大攻坚行动，确保$PM_{2.5}$年均浓度控制在33微克／立方米以下。打好治土持久战，继续开展“雷霆斩污”专项行动，实施工业固废专项整治。深入推进山水林田湖草生态保护修复试点工程，持续开展芳村溪、龙绕溪综合治理。

牢牢守住风险底线。紧密结合防控形势变化，毫不松懈抓实抓细疫情防控各项工作，健全“及时发现、快速处置、精准管控、有效救治”常态化防控机制，严防境外疫情输入扩散，确保疫情不反弹。扎实推进社会治理“最多跑一地”改革，充分发挥“三联工程＋条块联动＋属地就地＋周二无会日”一整套机制的联动作用，实现矛盾纠纷发现在源头、解决在萌芽。开展扫黑除恶“十大专项”行动，坚决打赢扫黑除恶专项斗争这场硬战。继续树正气打歪风，严厉打击恶意阻挠中心工作和项目推进的违法犯罪行为，坚持整治村级工程、砂石矿产管理、保健品市场、农村赌博、“套路贷”、新型网络电信诈骗、医保骗保等领域乱象。争创全省禁毒示范县。持续开展道路交通安全大会战，实施安心出行工程，确保道路交通安全形势明显好转。打响安全生产大会战，压实安全生产责任，强化食品药品、消防、危化品等重点领域风险管控，坚决遏制重特大事故发生，确保实现省级平安县创建“十六连冠”。

（七）倾情倾力书写民生答卷

突出普惠性、基础性、兜底性，加快补齐公共服务短板，努力在为群众提供更强的保障、更好的教育、更优的医疗上求突破。

切实保障“弱有所依”。培育农村实用人才3000人次，突出抓好重点群体就业创业，城镇登记失业率控制在1.85%以内。新建3家乡镇级居家养老服务中心、13个农村幸福食堂。推动社保扩面征缴，基本养老保险、基本医疗保险参保率保持在99.6%和99%以上，实现医疗救助政策落实率、救助人员参保率两个100%。抓实农民饮用水工程的管理运维，构建“从源头到龙头”全链条运维机制，确保工程“建得成、管得好、长受益”。创建“全国无障碍环境县”，让残疾人生活更方便。健全退伍军人服务保障体系，浓厚崇军拥军氛围。认真做好第七次全国人口普查。

切实保障“学有优教”。创建全国义务教育优质均衡发展县。提高储备员额教师待遇，加强教师素质能力培训，不断提高教师职业素养。强化“文峰书香”教育奖励基金激励作用，激发教师干劲拼劲。持续抓好教育综合改革，深化与育才集团合作办学。注重高端生源培养，力争高考一段上线人数超300、中考实现争先进位。大力建设公办幼儿园，确保乡镇公办中心园实现全覆盖，新改建幼儿园12所。腾出城东新区黄金路段建设文昌小学，完成五里小学迁建和3个学校校园体艺楼建设。

切实保障“病有良医”。推进健康常山建设，推出“慢城健康包”，投入财政资金3500万元，为全县1.2万持证残疾人购买意外保险，为2.3万名高血压、肺结核、糖尿病患者提供免费用药。持续推进医共体管理模式创新，深化医保支付方式改革，不断提高医疗服务水平，降低群众就医负担。开展公共卫生强基行动，医防融合筑牢疾病防控网。实施智慧医院工程，打响“有礼医院 智慧服务”品牌。加快建设县人民医院二期工程，继续推进县中医医院住院大楼建设。

切实保障“闲有所乐”。着力补齐公共文体设施短板，深化“三馆两中心”项目前期，力争开工建设，推进新时代文明实践中心和县级融媒体中心建设。实施全民健身场所提升工程，建设全民健身综合体，全面提升乡镇（街道）公共体育设施。加快推进赵鼎墓考古勘探，启动赵鼎墓遗址公园建设。办好中国山地自行车联赛总决赛、全县第二届龙舟赛等重大体育赛事。争创省级非遗基地。

三、全面提升政府治理能力

各位代表！责任在心，担当于行。我们将继续围绕打造“最具核心竞争力的政府团队”，树立整体、智治的理念，按照“市统筹、县搭台、乡整合、村做实，群众主体参与、数字技术支撑”的治理架构，对施政理念、机制、工具、手段进行全方位、系统性、重塑性变革，全力推动政府职责明确、依法行政、协同高效，不断提升行政质量、行政效率和政府公信力。

永葆初心担使命。巩固“不忘初心、牢记使命”主题教育成果，锤炼绝对忠诚的政治品格，增强“四个意识”、坚定“四个自信”、做到“两个维护”，表里如一、知行合一。坚持把党的领导贯穿到政府工作各方面，用对党忠诚的实际行动做好各项工作，坚决贯彻市委“1433”发展战略体系，坚定实施县委“365”工作体系，坚持在市委市政府和县委领导下开展工作，确保政令畅通、令行禁止。

智慧治理提效能。坚持把政府数字化转型作为提升行政效能的中心工作，努力在场景化的多业务协同应用、公共数据开放和应用创新上取得新突破。加快数据归集和应用开发，推动“城市大脑”赋能交通运输、行政执法、地质气象、生态环保等社会风险防控各个领域，打造资源集聚、应用融通的全社会风险防控体系常山案例。紧贴民生需求，持续完善慢城通平台，拓展“一码通”“扫码办”多场景服务应用，提高实战能力和治理成效。

锤炼匠心强担当。强化问题导向、需求导向、目标导向，善用政策激励导向，集成各方面的智慧和经验，不断提升认识和解决复杂问题的能力，努力想新办法、找新出路。深入推进政府系统作风治理，坚决整治“太平官”“中梗阻”“慵懒散”等现象，聚焦聚力高质量、竞争力、现代化，找准自身的坐标定位，建立健全“比学赶超”的机制，争做领跑者。发扬斗争精神，对生态环境、安全生产、食品药品等领域违法行为零容忍，对不作为、慢作为、假作为等突出问题敢亮剑，在“斗争”中闯出一片新天地。

心存戒律守规矩。严格落实重大行政决策法定程序，加速推进县乡两级法治政府建设。认真落实县人大及其常委会决议决定，支持政协履行职能，自觉接受人大、政协和社会监督。强力推进省委巡视反馈问题整改。强化政府党组理论中心组学习，认真落实意识形态工作责任制。加强对工程建设、政府采购、产权交易重点领域的监管。坚决纠正和反对“四风”，坚持政府开支做“减法”、民生保障做“加法”，集中资金办实事、办好事。

各位代表，民生无小事，枝叶总关情。2019年，我们在广泛征询意见建议的基础上，梳理形成13个民生实事候选项目，提请本次大会票决选出十方面民生实事。项目确定后，我们将以高度负责的态度，高标准、高质量完成，让群众有实实在在的获得感！

各位代表！雄关漫道，自当勇往直前；重任在肩，更须策马扬鞭。面对时代赋予的重任、人民寄予的重托，县政府团队必将以永不懈怠的精神状态、一往无前的战斗姿态，

争做新时代的奋斗者、搏击者，只争朝夕、不负韶华，为谱写常山高质量发展新篇章而努力奋斗！

名词解释

1.**“365”工作体系**：“3”就是开展“三年活动”，即产业提质年、项目攻坚年、作风治理年；“6”就是实现“六大突破”，在产业提质增效上求突破、在项目落地转化上求突破、在城市品质提升上求突破、在国际慢城建设上求突破、在创建省级美丽乡村示范县上求突破、在民生事业提质上求突破；“5”就是强化“五个保障”，强化资金保障、强化项目保障、强化人才保障、强化机制保障、强化作风保障。

2.**“1+3”城乡安置格局**：“1”即县城农民集聚点；“3”即球川镇、芳村镇和招贤镇三个乡镇级农民集聚点。

3.**“四个结构”**：确保交通投资、高新技术投资、民间投资以及生态环保、城市更新和水利设施投资等4个结构性指标增长10%以上。

4.**“衢饶”示范区**：全称浙赣边际合作（衢饶）示范区，核心区位于常山县白石镇、江山市大桥镇、玉山县岩瑞镇交界处，规划红线面积约20平方千米。

5.**数字城市“三城记”**：即“无证明办事之城”“掌上办事之城”“信用示范之城”的“三城”建设。

6.**“三个全生命周期”**：即个人、企业、项目全生命周期。

7.**“八站四心”**：针对体育馆、图书馆、文化馆、公交车站、长途汽车站、火车站、中小学文化课校外培训机构实施服务质量提升，达成环境舒心、服务贴心、智慧暖心、交通顺心的目标。

8.**“最多跑一地”**：是指在县级打造一站式社会矛盾纠纷调处化解中心。构建“一中心、四平台、一网格”上下联动、左右协调的县域社会治理新模式，实现矛盾纠纷调处化解“只进一扇门”“最多跑一地”。

9.**“两下降一提高”**：信访量、诉讼量下降、群众满意度提高。

10.**医共体建设“365”运行体系**：“3”是指三大导向，即权力下放、资源下沉和机制完善；“6”是指六大突破，即统一人员性质，推行岗位管理，统筹城乡资源，凸现职评导向，实行精细管理，优化绩效分配；“5”是指五大体系，即让县域有一个均等的服务体系、一个高度融合的医防结合体系、一个城乡共享的保障体系、一个透明智慧的互联互通体系和一个党建统领的作风建设体系。

11.**“退散进集”**：是指以“低散乱”企业、“僵尸企业”、亩均税收万元以下企业等为重点，加快淘汰低效产能，引导企业向工业平台集中集聚，实现规范提升发展，促进资源要素优化配置，推动全县工业经济高质量发展的一项工作举措。

12.**小城镇“五美”**：即环境美、产业美、生活美、人文美、治理美。

13.**“四化九场景”**：即人本化、田园化、科技化、融合化，未来文化、未来生态、未来建筑、未来服务、未来通道、未来产业、未来数字、未来治理、未来精神九大场景。

14.**“二三四现象”**：“2”是牵头部门多于两个，就会踢皮球、转圈圈；“3”是交办问题不能少于“3遍”；“4”是专业问题经不住“4问”。

15.**“六稳”工作**：即“稳就业、稳金融、稳外贸、稳外资、稳投资、稳预期”。

16. 信用体系“531X”工程：聚焦企业、自然人、社会组织、事业单位和政府机构五类主体，建立健全公共信用指标体系、信用综合监管责任体系、公共信用评价及信用联合奖惩体系三大体系，建设全省一体化公共信用信息平台，深化信用体系在若干重点领域创新应用。

17. “三区三线”：“三区”指生态空间、农业空间、城镇空间；“三线”是指根据生态空间、农业空间、城镇空间划定的生态保护红线、永久基本农田保护红线和城镇开发边界三条控制线。

18. 未来社区：即充分借助信息技术和智慧管理，将社区家居、社区物业、社区服务等进行整合，提供安全、高效、舒适、便利的居住环境，以满足居民对美好生活的向往。

19. 三个一批：迁移一批“村中坟”、拓宽一批村庄道路、建设一批小微停车场。

20. “常雁腾”计划：通过选拔使用、教育培养、激励保障、监督管理，建设一支政治坚定、作风正派、素质优良、廉政高效的村社党组织书记队伍，逐步形成乡村振兴“常雁领航、群雁竞飞”的雁群效应。

2019年民生实事项目完成情况一览表

表1

序号	项目名称	建设内容	完成情况
1	农村“万家灯火”工程	在全县51个行政村安装路灯	为51个行政村安装路灯7788盏
2	县城和集镇“口袋公园”工程	利用县城零星空地、拆后利用地块和11个乡镇集镇的小型无法利用地块布置建设一批“口袋公园”	投入约1000万元，建成5个城区“口袋公园” 投入800万元，建成白石镇等11个乡镇“口袋公园”
3	万盏路灯改造提升工程	对城区路灯线路进行改造提升，对城区路灯、景观灯进行全面维修、节能改造和智能化改造	完成固定资产投资2182万元，对47条主干道路灯进行清理更新、修复改造，完成路灯、景观灯节能改造19633盏，智能化控制改造22858盏
4	农村便民服务中心建设工程	新建10个农村便民服务中心，并进行绿化配套、村文化活动广场建设等	投入约2200万元，完成10个村农村便民服务中心建设并投入使用，完成绿化配套、村文化活动广场建设工程
5	城区小区改造和治水工程	渡口小区改造：对渡口小区1—19幢区块进行综合改造。治水工程：对城南暗渠渠壁喷浆防渗处理，对城区积水点进行改造。实施污水管网检测、污水截污纳管改造等	投入510万元，完成渡口小区道路排水、绿化配套等建设项目。对城南646米暗渠渠壁进行防渗处理，完成7处积水点改造，检测污水、雨水管网51.7千米

续表 1

序号	项目名称	建设内容	完成情况
6	学前教育提升工程	改建同弓乡中心幼儿园，建筑面积4000平方米；改建阁底中心幼儿园，建筑面积4000平方米	各投入约400万元，完成同弓乡和阁底中心幼儿园改造装修，并新建成活动场地及配套设施
7	农村敬老院建设工程	同弓乡敬老院项目：新建一座食堂、改建原有养老公寓；白石镇敬老院项目：改建养老公寓，改造庭院完成总工程量的85%	投入170万元，新建同弓乡敬老院座食堂，完成1号楼消防设施改造及室外配套工程。投入330万元，新建白石镇敬老院1号楼食堂及老人公寓卫生间，完成室外配套工程
8	农村小学标准化校舍建设工程	完成宋畈小学、同弓小学标准化校舍建设工程	投入1000万元，建成宋畈小学综合楼，景观等配套工程。投入1600万元，建成同弓小学教学楼、综合楼，完成老旧校园校舍改造提升工程
9	放心食品提升工程	打造放心厨房85家	建成5家农村家宴放心厨房，80家“阳光餐饮”工程
		整改小作坊20家，打造省名特优小作坊5家，量化达标小微食品企业5家，建成食品生产小作坊集聚区1个	20家食品小作坊完成整改，5家名特优食品作坊和5家量化达标小微食品企业通过市市场监管局验收公示，1家食品作坊集聚区建成
		打造品质食品示范超市1家	常山东方超市打造放心肉菜示范超市完成建设并验收
10	特殊群体保障服务工程	实施残疾人无障碍工程和高龄低保户烟感报警器工程	投入340万元，完成21家公共文化体育场所和医疗、金融服务机构无障碍设施工程。完成14个乡镇（街道）办事大厅及189个村（社区）文化礼堂无障碍设施改造工程。举办一期公共服务机构手语培训班。紫港社区成功创建省级残疾人无障碍社区。完成100户残疾人家庭和2家机构无障碍设施改造项目。投入240万元，安装烟感报警器3276户

专　记

“宋诗之河”入选浙江省首批诗路旅游目的地培育名单

2018年以来，常山县响应党中央关于传承与弘扬中华优秀传统文化的号召，认真落实省委、省政府提出的打造四条诗路文化带、建设诗画浙江的战略举措，立足常山建县1800年的丰厚历史文化积淀尤其是挖掘整理的宋代诗歌，倾力打造常山江“宋诗之河”，建设诗画浙江大花园浙西常山核心景区，取得较好成效，入选浙江省首批诗路旅游目的地培育名单。2019年6月，省委常委、宣传部部长朱国贤对常山江“宋诗之河”作出重要批示：“常山县弘扬优秀文化，倾力打造宋诗文化旅游融合项目，培育文化品牌，有力地推进文旅融合，望继续努力，打造常山特色品牌，推动文旅融合高质量发展”。

一、致力弘扬优秀传统文化，首倡“宋诗之河”文化品牌

为贯彻省委、省政府“打造钱塘江诗路文化带”的战略部署，常山县对建县1800年历史文化资源进行深入调查研究。结果发现，常山历史上的唐诗数量很少，而宋诗数量却多得惊人。据不完全统计，已搜集常山宋诗有1000余首，这在以“唐诗之路”著称的千里钱塘江上可谓独树一帜，百里常山江堪称是镶嵌在钱塘江上的一段罕见的“宋诗之河”。常山县委、县政府从尊重历史和实事求是的角度出发，从弘扬与传承优秀传统文化的高度，做出打造常山江“宋诗之河”的决策，并以此作为落实省委、省政府打造钱塘江唐诗之路、建设诗画浙江大花园的重要举措。

（一）挖掘与规划并行，夯实“宋诗之河”价值基础。建立常山江“宋诗之河”档案库，依托浙江大学、衢州学院等高校与专家学者的学术力量，大力挖掘常山宋诗文化资源和文化遗存。从收集整理出的近百位游历常山、描写常山的宋代诗人1000余首作品中，精心选编《常山宋诗三百首》《常山宋诗一百首选注》等资料。邀请省发展规划研究院、钱塘江文化研究会到常山实地调研，积极对接乡村振兴战略、诗画浙江大花园建设，主动融入钱塘江诗路黄金旅游带规划，高起点、高标准、高要求启动常山江“宋诗之河”规划编制工程。

（二）研究与保护并重，深挖“宋诗之河”历史底蕴。举办首届常山江“宋诗之河”研讨会，国内20余位知名宋学文化专家学者参加，充分肯定常山县首倡打造“宋诗之河”的巨大价值和创新勇气。与钱塘江文化研究会合作成立钱塘江文化研究会常山宋诗研究中心，建立“浙江大学宋学研究中心常山基地”“衢州学院常山宋学研究基地”，启动常山江“宋诗之河”文化品牌宣传推广和宋诗文化产业发展可行性研究。认真排查与筛选常山江流域宋代古村落、古渡、古驿等文化遗产，加强保护与修缮，启动招贤古渡、芳村古街、四贤祠等一批宋代文化遗存的修缮与恢复，推进杨万里诗歌纪念馆、宋诗文

化长廊等具有标志意义的宋诗展示项目的建设。

（三）宣传与推广并举，展现“宋诗之河”文化魅力。常山江“宋诗之河”文化品牌一经推出，便引起各级媒体的广泛关注。新华社、中央电视台、中新社等权威媒体推出一批深度报道，吸引网易、搜狐、新浪、凤凰网等40多家门户、资讯网站、外媒网站及各新媒体平台推送，总阅读量突破2000万人次，常山江“宋诗之河”影响面日益扩大。以“溯宋诗之河·游慢城常山”为主题，开展著名作家走进常山采风等活动。以常山江“宋诗之河”为主题，谋划开展浙江最高水平的“沙孟海奖”全浙书法篆刻大展，开展文学、戏剧、摄影等文艺作品创作，创作一批宋诗题材的文艺精品，不断扩大常山宋诗美誉度和影响力。

二、着眼建设人民美好生活，擘画浙西最美宋诗田园

诗歌与人民的美好生活密切相关，常山县从建设诗画浙江、满足人民群众日益增长的美好生活需要出发，以建设“宋诗田园”为目标，坚持美丽为基，文化为魂，按照“养眼、养肺、养胃、养脑、养心”要求，将宋诗元素融入城乡建设项目当中，让宋诗为群众美好生活增光添彩，真正实现文化惠民。

（一）打造三大宋诗文化长廊。以常山江沿岸历史文化底蕴最深厚的三个著名古渡为节点，打造三大宋诗文化长廊项目。县城段紫港古渡“宋诗长廊”。结合防洪堤建设与沿岸景观改造等项目，建设1800米长的宋诗长廊和若干宋诗文化公园，使之成为城市最亮丽的文化风景线。何家乡长风古渡“宋诗长廊”。何家乡是南宋中兴贤相赵鼎、两朝帝师范冲以及史上最年轻状元汪应辰等重要历史名人的寓居地，在长风古渡段沿江建设以赵鼎、范冲等诗歌作品为内容的“宋诗长廊”。招贤镇招贤古街“宋诗长廊”。招贤古渡是常山历史上著名诗人云集最多的渡口，仅杨万里留下的宋诗就有25篇，在招贤古街规划建设以杨万里、陆游、辛弃疾等作品展示为重点的“宋诗长廊”。

（二）建设三个宋代文化小镇。开发建设芳村村、招贤村、金源村三大“宋代文化小镇”。在芳村村以开发千年宋镇文化为重点，挖掘北宋农民领袖方腊与芳村的渊源，按照宋代风情，开发芳村古街，使芳村镇成为风格独特的宋代文化小镇；招贤村结合招贤古街保护开发，整体开发招贤村，按宋代建筑风格和历史人文要求进行改造，打造招贤村“宋代风情文化街区”。金源村以王氏家族“一门九进士”为重点，弘扬“贤良文化”，挖掘王介与苏东坡、王安石、米芾等历史名人交往的文化资源，修缮世美坊和王氏宗祠，做足宋代文化文章。

（三）做好三篇宋诗融入文章。一是宋诗与城乡建设结合文章。在城市建设中融入宋诗文化元素，规划建设一家集常山宋诗展示、常山宋代诗人介绍、宋诗研究成果展现、宋诗吟诵体验于一体的“宋诗之河”主题博物馆，建设一批以宋诗和宋代诗人为主题的历史文化公园。结合美丽乡村建设等重点工作，注重植入宋诗文化元素。二是宋诗与项目工程结合文章。抓住常山港治理项目建设的机遇，在常山江沿线做好宋诗文化展示和节点景观建设；结合旅游项目建设，通过刻石立碑、建馆展览、景观复原等形式，使宋诗文化在沿线旅游景点再现。三是宋诗与美丽田园结合文章。成立“宋诗田园行动专班”，在全域土地综合整治和生态修复项目中，通过宋诗文化和农业休闲旅游开发，提升山水

田园景观价值，建成一批以宋诗为主要文化特征、多元一体的现代农业文旅综合体。

三、致力落实文旅融合理念，发展宋诗文化创意产业

在打响常山江“宋诗之河”文化品牌的同时，不失时机地推进文旅结合理念的落实，加快发展以宋诗为核心的文化创意产业。

（一）谋划“宋诗之河”文化旅游专线。对百里常山江“宋诗之河”进行整体规划，将沿江三大宋诗文化长廊、三大宋代文化小镇等文旅项目串点成线，形成有机整体，结合常山江航道开发，谋划常山江游艇水上观光与宋代古渡古镇相结合的“宋诗之河”文化旅游专线，重现宋代常山江“日望金川千张帆、夜见沿岸万盏灯”的发展盛况。

（二）提升宋诗文化附加值。推进宋诗在旅游领域和文化创意产业中的应用，以景区化的理念打造“宋诗之河”系列项目，如招贤村宋代文化小镇项目，准备打造宋代风情文化街，从小镇建筑外观到居民衣食住行，全部按宋代风格进行打造，给人以强烈的穿越感，让游客全方位感受浓郁的宋代文化。在县内主要旅游景点，积极植入宋诗元素，如将20余首《三衢道中》同名宋诗以各种形式展示在AAAA景区三衢石林的节点，弥补自然景观的不足，有效地提升三衢石林景区的文化品位。

（三）开展宋诗文化产品开发。挖掘宋诗中的产业产品元素，如通过杨万里著名诗句“一生爱杀招贤酒，一生憎杀招贤柳”，成功开发“招贤酒”系列产品。恢复“招贤馆”“徐元达小楼”等历史建筑，开发常山宋诗中的美食，在书法、旅游纪念品、手工艺品、产品包装等产品开发中植入宋诗文化元素，推动宋诗文化产业发展。谋划各类宋诗主题文化活动，如常山宋诗吟唱会，以歌咏形式欣赏品评常山宋代诗歌；举办电视常山宋诗大会等。鼓励创编以常山宋诗经典故事为题材的剧本，通过电影电视拍摄等途径，使常山江“宋诗之河”成为影视外景拍摄基地，努力提升常山的文化知名度和群众的历史文化自豪感。

（县委宣传部供稿）

常山县全域开展农村“一户多宅”整治为农村宅基地制度改革奠定坚实基础

“一户多宅”整治是农村宅基地制度改革的前提和基础。习近平总书记在中央农村工作会议上指出“农村闲置农房放在那里任其破败是一个大问题，利用起来却是一笔大资源。”2018年起，常山县在深入实施乡村振兴战略中，将农村“一户多宅”整治作为牵引全局的“牛鼻子”工程来抓，举全县之力推进农村宅基地整治和盘活工作，全面开展9.14万农户住房现状情况调查工作，推进“一户多宅”拆除、整治和利用工作。具体做法是：

一、深入调研，精准把脉“一户多宅”存在问题

农村宅基地和农民建房既是重大民生问题，也是重大的发展问题，老百姓高度关注，尤其是农村的“一户多宅”现象，长期以来积累了不少问题，主要有：一是形成数量庞

大的“一户多宅”。初步调查，常山县非法的“一户多宅”存量有3600多处，合法的“一户多宅”达1.2万处，这些“一户多宅”的存在，导致大批空心村出现，致使村庄规划难以落地；且旧宅周边由于长期失管，杂草丛生，是近年来农村环境“脏、乱、差”形成的主要原因。二是造成大量土地资源闲置和浪费。旧房长期闲置，不仅使宝贵的土地资源得不到充分利用，反而使村庄外延不断扩大，加大耕地保护的压力。三是损害社会公平正义。宅基地所有权归农村集体经济组织所有，是农民享有的主要福利，村集体经济组织内的成员应当平等享受。部分村民乱占地建房、多占地建房行为，损害公共利益，挑战公平正义，容易引发和激发社会矛盾。四是埋下不可预知的安全隐患。“一户多宅”的房子多为年久失修的旧房，在恶劣的气候条件下容易引发倒塌、火灾等突发性安全事故，存在重大的安全隐患，严重威胁着人民群众的生命财产安全。五是干扰土地管理秩序。“一户一宅”面积法定，是农村宅基地管理的基本制度，但随着商品房价格的上涨，不少城镇居民为了达到省钱的目的，向城郊农户购买农民集体土地的建房指标，导致农村宅基地使用权流转秩序的混乱，干扰正常的土地管理秩序。六是影响“三权分置”改革的进程。由于历史原因，农村中有些农民拥有多处宅基地，且关系错综复杂，在确权过程中不同利益主体的诉求各不相同，不能达成一致，无法进行有效确权，影响“三权分置”改革的进程。

二、稳步推进，扎实开展“一户多宅”清理整治

“一户多宅”问题，由来已久，涉及面广，政策性强，常山县坚持顶层设计、试点先行的方针，稳步扎实推进。

1．顶层设计，编织制定“四大体系”。一是明确目标体系。制订《“浙西民居·慢城花园”农民建房服务体系完善和农村特色风貌提升三年行动计划》和《常山县“一户多宅”清理整治工作实施方案》，明确“一户多宅”清理整治的目标是用半年左右时间“解决遗留、杜绝新发、全面彻底、确保长效”。二是健全工作体系。成立“一户多宅”清理整治工作专班，建立“一户多宅”认定工作机制，规范“一户多宅”整治拆除工作，制定“一户多宅”整治工作流程图，实施每日报送和每周督查通报制度，全链条管理，保证“一户多宅”整治有序推进。三是落实政策体系。整合各部门涉农资金，全力保障“一户多宅”整治工作。调整农村土地综合整治项目政策，出台“一户多宅”整治增减挂钩节余指标质押融资实施办法，制定农村宅基地有偿择位指导意见，出台农村集体建设用地收储办法等。四是强化责任体系。进一步规范一户多宅整治工作流程，建立“县、乡镇（街道）、村、网格”的全链条工作责任体系及“乡镇干部＋村两委＋网格员”的捆绑考核责任体系，出台“一户多宅”清理整治违规违纪问题快速处置工作方案，对在工作推进中出现不担当、不作为的干部进行责任追究。

2．排查摸底，精准识别“一户多宅”。一是科学认定。按照“尊重历史、实事求是、分类处置”的原则，制定《常山县农村集体土地“一户多宅”分类处理指导意见》，针对农户宅基地获得的方式，将“一户多宅”划分为合法“一户多宅”、违法“一户多宅”和未批先建三种类型，进行分类处理，不搞一刀切。二是精细调查。制订“常山县农村住房调查表”“常山县农村住房调查汇总

表”“常山县农村住房‘一户多宅’认定表”三套调查表格，从“家庭情况、户主身份、房屋来源、建设时间、房屋情况、房屋结构、居住情况、人文价值、登记情况”等多方面进行全面的调查统计，全县调查摸底已经结束。三是数据建档。建立“一户二档”，即一份纸质档案，一份电子档案。利用乡镇（街道）四个平台数据库，对农户住房情况进行录入，建立电子档案，实行数据化管理，与公安部门的数据共享共用，分析比对，并将农户房屋信息上升到云端，利用 GPS 及全站仪定位器精准数字化管控。

3. 强势推进，全域整治“一户多宅”。一是专班保障。为保障“一户多宅”清理整治工作的顺利推进，县里从县农办、县国土局、县规划中心等十余个部门，抽调 33 名业务骨干组成工作专班，下设综合组、政策组、督导组、宣传组和技术组等 5 个小组，实行常驻办公，实体化运作。二是集中整治。按照“试点先行、以点带面、总结经验、逐步推进”的要求，从 4 月 16 日开始，选择 14 个村开展试点工作，至 5 月 15 日顺利完成试点工作任务。试点期间，全县面上同步开展调查摸底工作。从 5 月 15 日开始，进入集中整治、强势推进阶段，8 月 31 日前基本完成面上清理整治任务，10 月 15 日前基本完成验收整改工作。三是全程监管。县纪委、县委组织部相继出台《关于严明纪律确保“一户多宅”清理整治工作顺利推进的通知》《关于在“一户多宅”清理整治工作中充分发挥基层党组织和党员作用的通知》等文件，要求党员干部严格做到“三带头三不准”；专班督导组对照整治目标，强化考核督查，严格实行一日一专报、一月一通报制度，全力推动工作开展。

4. 政策配套，分类处置“一户多宅”。一是分类施策。对合法的“一户多宅”，鼓励和引导农户自行退出，由村集体有偿收储；对非法“一户多宅”中属建新不拆旧的，无条件拆除旧房；对未批先建的，由农户选择保留一处房屋，其余房屋全部拆除。二是尊重历史。对农村中出现的大量附房问题，出台《常山县农村违法建筑分类处置补充意见》《常山县农村集体土地“一户多宅”相关指导政策》等文件，允许农户保留一处主房庭院内，占用永久基本农田以外地类，面积在 40 平方米内、高度不超过 4 米的附属性用房，用于农民生产、生活的需要。同时，提高农民建房审批面积，小户、中户、大户建房审批面积统一调整为 100 平方米、120 平方米、140 平方米（使用耕地不得超过 125 平方米），但不得再建设附房。三是保护传统。明确列入省级历史文化村落保护与利用重点村和省级以上传统村落的村庄，按保护规划实施，农户旧宅属于保护建筑的不予拆除，保留其具有利用价值的旧宅。

三、探索推广，积极实践宅基地改革新模式

1. 建立农村宅基地和农房退出机制。开展“一户多宅”整治，摸清合法和非法“一户多宅”的家底，对农户非法的宅基地，实行无偿收回；对农户合法的宅基地，近期可用于公共事业或经营性的集体建设用地，由村集体有偿收回。在“一户多宅”整治中，保留可利用的村集体已收购的农房，可调剂给村集体经济组织内的无房户、危房户使用；或通过出租、作价入股等方式用于生产经营，适度放活农民房屋使用权，探索“三权分置”。年内，村集体已收回宅基地 1600 多宗，面积 800 多亩，如新昌乡对坞村将村内 3 幢具有 200 多年历史的合法“一户多宅”，由村

集体有偿收回，借助社会资本打造成高端民宿——“村上酒舍”，所取得的收益由村集体、投资方和农户按照2：5：3的比例共同进行分红，壮大村级集体经济。

2．推广农村宅基地村内“以地易地”制度。推动农民建房块状集聚，条件成熟的农民建房集聚点，以政策为杠杆，引导和吸引农民集聚建房。“以地易地”是一种好模式，退出农户现有宅基地，换取安置区建房用地；以多换少，节约集约用地，增加村级存量宅基地。如辉埠镇东乡村在村庄规划控制区域内，农户建房可采取置换屋地的办法；由农户退出500平方米的宅基地，去置换安置区一户地基和门前屋后100平方米绿化庭院用地，其余土地由村统一调剂，用于村公共道路、配套设施建设及调剂他人建房；东乡村“一户多宅”整治，完成宅基地置换70户，有效盘活宅基地1.5万平方米。

3．探索农村宅基地跨乡跨村流转机制。“一户多宅”整治后，在符合土地利用总体规划和村庄建设规划等条件下，本村富余的闲置宅基地跨乡跨村流转“三允许”，即可以依规流转给本县范围内符合条件的农村村民建房；村民建房或村建项目涉及外村插花地允许使用相邻村土地；安置区建设需要使用外村土地而未办理土地征收手续的，经转出方和转入方村集体组织审查同意，允许直接按农村村民建房程序审批。同时，明确跨乡跨村流转“四严禁”，即严禁借流转之名进行商品住宅开发及小产权房建设；严禁城镇居民擅自购买农村宅基地及其地上建筑物；严禁对农村集体土地上的违法建筑进行流转；严禁集体资产私下买卖。

4．创新以地生钱乡村振兴自我造血机制。实施乡村振兴战略，需要很好地解决“地”和“钱”的问题。通过深入开展“一户多宅”整治，调整农村土地综合整治项目政策，创新“钱”从“地”中来，“地”也从“地”中来乡村振兴自我保障机制。常山县通过调整农村土地综合整治项目的政策，大幅度提高乡村两级的包干、奖励和补助资金额度，激发乡村工作积极性。如宅基地复垦奖补平均达到每亩36万元，复垦1000亩，将有3.6亿元反哺乡村，用于农村环境改善、村居风貌提升、产业振兴等；增减挂钩节余指标还可通过质押的办法进行融资，提前获得银行贷款，解决前期资金不足的问题。同时，增减挂钩节余指标的20%由乡镇（街道）自行统筹，有效解决乡村振兴项目落地难的问题。

（县农业农村局供稿）

举全县之力推进农村饮用水达标提标行动

常山县是典型山区县，由于经济基础薄弱、山区群众多，常山县农村饮用水的建设一直存在着资金筹措难、管道输送难、建设施工难、运维管理难、水费收缴难、水源保障难的问题。全省“农村饮用水达标提标行动”启动以来，常山县积极响应省委、省政府为民办实事号召，小县城大手笔，以“三年任务两年完成”的决心，举全县之力推进农村饮用水达标提标行动，筹建资金5.5亿元，2019年完成全县22.1万人口农饮水改造提升任务，形成一批“可看、可学、可复制、可推广”的示范点，初步总结提炼具有钱塘江源头地域特色的农村饮用水达标提标行动“常山方案”。黄塘村单村供水建设项目成为全省农村饮用水达标提标“一号案例”。10月28—29日，全省农村饮用水达标提标行动暨冬修水利现场会在常山召开，县委书记叶美峰在会上做典型经验交流发言。常山县的主要做法有：

一、农民喝水不发愁，全域化供水“一张网”

按照浙江省农村饮用水达标提标行动最小限度保留单村供水站的工作要求，常山县明确提出城乡供水一体化率达到85%以上、单村供水数量控制在10%以内的集中供水覆盖目标。截至2019年年底，城乡集中供水受益农村人口26.2万人，从73%提升至91%；单村供水受益人口2.63万人，单村供水率从27%降至9%，规模化供水工作取得一定成效。

二、一年干成两年事，标准化建设“一盘棋”

从“规划设计、节水宣传、政策处理、监督巡查、质量监管与工程验收”全要素保障、全过程参与，严把新建联村供水工程建设关，统一按照城市管网标准，整体预留城市管网接入端口，杜绝后期低标准重复建设。截至2019年12月20日，常山县累计完成农饮水项目投资额32145万元，完成2019年全省民生实事项目计划总投资的126%；受益人口19.2万人，完成2019年全省民生实事项目计划人口的137%。

三、建设管理不脱钩，市场化运维“一本账”

全县农饮水工程由县水务公司统一负责，实行“建管合一”。为破解“长期不收水费”顽疾和改造后“水费收不齐”等难题，出台农村饮用水绩效管理考核办法奖优罚劣。全县6.5万余农户，实现“一户一表”全面用水收费。城乡管网按“同网同价”收取1.45元／吨水费，单村供水站受益户的水价，则按评测0.8元／吨的指导价，另对困难群众进行适当减免，经各行政村的村民代表大会通过后实行。“城乡同网”农村用户水费从改造前的平均2.5元／吨降低至1.45元／吨。在此基础上，落实长效管理“财政补亏”运行保障和单村供水水费成本差额补贴，确保长效管理。

四、专业化保障，运维管护“最强大脑”

发挥“互联网＋大数据”作用，以“管理成网、信息成网”为目标，在城乡水厂及村级供水站配备安防监控、压力监测、水质检测等自动化设施和消毒净水自动控制设备，全方位在线监控反冲洗、加药等环节，实时监测浊度、余氯、pH值等水质指标。系统一旦监测到异常情况立即预警，管护人员可远程关闭进、出水阀门，运行管护人力成本可降低60%以上。

（县林水局供稿）

全力推进常山交通项目“大会战”
跑出重点项目加速度

2019年，为全面推进“衢常一体、融合发展”，常山县委、县政府深入实施效率革命年“一号攻坚”暨交通项目大会战行动，聚焦难题破解、项目推进、典型宣传等工作重点，集中时间、人员、精力，举全县之力掀起交通项目建设热潮，取得阶段性成效。

一、重点项目建设情况

截至2019年年底，“四个结构”交通基础投资完成10.25亿元，比上年增长31.3%，高于全市平均值12.7个百分点，排名全市第二。其中，衢州市沿江公路工程（常山段）全线已贯通；320国道衢州航埠至常山草坪段改建工程（常山段）两个标段全面铺开建设，支线球川连接线开放交通；351国道龙游横山至开化华埠段公路工程（常山段）主要节点工程全面开工，山角铺隧道双洞已贯通；杭金衢高速公路拓宽工程（常山段）先行段完成进度2/3以上，主线段土地交付使用；淳安至江山公路常山界牌岭至新桥段公路工程所有桥隧工程已开工建设；048省道延伸线公路工程在春节前实现全线贯通；国际慢城通景公路工程完成交工验收；“四好农村路”建设全面完成年度计划任务。

二、立足整体统筹，聚集优势资源专班攻坚推进

一是项目专班全覆盖。成立由县主要领导为组长的行动领导小组，下设成立项目推进提速、政策处理协调、基层治理保障三个工作组，按照“一个项目、一名领导、一支队伍、一抓到底”的总要求，实行县领导AB岗牵头领办制、联村部门挂联制，并将专班设立延伸至乡镇、村一级，5个交通重点项目所涉的乡镇（街道）共成立16个项目子专班，确保各项任务责任到人、落到实处。二是凝聚合力破梗阻。针对工作机制、安置区选址、土地征用等难题，梳理出五大共性清单、29项个性清单、85项具体交办任务，至年底，所有交办任务已基本完成销号。通过“一对一”攻坚小组，由项目业主单位、属地乡镇负责，挂联部门协同，倒排攻坚进度，实行销号管理，破解项目梗阻。如针对淳常公路项目前期受永农和生态保护区制约问题，积极发挥部门间合力，在省级主管部门的大力支持下，通过包装全域土地综合整治项目优化永久基本农田布局，调出项目涉及的永久基本农田，生态红线及永农问题取得突破性进展，为项目顺利推进寻求新路径。三是压实责任提进度。以交通先锋行动专班为单位，深化效率革命实干竞赛活动，比拼进度、晒出成绩、树立先进，激励广大干部攻坚克难热情。如针对沿江公路项目与水利重叠施工难点，各成员单位通力配合，厘清施工边界，快速推进车行道、慢行道、景观工程建设工作，全面完成市委、市政府既定任务，实现年底全线贯通目标。

三、立足多方联动，聚合各方力量协作高效推进

一是强执行，抓规矩征迁。持续保持“树正气、打歪风”的高压态势，严厉打击恶意阻工、“三抢”等违法违规行为。县公安部门针对破坏交通设施、阻碍征迁等行为，出动人员300余人次，处置恶性事件50余起，约谈30余人，有效净化交通重点项目施工环境。二是聚合力，助快速征迁。县交通运输局、县资规局等部门及有关乡镇（街道）多次召开政策协调会，建议县政府出台《关于集体土地房屋重置价格标准的补充意见》，促使项目政策处理不断提速。截至2019年12月底，交通大会战行动需征收土地5341.645亩，已交付5281.015亩，完成量达98.9%。芳村镇提前完成淳常公路项目2个标段全部262.78亩土地的征收、

3 幢房屋的拆除工作；辉埠镇在 3 个月内即完成 351 国道建设项目所涉 82 户房屋征迁协议全部签订，节点房屋全部拆除，922.34 亩土地全部交付。三是怀真情，促和谐征迁。专班人员坚持依法拆迁、和谐拆迁、亲情拆迁。面对征迁不理解、不情愿的群众，以“厚着脸皮、硬着头皮、磨破嘴皮、跑破脚皮”的精神，做深政策解释、做细意见调查，坚持每日上门、每日汇报、每日研判，直至协议签订。如 320 国道改建项目所涉大塘后村两户征迁户要求在村建房安置，项目征迁小组坚持每日一沟通，先后上门 30 余次，寻找 9 处宅基地供其选择，最终完成征迁协议签订。

四、立足提速提质，聚焦关键环节精准靶向推进

一是突破瓶颈促开工。密切对接省、市各级部门，坚持将做实做细前期、突破瓶颈制约作为项目建设的先决条件，紧紧盯住专题报告、可研批复、环境评价等关键环节。如辉何公路破解项目永农制约，多次对项目方案进行调整，通过积极向上对接，完成下穿衢九铁路涉铁审批，快速推进园区路段重新立项和审批工作，并实现开工建设。二是强化投入抢工期。督促施工单位根据项目实际情况，科学调整施工方案，对施工组织不力的施工单位采取政府约谈的方式，加速节点施工建设。如 320 国道改建项目球川连接线改造工程，在 4 个月内即完成主体工程建设并实现小型车辆通车；沿江公路项目为解决长风库区段栈道因地势陡峭施工难问题，及时调配多一倍的工人加班加点，完成土方挖掘和施工材料运输上千次人工转运，确保项目工期按计划顺利推进，栈道于 11 月 28 日提前实现贯通目标。三是科学统筹出实效。交通部门积极履行牵头单位职责，与属地乡镇、施工单位一同落实工程建设科学施工方案。如淳常公路项目，采用雷公岭隧道双向进洞施工，项目二标桥隧增设 4 条施工便道等方式，项目施工进度得到极大的提升。

（县交通运输局供稿）

坚决打赢教育翻身仗
开创常山教育现代化建设新时代

——常山县创建“浙江省教育基本现代化县”综述

一直以来，常山县坚持“强县必先强教育、兴县必先兴教育”的理念，纵深推进教育综合改革，不断加大教育投入，全力调优教育布局，持续改善办学条件，扎实推进教育现代化建设。2008 年成为浙江省教育强县，2015 年通过全国义务教育基本均衡县国家级验收，2016 年通过省基础教育重点县评估，2017 年申报省教育基本现代化县，2018 年 6 月顺利通过预评估。2018 年 11 月，在全省教育现代化建设专题研讨班上，县委书记叶美峰应邀介绍常山教育发展经验，副省长成岳冲和省教育厅领导对常山县的教育改革做法及成效给予高度肯定。2019 年 2 月，常山县被认定为浙江省第六批基本实现教育现代化县（市、区）。

凝心聚力，吹响教育振兴“集结号”

“一次大会”谋篇定局。一直以来，常山县委、县政府高度重视教育工作，把教育作为全县基础性、先导性和全局性的战略任务来抓，特别是新一届县委、县政府将教育工作作为“最大民生”，作为增强老百姓获得感和幸福感的重要举措。2017年春季，召开常山历史上规模最大、规格最高的教育发展“千人大会”，大力实施“四个一”工程，明确提出教育发展要做到“三优先”（即经济社会发展规划优先安排教育发展、财政资金优先保障教育投入、公共资源优先满足教育发展）、“三倾斜”（即领导力量向教育倾斜、领导精力向教育倾斜、有限财力向教育倾斜），努力实现“让常山孩子在家门口就读最好的学校”，发出振兴教育的最强音，按下创建工作的“快进键”。

“一号文件”开方施策。常山县委、县政府站在全县发展的角度去抓教育工作，高规格成立教育现代化创建工作领导小组，组建创建工作专班，强化工作统筹，解决相关问题。2014年开始全面实施常山教育综合改革；2015—2016年，全力实施基础教育两年提升计划；2017年制定出台《关于大力推进教育质量提升工作的意见》（“一号文件”）以及14个配套政策的“1+N”改革方案，明晰振兴教育的顶层设计和路线路径。为确保“一号文件”落地，常山县将教育改革发展纳入党委、政府重要议事日程和党政领导双月工作例会内容，先后召开14次教育专题会议，县主要领导开展12次专项调研，县级层面制定出台助教扶教文件25个。创新建立教育工作情况报告制度，明确县、乡人代会每年听取和审议教育工作报告，让人民监督，请人民阅卷。

“一号工程”真抓实干。常山县委、县政府坚持“教育第一”的发展理念，大力实施“一号工程”，真正体现教育优先地位，让教师得到尊重，让百姓看到希望。县委书记叶美峰带头做“教育第一书记”，亲自到省教育厅和北大、清华等地争取教育支持，要求全县各级领导干部争当“教育书记、教育县长、教育局长、教育乡镇长”，为教育办实事得到常态化落实。坚持把教育投入作为“第一投入”，在财力有限且经济社会各个方面发展都需投入大量资金的情况下，逐年增加教育投入，近五年累计投入22.66亿元，年均增长5.97%。其中，2017年在全县财政总收入仅有14亿元的情况下，仅教育投入就达4.89亿元，占比34.9%；2018年，常山县又大幅增加教育预算，真正做到“穷财政办富教育”。

强化保障，筑牢教育基础“压舱石”

常山县委、县政府高度重视教育优质均衡发展，不断加大教育投入，聚力在资源整合、条件提升、待遇保障等方面取得突破，为教育振兴打牢基础。

腾笼换鸟，盘活教育资源。投资3.9亿元，完成布局调整龙头项目——常山一中迁建项目，整体搬迁常山一中、城南中学、天马中学三所学校，撤并同弓初中、何家初中、阁底初中三所小规模学校，重新划分城关中学、城南中学学区。通过“搬、撤、调”等“腾笼换鸟”手段，完成新一轮学校布局调整，盘活教育资源，提升发展活力。

加大投入，改善办学条件。以创建省标准化学校为抓手，提高办学硬件条件。2015年投入5500万元，完成城东中学、育才小学、湖东小学3所省薄弱学校改造。2016年投资6000万元，实施芳村小学、大桥头小学2所薄弱学校改造。2017年投入3179万元，实施龙绕初中、龙绕小学等7所省标准化学校提质扩容工程项目；投入6316万元，收购三衢中学校产用于育才中学办学。2018年投资7200万元，实施五里小学迁建和同弓小学改扩建项目。此外，不断加大教育信息化建设力度，2015—2019年累计投入9600多万元，实施45个信息化改造提升项目，抓活“创客试点学校”等特色项目，常态开展教育装备“走出来，用起来，带回家”等活动，提升教育信息化应用水平。

关心关爱，保障教师待遇。将教育投入更多向教师倾斜，做到逐年增长且不断缩小与公务员的差距，2015—2017年常山县中小学校教师平均工资水平分别为10.08万元、10.28万元、11.47万元（公务员近三年分别为10.23万元、10.80万元、12.44万元），尤其是2018年，在全市率先将教育教学质量考核奖由人均0.8万元提升至2.4万元，中小学教师工资与公务员工资基本持平。同时，每年设立近1500万元教育奖励资金，150万元的教师荣誉奖，100万元中小学抱团发展资金，200万元书生中学托管奖励资金，将特岗津贴从300～1000元提高至400～1300元，开展“进城送家”行动，为每位外地未婚教师提供5000元／年补贴，实行1000元／人全员体检。教师收入待遇明显提高，教师幸福感明显增强。

开拓创新，打造教育改革“新引擎”

坚持以改革促创新，以创新促发展，纵深推进改革，全面开放合作，跳出山城思维，不断革除旧弊、取长补短，全力推动教育发展。

深化改革，谱写高质发展新篇章。一是树导向，改变“干多干少一个样”的生态，整合推进分配制度改革和县管校聘改革，把教师职称“锁进档案柜”，树立“凭实绩论英雄”的鲜明导向，老师工作积极性空前高涨。二是抓校长，由县委出台《关于进一步加强校长队伍建设的意见》，实施校长奖励职级制改革，设立50万元校长奖励资金，建立退出机制，实施末位管理。在校长调配中大胆尝试学段“跨界”，建立“学校—机关—学校”的干部任职机制，并选派校长书记到乡镇（街道）挂职锻炼。三是控生源，出重拳治理生源外流顽疾，县政府出台文件明确所有县管领导干部非正常渠道不能送孩子外出读书，优质生源留常比例逐年提高。

开放合作，开创融合发展新路径。对内，加强县内学校统筹联合：实施小学“1+2”城乡抱团发展、初中“志在四方”教育共同体发展策略，全面提升城乡一体化、教育均衡化水平。对外，抓实平台建设借力发展：借助山海协作、对口支援等平台，大力推进对外协作、借力发展，联姻杭州育才教育集团创办育才系列学校、引进魏书生教育团队托管城关和城南中学、与浙江大学教育学院等高校建立战略合作关系、聘请专家团队进驻学校“把脉”教学、联手强校建立小语种培训基地等举措，有效提升教育质量。

立足创新，实现转型发展新局面。一是全面加强党的领导，打造“护旗手”党建品牌，创新推行“第一书记工作法”，全县41个学校党组织全部选派县级及以上党代表进驻，加强党对教育工作全面领导的实践报告，上报到中央深化改革领导小组，教育党建工作走在全省前列。二是创新盘活教师编制，实施“加人加钱不加编”政策，探索教师储备员额制度，推进教卫合作，破解教师编制紧缺难题。三是均衡推动教师流动，鼓励名优教师到农村任教，规定高级教师在取得职称后必须到农村学校支教不少于三年，2014—2019年共交流36位城区学校优秀教师到农村和薄弱学校支教。四是探索学前模式，整合力量开创学前教育“公建民办公助”模式，为加快发展地区发展学前教育提供常山实践；创新开展“周二下园去”活动，变“送上来”为“走下去”，补齐学前教育短板。

齐心协力，跑出教育发展“加速度”

在振兴常山教育的征程中，全县上下齐心协力、真抓实干，在学前教育普惠发展、义务教育均衡发展、成校职高等教育发展上奋力赶超。

补齐短板，推进学前教育普惠发展。一方面多措并举增加优质供给。通过厘清职责、强化建设，新建香樟、星月湾、湖畔佳苑、柚苑等幼儿园，实现小区配套幼儿园全覆盖；做好“筑巢引凤”，创设优良的投资环境，引进高端优质民办力量，创办乡镇中心普惠性幼儿园，迅速提升常山县整体办园水平。另一方面堵疏结合加强监管引导。在全市率先建立每年200万元学前教育专项资金，专项用于学前提升奖补，发放各类学前教育奖补资金；开展办学保障专项督查和薄弱幼儿园综合治理工作，制定“一园一策”整治方案，采取“一园一提升”的“笨办法”，整体改善办园环境。2015年，常山作为衢州市唯一代表，在全省第二轮发展学前教育三年行动计划中期推进会上作典型发言。2017年，承办衢州市学前教育公共服务体系建设工作现场会。2018年，扎实开展薄弱幼儿园综合整治行动，合并或停办20所薄弱幼儿园，学前教育整体面貌有较大提升。

放大优势，推进义务教育均衡发展。一是立足课程求实效。设立100万元课程改革专项资金和100万元特色发展奖励经费，开展“学育才”系列活动，扎实推进课程改革，提升教育教学质量。依托浙江致朴公益基金，开展“看见彩虹”乡村美育活动，9所乡村小学的1000多名孩子参与其中。二是立足文化求特色。开展全县校园文化做特工程，大力推进“一校一品”创建工作，五里小学等一批独具个性的品牌学校脱颖而出。开展“武术进校园”活动，传承本地特色拳种，培育传统武术基地，一批学校被评为“武术特色学校”。三是立足队伍求提升。开设19期“慢城·教育讲坛”，邀请魏书生、方红峰等知名教育教学专家到常山讲学；诚邀县外知名学者、专家到常山建立“名师工作室”“专家工作站”7个，设立市县名师工作室21个，141位名优教师与432位青年教师进行结对；制定出台《常山县名优教师培养管理办法（试行）》，做到一个名优教师带动一门学科，培养一个团队，产出一批成果，扎实推进义务教育均衡发展。

抓住机遇，推进高中阶段特色发展。在普高阶段，鼓励学校开发选修课程，形成具有学校特色的选修课程体系。推进特色示范学校建设，常山一中、紫港中学先后被评为省二级特色示范高中。在职高阶段，推动常山职业中专与罗马杰里尼学校、维罗纳圣泽诺职业技术学校开展合作办学，建成衢州市乃至浙江省一流的汽修专业实训基地，被评为浙江省优势特色专业，并成功举办“工业4.0引发技术教育的新挑战”国际研讨会。同时，开展校企合作，与地方企业开展紧密型合作，开设产业订单班。实施“常山阿姨”工程，“常山阿姨”被评为全国终身学习品牌，并得到时任国务院副总理刘延东等国家领导人批示肯定。另外，在成校建设上，利用省教育基本现代化县创建契机，直面问题短板，理顺管理体制，实现省标准化成校全覆盖。

省教育基本现代化县创建是常山教育赶趟补课、后发赶超的绝好契机、最佳平台。常山县深入贯彻全国教育大会精神，以问题为鞭策，化压力为动力，变短板为亮点，借势发力、乘势而上、顺势而为，在短板问题上打开局面，在关键环节上寻求突破，在提升质量上持续发力，坚决打赢教育翻身仗，努力办常山人民满意的教育，开创常山教育现代化建设新时代。

（陈文军 袁春建）

常山县“三建一破”聚力国企大改革推进国有经济高质量发展

为开创新时代国有企业改革发展新局面，常山县财政局（国资办）以“深化国资国企改革、创新投融资机制”为契机，坚持“政府融资平台公司市场化转型”，组建大架构、创新大数据、打造大平台、打破“大锅饭”，有效破解国有企业资产规模小、盈利水平低、竞争能力弱等难题，实现国有资源优化配置、经济效益与日俱增的高质量发展格局。

一、深化国资国企改革，打造新国企

1. 组建大架构，争做国企改革“排头兵”。对国有资产、资源、人员进行兼并重组，构建“1+1+N”国有资本投资运营多产权组织架构，即1个国资办+1家母公司+N家核心公司（其他子公司）。由国资办履行出资人职责，制定企业国有资产监督、管理、运营制度；国投公司对出资企业履行股东职责，以市场化手段落实国资监管职责；“大城投”“大农投”及其他子公司各自量身定制主营业务，打造企业独立明晰的发展定位，全面推进国有企业市场化转型。

2. 构建大数据，集成资产管理“云端树”。创新开发“数字国资”资产信息系统，建立全县统一的房地产、土地信息管理卫星定位系统，进行国有资产大数据管理。在系统内实现树状三维建模，热点标注资产地理位置，采集空间特征数据、时间属性数据、专题属性数据，摸清资产要素信息，实现成果数据与资产信息管理系统无缝对接。2019年确权国有资产613处，办理不动产权证书567本，导入335宗土地测绘数据，1297幢房产测绘数据。

3. 创建大平台，担当融资经营“操盘手”。成立全市首个由县政府和工行衢州分行组建的“金融服务工作小组”，创新“银行提前介入”模式，提供银行融资策划和协调服务，参与国资改革前期方案设计和计划制订，有效挖掘国企自身发展潜力，为国企改革提供企业市场化引力。服务小组成立后，针对城投公司、水务公司、泰安公司等重点企业的主营业务、在建项目、拟建项目清单进行全面体检，梳理问题33个，推动落实解决问题28个，精准解决改革推进中的难点痛点。

4. 打破“大锅饭”，完善激励奖惩“生态圈”。通过市场化改革，实现政企分离，赋予企业充分的自主经营权：在选用新人方面，面向全省招聘经营管理人员，实行市场化职业经理人聘任制和契约化管理方式；在归置现有国企人员方面，做到所有国企员工“一人一档”，实行以合同管理为核心、以岗位管理为基础的市场化用工制度；在工资与效益联动方面，企业负责人薪酬发放侧重对绩效年薪和任期激励收入考核，其他员工建立明确的工资效益联动机制，做到工资总额与企业效益紧密挂钩。在择优上岗方面，采取择优选聘形式，将专业能力突出、工作态度端正、实际贡献率高的编外用工人员、劳务派遣工转为合同制员工，形成激励生态。

二、推动国资国企做强做优，焕发新活力

1. 优化资源，聚“三池”活水。一是摸清家底，做大“资产池”。将原先在各国有单位、各乡镇（街道）的零散不动产集中纳入国资大“资产池”，对未办理不动产证的资产进行确权登记，不动产确权率从原先12%提高到86%。筛选出可注入企业资产50亿元，完成资产注入29.66亿元，新增银行授信5.85亿元。二是激活潜力，做优“资金池”。设立“资金池”总账户，实行封闭管理，优先满足政府建设项目、土地收储及归还到期借款周转等短期资金需求。对冗余资金采取竞争性存放、购买短期理财等低风险投资，提高资金收益。三是筑巢引凤，做强“项目池”。建立政府投资项目和市场化项目工作机制，明确决策权、审批权、资金拼盘及绩效考评等有关事项，引导国有资本投入在大湾区大花园大通道大都市建设中。

2. 合力攻坚，破历史“沉疴”。一是清理历史资债，实现企业减负。在债务重组过程中，直接豁免企业背负的地方政府债券转贷债务本金和利息17.95亿元。对企业账务上长期存在的不实无形资产、固定资产进行核查注销，做实企业资产，减轻企业负担。二是盘活历史存量，实现挖潜增效。国企改革涉及已竣工未决算项目20余项，总投资约5亿元，通过完成竣工决算，新增企业固定资产2.3亿元。通过流转改造，盘活闲置地块35293.95平方米。三是整合历史散量，降低管理成本。整合出售部分老、破、旧、散的国有资产，实现资产结构优化。2019年，共梳理出各公司历年“老大难”问题121个，已合力解决84个。

3. 主动作为，提发展能级。一是民生投入，政府财政减压。国企重组后，整合资产、资源、业务，重点投入教育、卫生、环保、基建等民生工程领域。例如，由国企实施的常山县农村饮水达标提标工程总投资4.5亿元，工程建成以后水务公司独创“1+7”的模式，建立1个农村饮用水管理服务中心，下设7个营业所，将由水务公司实施移交后的管网、供水设施等进行分片区进行专业运维，实行城乡供水同网、同质、同服务。二是市场嵌入，城乡基建提质。国企重组后，围绕城市发展、乡村振兴目标，探索项目市场化运作新模式，将土地经营从原有的“块状运作”向“区块开发”转变，国有企业通过公开市场摘牌，进行土地开发，累积经营性资产，完善城乡基础设施配套建设。三是产业融入，改革红利扩面。发挥国资杠杆作用，引导国投公司向金融投资、股权投资等方面拓展业务；农投公司在原有经营范围的基础上，延伸到集镇开发与建设、矿产资源综合利用等领域，释放改革红利，实现财政增收。

（樊　帆）

大 事 记

1月

1月1日 常山县千人徒步越野活动暨梅树底景区开园仪式在常山县梅树底景区举行。

1月2日 常山县第四次经济普查正式入户登记启动仪式举行，标志着常山县第四次全国经济普查正式进入普查登记阶段。

1月2—3日 省人大常委会副主任史济锡到常山，开展“服务企业、服务群众、服务基层”三联系调研活动。

1月3日 副省长高兴夫率省经信厅、省科技厅等省直有关部门负责人到常山调研交通项目建设和工业企业运行情况。

1月4日 县委十三届五次全体会议召开，传达省委、省政府，市委、市政府批准的《常山县机构改革方案》主要精神，研究部署下一阶段常山县机构改革组织实施工作。

是日 常山县以衢州市第一的成绩顺利通过省级文明城市复评。

是日 常山县梅树底景区晋级AAAA级旅游景区。

1月7日 衢州市考核组到常山县考核平安建设暨基层治理工作，并召开汇报会。

1月8日 市委副书记、政法委书记周伟江到常山东案乡开展“三服务”活动。县委书记叶美峰参加。

1月9日 常山县领导成员会议召开，宣布省委关于常山县人民政府主要领导人事任命的决定。

1月10日 县领导干部述职述廉大会召开，县党政主要领导作述职述德述法、述责述廉报告，其他党政班子成员作述责述廉报告。市委常委、组织部部长林晓峰作动员讲话。

1月11日 常山县新任县党政领导班子成员见面会召开，宣布市委关于常山县党政领导班子部分成员人事任命的决定。

1月14日 常山县第十六届人民代表大会常务委员会第十七次会议决定任命：张少华、何健、姜雪峰为常山县人民政府副县长；张少华代理常山县人民政府县长职务。

1月16日 常山县孝媳周桔凤获第七届“最美衢州人”十大年度人物，挺身而出的“最美路人”徐盼辉获第七届“最美衢州人”年度人物提名奖。

1月17日 县委宣传部、县文明办与建行常山分行联合推出县内全国文明村、省级文明村文明助农贷授信仪式举行。建行常山支行分别与十里山村、常年青村、新都村、辉埠村等13个全国、省级文明村代表签署授信协议，向13个文明村提供总额为1400万元的文明助农贷信贷额度，用于支持各文明村的生产经营和生活消费。

1月18日 “中国首届常山鲜辣美食节暨世界首届斗辣会”在何家乡长风村举行。墨西哥、意大利、德国、伊朗、印度等国际著名厨艺大师参加。

1月20日 全县机构改革动员大会召开，

通报机构改革和人事有关情况。县委书记叶美峰作动员讲话，并为全县机构改革新组建的单位授牌。

1月21日 常山籍教授李楠入选《麻省理工科技评论》中国区“35岁以下科技创新35人”名单。

是日 常山县自然资源和规划局、常山县住房和城乡建设局、常山县农业农村局、常山县林业水利局、常山县文化和广电旅游体育局、常山县卫生健康局、常山县退役军人事务局、常山县应急管理局、常山县医疗保障局等一批新组建部门正式挂牌。

1月22日 浙江省市场监督管理局公布2018年度浙江省知名商号名单，常山县“顺成”商号榜上有名。

是日 常山县召开“大棚房”问题专项清理整治工作会议。

是日 同弓乡的彤弓山居和天马街道天安村的云湖仙境被评为“浙江省银宿级民宿”。

1月24日 县委十三届六次全体（扩大）会议召开。县委书记叶美峰作工作报告，县委副书记、代县长张少华主持，徐建华、林红汉等县领导出席。

是日 市委副书记、市长汤飞帆到常山走访慰问困难群众，为他们送去党和政府的关怀及新春祝福。市人大常委会副主任占跃平，县领导张少华等参加。

1月30日 常山县举行2019年迎新春企业团拜会，县领导和广大企业家代表、寓外创业成功人士以及“常山县改革开放40周年突出贡献人物”表彰对象参加。

1月31日 常山县召开2018年度基层党建和人才工作述职评议会。市委组织部部务会议成员、派驻纪检监察组组长张岚到会指导。县领导张少华、徐建华、林红汉等参加。

是月 浙江省林业局公布42家第四批“浙江省示范性家庭林场”名单，常山县紫阳家庭农场、永伟家庭农场、社坞塘家庭农场3家单位榜上有名。

是月 衢州市评出美丽新田园35个、美丽新农人300名，其中常山县大宝山大坞胡柚基地、恒寿柚果田园综合体柚香谷项目、食药用菌特色水果休闲观光园、金桥生态美丽田园、常山县黄冈山茶园5个美丽新田园，彭国方、应卉婷、王勇等50位美丽新农人名列其中。

是月 常山县不动产中心获“2018年度全省登记窗口便民利民服务工作突出贡献集体”称号，为全市唯一获此殊荣的不动产登记机构。

是月 省林业局公布“2018年度建成的浙江省‘一村万树’示范村”名单，常山县紫港街道渣濑湾村、孔家弄村，金川街道蒋家村，辉埠镇路里坑村，球川镇黄泥畈村，同弓乡彤弓山村榜上有名。

2月

2月1日 常山县2019年春季人力资源交流大会暨“十百千”人才服务企业专项行动启动仪式在县文峰广场举行。仪式上，表彰2018年服务企业先进单位、稳岗优秀企业和服务企业先进个人；县人力社保局与赣州职业技术学校、捷姆轴承集团有限公司签订《政校企合作协议书》；县政府与经信局、新昌乡分别签订《服务企业用工责任书》。

2月11日 常山县“营商环境年、基层治理年、效率革命年”动员大会召开。县委书记叶美峰讲话。

是日 市人大常委会副主任朱建华到浙江天子股份有限公司开展“三服务”走访调研活动，为企业发展加油鼓劲，帮助企业解决实际问题。

是日 市委常委、纪委书记、监委代主任蔡旭昶到常山开展“服务企业、服务群众、服务基层”活动，蔡旭昶到市纪委联系社区屏山社区居委会，实地查看清嘉书屋、清风走廊、清廉文化墙等，听取关于“规范小微权力、共建清廉社区”工作情况介绍，走访慰问社区老党员；到常山县留置点，慰问驻点工作人员，指导办案工作。

是日 市委常委、组织部部长林晓峰到常山招贤镇赛得健康小镇、辉埠镇浙江哲丰新材料有限公司、紫港街道渣濑湾村开展“服务企业、服务群众、服务基层”活动，为企业发展和重点项目建设加油鼓劲，指导帮助解决实际问题。

2月13日 县委常委会民主生活会召开。市委书记到会徐文光讲话，市委秘书长王良海等参加。县委书记叶美峰作表态发言，县委常委参加；县人大常委会主任徐建华，县政协主席林红汉列席会议。

2月18日 常山县第六届全民运动会暨“农商银行杯”第二届百村农民运动会在县体育公园开幕。此次运动会设合家欢乐、拔河、赶小猪、趣味篮球、跳长绳5个竞技项目，全县14个乡镇（街道）28支代表队的1100余名运动员参赛。

2月19—23日 中国人民政治协商会议第九届常山县委员会第三次会议在县城举行。县委书记叶美峰在闭幕式上讲话。大会收到提案210件，经并案后初步审查后立案189件，21件作委员来信处理。涉及稳增长、调结构、促改革、惠民生各项工作。

2月20—23日 常山县第十六届人民代表大会第三次会议举行。会议收到代表议案117件，其中3件被列为正式议案。

2月22日 常山县全域土地综合整治与生态修复工程暨金色同弓田园综合体项目开工典礼在同弓乡山边村举行。

是日 新白线K3+500路段发生上边坡山体整幅路面塌方，完全阻断道路，造成周边3000多户居民无法通行。受连日降雨影响，常山县境内国、省县道及农村公路有53处塌方，共计3400余立方米。其中，新白公路最为严重，塌方达20余处，塌方面积为1800立方米。

2月23日 常山县召开服务企业“破山”行动工作部署会。

是月 常山县赛得健康小镇产业园二期项目列入省重大产业示范项目。

是月 由浙江省教育厅、浙江省文化和旅游厅联合主办的浙江省中小学生研学旅行启动暨首批省级研学基地、营地授牌仪式在杭州举办，首批54家浙江省中小学生研学实践教育基地和9家营地名单正式公布。其中，常山国家地质公园被评为“首批浙江省中小学生研学基地”。

是月 常山县双明轴承有限公司、浙江环宇轴承有限公司、浙江玉马机械有限公司3家企业上榜2018年度“浙江制造精品”名单。至此，常山县共有5家企业入围“浙江制造精品”名单。

是月 常山县人民医院重症医学科被中华全国妇女联合会授予“全国巾帼文明岗”称号。

是月 常山县通过“中国语言资源保护工程汉语方言调查2018年立项项目”验收并被评为优秀。

3月

3月4日 常山县召开全县领导干部会议暨党政班子双月工作交流会，传达学习市两会精神，研究部署常山县贯彻意见。

3月6日 县委政法平安信访工作会议召开。

3月7日 常山县委第六轮巡察工作动员部署会召开。第六轮巡察对全县8家单位开展常规巡察，对县人民医院、县中医院、县疾控中心开展巡察，同时对部分行政村开展专项巡察。

3月8日 中共常山县第十三届纪律检查委员会第四次全体（扩大）会议召开。

3月9日 常山县“衢常一体、融合发展”恳谈会在招贤镇赛得健康小镇召开，近30名省、市级领导专家参加，共谋发展良策。

3月10日 常山县深化“最多跑一次”改革工作部署会召开，县委副书记、县长张少华作动员讲话。会上，有关部门负责人就“最多跑一次”改革相关工作交流发言。

3月11日 省卫健委党组书记、主任张平到常山县人民医院招贤分院、芳村分院指导调研县域医共体建设工作。

3月12日 常山县参与推动长江经济带发展工作会议召开。

3月12—13日 常山县委书记叶美峰率常山县党政代表团到四川省泸州市古蔺县学习考察。

3月13日 全县安全生产暨消防工作会议召开。

是日 水利部水库移民司副司长赵晓明到常山县调研水库移民后期扶持工作。

3月14日 常山县农村饮用水达标提标行动动员会召开，部署2019年全县农村饮用水达标提标工作。

是日 常山县与伟光汇通旅游产业发展有限公司战略合作框架协议签约仪式在云南省楚雄彝族自治州彝人古镇举行。

3月16日 县委书记叶美峰率常山县党政代表团到浙江锦绣育才教育科技集团学习考察。

3月17日 常山乡贤经济授信仪式暨“贤商贷”产品发布会在杭州举行。省农信联社党委书记、理事长王小龙，县委书记叶美峰讲话。

3月18日 中宣部、财政部、文化和旅游部、国家文物局公布《革命文物保护利用片区分县名单（第一批）》，确定15个革命文物保护利用片区。浙江15个县（市、区）被列入该名单，常山县入选闽浙赣片区（浙江）。

是日 内蒙古自治区赤峰市元宝山区委书记王秉忠率元宝山区党政代表团到常山县行政服务中心，考察办事大厅、不动产登记中心、商事登记以及其他综合事务版块，详细了解办事流程，现场体验“最多跑一次”改革，听取“最多跑一次”改革工作介绍。

是日 浙江省经济和信息化厅与浙江省财政厅联合发文公布2018年浙江省优秀工业新产品（新技术）项目名单，常山县双明轴承有限公司的“重卡汽车轴承套圈”产品入选、获三等奖。至此，常山县共有4项产品入围省级优秀工业新产品（新技术）。

3月19日 市委副书记、市长汤飞帆带领市经信、科技、生态环境、交通运输等部门负责人到常山县开展“三服务”活动。

是日 市人大常委会副主任朱建华到常山青石镇砚瓦山村，沿221省道开展“路长制”巡查工作；到欧曼钢琴有限公司、子昊钢琴有限公司，实地调研钢琴产业发展情况。

3月20日 常山县效率革命年“一号攻坚”暨交通项目“大会战”动员会召开。

是日 常山县人民政府咨询委员会全体委员会议召开。

是日 全县领导干部会议召开，县委书记叶美峰传达贯彻全国两会精神。

是日 常山县扫黑除恶专项斗争攻坚年活动部署会召开。

3月21日 县委宣传部、衢州学院2019年项目合作签约仪式在衢州学院举行，双方就2019—2020年在常山江“宋诗之河”文化品牌打造上进行项目合作。同时举行常山宋诗研究所揭牌仪式。

3月22日 常山县教育局招生办获“2018年浙江省招生考试工作先进集体”荣誉，在2018年度浙江省考试招生工作会议上受到表彰。

3月23日 常山县召开“衢枳壳”开发工作座谈会。省中医药学会秘书长、教授王晓鸣参加座谈会。

3月24日 东南数字经济发展研究院常山分院揭牌暨衢州市博士工作站集中授牌仪式在常山举行。

3月27日 全市公安机关服务窗口进乡村现场会在常山县球川镇召开，推广介绍常山经验。

是日 常山县召开落实省委巡视组反馈问题整改工作交办会。

是日 为期4天的常山县企业首席科技官培训班开班，2019年40名新任企业首席科技官参加培训。

3月28日 深圳华强方特集团执行总裁顿忠杰率高规格团队到常山沁安湖旅游度假区、城东新区国际慢城、楮树底区块、梦之岛区块、赛得健康养生小镇、赏石小镇，深入了解常山自然风光、人文历史、区位优势和发展潜力，探讨和交流双方合作项目。

是日 常山县召开高学历年轻干部座谈会，全县40余名全日制研究生学历的年轻干部代表参加会议。

3月29日 常山县全省建设平安浙江工作会议上被表彰为“2018年度省级平安县”。至此，常山县实现省级平安县创建“十四连冠”。

是月 2019年度全国“最美家庭”候选名单出炉，常山县徐宝英家庭成功入围。

4月

4月1日 全县“谋划好项目 擂台大比拼”专项行动动员会暨项目谋划培训会召开。

4月3日 县委书记叶美峰主持召开县委常委会议，听取县人大、县政府、县政协、县法院、县检察院党组工作汇报、2018年民主生活会召开情况汇报、全县扫黑除恶专项斗争开展情况及下阶段重点工作汇报。

4月4日 常山县召开重点项目选址论证会。此次论证的重点项目包括“三馆合一”项目、华强方特集团“方特主题公园”项目、伟光汇通旅游产业发展有限公司“文化旅游综合开发”项目。同日，召开常山县2019年“两会”议案提案交办会。

4月8日，斯凯孚中国小圆锥滚子轴承生产基地开业典礼在常山举行。

是日 县人大常委会召开工作评议动员大会。

4月9日 市委常委、常务副市长陈锦标到常山调研“衢饶”示范区建设工作。

4月11日 省委政法委副书记朱恒毅到常山国家油茶公园、新昌乡达塘村、郭塘村和黄塘村，实地察看申山乡宿高端民宿、文化礼堂、党群服务中心等，调研党建统领基层治理工作。

4月12日 常山喝彩第一讲堂开班仪式在常山二中举行。

4月14日 中国国际茶文化研究会会长、浙江省政协原主席周国富到浙江天喆生物科技有限公司调研茶叶籽食用油科研生产工作。市领导徐文光、吴国升，县领导叶美峰、张少华、林红汉参加。

4月16—17日 由生态环境部卫星环境应用中心副主任刘玉平率领的山水林田湖草生态保护修复工程试点工作调研组到辉埠镇坪山废弃矿山、金钉子地质公园、同弓乡全域土地综合整治项目、常山港治理二期工程等现场，实地调研和了解常山县在山水林田湖草生态保护修复工程试点工作进展情况。省生态环境厅副厅长单锦炎参加。

4月17日 《常山喝彩歌谣》宣传片首映仪式在常山金逸影城举行。

4月18日 常山县宣传思想文化工作会议暨省级示范文明县城创建动员会召开。

是日 常山县召开省级示范文明县城创建暨国家卫生县城复审迎检部署会，部署省级示范文明县城创建及国家卫生县城复审相关工作。

是日 省禁毒办检查组到常山调研指导禁毒示范县创建工作。

4月19日 常山县工业经济发展大会召开。县委书记叶美峰讲话。县委副书记、县长张少华主持，徐建华、林红汉等县领导参加，2018年度县域制造业纳税十强企业家参加。

是日 中国报告文学、浙江报告文学常山创作基地揭牌仪式举行。

4月22日 常山县召开营商环境警示教育大会。县领导在主会场参会，各乡镇（街道）设分会场。县委书记叶美峰讲话。会上，宣读《关于执行“十条军规”工作不力典型事项的通报》、相关问责处理决定，宣布干部人事任免决定；观看电视问政专题片。

4月23日 市人大常委会主任居亚平到常山辉埠经济开发区浙江雪村制冷设备有限公司开展“三服务”活动。

是日 以“‘共建书香慢城·塑造最美常山’——庆祝中华人民共和国成立70周年”为主题的世界读书日之全民阅读活动启动。

4月24日 常山县民宿行业协会成立大会举行。大会选举产生第一届理事会、监事、监事长、秘书长、副会长、会长，并举行授牌仪式。

4月25日 市人大常委会副主任朱建华到常山县教工幼儿园和大桥头乡第一中心幼儿园开展《浙江省学前教育条例》执法检查活动。

4月26日 “衢州有礼·常山有约”衢州旅游台湾市场推广行动首发式在常山举行。

4月27日 衢州市教育局、衢州市文化广电旅游局发文公布首批衢州市中小学生研学实践教育基地25家和首批衢州市中小学生研学实践教育营地5家。其中，常山赛得健康小镇为“首批衢州市中小学生研学实践教育营地”；常山国家地质公园、常山石博园、常山国家油茶公园、常山徐村、常山梅树底景区为“首批衢州市中小学生研学实践教育基地”。

4月24—28日 古蔺—常山东西部扶贫协作“一把手”提能工程培训班在常山开班。

4月26日至5月2日 以“天人合一 和谐赏石”为主题的2019•海峡两岸（常山）赏石文化交流展暨第三届常山赏石文化节在常山县举行。全国340多个商家参加奇石交易展，成交额达1500万元。

4月29日至5月2日 2019年全国国际跳棋锦标赛暨第四届全国智力运动会测试赛在常山举行。64格和100格常规赛和超快棋赛共八个男女个人冠军全部产生，其中山东选手田文翰和上海的张悠成为本届比赛的双冠王。

4月25日至5月4日 以“月是故乡明”为主题的邱陵老先生书法展在常山书画院展出。此次展览由县文联、县书协主办，县书画院、县文化馆承办，共展出94幅书法作品，包括楷书、行书、隶书、篆书四类书法作品。

4月29日 常山县庆祝“五一”国际劳动节暨劳模表彰大会召开。

是日 全县党管武装暨国防动员工作会召开。

是日 常山县中药材（衢枳壳）产业发展专题培训会举行。

4月30日 常山县纪念“五四运动”100周年暨奋斗青春助力“三年活动”工作品牌发布典礼举行。

是日 省科协党组书记、副主席郑金平到常山赛得健康小镇调研指导“浙江院士之家”创建工作。

是月 省委组织部认定首批50名省级兴村（治社）名师，常山县新昌乡黄塘村党支部书记、村委会主任廖红俊榜上有名。

是月 省财政厅、省农业农村厅联合印发《关于下达2019年中央财政农业生产发展资金的通知》（浙财农〔2019〕26号），常山县青石镇被列入农业产业强镇示范建设单位，获得补助资金1000万元。

5月

5月6日 浙江（常山）万洋众创城招商中心正式对外开放。在开放仪式上，浙江（常山）万洋众创城分别与入园企业的代表（江山市三川金属科技有限公司、常山县彩霞工艺礼盒有限公司）签约。

5月7日 江西省玉山县委书记胡剑飞率玉山县党政代表团到常山考察，并就浙赣边际合作“衢饶”示范区建设工作进行互动交流。

5月9日 省委宣传部、省文明办、省妇联联合发布“我和我的家风——2018年度‘最美浙江人·最美家庭’”名单，辉埠镇方志香家庭和金川街道周美华家庭入选百户“最美家庭”名单。

是日 县委理论学习中心组扶贫和“消薄”工作专题学习会召开。

是日 衢州市实施“倡廉兴企”工程推进清廉企业建设现场会在招贤镇泉目山村赛得健康小镇举行。

5月10日 慈溪市胜山镇与同弓乡山海协作战略合作座谈会召开。

5月12日 常山县“5•12”人民防空人口疏散演练活动在天马街道屏山社区香樟嘉苑小区举行，300余名社区居民参加此次演练。

5月13日 全县生态园区整治提升工作推进会召开。

5月14日 根据省委、市委关于开展“警示教育月”活动的部署，常山县组织县管以上领导干部观看由省纪委、市纪委分别制作的《以案为鉴·警钟长鸣》及《警钟》警示教育片。

是日 市人大常委会副主任朱建华率市气象局、县农业和农村局等相关部门负责人到常山开展“组团联企”服务，调研倾听企业诉求，帮助企业解决实际问题。

5月16日 浙江省水文应急机动监测现场演练在常山县龙绕溪举行，全省水文系统的200多名工作人员进行现场演练观摩。

5月17日 常山县青年教师“新时代祖国颂”歌咏大赛在县文化馆小剧场举行，全县34所学校44组选手共110名青年教师参赛。

是日 浙江省举行第29次“全国助残日”活动，常山的林芳仙和余志军两人获“浙江省自强模范”称号并受到表彰。

5月15—17日 浙能集团本部一行28人到常山郭塘村开展为期3天的党务工作培训会，开展企业党员教育实践活动。

5月18日 2019招贤镇纱帽山村首届枇杷文化节举行。

5月20日 常山孝善文化馆开馆仪式举行，并发布《常山孝经》。

5月21日 浙江（常山）万洋众创城项目启动暨奠基仪式在衢州绿色产业集聚区常山片区举行。仪式上，常山多家金融机构与常山万洋众创城达成授信意向总额36.5亿元。

是日 在天津理工大学体育馆举行的“全国第十届残运会暨第七届特奥会”跆拳道比赛项目，球川镇东山村女孩姜委魏获得个人49公斤级跆拳道项目第二名的好成绩。

5月22日 常山县第十三期“慢城大讲坛”暨中国工程院金涌院士专题讲座在常山一中举行。

是日 “活力新衢州、美丽大花园”建设院士专家恳谈会在常山县赛得健康小镇召开。杜祥琬、吴丰昌、陈宗懋、戎嘉余、肖惠宁等院士专家为衢州高质量发展把脉会诊、建言献策。市委副书记、市长汤飞帆出席会议并致辞。副市长王良春主持恳谈会。县委书记叶美峰等参加。

是日 省政协到常山开展“送体育下乡”活动。武术世界冠军毛娅绮、羽毛球世界冠军王琳、赛艇世界冠军潘飞鸿、体操世界冠军黄慧丹、篮球亚运会冠军丁锦辉参加现场教学指导。

5月23日 常山县食品安全暨省级食品安全县创建工作新闻发布会举行。

5月24日 常山县国家卫生县城复审省级复查反馈会召开。省考核组认为，常山县国家卫生县城巩固工作卓有成效，达到国家卫生县城标准，将建议省爱国卫生委员会正式上报全国爱卫办组织暗访复审。

5月24—26日 全省“青春诗会”暨常山江“宋诗之河”采风团到招贤镇招贤村文化礼堂、常山江常山港段、忠简古渡、中国观赏石博览园、赛得健康小镇采风。

5月27日 文化和旅游部民族民间文艺发展中心公布2019年文化和自然遗产日非遗影像展入围非遗影像作品，《常山喝彩歌谣》宣传片榜上有名。

是日 常山县召开“党建统领·乡村振兴”暨重点项目推进互看互学现场会。

是日 市委副书记、市长汤飞帆到常山县督查钙产业整治工作。

5月28日 由杭州灵隐寺、常山县佛教协会联办的“第八届灵隐佛教文化论坛——纪念永明延寿大师诞辰1115周年及桂琛禅师诞辰1152周年学术研讨会”第二场分会，在常山县（桂琛禅师出家之地）举行，全国50余位专家学者、法师大德汇聚一堂共话杭衢两地佛教文化历史渊源。中共衢州市委常委、统战部部长傅根友作研讨会总结发言。中共常山县委书记叶美峰、杭州灵隐寺方丈光泉法师出席此次活动并致辞。

是日 杭州市上城区文化馆、兰溪市文化馆、苍南县文化馆和常山县文化馆“四馆联动·文化走亲”暨庆祝中华人民共和国70周年文艺专场演出在常山县文化馆举行。

5月29日 水利部太湖流域管理局及沪、浙、苏、皖、闽等省（市）水利部门专家集聚常山县，总结2018年太湖流域片水土保持监测工作和交流2019年水土保持监测工作。

是日 常山县处级领导干部到省第三监狱接受实地、实例、实景警示教育。

5月30日 全省供销社产业扶贫暨常山

组团结对帮扶工作现场会在常山召开。省供销社党委书记、理事会主任邵峰讲话，副主任张建主持会议，中共常山县委书记叶美峰致欢迎辞。

是日 衢州市“浙江书法村”书法骨干培训班在辉埠镇东乡村举行。衢州市8个“浙江书法村”的60余位农民书法骨干参加培训。培训班上举行“常山书法村”授牌仪式，芳村镇芳村村等6个村被授予“常山书法村”。

5月31日 常山县国有资产投资运营有限责任公司、常山县城市投资集团有限公司、常山县农村投资集团有限公司等县属国有公司市场化转型组建揭牌仪式举行。

是日 县十六届政府第三次全体(扩大)会议、廉政工作会议暨效率革命年“三号攻坚”动员会召开。

5月31日至6月1日 省妇女儿童基金会理事长陈艳华到芳村镇上猷阁村、下猷阁村、猷阁口村，天马街道五联村，同弓乡同心村，阳光志愿者协会基地、常山阿姨学院等地走访调研农村留守儿童、妇女、老人“三留守”人员相关情况，“圆梦助学”资助对象及省妇儿基金会“焕新乐园”“圆梦助学”项目实施、妇女就业培训等相关工作，并召开座谈会，听取相关情况汇报。省妇联副主席林丹军陪同。

是月 第六届浙江省道德模范(共30人)名单公布，常山县芳村镇“好媳妇”周桔凤被评为“孝老爱亲”类浙江省道德模范。

6月

6月4日 全县钙产业整治现场推进会在辉埠镇召开。县委书记叶美峰讲话。衢州市生态环境局局长夏汝红到会指导。县委副书记、县长张少华主持。

6月6日 打造常山江“宋诗之河”工作推进会召开。

6月11—12日 2019年国家西甜瓜产业技术体系浙江省示范县技术研讨会在常山县举行。

6月14日 众卡常山产业园举行招商推介会举行。

是日 衢州市退役军人服务保障体系建设推进会在常山召开，全市各县（市、区）退役军人事务局相关领导参加会议。

6月17日 常山县召开沿江公路、“三馆两中心”（博物馆、档案馆、城市规划展示馆，传媒中心、文化中心）设计方案论证会。

是日 由衢州市委编办主持召开的全市乡镇（街道）模块化运行示范观摩现场会在常山县举行。

6月18日 省政协副主席马光明到常山调研政协委员会客厅创建工作。市领导吴国升、陈建良，县领导叶美峰、林红汉参加。

是日 常山县农房风貌提升攻坚行动启动仪式在招贤镇泉目山村举行。全县14个乡镇（街道）和相关部门500余人参加。

6月18—19日 省妇联党组成员、副主席李志慧到常山金川街道赵家坪社区、徐村村和球川镇后弄村调研“三留守”人员关爱服务工作。

6月19日 市委常委、组织部部长林晓峰率队到东案乡、球川镇等4个乡镇的项目基地及农户家中，调研指导消除集体经济薄弱村工作。

6月20日 中共常山县委十三届七次全体（扩大）会议召开。全会贯彻落实中共十九大、省委十四届五次全会和市委七届六次全会精神，回顾总结近几年常山县乡村振兴工作。县委常委会主持会议。县委书记叶美峰代表县委常委作工作报告并讲话，县领导参加。

6月21日 铁路常山区域“路地警务融合”暨常山县公安局火车站派出所正式揭牌成立，县公安局与杭州铁路公安处签订战略合作协议。

6月21—23日 在河南郑州举行的第二届中国粮食交易会上，常山县中心粮库获国家粮食电子交易平台交收仓库资格。

6月25日 常山县域治理体系和治理能力现代化实践研究评审会召开。北京大学教授、博士生导师，政府管理学院院长助理、高层教育中心主任郁俊莉重点围绕政府、经济、文化、社会、生态治理现代化现状与发展研究介绍常山县域治理体系和治理能力现代化实践研究成果，提出许多富有建设性的意见和建议。

6月26日 绍兴市委常委、组织部部长徐晓光率绍兴市各县（市、区）组织部部长及相关企业负责人到常山县开展跨区域“消薄”结对工作。衢州市委常委、组织部部长林晓峰，常山县委书记叶美峰等陪同。

是日 县人大常委会召开工作评议大会，对县住房和城乡建设局、县市场监督管理局进行工作评议。

是日 江西省上饶市万年县考察团到常山县学习考察国家卫生县城创建和省级示范文明县城创建工作。

是日 常山县职业教育大会召开。会议表彰常山县首届“十大名匠”，每人奖励1万元；举行“常山工匠学院”授牌仪式；县职业中专、衢州职业技术学院、常山皮尔轴承有限公司（斯凯孚中国小圆锥滚子轴承生产基地）三方签订合作协议等。

6月27日 常山县农村饮用水达标提标决战决胜誓师大会召开。

是日 全县“组团联企”服务活动工作部署会召开。

6月27—30日 常山县职工乒乓球比赛在县体育馆举行，22个代表队近200名运动员参加比赛。

6月29日 2019年自然灾害应急救援综合演练在金川街道朱家坞村举行。县消防救援大队、电力应急抢修队、红十字应急救援队等8支队伍共150余人参与演练。

6月30日 常山县宋诗之河文化研究会成立大会召开。

是日 中国林业产业联合会木本油料分会第一届五次会员代表大会在安徽省金寨县召开，常山县多位木本油料行业代表前往参会。会上，新昌乡鹏飞油茶专业合作社王国进获全国木本油料“工匠精神”奖；常山县油茶产业办公室徐俊、陈新建、王昆喜，常山油茶研究所张国良，常山县绿圣生物科技有限责任公司季文革入选全国木本油料“一线工匠人才”库；浙江常发粮油食品有限公司获“2018年度突出贡献会员单位”称号。

是月 林建江、林进专家工作站（肛肠外科和风湿免疫科）签约仪式在常山县人民医院举行。

7月

7月1日 常山县食品安全工作暨创建省级食品安全县迎检动员会召开。

是日 常山县“乡村振兴·头雁常坛”暨乡村振兴讲堂试点工作推进会召开。

是日 常山县万人排舞大赛决赛在县青少年活动中心举行。天马街道办事处文峰社区慢城精灵排舞队、县人民医院最美天使排舞队、县职业中专花样年华排舞队获比赛金奖。

7月3日 市人大常委会主任居亚平率部分省、市人大代表到常山视察“衢州有礼”

诗画风光带建设情况。县领导叶美峰、徐建华陪同。

是日 杰昆科技产业园开业典礼举行。

7月2—4日 省妇联党组书记、主席王文娟，省妇联党组成员、副主席李志慧一行到常山何家乡常山阿姨学院、金川街道赵家坪社区、球川镇黄泥畈村、天马街道文峰社区、东案乡田蓬村等地调研“三留守”人员关爱服务、志愿者服务及基层妇女队伍建设等情况。县领导叶美峰、张少华分别参加座谈或陪同考察。

7月3—4日 常山县普降暴雨到大暴雨，多地道路、房屋、农田被淹，防汛形势严峻。全县1803名乡村党员干部参与抢险，转移群众348人，抢修塌方147处，减少群众财产损失近331万元。

7月4—5日 由中国环境科学研究院研究员杨天学等组成的农业农村部核查组到常山县开展农村“厕所革命”典型范例实地核查。

7月5日 常山县优化营商环境暨“信用之城”建设工作推进会召开。

7月5—6日 北京世园会“常山主题日”活动在浙江展区举行，常山国际慢城、常山宋诗之河、常山三宝、常山喝彩歌谣、常山竹编精彩亮相。此外，浙江选送的“浙江石”是常山石笋石，高3.6米、宽1.5米、厚1米，矗立于中华同行园展览园区，是现场最高的一块景观石。

7月6日 2019年度浙江省级田园综合体建设名单出炉，常山县金色同弓田园综合体项目榜上有名。

7月5—7日 国际慢城联盟主席斯蒂凡诺•皮萨尼，秘书长皮埃尔•乔治•奥利韦蒂，国际慢城联盟中国大使汪帆一行到常山考察指导国际慢城建设工作。

7月8日 常山县2019年“青年常山活力慢城”夏季大学生招聘暨“十百千”人才服务企业推进会举行。会上，与会领导为县第二届创业创新大赛获奖者颁奖；县人社局与河南科技大学签约政校合作协议，并特邀25位河南科技大学轴承专业学生到会，并在常山开展实习。

是日 常山县社会治理服务中心进驻工作动员会召开。

7月9日 县委书记叶美峰到紫港街道紫港小区，看望慰问人民英雄胡兆富，为他送上鲜花和慰问品，向他致以崇高敬意。

是日 市委副书记、政法委书记周伟江到东案乡田蓬村开展“组团联村”服务工作。

7月11日 省委第四巡视组巡视常山县工作动员会议召开。叶美峰作表态发言，张少华主持会议。

是日 浙江省“小微企业三年成长计划”工作领导小组办公室发布《浙江省小微企业成长指数报告（2019年）》。常山县“制度供给力”指数为119.41，位居全省第25位；“成长活跃度”指数为129.81，位居全省第30位。

7月12日 浙江省农业农村厅公布浙江省第二届农业产业技术创新与推广服务团队名单，确定10个省级产业技术创新与推广服务团队。常山县农业农村局推广研究员黄良水入选食用菌产业团队专家名单，高级农艺师毕旭灿入选果品产业柑橘产品组专家名单。

是日 衢州市五水共治“蓝马甲”志愿者行动在常山启动。全市7个“蓝马甲”志愿者方阵以及常山9支志愿者服务队的400余人参加。

是日 县委理论学习中心组（扩大）学习会暨国防教育专题讲座召开。会议邀请海军军事专家、海军指挥学院教授、海军战术学科带头人朱云集作题为《中国海上军事斗争形势与对策研究》专题讲座。叶美峰、张少华、徐建华、林红汉等县领导参加。

7月12—14日 在2019年浙江省青少年武术散打锦标赛上，常山县运动员吴金枫获男子甲组56公斤级别第二名，获国家二级运动员称号；潘徐畅获男子甲组52公斤级别第三名，获国家二级运动员称号。

7月13—14日 常山县6支武术代表队在第14届浙江国际传统武术比赛中获得金牌101块、银牌69块、铜牌26块。其中，武当太乙拳馆获40金8银3铜和武术之乡展演金奖、集体冠军；杨氏太极拳队获9金14银9铜；同弓小学代表队获33金12银1铜，参赛项目全部获奖；常山一小代表队获15金15银5铜；新昌小学代表队获3金19银6铜，参赛项目全部得奖；常山县培智学校代表队获1金1银2铜，学校被评为最佳运动队。

7月15日 省委书记车俊在当天《浙江日报》头版刊登的《常山县93岁老党员胡兆富，一位“张富清式”的英雄——深藏功名六十年》一稿上作出重要批示。

7月16日 甘肃省平凉市崇信县考察团到常山县行政服务中心、县大数据发展管理局、天马街道文峰社区、球川镇黄泥畈村等地学习考察诚信文化体系建设工作。

7月17日 常山县与国邦集团举行远山云间旅游度假区项目签约仪式。

是日 市委常委、宣传部部长钱伟刚到球川镇黄泥畈村、县经济技术开发区欧曼钢琴有限公司开展“三服务”活动，就诚信体系建设和企业文化建设进行调研。

是日 中国银行浙江省分行到常山开展结对帮扶活动，为青石镇飞碓村捐赠60万元扶贫资金。中国银行衢州市分行与青石镇签约，开展党建共建、廉洁伙伴，并为捐赠出资成立的村集体企业——衢州市红星旅游开发有限公司揭牌。

7月18日 浙江选举产生的十三届全国人大代表第三小组到常山县开展专题调研。小组召集人、衢州市委书记徐文光，丽水市委书记胡海峰，全国人大常委会委员邓丽，全国人大环境与资源保护委员会委员沈岩等参加调研，市人大常委会主任居亚平、副主任余广宇，市委秘书长王良海，县领导叶美峰、徐建华陪同。

是日 市委组织部副部长秦财华、严兵带队到白石镇草坪村视察“乡村振兴讲堂”试点工作推进情况。市乡村振兴讲堂工作委员会成员单位负责人，各县（市、区）常委、组织部部长，全市试点乡镇（村）负责人等参加。

7月19日 常山县平安建设、深化“树正气、打歪风”专项行动推进会暨“平安护航新中国成立70周年”维稳工作部署会召开。

是日 全市综合行政执法系统深化党建治理大花园工作现场会在常山举行。

7月18—20日 “山海情常山行”2019慈溪·常山文旅走亲系列活动在常山县举行。

7月20日 浙江省气象部门在淳安千岛湖召开新闻发布会，公布省内100个避暑气候胜地，东案乡梅树底国家AAAA级风景区入选。

是日 中国民间文艺家协会党组成员、副秘书长侯仰军，浙江省民间文艺家协会副主席兼秘书长郑蓉一行到常山考察半典阁博物馆和观看常山喝彩专题片，调研文艺发展工作。

7月20—21日 浙江省委宣传部原常务副部长、钱塘江文化研究会会长胡坚率钱塘江文化研究会专家一行到常山指导常山江“宋诗之河”文化品牌建设，并为在常山设立的“浙江省钱塘江文化研究会常山宋诗之河研究中心”揭牌。

7月23日 省委常委、常务副省长冯飞率省直有关部门负责人到常山斯凯孚中国小圆锥滚子轴承生产基地和常山赏石小镇，开展“服务企业、服务群众、服务基层”活动。市委常委、常务副市长陈锦标，县领导叶美峰、张少华等参加。

是日 省退役军人事务厅厅长林云举到常山县看望慰问深藏功名60年的老英雄胡兆富，并为他送上鲜花和慰问品，向他致以崇高敬意和亲切问候。衢州市副市长吕跃龙等陪同。

是日 省自然资源厅副厅长张国斌到常山县开展“三服务”活动，并调研设施农用地、耕地保护等相关工作。张国斌先后到淳常公路常山段项目建设现场、同弓乡全域土地综合整治现场、辉埠镇桐村村十八坞田畈考察耕地审批保护、设施农业用地以及全域土地综合整治相关情况。

7月24日 常山县政府数字化转型暨“最多跑一次”改革工作推进会召开。

是日 常山县基层党建“补短板促提升”暨乡村振兴讲堂试点工作查摆会召开。与会人员先后到紫港街道渣濑湾村、辉埠镇东鲁村、彭川村，详细了解“乡村振兴讲堂”试点建设、党建治理大花园工作整改情况。

是日 常山县征兵工作会议在县人民武装部召开。

是日 全县人民信访“最多跑一次”工作改革现场推进会在芳村镇召开。

7月25日 慈溪市人民政府与常山县人民政府签订慈溪—常山山海协作“消薄飞地”产业园项目合作协议。

7月26日 在全国退役军人工作会议上，常山县老英雄胡兆富被授予“全国模范退役军人”荣誉。

7月29日 常山县社会治理综合服务中心揭牌仪式举行。

7月30日 市委副书记、市长汤飞帆带队到常山检查重大地质灾害隐患综合治理工作。县委副书记、县长张少华陪同。

7月31日 常山举行中源幕墙项目入园协议签约仪式。

是日 全县工业企业“退散进集”政策宣贯暨亩产效益提升业务培训会召开，全县区外工业企业及2018年综合效益评价D类企业等200余家参加。

8月

8月1日 市委书记徐文光到常山县紫港街道紫港社区，看望慰问全国模范退役军人、浙江省首届“最美退役军人”胡兆富，向老英雄胡兆富致以节日的问候和崇高的敬意。

是日 清华大学建筑学院副院长、人居环境研究中心副主任、SUC研究会高级顾问毛其智带领“SUC乡村未来社区”设计团队到常山考察乡村未来社区建设工作。考察团先后到芳村镇芳村水厂、芳村小学、国家油茶公园、芳村古街、水阁亭社区、芳村农民集聚区实地考察，听取相关情况介绍，并召开座谈会。

8月3—4日 由浙江省文联、浙江省书法协会、常山县人民政府联合主办的“浙江书法奖·沙孟海奖”第十届全浙书法篆刻大展评审会在常山举行。此次大展以常山江“宋诗之河”为主题，共收到投稿作品4733件。浙江省书法协会主席鲍贤伦，中国文联书法研究中心主任刘恒，浙江省文联副主席、书记处书记、浙江省书协副主席赵雁君等24位评审专家参加。

8月5日 “智慧慢城”大会战暨“慢城通”应用工作推进会召开。

8月6日 南京大学院士专家团到常山中国观赏石博览园和“金钉子”国家地质公园考察活动。

8月7日 常山县乡村振兴讲堂“弘扬爱国奋斗精神建功立业新时代”专题讲座举行。海岸海洋地貌与沉积学家、南京大学地理与海洋科学学院教授王颖院士，中国工程院院士、南航教授、南京大学教授责德院士作讲座。

是日 中国非金属矿工业有限公司党委书记兼总经理王之军一行到常山，洽谈叶蜡石资源开发项目，并召开项目合作开发商讨会。

8月8日 县委书记叶美峰主持召开县委常委会议。会议传达学习习近平总书记在中央和国家机关党的建设工作会议上的讲话精神，传达学习市委书记徐文光在常山调研党建治理大花园时的讲话精神。会议还听取《中国共产党常山历史》（第三卷）编写工作情况汇报等事项。

是日 省人社厅副厅长仉贻泓带队到常山县调研县域医共体人事薪酬制度改革工作。

8月9日 浙江省防御第9号超强台风“利奇马”视频会议召开。省视频会议结束后，衢州市、常山县相继召开会议，对常山县防御第9号超强台风“利奇马”工作进行部署。

是日 常山县工业企业“退散进集”工作部署会召开。

是日 常山县“十四五”规划编制工作会议召开。

8月12日 常山县迎接省“三改一拆”“五水共治”、小城镇环境综合整治、生活垃圾分类工作督导部署会召开。

8月14—16日 省作协党组书记、副主席臧军率领12名网络作家到新昌乡、青石镇、招贤镇等地开展采风活动。

8月16日 常山县委书记叶美峰率县党政代表团到江西省玉山县“衢饶”示范区玉山片区和自来水厂选址点、220千伏白云输变电项目现场，考察“衢饶”示范区总体规划、管理机制、建设进展等情况，考察岩瑞镇包溪村秀美乡村建设点、金沙溪湿地公园、国际台球文化中心、玉山县人民医院（黄家驷医院）整体搬迁项目、上饶市致远环保科技有限公司、江西上菱电梯有限公司、江西众光照明科技有限公司、玉山县规划展示馆、中国·东部物流商贸城。

是日 常山县召开《中国共产党常山历史》第三卷（1978年12月至2002年11月）编写工作动员会，部署落实党史三卷专题编写任务，并举办党史三卷专题撰稿业务培训会。省委党史和文献研究室副主任、一级巡视员王祖强出席并作辅导报告。

是日 省发展改革委副主任、省对口办专职副主任陈伟率队到常山正丽机电、天子股份等地，督查东西部扶贫协作工作。市委常委、常务副市长陈锦标，县委副书记、县长张少华参加。

是日 国家自然科学基金委员会公布2019年度国家自然科学基金的评审结果，衢州市申报的“衢枳壳”药用研究课题获得国家自然科学基金青年基金立项。

8月17日 教育部认定并命名北京市第五幼儿园等3570所幼儿园为全国足球特色幼儿园。衢州市有16所幼儿园上榜，常山县教工幼儿园和常山县大风车幼儿园榜上有名。

8月18日 新华社原副社长何东君到常山赏石小镇、赛得健康小镇、东乡村、长风村、徐村村考察。县委书记叶美峰陪同。

8月19日 常山县召开乡村未来社区建设专题研究会。县委副书记、县长张少华讲话。

8月20日 县委书记叶美峰在第二十届亚洲区家政学会双年国际学术会议（杭州）上作题为《放心保姆哪里找，常山阿姨就是好——家政服务品牌化建设的实践》主旨演讲。日本、韩国、新加坡、马来西亚、菲律宾、泰国、印度、喀麦隆、美国等10多个国家和地区的中外家政学专家及学者300余人参会。

是日 省委常委、政法委书记王昌荣到常山县社会治理综合服务中心，调研指导信访“最多跑一次”工作改革。省委政法委常务副书记朱晨，省委政法委副书记沈智深，市委副书记、政法委书记周伟江，县委书记叶美峰等陪同调研。

8月21日 县政协召开“请你来协商”专题协商会，会议以“常山县农村风貌提升专题协商会——走进同心村”为主题展开讨论。

是日 常山县双明轴承有限公司拿到“品字标浙江制造”认证证书，这是常山县首张“品字标浙江制造”认证证书。

8月23日 县委召开乡镇（街道）党（工）委书记工作交流会。

8月24—25日 省餐饮行业协会考察团到常山县调研指导鲜辣文化建设和“中国鲜辣之乡”品牌创建工作。

8月27日 诺贝尔物理学奖获得者、英国曼彻斯特大学教授康斯坦丁·诺沃肖洛夫到常山中国观赏石博览园参观考察。市领导徐文光、林晓峰，县领导叶美峰等陪同。

8月29日 省红十字会党组书记、专职副会长陶竞到常山调研红十字会扶贫帮困、基层组织建设等工作。

8月30日 浙江省体育局和浙江省文化和旅游厅联合发布《关于认定浙江省运动休闲旅游示范基地、精品线路和优秀项目（2020—2022）的通知》，常山国际慢城运动基地（山地自行车、越野跑、丛林穿越、露营）成功入围2019年浙江省运动休闲旅游示范基地（11个）。

8月31日 常山国际慢城重点建设项目集中开工仪式举行。此批重点建设项目包括国际慢城——城市休闲谷建设工程（一期）、常山县工业园区污水处理厂项目、云耕小镇平台建设项目3个项目，总投资1.5亿元，均由常山县城市投资集团有限公司负责实施。

9月

9月2日 由常山县人民政府、浙江省文化和旅游信息中心主办，常山县文化和广电旅游体育局、浙江旅游信息中心有限公司承办的“慢村生活·鲜辣常山”——2019常山（杭州）“百县千碗”美食与民宿招商推介会在杭州举行。

9月3—4日 2019年浙江省烈士纪念设施保护管理单位工作人员培训班在常山举办，60多人参加培训。

9月4日 常山县生态保护红线评估调整方案评审会召开。

9月5日 省考评组到常山开展创建省级食品安全县现场考评。

是日 周桔凤被中央精神文明建设指导委员会授予第七届全国道德模范提名奖（共257人）。

9月6日 在浙江省第八届运动休闲旅游节开幕式上，常山“慢城绿道”获浙江省“十佳运动休闲绿道”。

9月5—7日 由浙江省文化和旅游厅主办的2019浙江（南京）旅游交易会在南京国际会展中心举行，常山贡面、香肠、胡柚果脯、山茶油、蛋雕、非遗竹编以及旅行社、酒店、新昌风情小镇景区9家优秀代表参展。

以常山贡面参展百县千碗的衢州展区获“全省优秀奖”；其他常山展台获“全省优秀展台奖”。

9月10日 常山县召开庆祝第35个教师节表彰大会。会上，宣读优秀外来教师和全国、省、市、县荣誉表彰名单，以及25年班主任和教师世家表彰名单。会前，县委、县政府决定追加3315万元财政资金投入到教育事业发展。

是日 常山县举行新兵入伍欢送仪式。

9月11日 县委常委会议暨“不忘初心、牢记使命”主题教育领导小组第一次会议举行。会议传达学习习近平总书记在“不忘初心、牢记使命”主题教育工作会议上的重要讲话精神，中央、省委主题教育第一批总结暨第二批部署会议精神，市委主题教育工作部署会议精神，研究部署贯彻落实意见，确定常山县开展主题教育的实施意见和总体安排。

是日 常山县举行2019年下半年第一批10个重点项目集中开工仪式，项目总投资32.5亿元。

是日 省检察院检察长贾宇到常山调研省委《进一步加强检察机关法律监督工作的若干意见》落实情况及公益损害与诉讼违法举报中心工作开展情况。市检察院检察长叶伟忠等陪同调研。

9月12日 常山县召开“不忘初心、牢记使命”主题教育工作部署会。县委书记、县委主题教育领导小组组长叶美峰主持会议并讲话，市委巡回指导组组长应雄讲话。

是日 常山县召开“不忘初心、牢记使命”主题教育工作培训会，对县委巡回指导组成员、领导小组办公室成员和主题教育单位相关人员进行培训。

是日 胡兆富先进事迹宣讲报告团到省军区机关开展首场宣讲。

是日 在首届中国浙菜世界大会暨中国浙江（国际）餐饮美食博览会、第九届浙江省厨师节大会上，常山县获“浙江鲜辣美食之乡”称号，成为2019年浙江省餐饮行业唯一特色之乡；常山良友酒家获“浙江餐饮业卓越贡献奖”。

9月13日 由县委宣传部、县文广旅体局、青石镇政府联合主办的“戏剧中秋·东方月夜”暨“梨园争芳·戏游慢城”传统戏曲展演节假日旅游景区越剧免费专场活动在石博园东方巨石阵举行。

9月17日 全县扩大有效投资暨重点项目“百日攻坚”推进会召开。县委书记叶美峰讲话，县委副书记、县长张少华部署具体工作，徐建华、林红汉等县领导参加。

是日 市人大常委会主任居亚平到常山开展主任接待代表日活动，与部分在常山的市七届人大代表进行面对面交流，听取意见和建议。

9月18日 常山县召开重点项目规划汇报会，专题听取常山江航运开发、黄冈山开发情况汇报。

9月19日 全国绿化委员会决定，对在国土绿化事业中作出突出成绩的单位和个人予以表彰；中共常山县委书记叶美峰获“全国绿化奖章”，常山县常发粮油食品有限公司被授予“全国绿化模范单位”称号。

是日 省委党校2019年第三期习近平新时代中国特色社会主义思想进修班的学员到常山青石镇砚瓦山村、中国观赏石博览园等地，开展“党建治理大花园”现场教学活动。

9月20日 县领导到常山西源革命纪念馆，开展“初心追寻、党性加油”之行，接受一次深刻而生动的初心使命教育。

是日 胡兆富先进事迹宣讲报告会暨县管领导干部“不忘初心、牢记使命”主题教育专题读书班开班式举行，报告团成员宣讲胡兆富先进事迹，县委书记叶美峰以“锤炼‘三永’品质、牢记初心使命”为题上专题党课。

是日　常山县举办以“工业智能制造与企业数字化转型”为主题的数字经济青年专家与企业沙龙活动。浙江省数字经济联合会秘书长尹本臻，浙江工业大学教授、博导姚信威等22位数字经济专家与现场120余名企业家代表、相关部门负责人进行互动交流。

9月21日　浙江省“文明旅游安全出行为中华人民共和国成立70周年加分”主题宣传活动现场会在常山县文峰广场举行。省文化和旅游厅党组成员、副厅长许澎，市委常委、宣传部部长钱伟刚，县委书记叶美峰等为活动启幕。

是日　浙江省人民医院不孕不育及妇科微创诊治中心（舒静专家工作站）在县妇幼保健院成立。

9月24日　常山县举行“工匠日”启动仪式。仪式上，对“大师工作室”进行授牌，对职业技能大赛获奖者进行颁奖，工匠代表宣读“9•25”常山工匠日倡议书。

是日　德国路修斯高级文理中学的一批师生到常山育才中学，开展访学交流活动。

9月25—26日　省委“不忘初心、牢记使命”主题教育第八巡回指导组组长谢力群一行到常山县走访调研，指导主题教育工作。

9月27日　常山县召开园区整合工作动员部署会。会上，开发区管委会、辉埠镇、城投集团主要负责人表态发言。

是日　常山县钙产业转型发展研讨会召开。

9月28日　常山县党建治理大花园问题整改暨乡镇（街道）模块化运行工作推进会召开。

9月29日　常山县“守初心壮丽七十年•学英雄唱响新时代”万人合唱大赛颁奖典礼举行，对获得金奖、银奖、铜奖、组织奖以及最佳人气奖的合唱团进行颁奖。

9月30日　常山县党政军领导与社会各界代表200余人参加在位于东明湖公园内的常山革命烈士纪念碑前举行的敬献花篮仪式。

是日　由常山县档案局、常山县档案馆联办的“记忆常山”老照片主题摄影展在县档案馆开展。此次摄影展共展出作品140余幅，均为乡贤黄祖祥拍摄。

是日　中国社会科学院哲学研究所党委书记、副所长、研究员王立胜到常山调研。先后到紫港街道紫港社区哲学馆，辉埠镇彭川村乡贤馆、哲学苑，常山江县城段“宋诗长廊”，中国观赏石博览馆，赛得健康小镇等地，通过听介绍、看现场、互动交流等方式，详细了解学哲学用哲学、“宋诗之河”、赏石小镇建设、养老养生等工作开展情况。市委常委、宣传部部长钱伟刚陪同。

10月

10月7日　常山县委、县政府邀请一批“庆祝中华人民共和国成立70周年”纪念章获得者及各类先进模范代表感受家乡变化，共同欢度节日。

10月8—12日　由省政协办公厅副巡视员陈宁率领的省督导组到常山，对“三改一拆”“五水共治”、小城镇环境综合整治和生活垃圾分类“四项工作”开展督导。县领导叶美峰、张少华等参加相关活动。

10月12日　常山县召开庆功表彰会，向常山育才中学颁发集体三等功奖牌、教学质量特别贡献奖、“文峰书香”教育奖励基金首笔50万元奖金，为育才中学管理团队佩戴大红花、绶带。

是日 市人大常委会副主任朱建华到常山县芳村自来水厂，调研农村饮用水达标提标工作。

是日 常山县召开“效率革命年”八大会战推进会。县委书记叶美峰讲话，张少华、徐建华、林红汉等县领导参加，市委主题教育巡回指导组副组长严小青到会指导。

是日 在宁波举办的“中国梦·劳动美”——浙江省职工排舞大赛上，常山县人民医院最美天使排舞队夺得规定曲目金奖、自选曲目银奖。

10月14日 省农业农村厅、省文化和旅游厅联合公布浙江省110条休闲农业和乡村旅游精品线路、100个2019年“最美田园”名单。其中，“常山县探寻常山三宝·享丰收喜乐1日游”“常山县清凉一夏·浙西避暑休闲带2日游”两条休闲农业和乡村旅游精品线路、“常山县新昌乡黄塘油茶园”“常山县球川镇食药用菌园”“常山县江家畈胡柚果园”3个“最美田园”分别入榜。

是日 省地震局党组书记、局长宋新初到常山赏石小镇台风馆、地震馆和县大数据中心调研全社会风险防控体系建设工作。

10月15日 由国家发展改革委、商务部、人力资源社会保障部、教育部、全国总工会、共青团中央、全国妇联主办的2019—2020年全国家政培训提升行动启动仪式在山东青岛市举行，常山县作为全国唯一受邀县在大会上介绍“常山阿姨”家政服务品牌打造的经验做法。

是日 2019年浙江省“耕山播海”基层文艺骨干培训班走进常山，对县职业中专FLY合唱团、辉埠镇东乡村书法社团进行专业辅导培训。

10月16日 由省民政厅副厅长方仁表带队的2019年扶贫领域腐败和作风问题专项治理调研组到常山调研扶贫领域相关工作。

是日 “常山阿姨”带动劳动力转移就业项目获全省妇女创业创新大赛二等奖。

10月17日 常山县2019年东西部协作工作推进会召开。

10月20日 常山县初中教育质量推进会议在县城南中学报告厅举行。

10月21日 “不忘初心、牢记使命”浙江省微型党课宣讲活动在招贤镇招贤村文化礼堂举行。

是日 常山县“不忘初心、牢记使命”主题教育暨乡村振兴讲堂工作推进会召开。与会人员先后前往金川街道徐村村、辉埠镇鸭坞村，现场考察主题教育开展方式、乡村振兴讲堂建设、乡村特色产业发展等工作，听取特色亮点做法介绍。

是日 农业农村部办公厅、国家卫生健康委办公厅联合下发《关于推介农村厕所革命典型范例的通知》，常山县“一厕一所长一厕一风景”范例成功入选全国农村“厕所革命”九大典型范例。

10月23日 吕祖善等20余位省级老领导到常山开展“走基层、看变化、促发展”活动，考察赏石小镇，感受常山发展变化。省委组织部副部长、省委老干部局局长鲍秀英，市人大常委会主任居亚平，县领导叶美峰、徐建华等陪同。

是日 常山县委副书记、县长张少华率常山县考察团到慈溪市对接深化山海协作工作。

10月27日 衢州乡村振兴学院常山分院揭牌仪式在常山县职业中专举行。全县14个乡镇（街道）组织委员，县、乡、村三级乡村振兴全媒体智慧平台管理员等200余人参加。

10月28日　副省长彭佳学率省直有关部门负责人到常山紫港街道渣濑湾村、浙江常发粮油有限公司、浙江艾佳果蔬开发有限责任公司、白石镇柚香谷综合体项目、芳村水厂、常山第一中学、城东新区国际慢城核心区域和何家乡长风村等地开展“服务企业、服务群众、服务基层”活动。副市长吕跃龙，县领导叶美峰、张少华、徐建华参加。

是日　衢州市第五次县（市、区）委统战部部长工作交流现场会在常山召开。

10月28—29日　浙江省农村饮用水达标提标行动暨冬修水利工作现场会在常山召开。会议宣读省委书记车俊、省长袁家军的重要批示；副省长彭佳学讲话。省政府副秘书长蒋珍贵主持，省水利厅厅长马林云部署农饮水、冬修水利工作，副市长吕跃龙致辞，县委书记叶美峰代表常山县作典型交流发言。与会人员先后实地考察常山县农村饮用水管理服务中心（箬岭水厂）、辉埠镇久泰弄村“同廊道”、芳村镇自来水厂、新昌乡黄塘村供水站及常山县常山港生态治理二期工程等项目。省政府、省水利厅及省级相关单位领导，全省11个地级市分管水利副市长及水利部门主要负责人，全省各县（市、区）领导和水利部门负责人及新闻媒体记者300余人参加。

10月29日　省委第四巡视组向常山县反馈巡视情况。省委巡视工作领导小组成员、办公室主任徐鸣华出席向常山县委书记叶美峰的反馈会议，传达省委书记车俊关于巡视工作讲话和指示精神，省委第四巡视组组长龚吟怡主持会议并向叶美峰反馈巡视情况；徐鸣华对抓好巡视整改工作提出要求，龚吟怡代表省委巡视组向常山县领导班子进行反馈，衢州市委常委、纪委书记蔡旭昶参加相关反馈会议并就抓好常山县巡视整改提出明确要求。叶美峰作表态讲话，常山县委副书记、县长张少华主持会议。

10月30日　常山县举行2019年下半年第二批重点项目集中开工仪式。

10月31日　县委常委（扩大）会议召开，听取《省委巡视组巡视常山县反馈意见整改责任分工方案》汇报，研究部署落实工作。

是月　浙江省“扫黄打非”工作领导小组办公室公布第三批全省“扫黄打非”进基层示范标兵，天马街道金川社区被评为省级示范标兵，球川镇站点被评为省级示范点。

11月

11月2日　2019中国·常山山地100自行车骑游活动在常山举行。全国200多名骑行队员从心舟公园启程，沿着朱富线、朝阳路、自行车公园绿道一路向北骑行再回到起点，全程约30千米的路程。

11月4日　县委常委会召开会议，传达学习中共十九届四中全会精神。

11月6日　全县领导干部会议召开，传达学习中共十九届四中全会和全市领导干部会议精神，研究部署贯彻落实意见。县委书记叶美峰主持会议并讲话，县委副书记、县长张少华传达会议精神，徐建华、林红汉等县领导参加。

11月6日　2019常山柚香谷香柚开采仪式在金川街道十五里村的柚香谷香柚基地举行。

是日　衢州市媒体代表160余人考察常山江宋诗之河、赏石小镇等重点文旅项目。

11月7日　省残联考核组到常山开展省级无障碍社区考核验收工作。

11月9日　国家开发银行四川省分行行长邵立波，古蔺县委常委、副县长张宇彧率队到常山考察。

11月12日 省十二届人大常委会党组书记、副主任王辉忠到常山赛得健康小镇考察。市人大常委会副主任余广宇，县领导叶美峰、徐建华参加。

11月13日 县委人大工作会议召开。县委书记叶美峰讲话，张少华、徐建华、林红汉及其他县委常委、县人大常委会副主任、县法院院长、县检察院检察长等出席会议。

是日 在上海新国际博览中心举办的第十二届亚洲果蔬产业博览会上，常山县区域公共品牌——常山胡柚成功入选2019年度中国果业最受欢迎的柑橘区域公用品牌10强。

11月14日 常山县落实省委巡视反馈意见整改工作部署会召开。县委书记叶美峰作部署，市委巡回指导组组长应雄到会指导，张少华、徐建华、林红汉等县领导参加。

11月15日 由省委宣传部、省文明办、省文联共同举办的“浙里”好人德润之江——第六届浙江省道德模范事迹巡演活动走进芳村镇上猷阁村文化礼堂，此次巡演活动以周桔凤等道德模范为原型，通过快板、越剧、独角戏、相声、小品等群众喜闻乐见的形式，宣传道德模范先进事迹和崇高品德，给老百姓送去一场家门口的精神文化盛宴。

11月16日 “健康浙江行动”启动仪式（常山分会场）暨2019国际慢城毅行活动在常山县心舟公园举行。

是日 县委理论学习中心组（扩大）学习会暨第十四期“慢城大讲坛”举行，会议邀请中国SUC研究会会长、未来社区试点总咨询师李响作题为《衢州未来社区试点为全省未来试点提供国际化样本》讲座，中欧绿色论坛主席、法国蓝湾生态大学校长陈彦作题为《法国生态社区建设》讲座。叶美峰、张少华、徐建华、林红汉等县领导参加。

11月19日 国家林业和草原局、中国农林水利气象工会全国委员会联合发文表彰第四届中国林业产业突出贡献奖（共136家单位），常山县林业水利局榜上有名。

11月20日 省委宣讲团成员、省委宣传部常务副部长、省中国特色社会主义理论体系研究中心主任来颖杰到常山县宣讲中共十九届四中全会精神。

是日 常山县与浙江大学建筑工程学院共建芳村乡村未来社区战略合作框架协议签约仪式在浙江大学举行。县委副书记、县长张少华，浙江大学建筑工程学院党委副书记傅慧俊出席并讲话。

是日 常山县省级基本公共文化服务标准化认定和重点县建设考核工作汇报会召开。会上，省专家组介绍认定工作情况，观看宣传片，听取常山县领导关于常山县基本公共文化服务标准化建设和重点县两年提升等工作的开展情况的汇报，对常山县省级基本公共文化服务标准化认定和重点县建设考核工作台账资料进行现场检查。

11月21—22日 “城市水务系统综合模拟”国际研讨会在常山县举行，来自欧洲和国内的相关专家，以及大型水务公司、研究机构等代表参加。此次研讨会由国际水协会城市水务系统综合模拟专家组（IWA MIUWS）、中国水协排水专业委员会、清华大学环境学院、加拿大GL环境科技有限公司主办。

11月22日 由浙江省文联、浙江省书协、常山县人民政府主办的“浙江书法奖·沙孟海奖”第十届全浙书法篆刻大展在浙江展览馆展出。省文联党组书记、副主席、书记处常务书记陈瑶宣布展览开幕，省文联副主席、书记处书记，省书协副主席赵雁君讲话。市委常委、宣传部部长钱伟刚出席，县委书记叶美峰致辞，省文联、省书协相关领导嘉宾参加。

是日 由市政协副主席徐静旋率领的市政协开化委员小组一行到新昌乡郭塘村、达塘村和黄塘村，围绕乡村振兴开展跨区域视察。县领导林红汉陪同。

11月23—24日 2019中国·常山山地自行车公开赛总决赛暨2019 U系列赛—山地自行车全国青少年锦标赛暨浙江省青少年山地自行车冠军赛在常山县国际慢城山地自行车主题公园举行。米久江、封宽杰、余光伟分获2019中国山地自行车公开赛“男子公开组山地越野赛”年度个人冠、亚、季军，常山县被评为“年度优秀赛区”。

11月25日 全国国土空间规划视频培训会暨常山县国土空间规划编制动员会召开，对常山县国土空间规划编制工作进行动员部署。

11月26日 副省长王文序率省直有关部门负责人到常山调研家政服务工作、看望慰问全国模范退役军人、浙江省首届“最美退役军人”、浙江省优秀共产党员胡兆富。省政府副秘书长傅晓风，副市长吕跃龙，县领导叶美峰等参加。

是日 省委第八巡回指导组副组长陈志雄到常山县公安局、县妇幼保健院及青石镇砚瓦山村等地走访，调研“不忘初心、牢记使命”主题教育工作。

是日 省政协副主席陈小平率队到常山赏石小镇开展“三服务”蹲点调研。市政协副主席吴江平，县领导张少华、徐建华、林红汉等参加。

是日 全县社会组织发展大会召开。省民政厅党组成员、副厅长江宇出席。

11月28日 常山县领导干部警示教育大会召开。县委书记叶美峰讲话；市委巡回指导组组长应雄到会指导；市监委委员杨剑安通报相关案件查处情况，并作党风廉政教育课；县委常委、纪委书记、监委主任王荣国通报相关案例。张少华、徐建华、林红汉等县领导参加。

11月28—29日 常山县语言文字规范化县评估会召开。由浙江省语言文字工作委员会观察组和衢州市语委评估组组成评估验收专家团，对常山县创建省区域推进语言文字规范化县工作进行评估，一致同意常山县通过评议文字规范化县评估验收。

11月28—29日 全市劳动保障监察执法岗位大练兵活动在常山举行，全市各县（市、区）50余名劳动监察岗位的精英骨干参加。

11月29日 浙江省美丽宜居村镇示范办公室公布2020年度省级美丽宜居示范村创建名单，常山县新昌乡泰安村、达塘村，天马街道天安村，白石镇草坪村入选。

11月30日至12月1日 2019中国·衢州第二届国际体育舞蹈全国精英赛暨中国舞、街舞基本功等级赛暨衢州市第十五届体育舞蹈锦标赛在常山体育馆举行，116支代表队、4034位选手参赛。

是月 由常山县胡柚研究院、浙江省医学科学院及衢州市食品药品研究院联合申报的中药新药研究与开发新“浙八味”——衢枳壳抗呼吸道感染儿科新药的临床前研究项目，获浙江省科技厅2020年度省重点研发计划项目立项。

12月

12月2日 市委常委、组织部部长林晓峰到常山调研乡村振兴讲堂和乡镇模块化运行工作。

12月4日 常山县召开全县领导干部会议，传达学习省委十四届六次全会、市委七届七次全会精神，研究部署贯彻落实意见。县委书记叶美峰传达全会精神并讲话，徐建华、翁旭东等县领导参加。

是日 新昌县委书记李宁率党政代表团到常山赛得健康小镇、中国观赏石博览馆、浙江捷姆轴承有限公司、常山眼科医院等地考察，详细了解大健康产业发展、赏石小镇创建和山海协作项目情况。

是日 常山县召开中共十九届四中全会精神宣讲动员会，对做好全县学习贯彻中共十九届四中全会精神宣讲工作进行安排部署。

是日 大型廉政婺剧《铁面御史赵抃》在常山县青少年宫演出。县委书记叶美峰致辞。市纪委副书记、市监委副主任张永亮，市文化广电旅游局党委书记、局长周红燕，林红汉、翁旭东等县领导到场观看演出。

12月7日 由中共常山县委员会和常山县政府主办，浙江省民革文化服务团、浙江民革省直文化基层委等执行的“衢州有礼 慢城常山”2019中国·常山乡村振兴产业发展大会专场音乐会在常山一中报告厅演出。参加中国·常山乡村振兴产业发展大会的各级领导应邀出席。

是日 衢州市第二届武术锦标赛暨通段赛在常山县体育馆举行，衢州市各地武馆、训练基地25支代表队300余名运动员参加。

是日 常山县召开乡村振兴讲堂暨乡镇模块化改革现场推进会，安排部署乡村振兴讲堂和乡镇模块化改革工作。与会人员先后到辉埠镇久泰弄村、新昌乡郭塘村，实地了解当地乡村振兴讲堂运行模式、特色主题、师资力量、精品课程等情况，随后召开交流会。

12月8日 2019中国·常山乡村振兴产业发展大会在县心舟公园举行。

是日 常山县年产3万吨胡柚速冻生产线投产仪式在浙江艾佳果蔬开发有限责任公司举行。

12月9日 常山县“衢枳壳”药用开发项目工作专题会议暨项目启动会召开。

是日 常山县委常委班子“不忘初心、牢记使命”暨省委巡视整改专题民主生活会召开。市委常委、纪委书记、监委主任蔡旭昶到会指导并讲话，市委主题教育第五巡回指导组组长应雄点评，县委书记叶美峰主持并作表态发言。

12月12日 浙江省首批17个诗路旅游目的地培育名单公布，常山江“宋诗之河”入选。

12月14日 民族动画电影《胡柚娃》品鉴会暨胡柚娃品牌提升论坛在杭州举行。

12月14—15日 “富欣达杯”2019年衢州市青少年武术散打比赛暨省赛选拔赛在常山县体育馆举行。常山代表队共夺得11块金牌、11块银牌、14块铜牌。

12月18日 县委书记叶美峰主持召开县委常委会议，传达学习省委书记车俊在衢州讲话精神和全市领导干部会议精神；传达学习市委政协工作会议精神，审议《中共常山县委关于新时代加强和改进人民政协工作的实施意见》。县领导张少华、翁旭东等参加，县政协主席林红汉等列席会议。

是日 杭州市拱墅区代表团到常山考察何家传统油榨工艺展示馆、何家村千亩油茶林基地、何家村文化礼堂等地，详细了解援建项目建设情况，并走访慰问部分困难群众；召开常山—拱墅山海协作工作联席会议，会上举行捐赠仪式，拱墅区科技工业区管委会、半山街道、康桥街道共向紫港街道枧头村文化礼堂项目捐赠30万元。

12月18—19日 省诗词与楹联学会会长王骏率“省诗词之乡”考评组到常山招贤古渡、阁底小学、东方巨石阵等地，对常山县创建“省诗词之乡”工作进行全面验收。

12月20—21日 2019常山江“宋诗之河”与旅游融合发展论坛举行。

12月22日 浙江传媒学院播音主持艺术学院实践教学基地在常山传媒集团揭牌。浙江传媒学院党委副书记、院长徐小洲出席揭牌仪式。

12月24日 县委政协工作会议召开。县委书记叶美峰讲话，县委副书记、县长张少华主持会议，徐建华、林红汉、翁旭东等县领导参加。

是日 县委检察工作会议召开。市人民检察院检察长叶伟忠、县委书记叶美峰分别讲话。

12月25日 全县青年工作联席会议第一次全体会议召开。

是日 常山县召开创建省级禁毒示范县工作推进会。

12月26日 县人大常委会召开座谈会，纪念地方人大设立常委会40周年。县人大常委会主任徐建华参加会议并讲话。

是日 闽浙赣毗连地区护林联防委员会第三联防区第35次会议在常山举行。

12月26—27日 常山县2019年度旅游合作商答谢会暨2020年度产品推介会举行。浙赣闽皖沪地区约150家旅行社负责人、主要景区负责人，国内知名文旅业态项目相关负责人等参加。

12月27日 常山县香柚产业精准扶贫基地开工仪式在天马街道天安村举行，该扶贫基地计划种植香柚2400亩。县委副书记、县长张少华宣布开工。

12月30日 慈溪市委书记高庆丰率党政代表团到浙江（常山）万洋众创城、常山江县城段“宋诗文化”长廊等地考察，并举行常山—慈溪山海协作工作联席会议，双方签订慈溪—常山山海协作“消薄飞地”产业园项目合作协议、慈溪—常山山海协作“科创飞地”协议、慈溪—常山联合招商协议和慈溪—常山乡村振兴示范点共建协议。

12月31日 沿江公路常山段车行道和慢行道正式全线贯通。沿江公路常山段项目建设内容包括公路工程、慢行道工程、配套建设服务区、停车区、观景台、沿线安全设施及绿化等工程，其中车行道全长51千米，为衢州市里程最长标段。

是日 常山县城关中学、常山城南中学、常山一小、天马二小、常山实验小学等校学生在第二十届全省中小学生电脑制作活动创客竞赛暨2019年全省中小学生创客大赛中，共获得一等奖8个、二等奖9个、三等奖4个，其中2名获奖学生代表浙江省参加全国性的创客大赛，总成绩在全市各县（市、区）中排名首位。

是月 常山县被浙江省食品安全委员会命名为“浙江省食品安全县（市、区）”，命名有效期为4年。

县 情 概 览

基本县情

常山县位于浙江省西南部，钱塘江源头，是全省的西大门。全县土地面积1099平方千米，下辖3街道6镇5乡、180个行政村，人口34.4万人。

【一座慢城】 常山县域生态环境优良，森林覆盖率73.2%，常年空气质量保持在二级以上，出境水水质常年保持Ⅱ类水以上标准，是国家重点生态功能区、浙江省重要生态屏障，全国百佳深呼吸小城十佳示范城市，有“千里钱塘江、最美在常山”美誉。常山国际慢城位于县城郊区，是中国第7座国际慢城，坐拥31平方千米秀丽山水，城东新区、省级旅游度假区、慢城核心区、赏石小镇“四体合一”，慢生活、慢休闲、慢运动内涵丰富，“深呼吸、放下心、享轻松”主题鲜明，“何处心安、慢城常山”特质彰显，成为“全景常山、全域旅游、全时旺季”龙头核心。

【十方通衢】 常山区位独特，地处闽浙赣皖四省边际、北上南下大通道，史称“两浙首站”。特别是常山江，历史上即是南方八省通往“两浙”的主要通道，曾有“日望金川千张帆，夜见沿岸万盏灯”的繁华盛况。境内交通体系完善，汇聚十大通道，杭金衢、黄衢南、杭新景三条高速公路贯穿全境，205、320、351三条国道和221省道纵横交错，沿江美丽公路快速便捷，九景衢铁路建成通车，常山进入“高铁时代”。常山港航道综合开发拉开大幕，黄金水道通江达海、前景广阔，县城距衢州机场、杭长高铁衢州站均半小时车程。

【百亿产业】 常山县产业转型走出新路，轴承、纺织、建材“老三篇”在腾笼换鸟中凤凰涅槃，农机、新材料、大健康“新三篇”在招大引强中快速崛起。可口可乐公司、瑞典SKF集团、大和热磁等全球行业巨头和常山合作，轴承、农机、新材料、大健康“四大百亿”产业、“四大基地”建设迈出坚实步伐，万洋众创城、众卡产业园加快建设，云耕小镇、赛得健康养生小镇培育成型。三大工业平台基础设施完善、要素保障有力、产业集聚集群，政策最优惠、办事最便捷、服务最优良、社会最诚信、治安最稳定、环境最宽松的“六最”环境全面营造，是投资兴业的活力高地。

【千载古县】 常山春秋时为越国姑蔑之地，战国归楚，秦属太末县。东汉建安二十三年（218）建县，始称定阳，建县已1800年。境内古道古渡、古街古村不胜枚举，三十六天井记录百年故事，唐宋名刹香火犹盛，古塔古祠挺拔依然；南宋尚书汪韶、贤相赵鼎施政有方，贤良王氏、清简樊莹名垂青史，铁面御史赵抃留迹赵公岩，理学大师朱熹赐名古镇球川，南宋诗人曾几《三衢道中》脍炙人口。“宋诗之河”成为常山文化金名片。国家级非遗常山“喝彩歌谣”、常山贡面、常山麦香饼等民俗文化、特色美食得到传承保护，享誉四方。熔古铸今，贤商文化发扬光大，“常山榜样”德润人心，“孝老之城”备受赞誉，“善良为本、良善为伍”成为社会风尚，善良沁入每个常山人的血液和骨髓，是衢州“最美文化”发源地。

【万亩金柚】 常山是中国常山胡柚之乡、中国油茶之乡、中国食用菌之乡，绿水青山孕育“常山三宝”。常山胡柚种植面积达10万亩，年产鲜果14万吨，饮料、酵素、果葡糖浆等精深加工快速发展，与美国可口可乐公司合作，以常山胡柚为原料开发美汁源饮料，成功打入全球市场；常山胡柚青果切片“衢枳壳”荣登药典，并入围新“浙八味”，“健康水果”常山胡柚驰名全国，张德江誉之“水果之王”。常山油茶历史悠久，油茶种植面积、产量、加工水平均居全省首位。连续承办多届全国油茶文化节，油茶三大“国字号”经济中心（油茶交易中心、价格指导中心、集散中心）和文化中心落户常山，连续多年列全国木本油料示范县榜首。“常山猴头菇”通过国家农产品地理标志登记。

【亿年奇石】 常山地质形成达4.6亿年之久，有中国第一枚“金钉子”剖面——奥陶系达瑞威尔阶全球层型剖面点，地质遗迹极具科考旅游价值，是国家地质公园。国家AAAA级景区“三衢石林”奇石遍布、鬼斧神工，是全球低碳生态景区。矿石资源丰富，石灰石、萤石矿储量和品质均居全省首位，青石、花石品质优良，有华东地区最大的青石花石专业市场。北宋时是“花石纲”重要产地，所产名石为宋徽宗所最爱，赐名“巧石”。建成中国观赏石博览园，“赏石小镇”为全省首批创建特色小镇，“全国赏石日”活动享誉海内外，是“中国观赏石之乡”。

（县政府新闻办供稿）

地形地貌

常山县境内地势南北高、中间低，由西向东倾斜。千里岗山脉自县境东北向县北延伸，怀玉山余脉绵亘于县西南。境内海拔1000米以上的山峰有40座，最高峰在东案乡白菊花尖海拔1390余米，最低点在招贤镇大溪沿村，海拔72米，最大高差1300多米。

全县地貌类型可划分出中山、低山、丘陵、侵蚀岗地、河谷平原等5种类型。中山主要分布于县东北部西岭脚—新桥一带，面积88.27平方千米，占全县土地面积的8.1%；低山分布于县域西北面的球川—何家—东鲁—新昌以西、芙蓉水库、芳村、金源以北地区和东南部的钳口一带，面积318.13平方千米，占全县土地面积的29%；剥蚀丘陵主要分布于中山与侵蚀岗地之间，面积409.4平方千米，占全县土地面积的37.2%；侵蚀堆积岗地主要分布于芳村南部和青石一带，面积216.6平方千米，占全县土地面积的19.7%；沿常山港两岸的河谷平原面积66.7平方千米，占全县土地面积的6%；全县山地丘陵面积约占土地面积的3/4，属低山丘陵地貌类型。

河流面积约38平方千米。按地形和流向分为钱塘江水系和鄱阳湖水系。钱塘江水系最大支流为常山港，常山港历史上在明清时期称“金川”。鄱阳湖水系发源于玉山县紫坑岭和球川镇的蔑岭。球川溪因1984年千家排水库竣工大部分水量改往钱塘江水系。

（县自然资源与规划局供稿）

水　文

常山县内主要河流常山港为钱塘江的源头，上接开化县马金溪，下至衢州双港口，其中，在县域内的流程46.6千米，横贯东西，流域面积3176.1平方千米，最大年径流量可达43.74亿立方米，近年来最大洪峰流量5800立方米/秒，易形成洪涝灾害。常山港在县内的支流有蓌湖溪、芳村溪、龙绕溪、南门溪、马车溪、虹桥溪、里山溪、大坑溪、官塘溪等9条；县内的另一条主要溪流——球川溪流入江西，最终归入长江流域。县内水力资源十分丰富。

2019年常山港月平均水位一览表

表2　　（测站基面在85高程以上75.700米）　　单位：米

1月	2月	3月	4月	5月	6月	7月	8月	9月	10月	11月	12月	年平均
2.19	2.41	2.55	2.17	2.37	2.60	2.97	1.66	1.55	1.43	1.39	1.45	2.06

说明：最高水位在7月13日，8.7米；最低水位在10月28日，为1.30米

（县水文站供稿）

气　候

2019年，常山县年平均气温18.1℃，较常年异常偏高0.4℃；年总降水量1944.5毫米，较常年偏多184.1毫米；年总日照时数1664.5小时，较常年偏少93.5小时。全年总体气候起伏较大，温高的气象条件对农作物生长比较有利。但气象灾害较往年相比偏重，遭遇年初历史罕见的连阴雨、梅汛期暴雨洪涝、秋冬干旱等气象灾害，给农业造成较严重的影响。

【气温】　2019年，常山县平均气温18.1℃，较2018年偏高0.2℃，是1997年以来第23个偏高年。年极端最高气温38.4℃，出现在8月28日；年极端最低气温零下1.7℃，出现在1月23日。

【降水】　2019年，常山县年总降水量为1944.5毫米，较常年偏多1成，比上年偏多436.8毫米。

【日照】　2019年，常山县年总日照时数1664.5小时，较常年偏少93.5小时，比上年偏少54.3小时。

2019年常山县气象要素一览表

表3

要素名称（单位）	1月	2月	3月	4月	5月	6月	7月	8月	9月	10月	11月	12月	合计（平均）
平均气温（℃）	6.1	6.6	12.4	17.7	21.7	24.1	27.0	29.4	26.1	21.2	15.0	9.3	18.1
降雨量（毫米）	124.2	272.9	226.3	225.5	192.7	292.7	412.8	92.0	7.1	20.7	10.7	66.9	1944.5
雨　日（天）	20	27	23	21	16	24	21	11	4	12	9	13	201.0
日　照（小时）	61.0	12.9	98.3	105.3	138.0	95.6	156.2	251.3	259.4	176.0	168.4	142.1	1664.5

2019 年常山县气象初终日一览表

表 4

名称	初日	终日	初终间日数	其他
霜	2018-12-17	2019-01-27	42	全年平均气压 999.4 百帕 全年平均相对湿度 75% 全年平均风速 2.3 米／秒
结冰	2018-12-29	2019-01-24	27	

【重要气候事件及其影响】

1. 连阴雨 2018 年 12 月 2 日至 2019 年 1 月 15 日，常山遭遇历史罕见的持续阴雨天气，平均降水日数、日照时数和平均相对湿度均破历史同期最多、最少和最大纪录，持续阴雨寡照天气明显地影响果蔬生产，给种植户造成较严重的经济损失。

2 月 3—28 日，常山遭遇历史罕见持续阴雨天气，降水异常偏多、日照异常偏少导致设施农业损失严重。

12 月 19—26 日，常山出现连阴雨天气，显著缓解旱情，但阴雨寡照对设施大棚作物生长有不利影响。

2. 台风 8 月 9 日夜里到 10 日白天，受“利奇马”影响，常山县风力加大并出现较明显降水。8 日 08 时到 11 日 08 时，全县面雨量 30.4 毫米，强降水主要集中在东北部地区，有 4 个站点雨量超 50 毫米，其中最大降水量出现在东案乡白菊花尖 74.0 毫米；县内大部分地区出现 6 ～ 7 级阵风，最大为芳村镇芙蓉湖村 19.9 米／秒（8 级）。

3. 暴雨 2 月 19 日夜里到 20 日白天，全县普降大到暴雨。截至 20 日 20 时，全县面雨量 67.2 毫米，县城 61.6 毫米，10 个乡镇站雨量超过 70 毫米，最大出现在东案乡东案村 91.1 毫米。

4 月 29 日中午到 30 日早晨，全县普降大雨，强降水主要集中在县西南部地区，有 7 个站点雨量超 50 毫米，其中最大降雨量出现在天马街道和平村 61.1 毫米。

5 月 14 日夜里至 15 日，常山出现雷阵雨天气，强降水主要集中在县中部地区，有 10 个站点雨量超 50 毫米，最大雨量出现在县城 71.8 毫米。

6 月 19—20 日，受雷雨云团影响，暴雨到大暴雨，县城雨量 88.4 毫米。有 5 个站点超 100 毫米，最大出现在青石镇大塘后村 115.4 毫米。

7 月 3—5 日，全县普降暴雨到大暴雨，县城降水量 108 毫米。有 10 个乡镇区域站点雨量超过 200 毫米，其中最大降水量为东案乡梅树底村 266.1 毫米。

7 月 9 日，全县普降暴雨，城区降水量 86.1 毫米，最大为球川镇王家村 99.2 毫米。

7 月 12—13 日，全县普降暴雨到大暴雨，面雨量 99.4 毫米，县城降水 91.2 毫米。有 4 个乡镇站点雨量超 120 毫米，最大为芳村镇新桥村 159.8 毫米。

4. 雷电大风 3 月 20 日夜，受强对流云团影响，全县出现暴雨、强雷电、雷雨大风天气，有 12 个站点雨量超过 50 毫米，最大为东案乡高峰村 68.5 毫米，最大风力出现在芳村镇芙蓉湖村 24.8 米／秒（10 级）。

4 月 9 日，受强雷雨云团影响，全县普遍出现 5 ～ 7 级阵风天气，其中王家村、东方巨石阵景区、城东新区、芳村镇芙蓉湖村、古县村出现 8 ～ 9 级大风，最大为招贤镇古县村 20.8 米／秒（9 级）。

5. 高温干旱 8 月，常山县平均高温日数（≥ 35℃）22 天，平均高温日数（≥ 38℃）

1天。高温时段主要出现在上旬和下旬。9月，常山县连晴日24天，破历史最多纪录，长时间的晴热无雨天气，使得全县旱情较为严重。

进入秋季后，全县降水量异常偏少。根据对气象干旱指数CI的跟踪监测情况分析，9月23日开始大部地区出现轻旱，至10月达重度干旱，12月初常山县仍然达到重度干旱。长时间土壤墒情差，旱情较重，农林作物出现不同程度的灾情。如油菜、小麦出芽率偏低；部分蔬菜植株长势缓慢、枯萎死亡。

6．梅雨 6月17日，常山县入梅，于7月17日出梅，并出现典型的梅雨天气。6月17日08时至7月17日08时，全县面雨量632.6毫米，较常年梅雨量（338.9毫米）偏多86.6%，其中7月3—5日，全县面雨量达170.5毫米。最大累积降水量为东案乡梅树底村834.8毫米，其次为芳村镇芙蓉湖村799.2毫米。最大小时降水出现在6月19日，城区13时30分到14时30分降水量达66.4毫米。

7．强对流 3月20日夜间到21日，常山县普降中到大雨，中北部暴雨，并伴有短时强降水、8级以上大风、强雷电等强对流天气。

4月9日傍晚起，常山县普降中雨，部分乡镇出现短时强降水，最大为青石镇湖头村29毫米/小时；局部乡镇站点出现8～10级阵风，其中县城本站出现12级大风（35.6米/秒），破历史纪录（31.6米/秒，11级，2011年7月26日）。

6月19—20日，受雷雨云团影响，常山出现短时强降水，局地出现强雷电和雷雨大风等强对流天气。有3个站点小时雨强超50毫米，最大小时雨强出现青石镇湖头村65.8毫米/小时。

（何 超）

人 口

全县年末户籍人口总户数为124002户，比上年增加1888户，总人口（不含服现役人员）为343587人，平均每户2.8人。男性177827人，女性165760人，分别占总人口的51.8%和48.2%，性别比为107.3（女=100）。总人口比上年减少680人。

全县办理出生登记3028人，比上年减少685人，出生率为8.8‰，比上年回落2.0个千分点。死亡1926人，比上年减少624人，死亡率为5.6‰，比上年回落2.5个千分点；其中男性死亡1106人，女性死亡820人。全县人口自然增长1102人，比上年减少61人，自然增长率3.2‰，比上年回落0.2个千分点。全县城镇人口113576人，乡村人口230011人，分别占总人口的33.1%和66.9%。全年省内外迁入927人，比上年减少53人；迁往省内外2630人，比上年减少162人。全县总人口按年龄段分布为：18岁以下的为64553人，占总人口的18.8%；18岁至34岁的为64141人，占总人口的18.7%；35岁至59岁的为143589人，占总人口的41.8%；60岁及以上的为71304人，占总人口的20.7%。百岁及以上老人28人，比上年减少2人。

（以上均为公安年报口径）

（占慧臻）

国民经济和社会发展

2019年，常山县委、县政府以习近平新时代中国特色社会主义思想为指导，全面贯彻县委“四四二”发展战略要求，紧扣“强发展”主旋律，扎实开展“营商环境年、基层治理年、效率革命年”活动，聚力改革创新，全力攻坚克难，全县经济社会保持良好发展态势。

【综　合】　初步核算，2019年全县实现地区生产总值（GDP）1503682万元，按可比价格计算，比上年增长6.6%。其中，第一产业增加值79963万元，比上年增长1.7%；第二产业增加值630248万元，比上年增长5.8%；第三产业增加值793471万元，比上年增长8.0%。三次产业增加值结构为5.3∶41.9∶52.8，产业结构进一步优化。全县人均生产总值按常住人口计算为58933元，比上年增长5.7%。全县常住人口城市化率为52.2%。

【农　业】　2019年，全县实现农林牧渔业增加值84186万元，比上年增长1.9%。农作物播种面积19442公顷，其中，粮食作物播种面积9585公顷、油料作物播种面积3624公顷、蔬菜（含菜用瓜）播种面积4250公顷、中草药材播种面积273公顷、果用瓜播种面积547公顷。

全年粮食作物总产量55942吨，比上年增长1.3%；油料产量6956吨，比上年增长24.8%；蔬菜产量100071吨，比上年下降1.3%；果用瓜产量22748吨，比上年下降2.3%。柑橘总产量143429吨，比上年下降1.7%，其中常山胡柚产量116649吨，比上年增长3.0%；茶叶产量225吨，比上年增长3.2%。

生猪年末存栏3.0万头，比上年下降27.9%；年内出栏8.1万头，比上年下降13.9%。家禽年末存栏129.5万羽，比上年增长14.1%；年内出栏290.7万羽，比上年增长28.2%。全年肉类总产量9714吨，比上年增长1.4%，其中猪肉6113吨，比上年下降9.6%；禽肉3312吨，比上年增长29.2%；鸡鸭鹅蛋产量3305吨，比上年增长58.4%。

全年水产品产量6553吨，比上年增长1.6%。

全年木材产量16760立方米，比上年增长0.2%。

【工业和建筑业】　全年实现工业总产值1961929万元，其中主营业务收入2000万元以上（即规模以上）工业企业129家，完成产值1301115万元，比上年增长8.2%；规模以下工业完成产值660814万元，比上年增长8.9%。全年全部工业完成增加值477919万元，按可比价格计算比上年增长8.0%。

产值超亿元工业企业达到34家，超5亿元的企业有5家，2亿～5亿元的有7家。亿元企业实现产值969161万元，占全部规上工业的74.5%。

规模以上重工业企业完成产值899423万元，比上年增长1.7%；轻工业完成产值401693万元，比上年增长26.3%；轻重工业之比为30.9∶69.1。规模以上工业企业完成销售产值1270190万元，比上年增长9.9%；产销率97.6%，比上年提高1.5个百分点。完成工业出口交货值75061万元，比上年增长15.0%。完成新产品产值400110万元，比上年增长44.0%。

在规模以上工业中，水泥产量587.6万吨，比上年增长5.9%，水泥熟料477.4万吨，比上年增长7.5%；商品混凝土67.3万立方米，比上年下降2.2%；初级形态塑料7216.0吨，比上年增长32.3%；纱1.5万吨，比上年下降3.9%；轴承4083.9万套，比上年增长2.9%；铜材12717.0吨，比上年增长35.6%；机制纸及纸板22.3万吨，比上年增长136.4%；精制食用植物油165.0吨，比上年下降70.5%；钢材13206.5吨，比上年下降9.8%；半导体分立器件175.0万只，比上年下降7.4%；印制电路板50.8万平方米，比上年增长9.3%；互感器365台，比上年下降42.2%；机械化农业及园艺器具249台，比上年下降73.4%；工商用制冷、空调设备16.8万套，比上年增长29.8%。

全年规模以上工业企业实现利税185879万元，比上年增长21.4%，其中利润134360万元，比上年增长29.8%。

2019年建筑业实现总产值394200万元，比上年下降22.5%。建筑业实现增加值152397万元，比上年下降1.4%。全县有资质建筑业企业42家，具有一级资质企业1家，二级资质企业7家，三级资质企业34家。

【固定资产投资和房地产业】 全年固定资产投资比上年增长0.5%。第一产业投资增长62.2%，第二产业投资比上年增长9.2%，第三产业投资比上年下降4.1%。从投资四个结构来看，民间项目投资比上年增长28.0%，交通投资比上年增长31.3%，生态环保和公共设施投资比上年增长33.0%，高新技术产业投资比上年增长19.2%。

全年工业投资比上年增长8.6%，其中工业企业技术改造投资比上年下降26.5%。基础设施投资比上年增长32.7%；其中电力、热力、燃气及水的生产和供应业投资比上年增长35.6%，交通运输业投资比上年增长31.3%，水利、环境和公共设施管理投资比上年增长33.0%。公共服务投资比上年下降41.7%；其中教育设施投资比上年下降40.7%。文化艺术业投资比上年下降52.1%，卫生设施投资比上年下降41.1%。

全年房地产开发投资120269万元，比上年下降42.7%。房屋施工面积1483175平方米，比上年下降0.7%；销售面积189904平方米，比上年下降23.2%；商品房销售额172286万元，比上年下降17.1%。

【国内贸易】 全年实现社会消费品零售总额743118万元，比上年增长6.3%。其中限额以上批发零售业实现消费品零售额65304万元，比上年下降10.0%。按销售单位所在地分，城镇59520万元，比上年下降12.4%；乡村5784万元，比上年增长25.1%。按消费形态分，餐饮收入9271万元，比上年增长2.4%；商品零售56033万元，比上年下降11.8%。按类值分，粮油食品、饮料烟酒类比上年增长14.9%，日用品类比上年下降12.8%，书报杂志类比上年下降15.9%，家用电器和音像器材类比上年增长16.0%，中西药品类比上年下降9.6%，石油及制品类比上年增长46.9%。

全县实现网络零售额18.2亿元，比上年增长47.1%，电子商务蓬勃发展。

【对外经济】 全年实现进出口总额209276万元，比上年增长22.8%。出口151627万元，比上年增长17.7%；进口57649万元，比上年增长38.6%。

全县有出口实绩的企业73家，比上年增加4家；当年新启动出口业务企业15家。出口额在100万元以上企业49家，1000万元以上的企业25家。

全县出口排前三位的市场依次是：亚洲、北美、欧洲。对亚洲出口5.7亿元，比上年下降10.0%；对北美出口4.2亿元，比上年增长31.1%；对欧洲出口2.5亿元，比上年下降5.8%。这三大主要市场出口额合计占全县出口总额的82%。

在主要商品出口中，轴承出口3.7亿元，比上年增长42.4%；餐厨用具金属加工产品出口1.9亿元，比上年增长5.7%；化工产品出口2.6亿元，比上年增长0.7%；服装、纺织品出口0.6亿元，比上年增长29.4%；节日装饰用品出口0.9亿元，比上年增长25.4%。

全年新批外商投资企业 2 家，合同外资 107549 万美元；实际外资 11 万美元。

【交通、邮电和旅游业】 2019 年，全县完成交通运输和邮政业增加值 70616 万元，比上年增长 2.2%。各种运输完成公路货物运输量 1427 万吨，比上年增长 19.8%；公路客运量 399 万人次，比上年下降 34%。

县境内有铁路 1 条，衢九铁路常山段全线长 36 千米；2019 年总客发 94026 人，到达 97292 人。有国家高速公路 3 条、国道 2 条、省道 1 条、县道 22 条、乡道 34 条、村道 382 条，公路总里程 1071.6 千米，公路网密度 48.85 千米 / 百平方千米。国家高速公路境内总里程 89.0 千米，其中 G60（杭金衢高速）41.6 千米，G3（黄衢南高速）31.1 千米，G60N（杭长高速）16.2 千米。一般国道总里程 63.5 千米，其中 G205（山深线）23.5 千米、G320（沪瑞线）40.0 千米。省道 221（江溪线）境内里程 8.6 千米。国、省道干线公路里程 161.1 千米，占公路总里程的 15.0%。县道公路 263.1 千米，占公路总里程的 24.6%。乡道公路 164.5 千米，占公路总里程的 15.4%。村道公路 482.9 千米，占公路总里程的 45.1%。

全年电信业务收入 2.2 亿元，比上年下降 2.5%。年末，移动电话用户数 25.3 万户，比上年增长 1.9%，国际互联网用户（不含手机）9.1 万户，比上年下降 1.2%。

2019 年，全县接待游客 990.6 万人次，比上年增长 5.1%。旅游总收入达 67.9 亿元，比上年增长 13.6%。游客人均消费约 685.1 元，比上年增长 8.2%。全县乡村休闲旅游接待游客 251 万人次，比上年增长 15.8%，营业收入 1.7 亿元，比上年增长 15.9%。全县中高端民宿 11 家，其中 6 家被评为等级民宿，在建（提升）中高端民宿 24 家，高端民宿引领作用初现，乡村民宿发展集群区正在形成。

【财政、金融和保险】 全年实现财政总收入 189447 万元，比上年增长 10.8%。其中，一般公共预算收入 117850 万元，比上年增长 7.4%；上划中央“五税”收入 71597 万元，比上年增长 17.1%。全县税收收入 90457 万元，比上年增长 4.0%，占一般公共财政预算收入的 76.8%。全年公共财政预算支出 556540 万元，比上年增长 18.3%。其中民生支出 417570 万元，比上年增长 14.4%，占一般公共预算支出的 75.0%；财政八项支出 393372 万元，比上年增长 27.3%，占一般公共预算支出的 70.7%。

2019 年，全县完成金融业增加值 80921 万元，比上年增长 7.2%。年末，金融机构本外币存款余额 2360130 万元，其中人民币存款余额 2357608 万元，比上年增长 8.4%。在各项人民币存款中，住户存款余额 1426755 万元，比上年增长 17.7%。年末，金融机构本外币贷款余额 1959952 万元，其中人民币贷款余额 1958410 万元，比上年增长 15.8%。

2019 年，全县保费收入 4.1 亿元，比上年增长 6.5%；支付各类赔款 1.6 亿元，比上年增长 5.5%。

【教育和科学技术】 2019 学年，全县有中小学校 39 所，其中高中 5 所（含民办完中 1 所、民办高中 1 所、职高 1 所）、初中 7 所、小学 27 所（含 2 所完小）。有特殊教育学校 1 所，幼儿园 55 所（公办 6 所、国有民营 8 所），成人文化技术学校 14 所，教师进修学校 1 所，浙江电大常山学院 1 所。中小学在校生 31174 人（高中段 6386 人、初中段 8359 人、小学段 16313 人、特教 116 人），在园幼儿

8914 人。在职在编教职工 2281 人。

2019 学年，小学适龄儿童入学率为 100%，初中入学率为 100%，小学、初中巩固率达 100%，初中毕业生升高中段比例达 98.6%，九年义务教育完成率 100%，“三残”（智残、体残、肢残）少儿入学率达 99.1%，学前三年幼儿入园率 98.1%，十五年教育普及率为 98.6%，小学英语普及率 100%。

全县各类学校专任教师与学生比为：普通高中 1 ：12.0（363/4362），职业高中 1 ：14.7（138/2024），普通初中 1 ：13.6（614/8359），小学 1 ：15.0（1091/16313），幼儿园 1 ：16.5（541/8914）。各类学校专任教师学历达标率为：普通高中 98.9%，职业高中 97.7%，普通初中 100%，小学 100%，幼儿园 100%；各类学校专任教师高级职称教师：普通高中 35.6%，职高 14.3%，初中 17.9%，小学 5.4%，幼儿园 1.3%。

全年县级科技计划项目立项 33 项，财政经费支持项目 9 项（工业类 5 项、农社类 3 项、医药卫生类 1 项），安排科技扶持资金 100 万元。组织申报市级以上各类科技计划项目 41 项。全年新增省科技型中小企业 24 家。重点落实科技“创新券”政策，全年兑现补助资金 104.0 万元。全年完成专利申请量 666 件，专利授权量 448 件，其中发明专利申请 69 件，授权发明 11 件。全年商标申请 756 件，商标注册 615 件。

【文化、卫生和体育】 2019 年，常山县“三馆两中心”项目启动，新建非物质文化遗产（简称“非遗”）展示馆和南孔书屋各 1 家、文化礼堂 27 家，6 个乡镇文化站迁址重建及完成 8 个乡镇文化站提升任务，实现全县 14 个乡镇（街道）文化站服务项目政府购买全覆盖。挖掘、调查一批最具常山县代表性的非遗传承人 55 人、传承基地 41 个，新建的非遗展示馆内有各类非遗代表性项目 30 余项，收藏各类非遗展品百余件。3 个南孔书房投入运营。成立黄鹂鸟创作工作室，原创大戏 2 部、曲艺作品 19 个，小戏小品 5 个、舞蹈排舞作品 3 个、音乐作品 8 首，其中原创大戏《愤怒的茶油》成功入选浙江省中青年编剧扶持项目。指导乡镇举办群文活动 100 多场，建成“三团三社”100 多支、文化志愿者队伍 600 多人，开展送戏下乡 80 场、送书下乡 30000 余册、县外文化走亲 11 场，播放农村公益电影 3600 余场，举办各类公益培训 500 多课时。

至年末，全县有广播电台 1 座，广播综合人口覆盖率 100%。电视台 1 座，电视综合人口覆盖率 100%。共有文物保护单位 57 个，公共图书馆图书藏书量 358 千册，比上年增长 16.9%。

全县有各级各类医疗机构 266 家，其中常山县人民医院、常山县中医医院、常山县妇幼保健计划生育服务中心各 1 家、乡镇（中心）卫生院 14 家、民营医院 6 家、其他医疗机构 2 家、村卫生室（社区卫生服务站、卫生院分院）184 家、有乡村医生 169 名（不包括在村卫生室执业的执业助理及以上人员），门诊部 1 家，个体诊所 41 家（其中中医诊所 12 家）、厂矿医务室 15 家。全县核定床位 1235 张，全县执业（助理）医师数 919 人，每千常住人口医生数 3.6 人；全县执业护士数 815 人，每千常住人口注册护士数 3.2 人。卫健系统共有在编专业技术人员 1215 人，其中正高级 43 人，占 3.5%；副高级 124 人，占 10.2%；中级 364 人，占 33.5%；助理级 343 人，占 30%；员级 203 人，占 16.7%；见习期 41 人，占 3.4%。全县公立医疗机构业务总收入为 5.3 亿元，比上年增长6.1%；门诊117.7万人次，比上年下降3.5%；住院38932人次，比上年增长3.7%。

2019年，常山县在全国及全省各类体育比赛中，共获各类奖牌10枚，其中金牌2枚。国际慢城运动基地成功创建省级运动休闲旅游示范基地，慢城绿道被评为浙江省十佳运动休闲绿道，慢城常山被评为2019中国体育旅游精品项目。成功举办全省文明旅游现会等大型活动以及全国山地自行车公开赛总决赛、第四届全国智力运动会国际跳棋比赛、浙江省青少年皮划艇赛艇锦标赛、衢州市首届武术散打锦标赛、县第六届全民运动会暨第二届百村农民运动会等大小百场赛事。

【资源、环境】 常山港流域地表水质100%符合水功能区要求，饮用水源地水质100%符合要求，出境水达到Ⅱ类水标准，比考核要求的Ⅲ类高出一个等级。环境空气质量稳步向好，截至12月底，常山县城区空气质量总有效监测天数为362天，空气环境质量指数（AQI）的优良天数为350天，优良率96.7%，$PM_{2.5}$均值为31微克／立方米。全县森林覆盖率73.2%。

【城市建设】 全县建成区面积16.1平方千米，城区（县城）人口约9.7万人（含暂住人口）。全县城市污水处理率97.7%，城市生活垃圾处理率100%。全县建成区绿化覆盖率38.9%，人均公园绿地面积16.1平方米（城区范围）。

（占慧臻）

精神文明建设

【概况】 2019年，常山县精神文明建设委员会办公室（以下简称“县文明办”）注重培育和践行社会主义核心价值观，加强公民思想道德建设，深化拓展群众性精神文明创建活动，不断提高全县人民道德水准、文明素养和社会文明程度，为全面建设更高质量“特富美安”慢城大花园提供强大精神动力和道德支撑。深化“最美常山”品牌建设，开展2019常山县道德模范暨“最美常山人”年度人物评选，成立胡兆富英雄事迹巡回宣讲团。推进“孝老之城”打造，编印《常山孝经》。巩固“文明城市”创建成果，引领文明乡风。深化文明创建活动，命名天马街道五联村等48个村为县级文明村，全县县级以上文明村建成率达83.9%，命名常山一中、职业中专等15所学校为县级文明校园，湖东小学、东案小学等6所学校被命名为市级文明校园。做实“衢州有礼”品牌融入，打造有礼之城。推进“志愿之城”打造，全年新增注册志愿者1.02万人，实现机关企事业单位志愿服务队伍全覆盖。推进“关爱之城”项目实施，做实暖心关爱，加强全县未成年人思想道德建设，实现乡村学校少年宫全覆盖，在全县9个社区建立规范化的社区家长学校、未成年人活动中心和校外心理辅导站，实验小学被评定为市级未成年人思想道德建设工作先进学校。

【深化“最美常山”建设】 2019年，县文明办深入挖掘宣传先进典型，火车站台勇救男孩的王剑峰，“天价馄饨”店主凌基云，寒夜等失主的占添等三个小学生，以及深藏功名60载的人民英雄胡兆富、“假”媳妇真孝心的周桔凤等好人事迹受到中央电视台、新华社等中央及省市等主流媒体的关注报道。联合县林水局、县妇联、县总工会开展“十佳林水奋斗者”“十佳常山阿姨”“十大工匠”等“最美常山系列”评选表彰。胡兆富、邹丁山、王正照被评为2019常山县道德模范暨“最美常山人”年度人物特别荣誉奖；郑勤、胡兰、詹敏、芳村镇最美领跑志愿服务队、饶美珠、王六月古、刘国华、凌基云、胡吉庆、何丰、吴水妹等10人（团体）被评为十大年度人物；王怀良、郑玮艳、姚超然、张勇军、毛金凤、邹小军、金川街道赵家坪社区“能大姐”服务队、方秀清、占添、王剑峰等10人（团体）被评为年度提名人物。

【胡兆富英雄事迹学习宣传】 2019年，县文明办做实做特深藏功名60载的人民英雄胡兆富的典型选树推荐和宣传推广文章，胡兆富荣登中国好人榜、被评为2019“最美浙江人·浙江骄傲”、2019最美衢州人；组建成立胡兆富英雄事迹巡回宣讲团，在全省开展“不忘初心、牢记使命”主题教育期间，应邀到省军区、市公安局、部队、衢州职业技术学院等地开展宣讲15场，胡兆富女儿胡玲受邀参加嘉兴市委南湖区委主办的“南湖·初心论坛”，在全省掀起学习胡兆富的热潮；整理编印《人民英雄——胡兆富》一书，作为全县“不忘初心、牢记使命”主题教育读本。

7月17日，抗战老英雄、省优秀共产党员胡兆富在常山一中开展专题讲座（县新闻传媒集团 供图）

【周桔凤获第七届全国道德模范提名奖】 2019年，在由中共中央宣传部、中共中央文明办等单位组织开展的第七届全国道德模范评选表彰活动中，芳村镇猷阁口村村民周桔凤获第七届全国道德模范提名奖。周桔凤丈夫前妻病逝多年，留下幼子和年迈的父母，婚前得知这一切的周桔凤没有丝毫犹豫，并在婚后义无反顾地担负起照顾他们的责任。周桔凤用至善至真的孝行美德影响着身边的人。为带动身边更多的人尊老孝老，2018年，周桔凤组建“最美领跑”志愿服务队，经常去敬老院给老人们量血压、打扫房间、烧菜做饭、陪伴谈心，让老人们感受到温暖。周桔凤先后被评为第七届浙江省“十大孝贤”、第六届浙江省道德模范。

【全县第三届乡贤才俊评选】 2019年，县委宣传部组织开展常山县第三届乡贤才俊推荐评选活动，经过资格审查、初评、复评等环节，授予徐小洲“杰出乡贤才俊”称号，授予钦韩芬、符长春、邓建平、王小青、周珊、刘峰、潘速跃、聂天明、汪祖庆、徐德善10人“乡贤才俊”称号。

【首次社会主义核心价值观示范基地评选】 2019年，县文明办开展社会主义核心价值观宣传教育，为推动社会主义核心价值观深度融入社会生活，有效发挥先进示范引领作用。按照有典型示范、有设施载体、有实践活动的要求，评选出球川镇黄泥畈村、常山县行政服务中心等10个富有特色、建设有力、成效突出的示范基地，推动社会主义核心价值观物化、固化。

【完成《常山孝经》编印】 2019年，县文明办深入挖掘孝善文化历史典故、当代常山孝老先进典型，编印《常山孝经》在全县“5•20”常山敬老日发布，作为全县精神文明建设的乡土教材，发放给全县乡镇（街道）、县级各单位、学校、村（社）、企业，全力做好《常山孝经》进校园、进社区、进企业、进农村，弘扬传承孝老文化。

【“衢州有礼 • 慢城常山”城市品牌打造】 2019 年，县文明办根据市委“1+6”城市品牌体系建设要求，将市域城市品牌和县域城市品牌进行整合设计。通过华数电视开机画面向全县有线电视用户投放“衢州有礼、慢城常山、文明有我”公益宣传，全县公益广告及管理制度牌、公务用车和办公场所、旅游景区、市政设施等实现“衢州有礼 • 慢城常山”LOGO 全覆盖。结合办公用品印制做好城市品牌元素文章，结合 2019 年浙江省青少年皮划艇赛艇锦标赛、中国山地自行车公开赛总决赛、中国安徽农业产业化交易会、第十七届中国国际农产品交易会、民族动画电影《胡柚娃》品鉴会暨“胡柚娃”提升论坛，宣传推荐“衢州有礼 • 慢城常山”城市品牌。胡兆富被聘为衢州市城市品牌形象代言人。

【乡村学校少年宫建设】 2019 年，县文明办推进“关爱之城”项目实施，做实暖心关爱。完成何家乡、同弓乡、新昌乡、大桥头乡、辉埠镇 5 所乡村学校少年宫建设，实现全县乡村学校少年宫全覆盖，其中新昌小学被评为衢州市 2019 未成年人思想道德建设工作先进乡村学校少年宫。12 月 6 日，开展“全县乡村学校少年宫建设全覆盖成果展演”，推动当地非遗文化和优秀传统文化进校园，实现“关爱乡童 • 相同关爱”的工作目的，丰富全县未成年人文化生活。

【文明城市创建】 2019 年，县文明办开展“户外广告增量提质行动”“城区交通秩序整治专项行动”“网吧整治规范专项行动”等“十大专项行动”通过户外公益广告、商企店铺 LED、微信公众号、电视、报纸等平台加强公益广告及文明城市创建相关知识宣传，编撰文明出行、文明旅游、文明居住、文明用餐等文明礼仪养成微信篇，对机动车斑马线前未礼让行人的不文明行为进行曝光，其中公职人员未礼让行人通过失礼抄告单通报到各单位，致力巩固文明城市创建成果，改善居住环境，提升市民文明素养。

（程慧娟）

乡镇（街道）和村居概况

2019 年，常山县土地面积 1099 平方千米，全县辖 3 街道 6 镇 5 乡，其中 9 个社区，3 个居委会，180 个行政村，2 个渔业大队，总人口 34.4 万人。

2019 年常山县乡镇（街道）基本情况简介及行政村、社区名称一览表

表 5

乡镇（街道）名称、概况	行政村、社区（居委会）名称
天马街道办事处（区域面积 75.49 平方千米，辖 12 个行政村，6 个社区，年末总人口约 4.79 万人）	东方红 南前坊 西峰 北屏山 常年青 蒲塘 东港 周塘 天马 五联 天安 和平／屏山社区 金川社区 东明社区 定阳社区 文峰社区 渡口社区

续表 5

乡镇（街道）名称、概况	行政村、社区（居委会）名称
紫港街道办事处（区域面积 41.30 平方千米，辖 10 个行政村，1 个渔业大队，2 个社区，约 1.58 万人）	富足山 外港 后坊 枧头 大弄口 狮子口 狮东 姜家堡 孔家弄 渣濑湾／渔业大队 紫港社区 柚苑社区
金川街道办事处（区域面积 57.51 平方千米，辖 14 个行政村，2 个社区，年末总人口约 3.20 万人）	常桥 新建 五里亭 十里山 新都 蒋家 十五里 胡家淤 朱家坞 湖东 徐村 上埠 上蒋 金川弄／ 赵家坪社区 二都桥社区
白石镇（区域面积 46.20 平方千米，辖 7 个行政村，年末总人口约 1.05 万人）	十八里 曹会关 白石 小白石 草坪 新塘岭 聚宝
招贤镇（区域面积 69.80 平方千米，辖 18 个行政村，年末总人口约 3.47 万人）	官庄 高埂 大溪沿 游林 古县畈 古县 招贤 汪家淤 渔溪口 纱帽山 溪上 泉目山 大弄 五里 樊村 鲁士 山底 象湖
青石镇（区域面积 78.70 平方千米，辖 18 个行政村，1 个渔业大队，年末总人口约 3.60 万人）	山溪边 湖头 虹桥 阁底 塘边 山头 江家 新站 马车 水南 飞碓 澄塘 砚瓦山 和尚弄 溪口 大塘后 九龙山 桥亭／溪口渔业大队
球川镇（区域面积 129.50 平方千米，辖 20 个行政村，1 个社区居委会，年末总人口约 4.00 万人）	后弄 芙蓉 红旗岗 东山 西村 杨家 球川 东坑 王家 三溪 吴家 上安 馒头山 沙安 黄泥畈 九都 棋盘山 常周 龙绕 新店／龙头街居委会
辉埠镇（区域面积 127.10 平方千米，辖 17 个行政村，1 个居委会，年末总人口约 3.54 万人）	大埂 山背 鸭坞 石姆岭 辉埠 东乡 童家 久泰弄 宋畈 达坞 路里坑 彭川 双溪口 桐村 黄坞岭 才里 东鲁／辉埠居委会
芳村镇（区域面积 154.2 平方千米，辖 20 个行政村，1 个社区居委会，常住人口约 2.88 万人）	泮坑 园区新村 芳村 洁湖 河边山 上猷阁 下猷阁 猷阁口 大处 前进 石塘 芙蓉湖 修书 井河 东源 横山路 新桥 前姜 东岗 前塘 ／水阁亭居委会
何家乡（区域面积 54 平方千米，辖 8 个行政村，年末总人口约 1.37 万人）	何家 樊家 江源 江湾 钱塘 长风 黄冈 双安
同弓乡（区域面积 38.50 平方千米，辖 8 个行政村，年末总人口约 1.17 万人）	彤弓山 同心 关庄桥 山边 金川源 湖石头 中和 胡村
大桥头乡（区域面积 50.30 平方千米，辖 8 个行政村，年末总人口约 1.53 万人）	浮河 客弄 友好 新村 大桥 樟山 莲塘 濛桥
新昌乡（区域面积 82.70 平方千米，辖 10 个行政村，年末总人口约 1.73 万人）	新昌 对坑 黄塘 岩前 鳝辂 郭塘 达塘 茶源 泰安 西源
东案乡（区域面积 68.81 平方千米，辖 10 个行政村，年末总人口约 1.36 万人）	梅树底 金源 呈东 弄坞 田蓬 前库 朝阳 东案 白马 万安

中国共产党常山县委员会

综　述

2019年，中共常山县委团结带领全县广大党员干部群众，紧扣“强发展”主旋律，开展“营商环境年、基层治理年、效率革命年”活动，以“人人尽责、事事落实、天天坚持”的担当精神，干成一批大事要事、好事实事，形成良好的发展氛围和社会效应，推动常山各项事业全面发展、全面进步。全县实现地区生产总值150亿元，比上年增长6.6%；财政总收入18.9亿元，增长10.8%，其中一般公共预算收入11.8亿元、增长7.4%；全县社会消费品零售总额74.3亿元，增长6.3%；外贸进出口总额20.9亿美元，增长22.8%；农村居民人均可支配收入22149元，城镇居民人均可支配收入39654元，增长9.7%和8.9%。

扎实开展“不忘初心、牢记使命”主题教育。围绕“理论学习有收获、思想政治受洗礼、干事创业敢担当、为民服务解难题、清正廉洁作表率”，抓好学习教育、调查研究、检视问题、整改落实工作，开展“学英雄、践三永、悟初心、担使命”行动，严格落实“9+1”专项整治，推动全县主题教育全程高质量、全面高质量。常山县领导到西源革命纪念馆开展初心之行，组织县委理论学习中心组专题研讨会3次，举办县管领导干部读书班3期。发掘宣传胡兆富先进典型事迹，胡兆富被评为全国模范退役军人、浙江省优秀共产党员和最美退役军人，得到省委书记车俊批示肯定和亲切接见。全县范围开展包乡走村服务破难，破解招贤镇泉目山村渡口停渡、农村孤寡留守老人就餐难等民生问题30个，为民办实事15227件次。

坚决抓好省委巡视整改。配合省委第四巡视组对常山的“政治体检”，围绕反馈的12方面38个问题，主动认领、深刻剖析，逐条研究、制订方案，落实214项整改举措，明确牵头领导、责任部门和责任人，形成层层抓整改、层层抓落实的责任链条。常山县领导分别召开巡视整改专题民主生活会进行反思和剖析，并在年度落实全面从严治党主体责任考核会上报告整改情况。整治编外用工清理、选人用人、干部生活作风等重点问题，召开全县领导干部警示教育大会，持续放大巡视整改效应，把整改成果转化为创新工作、推动发展的强大动力。

推动产业蓄能升级。坚持平台推动、项目带动、创新驱动，促进全县产业加快发展、动能加快转换。推动常山经济技术开发区与辉埠新区优化整合，打破体制约束，打开要素瓶颈，提升平台能级。淘汰落后产能，关停16家轻钙企业，出清生态园区17家企业。攻坚重大项目，大和热磁、斯凯孚一期项目投产，总投资50亿元的万洋众创城和总投资

30 亿元的众卡产业园加快建设。常山赏石小镇、云耕小镇在 2018 年度省级特色小镇创建和培育对象考核中分获优秀、合格等次。率先在全市成立东南数字经济发展研究院常山分院，被列入省级传统产业改造提升试点县。两年引进院士 15 人，吸引项目投资 10 亿元，常山双明轴承成为全市唯一省级院士专家站。开展“组团联企”“破山”行动，召开全县营商环境警示教育大会，赛得健康小镇“十年难题一朝破解”，营商环境优化升级。

深化重点领域改革。统筹推进重点领域改革，推动“最多跑一次”改革向各个领域延伸，“低保惠民联办”成为全国 15 个社会救助领域优秀创新实践案例之一，在全省“最多跑一次”改革工作例会作典型经验交流，“低保惠民联办”和“车事一站办到底”被省委改革办《竞跑者》推广。在全国首创公安事项进驻乡镇便民服务平台，实施“常青藤”行动激励退职领导干部退有所为，获省委书记车俊批示肯定。建成社会治理综合服务中心，实现群众反映诉求、化解矛盾“最多跑一地”，获省委常委、秘书长陈金彪和省委常委、政法委书记王昌荣肯定。推进乡镇模块化改革，全市乡镇（街道）模块化运行示范观摩现场会在常山召开。实施国资改革，推动企业重组、资产重整、人员重聘，组建国投、城投、农投三家国有公司，全年承接各类建设项目 40 个，总投资 52.5 亿元，实现从“考场”到“战场”的良好开局。

提升城乡发展品质。推进城乡环境整治，打响治气、治水、治土“三大攻坚战”，中央和省环保督察反馈问题得到有效整改，绿色发展指数从 2017 年度的 74 名提升到 2018 年度的 39 名。优化完善交通路网，沿江公路、320 国道“二改一”等项目全速推进。实施城市“双修”工作，城区道路“白改黑”、口袋公园建设有序推进，文昌阁、滨江一期人行景观桥竣工在即。推进“一户多宅”整治，开展农房体系构建和风貌提升工作，推进“千年宋诗河·百里慢城歌”诗画风光带建设。创新常山胡柚销售模式，推进“衢枳壳”提取物儿童抗炎药物研究，常山油茶入选中国特色农产品优势区，东海常山木本油料运营中心油茶籽油挂牌交易，被评为浙江省现代林业经济示范区油茶产业示范县。总投资 24.3 亿元的金色同弓田园综合体项目入选 2019 年度省级田园综合体建设名单，总投资 50 亿元的远山云间旅游度假区项目正式签约。成立慈常飞地有限公司，力争帮助 120 个左右贫困村完成“消薄”任务。

弘扬常山特色文化。坚持以文化凝聚力量、以文化引领发展，打造特色文化品牌。推动宋诗活化、物化、景观化，常山江“宋诗之河”被纳入钱塘江诗路黄金旅游带规划，入选全省首批诗路旅游目的地培育名单，发布全国首张“宋诗地图”，获省委常委、宣传部部长朱国贤批示肯定。民族系列动画片《胡柚娃》参展法国戛纳电视节，斩获浙江省“五个一工程奖”，顺利通过中共中央宣传部国家电影局审查。开展庆祝新中国成立 70 周年系列活动，举办 2019 海峡两岸赏石文化交流展、“浙江书法奖·沙孟海奖”第十届全浙书法篆刻作品展、中国首届常山鲜辣美食节暨世界首届斗辣会、中国山地自行车公开赛等活动赛事，持续放大“衢州有礼·慢城常山”城市品牌效应。弘扬文明新风，落实党员干部“移风易俗八项要求”，提升社会文明素质。

加快补齐民生短板。把“群众利益无小

事”落到实处。改善群众居住条件，危旧房安置区建设破难前行，农民集聚安置工程启动实施。实施教育综合改革，高考一段上线人数再增10.87%，育才中学中考四项考核指标获全市第一，创造中考历史最好成绩。“三医联动”改革全面深化，全省县域医共体建设现场推进会在常山召开，副省长成岳冲到会讲话并批示肯定，“国家卫生县城”创建顺利通过复审。全省农村饮用水达标提标行动现场会在常山召开，传达省委书记车俊、省长袁家军批示精神，副省长彭佳学到会讲话。常山成为全国唯一县级家政服务业提质扩容“领跑者”行动试点城市，在第二十届亚洲区家政学会双年国际学术会议开幕式和全国家政培训提升行动启动仪式上介绍“常山阿姨”做法。常山厕所“所长制”入选全国农村“厕所革命”九大典型范例，《浙里改（领跑者）》推广常山经验做法，获省长袁家军批示肯定。常山成功创建“浙江省食品安全县”。推进扫黑除恶专项斗争，打击绩效位列全市第一。

全面加强党的建设。县委常委会带头做好示范，引导广大党员干部增强“四个意识”，坚定“四个自信”，做到“两个维护”。牢牢掌握意识形态工作主动权，推进责任落实，加强建章立制，守牢主阵地、唱响主旋律。落实“三个三”基层党建工程，创新“党建联盟帮带”、党员联户“四双工作法”“至少办一件”、网格问效等做法。激励干部担当作为，10名优秀村社支部书记兼任乡镇（街道）党（工）委委员，评选“效率之星”和“拖拉机干部”，综合比选优秀年轻干部纳入储备人才。组织全县副科级以上领导干部到省三监接受警示教育、召开全县领导干部警示教育大会等。加大案件查办力度，处置问题线索674件，立案238件，党纪政务处分230人，其中县管领导干部28人、依法采取留置措施13人、移送司法机关6人。

（周荣伟）

重要会议

【县委十三届五次全体会议】 2019年1月4日，县委十三届五次全体会议召开。县委常委会主持会议，县委书记叶美峰讲话，徐建华、林红汉等县领导出席。全会以习近平新时代中国特色社会主义思想为指导，认真贯彻习近平总书记关于深化党和国家机构改革的重要论述，全面落实党中央和省委关于深化地方机构改革的部署要求，传达省委、省政府，市委、市政府批准的《常山县机构改革方案》主要精神，研究部署下一阶段全县机构改革组织实施工作。

【全县机构改革动员大会】 2019年1月20日，全县机构改革动员大会召开，县委书记叶美峰作动员讲话。县委副书记、代县长张少华主持，徐建华、林红汉等县领导参加，会议通报机构改革和人事有关情况。

【县委十三届六次全体（扩大）会议】 2019年1月24日，县委十三届六次全体（扩大）会议召开。全会认真贯彻落实中共十九大、中央经济工作会议、省委经济工作会议和省委、市委全会精神，回顾总结2018年工作，研究部署2019年重点任务，动员全县上下坚定发展自信，保持战略定力，持续深化“四四二”战略要求，奋力推进常山迈向高质量发展新征程。县委书记叶美峰代表县委常委会向全会作工作报告，县委副书记、代县长张少华主持，徐建华、林红汉等县领导出席。

【“三年”动员大会】 2019年2月11日，常山县“营商环境年、基层治理年、效率革命年”动员大会召开。县委书记叶美峰讲话，县委副书记、代县长张少华主持。徐建华、林红汉等县领导参加。

【全县工业经济发展大会】 2019年4月19日，常山县工业经济发展大会召开。县委书记叶美峰讲话，县委副书记、县长张少华主持，徐建华、林红汉等县领导参加。2018年度县域制造业纳税10强企业家受邀在主席台就座。

【“活力新衢州、美丽大花园”建设院士专家恳谈会】 2019年5月22日，“活力新衢州、美丽大花园”建设院士专家恳谈会在常山县赛得健康小镇召开。杜祥琬、吴丰昌、陈宗懋、戎嘉余、肖惠宁等院士专家为衢州高质量发展把脉会诊、建言献策。市委副书记、市长汤飞帆出席会议并致辞。副市长王良春主持恳谈会。县委书记叶美峰等参加。

【省委第四巡视组巡视常山县工作动员会】 根据省委统一部署，2019年7月11日，省委第四巡视组巡视常山县工作动员会议召开。会前，省委巡视工作领导小组办公室副主任邱志明，向县委书记叶美峰和县长张少华传达省委书记车俊关于巡视工作的讲话和指示精神。会上，省委第四巡视组组长龚吟怡就即将开展的巡视作动员讲话，邱志明就配合做好巡视工作提出要求，叶美峰作表态发言，张少华主持会议。

【全县“不忘初心、牢记使命”主题教育工作部署会】 2019年9月12日，常山县召开“不忘初心、牢记使命”主题教育工作部署会。县委书记、县委主题教育领导小组组长叶美峰主持会议并讲话，强调要深入学习贯彻习近平总书记关于主题教育的重要讲话精神，认真落实中央和省市委部署要求，以走在前列的政治自觉高标准开展主题教育，引导广大党员干部永远听党话、永远跟党走，做一颗永不生锈的螺丝钉，为常山高质量发展汇聚磅礴力量。

【胡兆富先进事迹宣讲报告会暨县管领导干部主题教育专题读书班】 2019年9月20日，胡兆富先进事迹宣讲报告会暨县管领导干部“不忘初心、牢记使命”主题教育专题读书班开班式举行，报告团成员宣讲胡兆富先进事迹，县委书记叶美峰以“锤炼‘三永’品质、牢记初心使命”为题上专题党课。市委主题教育第五巡回指导组到场指导，张少华、徐建华、林红汉等县领导，副处级以上其他领导，部分离退休老干部，县级机关副科级以上干部，乡镇（街道）党政负责人、部分党代表等参加。会议以视频形式召开，各部门、乡镇（街道）、村（社）设分会场。

【全省县域医共体建设工作推进会在常山县召开】 2019年10月21—22日，全省县域医共体建设工作推进会在常山县召开。副省长成岳冲讲话，省政府副秘书长蔡晓春出席，省卫生健康委党委书记、主任张平主持会议，副市长王良春致辞，县委书记叶美峰代表常山县作典型交流发言。

【全省农村饮用水达标提标行动暨冬修水利工作现场会】 2019年10月28—29日，全省农村饮用水达标提标行动暨冬修水利工作现场会在常山召开。会议宣读省委书记车俊、省长袁家军的重要批示。副省长彭佳学讲话，省政府副秘书长蒋珍贵主持，省水利厅厅长马林云部署农饮水、冬修水利工作，副市长吕跃龙致辞，县委书记叶美峰代表常山县作典型交流发言。

【2019中国·常山乡村振兴产业发展大会】 2019年12月8日，2019中国·常山乡村振兴产业发展大会在县心舟公园召开。国务院参事室特邀研究员、中国农产品市场协会会长、原农业部党组成员张玉香讲话，浙江省人民政府咨询委员会主任、省政府原副省长黄旭明宣布开幕，中国农业电影电视中心党委书记、主任，中央电视台编委赵泽琨，省林业局副局长陆献峰，县委书记叶美峰分别致辞。中国农产品市场协会、中国农科院、中国果品流通协会、中国林业产业联合会木本油料分会、省农科院、省医科院等协会、科研院所的领导专家出席，张少华、徐建华、林红汉、翁旭东等县领导参加。

重要活动

【首届常山鲜辣美食节】 2019年1月18日，中国首届常山鲜辣美食节暨世界首届斗辣会在常山县何家乡长风村举行。浙江省人大常委会原党组副书记、副主任毛光烈宣布开幕，中国食文化研究会会长洪嵘致辞，省商务厅副厅长徐高春出席，县委书记叶美峰致欢迎辞，联合国世界旅游组织专家贾云峰主持，张少华、林红汉等县领导，以及国际著名厨艺大师、中国辣王、美食达人共一千多人参加。

【学习考察】 2019年3月12—13日，常山县委书记叶美峰率领县党政代表团到四川省泸州市古蔺县学习考察。古蔺县领导李万忠、孙克刚、孙应举等陪同考察或参加座谈，常山县领导徐建华、林红汉等参加。

【东南数字经济发展研究院首家分院成立】 2019年3月24日，东南数字经济发展研究院常山分院揭牌暨衢州市博士工作站集中授牌仪式在浙江省常山县举行。东南数字经济发展研究院院长王让定，常山县委书记叶美峰为常山分院揭牌。衢州学院党委副书记、院长谢志远和常山县委副书记、县长张少华为常山分院轴承数字研究中心揭牌。浙江省信息化发展研究院院长陈畴镛作主旨演讲。衢州市委组织部副部长，市委人才办主任余卫军讲话。

3月24日，东南数字经济研究院常山分院揭牌仪式　　（县新闻传媒集团 供图）

【斯凯孚中国小圆锥滚子轴承生产基地建成开业】 2019年4月8日，斯凯孚中国小圆锥滚子轴承生产基地开业典礼在常山举行。叶美峰、徐建华、林红汉等县领导，斯凯孚集团亚洲区工业销售部总裁、斯凯孚集团中国区总裁唐裕荣参加。

【2019•海峡两岸赏石文化交流展暨第三届常山赏石文化节】 2019年4月26日至5月2日，以“天人合一•和谐赏石”为主题的“2019•海峡两岸（常山）赏石文化交流展暨第三届常山赏石文化节”在常山县举行。全国340多个商家参加奇石交易展，成交额达1500万元。中国观赏石协会创会会长、原国土资源部副部长寿嘉华，文化部原副部长、国家艺术基金理事会副理事长赵少华等出席开幕式，浙江省人大常委会原党组书记、副主任茅临生宣布开幕，浙江省文化和旅游厅副厅长许澎，县委书记叶美峰，台湾花莲县文化局局长江跃辰，中国观赏石协会秘书长李志坚分别在开幕式上致辞。四川省古蔺县委副书记、县长陈廷俊，浙江省台办经济处副处长肖铁军，衢州市台办主任余永军，徐建华等县领导出席，中国台湾地区代表团，部分省市县级观赏石协会负责人，韩国、新加坡、澳大利亚等多国外宾，赏石界知名人士以及各地旅行社和企业家代表等参加开幕式。

【浙江（常山）万洋众创城项目启动暨奠基仪式】 2019年5月21日，浙江（常山）万洋众创城项目启动暨奠基仪式在衢州绿色产业集聚区常山片区举行。衢州市委副书记、市长汤飞帆宣布项目启动，常山县委书记叶美峰，慈溪市委常委马焕勇，万洋集团总裁吴建明分别致辞，衢州市政府副秘书长、市府办主任郑河江，徐建华等常山县领导，以及衢州市协作办、市经信局等有关单位领导参加。

【第八届灵隐佛教文化论坛在常山县落幕】 2019年5月28日，由杭州灵隐寺、常山县佛教协会共同主办的“第八届灵隐佛教文化论坛——纪念永明延寿大师诞辰1115周年及桂琛禅师诞辰1152周年学术研讨会”第二场分会，在桂琛禅师出家之地常山县举行，国内50余位专家学者、法师大德汇聚一堂，共话杭衢两地佛教文化历史渊源。

【农业农村部核查组实地核查典型事例】 2019年7月4—5日，由中国环境科学研究院研究员杨天学等组成的农业农村部核查组到常山县开展农村“厕所革命”典型范例实地核查。县委书记叶美峰参加。

【国际慢城联盟总部到常山考察】 2019年7月5—7日，国际慢城联盟主席斯蒂凡诺•皮萨尼、秘书长皮埃尔•乔治•奥利韦蒂、国际慢城联盟中国大使汪帆一行到常山考察指导国际慢城建设工作。县委书记叶美峰参加。

7月5日，国际慢城联盟总部到常山考察指导国际慢城建设工作　　（李俊秋 摄）

【社会治理综合服务中心正式启用】 2019年7月29日，常山县社会治理综合服务中心揭牌仪式举行。县委书记叶美峰讲话，衢州市委副秘书长、市委政法委常务副书记许茂华出席，市委副秘书长、市信访局局长张群英致辞。

7 月 29 日，常山县社会治理综合服务中心举行揭牌仪式　（李俊秋 摄）

【“常山阿姨”在亚洲区家政学会国际双年会上推介】 2019 年 8 月 20 日，第二十届亚洲区家政学会双年国际学术会议开幕式在杭州召开，日本、韩国、新加坡等 10 多个国家和地区的中外家政学专家及学者 300 余人参会。常山县委书记叶美峰在大会上作题为《放心保姆哪里找，常山阿姨就是好——家政服务品牌化建设的实践》主旨演讲。

【全国首个县级“工匠日”启动】 2019 年 9 月 25 日，是常山县第一个“工匠日”，也是全国首个县级“工匠日”。24 日，常山县举行“工匠日”启动仪式，公布“一丝不苟、精益求精”的工匠精神，营造尊重工匠、学习工匠、争做工匠的浓厚氛围。县委书记叶美峰讲话，县委副书记、县长张少华参加。

【2019 常山江“宋诗之河”与旅游融合发展论坛】 2019 年 12 月 20—21 日，2019 年常山江“宋诗之河”与旅游融合发展论坛举行。浙江省委宣传部原常务副部长、钱塘江文化研究会会长胡坚，浙江省社科联一级巡视员、省社科联原副主席邵清讲话，县委书记叶美峰致辞，浙江省委宣传部文化发展改革处调研员林通，县委副书记、县长张少华，以及 20 余位省内外文化专家学者等参加。

12 月 20 日，2019 常山江“宋诗之河”与旅游融合发展论坛举行　（李欣宁 摄）

（李俊秋）

纪检监察工作

【概况】 2019 年，常山县纪律检查委员会（以下简称“县纪委”）、常山县监察委员会（以下简称“县监委”）共处置问题线索 674 件，立案 238 件，结案 230 件，给予党纪政务处分 230 人，其中乡科级干部 34 人。县监委采取留置措施 13 人，移送司法机关 11 人，为国家和集体挽回经济损失 1562.23 万余元。开展“八大专项”（即项目推进、改革创新、产业升级、城市赋能、城市文化、乡村振兴、基层治理、民生实事专项）执纪监督，督促整改问题 431 个，查处问责 215 人次。紧盯监督单位的廉政风险点，进行选题立项监督，全年立项 29 个，开展监督检查 362 次，督促整改问题 771 个，查处问责 385 人次。统筹安排对减税降费、扶贫攻坚、扫黑除恶等问题的并项监督，督促整改问题 360 个，查处问责 211 人次。查处违规使用办公用房相关责任人 8 人，违规参与资金借贷的党员干部15人，督促相关单位清退编外用工614人。加强对全面从严治党主体责任落实情况的监督，协助县委对16家重点单位开展专项检查，发现问题25个，提出整改意见48条。配合省委第四巡视组和市委第二提级巡察组巡视巡察常山工作，协助县委认真抓好省委巡视反馈意见整改。严格落实澄清正名、容错纠错、受处分党员干部教育管理等严管厚爱工作机制，全年澄清失实举报15件，涉及党员干部15人，从严查处全省第一件公职人员诬告陷害领导干部案件。全年查处违反中央八项规定精神问题26起，处理36人；查处违反生活作风问题10起，处理15人；查处侵害群众利益的不正之风和腐败问题151起，处理180人。制定出台《常山县党员及公职人员收受礼品礼金上交处置暂行办法》，全年有56人次主动上交礼品、礼金30.76万元。结合主题教育，牵头开展扶贫、民生领域不正之风和侵害群众利益问题专项整治，会同13家职能部门，选定24个民生领域的整治项目开展定向整治，通过媒体向社会公布整治成果4批17个。开展涉黑涉恶线索"深排细核"集中专项行动，办结中央扫黑除恶督导组交办涉黑涉恶信访举报件114件，完成率达100%。

【县纪委十三届四次全会召开】 2019年3月8日，中共常山县第十三届纪律检查委员会第四次全体（扩大）会议召开。县委书记叶美峰作题为《心存侥幸 必有不幸》的讲话；县委常委、纪委书记王荣国作题为《忠诚履职 稳中求进 奋力开创新时代清廉常山建设新局面 为县委"四四二"战略体系重重落地提供坚强保证》的工作报告。会议回顾总结全县2018年党风廉政建设和反腐败工作，研究部署2019年主要任务。

3月8日，县纪委十三届四次全会召开
（徐梦川 摄）

【"清廉常山"建设】 2019年，县纪委、县监委协助县委出台《2019年推进清廉常山建设工作要点》，督促各级党组织特别是主要负责人当好清廉常山"施工队长"，统筹推进清廉机关、清廉村居、清廉医院、清廉学校、清廉企业、清廉文化7个清廉单元建设。5月9日，衢州市实施"倡廉兴企"工程推进清廉企业建设现场会在常山赛得健康小镇圆满召开，为全市清廉企业建设提供常山素材。

5月9日，衢州市实施"倡廉兴企"工程推进清廉企业建设现场会在常山县赛得健康小镇召开　　（徐梦川 摄）

【警示教育】 2019年，县纪委、县监委扎实开展以五个"1+1"为主要内容的"警示教育月"活动。4月22日，召开全县营商环境警示教育大会；11月28日，召开全县领导干部警示教育大会，邀请市纪委市监委领导通报相关案件查处情况并上党风廉政教育课。组织领导干部及村社主职干部到法院庭审现场、省三监、县看守所等场所接受警示教育，组织党员干部集中观看大型廉政婺剧《铁面御史赵抃》，促使党员领导干部自警自省。全年有7名监察对象主动投案，其中县管领导干部5人，主动上交违纪违法所得25万余元。

11月28日，常山县领导干部警示教育大会召开 （徐梦川 摄）

【县委巡察工作】 2019年，县委巡察办公室组织开展常规巡察2轮，村（社）专项巡察1轮，配合市委开展对公安的交叉巡察、招贤镇的上下联动延伸巡察，以及巡察整改“回头看”，共巡察单位党组织20个、村（社）党组织103个，发现问题2552个，发放《立巡立改建议书》60份，督促整改问题665个，移交问题线索49个，党纪政务处分22人，问责31人，清退资金131.4万元，对6家单位党组织负责人进行约谈。增设一个固定县委巡察组，配齐配优县委巡察干部队伍，提高巡察全覆盖质量。

【省委巡视反馈及整改】 2019年7月11日至9月11日，省委第四巡视组对常山开展巡视。县纪委、县监委全力配合巡视组在常山的巡视工作，做到主动对接、主动服务、主动保障、主动协同，并协助县委认真抓好省委巡视反馈意见整改，逐条逐项细化整改措施，明确任务书、时间表、责任人，推动巡视整改工作见底见效。截至年底，省委巡视反馈的38个问题，制订整改措施214项，已完成整改202项，整改完成率为94.39%，立案41件，给予党纪政务处分36人，建立完善各类制度54个。

7月11日，省委第四巡视组巡视常山县工作动员会议召开 （李俊秋 摄）

（傅秀秀）

县委办公室工作

【概况】 2019年，中共常山县委办公室（以下简称“县委办”）围绕市委“1433”战略体系和县委“四四二”战略体系要求，紧扣“强发展”主题，以“不忘初心、牢记使命”主题教育为载体，以“效率革命”为抓手，坚持“文稿要更精、谋事要更周、办事要更快、参谋要更前、信息要更全、沟通要更畅、督办要更紧”七条标准，整个办公室团结一致，各位班子成员分工负责，各个科室认真履行“参谋助手、信息反馈、督促检查、综合协调”职责，确保县委各项工作高效运转、决策部署有效落实，得到县委主要领导的充分肯定。

县委办围绕县委决策部署，把握正确政治方向，确保工作思路与县委大局一致，工作目标与县委要求吻合，工作重点与县委中心合拍。2019 年，县委办在首届鲜辣美食节、海峡两岸赏石文化交流展、乡村振兴产业发展大会等活动中做好牵头抓总职责，在“孝老之城”、农房整治、基层治理等重点工作中积极作为，与各单位一同推动中心工作走在前列、成为先进，确保县委制定的战略、方针、政策落地见效。围绕县委中心工作，正确处理“内与外”“上与下”“大与小”“急与缓”等各方面关系，加强与市委办公室的业务联系，协助县委领导做好与县领导、县级部门单位和乡镇间协调工作，使各方面关系更加和谐，工作步调协调统一。

县委办落实“不忘初心、牢记使命”主题教育各项要求，严格按照要求开展民主生活会、组织生活会，领导班子成员共撰写心得体会文章和发言材料 20 余篇，上报对照检查材料、问题整改情况 12 份，特别是对照党章找差距等方面问题查摆，真正做到见人见事、红脸出汗、触及灵魂。

县委办完善机关支部学习制度，采取集体学与自学相结合，专题讨论与主题辅导相结合的形式，组织机关干部学习中央、省、市和县委的一系列重大决策部署，提升办公室干部业务水平和综合素质。县委办重视干部培育工作，全年内部提拔干部 2 人，公开选调人员 3 人，轮岗挂职 9 人，上挂 2 人。

县委办坚持民主集中制原则，严格按照“集体领导、民主集中、个别酝酿、会议决定”的原则办事，注重发挥班子的整体功能，突出搞好班子成员的团结，形成思想上合心、工作上合力、行动上合拍。强化纪律规矩意识，自觉遵守《中国共产党章程》《中国共产党纪律处分条例》和《中国共产党问责条例》，严格执行廉洁自律各项规定，自觉接受组织和人民群众的监督，做好清正廉洁、执政为民的表率。

【综合文稿】 2019 年，县委办严把文稿质量关，着力转变文风，力求简短精炼直截了当、要言不烦意尽言止，增强文稿的专业性和高效性。配强综合文字材料小组人员，建立健全层层负责、逐级把关、常态会商、集中校改等机制，重要文稿实行集体起草、统一审核、充分论证，提升综合文稿服务水平。全年完成县委全会、营商环境警示教育大会、教师节表彰大会、县委政协工作会议等重要会议材料和省、市领导到常山调研的汇报材料 380 余篇。

【信息工作】 2019 年，县委办立足“以一流信息反映一流工作，以一流工作支撑一流信息”理念，全年被省《每日汇报》《工作情况交流》《中办专件》《上报中办》等刊物采用 108 条，获中央、省、市、县主要领导批示 41 条。其中，《浙江常山发现隐功埋勋60年的退役老兵》被中办《专刊》单篇录用，获中共中央政治局委员、国务院副总理孙春兰批示；《常山县实施“常青藤”计划推动干部“退有所为”》获省委书记车俊批示 1 条。做法成效类信息被《浙江信息・每日简报》录用总计 8 篇，居 6 个衢州市县（市、区）之首；《衢州信息・领导参阅》录用量居全市第一。全年编发《每日要情》51 期、《常山信息》普刊 43 期、增刊 36 期、《领导参阅》17 期。做好信访类信息预判，确保在规定时间内准确及时上报。

【宣传报道】 2019 年，县委办围绕市委“1433”战略体系和县委、县政府中心重点工作，高度关注“孝老之城”建设、“常山三宝”转型提升、党建统领、基层治理等领域，组织采访和宣传报道。全年在市级以上党报党刊及新媒体平台发稿近300篇，纸媒发稿198篇，除转载外的新媒体发稿100余篇。其中，刊发于《浙江日报》头版头条的《深藏功名六十年》长篇通讯，被省委书记车俊批示，报社连续3天在头版刊发评论；《新华每日电讯》1篇，《农民日报》1篇；《浙江日报》刊登涉常山报道63篇、头版稿件12篇；《衢州日报》发稿158篇，头版头条10篇。

【督查考核】 2019年，县委办围绕市大督考运行体系，通过建立备忘录、重大事项报备制、组团督查等系列措施，里外协调、上下打通、左右联动，发挥大督考体系效能。围绕整治形式主义、官僚主义相关要求，统筹整合各项督查内容，严格执行年度计划，督查检查考核事项比上年削减76%，取消乡镇（部门）实地考核、台账检查等事项，减轻基层负担。创新体制机制，对领导交办和批示事项，创新实行集中交办、跟踪督查、销号管理，全年上报专报39期，比上年增长650%，获得县委、县政府主要领导的肯定，开展各类督查160余次，下发督查通报52期，下达督查事项交办单200余份，获县委、县政府主要领导批示32次。

【调研改革】 2019年，县委办牵头督促全县各单位仔细落实满意度评估、“最多跑一次”改革等工作，上报改革最佳案例4则，基层车事“一站办到底”服务新模式被评为2019年度全市改革创新最佳和优秀实践案例。全年改革及试点情况获上级批示共26条，市改革专刊采用2期，“低保惠民联办”入选省“竞跑者”，《常山县持续推进城乡“厕所革命”大力改善全域人居环境》被《浙里改·领跑者》采用。

【“周二集中办文日”制度实行】 2019年，县委办强化服务意识、简化办文流程，实行“周二集中办文日”制度，围绕“周期性、针对性、集中性”，高效快速办理好中央、省市各级文件传阅。全年制发公文390件，办理领导批示102件，传阅文件上万件次。深入贯彻落实中央和省委市委关于整治形式主义减轻基层负担的一系列决策部署，结合中央八项规定回头看及省委巡视整改工作，推进全县公文管理制度化、规范化、程序化。下发《关于加强发文管理切实精简文件的通知》，每月汇总全县党政部门规范性文件发文情况，全年印发规范性文件减少35%以上。全年承办各类会议近300场，策划服务各类活动近百场次，接待各级领导、外地客商200余批。

【密码通信】 2019年，县委办按计划新增3名机要人员，全方位、全天候参与服务，确保密码通信、机要运作畅通有序。加强密码通信安全建设，顺利完成主渠道密码通信主渠道建设验收。全年保障中央、省市视频会议49场次，开展乡镇涉密载体管理情况检查14次、部门抽查9次、保密自查自评工作督查4次。全年保密宣传教育培训4次，参与人数5000余人，配合完成全县中考、高考安全保密检查工作，完成2018年度涉密文件的清退、销毁工作。

（周荣伟）

组织工作

【概况】 2019年，中共常山县委组织部（以下简称“县委组织部”）深入贯彻中共十九大以来中央和省、市、县委的一系列重要会议精神，深入践行新时代党的组织路线，以党的政治建设为统领，高质量开展“不忘初心、牢记使命”主题教育，扎实推进党的组织体系建设，着力培养忠诚干净担当的高素质干部队伍，着力集聚爱国奉献的各方优秀人才，提高政治站位、强化责任担当、锐意改革创新、狠抓工作落实，组织工作迈上新台阶、取得新成效。是年，通过机构改革，县委组织部挂县委新经济和新社会组织工作委员会、县委老干部局、县委直属机关工委、县公务员局牌子。截至年底，全县有县管干部521人，其中部门340人、乡镇（街道）181人；女干部102人、党外干部23人。有基层党（工）委29个、党组43个、党总支30个、党支部701个，党员20071人，其中行政村党员11007人；全年新发展党员340人。

【机构改革】 2019年，全县机构改革全面推进，县委组织部挂县委新经济和新社会组织工作委员会、县委老干部局、县委直属机关工委、县公务员局牌子，内设办公室、调研室、干部科、干部综合科（组织史资料编撰工作办公室）、干部教育科、干部监督室、公务员管理科、组织科（县委党代表工作办公室）、新经济新社会组织党建科、机关党建科、老干部工作科、人才工作科。

【干部选拔任用】 2019年，县委组织部突出政治首要标准，严格执行“干部五条”，将干部政治表现、德行表现考察贯穿选拔任用干部工作始终。在机构改革人事调配及后续的5个批次调配中，综合运用大整风、全县年轻干部大调研、巡视巡察以及近年考察考核结果，提拔重用一批在重点工作、重大项目中实绩突出、表现优秀的干部，其中市县专班一线的人员32人，提拔重用乡镇（街道）党政正职13人。通过竞争性比选10名优秀村社支部书记兼任乡镇街道党（工）委委员，选聘7位综合素质过硬的国有企业领导人员。

【干部管理考核】 2019年，县委组织部出台《常山县部门派驻乡镇（街道）机构干部管理考核办法（试行）》，加快部门派驻机构干部与乡镇（街道）工作力量的有机融合，全面实行乡镇（街道）模块化运行管理，确保基层治理体系顺利高效运转。出台《常山县经济技术开发区派驻机构及人员管理办法（试行）》，加强县经济技术开发区派驻机构及干部队伍管理，推动县域工业经济再上新台阶，实现新跨越。出台《常山县机关事业单位借用人员管理办法（试行）》，进一步严肃组织人事纪律，规范干部借用管理，维护正常的工作秩序。

【干部教育培训】 2019年，常山县打造高素质、专业化、敢担当、有作为的干部队伍，提升干部教育培训质量，举办各类培训班27期，覆盖学员2916人次。抓好“周末自主选训”活动升级版建设，对标常山“国际慢城”城市定位和发展方向，设计“党性教育、营商环境、基层治理、效率革命、慢城大花园、人文健康”六大教学精品体系，涵盖学习、工作、生活等各个领域，实现干部培训全覆盖。

【“五比亮剑”考核活动】 2019年，县委组织部牵头开展“五比亮剑”活动，统揽全县“八大会战”，实行月排名、季交流、年考评，将阶段性的考评分纳入县委、县政府目标责任制考核和领导干部年度考核体系当中。其中，2019年10月、12月分别要求表现两头单位和个人分别上台典型发言和表态发言，分两批次评选出4家单位29名“效率之星”和17名“拖拉机干部”，激励全县干部围绕党建治理大花园建设任务真抓实干、担当有为。

【“常青藤”行动】 2019年，县委组织部牵头开展“常青藤”行动，选派项目攻坚协调员、招商引资联络员、矛盾纠纷化解员、营商环境观察员、基层治理服务员、效率革命督导员推进“服务企业、服务群众、服务基层”活动。开展服务企业“破山”行动，围绕“提出一批意见建议，完善一批扶持政策，解决一批突出问题，引进一批产业项目”的工作要求，针对项目或企业实际情况，强化“保姆式”服务理念，实行全程代办、包办。该项工作获省委书记车俊批示肯定。

【“三个三”基层党建工程】 2019年，县委组织部坚持党建统领活的灵魂、一根红线贯穿始终。以党建统领基层治理。在农房整治工作中，出台“五带头、六一律”，用好“三大指数”加速推进“四类人员”农房整治工作；在“扫黑除恶”工作中，下发倡议书，引导全县广大党员干部切实增强“四个意识”，自觉参与到扫黑除恶专项斗争中；在“抗洪救灾”工作中，发出动员令，发挥基层党组织战斗堡垒作用和党员先锋模范作用。以党建助推项目建设。把党建工作与重点工作有机结合，建立项目攻坚临时党委，让“支部建在项目上，党旗飘在工地中”。在交通、产业等领域重点项目上建立7个临时党委，推动多个项目超速完成预期目标任务。以党建服务经济发展。把开展“三服务”、服务民营企业“五百行动”与县委“三年”活动紧密结合，实行“周联络、月走访”联企服务制度，在全县开展“组团联企、网格联产、党员联心”活动，累计走访企业50家次，收集问题32个，帮助解决19个。

【村级班子整顿提升】 2019年，县委组织部从严从实加强党员干部队伍管理，以党建标准化建设，提升党建科学化水平，推动村级班子实现整顿提升。开展“扫黑除恶”专项斗争，对村两委干部中的“三类人员”进行全面筛查，将清理对象扩充至“一长三员”，共清理“三类”村两委干部50人、“一长三员”25人，22个村在清理后实现支书主任“一肩挑”。整顿提升后进村党组织。对全县55个后进村“一村一策”制订整转方案，以包干负责方式抓实责任。通过内部培养、乡贤回归、跨村选任等方式补齐配强后进村班子队伍，集中选派22名公安民警担任后进村党组织副书记。发展村集体经济发展项目，全面完成年度“消薄”任务。深化党员联户“五上门”要求，推广“至少办一件”“四双”工作法、党员联户会等党员联户创新举措。通过党员赋权、信访代办等实际举措，将党员联户联在实处、联入人心，让“有事找党员”成为农村基层新风尚。开展村支部书记培训班，培育头雁队伍，在省委组织部认定的首批50名省级兴村（治社）名师中，新昌乡黄塘村的支部书记廖红俊榜上有名。拓宽视野、来源和渠道，从致富能手、外出务工经商返乡人员、常山籍大学毕业生、退役军人中发现选拔后备干部365人。

【乡村振兴讲堂建设】 2019年，乡村振兴讲堂建设工作启动后，常山县在衢州市率先启动试点工作，围绕“主题教育主阵地、乡村振兴主平台、基层治理主载体”的目标定位，统筹推进“五位一体”党建治理大花园政府服务供给侧改革系统集成大平台建设，形成“五化并驱、五色共铸”的常山样板，即标准化引领、系统化布局、品牌化打造、智慧化管理、开放化办学。办好“金色雄心、蓝色匠心、紫色慧心、绿色润心、红色初心”讲堂，推动乡村振兴五大振兴全面振兴。“不忘初心、牢记使命”主题教育期间，“辅学、讲学、送学、践学、活学”工作法，推动主题教育走深走实。衢州乡村振兴学院常山分院在全市率先挂牌成立，全县180个乡村振兴讲堂建成正常运行，纳入师资库273人，编印教材276种，开课1950余场，参与党员群众12万人次，真正让群众“愿意来、听得懂、学得进、用得好、管得住”。

7月18日，衢州市“乡村振兴讲堂”试点工作推进会在白石镇草坪村举行现场观摩活动　（刘抒妍 摄）

【“消薄”攻坚战】　2019年，常山县创新工作思路，坚持“输血”与“造血”并举，立足村情实际，发挥特色优势，统筹合力、精准发力，圆满完成三年目标任务，经营性收入逐年稳步增长。对全县行政村资产、资源、资金进行全面排查和清理，全面摸清家底，规范资产管理。通过村内抱团、村村抱团、跨乡抱团等方法，整合“消薄”、移民、扶贫项目等有效资金，拓展集体经济增收空间。全县180个行政村集体经济经营性收入5万元以上实现全覆盖，其中175个村实现经营性收入10万元以上，占比97.2%。实现村集体经济总收入1.036亿元，比2018年增长21.25%；经营性收入3826.5311万元，比2018年增长31%。

【人才平台建设】　2019年，县委组织部与南京大学、河南科技大学、浙江省轴承工业协会、杭州轴承试验研究中心等高校、科研院所达成产学研战略合作。设立南京大学人才工作站，聘请中国工程院、南京大学院士办等人才密集型单位负责人为引才顾问。催育“院士经济”，全年举办院士专家常山行活动2次，邀请20余名院士专家到常山把脉问诊、建言支招。加强重点人才平台建设，助推企业突破核心技术瓶颈。全年新建省级院士专家工作站1家、市级5家，建成博士（博士后）工作站5家，创建省级技能大师工作室1家。

【数字经济突破】　2019年，县委组织部牵头实施常山县数字经济“一号工程”，对接东南数字经济发展研究院，建成全市首家分院。研究出台《东南数字经济发展研究院常山分院建设方案》《东南数字经济发展研究院常山分院运行管理实施办法（试行）》，规范东南院常山分院建设。撰写信息《常山打造数字经济研究院“一号分院”集聚高质量发展新动能》，获衢州市委常委、组织部部长林晓峰批示肯定。依托东南院常山分院智力支撑，全力推进产业数字化改造。是年，常山县列入省级“数字乡村示范县”试点，常山轴承行业列入全省第三批传统制造业改造提升升级试点。常山县2019年数字经济发展综合评价综合指数位列衢州市第二。

【本土人才培育】 2019年，常山县成立浙闽赣皖四省边际职业培训联盟草坪培训基地，围绕“常山三宝”、观赏石等特色产业培育一批乡土人才。开设“工匠学院”，设立“9•25”工匠日，评选表彰“常山名匠”，提升工匠人才的社会地位和职业认同感。打响“常山阿姨”品牌，举办家政类技能培训班83期，培训4130人，促进就业1908人，带动妇女增收3亿元以上。“常山阿姨”品牌获“第五届浙江省公共管理创新案例优秀奖”，常山成为全国家政服务业提质扩容“领跑者”行动唯一试点县。

【人才发展环境优化】 2019年，常山县在全市率先实施人才领域“最多跑一次”工作改革，依托浙江政务服务网打造“智汇常山”资金网上申报系统，实现人才专项资金网上申请、在线审批、政策兑现“一次不用跑”全流程。建立高层次人才住房保障体系，推出实物安置和租转购型人才公寓5套、租赁式人才公寓15套，用于解决引进人才住房难题。实施“人才贷”，授予人才最高500万元的授信额度及50万元的信用额度，并享受基础利率下浮10%～20%的利率优惠幅度。推行人才学历落户政策，对年龄在35周岁以下的全日制大专及以上高等院校毕业生，凭身份证、毕业证即可办理落户手续，公安部门即报即批、当日办结。发挥青年创新创业联盟、高级人才联谊会等作用，建成首个市场化运作的“人才之家”，打造人才交流互动平台。

（蓝 琦）

老干部工作

【概况】 2019年，县委组织部坚持以政治建设为统领，发挥老干部工作制度优势，强化制度支撑，深耕品牌内涵，狠抓落实落地，推动常山老干部工作再上新台阶。截至2019年年底，常山县有离休干部67人（含代管国税系统2人），平均年龄90.1周岁。按参加工作时间分，抗战后期参加工作的有6人，解放战争时期参加工作的有61人；按工作机构分，行政离休干部34人、事业离休干部8人、企业等统筹离休干部25人；按享受待遇分，县处级待遇26人（其中生活副处4人），科级45人；按安置地分，易地安置县外的有2人（嘉兴、诸暨）；按年龄分，80～85岁的1人，86岁以上66人，其中90岁及以上41人，最高龄102岁。此外，有副（县）处级以上退休干部30人（兼职8人），平均年龄约73岁，其中随子女居住县外3人，身体状况欠佳6人。

【离退休干部“三项建设”】 2019年，县委组织部加强离退休干部政治建设、思想建设和党组织建设，开展离退休干部党建专题调研，在系统摸排全县离退休干部党支部及离退休干部党员基本情况的基础上，进行“回头看”，举办全县离退休党支部书记培训班。组织科室干部到海宁、慈溪等地学习交流。组织老干部开展“不忘初心、牢记使命”主题教育，开展“送学上门”活动，为72名老干部送上学习资料，组织开展“忆初心、话使命、颂党恩”主题座谈会。组织全县离退休党员学习省优秀共产党员、最美退役军人胡兆富一辈子坚守初心、不改本色的感人事迹，学习省委书记车俊、市委书记徐文光对胡兆富的事迹重要批示精神，不断强化党的政治纪律和政治规矩，强化爱党拥党护党的政治担当。深入学习离退休干部先进榜样，开展向“双先”先进典型徐金妹工作室和陈云河学习活动。

7月10日，全县离退休党支部书记培训班在赛德健康小镇举办　　（徐皇峰　摄）

【“党建+”活动】　2019年，县委组织部擦亮“银龄志愿助力乡村振兴”品牌。突出大党建统领，整合离退休干部人才资源，构筑“银色人才联盟”，建立银色人才库，完成300余名银色人才入库工作。在招贤镇、青石镇等地设立“银耀品牌工作室”。以“五结对、五助力”为载体，助力乡村善治、乡村文化兴盛等，打造衢州市首个特色小镇（赛得健康小镇）党建共享基地、“老骥常青”河长工作室、云河工作室等示范点。以全县乡村振兴讲堂为平台，组织开展“走进乡村振兴讲堂、展现银色讲师风采”系列活动，小龙虾养殖技术、育苗行动走进箬溪书院等活动受到群众的欢迎和点赞。全年组织开展送文化下乡、联合巡河、送法入户宣传等志愿活动70余次，参与2000余人次，影响带动全县6000余人次参加志愿服务，全面激活银色人才助力乡村振兴、大花园建设的新动能。《以“乡村振兴讲堂”为载体 全面升级“银龄志愿”品牌》入选“2019年度全省老干部工作优秀创新案例”。

8月13日，“走进乡村振兴讲堂 展现银色讲师风采”系列活动走进白石镇聚宝村，银色讲师滕跃云（前中）为群众讲授小龙虾养殖技术　　（徐皇峰　摄）

【老干部服务保障】　2019年，县委组织部加强对老干部的关心关爱，切实为老干部办实事做好事。元旦、春节期间，县领导走访慰问副处实职以上离退休干部，局领导带队分组走访长期患病生活困难离休干部、生活困难遗属134人，发放慰问金16.4万元。开展“夏日送清凉”全面走访活动，为101位老干部送去党和政府的关心关怀。强化对老干部的关心关爱，将老干部住院慰问费用标准由原来的500元／人提高至800元／人，老干部逝世慰问经费由800元／人提高至1000元／人（另附200元以内花圈），老干部生日慰问费用标准由150元／人提高至200元／人（另附鲜花），老干部体检套餐标准由1090元／人提高至1500元／人。针对离休干部高龄多病的实际，改进离休干部体检和疗休养工作，8月19—23日，组织副处退休干部到台州疗休养。为方便老年人就近学习，缓解县老年大学的开办压力，在紫港社区率先试行开办“家门口老年大学”，已开办班2个，有80余名老年人参加。探索社区“医养护”一体养老模式，结合紫港社区实际，发挥社区退休老医生的积极性，开设“胡兆富志愿医疗服务站”，定期为离退休干部和社区老人提供及时、有效的医护服务，受到社区居民的好评。

（徐皇峰）

关心下一代工作

【概况】 2019年，全县关心下一代工作以社会主义核心价值体系建设为主线，以加强青少年思想道德建设和培育“四有”新人为目标，发挥“五老”的优势和作用，以开展“新时代好少年”系列活动为抓手，引导青少年健康成长。开展寻找身边的“新时代好少年”活动。全县各中小学校结合学校德育工作，体现各校的特色与创意，组织少先队员围绕活动主题，通过晨会、升旗、国旗下的讲话等形式，引导少先队员通过不同的视角，发现、挖掘、择优选出一批校级“新时代好少年”；发挥学校红领巾广播站、宣传橱窗、黑板报、校园网等宣传阵地作用，集中宣传展示“好少年”的先进事迹，形成人人争做“新时代好少年”的良好氛围。各中小学少先队要把握重大节日时间节点，以五四运动100周年、新中国成立70周年、少先队建队70周年为契机，开展争做“新时代好少年”主题教育活动，举办道德讲堂、“新时代好少年”事迹座谈交流会、报告会、班（团、队）会、学习心得展示等。利用节假日，组织少先队员开展争做“新时代好少年”社会实践，通过开展垃圾分类、交通文明劝导、排队守秩序、礼仪待宾客、孝老敬老等形式多样、力所能及的“小锦鲤”红领巾志愿服务活动，引导少先队员养成良好的文明习惯，争做新时代好少年，助力文明校园创建和全国文明城市创建。开展“新时代好少年”评选工作，按热心公益、勤学创新、自强自立、尊师孝亲、诚信守礼五个类别，各中小学校在校级评选基础上各推荐2～3名学生作为县级“新时代好少年”候选人。县关工委、少工委组织专家评选小组对各学校推荐的人选进行评选，最终评选出30名县级“新时代好少年”，并进行表彰。开展县级“新时代好少年”巡展活动，全方位展示常山“新时代好少年”的先进事迹，展现新时代少年乐观进取、向上向善的亮丽风采。加大宣传力度，对县级“新时代好少年”进行报刊、视频、网络等媒体的宣传展示活动。择优选出一批“新时代好少年”典型事迹进行发布，通过视频短片、故事讲述、现场互动等方式，营造浓厚的学习氛围。

【新中国成立70周年纪念活动】 2019年，县关工委以社会主义核心价值体系建设为主线，引导广大青少年感受常山县的时代进步和社会发展，抒发爱国主义情怀，助力“何处心安·慢城常山”城市品牌建设和常山江“宋诗之河”文化品牌打造，举办“书宋诗之河·绘慢城美景”——少年儿童书画大赛、“喜迎建国70周年·争做新时代好队员”排舞赛、“我爱我的祖国”大合唱等活动，庆祝中华人民共和国成立70周年。

【弘扬雷锋精神主题实践活动】 2019年2月20—21日，县关工委开展“寻雷锋足迹展多彩青春”青少年志愿者集中服务活动，组织青少年志愿者深入何家乡樊家村以及金川社区，进行家电维修、卫生保健、计生政策宣讲、理发、文明宣传、扶贫帮困服务。3月2日，组织中国移动常山分公司青年员工走进天马镇敬老院送去礼品礼物，慰问孤寡老人；3月3日，组织工行常山支行青年冒雨送金融服务入街道进社区；3月5日，县交通运输局关工委到常山汽车站开展义务服务乘客活动；县国税局关工委走进教工幼儿园开展雷锋故事会和“进村入企”大走访；东案乡关工委开展计划生育育龄妇女培训班；3月6日，紫港中学关工委组织学生走进社区，义务清扫，服务市民。3月5日，组织县实验小学的56名学生走进消防大队，与消防战士手拉手学雷锋；二都桥小学关工委民工子弟进军营，参观县武警中队。3月12日，组织县城20名青少年学生代表参加常山“3•12”义务植树暨珍贵树种进村活动。

【老少同乐庆“六一”活动】 2019年“六一”儿童节期间，全县各关工委均组织到小学、幼儿园开展走访慰问活动，共送去慰问金及各种节日礼物5万多元。县国税局关工委一行到实验小学、天马一小、天马二小、大风车幼儿园、教工幼儿园、何家乡中心小学看望少年儿童，发放慰问金3200元及学习用品。县卫生局、县财政局、县民政局、县住建局、县文广旅体局等部门关工委到县培智学校等走访慰问学生，了解他们平时的学习及生活情况，给孩子们带去有关书籍、牛奶等学习生活用品和捐款。各乡镇（街道）关工委都开展关爱慰问活动，与少年儿童一起庆祝“六一”儿童节。

【帮困助学活动】 2019年8月30日，常山县大学生新生助学仪式举行。此次活动由县助学办主办，共青团常山县委员会承办，县关工委、县红十字会、县慈善总会、县教育局、县工商联等单位协办。全县社会各界人士，尤其是企业人士积极参与，共募集到助学资金155万元，资助贫困学生298人。此外，县工商局关工委与白石镇白马弄村姜冲同学开展爱心结对帮扶，为他送上3000元助学金；浙江常山巨立有限责任公司董事长符红锋、舟山岱山县的爱心企业家张松华等以个人名义各自捐款4000元，结对帮扶8名小学生。

【组织青少年到教育阵地参观】 2019年，县关工委将久泰弄国防教育主题展览馆确立为县级关工委青少年思想道德教育基地。3月19日，辉埠小学关工委组织1000多名学生参观久泰弄国防教育主题展览馆，开展爱国主义教育活动。5月，县关工委组织3批次中小学生到西源革命纪念馆开展革命传统教育。8月9日，县关工委组织青少年学生到燕山暴动青少年红色教育基地，开展“继承红军精神，听党话，跟党走，做红色少年”活动。

（王红平）

公务员管理工作

【公务员招录】 2019年，县委组织部坚持“科学招录、规范招考”，科学制订录用计划和职位条件，依据不同层级、类别的岗位特点和知识技能需求设置报考条件，建立完善联席会议制度，层层压实责任，强化录用考察工作，增强考录工作科学性，实现人岗相适。全年通过“四级联考”招录公务员37人，面向省内12所建设性高校招录选调生9人，“零差错”完成全县公务员招录工作。

【公务员职务与职级并行工作】 2019年，县委组织部根据上级部门的统一要求和部署，出台《常山县公务员职务与职级并行制度实施方案》，有序开展全县公务员职务与职级并行工作。结合公务员信息系统对全县公务员进行全面摸底，同时根据各单位上报的材料集中梳理，结合实际，研究制定《常山县公务员职级晋升细则》，稳妥有序、分步骤推进。按照“谁主管、谁负责”原则，要求主管部门认真核查档案资料，通过“四核查一界定”，精准完成827名综合管理类公务员的职级套转工作，完成390名公务员的职级晋升工作。

（赵 晖）

机关党建工作

【概况】 2019年，县直机关工委机构改革后更名为“中共常山县委直属机关工作委员会”（以下简称“县委机关工委”），并与县委组织部合署办公，成立机关党建科。年内，县委机关工委批准建立2个机关党委、16个机关党（总）支部，撤销10个机关党（总）支部，指导46个机关党（总）支部进行换届或改选。发展新党员44人，办理预备党员转正38人。举办发展对象培训班3期、入党积极分子培训班1期。截至年底，县委机关工委辖机关党组织137个，其中党委5个、党总支14个、直属党支部79个、党委建制机关党支部39个。

【深化红色物业联盟】 2019年，县委机关工委发挥机关党建示范引领作用，围绕文明城市示范区创建，聚焦“未来社区”建设试点工作，按照红色物业联盟“135”体系，推进机关党建、社区党建、行业党建互联互动、共建共享。持续开展“双百双千”党员志愿服务、“我是党员我带头”行动、“点亮微心愿”等活动，全县有108个县级机关党组织继续与46个网格103个小区长期结对，整合力量、盘活资源，共同推进“有礼联创”“文明联建”等活动。深化实施“楼长制”，推进执法部门“组团联网”，做深做实网格党建精细化管理，推进“组团联社、支部联栋、党员联户”工作，自楼长制实施以来至2019年年底，向网格上报信息两万余条，解决百姓实际难题790多个，消除安全隐患237处。

【机关党建“三服务”】 2019年，县委机关工委坚持党建“三个用来”（用党建来唤醒党员、唤起群众；用党建来统一思想、凝心聚力；用党建来攻坚克难、服务大局），在“服务企业服务群众服务基层”中发挥机关党建战斗堡垒作用。按照“工作做到哪里，党组织就建到哪里”原则，在全县重点工作专班成立临时党支部，加强党员教育管理，激发党员担当作为，打造“红色先锋岗”。发挥“红色先锋联盟”作用，助力城区危旧房治理改造工作。坚持执法部门“组团联社”制度。针对小区绿化带停车、违规装修施工等“老大难”问题，全县组建执法部门组团联社服务团4个，采取周二集中整治与日常网上办公相结合的方式，每个周二下村（社）日，执法部门组团联社服务团到小区开展集中整治活动，实现小区执法常态化。

【机关党建“三联创建”】 2019年，县委机关工委以创建行业系统党建示范点为重点，统筹推进机关党建示范点、清廉机关、模范机关“三联创建”活动。按照《常山县基层党建“双全双提·五强五星”行动工作方案》要求，培育打造一批标准落地、特色鲜明、成效明显的“金钉子”机关党建示范点，推荐县妇保院等10个县级行业系统党建示范点申报市级。推动县教育局、县卫健局、县公安局、县法院等单位党建品牌创建和提升工作，确保党建和业务工作相融合、相促进。做好党建示范点项目库的动态更新调整。

【县委机关工委自身建设】 2019年，县委机关工委以机构改革为契机加强县委直属机关工委自身建设，进一步健全机构、配强干部、理顺关系、明确职责。坚持重心下移、力量下沉，落实机关工委干部联系点制度，加强对机关党建示范点的指导。做好统战工作、群团工作，团结凝聚更多支持机关党建工作的智慧力量，团结动员干部职工围绕中心任务建功立业，把机关工委打造成为党员干部成长的“党员之家”、党建带群建充满活力的“职工之家”。坚持严管和厚爱相结合，定期开展思想动态分析，严格落实谈心谈话制，做好机构改革后党员干部思想政治工作。以“不忘初心牢记使命”主题教育为契机，常态化开展“大学习、大调研、大抓落实”活动，以改革创新精神推进机关党建工作，聚焦机关党建重点难点问题，探索新时代机关党建工作规律特点，总结推广行之有效的经验做法，撰写有价值、有分量的调研报告。加强“脚力、眼力、脑力、笔力”，不断提升工作的执行力和创新力，全力提高新时代机关党建质量。

（唐亮亮）

机构编制工作

【概况】 2019年，中共常山县机构编制委员会办公室（以下简称“县委编办”）在党政机构改革中进行体制调整。县委组织部统一管理县委编办，调整优化县委机构编制委员会领导体制，县委编办作为县委编委会的办事机构，承担县委编委会日常工作。县委编办设有综合科、机构编制科、行政管理体制改革科（政策法规科）、监督检查科4个内设科室和县事业单位登记管理局1个行政机构。全年受理机构编制事项43项，下发编委、编办文件62件，重点对党政机构改革、乡镇（街道）改革、事业单位改革和机关内部“最多跑一次”改革等工作进行调整完善。开展用编计划、核准单申请、人员进编备案、中层职数管理和事业单位登记管理等编制业务网上办理工作。

【党政机构改革完成】 2019年1月20日，常山县机构改革动员大会召开，县委书记叶美峰对全县机构改革进行动员部署；1月22日，召开机构改革人员转隶和“三定”培训会。县委组织部、县委编办、县人力社保局和各相关部门通力合作，于农历新年前全面完成全县涉改机构145名人员转隶工作；2月28日，全县14个乡镇（街道）和35个部门完成“三定”印发工作，保障新组建机构的正常运转。此轮机构改革全面加强党的领导，推进县委、县政府职能的优化。机构改革后，全县减少科级行政机构数11个，其中党委部门减少6家、政府部门减少5家；全县领导职数减少25名，其中正科级12名、副科级13名，内设机构数减少11个，科（股）级职数减少5名。

【乡镇（街道）模块化运行改革】 2019年2月25日，全面完成乡镇（街道）“三定”规定后，县委编办在县委组织部的牵头下深入调研，根据各乡镇（街道）实情调整大党建、大协调、大经济、大治理、大执法、大服务六大模块设置。选择芳村、金川、球川等6个乡镇（街道）进行试点，按照“工作部署模块化、工作开展集成化、处理反馈信息化”流程，实现模块内部事项统一处置、人员统一调配。建立党（工）委书记牵头抓总制、模块党小组长负责制、模块合作竞争制、定期会商制等机制，提高模块运行效率和服务水平，实现“最多跑一次”的工作目标。总结形成一套可推广、可复制的经验，并以召开现场观摩会、印制规范教材的方式在全县面上进行推广，以标准化为基础推动模块化建设，实现以点带面，换挡提速的目标，推进模块化运行。6月17日，全市乡镇（街道）模块化运行示范观摩现场会在常山县芳村镇召开。

【事业单位改革】 2019年，常山新设县属立局级事业单位7家，整合和调整机构规格局级事业单位3家，更名14家，保留5家。调整后，常山县属局级事业机构29家，其中正局级事业机构12家、副局级事业机构17家。通过撤销、转职能、调类别、暂维持不变、机构更名等方式对涉及的62家行政类事业单位，分类推进改革，梳理出行政权力事项518项。将214家公益类事业单位纳入事业单位清理规范整合范围，县委编办在出台《常山县事业单位清理规范整合工作方案》后，制订全县事业单位改革模拟方案。

【县级机关内部“最多跑一次”工作改革】 2019年，全县50个部门共梳理公布部门间办事事项321项，其中293个事项已实现“最多跑一次”，实现率达91%；47个高频事项实现“最多跑一次”，实现率达100%；协作平台系统建设已部署搭建，非涉密网办率可达65%，申请材料、办理时间压减率分别为37%、45%。此外，梳理出多部门联办“一件事”34项，涉及18个部门。所有事项目录、办事指南和流程图在“浙政钉”进行公布。

【医共体机构改革】 2019年，常山县全面深化医共体机构改革，打破身份壁垒，将全县医疗机构工作人员统一纳为差额编制管理，理顺人事管理机制，解决系统内人员身份不一、制约管理流通、职称晋升、社保缴纳等问题。以医共体为单位对县级医院和基层医疗卫生机构两种编制进行分类核定，编制总量由医共体统筹使用。允许医共体内医疗机构在保留独立法人（机构法人）的情况下，其法人代表由牵头单位负责人担任。医共体内的乡镇卫生院作为总院下属分院，统一登记，统一管理，县级医院和基层医疗卫生机构一体化运作。

【其他各领域机构改革】 2019年8月30日，常山县在全市率先完成县市场监管、文化市场、交通运输和农业综合执法队的组建与挂牌。11月，完成四大领域综合执法队伍“三定”框架方案；设立常山县社会治理综合服务中心，主要负责全县各类社会治理信息的受理流转、处置督办和重特大矛盾纠纷的多元化解、指导服务等工作，对县域内社会治理政策、资源、力量的最大化集聚。理顺县开发区体制机制，明确开发区管辖范围与乡镇（街道）辖村交叉区域涉村的社会管理和公共服务事项，重新拟定开发区“三定”方案；创设招才引才专门机构“常山县人才服务站”，统筹20个全额事业编制，用于集中引才、分散培养，盘活分散在各单位的存量编制；完成县营商办和县监管办等重要机构的改革和设立，配合做好深化国有企业改革等工作。

【机构改革后续管理工作】 2019 年，县委编办在全县党政机构改革后，及时为全县 10 家行政机关完成初领赋码，相关信息发生变化的 12 家单位办理变更登记，同时为不再保留的 16 家单位办理注销手续。对全县机构改革的 44 个部门开展权力清单事项梳理，共有权力事项 8135 项，做到权力清单与改革后的单位职能配置相一致。做好实名制数据维护和监督检查工作。根据各部门新“三定”方案，完成实名制管理系统中相应单位的台账维护和有关数据更新，高效办理人员转隶手续。

（樊寒宜）

宣传工作

【概况】 2019 年，常山县宣传文化战线围绕中心、服务大局，主动作为，探索创新，推动宣传思想文化工作取得新进展、新成效。组织开展习近平新时代中国特色社会主义思想学习教育，邀请省委宣讲团成员到常山宣讲中共十九届四中全会精神，县委书记叶美峰带头宣讲中共十九届四中全会精神。常山县“慢城讲师团”被评为 2019 年浙江省基层理论宣讲成绩突出集体，积极探索创新以国家级非遗常山喝彩歌谣的形式开展宣讲，把党的创新理论讲清楚、喝明白。学习强国党员覆盖率排名全市第一。深入发掘整理胡兆富先进事迹，通过广泛宣传，社会反响强烈。中央政治局委员、国务院副总理孙春兰，省委书记车俊，市委书记徐文光分别对胡兆富先进事迹作出重要批示、肯定，并亲切接见胡兆富。胡兆富成为浙江省、衢州市“不忘初心，牢记使命”主题教育的生动教材，中央电视台《新闻联播》用近 4 分钟长篇幅报道胡兆富先进事迹，新华社、《光明日报》、中央电视台、《解放军报》、《浙江日报》、浙江卫视等中央、省级权威媒体在重要版面、重要时段大篇幅频频报道，为老英雄胡兆富的先进事迹点赞。“宋诗之河”品牌全面打响，省委常委、宣传部部长朱国贤等省、市领导对常山县打造“宋诗之河”作出重要批示，要求推进文旅融合高质量发展。开展宋代文化挖掘研究工作，完成常山江“宋诗之河”文化旅游专线项目规划，县城段“宋诗文化长廊”顺利竣工，常山江“宋诗之河”纳入浙江省“四条诗路黄金旅游带”项目规划，入选全省首批 17 个诗路旅游目的地培育名单。举办以常山江“宋诗之河”为主题的“浙江书法奖·沙孟海奖”第十届全浙书法篆刻大展和 2019 常山江“宋诗之河”与旅游融合发展论坛，发布全国首张“宋诗地图”。《胡柚娃》动画片成为常山首部获浙江省精神文明建设“五个一工程”优秀作品奖的文艺作品，被评为全市宣传思想工作创新项目。参展法国戛纳电视节，备受海外片商青睐，得到新华社独家报道点赞；制作完成首部时长 81 分钟的《胡柚娃》动画电影，并获得国家电影局颁发的电影“龙标”。弘扬优秀传统文化，牵头挖掘黄冈山历史文化，启动万寿寺、四贤祠、定阳书院、忠简古冢等标志性历史建筑修复工程，增强常山老百姓的文化自信和历史自豪感。弘扬社会主义核心价值观，文明新风吹遍好人之城。评选出十大践行社会主义核心价值观示范基地，发挥常山西源革命纪念馆、久泰弄国防教育主题展馆等文化阵地作用，加强爱国主义教育。推进党员干部移风易俗“八项要求”落实。挖掘宣传先进典型，周桔凤获全国道德模范提名奖，被评为浙江省道德模范；深藏功名60年的胡兆富入选中国好人榜，被评为“最美浙江人·浙江骄傲”人物。编撰发布《常山孝经》，推进“志愿之城”建设，志愿者作用得到更好发挥。实施智慧网军体系建设工程，建立宣传文化系统全员网评员制度，全面落实突发事件和社会热点问题舆论引导工作机制，应对处置贡面含胶谣言、赛得健康养生小镇重大项目、未成年人打人视频传播等负面舆情。做好中共十九届四中全会、全国两会、世界互联网大会等重点敏感时期网络安全保障和网上舆论引导工作。

【理论武装】 2019年，县委宣传部紧密结合“不忘初心、牢记使命”主题教育，加强和改进全县党委（党组）理论学习中心组学习，全年组织县委理论学习中心组开展专题学习会、研讨会、讲座等学习17次；做好党委（党组）中心组理论学习的指导和督促，下发学习意见4期，学习推荐书目2期，开展自查和督查各1次。组建“慢城讲师团”，50余名部门“一把手”任讲师，特聘20余名乡村宣讲员，推动党的创新理论“飞入寻常百姓家”。邀请省委宣讲团成员、省委宣传部常务副部长来颖杰到常山宣讲十九届四中全会精神；邀请谷文昌精神研究会会长黄石麟、中国工程院院士金涌等专家学者到常山开展“慢城大讲坛”活动；各单位开展慢城分讲坛宣讲活动400多场，受众5万多人次。探索创新以国家级非遗常山喝彩歌谣的形式开展宣讲，把党的创新理论讲清楚、喝明白。常山县“慢城讲师团”被评为2019年浙江省基层理论宣讲成绩突出集体。在全县广大党员干部中持续兴起推广使用“学习强国”平台的热潮，全县189个村（社区）实现学习组织架构全覆盖，激活总数1.4万余人，60岁以下党员覆盖率94.2%，居全市第一位。20多篇稿件登上“学习强国”平台，陈戎倩被评为“全国学习积极分子”，受邀进京参加国庆活动，全省仅2人。

【典型选树宣传】 2019年，县委宣传部重点聚焦新中国成立70周年、“不忘初心、牢记使命”主题教育、“最多跑一次”改革、“扫黑除恶”、党建治理大花园、“三年”活动等主题宣传，重点围绕“最美常山”、“孝老之城”、“常山阿姨”、常山江“宋诗之河”等专题宣传，唱响“强发展”主旋律。全年在市级以上媒体刊发稿件600多篇，在《人民日报》、新华社、中央电视台、《光明日报》、中新社等媒体重要版面、重要时段刊播一批重量级稿件。

【媒体融合】 2019年，常山县加大与浙报集团深化融媒体中心建设战略合作，成为衢州首家引进“天目云”技术平台的县（市、区），县融媒体指挥中心正式启用，“慢城常山”APP上线发布。通过重要会议活动的宣传报道检验和展示融媒体改革成效，在县委全会报道中，全媒体矩阵火力全开，形成铺天盖地的宣传声势，收听收看本次会议人数超过50万人次，各平台点击量超过100万次。

【常山江“宋诗之河”文化品牌打造】 2019年，常山江“宋诗之河”文化品牌全国打响。省委常委、宣传部部长朱国贤等省、市领导对常山县打造“宋诗之河”作出重要批示，要求推进文旅融合高质量发展。钱塘江文化研究会、浙江大学宋学研究中心、衢州学院等研究机构和高校在常山设立研究基地，成立常山县宋诗之河文化研究会，开展宋代文化挖掘研究工作。完成常山江“宋诗之河”文化旅游专线项目规划，长达4400米的县城段“宋诗文化长廊”顺利竣工，常山江“宋诗之河”纳入浙江省“四条诗路黄金旅游带”项目规划，入选全省首批17个诗路旅游目的地培育名单。举办以常山江“宋诗之河”为主题的“浙江书法奖·沙孟海奖”第十届全浙书法篆刻大展和2019常山江“宋诗之河”与旅游融合发展论坛，发布全国首张“宋诗地图”，受到新华社、中央电视台、人民网、中新社等各级媒体好评，影响面日益扩大。

6月30日，常山县宋诗之河文化研究会成立大会　（江琪 摄）

【农村文化礼堂建设】　2019年，县委宣传部着眼于2020年实现农村文化礼堂全覆盖的目标，新建农村文化礼堂22家，新增4星级以上文化礼堂17家。按照“大门常开、活动常态、内容常新、队伍常驻”的要求，加强农村文化礼堂管理使用。组织彭川村、钱塘村、紫港社区开展“学哲学用哲学试点”活动，“一村一馆一长廊”项目化推进哲学思维进村入户项目入选浙江省社科普及创新项目。与县教育局联合开展中小学生节假日参观游览农村文化礼堂活动，形成万名中小学生游文化礼堂、看家乡变化的热潮。农村文化礼堂成为践行“衢州有礼”、培育时代新人的“第二课堂”，实现文化礼堂建设成果由一村独享为全民共享。

【文化活动】　2019年，常山县制定出台《文艺发展扶持奖励办法》，推进“三馆两中心”（博物馆、档案馆、城市规划展示馆，传媒中心、文化中心）、“文艺之家”等基本公共文化设施建设。围绕庆祝新中国成立70周年主题，创作一批文艺精品。推进“文化走亲”活动，打造文化礼堂走亲联盟；举办万人排舞大赛和万人合唱大赛，精心谋划一批“我们的快闪”活动。抓好常山喝彩歌谣的挖掘提升传承弘扬工作，策划举办常山喝彩艺术展演系列活动。《常山喝彩歌谣》专题片成功首映并入围全国文化和自然遗产日非遗影像展，全省仅有7件入选，是衢州唯一入围的“非遗”影像作品。

【文化产业发展】　2019年，县委宣传部完善文化产业政策，扶持壮大泓影剧团、浙江吉盛、欧曼钢琴等一批文化产业企业，培育新兴文创业态。“胡柚娃”动漫品牌作为常山县城市卡通形象，参加法国戛纳电视节，备受海外片商青睐，得到新华社独家报道点赞；《胡柚娃》系列动画片成为常山首部获浙江省第十四届精神文明建设“五个一工程”优秀作品奖的文艺作品，“胡柚娃”表情包上线发布。制作完成首部《胡柚娃》动画大电影，并成功获得国家电影局颁发的电影“龙标”。通过集聚钢琴制造产业，打造衢州地区唯一的钢琴产业园，推动建设集研发制造、教育培训、艺术交流、专题旅游于一体的钢琴文化产业集群，年产量达2万余台。首届钢琴音乐会、钢琴公益培训等有序开展。

（邱玮）

新闻传媒工作

【概况】 2019年9月，常山县新闻传媒集团更名为常山传媒集团。常山传媒集团拥有的主流传播平台有一报、一刊、一网、两台、两个公众号、四个直播网端及一户外大屏。2019年，常山传媒集团与浙江日报报业集团合作，接入“天目云”省级融媒体平台服务，打通广播、电视、报刊、新媒体的采、编、发、管、用等流程。11月8日，上线“慢城常山”APP，建成融媒体指挥调度中心系统，以支撑常山传媒集团的新媒体业务拓展和全媒体运营。全年新闻宣传工作以县委“营商环境年”“效率革命年”“基层治理年”为重点，围绕“宋诗之河”“奏响‘强发展’主旋律”“党建统领 宋诗田园”“不忘初心、牢记使命”主题教育等重大主题，报纸、电视、新媒体等平台刊播发出各类新闻1万多条；推出《中央环保督查现场会展播专题片》《效率革命年》等60余个专题片。顺着媒体融合的发展脚步，成立短视频工作室，向“学习强国”平台推送《炫丨70秒，常山的工匠精神》《靓丨看见常山一江两岸别样美丽》等一系列优质短视频50余条，向全国人民展示常山特色。这一年，常山传媒集团获“常山县2019年效率之星单位”“2019年度执行‘十条军规’工作较好典型事项的通报”“2019年度全省媒体融合先锋奖”“2019年度全省先进支站”等荣誉。其中，《消防员马德宇：护一方水土 守一方平安》获浙江省2019年度“融媒体见美好”优秀短视频奖。

【传播方式创新】 2019年，在县两会期间，常山传媒集团推出《数说2018》，以数字动画形式在电视、新媒体平台播出；开设《每日宋诗》专栏，每日以宋诗欣赏拉尾，营造常山宋诗文化氛围。常态化做好《慢城故事》《常话常说》等节目，把空间留给群众“接地气”，增强亲和力和感染力。国庆期间，常山传媒集团通过蹲点调研、组队寻访等方式，开展“乡村振兴•宋诗田园”大型融媒体新闻行动、“我爱我的祖国”主题征文大赛、《你好，中国！》微视频大赛等活动，浓厚主题教育氛围，生动反映常山人民砥砺奋进、城市面貌沧桑发展的巨变。

【全媒体传播格局构建运行】 2019年，常山传媒集团组织全县20余个乡镇（街道）、部门1000余人参与“快闪”作品《我爱你中国》的录制与拍摄，该作品在各个平台展播后，在全县引发观看热潮，刷屏常山人的“朋友圈”，在“浙江新闻客户端蓝媒号”点击量突破40万，并被“学习强国”APP采用，获得社会各界的高度认可。在中共常山县委十三届七次全会召开期间，常山传媒集团旗下“常山发布”“浙江新闻客户端、蓝媒号”“常山新闻网”等多平台共同发力，以消息、综合报道、新闻特写、评论等多种形式对会前、会中、会后进行报道，共推出40余篇稿件，得到县领导和社会各界的一致好评。

【多个主题报道专栏开设】 2019年，常山传媒集团围绕全县“三年”活动、“不忘初心、牢记使命”主题教育、“破山”行动专班、教育专班、医共体改革、宋诗之河等主题，开设多个专栏。“常山发布”头条重点关注，报纸电视同步跟进，深度提炼采写反映常山基层治理创新、山海协作、民生实事、城乡生态优化提升等方面创新经验的稿件，及时让广大群众知晓其重大意义，营造全县上下共谋新发展的良好氛围。

【融媒体技术平台建设】 2019年，常山传媒集团完成融媒体技术平台的方案编制、项目立项、采购招标、项目实施、天目云平台接入、“慢城常山”APP建设、飞腾系统对接、融媒体指挥中心建设等，并在11月8日举行融媒体指挥中心的启动仪式，上线“慢城常山”APP。该项目投资735.88万元，其中2019年度完成投资122.3万元。

【联动服务解决企业和群众实际困难】 2019年，常山传媒集团开展“1+1+N”的三服务工作机制，由1名班子成员重点抓、1名至2名科室负责人具体抓、多名干部职工联合抓的工作模式，分区分片实现联系服务群众全覆盖。发挥集团资源优势，帮助企业、群众解决实际困难，搭起政府与群众的沟通桥梁。

【“传媒讲坛”每周举办】 2019年，常山传媒集团围绕省、市、县中心工作，通过“学习强国”“浙江新闻客户端”、中央及省市县等平台的学习资源，开设“传媒讲坛”。每周固定时间，一线采编播人员围绕上周宣传工作，开展业务点评交流，促进全媒体业务学习培训工作，深入推进媒体融合发展。

【15名中层干部竞聘上岗】 2019年上半年，常山传媒集团深化集团干部人事制度改革，启动中层干部公开竞聘上岗工作，研究制订实施方案，在县委组织部和县委宣传部的指导下，在驻在部门纪检组的监督下，通过宣传发动、自主报名、竞聘演讲、竞聘答辩等环节，公开选拔任用中层干部15人。

【广告经营模式创新】 2019年，常山传媒集团抓住“融合”“转型”两个牛鼻子，从产业发展实施改革创新，在原电视、报纸广告的基础上，谋划广播、新媒体平台运营及活动承办等多项广告板块。全年完成广播电视报纸的广告经营权招标，标底比2018年增加60余万元。

（马 俊）

统战工作

【概况】 2019年，中共常山县委统战部（以下简称“县委统战部”）以习近平新时代中国特色社会主义思想为指导，以贯彻落实中央和省委、市委统战工作会议精神为主线，紧扣全县中心大局，紧抓主题教育主线，不忘初心，牢记使命，发挥统一战线“重要法宝”作用，开拓创新，锐意进取，发挥优势，突出特色，确保全县统一战线各项工作稳步有序推进。

【思想政治教育】 2019年，县委统战部开展统一战线各领域庆祝新中国成立70周年系列活动，感悟、激发和践行统战成员的家国情怀。开展各领域代表人士传统教育、座谈交流等活动10余次，参与人数530余人。支持各民主党派开展“不忘合作初心，继续携手前进”主题教育活动，组织集中学习、走访慰问、现场教学、警示教育等活动24次。指导常山异地商会流动党支部开展“不忘初心、牢记使命”主题教育学习会，50余名常山籍在外党员离家不离党，流出不“流浪”，实现域内、域外同步学。

【创新乡贤服务机制】 2019年，县委统战部在全省首创“政会联通代办”工作机制，在全国15个异地商会率先建立涉及人力资源、公安、民政等15个部门505项业务的商会代办点，让10万余名常山籍在外经商务工群众实现“办事不回常，一次也不跑”的美好愿望。创新推出“知识贷”“贤商贷”等金融产品，累计为常山乡贤授信贷款5亿元，发放贷款超过2亿元。推进各级乡贤联谊组织建设，打造面积达2000多平方米、有15个功能区的慢城乡贤俱乐部，号召更多有理想、情怀、有能力的乡贤回乡干事创业。县、乡、村三级召开乡贤对接会32场次，60余名乡贤以多种方式回馈家乡，促成产业投资、民生事业、技术合作等各类项目21个，乡贤总投资超过40亿元。

【助力非公有制经济发展】 2019年，广西、安徽、江苏3个异地商会成立。至此，全县异地商会总数增至15家，会员1310多人。开展“三服务”活动，推动完善党政负责人联系民营经济代表人士等制度，全年走访联系非公有制企业180余家，组织100余名非公企业家参加各类培训讲座，帮助解决企业生产、技术问题21个。

【引导民营企业参与社会公益活动】 2019年，县委统战部引导民营企业主动参与光彩事业，参与各类捐款捐物180余人次，采购四川省古蔺县农产品1.3亿元，累计捐款捐物（价值）1000余万元。动员县民营企业家积极响应“千企联千村 消除薄弱村”活动，有62家企业与全县70个集体经济薄弱村结对并签约，谋划项目67个，已启动实施65个。

【多党合作新成效】 2019年，县委统战部出台《关于进一步完善政府工作部门与各民主党派、工商联、知联会、新联会对口联系制度的通知》，组织召开民营经济高质量发展专项民主监督座谈交流会2次，深入16家企业调研，发现企业成本、融资、用工等问题20多个，收集意见建议30余条。各民主党派围绕中心工作、反映百姓关注热点问题方面建言献策，全年提交提案议案76件。推进“民盟同心·专家工作站”建设，与省内外12所高校的民盟专家开展合作，专家工作站的盟员专家达100多位，累计开展双向交流20余次，建立3家服务点。

【民族宗教和谐发展】 2019年，县委统战部推进省委巡视组宗教反馈意见整改落实，全县14个乡镇（街道）均成立统战工作领导小组，宗教工作重点乡镇成立统战（民宗）办。在全县66个宗教活动场所、23个民间信仰点、17个基督教私设聚会点全面施行“三人驻堂”联系制度，形成上下联动、分级负责的网格化宗教管理体系。对全县信教情况进行大摸排，明确共产党员联系重点宗教界人士名单，摸排信教群众3825人，联系信教群众户的共产党员289人。开展“五进”宗教场所、“掌上宗教”APP大检查活动，全年累计检查170余次，消除宗教场所安全隐患25处。

【佛教优秀文化挖掘】 2019年5月28日，由杭州灵隐寺与常山县佛教协会共同主办的“第八届灵隐佛教文化论坛——纪念永明延寿大师诞辰1115周年及桂琛禅师诞辰1152周年学术研讨会”在常山县（桂琛禅师出家之地）举行，全国50余位专家学者、法师大德汇聚一堂，共话杭衢两地佛教文化历史渊源。杭州灵隐寺方丈光泉法师出席此次活动并致辞。会上，共收集到学术研究论文16

篇。9月，成立常山县万寿寺建设管理委员会、日常管理委员会，万寿寺扩建项目正式进入实质性实施阶段。

【海内外交友交流活动】 2019年，县委统战部举办《新春寄语家乡 海内外常山人拜年》视频大征集活动，通过全球连线，来自美国、日本、德国、澳大利亚等地的30余名海内外常山人纷纷用镜头和画面，表达对家乡的思念之情。开展海外中餐馆外宣资料片推介活动，在全球35个国家235个城市500多家海外中餐馆滚动播放“何处心安、慢城常山”外宣资料片。

【组织参与志愿服务】 2019年，县委统战部按照 “8个1”工作标准，打造总建筑面积900平方米的“慢城阳光志愿·同心汇”新联会实践创新基地，以志愿服务为桥梁，引导新的社会阶层人士主动参与“五水共治”、农房整治、重大赛事活动保障等工作。全县志愿者集中注册登记人数达7.9万多人，其中新的社会阶层人士志愿者人数接近1万人，累计志愿服务时长达5600小时，募集公益善款、慈善物资80余万元，5000余件棉被和衣物捐助。

（樊鑫磊 王颖）

对台工作

【概况】 2019年，中共常山县委台湾工作办公室（以下简称“县台办”）与县委办公室合署办公，主任由县委办公室主任兼任。贯彻落实中央对台工作的各项方针政策和上级台办的工作部署，利用基层交流、走访、慰问、接待台属台胞等各种渠道，学习宣传习近平在《告台湾同胞书》发表40周年纪念会上的讲话、国台办等部门出台的《关于促进两岸经济文化交流合作的若干措施》以及《浙江省贯彻〈关于促进两岸经济文化交流合作的若干措施〉的实施意见》等涉台政策。加强常山县赴台大陆学生教育，利用寒假、暑假召开大陆学生及家长座谈会、走访慰问、电话微信等渠道，了解掌握赴台大陆学生的学习和生活情况。开展台属台胞节日走访慰问活动，走访慰问10余户台属台胞。加强对台交流，参加由市台办组团的赴台基层交流活动；2019年海峡两岸（常山）赏石文化交流展暨第三届常山赏石文化节在中国观赏石博览园举办；陪同、接待台胞到常山考察10批次200余人，带动赏石文化交流基地所在地——赏石小镇石产业年产值突破6亿元。加强台联会工作指导，围绕县委、县政府中心工作开展相关活动，协助解决、解答台胞台属在求学、房产交易、养老等生活方面的问题。

【对台基层交流】 3月26日至4月1日，县台办副主任余金富参加市台办组团的赴台基层交流，拜访旅台衢州同乡会、花莲文化局等，促进常台交流与合作。

【增进对台文化经贸交流】 3月2—4日，台湾花莲县文化局副局长曾之妤一行6人到常山磋商2019年海峡两岸赏石文化交流展有关事项，实地察看参展场地。副县长郑金仙、市台办副主任叶卫兵等领导以及县相关部门、企业和观赏石协会负责人参加磋商会。4月26日至5月2日，2019年海峡两岸（常山）赏石文化交流展暨第三届常山赏石文化节在中国观赏石博览园举办，活动主题为“天人合一 • 和谐赏石”。特设台湾精品展销区

30个，展品300余件，引进30家台湾正宗美食摊位。台湾花莲县文化局局长江跃辰率领近百人的代表团到常山参加海峡两岸赏石文化节和美食节。省台办经济处副处长肖铁军，市台办主任余永军、副主任叶卫兵等出席开幕式。

【接待台胞到常山考察交流】 2019年，县台办共接待9批台胞到常山考察交流。1月18日，接待台湾金马台澎两岸交流协会等一行30人到常山中国观赏石博览馆参观考察。5月25日，接待台湾孔子研究院院长张世良一行3人到常山参观中国观赏石博览馆。6月23日，接待台湾南投县 ·行33人到常山赛得健康小镇、中国观赏石博览馆、梅树底风景区、金川街道徐村村参观考察，在徐村村座谈交流新农村建设情况。7月10日，接待台湾民宿协会理事长彭成裕一行44人到常山开展“2019两岸（衢台）民宿文化交流活动”，到中国观赏石博览馆、彤弓山居等民宿参观、考察、交流。7月18日，接待台湾南投县一行20人到常山开展2019“浙台邻里节”之四暨基层交流团走进衢江活动，参观考察中国观赏石博览馆、金川街道徐村。10月15日，接待台湾花莲县国际民宿协会理事长、海传海景民宿主古贵珠一行4人到常山彤弓山居、彤弓山村考察民宿、乡村旅游。10月18日，接待南投县基层交流团一行33人到常山同弓乡大宝山胡柚基地、中国观赏石博览馆参观考察，在同弓乡中和村开展基层交流、座谈。11月5日，接待旅台江山同乡会会长徐坤扬一行7人到常山中国观赏石博览馆、不老泉民宿参观交流。11月27日，接待台湾南投县交流团一行18人到常山中国观赏石博览馆、砚瓦山村服务中心参观考察，开展基层交流活动。5月17日，接待回乡探亲台胞原旅台衢州同乡会会长张国栋携夫人、儿子，大陆新娘孙仙花与丈夫邱建堉等到常山座谈交流。

7月10日，台湾民宿协会理事长彭成裕一行44人到常山开展“2019两岸（衢台）民宿文化交流活动” （詹伟摄）

（詹伟）

党校工作

【概况】 2019年，中共常山县委党校、常山县行政学校、常山县社会主义学院（以下简称“县委党校”）深入学习贯彻中共十九大、十九届四中全会精神，以《中国共产党党校（行政学院）条例》为导向，坚持“党校姓党”这一根本原则，聚焦主业主课，推动党校教育培训、科研咨政、从严治党、后勤服务等工作全方位发展。

聚焦主业主课，分别设置习近平新时代中国特色社会主义思想、新时代年轻干部、党支部书记学院、服务经济发展专题以及专题培训等五大系列板块。截至年底，共开展各类培训35期，参训学员3457人。将党校阵地下移、阵线前移，推动“流动党校”进村入企，开展“流动党校”基层宣讲26次，听课人数达1800余人次。依托各部门职能优势，对标省市乃至国内一流标杆，开展“周末自主选训”活动，推行干部自主选学，邀请各领域权威专家前来授课。年内举办“周末自主选训”15期，培训党员干部4200人次左右。

县委党校在浙江省党校（行政学院）系统中国特色社会主义理论体系研究中心课题立项4个，衢州市情研究中心课题立项8个，市社科联课题立项3项，其中重点课题1个（全市县级党校唯一一个重点课题）、一般课题1个、立项不资助课题1个；在各级期刊发表专业性理论文章5篇。提交《培训先导 精准帮扶——省委党校“三服务”提升常山干部教育水平的有益启示》一文获省委党校常务副校长陆发桃批示肯定；提交县情研究决策咨询材料4件，其中《关于深化乡镇便民服务中心建设的建议》获得县委书记叶美峰批示，《关于常山县宗教发展的趋势、问题与应对策略》获县委统战部部长郑建华肯定批示；5篇论文在各级理论研讨会获奖。县委党校被评为“2018年度全省党校（行院）系统成绩突出集体”。

【利用高校资源拓展办学】 2019年，县委党校先后组织校级领导教育现代化水平提升培训班、办公室业务培训班、统战骨干培训班等各类培训班次前往浙江大学、浙江工业大学、温州大学等高校开展学习交流，实现党校与高校的优势互补，开拓学员视野。同时，联合清华大学建立“清华大学乡村振兴浙江常山远程教学站”，为乡村振兴提供远程教学资源，助力乡村振兴战略部署。

【习近平新时代中国特色社会主义思想进修班举办】 2019年3月27日至5月30日，县委组织部、县委党校联合举办习近平新时代中国特色社会主义思想进修班，50名县管干部参加。培训分四个阶段：第一阶段在县委党校学习，时间为3月27—29日；第二阶段到浙江工业大学学习，时间为4月8—12日；第三阶段到四渡赤水干部学院学习，时间为4月21—27日；第四阶段为自主学习、撰写调研报告，时间为4月28日至5月31日。培训内容包括习近平新时代中国特色社会主义思想、党风廉政建设、老龄化国情教育、项目谋划与招商引资、金融形式分析、工业信息化与产业化转型等。

【农村支部书记培训班举办】 2019年3月27—30日，县委组织部、县委党校、常山县党支部书记学院联合举办2019年农村支部书记培训班，50名农村支部书记前往新昌县委党校、嵊州市委党校学习。2019年5月15—19日，2019年农村党支部书记（支部负责人）培训班（第二期）举办，46名农村党支部书记、支部负责人前往浙江省委党校学习。两期培训内容包括习近平新时代中国特色社会主义思想和中共十九大精神、党性教育、乡村治理、农村基层党建、新农村建设与村级集体经济发展等。

【常山县年轻干部培训班举办】 2019年4月15—19日，县委组织部、团县委、县委党校联合举办2019年年轻干部培训班，50名具有研究生以上学历的年轻干部和团干部前往浙江省委党校学习。培训内容包括习近平新时代中国特色社会主义思想和中共十九大精神、党性教育、当前经济形势、法治建设、履职能力、改革创新、市委“1433”发展战略体系、县委“四四二”工作要求等。

【全县公务员“学法用法”培训班举办】

2019年5月16—17日，县委组织部、县委宣传部、县司法局、县委党校和县行政学校联合举办2019年全县公务员“学法用法”培训班，对全县665名机关科级及以下公务员（含参照公务员法管理的事业单位工作人员）进行“学法用法”专题培训，培训内容包括宪法、行政法和公务员法等。

【全县统战骨干进修班举办】 2019年5月21—25日，县委统战部、县社会主义学院联合举办全县统战骨干进修班，各乡镇（街道）统战委员或分管副书记、统战干事、各民主党派骨干成员以及各统战团体骨干成员，在县社会主义学院进行开班仪式后，全体学员前往温州大学进行全封闭专题培训，学习内容包括习近平关于社会建设重要论述、多党合作的历史回顾、宗教政策法律法规、宗教工作方法等。

【加入“加快发展县干部教育培训帮扶项目”】 2019年6月4日，浙江省委党校副校长吕清民、干部教育学院院长金进喜一行到常山调研加快发展县干部教育培训帮扶工作。县委常委、组织部部长、县委党校校长朱永平代表常山县委常委就浙江省委党校长期以来对常山干部教育培训的关心和支持表示衷心感谢，并详细汇报常山县基本情况。作为“全省加快发展县（市、区）干部教育培训帮扶项目”首批合作县（市、区）之一，县委党校将党性课堂上移，与省委党校合作开展“以上率下”的教育帮扶，先后组织“年轻干部培训班”“农村党支部书记培训班”等班次前往省委党校学习，提升党性修养，提高政治站位。

【巡察县委党校工作】 2019年8月19日至9月6日，县委第一巡察组巡察县委党校工作。县委第一巡察组对县委党校党的政治建设、思想建设、组织建设、作风建设、纪律建设、夺取反腐败斗争压倒性胜利6个方面内容开展巡察工作。

【“不忘初心、牢记使命”主题教育专题读书班举办】 2019年9月25日至10月10日，县委组织部、县委党校联合举办常山县县管领导干部“不忘初心、牢记使命”主题教育专题读书班，全县578名县管领导干部参加。培训分为三批：第一批时间为9月25—26日在县委党校老校区；第二批时间为9月29—30日，第一天在县委党校老校区，第二天在县委党校新校区；第三批时间为10月9—10日，地点在县委党校新校区。

【调研考察】 2019年9月19日，浙江省委党校2019年第三期习近平新时代中国特色社会主义思想进修一班26人到常山调研“党建治理大花园”工作。在实地考察青石镇砚瓦山村、中国观赏石博览园后，常山县委书记叶美峰主持召开“常山推介会”，介绍常山基本情况及近几年的发展态势。

9月19日，省委党校2019年第三期习近平新时代中国特色社会主义思想进修一班到常山调研“党建治理大花园”工作

（林艳琴 摄）

【党校新校区正式启用】 2019年9月30日，县委党校新校区正式启用。学校总投资1.49亿元，占地面积60亩，总建筑面积约2.1万平方米，建设内容包括综合教学楼、报告厅、体育馆、学员宿舍楼及其他相关配套工程，拥有可容纳680人参会的报告厅1座、学员住宿房间96间、各类教室和研讨室近30间、危机模拟及情景模拟实训室各1间，此外还建有图书阅览室、党史展览室、档案室、会议室、室内外体育场馆等功能性设施。2017年1月12日，常山县委党校迁建工程经县政府常务会议研究确定，党校迁建工程采取EPC总承包方式，委托原常山县城市投资运营有限责任公司负责全过程代建。2017年2月28日，经公开招标确定中国联合工程公司为EPC总承包单位，浙江求是工程咨询监理有限公司为监理单位。

9月30日，常山县委党校新校区启用仪式举行 （林艳琴 摄）

【第十一期初任公务员培训班举办】 2019年10月16日至11月12日，县委组织部、县委党校联合举办第十一期初任公务员培训班，37名初任公务员参加此次培训。培训内容包括理论教育和党性教育、公务员修养、党风廉政警示教育、宗教形式和宗教政策、公文写作等。

（林艳琴）

信访工作

【概况】 2019年，县委县政府信访局（以下简称“县信访局”）严格按照省委、省政府和市委、市政府的系列决策部署，坚持围绕中心和服务大局，全面贯彻落实信访工作责任制，努力做到人民信访“最多跑一地”“最多访一次”，全县信访形势总体平稳有序。年初，县委、县政府与14个乡镇（街道）、30个部门签订信访工作目标管理责任书，压实信访工作责任。创新建立“村民议事制”，探索基层治理新模式。注重提高信访干部整体素质，打破以往大班化教学模式，采取小班化培训方式，重点开展不定期互看、互学、互评培训，常态化召开“周五信访事项交办会”，每季度实行“季季清”考核，提升基层信访工作能力。落实“一批三访”长效机制，县党政主要领导亲自阅批群众来信，每个工作日安排1名县领导在县信访局定点接访；“周二下村日”每位县领导分别到所联系乡镇（街道）下访约访群众；各乡镇（街道）、重点部门每天安排1名领导班子成员带班，随时接待群众来访。抓实源头稳控、接访协调、信息研判、督查指导、应急处置等工作，完成各级“两会”、第二届“一带一路”国际合作高峰论坛、新中国成立70周年大庆、中共十九届四中全会等重大政治活动期间的信访工作。同时，为中国山地自行车公开赛总决赛、中国·常山油茶博览会、2019年海峡两岸（常山）赏石文化交流展暨第三届常山赏石文化节等系列活动的顺利开展提供保障。

2019年，常山县再次被评为省级“零非访县”和“市信访工作目标管理考核优秀县”。

7月2日，县委书记叶美峰在县信访局接待群众到访　　（县信访局 供图）

【首次成功探索"信访听证"终结】 2019年，县信访局注重运用法治思维和法治方式，依法规范信访工作、维护信访秩序。对信访人不服办理机关的处理意见，又未在规定期限内提出复查复核申请，却仍继续信访，甚至越级访、缠访、闹访的信访事项，通过信访听证的方式，邀请专家、"两代表一委员"（即党代表、人大代表和政协委员）、社会人士、新闻媒体来公开评判，不仅确保信访人的知情权、申诉权得到充分尊重，也提高政府的公信力，促进信访人息诉罢访、推进信访程序终结。2019年，通过信访听证方式成功化解一起长达八年之久的信访案件。

【推进信访"最多跑一次"工作改革】 2019年，县信访局立足全域治理高度、各种力量参与广度、全县全面实施深度，高规格高标准打造县级信访超市并延伸至乡镇（街道），全县除天马街道以外的13个乡镇（街道）均完成信访超市建设并有序运行；县、乡、村三级全面推行信访代办制，变群众跑腿为干部代跑，实现群众不出村就能反映诉求，解决问题；创新建立"村民议事制"，由村两委干部、村民代表、党员代表、大学生村干部和村里群众基础好、专业素养强、责任心重的老人组成"村民议事团"，以村民议事会的形式调解纠纷，破解难题。

7月24日，常山县人民信访"最多跑一次"现场推进会在芳村镇召开

（县信访局 供图）

（张洋洋）

档案工作

【概况】 2019年，根据全县机构改革的统一部署，常山县档案局、馆分离，原县档案局（馆）的行政职能划入县委办公室，县委办公室对外挂县档案局牌子。2019年9月24日，中共常山县委机构编制委员会印发《关于调整常山县县属局级事业机构的通知》（常编〔2019〕19号），将常山县档案馆（县地方志编纂委员会办公室）更名为常山县档案馆（县地方志研究室）。常山县档案馆（以下简称"县档案馆"）作为县委直属的一类事业单位，机构规格相当于正科级，不再承担行政职能，对外增挂常山县地方志研究室牌子，由县委办公室代管。

2019年，县档案馆加强档案查阅利用服务。完善基础服务设施，创新"异地查档＋跨关服务""钉钉视频查档""365预约查档"服务模式，全年查阅利用3672人次，利用案卷5207卷，复印纸张13435张，其中婚姻档案 778 卷、会计档案 493 卷、退伍军人档案 591 卷、山林土地档案 1067 卷、建房审批档案 1142 卷，涉及工作查考档案 982 卷，其他档案 154 卷。完成异地查档 87 例。

加强档案资源建设。做好机构改革涉改单位档案接收进馆工作，共接收原县农办、县发改局（原物价局、原服务业办）、经信局等 7 家机构改革涉改单位档案总计 4762 卷、22278 件，扫描 234407 页。做好 2019 年档案移交接收工作。完成县委办、政府办 2014—2017 年的档案移交进馆工作，总计 5354 件。开展常山照片档案专题库的征集接收工作，征集各类照片近千张。开展常山老物件、家庭档案征集工作，征集档案 15 件。整理完成浙江省优秀共产党员胡兆富的个人档案 5 卷（册），刻录光盘 4 张。

加强档案文化建设。完成《常山乡贤（2018）》的编印工作和《常山档案这两年》初稿编辑工作。开展《常山档案文化专刊》的日常编写工作和专刊汇编印刷工作，全年刊发《明朝开国元勋刘基遗爱常山》《冯梦龙眼中的浙西常山》《徐霞客与常山的恒久情缘》等 19 篇文章。举办“记忆常山”——庆祝新中国 70 华诞常山“老照片”主题摄影展，观展人数达 5000 多人。县档案馆微信公众号“记忆常山”5 月底正式开通，全年发布各类信息累计阅读量达 6000 多人次。

开展馆藏档案清点及霉变检查工作，全年完成全部 173 个全宗的档案清点工作，总计 98914 卷，218352 件；完成实物档案盘点工作，对 315 枚印章、326 件荣誉奖牌和 629 幅书画的实物档案重新进行盘点，并制作完善相关档案目录。增加 50 多万元投入馆信息化基础设施建设，完成馆藏软件系统的升级工作和网络版软件、计算机等相关设备添置。开展“不忘初心、牢记使命”主题教育，共召开主题教育专题学习 25 次，专题研讨 7 次，专题党课 6 场。

2019 年，县档案馆被《浙江档案》杂志社评为“2019 年度发行工作先进单位（三等奖）”“2019 年度宣传工作先进单位”。

【全市档案业务测评暨省级数字档案馆系统评估推进会在常山召开】 2019 年 5 月起，县档案馆同步启动档案业务建设评价和数字档案馆创建工作，完成馆藏软件系统的升级工作，添置网络版软件、计算机、不间断电源以及自助查档、利用服务相关设备等相关设备，满足数字档案馆评估标准。10 月 16 日，衢州市综合档案馆业务建设评价及数字档案馆系统评估工作现场推进会在县档案馆召开。各县（市、区）档案局、档案馆主要负责人及档案馆分管负责人汇报各县（市、区）综合档案馆业务建设评价及数字档案馆系统评估工作进展情况、存在问题以及解决方案。市档案馆与会的两位副馆长分别就数字档案馆系统评估工作和综合档案馆业务建设评价工作进行部署。

10 月 16 日，衢州市综合档案馆业务建设评价及数字档案馆系统评估工作现场推进会在县档案馆召开

（鲁垚摄）

【通过省级数字档案馆系统评估】 2019年12月20日，受浙江省档案局委托，衢州市档案局组织以金华市档案馆副调研员赵铭法为组长的专家组，对常山县档案馆进行省级数字档案馆系统评估。专家组根据省级数字档案馆系统建设要求，通过听取工作汇报、实地查看、现场演示、台账审阅、现场询问环节，对常山县数字档案馆的基础设施、系统功能、档案资源、保障体系以及服务绩效五大方面的评估指标进行系统评估。专家组一致同意：常山县数字档案馆系统通过省级数字档案馆系统评估。

【第12个国际档案日系列宣传活动】 2019年6月9日是第12个国际档案日，县档案馆以“新中国的记忆”为主题开展系列宣传活动。举行档案开放日活动，邀请市民到县档案馆实地参观；开展现场咨询活动，向市民发放档案宣传资料及近年档案编研成果，接受市民的档案业务知识和档案法律法规咨询；组织志愿者到联系村辉埠镇大梗村开展档案宣传活动。宣传“一网查档、百馆联动”“异地查档、跨馆服务”等便民惠民举措。组织开展常山老物件、家庭档案征集活动，共征集有效物件15件。

6月9日，“新中国的记忆”——第12个国际档案馆日主题宣传活动在县档案馆举行

（县档案馆 供图）

党史工作

【概况】 2019年，中共常山县委党史研究室（以下简称“县委党史研究室”）与县档案馆合署办公，负责全县党史工作。启动《中国共产党常山历史》（第三卷，以下简称“党史三卷”）的编写工作，将152个专题分解到54家承编单位撰写。成立党史三卷编写组，经县委组织部批准同意，11月起聘用4名退休老干部参与党史三卷编写工作。制订计划，着手中共常山县委文件的选编工作。

【常山党史三卷编写工作动员会召开】 2019年8月16日，常山县党史三卷编写工作动员会召开。会议分三个阶段，一是开展动员会，县委党史研究室主任、县档案馆馆长徐良其作党史三卷编写工作部署，省委党史和文献研究室副主任王祖强作重要讲话，县委常委、组织部部长朱永平作动员讲话。二是省委党史和文献研究室副主任王祖强作题为《关于党史三卷的历史分期与相关重大历史事件》的党史专题讲座。三是开展党史三卷专题撰写业务培训会。省委党史和文献研究室三处处长俞红霞对如何做好党史三卷专题编写工作以及应注意和把握的一些问题对54家党史三卷专题撰稿人作解释说明。

8月16日，常山党史三卷编写工作动员会召开

（县档案馆 供图）

地方志工作

【概况】 2019年，全县机构改革后，县档案馆成为县委负责档案和地方志工作的直属事业单位，对外增挂常山县地方志研究室牌子，归口县委办公室管理。县地方志研究室完成《常山年鉴（2018）》出版发行工作。开展《常山年鉴（2019）》的编纂工作。按时序要求完成《2019年常山县大事记》的采编工作，至年底，年鉴初稿已编纂完成。按上级部署，完成《中国地方志年鉴2018•浙江部分》的常山供稿，向省方志办提供常山县近15年方志工作概况与成果的资料。做好《同弓乡志》送审稿的审校工作。

【《常山年鉴（2018）》出版发行】 2019年10月，《常山年鉴（2018）》由方志出版社公开出版。《常山年鉴（2018）》由县委、县政府主办，县地方志研究室组织编纂。该书16开本，合计70万字，记载时限从2017年1月1日至12月31日，涵盖常山要闻图片、特载、大事记、概况、经济建设、政治建设、文化建设、社会建设、生态文明建设、乡镇发展概况、专记、附录等篇章。入鉴资料由县内各部门、乡镇和在常山的省部属单位提供，经编辑部层层审阅，编辑加工并经各单位审核后定稿，所采用数据以县统计局提供为准，全面、系统记载常山县行政区域自然、政治、经济、文化社会方面的情况和社会发展的历史进程，突出年度和地域特色，为社会各界人士和中外投资者了解、研究、建设常山提供丰富翔实的地情资料。

【《常山年鉴（2019）》编纂工作开展】 2019年3月，县地方志研究室启动《常山年鉴（2019）》编纂工作。3月，县委办公室、县政府办公室联合发布关于开展《常山年鉴（2019）》编纂工作的通知，要求各单位对照通知，提供文、图（照片）、表等内容材料，并对编纂工作步骤、时间节点作出具体规定。组织全县114家《常山年鉴（2019）》承编单位撰稿人分2期举办撰稿业务培训，强调《常山年鉴（2019）》编纂要提高思想认识，按照年鉴组稿工作的要求规范化操作，严格按照质量和进度要求报送相关资料；围绕年鉴基础理论、体例规范、条目撰写和注意事项等内容进行集中授课和个别指导。截至年底，县方志办收齐全县各单位《常山年鉴（2019）》初稿并完成初审校对，形成《常山年鉴（2019）》总纂初稿。

（陈慧群）

常山县人民代表大会

综 述

2019年，县人大常委会高举习近平新时代中国特色社会主义思想伟大旗帜，深入学习贯彻习近平总书记关于人民代表大会制度的重要思想和对地方人大及其常委会工作的重要指示精神，认真履行法定职责，为推进县委“四四二”工作要求深入实施，促进全县各项事业全面发展作出新的贡献。全年举行常委会会议11次，听取和审议专项工作报告28个，作出决议决定12个，开展执法检查4次，任免国家机关工作人员81人次；召开主任会议14次，听取专项工作报告8个；组织代表视察15次，对县住建局、市场监管局进行工作评议，圆满完成县十六届人大三次会议确定的各项目标任务。

规范行使人事任免权。坚持党管干部原则与严格依法任免有机统一，严格任免程序和宪法宣誓制度。注重任后监督，深化履职报告制度，81名“一府两院”（即人民政府、人民法院、人民检察院）受任人员向县人大常委会报告年度工作，其中10人向常委会专题会议述职并接受测评。

依法行使重大事项决定权。深入贯彻落实省委《关于健全人大讨论决定重大事项制度、各级政府重大决策出台前向本级人大报告的实施办法》，对涉及全局性、根本性、长远性的财政预决算调整、地方政府债务限额及新增债务预算调整、生态文明建设规划等重大事项，依法、科学、及时作出决议决定。

助推经济高质量运行。支持县政府加快转变经济发展方式，不断增强发展后劲和整体实力。深化预决算“全口径、全过程”监督，初审2020年财政预算编制情况草案报告，4本预算、县级部门预算编制草案和重点部门细化预算草案提交人代会审议。听取和审议2019年上半年财政预算执行情况、2018年预算执行审计报告和审计查出问题整改情况报告，督促相关部门对审计报告中反映的问题逐项整改到位。首次听取和审议紫港街道2019年预算编制及上半年预算执行情况报告，并制定《街道预算审查监督办法（试行）》，推动全口径预算审查监督向街道延伸。组织代表视察重大招商项目盯引落地和推进建设、轴承数字化改造项目建设、钙产业整治、交通重点项目建设，视察并听取赏石小镇建设运营情况报告，视察高端民宿建设情况，积极推进产业发展。

推动民生持续改善。2019年度民生实事项目监督成效明显，2017年度、2018年度民生实事项目尾欠工程全部完成。持续开展城区危旧房改造推进和小城镇环境综合整治情况专项监督，组织代表视察分散式农民饮用水工程建设及长效管理情况，有效促进城乡生活品质提升。坚持教育专项报告制度，上下联动开展学前教育专项监督，推动政府补齐教育短板。组织代表视察医疗领域“最多跑一次”工作改革情况，积极推动解决“看病难”“看病烦”问题。视察并听取媒体融合改革情况报告，“把脉”机构整合运行情况，有效推动全县媒体深度融合。听取和审议2018年度环境保护目标完成情况和2019年度环境目标制定情况报告。组织开展水污染防治法执法检查，提出13条建议并转交县政府整改落实。组织代表视察禁渔制度落实情况，视察、听取和审议农村生活污水处理设施建设和运行情况报告，视察并听取林地管理和生态修复工作情况报告，推动县政府同步做好保护和发展两篇文章。

促进深化法治建设。全年备案审查县政府规范性文件14件，听取和审议《中华人民共和国民事诉讼法》贯彻实施情况报告以及县检察院关于公益诉讼工作情况报告，作出决定，支持和保障检察机关开展公益诉讼。开展“百名代表听百案、评公诉”活动，组织代表视察省第三监狱监管工作情况，不断推动司法公开公正。专题听取县监委关于常山县贯彻落实《中华人民共和国监察法》情况报告，推进《中华人民共和国监察法》在全县有效贯彻实施。重视立法调研工作，配合省、市人大就《浙江省民营企业发展促进条例（草案）》《衢州市烟花爆竹经营燃放管理规定（草案）》等征求意见建议50余条。重视信访工作，常委会领导定期参与接访、约访，跟踪督办信访事项，化解信访积案，全年受理人民群众来信21件，其中上级部门交办的重点督办案2件，化解信访积案6件，接待来访群众87批169人次，有效促进社会和谐稳定。

强化代表工作。组织60余名县人大代表到全国人大会议中心集中培训，实现本届基层县人大代表专题培训全覆盖。开设“人大代表风采”专栏，14名代表履职事迹在媒体刊登。定期向代表通报常委会和“一府一委两院”重要工作，征集意见建议，拓宽代表知情知政渠道。各代表联络站（室）开展学习宣传、视察调研、接待群众等活动336次，收集意见建议171条，落实并反馈84条，有力推进一批民生问题解决。坚持代表“菜单式”参与常委会监督议题，全年邀请90名代表列席常委会议、416人次参加视察、调研、执法检查等活动。召开12件代表反馈不满意建议交办会，建立常委会领导督办、政府领导领衔办理机制。推动代表智慧监督治水向监督民生实事办理等拓展延伸，全年各级代表提交智慧监督信息7446条，212条交办单全部得到办结。首次开展智慧监督治水效果评估，对74个监督效果佳、水体干净、周边无污染源的塘（场）完成销号。2019年，16名县代表、42名乡镇代表进行现场述职或书面述职；依法做好代表辞补工作，接受县代表辞职24人，组织有关选区依法补选县代表30人。

加强自身建设。坚持政治理论、业务学习并重，丰富学习形式，强化理论武装。完善常委会党组、主任会议议事规则；健全常委会机构，第一时间设立社会建设工委，及时将法制内务司法工委更名为监察和司法工委。在市级以上报刊网站等媒体发表各类宣传稿件210余篇。参加省、市人大常委会主任交流研讨会，制度化参加赣浙闽皖四省交界县（市、区）人大常委会联席会议。

重要会议

【县第十六届人民代表大会第三次会议】 2019年2月20—23日，常山县第十六届人民代表大会第三次会议召开。会议听取和审议常山县人大常委会工作报告、县人民政府工作报告、县人民法院工作报告、县人民检察院工作报告；审查常山县2018年国民经济和社会发展计划执行情况、2019年国民经济和社会发展计划草案的报告，审查、批准常山县2018年国民经济和社会发展计划执行情况的报告、2019年国民经济和社会发展计划；听取和审查常山县2018年财政预算执行情况和2019年财政预算草案的报告，审查、批准常山县2018年财政预算执行情况的报告和2019年财政预算；审议和票决2019年县政府民生实事项目；补选县人民政府县长、县监察委员会主任。

2月21日，县人大常委会主任徐建华（中）在常山县十六届人大三次会议第二次全体会议上作县人大常委会工作报告

（县人大常委会办 供图）

【县第十六届人大常委会会议】 2019年，县十六届人大常委会共举行11次会议，听取和审议有关工作情况报告、专项规划编制情况的报告，表决通过有关人事任免事项等。

1月14日，县十六届人大常委会举行第十七次会议。会议听取和表决通过有关人事任免事项；审议通过《常山县人大常委会讨论决定重大事项实施办法》和《关于召开县十六届人大三次会议的决定》。

1月20日，县十六届人大常委会举行第十八次会议。会议听取县委副书记、代县长张少华所作的《县政府工作机构调整情况的报告》；听取和表决通过有关人事任免事项；听取和审议县政府关于《常山县生态文明建设规划》编制情况的报告；讨论通过县十六届人大三次会议列席人员名单、各代表团组成人员名单等事项；讨论提出县十六届人大三次会议主席团和秘书长名单（草案）等事项的建议。

2月14日，县十六届人大常委会举行第十九次会议。会议听取和表决通过有关人事任免事项；听取县政府关于常山县2019年政府投资重点项目情况的报告；讨论提出2018年度民生实事项目完成情况评估报告和《常山县2019年度民生实事候选项目（草案）》；讨论提出《2019年度民生实事项目代表票决办法（草案）》；听取和审议代表资格审查报告；听取县十六届人大三次会议筹备工作情况的报告；讨论提出县十六届人民代表大会监察和《司法委员会组成人员人选通过办法（草案）》。

3月27日，县十六届人大常委会举行第二十次会议。会议听取和表决通过有关人事任免事项；听取和审议关于调整代表资格审查委员会成员的事项；听取和审议县公安局副局长李翔所作的《关于要求许可对县人大代表吴某某采取刑事强制措施的报告》；听取和审议县政府关于2018年常山县环境保护目标完成情况和2019年环境目标制定情况的报告；听取和审议县政府关于2018年度全县国有资产管理情况的综合报告和专项报告。会前，与会人员听取县行政服务中心管理办公室业务科副科长谢黎丽所作的《浙江省保障“最多跑一次”改革规定》法律辅导。

5月30日，县十六届人大常委会举行第二十一次会议。会议听取和审议有关人事任免事项；听取和审议县法院和县检察院关于《中华人民共和国民事诉讼法》贯彻实施情况的报告；听取和审议县检察院关于公益诉讼工作情况的报告；听取和审议县政府关于常山县贯彻实施《浙江省学前教育条例》情况的报告和县人大常委会执法检查组关于《浙江省学前教育条例》的执法检查报告。会前，与会人员听取县法院民事审判第一庭庭长郑志东所作的《中华人民共和国民事诉讼法》法律辅导。

6月26日，县十六届人大常委会举行第二十二次会议。会议听取和表决通过有关人事任免事项。

7月10日，县十六届人大常委会举行专题会议。会议听取和表决通过县法院有关人事任免事项。

7月25日，县十六届人大常委会举行第二十三次会议。会议听取和审议有关人事任免事项；听取和审议县公安局副局长叶树忠所作的《关于要求许可对县人大代表王俊采取刑事强制措施的报告》；听取和审议县政府关于常山县2019年1—6月国民经济和社会发展计划执行情况的报告、关于常山县2018年财政决算的报告、2018年财政预算执行和其他财政收支的审计工作报告、2019年1—6月财政预算执行情况的报告和紫港街道2019年预算编制及半年度执行情况的报告，书面审查《关于县经济和信息化局2019年1—6月部门预算执行情况的报告》和《关于县教育局2019年1—6月部门预算执行情况的报告》；听取和审议县政府关于常山县2019年地方政府债务限额及新增债务预算调整方案的报告、关于2019年常山县重点建设项目计划调整情况报告。

9月26日，县十六届人大常委会举行第二十四次会议。会议听取和审议有关人事任免事项；听取和审议县政府关于县十六届人大三次会议议案建议办理情况的报告、关于常山县农村生活污水处理设施建设运行情况的报告；听取和审议县政府关于《衢州市餐厨垃圾管理条例》贯彻实施情况的报告和县人大常委会执法检查组的执法检查报告；听取和审议代表资格审查报告。会前，与会人员听取市生态环境局常山分局监察大队大队长王东方所作的《中华人民共和国土壤污染防治法》法律辅导。

11月29日，县十六届人大常委会举行第二十五次会议。会议听取和审议有关人事任免事项；听取和审议县政府关于常山县2019年财政预算调整方案的报告；听取和审议县政府关于常山县美丽城镇建设工作情况的报告；听取和审议县政府关于芳村、球川两个《省级历史文化名镇保护规划》和里择祠《省级历史文化街区保护规划》的报告。会前，与会人员听取县住建局党委委员黄晓夏所作的《中华人民共和国城市房地产管理法》法律辅导。

12月30日，县十六届人大常委会举行第二十五次会议。会议听取和审议有关县十六届人大常委会委员和人大代表辞职事项；听取和审议县政府关于2019年民生实事项目完成情况的报告、关于2019年审计工作报告反馈问题整改落实情况的报告；讨论通过县十六届人大常委会2020年工作要点。

重要活动

【对县住建局、市场监管局进行工作评议】 2019年，县人大常委会依法对县住建局、市场监管局进行工作评议，常委会广泛征集被评单位、人大代表、服务对象意见建议，调查收集、梳理反馈意见120余条。专题听取被评单位工作报告和评议组工作评议调查报告，并进行满意度测评。县住建局、市场监管局切实做到边评边改，着力提升依法行政能力和水平。

【全县民营经济高质量发展专项监督】2019年，县人大常委会成立6个调研组深入全县62家企业走访调研，广泛征集意见建议，梳理汇总5方面69条问题交县政府办理，并召开促进民营经济高质量发展专题询问会。县政府高度重视，召开专题会议，各分管副县长牵头负责，责任部门销号落实，推动企业反映的融资贷款难、技术人才缺、配套服务不完善等一些问题的解决。

【人大监督与舆论监督相结合模式创新】2019年，县人大常委会在县电视台设立民生实事专栏节目，约访承办单位负责人，开展近三年民生实事项目“回头看”，一项目一专题在电视台等新闻媒介播报，让全社会共同关注和监督民生实事项目推进。县政府重视民生实事政务督查，建立“一季一通报”等机制，全力推进项目实施，2019年度民生实事项目成效明显，2017年度、2018年度民生实事项目尾欠工程全部完成。

（段寿平）

小资料：人大代表优秀议案

关于加快“东接新衢州 慢城大花园”先行试点区块建设的议案

一、案由

中共衢州市委七届四次全会站在历史和时代的新高度，准确研判衢州经济社会发展面临的重大机遇，开创性地制定“1433”战略规划体系，为衢州今后一个时期的全市域发展描绘了蓝图、指明了方向。作为衢州大家庭的重要成员，常山县紧跟全市步伐，适时制定《东接新衢州，慢城大花园》行动计划，大力推进“衢常一体化、同城化”发展。中共常山县委十三届六次全会更是明确提出：抓住“长三角”一体化、全省“四大”建设、衢州“融杭接沪”重大机遇，主动对接衢州高铁新城建设，加快“衢常一体融合发展”步伐，着力构建“7＋3”特色小镇发展体系，实现市县规划衔接、资源融合、优势互补。全面启动招贤区块建设，加快集镇特色化改造，大力培育区域特色经济，把招贤镇打造成为常山对接衢州的桥头堡、示范城。2019年，常山县人民代表大会政府工作报告也对招贤、青石、东案等乡镇的重大基础设施建设、产业培育、节点打造等方面进行具体安排。

二、案据

1. 区位交通优势明显。招贤镇域内交通体系完善，汇聚六大通道，320国道、杭金衢高速公路、黄衢南高速公路、九景衢铁路、衢常沿江公路和即将开发建设的常山港航道纵横交错、贯穿全境，素有常山“东大门”之称。招贤地处衢州和常山区间中点，毗邻衢州机场、杭长高铁衢州站和即将建成的杭衢高铁衢州西站（直线距离6千米），是常山对接衢州的“桥头堡”。

2. 人文历史底蕴深厚。招贤镇是有着1300多年历史的“千年古镇”，唐咸亨五年（674）至广德二年（764），古县治设于招贤（今古县村、古县畈村一带）。招贤古渡、招贤古街曾盛极一时，既是衢州通往赣、皖等内陆地区的咽喉之地，更是商贾贸易、客旅往来的集散之地，陆游、杨万里等文人骚客曾在此豪情抒怀，是常山县打造“宋诗之河”文化品牌的重要节点。镇域内现有省级文物保护单位——樊氏大宗祠，省级第一批传统村落——樊村村、五里村，常山县唯一的国家级非物质文化遗产项目——常山喝彩歌谣传承基地。

3. 幸福产业独具特色。作为首批市级特色小镇，招贤镇生态底本优越，森林覆盖率81.6%，2018年度Ⅰ类水出境达149天，幸福产业资源丰富、发展迅速，特别是龙头核心项目——赛得健康小镇，占地4500亩，计划总投资36亿元，是省重点项目、省重大示范项目、省内健康养生产业标杆性项目。该项目以健康管理、中医养生、健康养老、健康旅游为定位。目前一期已建成，二期正在加紧建设当中，于2018年12月正式开园营业。总投资18亿元的亿利香柚湾项目即将落地。

三、建议

围绕以上优势，建议县政府加快以招贤镇为重点的“东接新衢州，慢城大花园”先行试点区块建设。在集镇建设、产业培育、基础设施配套等方面给予更大力度的支持，将招贤镇尽快打造成为名副其实的常山对接衢州的桥头堡、示范城，同时辐射带动青石、东案、大桥等周边乡镇的一体融合发展。

（何小建 汪慧建）

关于加快产城融合步伐 推进工业经济高质量发展的议案

一、案由

近年来，衢州市委、市政府提出打造中国营商环境最优城市的目标。县委、县政府也积极响应，开展“三年”活动，将营商环境打造列为2019年的一项重要任务，开发区作为工业经济主战场，是承载发展重任的重要平台。良好的投资环境能够带来密集的资金、技术和人才，优化经济发展环境，美化人们的生活环境，也能够实现经济和社会的协调发展。随着市场经济的发展，投资者对投资环境的要求越来越高，园区配套设施是否完善已经成为影响园区经济发展因素之一。

二、案据

部分园区因开发年限较长，当初功能设计未完全跟上形势发展需要，尤其是新都工业园区生产生活配套设施缺失严重，入园企业招工难、留人难的问题普遍存在，进而造成招商引资企业，特别是外地企业不愿进驻。绿色产业集聚区因进驻企业较少，未能形成规模，生产和生活性配套缺失。

金川街道新都片常桥、新建、五里亭、十里山、十五里、蒋家、新都7个村，均为新都工业园区征迁村，开发时因规划、设计、建设时序问题，现状是园中有村、村在园中。十里山、五里亭等已建成的农民安置区，已成为园区职工下班后主要休闲场所。但安置区设计之初更多的是考虑“即拆即安”，没有形成完善的商住服务配套，仅能为园区职工提供最基本的日用消费品，大部分园区职工都租住在周边农户家，在消防安全等方面存在较大安全隐患。近年来，常山县工业经济呈现较快发展，入驻企业越来越多，园区也在不断扩张，园区基础设施配套建设也越来越受企业关注。加快园区基础配套设施建设已成为改善营商环境、加快园区工业发展急需解决的瓶颈问题。

三、建议

1. 对老安置区进行提升改造。由开发区、街道共同助力，对十里山、常桥、新建等已有一定商业氛围的安置街区进行绿化、亮化和美化提升，现有街区店面由政府主导统一设计、统一店招，新建职工公寓，对园区商业、居住环境进行全面提升。在闲置地块进行改造升级，新建口袋公园、小广场等休闲娱乐场所，新增体育健身器材。在园中村创新发展文化产业，新改建一批文化礼堂，以开展文化巡演等方式，传播向善、向上正能量。开设24小时免费书屋方便园区职工借阅，提高自身文化修养。为园区职工8小时之外的休闲娱乐活动提供更多可选项目，进一步提升园区职工的归属感和获得感。

2. 对新安置区超前谋划实施。建议开发区出资对新都工业园区及产业集聚区（常山片区）周边的新都、十五里、朱家坞、金川弄等村新安置区进行周密科学规划，避免反复调整，影响规划的整体性、科学性和基础设施项目安排的合理性。规划职工宿舍大楼，不断完善周边供水、供电、供气、道路、通讯、排污等基础设施，对生活配套的商业街区、休闲广场、文化礼堂、运动场所、公共厕所、免费书吧等文体教方面的民生项目加大投入，为园区企业职工解决吃、住、行、娱乐、购物等实际问题，解决企业发展的后顾之忧。树立良好的园区形象，增强园区的资本集聚和人才吸纳能力。进一步推动产业布局、优化产业布局、拓展发展空间，不断提高园区综合竞争力和可持续发展能力。

3. 高起点、高标准谋划集聚区建设。结合村庄规划和环境保护的要求，确立双赢“一盘棋”的理念，将集聚区和村庄统筹进行规划，突出规划的前瞻性、战略性和操作性，确保规划建设的整体性。根据规划分期实施，特别是建设前期征迁工作，做到应拆尽拆，充分保障集聚区规划发展空间。学习国内先进开发区发展经验，超前进行现代化的基础设施建设，完善商住行一体配套设置，增强集聚区招商引资的承载力与吸引力，全力打造营商环境最优城市。

（郑俊）

常山县人民政府

综　述

2019年，全县实现地区生产总值150.4亿元，比上年增长6.6%；财政总收入18.9亿元，其中一般公共预算收入11.8亿元，分别增长10.8%和7.4%；全县社会消费品零售总额74.3亿元，增长6.3%；城乡居民人均可支配收入分别达到39654元和22149元，分别增长8.9%和9.7%。

项目攻坚卓有成效。建立项目全生命周期管理机制，实现项目谋划、招引、实施全流程监管，全年完成重点项目投资108亿元，比上年增长24.1%，其中23个省市重点项目均超时序进度，省市县长项目开工入库率超额完成省定任务，排名全市第一。开展重点项目“百日攻坚”行动，实现项目“月月有开工、天天在建设”，其间，共举行4次集中开工，37个项目集中开建。大力整治项目工程领域乱象，群众密切关注的城市道路“白改黑”、白石镇饮用水管网改造两个遗留民生实事项目顺利竣工。

工业运行持续稳健。全县129家规模以上工业企业实现产值130亿元，比上年增长8.2%；实现增加值34.6亿元，比上年增长7.6%。大力发展数字经济，全市率先成立东南数字经济发展研究院常山分院，完成5家轴承企业数字化改造。轴承行业改造提升被列入传统产业改造提升省级试点，数字经济发展综合评价位列全市第二。全力扶持企业做大，出台“工业新政28条”，设立工业转型升级专项资金和企业还贷周转资金各1亿元，大和热磁、斯凯孚一期顺利投产，哲丰新材料二期开工建设。创新开展招才引智，新建专家院士工作站5家，开展合作项目5个，吸引投资5亿元，双明轴承建成全市唯一省级院士专家站。持续深化“亩均论英雄”改革，处置僵尸企业8家，出清亩均税收万元以下企业38家。

农业发展更具特色。创新胡柚销售模式，试水网红直播销售和农博会网络销售，实行农投集团价格托底收购。艾佳果蔬建成胡柚全自动分级生产线和速冻生产线，实现胡柚差别化、不间断销售。“衢枳壳”儿科抗呼吸道感染项目获省级立项。成立“油博士工作站”，建立全省首家山茶油及食用植物油质量检验中心，“新华·中国油茶产品”价格指数（常山发布）正式发布，东海常山木本油料运营中心成交额突破11亿元。由工商资本主导，主打一、二、三产融合和总部经济的“两香一莓”特色农业产业培育起势迅猛，新建香柚基地4500亩、香榧基地3000亩、蓝莓基地1200亩。青石镇入选全国农业产业强镇建设名单。

幸福产业绽放开花。以大项目为牵引，着力培育大康养产业，总投资50亿元的远山云间旅游度假区项目正式签约，总投资24.3亿元的金色同弓田园综合体开工建设，成为全市唯一入选省级田园综合体建设名单的项目。深化文旅融合，常山江“宋诗之河”被纳入钱塘江诗路黄金旅游带规划，入选全省首批诗路旅游目的地培育名单，发布全国首张“宋诗地图”。打响休闲品牌，国际慢城运动基地入选省级运动休闲旅游示范基地，慢城绿道被评为浙江省十佳运动休闲绿道。成功举办首届中国常山鲜辣美食节，常山获“浙江鲜辣美食之乡”称号。

城市功能不断完善。国际慢城城市休闲谷动工建设，滨江东路、府前路、朱富线城市化道路改造工程竣工通车，滨江一期人行景观桥、文昌阁基本建成。完成城区5个“口袋公园”、渡口小区改造、万盏路灯提升工程建设。深化“红色物业联盟”“楼长制”城市治理品牌，被评为浙江省生活垃圾分类工作优秀县，通过国家卫生县城复审。农民集聚破冰前行，制定出台实施意见和操作细则，重点明确“1+3”城乡安置布局和公司化运作模式，6个安置区启动建设。

乡村风貌显著提升。诗画风光带建设全线推进，7个重点村和17个实施村更加靓丽，新增A级景区村30个。农房新貌连片提升，拆除各类农房5.1万余宗、面积236.3万平方米，“一米菜园”美丽行动、村庄停车场等彰显乡村韵味。全域土地综合整治成效明显，在全省现场会上作典型发言，新增水田2053亩、旱地113亩、旱改水1127亩，完成建设用地复垦1270亩。投入2000万元实施“万家灯火”工程，为51个村庄的主干道、主要集聚场所装上路灯。被评为2019年农村生活污水治理设施运维管理优秀县，入选全省首批15个数字乡村试点示范县。

生态底色愈发亮丽。抓好环保督察反馈问题整改落实，28件中央环保督察交办信访件和21件省环保督察信访件全部完成整改。整合26个部门力量，累计投入2亿元，强势推进轻钙产业整治，全县16家轻钙企业全面关停，拆除立窑43座、厂房8万平方米。开展生态园区整治提升行动，累计投入1.1亿元，出清企业17家，完成空间规划和产业规划编制，成功争取并完成热源点规划修编，路网、绿化改造提升工程陆续启动。开展危废固废“雷霆斩污”等环保执法专项行动，立案查处案件41起。全面打响治气、治水、治土“三大攻坚战”，完成涉气“散乱污”企业整治23家，工业园区“污水零直排区”通过验收。

改革创新纵深推进。唱响数字城市“三城记”，精简证明273类，累计开通掌上办事项600余项。围绕“三个生命周期”，推出退休一件事联办、婚育户联办，推行企业开办一个工作日。以县人民医院为示范点，推进“八站四心”公共场所便利化改革。“车事一站办到底”“低保惠民联办”被省委改革办《竞跑者》推广，其中“低保惠民联办”成为全国15个社会救助领域优秀创新实践案例之一。开发完成小额建设工程交易电子招标系统，实现电子交易全流程。“最多跑一地”工作改革落地见效。全市首家挂牌开放社会治理综合服务中心，运行5个月共受理群众诉求事项1136件，办结率96.1%；线上受理群众诉求事项9.5万件，办结率99.9%，有效实现群众投诉、信访“最多跑一地”，获省委秘书长陈金彪、省委政法委书记王昌荣高度肯定。全县推行信访代办制，设立县、乡、村三级全覆盖调委会，共调处案件数7937件，调解成功率达99.7%。

协作开放持续升级。山海协作打开新空间，新增产业合作项目19个，由常山县国资公司控股的上林英才产业园作为消薄“飞地”落地慈溪高新技术开发区，已入驻并实现产业化项目10余个，预计每年能为常山120个薄弱村带来近千万的保底收益。东西部扶贫达到新高度，常山—古蔺扶贫车间在全国东西部扶贫协作现场经验交流会上作经验介绍。创新以企业收购农产品为主的消费扶贫新模式，完成扶持金额1.41亿元，占全省消费扶贫目标总额的17.6%。衢饶示范区建设迈出新步伐，筹委会集中办公区落户常山，示范区常山片区总规和控规完成编制，总投资2亿元的“未来驿站”即将开工。

全民共享社会成果。全年民生支出41.8亿元，占财政总支出75%。“强村富民”“千企结千村”行动颇具成效，全县180个行政村经营性收入10万元以上村达175个，占比97.2%。低收入农户人均可支配收入预计达11400元，比上年增长16%，全年减少低收入对象1226人。就业形势保持稳定，新增就业7065人。县第二社会福利中心开工建设，新建示范型居家养老服务中心4家。建成10家乡镇（街道）“残疾人之家”。成功创建浙江省食品安全县、省级“无欠薪”县。社会福利、慈善、医疗救助、红十字、住房公积金等工作取得新成效。

全力共谋社会事业。全年教育总支出6.9亿元，比上年增长13%。设立“文峰书香”教育奖励基金，按学年度实施精准嘉奖。中高考再创佳绩，高考一段上线人数达251人，育才中学中考四项考核指标获全市第一。五里小学迁建、3幢校园体艺楼、2所幼儿园建设有序推进。设立常山工匠学院，确定每年9月25日为“常山工匠日”。新妇保院建成启用，人民医院二期项目全面启动。27个文化礼堂和1家南孔书屋建成投用。中国·常山山地自行车公开赛、第三届常山赏石文化节、四智会国际跳棋比赛、全国皮划艇赛艇U系列赛等赛事活动精彩纷呈。建立“专班协调+专项督查”机制，总计投入1.8亿元，提前全面完成2019年十个为民办实事项目。工青妇、儿童、档案、气象、电大、决策咨询等工作取得新成绩。

全民共建社会平安。推进“慢城通+基层治理”，全市率先建成城市大脑数据专区，打通49项便民服务功能模块，归集3.9亿余条数据，2840项政务服务事项实现掌上申报，占比达98.8%。“扫黑除恶+树正打歪”组合拳成效显著，全年街面“两抢”案件零发生，非法经营成品油整治力度和成效均居全市首位，治理“套路贷”专项行动共查封冻结涉案资金1800余万元，实现全县医保欺诈骗保专项整治全覆盖，被列入全省首批省级禁毒示范县创建名单。“1+3+X”信访调解对接机制收效明显，实现国庆安保“零进京”，实现省级平安县创建“十五连冠”。国防动员、人民防空、民族、宗教、外事、侨务、对台、供销等工作得到加强。

县政府常务会议

2019年，县政府共召开常务会议41次，其中晚上召开的有33次，占80.48%。

【县政府第32次常务会议】 此次会议于1月15日晚上召开，由代县长张少华主持。会议学习市委书记徐文光在常山县领导干部会议上的讲话要点和市委常委、组织部部长林晓峰在常山县领导干部述职述廉会议上的讲话要点，研究《关于捷姆轴承集团有限公司等两家企业要求享受企业兼并重组有关政策的汇报（送审稿）》《关于进一步规范政府投资项目工程变更的意见（送审稿）》《常山县同弓乡全域土地综合整治项目EPC招标主要条款（送审稿）》《常山县金钉子自然保护区整改建议（送审稿）》《关于2019年政府工作报告汇报（送审稿）》。

【县政府第33次常务会议】 此次会议于1

月28日晚上召开，由代县长张少华主持。会议研究《常山县“大棚房”问题专项清理整治行动工作情况汇报（送审稿）》《常山县农村饮用水达标提标专项行动计划(2018—2020年)（送审稿）》《常山县第二次城镇房屋安全隐患排查的情况汇报（送审稿）》《关于进一步加强公共资源统筹管理利用的指导意见（送审稿）》《常山县2018年度安全生产工作情况汇报（送审稿）》《关于给予常山县行政服务中心等单位记集体三等功的决定（送审稿）》。

【县政府第34次常务会议】 此次会议于2月18日晚上召开，由代县长张少华主持。会议研究《常山县金融支持重点企业上市的补充意见（送审稿）》《关于天子股份有限公司融资工作的情况汇报（送审稿）》。

【县政府第35次常务会议】 此次会议于3月4日晚上召开，由县长张少华主持。会议学习《中共中央关于加强党的政治建设的意见（中发〔2019〕4号）》和《中国共产党重大事项请示报告条例》(中发〔2019〕5号)，研究《加快常山冠科置业有限公司破产清算的建议（送审稿）》《关于举办“沙孟海奖”第十届全浙书法篆刻大展的报告（送审稿）》《常山县人民政府工作规则（送审稿）》。

【县政府第36次常务会议】 此次会议于3月11日晚上召开，由县长张少华主持。会议研究《常山县中心城区声环境功能区划分方案（2018—2022）（送审稿）》《常山县落实中央和省级环保督察交办信访件和反馈问题整改情况汇报》。

【县政府第37次常务会议】 此次会议于3月18日晚上召开，由县长张少华主持。会议传达学习全国两会精神和全市领导干部会议精神，研究《关于集体土地房屋重置价格标准的补充意见（送审稿）》《关于开展“谋划好项目，擂台大比拼”专项行动的通知（送审稿）》《2019年常山县参与推动长江经济带发展工作意见（送审稿）》《常山县长江经济带生态环境问题排查整改工作方案（送审稿）》。

【县政府第38次常务会议】 此次会议于3月25日晚上召开，由县长张少华主持。会议传达关于各级领导对江苏响水天嘉宜化工有限公司“3•21”爆炸事故作出的重要指示精神、全省危险化学品安全生产大检查工作视频会议精神和全市污染防治三大战役暨环保督察整改工作推进会精神，研究《全县化工企业安全生产大检查情况汇报（送审稿）》《常山县困难企业返还2018年度社保费实施方案（送审稿）》《交通项目推进中急需明确的相关政策问题（送审稿）》《常山县公安局扫黑除恶攻坚年专项行动实施方案（送审稿）》。

【县政府第39次常务会议】 此次会议于4月1日晚上召开，由县长张少华主持。会议传达中央扫黑除恶第11督导组督导浙江工作动员会和徐文光书记讲话精神，研究《常山县金融服务支持小组人选名单及工作职责（送审稿）》《关于融资平台公司市场化转型的实施方案（送审稿）》《关于深化常山县国有企业改革的意见》《常山县创建“无证明办事之城”实施方案（送审稿）》《关于2018年度常山县政府质量奖评审工作情况汇报（送审稿）》《关于加快生态园区整治提升打造全省标杆园区的工作方案（送审稿）》《关于给予浙江（常山）万洋众创城项目相关补助的汇报（送审稿）》《关于交通项目推进中急需明确的相关政策问题（送审稿）》《关于进一步推进农民集聚工程的实施意见（试行）》（征求意见稿）。

【县政府第40次常务会议】 此次会议于4月8日晚上召开，由县长张少华主持。会议学习《中共浙江省委办公厅浙江省人民政府办公厅关于整治形式主义突出问题切实减轻基层负担的若干意见》，研究《关于第七批县劳动模范及模范集体评选工作的情况汇报（送审稿）》《G320常山大塘后至朱家渡2019年公路养护大中修工程招投标事宜（送审稿）》《关于加快推进工业经济高质量发展的若干政策意见（送审稿）》《2019年工业经济发展大会方案和2018年度县长特别奖等相关事项的汇报（送审稿）》《关于常山县“金钉子”自然保护区整改工作报告（送审稿）》、《关于调整常山县工业园区污水处理厂污水排放标准的请示（送审稿）》《关于扫黑除恶相关情况汇报（送审稿）》。

【县政府第41次常务会议】 此次会议于4月15日召开，由县长张少华主持。会议研究《关于“纯声乐音乐会”演出活动的汇报（送审稿）》《关于常山县再生资源回收总部企业面临税务问题的工作方案（送审稿）》《关于常山县国有房地产分类处置及确权政策的意见（送审稿）》《常山县产业投资引导基金投资常山众卡物流产业园投资有限公司的汇报（送审稿）》《关于明确众卡常山产业园项目优惠政策的请示（送审稿）》《关于解决县水务公司部分历史遗留问题的建议（送审稿）》。

【县政府第42次常务会议】 此次会议于4月22日晚上召开，由县长张少华主持。会议传达衢州市政府市长汤飞帆在市七届政府第三次全体（扩大）会议暨廉政工作会议上的讲话，研究《关于给予韩金铭、姚金环二位同志记个人三等功的决定（送审稿）》《关于创建浙江省食品安全县工作情况的汇报（送审稿）》《关于明确常山县视联网进村（社）实施方案（送审稿）》《常山县2019年招商引资考核办法（送审稿）》《健全精准招商工作机制的办法（送审稿）》《常山县综合供能服务站项目推进方案（送审稿）》。

【县政府第43次常务会议】 此次会议于4月30日召开，由县长张少华主持。会议研究《中央扫黑除恶督导组督导反馈意见整改落实方案（送审稿）》《关于常山县生态园区出清企业的补偿建议（送审稿）》《关于落实中央环保督察2260和10323号信访件整改工作的情况汇报（送审稿）》《中央环保督察辉埠镇钙产业整治进展情况汇报（送审稿）》《常山县黄泥塘“金钉子”省级地质遗迹省级自然保护区整改进度汇报（送审稿）》。

【县政府第44次常务会议】 此次会议于5月7日晚上召开，由县长张少华主持。会议研究《关于常山县城区危旧房治理改造中储藏室有关问题的补充意见（送审稿）》《关于调整常山县管道天然气销售价格的建议（送审稿）》《常山县申报全国家政服务业提质扩容“领跑者”行动试点工作方案（送审稿）》《东汇鉴力医药项目入园协议（送审稿）》《常山县一般工业固体废物综合利用及处置规划（2019—2022）（送审稿）》《2019年常山县财政专项资金细化预算（送审稿）》。

【县政府第45次常务会议】 此次会议于5月13日晚上召开，由县长张少华主持。会议通报温岭“5•12”农用车侧翻事故并部署近期安全生产工作；研究《关于创建浙江省

“信用县”的实施方案（送审稿）》《常山县生活垃圾填埋场提升改造工程（一期）项目情况汇报（送审稿）》《常山县制石制砂加工经营权公开出让方案（送审稿）》。

【县政府第46次常务会议】 此次会议于5月20日晚上召开，由县长张少华主持。会议研究《关于进一步健全经济型人才共享共育机制的实施意见（送审稿）》《关于阶段性降低常山县部分企业社会保险缴费工作的实施意见（送审稿）》《关于降低常山县社会保险费率工作的实施意见（送审稿）》《关于返还困难企业社保费的补充意见（送审稿）》《关于增加城市社区专职工作人员事项（送审稿）》《常山县节地生态安葬奖励实施办法（送审稿）》《关于加快推进职业教育发展的若干意见（送审稿）》《关于浙赣边际合作（衢饶）示范区常山片区推进工作的汇报（送审稿）》《常山县环境污染问题有奖举报办法（暂行）（送审稿）》《常山县迎接中央和省级环保督察重点工作情况汇报（送审稿）》《常山县治水长效战2019年工作计划（送审稿）》《常山县治气攻坚战暨打赢蓝天保卫战2019年工作计划（送审稿）》《常山县治土持久战2019年工作计划（送审稿）》《常山县贯彻落实中央和省环境保护督察反馈意见整改2019年工作计划（送审稿）》。

【县政府第47次常务会议】 此次会议于5月28日晚上召开，由县长张少华主持。会议研究《关于医疗保险购买服务情况汇报（送审稿）》《关于核定常山县小学放学后校内托管服务收费标准的情况汇报（送审稿）》《常山县规划委员会联席会议制度（送审稿）》《关于常山化工、时庆化工退役场地污染调查情况汇报（送审稿）》《关于常山县青石镇砚瓦山村美丽乡村重要节点建设工程采用EPC模式的情况汇报（送审稿）》《关于县信访局从事信访岗位的事业编制人员发放信访岗位津贴的意见（送审稿）》《关于进一步规范常山县被征地农民基本生活保障征地参保程序的通知（送审稿）》《关于调整常山县被征地农民基本生活保障工作领导小组的通知（送审稿）》《常山县被征地农民基本生活保障工作联席会议制度（送审稿）》《关于国企改革相关配套政策（送审稿）》。

【县政府第48次常务会议】 此次会议于6月3日晚上召开，由县长张少华主持。会议研究《常山县招商引资优惠奖励政策（送审稿）》《关于衢州市绿色产业集聚区常山片区控规优化调整的汇报（送审稿）》。

【县政府第49次常务会议】 此次会议于6月3日晚上召开，由县长张少华主持。会议研究《常山县招商引资优惠奖励政策（送审稿）》《关于衢州市绿色产业集聚区常山片区控规优化调整的汇报（送审稿）》。

【县政府第50次常务会议】 此次会议于6月17日晚上召开，由县长张少华主持。会议研究《关于要求调整乡镇（街道）征地拆迁工作经费标准的请示（送审稿）》《关于推进土地大流转推动产业大提升的若干意见（送审稿）》《常山县农村宅基地“三权分置”登记暂行办法（送审稿）》《关于绿色产业集聚区产城融合重大基础设施项目建设的实施建议（送审稿）》《关于深化联勤联动实现路地公安机关融合的报告（送审稿）》《关于常山县远山云间旅游度假区项目投资协议的汇报（送审稿）》。

【县政府第51次常务会议】 此次会议于6月24日晚上召开，由县长张少华主持。会议传达林晓峰部长在常山调研时关于消薄工作的讲话精神，听取《职业教育有关工作的汇报》《常山县贯彻落实精准扶贫政策情况工作汇报》《关于全县扫黑除恶专项斗争2019年上半年工作情况的报告》，研究《常山县扶贫领域专项整治工作实施方案（送审稿）》《关于地质灾害隐患综合治理整改情况的汇报（送审稿）》《常山县落实中央扫黑除恶督导组反馈问题整改工作方案（送审稿）》。

【县政府第52次常务会议】 此次会议于7月1日召开，由县长张少华主持。会议听取《2019年常山县重点建设项目计划调整情况汇报（送审稿）》《关于进一步支持大学生就业创业打造"青年常山"的意见（送审稿）》《关于县第十六届人大三次会议正式议案的答复意见（送审稿）》。

【县政府第53次常务会议】 此次会议于7月8日晚上召开，由县长张少华主持。会议听取《常山县主城区红线范围内集体土地上房屋征收中相关政策调整意见（试行）（送审稿）》。

【县政府第54次常务会议】 此次会议于7月15日召开，由县长张少华主持。会议听取《关于深化常山县新闻传媒集团改革发展的报告（送审稿）》《关于常山县扶贫领域自查情况汇报（送审稿）》。

【县政府第55次常务会议】 此次会议于7月22日晚上召开，由县长张少华主持。会议传达全市政府数字化转型工作推进会精神，听取《关于常山县2019年1—6月国民经济和社会发展计划执行情况的报告（送审稿）》《国投公司、城投集团、农投集团三定方案（送审稿）》《常山县数字经济五年倍增计划（送审稿）》《关于成立政府数字化转型领导小组的请示（送审稿）》《常山县2019年高标准农田建设实施方案（送审稿）》《关于浙江常山绿惠投资开发有限公司第0002980号不动产转让的情况汇报（送审稿）》《关于浙江中源幕墙装饰集团有限公司项目入园协议的情况汇报（送审稿）》《关于常山县2018年财政决算和2019年1—6月财政预算执行情况的报告（送审稿）》《关于常山县2019年地方政府债务限额及新增债务预算调整方案的说明（送审稿）》。

【县政府第56次常务会议】 此次会议于7月28日召开，由县长张少华主持。会议听取《全县扫黑除恶专项斗争工作开展情况的汇报（送审稿）》《常山县农村网格工作考核管理办法（试行）（送审稿）》《全县道路交通安全管理工作情况汇报（送审稿）》《常山县山海协作和东西部扶贫协作工作汇报（送审稿）》《关于常山县政府债务情况的汇报（送审稿）》。

【县政府第57次常务会议】 此次会议于8月5日晚上召开，由县长张少华主持。会议听取《关于哲丰苑配套道路建设的情况汇报（送审稿）》《关于常山县促进民营经济高质量发展情况的报告（送审稿）》《关于确定何辉公路下穿衢九铁路段咨询单位及费用的情况汇报（送审稿）》。

【县政府第58次常务会议】 此次会议于8月12日晚上召开，由县长张少华主持。会议听取《常山县地下建筑城市基础设施配套费收取标准的相关建议（送审稿）》《关于贯彻落实省政府2019年第9号超强台风抢险救灾和灾后重建工作视频会议精神的意见》《常山县2019年半年度安全生产工作情况汇报、常山县“防风险、保安全、迎大庆”安全生产综合整治大行动方案（送审稿）》《关于常山县工业园区整合实施意见和工作方案的情况汇报（送审稿）》《常山县政府投资项目工程变更管理办法（送审稿）》《关于常山江山虎水泥有限公司水泥窑协同处置固废项目工作情况汇报（送审稿）》《慈溪—常山山海协作“消薄飞地”产业园项目合作协议书、慈溪—常山山海协作“消薄飞地”产业园方案（送审稿）》。

【县政府第59次常务会议】 此次会议于9月2日晚上召开，由县长张少华主持。会议学习《重大行政决策程序暂行条例》，听取《关于进一步加强常山县预算追加管理的相关汇报（送审稿）》《关于进一步加强构建乡村振兴涉农资金统筹整合机制的实施意见（送审稿）》《关于将部分资产变更土地性质和实行土地“拨改让”等相关事宜（送审稿）》《关于设置常山县人民法院招贤人民法庭的相关汇报（送审稿）》。

【县政府第60次常务会议】 此次会议于9月9日召开，由县长张少华主持。会议研究《常山县生态保护红线评估调整方案（送审稿）》，听取《关于核定常山县西山陵园墓穴价格的情况汇报（送审稿）》《常山县禁毒工作汇报（送审稿）》，讨论中国观赏石博览馆观赏石续租有关事项、研究教育事业发展有关事项。

【县政府第61次常务会议】 此次会议于9月30日召开，由县长张少华主持。会议研究《关于解决招贤镇、青石镇以及紫港街道对县工业发展有限责任公司欠款问题解决方案（送审稿）》《常山县辉埠镇全域土地整治及生态修复工程EPC总承包有关事项（送审稿）》《关于慢城通二期项目的建设方案（送审稿）》；传达市委扫黑除恶专项斗争工作汇报会精神；听取《全县扫黑除恶专项斗争暨深化“树正气、打歪风”专项行动工作开展情况的报告（送审稿）》；研究《落实省委巡视组反馈意见整改分工抓落实方案（送审稿）》；部署2019年国庆节期间有关工作。

【县政府第62次常务会议】 此次会议于10月11日晚上召开，由县长张少华主持。会议研究《关于对常山县“职工工作餐补助”统筹管理的建议（送审稿）》《关于常山众卡物流产业园投资有限公司参与常山县民间融资服务管理中心有限公司经营管理的情况汇报（送审稿）》《“文峰书香”教育奖励基金使用方案（送审稿）》《关于给予常山育才中学记集体三等功的决定（送审稿）》《常山县居住小区违法建筑分类处置办法（送审稿）》。

【县政府第63次常务会议】 此次会议于10月30日晚上召开，由县长张少华主持。会议研究《关于常山县农民集聚工程的操作办法（送审稿）》《常山县促进社会组织发展的若干意见（试行）（送审稿）》；听取《常山农投集团创新胡柚销售模式工作方案的汇报（送审稿）》《关于兑现众卡物流产业园基础设施建设奖励政策的汇报（送审稿）》《关于赏石小镇创国家AAAA景区提升整改事项的汇报（送审稿）》《“对黄赌毒和黑恶势力听之任之、失职失责、包庇纵容充当保护伞问题”专项整治工作汇报（送审稿）》；

研究《常山县2019年财政预算调整方案》。

【县政府第64次常务会议】 此次会议于11月4日晚上召开，由县长张少华主持。会议研究《常山县人民医院医共体“有礼医院·智慧服务”实施方案（送审稿）》《关于收购建筑施工企业、设立商品混凝土公司及后续政策支持的情况汇报（送审稿）》《常山县万洋众创城工业厂房开发经营管理规定》《常山县万洋众创城工业厂房产权分割管理办法（送审稿）》《常山县突发环境事件应急预案》《常山县集中式饮用水水源地突发环境事件应急预案（送审稿）》《农投集团近期应急工程实施工作汇报（送审稿）》《慈溪—常山山海协作“消薄飞地”产业园项目合作协议书（送审稿）》。

【县政府第65次常务会议】 此次会议于11月11日晚上召开，由县长张少华主持。会议听取《常山县天马污水处理厂一、二期清洁排放技术改造项目和三期扩建项目情况汇报（送审稿）》；研究《常山县农村饮用水达标提标工程建设管理办法》《常山县农村饮用水工程运行管理办法（试行）（送审稿）》。

【县政府第66次常务会议】 此次会议于11月19日召开，由县长张少华主持。会议研究《关于落实基层法院、基层检察院“八项待遇”工作开展情况的报告（送审稿）》，省委巡视反馈意见整改工作，《常山县安全生产和环境污染综合责任保险扩面工作实施方案（送审稿）》。

【县政府第67次常务会议】 此次会议于11月25日晚上召开，由县长张少华主持。会议听取《关于常山县芳村、球川两个省级历史文化名镇和里择祠省级历史文化街区保护规划编制情况汇报（送审稿）》；研究《常山县小额工程项目交易管理办法（送审稿）》《2019中国·常山乡村振兴产业发展大会方案（送审稿）》。

【县政府第68次常务会议】 此次会议于12月2日晚上召开，由县长张少华主持。会议研究《关于进一步加强医疗救助工作的实施意见（送审稿）》；听取《全县道路交通安全大会战情况汇报（送审稿）》；研究《同弓乡全域土地整治涉及村民林地经营权处理的意见（送审稿）》。

【县政府第69次常务会议】 此次会议于12月10日晚上召开，由县长张少华主持。会议研究《关于解决部分退役士兵社会保险接续经费保障工作情况的报告（送审稿）》《关于完善常山县经济开发区、辉埠镇和金川街道财政体制的通知（送审稿）》；听取《关于编外用工清理规范工作进展情况汇报（送审稿）》《关于重点工作专班调整情况汇报（送审稿）》；研究《常山县国有企业三角债债务化解的指导意见（送审稿）》。

【县政府第70次常务会议】 此次会议于12月16日晚上召开，由县长张少华主持。会议研究《常山县重污染天气应急预案（送审稿）》《常山县辐射事故应急预案（送审稿）》《常山县国有企业主要负责人经营业绩考核及薪酬管理办法（试行）》及2019年国有企业高管绩效考核指标（送审稿）、《常山县辉埠镇钙产业整治和镇区水体污染问题整改工作方案（送审稿）》。

【县政府第71次常务会议】 此次会议于12

月23日晚上召开，由县长张少华主持。会议研究《常山县生态园区化工企业重组提升方案（送审稿）》《常山县工业投资项目负面清单管理办法（送审稿）》《常山县工业数字化转型三年行动计划（2020—2022年）（送审稿）》《关于支持大服务业高质量发展的若干意见（送审稿）》《关于全面推进预算绩效管理的实施意见（送审稿）》《关于加快总部经济高质量发展的实施意见（送审稿）》；听取《百悦城、鸿鼎项目毛坯交付的情况汇报（送审稿）》《常山县天马污水处理厂一、二期清洁排放技术改造项目污水处理服务费谈判情况汇报(送审稿)》《2019年审计查出问题整改落实情况汇报（送审稿）》；审议《关于进一步加快推进绿色可持续发展的实施意见（送审稿）》《常山县工程项目中矿产资源规范处置及防范打击非法采矿行为暂行办法（试行）》《2020年春节期间“访民情、送温暖”活动实施方案（送审稿）》《关于进一步健全特困人员救助供养制度的实施意见（送审稿）》；听取《全县道路交通安全大会战情况汇报（送审稿）》《深化“树正气、打歪风”专项行动工作情况汇报（送审稿）》。

【县政府第72次常务会议】 此次会议于12月30日晚上召开，由县长张少华主持。会议传达省委经济工作会议精神，听取《常山县生态环境督察工作情况汇报（送审稿）》《常山县扶贫开发领导小组2019年工作总结和2020年工作思路汇报（送审稿）》，布置全县干部作风治理工作。

政府办公室工作

【概况】 2019年，县政府办公室办理各级各类文电：收国务院文件39件，其办公厅文件46件；省政府文件47件，其办公厅文件73件；县政府发文62件，及办公室发文167件。

实行项目全生命周期定期梳理汇报制度，对国资改革、交通项目大会战、钙产业整治、园区整合、赛得健康小镇项目推进等重点工作，以及县委、县政府交办各项任务，都做到不打折扣，强力执行，全力完成。先后召开生态园区出清、交通项目攻坚、企业难题突破等各类工作协调会200余个，有效打通土地征用报批、杆线迁移、企业用地用工等方面的难点堵点，推动政府各项重点工作稳步推进。全年完成县政府主要领导批示专报9份，办理省长批示件1件，办理县长批示379件，办理重点交办事项11项。

【信息工作】 2019年，县政府办公室编发《政务参阅》16期、《常山政务增刊》32期、《要情快报》56期、《他山之石》40期。共撰写上报省、市政府办信息共计380余篇，被省级采用24篇（转国办3篇）、被市级采用18篇，获省、市领导批示15条。

【提案议案】 2019年，县政府办公室把人大代表议案、建议和政协提案办理工作作为政府发扬民主、体察民情、联系群众、服务群众的大事、实事来抓，狠抓交办、督办两个关键环节，对全县面上149件议案建议和186件委员提案办理，班子成员积极发挥“穿针引线”的协调作用，明确各科室定期督查35个办理部门的工作进度，从办理反馈情况来看，代表委员对办理态度满意率分别达到99.3%和100%。

【综合工作】 2019年，县政府办公室完成县政府领导讲话等各类文字材料200余篇，组织起草全县性重要会议上的县政府领导讲话材料，完成向省、市领导到常山视察调研工作时的汇报材料，协助县政府领导把关修改在全局性工作会议上的讲话材料以及其他综合文字材料。其中，政府工作报告、县政府全会讲话等都受到各方面的肯定。

【政务公开】 2019 年，县政府办公室丰富政务公开内容，准确公开行政权力运行、财政资金使用、公共资源配置等各类信息 3 万余条。以钉钉、慢城通、微信、电视点播等作为政务公开工作的新平台，建立一系列“政企互动群”“全民网格群”，在群内及时发布有关政策举措，宣传推介服务资讯等。一年来，慢城通微信公众号关注人数达 13 万余人，实名认证 12 万余人。

【政工人事】 2019 年，县政府办公室健全室党组理论学习中心组和全体干部职工的学习制度、计划与安排，坚持开展每周集体学习活动；协助机关党支部开展党务工作；办理室机关干部职工调资补贴工作；搞好室机关党风廉政建设；组织职工参加经常性捐助和联系乡镇困难户；做好退休职工的慰问工作。

（黄敏媛）

政府咨询

【概况】 2019 年，常山县人民政府咨询委员会（以下简称“县咨询委”）围绕县委、县政府决策部署，坚持“战略性、政策性、综合性”原则，以“立足咨询、围绕核心、紧扣中心、力求有为”的基本要求，组织开展重大课题研究和决策咨询工作，形成一批有针对性、有价值的咨询研究报告和咨询建议，为县委、县政府科学决策和常山高质量发展提供智力支撑。全年完成调研课题 8 个，提出委员建议 21 篇，编辑咨询信息和咨询简讯 25 期；获县委书记叶美峰等领导批示 21 条次；4 个课题进行成果转化。

【调研课题成果转化】 2019 年，县咨询委聚焦全县改革发展的重大问题，深度调研、集中研讨、重点攻关，完成《关于对常山县营商环境的调查与思考》等 8 篇咨询报告，供县委、县政府领导决策参考。其中，《关于对常山县营商环境的调查与思考》《关于构建常山现代综合交通体系的建议》《关于建立文化名城古遗迹修复机制的思考与建议》《关于构建常山现代综合交通体系的建议》《工业经济高质量发展指标体系分析及对策思考》课题报告获得县委书记叶美峰的批示，《关于对常山县营商环境的调查与思考》课题报告获得县委副书记、县长张少华的批示，《从县域视角分析大金融发展的现状、存在问题及路径选择》课题报告获得县委常委、常务副县长何健的批示，这 6 个课题的意见和建议均被部分吸收和采纳，为县委、县政府决策起到参谋作用。

（杨 登）

机关事务保障

【概况】 2019 年，常山县机关事务保障中心完善工作机制，创新管理模式，科学统筹，抓实办公用房管理，强化公务用车管理，加强政府大院安保，完成重大赛事活动、重要会务服务保障工作。完成全县党政机关办公用房信息统计上报工作，对全县党政机关办公用房使用情况进行统计，并录入全省办公用房使用系统。严格按照办公用房维修改造相关管理规定，做好维修申请、项目论证、现场踏勘、工程验收环节监督把关工作。审批办公用房维修改造项目63个，总金额3700余万元，并组织实施县纪委监委办公大院、县公安巡特警大队、县文广旅体局、县森林公安等10个办公用房维修改造工程。投入170余万元，完成家属区低压线路改造工程，实现“一户一表”模式供电。制定《关于进一步加强办公用房使用管理的实施细则（试行）》，规范全县党政机关、事业单位办公用房管理，推进办公用房资源合理配置和节约集约使用。完成全县重大赛事、活动及全县各单位的用车保障工作，全年申请次数约7580次，用车公里数约85万千米，租车费用（包括社会化租车）约295万元。开展全县公车使用检查，通过自查自纠、核查抽查、反馈整改等方式，对全县机关事业单位公务用车管理制度建设和执行情况进行检查。推进全省“一张网”公务用车信息平台建设，推动公车出行在浙江省车辆调度指挥管理系统上进行用车申请、派车和费用结算。做好政府大院的安保工作，加强基础设施建设，整改安保薄弱环节，投入10余万元，安装远程监控系统，设置监控探头55个，全年无安全事故发生。完成乡村产业振兴大会、县“两会”、县工业经济发展大会、省委宣讲团中共十九届四中全会精神报告会等重大会议的服务保障工作，共保障各类大小会议600余场次。协助联系村曹会关村、小白石村成功破解3个民生难题，即曹会关村“邻里菜园”建出样板、小白石村卫生环境整体提升、小白石村公墓道路建设。

是年，常山县机关事务保障中心受到县委关于执行“十条军规”正面典型事项的通报表扬有3次：大力探索、高效建设社会治理综合服务中心，圆满完成2019年海峡两岸赏石文化交流展暨第三届常山赏石文化节活动的后勤保障工作，有力保障常山县委十三届七次全体（扩大）会议成功召开。

【完成县社会治理综合服务中心项目】 2019年，常山县机关事务保障中心成立项目建设专班，倒排时间进度表，前期筹备、项目设计、进场施工等各环节齐头并进，抢抓工期。在时间紧、任务重的情况下，承受住压力，克服不良施工条件、各项棘手难题，全面完成区块拆除、办公用房土建、整体装修和20个部门整体进驻。这一创新做法，受到省委常委、省委政法委书记王昌荣高度肯定。

【完成全县机构改革办公用房调整】 2019年，常山县机关事务保障中心通过提前摸排梳理全县办公用房基本情况，以“局部调整、便于工作、资源共享、集中办公、适度从紧、略有余地”的原则，完成县资规局、县林水局、县农业农村局、县文广旅体局等23个部门机构改革后办公用房的调整工作，实现新整合单位集中办公的目标。

【完成年度各类接待任务】 2019年，常山县机关事务保障中心贯彻“简、俭、减、健”四字方针，制订后勤保障方案，细化工作内容，完成省委第四巡视组的后勤保障工作。以体贴入微、舒心暖心，热情而不失礼节的服务，完成全县各类大型赛事、活动、现场会的后勤保障工作，如全省农村饮用水达标提标行动暨冬修水利工作现场会、全省县域医共体建设工作推进会、全国山地自行车总决赛等。

（姚媛媛）

政协常山县委员会

综　述

2019年，政协常山县委员会坚持团结和民主两大主题，发挥协商民主重要渠道和专门协商机构作用，履行政治协商、民主监督、参政议政职能，开展全会协商1次、常委会议协商5次、主席会议协商9次、专委会对口协商11次，形成各类调研材料15篇，为常山经济发展、民生改善、社会和谐作出积极贡献，在树立新时代人民政协新样子的进程中迈出坚实的步伐。

发挥政协民主监督在协助党委政府破解民生难题方面的作用，深化三级政协联动专项集体民主监督，围绕城乡生活垃圾分类处理，将全县政协委员分为10个监督小组，坚持集中监督与随机监督、明察与暗访相结合，全年组织开展各类监督活动38次，提出意见建议52条。着眼事关经济社会发展的全局性、战略性、前瞻性问题，围绕工业经济高质量发展，在前期历时3个月，组成6个调研小组走访179家企业、收集231个问题的基础上，向县委、县政府报送协商意见，提出36条建议。

组织参加全省政协主席读书会、全市政协主席读书会和浙皖赣三省十一县（市）政协工作交流会，深入交流政协履职工作，相互促进，共同提高。承办省政协“送体育下乡”活动，带动全县人民开展丰富的体育活动。加强与省、市政协联系，协助省政协开展加强基层政协工作调研，参加省政协民营经济发展座谈会，完成市政协3项重点课题调研，在市政协常委会上进行交流发言。组织市政协常山委员小组开展跨区域视察，先后接待36批次省内外政协客人到常山考察，提高常山对外知名度。

4月14日，省政协原主席周国富（前中）到常山调研，市委书记徐文光、市政协主席吴国升陪同　　　　（县政协办 供图）

以弘扬常山优秀传统文化为重点，做好全县文史资料的挖掘、整理和编辑工作，编撰出版《常山历史墨迹留存》。围绕非遗文化传承保护召开“请你来协商”会议，开展“挖掘非遗文化、寻找民间匠人”活动，增强文化自信，促进同心同行。加大政协工作宣传力度，省、市、县各级媒体40多次报道县政协履职工作。加强人民政协理论研究，2篇文章在市政协理论研讨会评比中获奖。融入省政协“同心”宣传平台，协同市政协编辑制作《政协视线》栏目，不断提高县政协微信公众号质量，全年编发信息118条，政协工作社会影响力进一步扩大。组织政协委员演讲比赛，举办政协老干部书画展，为庆祝中华人民共和国和人民政协成立70周年营造浓厚氛围。

深入开展“新时代人民政协新样子”专题讨论活动，组织全县政协委员对标“五个如何”，以“新时代新风貌”笔谈、“新样子·金点子”征集、“钉钉议政大家谈”“新时代履职补短板促提升”等活动形式，畅谈认识体会，在政治层面、思想层面、工作层面取得积极成果。活动期间，共征集笔谈文章42篇、金点子81条，其中5篇笔谈文章被省政协采用并在《联谊报》上刊登。

重要会议

【县政协九届三次会议召开】 2019年2月18—22日，政协第九届常山县委员会第三次会议在县城举行。196位县政协委员参加会议，在常山的省、市政协委员，历届离退休县政协主席、副主席、秘书长，届末不再担任九届县政协委员的八届县政协常委，县人大常委会各委室主任，县级机关各单位、各乡镇（街道）的主要领导以及乡镇（街道）分管政协工作的党委领导列席会议。会议听取和审议县政协主席林红汉作的县政协常委会工作报告、副主席罗诚剑代表政协第九届常山县委员会常务委员会作的县政协提案工作报告；同时，听取县委书记叶美峰在此次会议上的讲话。与会人员列席常山县第十六届人民代表大会第三次会议，听取并讨论代县长张少华所作的《政府工作报告》，听取并讨论其他报告。会上，8名委员代表各自党派界别就提升学前教育发展水平、建设文明县城、推动工业经济高质量发展等工作进行大会口头发言，11位委员作书面交流发言。代县长张少华听取委员发言并作重要讲话。

【县政协常委会议】 2019年，县政协召开常委会议5次，分别为：

1月25日，县政协召开九届常委会第九次会议，审议通过有关委员调整事项。审议通过有关人事调整事项。审议通过关于调整专门委员会设置的决定。审议通过专门委员会对口联系部门工作制度。

2月21日，县政协召开九届常委会第十次会议，听取各组对县政协常委会工作报告、提案工作报告、政府工作报告等讨论情况的汇报；审议提出选举办法（草案）；审议提出总监票人、监票人名单（草案）；审议提出候选人建议名单（草案）；审议提出候选人建议名单（草案）；审议提出县政协九届三次会议决议（草案）。

3月25日，县政协召开九届常委会第十一次会议，专题协商常山县工业经济高质量发展工作。

7月11日，县政协召开九届常委会第十二次会议，专题听取全县政法工作情况通报；部署深化“新时代人民政协的新样子”专题讨论活动。

9月20日，县政协召开九届常委会第十三次会议，专题协商常山港综合开发工作；民主评议提案办理工作。

【县政协主席会议】 2019年，县政协召开主席会议9次，分别为：

1月22日，县政协召开九届二十一次主席会议，审议提出县政协九届常委会第九次会议有关事项，审议调整相关委员。

2月21日，县政协召开九届二十二次主

席会议，审议提出县政协九届常委会第十次会议有关事项。

3 月 7 日，县政协召开九届二十三次主席会议，专题协商工业经济高质量发展课题调研报告。研究县政协专委会组成人员调整事项。研究“钉钉议政”平台管理办法。研究 2019 年度县政协各委员小组活动安排。研究召开县政协九届常委会第十一次会议有关事项。

5 月 29 日，县政协召开九届二十四次主席会议，专题研究“请你来协商”议题，专题讨论“志愿者之城”建设。

8 月 1 日，县政协召开九届二十五次主席会议，专题协商提案民主评议实施方案。

8 月 28 日，县政协召开九届二十六次主席会议，专题研究 2019 年度提案办理民主评议工作实施方案。

11 月 20 日，县政协召开九届二十七次主席会议，研究确定县政协 2020 年度协商视察监督工作计划。

12 月 12 日，县政协召开九届二十八次主席会议，会议组织学习《中共衢州市委关于新时代加强和改进人民政协工作的实施意见》；传达学习市委政协工作会议、市委七届七次全会会议精神，传达市委常委、组织部部长林晓峰在县委常委（扩大）会议上的讲话精神；研究《中共常山县委关于新时代加强和改进人民政协的实施意见（代拟稿征求意见稿）》，2019 年度委员考核工作，并部署 12 月份重点工作。

12 月 25 日，县政协召开九届二十九次主席会议，会议组织学习《中共常山县委关于新时代加强和改进人民政协工作的实施意见》，传达学习县委书记叶美峰在县委政协工作会议上的讲话精神，研究通过县政协下一步重点工作。

协商议政

【政协专题视察】 2019 年，县政协组织专题视察 5 次，分别为：

2 月 18 日，组织全体政协委员开展九届三次会议会前视察，深入了解常山县经济社会发展情况。

7 月 3 日，县政协组织部分政协委员先后到钱江源生态环境检察展示馆、县人民检察院，视察检察院公益诉讼工作。

7 月 17 日，组织部分政协委员视察万洋众创城项目，详细了解项目发展情况。

7 月 25 日，县政协组织部分政协委员，视察“最多跑一次”改革工作。

12 月 9 日，组织部分委员视察全域土地综合整治情况。

【政协对口协商】 2019 年，开展专委会对口协商活动 11 次，分别为：

5 月 31 日，由县政协农业农村和人口资源环境委员会牵头，召开对口协商会议，协商常山县美丽河湖创建工作。

6 月 17 日，组织开展“请你来协商——书记与委员、市民面对面 • 城区小学幼儿园布局调整专题协商会”。

8 月 21 日，组织召开“请你来协商——农村风貌提升”专题协商会。

9 月 19 日，由县政协委员工作委员会牵头，召开县政协对口协商会议，协商常山县特色小镇建设工作。

10 月 24 日，组织召开“请你来协商——老城历史文化街区保护开发”专题协商会。

10 月 30 日，由县政协港澳台侨和民族宗教委员会牵头，组织召开县政协对口协商会议，协商常山县宗教工作。

11月7日，由县政协提案委员会牵头，组织召开县政协对口协商会议，协商常山县农村家宴中心建设管理工作。

11月14日，组织召开“请你来协商——衢枳壳产业发展”专题协商会。

11月21日，由县政协社会和法制委员会牵头，组织召开县政协对口协商会议，协商常山县“无欠薪”建设工作。

11月22日，由县政协经济委员会牵头，组织召开县政协对口协商会议，协商衢常融合发展项目实施情况。

12月5日，组织召开“请你来协商——非遗文化传承与保护”专题协商会。

【186件立案提案全部办复】 县政协九届三次会议以来，广大政协委员和政协各参加单位共以提案形式提出的意见建议211件，经县政协提案委员会审查，符合立案条件186件，并案后立案177件，另25件转为委员来信处理。截至2019年年底，立案提案已全部办复。在推进全县经济社会发展方面发挥积极作用。经分类统计，围绕经济转型提质，提出提案31件；围绕城市建设管理，提出提案74件；围绕增进民生福祉，提出提案41件；围绕推进乡村振兴，提出提案40件。对县政协九届三次会议以来所有提案涉及的35个承办部门组织开展提案办理工作进行民主评议，被评议单位根据评议报告中提出的意见进行整改工作，并将整改情况反馈县委办公室、县政府办公室和县政协办公室。

2019年常山县政协九届三次会议优秀提案一览表

表6

提案号	提案人	提案主题
005	民盟常山总支	关于提升“宋诗之河”品牌影响力的建议
006	农工党常山总支	关于围绕“衢常一体、融合发展”全力打造招贤桥头堡的建议
013	社法二组	关于推动工业经济高质量发展的建议
107	杨兴良	关于加大科研投入，合力突破常山胡柚药用与功能性产品深度开发，实现产业跨越发展的建议
023	许小妹	关于整改常山县城南中学校门，缓解定阳南路交通拥堵问题的建议
066	徐战军	关于大力弘扬“工匠”精神 助推常山制造业发展的建议
051	裴亚军	关于常山县智慧城市建设的建议
079	郑智斌	关于鼓励市民绿色出行的建议
148	周　磊	关于开展城市文明教育，提升常山县城市文明水平的建议
065	徐俊燕	关于推进常山县社区居家养老服务发展的建议

（樊蓉）

民 主 党 派

民革常山总支

【概况】　2019年，中国国民党革命委员会常山县总支委员会（以下简称“民革常山总支”）新发展党员1人，离退休党员去世1人；至年底，有党员28人，分两个支部，每个支部各14人，总支主委郑金仙。总支成员担任县级机关单位中层以上干部的有18人，占总支党员数的62.1%，其中县（处）级领导干部1人、科级领导干部5人，具有高级职称的9人。根据党员所在单位分，教育行业4人，卫生行业5人，企业界3人，政府机关11人，离退休党员5人。

【参政议政】　2019年，民革党员中有现职省政协委员1人、市人大代表3人、市政协委员2人、县人大代表1人、县政协委员8人（其中县政协常委2人）。民革常山总支鼓励党员针对群众关心的热点、难点问题，搜集社情民意，撰写调研文章。在常山县政协九届三次会议上，民革常山总支撰写的《关于加强常山县城市小区物业管理工作的建议》和《关于加快推进浙赣边际合作示范区的建议》2篇选为大会发言材料。在省、市、县“两会”期间，共提交提案14件、议案1件。

【服务社会扶贫帮困】　2019年，民革常山县总支组织各类活动服务社会、扶贫帮困，被民革浙江省委员会评为2019年民革全省社会服务工作先进集体。5月20日，民革常山县总支组织党员到白石镇同镇干部联合开展“孝老敬老·传承美德”主题共建活动，为老人们义诊。7月20日，与民革龙游支部共同开展“重走长征路”活动。组织医生党员开展老党员“夏日送清凉”走访慰问活动；建立每月走访慰问老党员制度，为老党员送上民革组织的温暖和关爱。民革常山县总支助力美丽乡村、体育发展、民俗文化等中心工作。党员毛春财创办的东方巨石阵景区被评为国家AAA级旅游景区。党员曾令兵作为喝彩歌谣传承人，全年喝彩演出200余场，观看喝彩节目的人数达5万人，他还带领常山的喝彩歌谣到北京表演，努力让常山的喝彩歌谣——这一国家级非物质文化遗产发扬光大，为实现常山的社会、文化与和谐贡献力量的目标。党员王顺利举办“不忘初心、主题教育”画展。

（兰飞飞）

民盟常山总支

【概况】　2019年，中国民主同盟常山县总支委员会（简称“民盟常山总支”）有盟员37人，罗诚剑担任总支主委。下设教育、综合2个支部，即教育支部15人、主委郑俊民，综合支部22人、主委陈青寿。根据盟员所在单位分，教育界15人，医药卫生界4人，文化艺术界2人，经济界7人，政府部门9人。盟员中，有市人大代表1人、市政协委员2人、县人大代表2人、县政协委员9人；担任处级实职的2人、科级实职的2人、各业务单位中层职务的10人。

【“民盟同心·专家工作站”牵线服务企业】2019年，民盟常山总支“民盟同心·专家工作站”邀请外地专家到常山进行帮扶活动。1月，浙江理工大学盟员专家汪进前教授一行到常山县雄狮工贸有限公司、常山县绿圣生物科技有限公司，为企业技术设备革新方面提供科技服务，帮助企业解决技术难题；5月，民盟浙江水利水电学院的盟员专家专程到常山县高埂村开展水质检测活动；6月，浙江新航国际旅行有限公司、浙江臻宿酒店管理公司总经理、盟员旅游行业专家江英与常山同行开展洽谈交流，为常山县乡村振兴贡献力量。

【盟员服务社会】 2019年，民盟常山总支联系中小学开展急救知识培训。盟员、医疗专家王勇、胡美军、陈青寿、曾晓群、严舍仙分别到常山县实验小学、常山县职业中专、常山县阁底小学等多个学校开展校园师生急救培训。6月，响应中共常山县委关于创建“孝老之城”的号召，民盟常山总支组织全体盟员到常山县绿城颐养中心为50多位老人开展“尊老、爱老、助老”活动，为老人们免费体检、健康咨询、送上新鲜水果，送上端午节点心，让老人们度过一个欢乐的端午佳节。民盟常山县总支委员、常山一中副校长叶水爱的教学事迹《常山名师“叶妈妈”，积极的人像太阳，照到哪里哪里亮》被省政协“同心苑”专题宣传。

（王丽燕）

农工党常山总支

【概况】 2019年，农工党常山县总支部委员会（以下简称“农工党常山总支”）新发展党员2人，党员总数34人；其中，医药卫生、人口资源和生态环境领域的党员23人，占比67.6%。农工党常山县总支把社会服务作为党派工作重点，结合中共常山县委、常山县人民政府的中心工作，积极参与“乡村振兴”“扫黑除恶”“一户多宅”整治和社区矫正对象服务工作，为实施“四四二”工作要求、建设“慢城大花园”贡献民主党派的力量。是年，党员何水清被中共衢州市委、衢州市人民政府授予“衢州市劳动模范”称号；杨芝冬被中共衢州市委、衢州市人民政府授予“党建治理大花园先锋战士”称号；江四平、蔡芳萍被中共常山县卫生健康局委员会评为常山县第二届名医、卫生类学科带头人，受到通报表彰；付美华被中国疾病预防控制中心慢性非传染性疾病预防控制中心评为“2004—2013年中国慢性病及其危险因素监测工作”先进个人；蒋国平被浙江省环境执法稽查总队评为“2018年度全省环境监察执法工作”先进个人；邹志英被农工党衢州市委会评为“2018年度社会服务先进个人”、被衢州市教育考试院评为“2018年度教育考试工作先进个人”。

11月6日，农工党常山总支部在辉埠镇开展“一户多宅”整治政策宣传

（农工党常山总支部供图）

【新发展农工党党员 2 人】 2019 年，占如、邱小亮两人分别于 10 月 25 日、12 月 25 日加入农工党，分别编入农工党常山总支综合支部和医卫支部。

【农工党参政议政】 2019 年，农工党常山总支通过政协大会发言、提案、建议等多种形式，履行参政议政、民主监督职能，在常山县政治生活中发挥积极作用。县两会期间，市、县两级人大代表和政协委员共提交《关于提升农村“造血”功能，助推薄弱村“摘帽快跑”的建议》《关于依托医共体建设完善慢性病综合管理模式的建议》《关于围绕“衢常一体、融合发展”全力打造招贤桥头堡的建议》等提案建议 13 篇，副主委林永祥代表党派作《关于围绕“衢常一体、融合发展”全力打造招贤桥头堡的建议》的大会发言，反响热烈。

【调研反映社情民意】 2019 年，农工党常山总支党员深入调查研究，撰写社情民意和建议。副主委何水清向农工党衢州市委提交《关于利用网络让全国绝大多数小学生分享到名师教学的建议》《关于改进农村水库管理与农田灌溉的建议》等社情民意，党员杨芝冬撰写《户有所居 住有宜居 村有风貌》《防汛和森林消防存在的隐患》等建议，党员陈江撰写社情民意《关于小区物业管理问题建议》等，这些建议和社情民意为政府决策当好参谋。

【围绕中心参与社会服务】 2019 年，农工党常山总支参与社会服务工作，全年组织党员为群众服务 1000 多人次。4 月 10 日，会同天马街道定阳社区干部一起开展“扫黑除恶”专项斗争宣传活动。6 月 26 日，10 余名农工党党员走进常山县职业中专，开展以“乡村振兴”为主题的服务活动，对种粮大户进行再生稻生产技术以及农机安全培训，提供支农政策、农业环保、农业法律等政策咨询，发放宣传资料 300 多份，并免费为他们进行健康检查。11 月 16 日，组织党员到辉埠镇为社区矫正对象提供免费健康体检、传授急救知识、法律政策咨询、先进实用科技传授、生态环保知识讲解等服务。农工党常山总支主委汪卫东深入聚宝村指导农房整治提升及四类人员整治清零工作；党员杨芝冬参加常山县农民建房服务工作专班工作，冲在农房整治一线。

4 月 18 日，农工党常山总支部在球川镇开展送科技医疗下乡服务

（农工党常山总支部供图）

【参加统战理论实践学习】 2019 年，农工党常山总支扎实开展“不忘合作初心，继续携手前进”主题教育活动。4 月 29 日，浙江日报衢州分社联合中共衢州市委党校《感悟新思想》栏目中，农工党常山总支主委汪卫东分享《习近平新时代中国特色社会主义思想三十讲》中国梦的学习体会；5 月 21—25 日，党员徐璐、徐丽琳、杨芝冬、江四平到温州参加中共常山县委统战部统战骨干培训；5 月 22 日，党员何水清、付美华参加全县统战骨干在常山西源革命纪念馆举办的革命传

统现场教育活动；5 月 27—28 日，党员徐丽萍到丽水参加农工党衢州市委举办的社情民意信息工作交流和全域土地综合整治调研活动；6 月 19—20 日，党员付美华参加农工党浙江省委举办的全省宣传思想工作会议；10 月 31 日至 11 月 1 日，党员付美华、邹志英、宁永伟参加农工党衢州市委组织的“初心之行”主题教育活动。

（蒋国平）

民建常山支部

【概况】 2019 年，中国民主建国会常山县支部委员会（以下简称“民建常山支部”）新增会员 4 人，会员总数 18 人，其中担任县政协委员的有 6 人（含县政协常委 3 人）。民建常山支部围绕团结和民主两大主题，强化责任担当，发挥政党职能，向县政协提交大会发言材料 1 篇、集体提案 1 篇、个人提案 8 篇、社情民意 8 篇。徐彤委员代表民建常山支部作题为《加强小区物业管理　建设文明有序县城》的政协大会发言，就加强和规范常山县住宅小区物业管理工作，改善人居环境提出建议，得到县领导的肯定。章金平主委撰写的《以“三个一”的高标准扎实推进基层组织建设》一文获民建中央主题征文活动二等奖。

【举办“一乐杯”创业创新大赛】 2019 年，民建常山支部依托“一乐大学生创业园”这一平台，举办“一乐杯”创业创新大赛，推进全县青年创业创新工作。办好“奇点沙龙”活动，为全县广大青年创业者提供多方面功能的创业创新平台。“一乐大学生创业园”成功入选省级“星创天地”，实现常山县省级“星创天地”零的突破。

（郑素芳）

人 民 团 体

常山县总工会

【概况】 截至2019年年底，常山县有各级工会组织823个，其中单独建会794个、联合工会29个；工会会员56223人，其中农民工38981人。有产业工会2个，乡镇（街道）总工会14个，县经济技术开发区总工会1个，区域性、行业性工会3个。

2019年，全县工运事业保持创新发展的良好势头。常山县总工会（以下简称“县总工会”）以推动发展、服务职工、共筑和谐为主线，切实加强工会干部队伍建设，主动服务中心工作。开展“三服务”工作，强化“县—乡镇（街道）—企业”三级工会联动，推动工会干部为企业和职工办实事、办好事。设计制作《常山疗休养指南手册》，向全省各地工会推荐到常山县开展职工疗休养活动。关心关爱职工，向重点项目施工现场以及重点企业一线职工送上慰问物资，共计12万元。组织2批共计64名企业一线职工开展疗休养。走访困难职工群众、困难劳模、军转干部等400多户。筹集送温暖帮扶专项资金80.76万元，为尿毒症患者提供“爱心透析”，为困难女职工提供免费“两癌”筛查，为困难职工提供重病专项救助。开展困难职工档案动态化管理，建立规范档案库，为困难职工制订帮扶计划，实施精准帮扶。

是年，县总工会组队参加省总工会组织的“中国梦·劳动美”浙江省职工排舞大赛，并获得规定曲目金奖、自选曲目银奖。

【常山县第七批县级劳模评选工作】 2019年3月，县总工会部署常山县第七批县级劳模评选工作。劳动节前，全县评选出涂国红等24位县级劳模和常山育才中学等5个劳模先进集体；推荐省级劳模3个、省级工人先锋号1个，市级劳模10个，市级劳动模范集体1个。

4月29日，常山县庆祝“五一”国际劳动节暨劳模表彰大会召开　　（张君芳 摄）

【工会实名制工作】 2019年，县总工会择优选择常山神画巨幕影城、印象东方餐馆、一天火锅城、龙游发艺等12家公司（商铺），签订《常山县总工会会员卡特惠商家合作协议书》，给全县工会会员购物提供最大优惠力度，全县职工实名激活人数2.3万多人。

11月15日，常山县工会会员普惠服务特约商户授牌仪式暨实名制工作推进会举行

（张君芳 摄）

【全县职工文体活动】 2019年，县总工会开展送戏下乡、入园区进企业活动，共送戏12场，惠及职工6000余人；“温暖回家路、阅读伴你行”赠阅活动，向返乡职工赠阅图书1万余册、送春联5000多副。举办常山县第六届全民运动会、全县职工乒乓球比赛、职工气排球比赛等各类体育竞技比赛；举办“江西之家·七夕篝火晚会”活动，常山“江西之家”的单身人士、常山县部分企事业单位的单身职工共300余人参加。

【职工医疗互助保障报销实现“零跑腿”】 自2019年7月1日开始，常山县职工医疗互助保障纳入衢州市医保“一站式”结算平台，职工在医疗机构结算费用时刷医保卡就能同步完成医疗互助保障报销手续，实现报销“零跑腿”。

【工会服务阵地规范化建设】 2019年，县总工会办公大楼装修工程竣工，3月底完成办公大楼的整体搬迁工作。新办公大楼恢复县工人文化宫（工会职校）功能，设置培训教室、乒乓球房、健身房、阅览室等区块；对县职工服务中心软硬件设施进行全面的改造提升，对常山县总工会服务阵地所有标识统一进行规范化制作。

（祝秀琦）

共青团常山县委员会

【概况】 2019年，共青团常山县委（以下简称“团县委”）机关内设青少部和办公室，设有1个下属事业单位，即县青少年活动中心。2019年，全县有基层团委39个，团工委6个，团总支2个，团支部402个。团县委机关有专兼挂职领导班子成员6人，其中书记1人、副书记2人、挂职副书记1人、兼职副书记2人；有专职团干部5人，其中青少部部长群团改革后挂职常山县总工会副主席。县青少年活动中心核定编制8名，股级职数2名，有在编干部6人，其中主任1人、副主任1人。

【“学英雄、践三永、悟初心、担使命”主题系列活动】 2019年，团县委以纪念新中国成立70周年、“五四运动”100周年为契机，结合“不忘初心 牢记使命”主题教育，将理论学习与贯彻落实习近平总书记关于新时代共青团职责使命的“三个根本性问题”相结合，深入学习贯彻习近平新时代中国特色社会主义思想，把巩固和扩大党执政的青年群众基础作为政治责任，把最大多数青年团结在党的周围。全年组织各类“慢城青年讲坛”30余场；组织全县各级团组织开展“学英雄、践三永、悟初心、担使命”主题团日活动，举办全县“永远听党话、永远跟党走、做一颗永不生锈的螺丝钉”主题演讲比赛，让“三永”精神迅速在全县青年中形成强烈共鸣；主动对接成功承办全市“做一颗永不生锈的‘螺丝钉’——学‘三老’守初心 担使命”主题演讲比赛，为主题教育的开展营造浓厚氛围，全县有3人列入全市“青年讲师团”，到全市各地宣讲胡兆富事迹；配合团省委制作完成以胡兆富英雄事迹为题材的话剧《红船前的誓言》，在“我和我的祖国”浙江省青少年庆祝新中国成立70周年主题歌会上进行演出；以胡兆富英雄实际原创《英雄之路》说唱版本，以青年喜闻乐见的形式通过新媒体广泛传播，点击率破130万人次。

【共青团基层组织改革建设】 2019年，团县委以学校共青团、少先队为抓手，全面从严治团，严把入团关，降低团学比，增强团员先进性。坚持“党建带团建、团建促党建”，依托省特色小镇——常山“赏石小镇”、赛得“健康小镇”开展特色团建。5月，团县委举办“纪念‘五四运动’100周年暨奋斗青春助力‘三年活动’工作品牌谋划大赛”，强化团组织引领，夯实基层团建。10月，常山县被列入共青团基层组织改革省级综合试点，全省10个，全市唯一一个。依托团中央“智慧团建”系统，加强基层团组织、团员规范化管理，以共青团基层组织改革为契机，加强非公有制企业、“两新”组织团建工作，新建团组织12个，有效扩大基层团组织覆盖，更好地凝聚青年、服务青年。

【“志愿之城”升级版打造】 2019年，团县委坚持“以志愿服务参与社会治理创新、以志愿服务补充政府公共服务”理念，围绕常山县打造良善文化的工作中心，以志愿服务为载体，全力打造“志愿之城”升级版。结合文明城市创建，打造城区50米志愿服务微圈，建立学雷锋志愿服务有礼站点15个，出台《常山县志愿服务激励嘉许办法》，开展首届常山志愿者骨干培训班，借助“志愿汇”APP开展全县志愿者注册管理、志愿（公益）社会组织培育孵化、志愿服务谋划开展等功能；发挥乡镇（街道）团组织作用，建立乡级、村级志愿服务平台，逐步实现志愿服务全覆盖，从运行机制、文化氛围、阵地建设和品牌打造等全方位提升全县志愿服务水平。加强“阳光志愿者协会”“春泥公益”“红十字救援队”“铁人三项协会”社会公益组织培育，新增组织3家，推进志愿服务项目品牌化发展，志愿服务项目在省级项目大赛中分别获银奖1个、铜奖3个。“益动中学”“骑行河长”、赛会活动、春运铁路、孝老爱亲志愿活动在全县范围内活跃开展，围绕孝老敬老、农房风貌提升、“五水共治”、小城镇综合整治、“最多跑一次”工作改革，以及石博会、油茶文化节、2019山地自行车大赛、全省饮用水现场会，开展志愿服务活动100余场。

【“孝善文化馆”打造】 2019年，团县委借助青少年活动中心的人流优势，在县青少年活动中心打造“孝善文化馆”，以孝之本源为起点，打破以往教科书式的乏味与单调，通过丰富的图片、文字、实物、多媒体展示，强化展陈效果，秉承孝善文化从娃娃抓起的理念，增设国学课堂、孝敬争章等互动体验，让参观者寓教于乐，全面展示本土孝善文化特色和精髓，弘扬孝善文化。5月20日，“孝善文化馆”开馆。至年底，“孝善文化馆”依托国学课堂教育学生3000人次，进馆参观展览群众达2000余人次。

5月20日，常山孝善文化馆开馆

（团县委 供图）

【"幸福爷爷·快乐奶奶"孝老品牌建设】 2019年，团县委围绕"幸福爷爷·快乐奶奶"孝老品牌，建立志愿服务队，定期为全县22家敬老院、养老院的1053位老人洗头理发；志愿服务队还下沉到乡村、社区，重点关注80岁以上独居空巢、孤寡、残疾老人，以助老、帮老、爱老为宗旨，探索乡村助老新模式；开展"初心涌动·爱满慢城"扶贫日公益活动，收集90岁以上老人微心愿200个，帮老人圆梦。

【"三支队伍"助力"三服务"】 2019年，团县委落实上级关于"三服务"工作的重大部署和重要指示，成立"青小企""青小群""青小雷"三支青年志愿服务队，由党团员志愿者带头，发动社会爱心人士、爱心企业、社会组织、社会青年志愿服务群体共同参与"三服务"工作，特别是在优化营商环境、优化基层治理、提高机关效能方面取得良好成效。围绕"三服务"开展志愿活动26场，帮助浙江先导精密机械有限公司招工42人；帮助"云湖仙境"对接中国美院设计系列文创产品，解决民宿用电难问题；帮助吸毒人员子女、贫困留守儿童对接社会组织开展结对帮扶等。

【"四个小哥"青春联盟助力基层治理】 2019年，团县委成立常山县"四个小哥"青春联盟，开展创业带动，服务新兴群体青年，帮助落实青年创业授信贷款1500万元。制订"四个小哥"青春联盟助力基础治理工作方案，通过服务引领将"工作对象"变"工作力量"。依托寄递、外卖行业走街串巷优势，成立"小哥"志愿队，助力中心工作，参与全市"蓝马甲"现场会、文明城市创建工作、禁毒、扫黑除恶宣传活动，成为助力基层治理的民间力量。该工作被浙江信息（每日简报）采用，被列入市"三服务"典型案例。

【"常雁回归"助力招才引智】 2019年，团县委组织"常雁回归"2019返乡大学生座谈会、"常雁回归"2019暑期招聘会、"常雁回归"人才交流会、"常雁回归 振兴乡村"2019常山籍大学生就业创业推介会系列活动，各乡镇（街道）共邀请75名优秀大学生深入了解家乡，并围绕就业创业、家乡发展、孝老敬老等主题进行讨论，为60余名常山籍大学生对接县内企业、部门实习就业岗位，让大学生了解常山、留在常山。对接高校资源，组织12所高校到常山开展暑期实践，与中国美术学院、浙江农林大学建立校地团建合作，常态化开展乡村民宿设计，乡村振兴培训。围绕高层次人才服务，成立慢城青年·青藤读书会，由50余名高学历人才、引进人才组成，全年开展活动6场。举办常山县人才工作特色亮点发布会暨"人才杯"辩论赛、2019引进人才TED分享交流会等，丰富青年人才文化生活，营造浓厚的"重才爱才"氛围。

8月21日，2019年常山县“人才杯”辩论赛在文化馆小剧场举行　（团县委 供图）

【“希望工程”关爱困难学生】　2019年，团县委开展2019年大学新生圆梦助学行动，助学办统筹全县报名181人，资助99人（包括团委、教育局、慈善总会、关工委、工商联、信用社等渠道）。其中，团县委严格按照规定，规范组织报名、实地走访、交叉互查、公示公告流程，最终捐助99人，计49.5万元。

（徐易易）

常山县科学技术协会

【概况】　截至2019年年底，常山县科学技术协会（以下简称“县科协”）下属自然科学、社会科学和交叉学科学会（协会、研究会）30个，企业科协10个，乡镇（街道）科协14个。

2019年，县科协以强化科协系统组织建设为重点，以深化“四服务”为主抓手，以提升公民科学素质为己任，围绕“五水共治”“乡村振兴”、垃圾分类、文明创建等全县经济社会发展热点和民生需求主题，开展主题科普宣传展示活动。全年开展各类咨询、宣传活动7次，开展实用技术培训7场，培训人数450余人，发放各类科技书籍1800余本。开展大型科普剧演出、科普大篷车进校园、爱心义诊等针对不同人群的多种类型科普宣传活动，为500余名村民和430名师生送上丰富“科普套餐”。邀请中科院3位老科学家到常山为常山一小、常山一中、城关中学等6所中小学学生开展科普报告巡讲活动，普及现代科学技术前沿知识。根据常山各行政村条件和产业特色，推广应用衢州市科协系统“你点我来”服务模式，为村民提供博士生科技服务、卫生健康义诊、实用技术培训等8个科普公共服务和特色行业服务。引入中国科协流动科技馆巡展项目，填补常山尚未建设县科技馆的空白，在县青少年活动中心和县第一小学开展流动科技馆巡展2次。与县教育局等单位联合，组织全县广大青少年学生参加国家、省、市科协举办的青少年科技创新大赛、校园科技节等活动。其中，常山一中学生的“基于微信小程序的班级事务信息化系统”项目获浙江省青少年科技创新大赛三等奖。

7月8日，中国流动科技馆常山巡展启动仪式在青少年活动中心召开

（县科协 供图）

【精准服务院士工作站建设】　2019年，县科协依托常山产业特色和优势，为常山轴承、纺织等传统产业的转型升级，以及新材料等新兴产业的快速发展汇聚强大智力支撑，有针对性地开展信息搜集、走访对接，帮助县

内相关企业寻找合适的院士专家。年内新建院士工作站5家，其中双明轴承有限公司通过省级院士工作站认定。至此，全县已建立院士工作站18家，其中2家入选省级站、11家入选市级站，柔性引进院士19人。

【“院士之家”平台运行】 2019年，县科协依托赛得健康小镇的宜居环境和优质服务，搭建集院企对接、学术交流、成果转化、休闲康养为一体的“院士之家”，多次联合中国工程学院、南京大学等院校院士到常山开展“院士行”活动，有16位院士接受邀请进驻“院士之家”。深化校地合作，与南京大学院士办公室签订战略合作协议，依托南京大学院士办公室在院士专家资源、平台建设、人才培育、科技成果转化方面的优势，搭建院士专家工作站等服务平台，集聚创新创业人才，促进科技成果有效转化。

8月6日，常山县驻南京大学院士办人才工作站揭牌 （县科协 供图）（汪予雷）

常山县工商业联合会

【概况】 2019年，常山县工商业联合会（以下简称“县工商联”）辖杭州市、深圳市、义乌市、北京市、上海市、宁波市、温州市、福建省、重庆市、广东省、台州市、湖北省、安徽省、广西壮族自治区、江苏省15个异地常山商会；对常山县钙产品工业协会、常山县纺织服装行业协会、常山县轴承行业协会、常山县餐饮协会、常山县物流协会、杭州市常山商会成立流动党支部进行业务指导。

【调研服务企业】 2019年，县工商联坚持每季度召开一次主席（会长）工作例会，邀请县领导参加，听取企业意见建议；定期开展走访企业，针对企业经营发展中遇到的市场、融资、转型、人才方面的困难提出意见和建议。

【清廉企业建设】 2019年，县工商联引导优秀民营企业家发挥企业清廉文化建设中的示范作用，把企业家爱国敬业、遵纪守法、艰苦奋斗的本色，创新发展、专注质量、追求卓越的品质，履行责任、敢于担当、服务社会的情怀作为企业文化的核心，弘扬新时代浙商精神，引导广大民营企业家坚守契约精神，争做遵纪守法表率。5月9日，衢州市实施“倡廉兴企”工程，推进清廉企业建设现场会在赛得健康小镇召开。

【第二届异地常山商会会长会议在福州召开】 2019年10月18日，县工商联召开第二届异地常山商会会长会议暨新乡贤聚力“慢城大花园”福州峰会，15个异地常山商会的会长、秘书长等近60名乡贤齐聚福州，畅叙桑梓之情，同谋发展大计。会上，各异地常山商会会长围绕商会建设管理和发展、如何反哺家乡、助力家乡建设等问题进行深入交流。

【县工商联助力常山—古蔺扶贫协作和对口

支援工作】 2019年，县工商联与四川古蔺工商联缔结为友好工商联，定期组织异地常山商会会员企业和县工商联执委企业到古蔺学习考察，在产业合作、就业指导等方面开展合作。全年多次组织会员企业参与东西部扶贫协作和对口支援工作，浙江天子股份有限公司和常山县爱佳果蔬开发有限责任公司两家企业采购四川古蔺农产品1.3亿元；浙江赛得健康产业投资管理集团有限公司和浙江启天建设工程有限公司与古蔺的两个村结对，每年捐赠5万元；常山县重庆商会向古蔺山区学校和敬老院捐赠价值10万元的物资。

【新成立3个异地常山商会】 2019年，县工商联推进异地常山商会建设，指导和推动异地商会制度化、规范化发展。常山县广西商会于5月10日成立，温剑担任常山县广西商会会长；常山县安徽商会于10月10日成立，涂军华担任常山县安徽商会会长；常山县江苏商会于11月28日成立，徐忠滨担任常山县江苏商会会长。至此，异地常山商会共有15家。

（朱 慧）

常山县妇女联合会

【概况】 2019年，常山县妇女联合会（以下简称“县妇联”）坚持以习近平新时代中国特色社会主义思想和全国妇女十二大精神为指导，开展“常山阿姨”品牌打造、关爱“三留守”、“一米菜园”创建、妇女维权、“平安家庭”创建、来料加工一系列特色工作。持续巩固“常山阿姨”品牌建设成果，全年整合各类资金300余万元，开办家政类技能培训班39期，培训2179人，促进新增就业960余人，带动妇女增收3亿元以上。完善“常山阿姨”诚信体系建设，明确“常山阿姨”的星级评定办法。开设高端早教课程，组织64名阿姨参加育婴员职业技能大赛，开办“常山阿姨”东西部扶贫协作专项培训班培训10人。常山县入围全国家政服务业提质扩容“领跑者”行动试点，作为唯一受邀县分别在第二十届亚洲区家政学会双年国际学术会议开幕式和2019—2020年全国家政培训提升行动启动仪式上交流发言，“常山阿姨”品牌建设工程获浙江省社区教育优秀工作品牌，常山阿姨培训学院被评为“浙江省巾帼美好生活实践基地”。“常山阿姨”工作经验信息被《浙江政务信息》录用，获副省长王文序批示。探索“三留守”关爱服务试点工作，实施“妇女幸福、儿童快乐、老年安享”三大工程，省妇联主席王文娟、副主席李志慧对常山县“三留守”（即留守儿童、留守妇女、留守老人）工作给予高度肯定，多次到常山开展专题调研，并将常山县列入省妇联“三留守”工作试点。以打造“一米菜园”为抓手持续抓好美丽庭院建设，打造精品菜园2万余平方米，开展村庄整治、五水共治、垃圾分类等活动30余次。立足基本职能开展日常维权关爱、“平安家庭”创建，全年接待各类来访案件40余件，100%调处；开展反家庭暴力、扫黑除恶知识主题宣传60余次，“法律娘家人”普法培训2期。开展“最美家庭”创建，全年有7户被评为省、市最美家庭，2户被评为2018年度浙江省十佳“最美家庭”，招贤镇徐宝英家庭获2019年度全国最美家庭称号。持续温暖关爱，全年走访慰问贫困妇儿、两癌患者、退职妇代会主任等120余人，发放慰问金及礼品20余万元，向上争取各类公益项目资金50余万元，省妇儿基金会理事长陈艳华、省妇联副主席林丹军到常山调研指导。举办亲子阅读活动主题讲座4场、家庭讲座3场。培育来料加工经纪人300多人，审定发放2018年度政策奖励资金12.3万元，排查集中加工点197个，助力脱贫致富、安全生产。引导各部门妇委会加强巾帼文明岗创建，常山县妇幼保健院护理部等3个部门的巾帼岗位成功创建省级巾帼文明岗，常山育才小学语文教研组等6个巾帼岗位成功创建市级巾帼文明岗，常山县人民医院重症医学科获“全国巾帼文明岗”称号。开办全县优秀妇女干部培训班，组织妇联干部40余人参与。开展“不忘初心、牢记使命”主题教育。在个人自学的基础上采取理论学习中心组学习、观看视频、交流发言、大讨论等形式开展集中学习14天；围绕党的政治建设8个方面开展专题讨论，撰写学习心得6万余字；以“留守妇女”为课题中心开展系列调研，撰写调研报告4篇；面向社会各界征求建议意见40余条，撰写个人检查、厘清问题清单，做好问题检视整改。

是年，县妇联被县委、县政府授予2019年度“十条军规”正面典型通报表扬1次。

【首届最美厨娘技能大赛活动】 2019年3月7日，庆“三八”寻找“爱”的味道暨首届最美厨娘技能大赛活动在县城文峰广场举行。通过预赛，15位厨娘进入现场烹饪决赛环节，决出食全食美奖、最佳人气奖、巧手美食奖、特色风味奖等奖项12个。举行“爱的延续”——点亮仪式，厨娘们在常山“5•20”敬老日期间，为文峰社区居家养老服务中心的老人制作“牵手宴”，为老人增添节日的温暖。

3月7日，庆“三八”寻找“爱”的味道暨首届最美厨娘技能大赛活动在县城文峰广场举行 （县妇联 供图）

【开设“常山阿姨”异地认证】 2019年，县妇联践行“最多跑一次”服务理念，联合浙江树人大学，组织符合认证条件并在杭州就业的常山籍阿姨实现异地申报会考，为正在就业的常山籍阿姨提供便利。2019年4月27日，首期异地认证在杭州巾帼西丽家政服务集团有限公司举行，经过乡镇、村妇联，家政机构代报名62人，54人通过联查进入会考，41人参加会考，最终19人通过认证。

【工作调研】 2019年5月31日至6月1日，省妇女儿童基金会理事长陈艳华、省妇联副主席林丹军到常山开展关爱服务“三留守”人员、公益项目帮扶的调研活动，先后到芳村镇、天马街道、同弓乡、常山阿姨学院、县阳光志愿者协会等地，分别看望慰问“三留守”群体，了解“焕新乐园”“圆梦助学”等公益项目实施情况，并召开座谈会，听取工作情况汇报。7月2—4日，省妇联党组书记、主席王文娟，省妇联党组成员、副主席李志慧等领导到常山开展“不忘初心、牢记使命”主题教育调研，先后到何家乡常山阿姨学院、金川街道赵家坪社区、球川镇黄泥畈村、天马街道文峰社区、东案乡田蓬村等地，与当地干部群众深入交流，详细了解“常山阿姨”品牌打造、“三留守”人员关爱服务、志愿者服务及基层妇女队伍建设等情况，并召开座谈会，听取工作情况汇报。

7月3日，省妇联党组书记、主席王文娟（前左一）到常山调研　（县妇联 供图）

【调研“常山阿姨”工作】　2019年11月26日，副省长王文序率省直有关部门负责人到常山调研家政服务工作。王文序到常山阿姨学院，实地参观家政服务培训基地，了解母婴、熨烫、花艺、护理等培训课程，考察“常山阿姨”培训模式流程和品牌建设情况，并主持召开座谈会，听取家政服务工作情况汇报。

11月26日，副省长王文序（前左二）到常山调研家政服务工作　（县妇联 供图）

（龚琪）

法 治

政法委及综治

【概况】 2019年，常山县委政法委贯彻落实中共十九届四中全会、省委十四届六次全会、市委七届七次全会精神，紧扣省委高水平推进省域治理现代化的系列决策部署，围绕县委“强发展、求突破”主基调，以创“星级金鼎”为总目标，统筹推进平安建设、维稳反邪、基层治理、扫黑除恶等各项工作，强化措施，主动作为，实现全县社会大局持续稳定，持续多年“三抢”案件、具有较大影响的案（事）件零发生，刑事、治安案件发案数常年处于全省较低水平，群众安全感满意率高达97.72%，2019年度平安建设常规指标达到“平安县”评审条件，实现“十五连冠”、夺得全省首批一星平安金鼎。

强化党政“一把手”负总责、其他领导分工负责制。先后召开全县平安维稳工作部署会、县委政法工作会议、县委政法委全体（扩大）会议等会议10余次。建立县委常委会月度分析平安维稳形势工作制度，及时发现问题、解决问题。建立健全过程性指标每月报告、过程性指标排名通报、重点指标问题整改协调、专题汇报及约谈问责“五项工作机制”，构建起合力抓平安建设的良好格局。深化平安乡镇（街道）、平安村（社区）创建，开展“平安家庭”“平安校园”“平安医院”“平安交通”等系统平安创建活动，推动平安创建向全社会覆盖。重点针对省、市交办问题进行“回头看”，及时下发交办单，明确问题、责任、时间“三张清单”，省、市平安办反馈的39个问题场所全面落实整改。定期及不定期开展“轮回式、对抗式、抄底式”督查暗访，全程不打招呼、不发通知、不设路线，累计组织督查暗访5次，下发督办单或函29份，整改完成率达100%。及时完成省级挂牌重大矛盾纠纷销号化解，全年调处矛盾纠纷8329件，调处成功8309件，调处成功率达99.8%。开展系列主题集中宣传活动，以立体式、全方位的宣传，有效提升平安“三率”，在全社会营造共建共享平安常山的良好氛围，全年共发送短信60万条，下发各类宣传资料10万份，开展各类宣传活动20余次。

围绕新中国成立70周年大庆、中共十九届四中全会、第六届世界互联网大会等重大活动，坚持一事一研究、一事一部署，一个时期一个方案，主要领导每日会商，分管领导一线坐镇，分层分类重点防控，最大限度消除涉稳隐患，圆满完成系列重大活动维稳安保任务。以青石镇、辉埠镇、天马街道为重点，集中开展邪教重点地区专项整治，并及时做好邪教人员出境劝阻工作。加大危爆物品、寄递物流清理整顿力度，严格落实“实名制”，有效防控危险物品无序流通和极端事件发生。组建全市首支县级公安机关反恐突击队——“龙剑突击队”，应对全县范围内的各类突发性事件快速处置。在全市率先启动县级城区治安防控机动队（PTU），24小时全天候对主城区、城东新区等重点部位进行武装巡逻。按照“拎包就走”的信访应急处置工作要求，在县级和14个乡镇（街道）共建立15支、500余人的应急处置队伍，对重点人员失联失控等突发事件，能第一时间发现并有效处置。把社会稳定风险评估作为项目决策咨询一项重要内容，加强对项目准入、规划布局、推进时序、要素保障等方面的整体研究和决策，全年完成重大决策社会稳定风险评估项目44个，确保项目落地有效、推进有序、群众认同。

针对各类歪风邪气，抓住反映强烈的村级财务管理、村干部承揽或插手本村工程项目、失土保险等问题，聚焦八大重点行业领域，强力推进树正打歪、铁拳治乱，形成高压态势。全年围绕重大项目推进等中心工作，约谈当事人271人，采取刑事强制措施7人，行政处罚18人，化解信访积案27件，有效净化社会风气，信访秩序明显好转。成立涉企大标的案件领导小组，全年执结涉企大标的案件15件。成立风险企业帮扶和不良资产化解处置小组，全面开展企业风险摸排和防范化解，累计摸排企业450多家，受理破产案件24件，推动18家“僵尸企业”有序退出市场，化解银行不良贷款2.51亿元，分流安置职工252人。组建法律服务企业公益团，满足企业“个性化需求”。选派12名村（社区）法律顾问，初步实现法律服务城乡“全覆盖”。

实体化运行县级综合指挥中心。配齐配强A、B岗管理员，确保每日专人值岗。建立日事件办理督促、周视频在岗巡查、月考核排名通报等工作机制，不定期对网格员开展电话、线上抽查，常态化对村（社）网格进行重点专项任务指派。整体入驻县级社会治理综合服务中心，集信息汇总、流转督办、分析研判、绩效评估等职能为一体。全年下发全县“两网融合”工作情况通报11份，收集交通安全宣传、防台抗风抢险、命案线索排查等各类专项指派任务反馈信息1500多条，交办处置四级事件314件，督促办理三级事件97651件。做强“中线”，提升乡镇（街道）综合信息指挥室中枢效能。结合乡镇（街道）模块化改革，发挥综合信息指挥室的统筹协调作用，统筹模块之间的力量优势互补。灵活运用“1+3+X”模块化管理运行机制，以模块化运行为基础，根据实际情况，对相关模块进行联合任务指派，形成合力，达到“1+1＞2”的效果，有效破解基层难题。夯实基层基础。优化调整网格划分，选优配强网格队伍，在全县492个网格建立一支以村（社）两委为主体的2400多人的网格“一长三员”队伍。县、乡两级分别制定下发《常山县农村网格工作考核管理办法（试行）》及考核实施细则，以捆绑考核、分级考评的方式，拉开考核差距，激励优秀，倒逼落后，完善考核激励机制。2019年，全县网格员上报信息28.7万多条，办结率在99%以上。

根据机构改革实际情况及工作需要，转岗中层干部2人、提拔任用中层副职2人。认真履行协管干部职责，审核批复政法各单位选拔任用中层干部35人。在全县政法系统开展“讲政治、正风气、强担当”活动，通过开展“学习教育强政治”“警钟长鸣严纪律”“建章立制促规范”“典型引路树标杆”“服务中心强担当”五大专题活动，大力加强全县政法队伍思想政治和纪律作风建设。开展警示教育月活动，组织全县100余名政法系统中层正职以上领导干部到省第三监狱开展实地警示教育，打造纪律严明、服务为民、高效实干的政法队伍。发挥先进典型的示范引导作用，牵头评选出政法系统县第七批劳动模范2人，模范集体1个，以“学先进、赶先进、当先进”的“创先争优”意识推进工作、提升效率。

根据省委巡视反馈意见，做好“政法队伍失管失察，严厉不足”“中共十九届三中全会精神等必学内容存在缺学、漏学”“反邪教工作存在薄弱环节”等反馈问题的整改落实。

是年，县委政法委获2018年度全市信访工作突出贡献集体；甘全明、程栋获2018年度全市平安建设突出贡献个人；县委维稳办获2018年度全县平安建设突出贡献集体；朱万华获2018年度全县平安建设突出贡献个人；郭金清获2018年度全县信访工作突出贡献个人。常山县被浙江省委、省政府命名为2018年度“平安县”，实现省级平安县创建“十四连冠”。

【扫黑除恶专项斗争】 2019年，县委、县政府将扫黑除恶专项斗争纳入重要议事日程，县委每季度、县政府每月专题听取汇报，县委书记每两月、政法委书记每月定期研究。常山县委政法委固化“1办5组”的日常运行机构，建立健全工作机制16个。聚焦中央督导反馈的2项个性问题及6类17项共性问题，细化制定50条整改措施并全面落实整改。累计侦办涉黑涉恶案件4件、破获刑事案件149件，采取刑事强制措施92人，起诉、审结涉黑涉恶案件5件。加大“打财断血”力度，针对“3•12”案件，查封、扣押、冻结涉案资产2100万元。开展扫除“套路贷”违法犯罪专项行动，打掉“套路贷”团伙2个，抓获犯罪嫌疑人38人。严格落实“两个一律”和“一案三查”，累计查处涉黑涉恶腐败问题和“保护伞”16人，严肃倒查党委、政府的主体责任和部门的监督管理责任，下发监察建议书2份。开展村干部承揽或插手本村工程项目专项整治行动，共发现问题166起，运用“四种形态”处理30人；建立健全村干部资格条件县级常态化联审机制，累计排查清理“三类”村“两委”干部50人、“一长三员”25人。落实“四个一”联系、“一村一策”、党建联盟帮带等举措，县级领导班子成员带队推进54个后进村基层党组织实现整转。

【常山县社会治理综合服务中心在全市率先建成运行】 2019年，常山县委政法委贯彻落实省委政法委关于推进诉源治理的部署要求，县法院诉讼服务中心在全市率先成建制进驻县社会治理综合服务中心，打通“访—调—仲—诉”全链条，民商事案件收案比上年下降32.2%，相关经验做法被《浙江政法简报》录用推广。7月29日，常山县社会治理综合服务中心建成运行，至年底，共受理群众各类诉求事项51058件，办结率99.0%，全县信访接待量比上年下降28%，有效实现源头预防化解。相关做法获得省委常委、秘书长陈金彪和省委常委、政法委书记王昌荣的批示肯定，并在全省现场推进会上作书面经验交流。常山县社会治理综合服务中心联合法院、司法、银监等单位，组建“银企纠纷”调处委员会，至年底，共成功调解“银企纠纷”33件，成效显著。

【“两法衔接”办案中心实体化运行】

2019年，常山县委政法委针对执法实践中行政执法和刑事司法之间存在的部门壁垒、程序障碍、规范不一、效能不佳等问题，以“管控不缺位、移送无障碍、调查不间断、程序无瑕疵、两罚不遗漏、情报全流转”为工作目标，以“一个组织架构、一个运行中心、一个共享平台、三项配套制度”为主要内容，打造全省首家“两法衔接”办案中心，全县13个部门实体化入驻，对7个行政执法机关在执法中涉及的刑法条款按目录收集并形成手册下发，入驻部门间信息即时传输和现场查询，专设行政调查取证区，支撑远程取证、谈话，提前介入、全程指导重点案件的源头调查工作，实现受案立案、审讯谈话、审核审批、监督管理、研判指导环节“一站式”办理，高效查处非法买卖成品油、非法行医等案件20余起。

【平安护航新中国成立70周年大会战】 2019年，常山县委政法委贯彻落实上级关于70周年大庆安保的决策部署，制定《常山县“平安护航新中国成立70周年大会战”实施方案》，成立以县委副书记、政法委书记为组长，36个部门、乡镇（街道）主要领导为成员的领导小组，以“八场战役”为主载体，实现“五个严防、三个确保”的既定目标。大会战期间，县委政法委先后交办“70周年大会战”任务清单2批，对涉及47个乡镇（街道）、部门的53项任务指标进行交办；梳理各类不稳定因素126件；联合督考专班、信访局、公安局，先后开展5轮次专项督查，对各乡镇（街道）、部门的落实情况及值班备勤情况进行督查。全县社会治安状态平稳，社会大局持续稳定向好，未发生重大安全事故，并成为全市唯一一个进京访“零登记”的县（市、区）。县委书记叶美峰在县委政法委上报的《平安护航新中国成立70周年大会战工作情况报告》上予以批示肯定，县委、县政府将此作为2019年度执行“十条军规”正面典型事项予以通报表扬。2019年9月25日，省70周年安保工作专项督查组到常山督查时，对常山县予以充分肯定。

（邱俊）

公　安

【概况】 2019年，常山县公安局（以下简称“县公安局”）在党委政府和上级公安机关的坚强领导下，紧紧围绕常山“四四二”工作要求，紧扣县局“慢城首善 安实至上”工作主线，以“敏锐、铁血、坚韧、团队”的战狼精神为引领，全力以赴保稳定、护安全，抓改革、促发展，维护常山社会大局的持续稳定，全年县域内未发生重大敏感案事件和重大群体性事件，未发生群死群伤的公共安全事故，为“三年活动”的高质量推进提供有力保障。全县立刑事案件951起，破获刑事案件427起，其中命案全破；查处治安行政案件776起，比上年下降0.51%。全县交通亡人事故数和死亡人数比上年分别下降13.46%、14.81%。

严格落实学习教育、调查研究、建设问题和落实整改，结合县公安局“最强党支部”评选等党建活动，压实各级领导班子党建主体主责，完善环环相扣、层层传导的党建工作责任体系。通过对全体民警每周两晚和每日早、晚点名进行集中学习，强化政治教育和理论武装。县公安局党委班子和局内县管干部先后组织7次集中学习会，参加2次专题，开展4次重点研讨，围绕8个专题撰写学习心得体会 137 篇。

是年，县公安局共获国家级荣誉 1 项、省级荣誉 13 项、地市级荣誉 29 项，有 4 个集体立三等功，1 个集体和个人立二等功、10 人次立三等功；相关工作得到市、县主要领导批示肯定 20 次。其中，县公安局被评为 2018 年度全省公安信访工作考核县级优秀单位、全省扫黑除恶专项斗争先进集体和全省公安机关执法质量优秀单位，有 3 人被评为全省“千名好民警”。

【全县公安机构人员】 2019 年，县公安局有内设机构 24 个，下辖城关、城郊、外港、招贤、新都、球川、大桥头、芳村 8 个公安派出所；实有在编在职民警（职工）313 人，其中无执法权干部 1 人、职工 6 人，辅警 380 人，民警占全县常住总人口的 0.87‰。

【“110”宣传日活动】 2019 年 1 月 10 日，县公安局在新东方广场举办“警民牵手 110 共创平安迎大庆”主题宣传日活动，通过摆放宣传展板、发放宣传单，展示警用武器装备以及面对面交流，向群众介绍“110”接处警范围，提醒群众正确拨打 110，在防火防盗防事故防毒品的问题上积极配合警方履行公民义务。其间，接待群众咨询共 216 人次，发放宣传单 1 万余份。

1 月 10 日，“警民牵手 110 共创平安迎大庆”主题宣传日活动　（县公安局 供图）

【专项严打整治行动】 2019 年，县公安局围绕新中国成立 70 周年大庆安保工作主线，推进“扫黑除恶”“树正打歪”“铁拳治乱”等专项行动，集中对重点项目推进、非法采砂采矿、成品油、钙产业等党政关切的重点领域和黄赌毒、食药环、盗抢骗等群众关心的热点问题，开展“亮剑行动”，对全县各重点行业、重点部位、重点人员进行统一清查，排查整改各类问题隐患 120 余处。精准破题、专班攻坚，连续破获常山县近年来最大非法盗采砂石案件、以叶某和李某为首的两个恶势力集团案件等一系列党政关注、人民关心的大案要案，为平安常山发展创造安全稳定的社会环境。全年受理黄赌治安案件 116 起，扫黑除恶核查各类线索 572 条，查封、扣押资产 640 余万元，圆满完成中央扫黑除恶巡视组迎检工作。禁毒专项整治顺利完成摘牌，并成功列入全省 15 个首批省级禁毒示范县创建名单。

9 月 20 日，县公安局开展忠诚保大庆“亮剑”系列统一行动　（县公安局 供图）

【全省首家拘留所专业调解委员会成立】 2019 年，县公安局通过与县法院、县司法局等职能部门及乡镇（街道）合力共建的资源力量，成立全省首家拘留所专业调解委员会，在信访矛盾化解机制的基础上，配套接入法院远程调解系统及司法人民调解信息系统。县法院、县司法局选派专业调解人员常态入驻，形成行政调解、司法调解、人民调解“三调联动”大调解平台，共同探索人员矛盾纠纷化解新模式、新平台。入驻部门在调处司法拘留对象债务纠纷基础上，将行政违法拘留人员的社会矛盾纠纷纳入职能范畴，通过所内释法、多方联调，合力开展普法释法和矛盾化解工作，消除矛盾纠纷隐患，实现化解在拘人员矛盾纠纷。年内共化解拘留人员社会矛盾纠纷 55 起，履行经济赔偿金额总计 438 万余元，涉及的 51 名司法拘留对象均实现提前解拘。

【打造“枫桥派出所”常山模式】 2019 年，县公安局按照市委“党建治理大花园”行动和“枫桥式公安派出所”创建活动部署，深化“网格警务”“三联三驻”等做法经验，推动基层治理能力提档升级。通过强化公安与乡镇（街道）的服务融合、调处融合、防控融合、保障融合，创新推出警务工作 2.0 升级版“融警务”品牌。由派出所所长兼任网格员考核领导小组副组长，明确公安业务占比网格员考核 50% 以上，教导员兼任乡镇（街道）综治中心副主任，民警兼任重点村党支部副书记，与村“两委”干部、网格员共同沉入网格开展基层治理相关工作。整合吸收辖区银行、企业、公益团体等社会力量共计6000余人，扩充安全防范、网格管理、社会帮扶队伍力量，让老百姓在家门口办事，纠纷在网格内解决，警情处置由网格员先行，信访事项由网格员代办。这一创新做法取得的工作成效获市委副书记、市委政法委书记周伟江的批示肯定，要求全市推广。

【创新公安办证模式】 2019 年，县公安局创新推出钉钉（微信）视频办证：通过在家办证“零上门”，破除偏远山区和老弱群众“距离远、办证难”的难点，力促群众办事“在村不出村，出村异地办”。针对常山外出务工大县特点，县公安局主动与县工商联联合构筑“商会代办”制度，在杭州、上海、重庆、北京等 14 个地区的常山商会建立公安业务代办点。县公安局牵头召集县住建、交通路政、综合执法等部门，以占道挖掘施工审批、货车进城审批等交通管理事项为试点，创新推出“1+N”跨部门视频会商工作机制。通过视频核验、电子预审、材料速递，最大限度服务群众，最大范围方便群众。年内，钉钉（微信）视频共办理各类证件 400 余起。《人民公安报》《浙江法制报》等多家媒体相继专题报道。以此为蓝本撰写的微广播剧《第一本》获全省“最多跑一次”微广播剧大赛三等奖。

【常山县公安局火车站派出所成立】 2019 年 6 月 21 日，铁路常山区域“路地警务融合”暨常山县公安局火车站派出所正式揭牌成立，县公安局与杭州铁路公安处签订战略合作协议。常山县公安局火车站派出所的成立，标志着常山境内铁路与地方公安警务融合工作迈上新台阶。

6 月 21 日，铁路常山区域“路地警务融合”暨常山县公安局火车站派出所揭牌成立

（县公安局 供图）

【全国皮划艇赛艇U系列锦标赛浙江站安保工作】 2019年7月20—23日，“农商银行杯”2019年全国皮划艇（静水）赛艇U系列赛浙江站暨浙江省青少年皮划艇赛艇锦标赛在常山举行，全省各地300余名选手参赛，近万名皮划艇爱好者和群众到现场观摩比赛。为确保赛事安全，县公安局制订缜密的安保方案，抽调400多名警力会同街道干部、综合执法、人武部、市场监管等力量，完成“农商银行杯”全国皮划艇赛艇U系列锦标赛浙江站安保工作。

【“以案为鉴正风肃纪”教育整顿活动】 2019年，县公安局开展“以案为鉴、正风肃纪”“固本清源、锻造警魂”专项行动，结合“不忘初心、牢记使命”主题教育，全力打造清正廉洁战狼铁军。出台《常山县公安局一把手“七不直接分管”制度实施细则》，规范权力运行机制，强化权力监督制约。制定《常山县公安局队伍状况评估办法》，对执法办案、服务群众、廉洁自律、违法违纪等9个方面的问题开展自查。对市委交叉巡察组巡察县公安局党委的51条情况反馈进行全面的整改，将违法违纪典型案例汇编成册发至每个民辅警。全年向全警发送廉政短信1.6万余条，主动执纪问责民（辅）警7人次，驻县公安局纪检监察组对5名民警进行提醒谈话，为完成新中国成立70周年大庆安保任务提供坚强纪律保障打下坚实基础。

【成品油市场乱象整治】 2019年，针对常山县成品油市场无证无照经营等乱象，县公安局对照县工作领导小组配套成立由局主要领导挂帅的工作专班。通过以政府主导，公安协同，部门联动齐抓共管；在面上深摸，渠道细查，关口前移截源断流；以重拳狠击，依法严处，宣传造势高压震慑。依托“网格驻警”“110活动日”、各大媒体等有效载体，做好宣传报道，形成正面舆论导向，对典型违法犯罪案例进行曝光和深度报道。对于无证无照经营等乱象予以取缔、查处、刑事追责，消除安全隐患，规范市场秩序。其间，共出动警力100余人次，协助检查20余次；立刑事案件2起，采取刑事强制措施7人，涉案金额300余万元；排摸涉嫌违法违规加油点7处，涉嫌非法改装从事加油、违法违规销售柴油的油罐运输车20余辆；发布各类宣传报道8篇。

【“五大融合”提升县域治理能力】 2019年，县公安局结合全市模块化改革，深化“五大融合”，即治理融合，推动现代警务模式构建，优化升级基层治理体系，提升服务党委政府县域治理能力；打防融合，建立健全全面系统的内外联勤联动联处模式，最大限度提升警务效能，确保县域内打处及时、防控到位；勤务融合，实现机构、人员、职能、机制的深度整合，为基层一线各类警务活动提供全方位支撑600余次，出台40项基层减负举措；服务融合，建立健全维护政治安全工作体系、风险预测预警预防等体系，打造最优营商环境，保障全县中心工作和重点项目的顺利推进；文化融合，打造“敏锐、铁血、坚韧、团队”的“战狼精神”文化品牌，构建现代警务的核心价值导向，全局形成各司其职、各尽其责的工作氛围，实现“慢城首善、安实至上”目标。全年公安工作获县主要领导批示肯定18次。

【专项行动护航常山经济发展】 2019年，县公安局根据县委、县政府“效率革命年”活动“八大会战”，结合“周二无会日”“三服务”活动等载体，深化“项目警长制”，畅通警企沟通联系渠道，开展“全项目周期”一条龙服务，为全县32个重大项目和重点企业的风险评估及实施过程进行保驾护航。在“铁拳治乱”专项行动中，对阻碍项目施工、网上散布谣言者迅速处理，妥善处置房地产业主维权、交通项目建设“三抢”、赛得项目阻工等80余起事件，教育训诫90余人，治安拘留17人。

【国庆安保工作】 2019年8月开始，县公安局开展统一清查、专项整治及对重点单位的全面管控等工作全力巩固整治成果。通过启动省际检查站、下沉机关警力和借力社会力量等工作，严密构建安全屏障。落实“135反应圈”机制，依托“龙剑突击队”“PTU”反恐处突尖刀作用，最大限度囤警街面，有效处置精神病人持刀预抢劫等案事件；在全市模拟报警暗访检查中，县公安局出警速度全市第一。其间，全县出动警力1000余人次，盘查可疑人员1000余人，检查重点乱点区域320处（次），检查重点单位160家（次），检查寄递业152家（次），抓获违法犯罪人员50余名。对全县165家旅馆、民宿累计检查1500余次，处罚20余家（次），其中反恐处罚3家，最高罚金10万元。省际检查站检查人员5000余人次，查获违法犯罪嫌疑人员10余人。

【“亡人交通事故防控”项目攻坚】 2019年，县公安局开展“亡人交通事故防控”项目攻坚，统筹推进违法清库清零、路面秩序净化、公路防护提升、宣传警示曝光、社会协同共治五大行动，查处各类交通违法行为154371起，比2018年上升10.7%。全县“两客一危”车辆的检验率、报废率、违法处理率均达100%。

【公安窗口服务品牌打造】 2019年，县公安局在省委书记车俊批示肯定常山公安业务融入乡镇四个平台的基础上，深化窗口服务水平，持续升级错时服务、容缺受理、视频办证等便民措施，依托全县“四个平台”网格化布点，推动公安服务事项向全县188个“村（居）网格”和14个“商会组织”延伸，将服务力量扩展至全县1675名村干部、网格员和商会工作人员，让群众足不出村办成事，使公安服务事项向公共服务领域得到深度延伸。3月，全市公安机关服务窗口进乡村现场会在常山县召开，常山经验在全市推广。年内，县公安局代办各类服务事项1200余件。

【“情指行”一体化建设】 2019年，县公安局聚焦浙江公安“五张金名片”之一的情指行一体化建设，按照“指挥中心＋八个派出所指挥室＋应急联动部门”三级架构，制定出台一套完善的情指行指挥体系，完善“PDCA值班备勤、隐患预警预测、部门警情联处、警情分流处置、机关支援基层”五项机制，达到提升警务指挥调度、联动联勤和资源调配效能。

9月17日，市公安局到常山县开展封控拦截模拟演练　　（县公安局 供图）

【公安服务一站式办法】　2019年，县公安局按照县委、县政府打造“全生命周期一条龙”政务服务体系要求，在“最多跑一次”改革中，探索“新生儿五证联办、婚（养）户联办、房户联办”等多项举措，实现群众部门关联事项一站式办结。做优、擦亮“智慧警眼、“1+N”跨部门会商、异地商会代办等创新品牌，助推公安服务事项向公共服务领域延伸。其间，新生儿“五证”、婚（养）户、房户等联办事项受益群众达1500余人次，“网上办”实现率92.2%，“掌上办”实现率91.8%，“一证通办”实现率93.6%，“零跑趟”67.2%。“慢城9.1”模式升级版车事“一站到底”模式先后被省委深改办《竞跑者》、市营商办《领跑先锋》刊发。

【战狼精神文化品牌建设】　2019年，县公安局通过召开全县公安机关战狼精神文化品牌建设发布会，全面、系统开展文化品牌推广工作，明确价值意义具体化、品牌塑造系统化、队伍管理精细化的品牌建设体系，配套出台文化“十个一”品牌建设方案，邀请社会文化名人设计LOGO并释义、制作20余项品牌VI产品、新大楼文化符号镶嵌等举措，周密开展文化品牌体系建设，营造全局上下浓厚的文化氛围。以中层干部撰写感悟、战狼党课、“拼首善争头狼”竞赛等活动载体，在提升队伍素质的同时，大力提拔重用敢于攻坚、勇于负责的“战狼式”干部，推动战狼精神融入队伍建设，切实增强全警团队归属感和社会认同度。常山公安相关调研文章被省公安厅《浙江警学》杂志刊发。

【暖警爱警工作】　2019年，县公安局将爱警暖警作为营造战狼团队荣誉感和归属感的重要途径，把维权工作摆在关心关爱民（辅）警最重要位置，从实处入手为基层减负，深入一线调研后，在全市率先出台《内部“最多跑一次”改革二十项举措》和《机关服务基层二十条承诺》，并结合内部“最多跑一次”改革，为基层减负增拓事项。在全市首创出台“四个一”铁纪并纳入纪委监督内容，坚决维护民（辅）警执法权威。全年处置侵犯民警权益案件9起，采取强制措施9人，慰问民辅警17人。

【山地自行车公开赛总决赛安保工作】2019年11月23—24日，中国山地自行车公开赛总决赛（常山站）在常山县自行车公园举行，全国1000多名选手参加，新闻媒体记者、自行车运动爱好者、观众等1万多人到场观看。县公安局按照安保实施方案，精心部署，严格落实比赛现场、外围管控、交通保障等安保工作，抽调150多名警力，会同全县各相关单位、街道干部等社会力量参加安保执勤，圆满完成2019年中国山地自行车公开赛总决赛安保工作。

11月23—24日，县公安局开展中国山地自行车公开赛总决赛安保工作

（县公安局 供图）

【“驻网联商”警务新模式】　2019年，县公安局在“网格警务”工作实践中，对城关辖区商铺、场所和大型商城进行重新划分，按商业圈的大小将城区划分为5个片区，以

城区45条街路为线，由部分派出所民警每人认领2～3条街路，对辖区内4家大型商场、娱乐场所和旅馆业进行明确分工。将沿街2933家商铺人员力量，吸收到“网格警务”当中，将“网格警务”发展升级为“驻网联商”警务联勤新模式的支架，建立相应的“驻网联商”微信群，鼓励和发展群众成为“信息员”，搭建起警民信息沟通的重要桥梁，推动公安机关在社会治安防控、便民服务、矛盾纠纷排查调解等工作中的作用。

（王宏军 柴真见）

检 察

【概况】 2019年，常山县人民检察院（以下简称“县检察院”）保持打击刑事犯罪高压态势，受理审查逮捕163件194人，审查起诉413件534人，案件数量比2018年上升25.8%。严惩故意杀人、抢劫等严重暴力犯罪，依法公诉影响较大的毛某某故意杀人案等恶性刑事案件，切实增强人民群众安全感。坚决打击寻衅滋事、聚众斗殴、贩卖毒品等严重危害社会安全犯罪160人，为全县发展营造良好治安环境。

推进扫黑除恶专项斗争。深化“树正气、打歪风”行动，发挥批捕、起诉职能，为项目建设、企业发展拔钉除障，全年办理涉黑涉恶类案件7件25人，提起公诉5件23人。“深排细核”涉黑涉恶线索，核查并报送涉嫌“软暴力”“套路贷”“寻衅滋事”等线索20条。创新办案机制，建立专业化办案团队，着力突破重大复杂疑难案件，确保涉黑恶案件“一个不放过、一个不凑数”。依法办理由省扫黑办挂牌督办的以蒋某为首的黑社会性质组织案，严肃“打伞破网”“打财断血”，建议公安、监委补强证据20余卷，自行补证64份，追加冻结资金30万余元，该案被省扫黑办列为警示教育典型案例。严格落实扫黑除恶协调联动机制，提前介入市委政法委挂牌督办的以叶某某为首的涉恶案件，把事实和证据问题解决在侦查环节，提高办案质效。

生态环境司法保护。严厉打击破坏环境资源犯罪，审查起诉21件35人，督促清运污染物11万余吨、修复农用地150余亩，增殖放流各类鱼苗达110余万尾。在办理非法收购黑麂、红角鸮等珍贵濒危野生动物数十种、数吨计的特大案件中，自行补充侦查，固定证据链条，以“零口供”提起公诉，被告人获刑11年，该案被评为全省刑事检察优秀案件。针对社会关注度较高的紫港渔业大队许某某等人非法捕捞水产品案，牵头强化协作、主动引导取证，在追究许某某等人刑事责任的同时，促使监管部门对其作出行政处罚，并通过民事公益诉讼成功追偿渔业资源损失12万余元。

保障民生民利。严厉打击涉赌类、诈骗类等群众反映强烈的刑事犯罪，依法批捕起诉59件87人，全力保障人民群众财产安全。助力攻坚常山县“大棚房”专项整治，适时启动公益诉讼诉前程序，促成8处违法建筑被拆除，复垦面积共计19.1亩。针对服刑人员等违规领取养老金问题，开展公益诉讼专项监督，督促人社部门追回47人违规领取的资金35万余元，跟进出台《关于建立基本养老金监管协作配合机制的若干意见》，以长效机制堵住常山县基本养老金监管漏洞。加强公益损害与诉讼违法举报中心规范化、标准化建设，畅通群众诉求渠道，受理各类信访245件次，做到群众来信件件有回复，实现“7日内程序回复，3个月内办理过程或结果答复”两个100%。

强化刑事检察。坚决纠正有案不立、有罪不究和以罚代刑，加强对刑事侦查活动全过程监督，监督立案、撤案9件17人，纠正侦查违法3件，追诉漏犯2件2人。推进“少捕慎诉、保障权益”专项工作，不批准逮捕29件38人，不捕率19.9%；不起诉116件138人，不诉率26.2%。开展保障律师执业权利专项监督活动，重大案件侦查终结前，对讯问合法性进行核查，加强刑事执行和监外执行监督，发出书面纠正违法通知书9份、检察建议书3份，1名监外执行人员被建议收监，办理羁押必要性审查案件14件14人，均得到采纳。对25名服刑罪犯的特赦工作全程同步监督，确保不错放、不漏赦。提高职务犯罪案件办理质量和效率，与县监委、县法院共建协作配合机制，受理监委移送的职务犯罪案件9件9人，提起公诉5件5人，依法办理省住建厅政务办理中心原主任刘某某受贿案，在反腐败斗争中发挥检察作用。

推进民事行政检察。以群众反映强烈的虚假诉讼、民事执行等问题为监督导向，深挖郑某黑社会性质组织实施的系列虚假诉讼案，推动审判机关对31件民间借贷案件再审改判，涉案金额1636万余元，该案入选全省民事检察优秀案例。针对叶某某恶势力犯罪团伙“套路贷”问题，坚持民事监督和刑事打击相结合，及时移送线索，引导侦查，确保打击成效。针对民事审判执行中存在的问题，发出检察建议，进一步规范送达、限制消费等司法行为。针对2012年以来大量交通行政处罚案件未执行到位的问题，运用行政检察监督，推动相关部门开展“执法回头看专项行动”，有效维护国家利益和行政执法权威。

推动公益诉讼检察。争取县人大常委会、政府和政协的支持，县人大常委会出台《关于支持和保障检察机关开展公益诉讼工作的决定》，县政府主要领导对县检察院公益诉讼工作专报作出批示肯定，县政协开展公益诉讼工作专题视察。与县纪委监委联合出台《关于在履行公益诉讼职能中加强协作配合的若干意见》，整合各自优势，拓宽线索来源，形成监督合力。办理民事公益诉讼2件、行政公益诉讼诉前程序案件25件，实现行政公益诉讼四大领域全覆盖，其中《网络餐饮服务监管问题公益诉讼案》入选“浙江2019年度互联网十大检察案例”。积极稳妥拓展公益诉讼新领域，办理英烈纪念设施保护、工矿企业储油安全设施等公益诉讼诉前程序案件。

认真开展主题教育。坚持学习教育入心入脑，调查研究深接地气、检视问题刀刃向内、整改落实真抓实干，引导干警在学原著、读原文、悟原理中坚定理想信念，在深入企业项目、农村社区、基层一线中征求意见建议，在谈心谈话、评查案件、群众反映中找准问题差距，在当下改、长久立、解难题中展现检察担当。通过主题教育，检察人员学风作风得到锤炼，初心使命更加坚定，特别是1名干警、1个集体分别被省检察院记二等功。

切实提升专业素能。以深化内设机构改革为契机，突出人员、机构和编制等要素向业务倾斜，改革后新组建办案机构3个、综合机构2个，现任中层干部平均年龄35岁以下。以专业化建设为方向，在组织部门的支持下，晋升检察官等级4人、增选员额检察官2人、招录公务员2人充实办案一线，同时选派干部到主题教育、巡视巡察、基层治理、扫黑除恶等中心工作一线历练。以提升监督能力为重点，用好视频大讲堂、素能大培训，实施“检校合作”“青蓝工程”，推进“一院一品”“一部一优”创建，7个案例获省级以上精品、优秀案例。

【优化法治营商环境】　2019年，县检察院成立法律体检志愿服务队，对接民营企业司法需求，帮助雄狮工贸、铭豪金属等企业解决涉法领域难点问题。严厉打击破坏市场经济秩序类犯罪，受理18件36人，提起公诉12件22人。在全省首次适用“软暴力”规定，依法办理常山众卡公司遭遇寻衅滋事案，净化企业发展环境，该案被评为全省刑事检察精品案件。坚持具体问题具体分析，认真审查每一个涉企案件侦查措施的合法性、必要性和适当性。全年对涉企案件依法作出不起诉决定3件8人，妥善办理王某某等人虚开增值税专用发票案，坚决防止“办理一个案子，垮掉一个企业，下岗一批职工”。

【维护特殊群体合法权益】　2019年，县检察院从严从快打击强奸、猥亵等严重侵害未成年人犯罪，办理审查批捕案件9件13人，起诉12件14人，帮助提供法律援助9人。深入开展法治进校园、未成年人检察开放日活动、校园及周边安全隐患专项公益调查、未成年人关护帮教基地建设，推动各方力量参与未成年人司法保护工作。将司法救助工作深度融入精准扶贫，重点帮扶贫困户、军人军属、未成年人、残疾人等“四类”涉案困难群众，办结11件，发放救助金19万余元，其中办理的胡某某司法救助案，被评为全省检察机关践行“枫桥经验”优秀案例。

【落实认罪认罚从宽制度】　2019年，县检察院担起检察机关刑事诉讼主导责任，与县法院、县公安局、县司法局沟通协调，合力构建控辩审之间的良性互动关系。坚持依法“可用尽用”，适用认罪认罚从宽制度的案件实现罪名全覆盖，适用率在2018年4—12月，从60%提高至90%；注重具体案件事实、证据的把握，注重释法说理，量刑建议均被县法院采纳，以检察多作为节约司法资源，化解社会矛盾、减少社会对抗、促进社会和谐。

【完善诉讼机制改革】　2019年，县检察院坚持“少捕慎诉”，全面推进“捕诉一体”，强化审前主导和过滤，一体提升办案、监督效果。提请逮捕、未提请逮捕的审查起诉案件，平均审结时间分别缩短12天和2天。深化简易程序案件集中诉（审）机制，适用案件比例达49.1%。推进检警协作，建立刑事办案协商机制，促进形成工作合力。政法一体化办案系统持续提质拓面，逮捕、起诉和立案监督协同比例均为100%，执法办案提质减负明显。以“最多跑一次”没有局外人的担当，探索实行检察服务“容缺受理”，把检察档案查询事项纳入　“一件事、一次办”，让司法服务更亲民更便捷。

【加强修复性司法机制运用】　2019年，县检察院打造“司法＋生态修复”办案模式，做好办案的后半篇文章，引导涉嫌污染环境罪的企业主李某某主动出资20万元，购买水产品苗种投放到5处天然水域，将受损的生态环境进行修复，实现惩处犯罪与保护环境的双赢。贯彻恢复性司法理念，发挥刑罚的惩罚警示和教育矫治功能，鼓励促使更多的犯罪人认罪伏法，妥善办理因邻里纠纷引发的徐某某故意伤害案，解决具体问题，化解矛盾对立，此案被评为全省刑事检察优秀案件。

【推进从严治检】　2019年，县检察院出台清廉检察机关建设《实施方案》，压紧压实“一岗双责”，健全党组会听取党风廉政、业务工作“双汇报”制度，开展警示教育月“十个一”活动，引导干警筑牢廉洁自律防线。强化党组理论中心组学习，落实意识形态工作责任制。动真碰硬推进基层党建、编外用工等专项整治，编制党建工作手册，开展检务督察16次，全面加强机关党建。推进标准化规范化建设，围绕授权、用权、制权等环节，细化员额检察官8类权力清单，实现有序放权与有效监管的统一。

【自觉接受监督】 2019年，县检察院主动加强与人大代表、政协委员的沟通联系，邀请视察检察工作7次，向县人大常委会、主任会议专题报告司法改革、公益诉讼等工作。举办检察开放日活动，听取人民监督员、群众代表等意见200余人次。自觉接受纪委监委监督和法院、公安机关制约。进一步拓展检务公开范围，强化检务公开保障，公开重大案件信息10条、生效法律文书411份、程序性信息559条，让群众更加有效地了解、支持和监督检察工作。

（吴抗抗）

法　院

【概况】 2019年，常山县人民法院坚持司法为民、公正司法，忠实履行宪法和法律赋予的职责。全年受理各类案件7906件，办结7227件，比上年分别下降12.64%和12.78%，其中一审民商事案件收案3021件，下降14.54%，一线法官人均办案217件。在省高院通报的28项审判指标中，有12项排名全省前二十。依法惩治刑事犯罪，审结涉黑恶犯罪案件5件23人，成功审结的蒋勇等10人组织、领导、参加黑社会性质组织罪案件被列为全省6起涉黑恶典型案例。依法调处民事纠纷，保障涉案民生，妥善审结劳资、教育、医疗等社会保障类案件104件。依法推动金融市场健康发展，审结金融借款合同纠纷案件425件1.84亿元。推动依法行政，加强司法与行政的良性互动，向有关部门发送司法建议9份，1篇被评为全省法院十佳司法建议。聚焦中心工作，服务保障重点工作有序推进。审结全国首例利用“软暴力”插手民间纠纷的舒振柏寻衅滋事罪案件，被省高院在全省推广。高效审结每日会破产清算案，推动金色同弓田园综合体建设，被中央电视台《法治天下》栏目专题报道，入选浙江法院破产审判十大典型案例。加快推进“僵尸企业”司法处置，助推常山县经济高质量发展。主动融入基层社会治理，牵头成立银企纠纷调解委员会，入选省“三服务”好典型。诉讼服务中心在全市率先成建制进驻县社会治理综合服务中心，相关经验做法被省委政法委简报在全省介绍。坚持司法为民，深入推动“切实解决执行难”。深入推进司法责任制改革，加大长期未结案清理，全年无超12个月以上未结案，并列全省第一。加强“四类案件”（即涉及群体性纠纷的案件，疑难、复杂且在社会上有重大影响的案件，可能发生类案冲突的案件，可能发生违法审判的案件）监督管理，将38件“四类案件”纳入院庭长监管，有效提升案件质量。加强人大代表定向联络，共联络走访代表49人，征求代表意见43条。加强与检察机关衔接配合，邀请检察长列席审委会，认真办理检察建议事项。广泛接受社会监督，邀请人大代表、政协委员及各界代表参加法院公众开放日、旁听庭审、现场监督执行等活动680人次。开展专题业务培训和能力提升，组织各类培训、竞赛43次347人。加强调查研究工作，在各类刊物上发表调研文章13篇，在国家、省、市等各级学术论坛上获奖3篇。

是年，县人民法院有23个集体和个人受到表彰奖励，其中集体二等功2个、个人三等功4个。

【调处民事纠纷】 2019年，县人民法院全面推进家事审判改革，审结婚姻、继承、赡养等家事纠纷案件511件。全力保障社会民生，妥善审结劳资、教育、医疗等社会保障类案件104件。坚持平等保护，倡导诚实守信，审结买卖、承揽、建设工程等合同纠纷案件357件。依法推动金融市场健康发展，审结金融借款合同纠纷案件425件计1.84亿元。依法规范民间融资行为，审结民间借贷纠纷案件471件计1.9亿元。

【依法惩治犯罪】 2019年，县人民法院受理刑事案件307件407人，审结291件383人，比上年上升6.59%和6.20%。审结贪污、贿赂、渎职等职务犯罪案件5件5人，依法审结省住建厅政务办理中心原主任刘忠杭受贿罪案件。依法审结非法收购珍贵、濒危野生动物罪案件、非法捕捞水产品罪案件各1件。注重打击犯罪与保障人权并重，三年以上辩护率达100%，对197名初犯、偶犯、从犯依法判处缓刑。严格落实“两高三部”《关于适用认罪认罚从宽制度的指导意见》，强化人权司法保障，全年适用认罪认罚程序案件58件。

【“僵尸企业”司法处置工作】 2019年，县人民法院加快破产审判，强化执破、诉破衔接，“僵尸企业”司法处置工作取得明显成效。成功处置浙江东晟轴承破产清算案件，灵活运用拍卖模式，最终以2000万价格成交，溢价408万元。受理常山首例房地产企业衢州冠科置业有限公司破产案，多部门协作推进。加强府院联动，牵头成立涉企大标的案件领导小组，定期召开府院联席会，推进涉企大标的案件处置工作。全年执结涉企大标的案件15件，审结破产案件24件，推动38家“僵尸企业”有序退出市场，盘活工业土地1181.74亩，工业厂房22.96万平方米，化解不良资产2.62亿元，追缴税收1500万元，为389名农民工（职工）实现工资债权505.95万元。

【解决执行难工作】 2019年，县人民法院受理执行案件3567件，执结3091件，比上年分别下降10.71%和11.46%，执行到位金额2.77亿元。贯彻最严强制执行措施，出台《执行十条意见》。综合运用征信网站、“两微一网”，曝光失信被执行人189人，将938人纳入失信名单，对2931人限制高消费，为92人定制失信彩铃。开展“信守衢城、执行风暴”等专项集中执行行动12次。常态化运行数字化执行指挥中心，落实24小时执行备勤制度，通过公安布控到位214人。完善联合惩戒机制，与县监管办等单位出台《关于在公共资源交易活动中对失信被执行人实施联合惩戒的通知》，联合县检察院、县公安局加大对拒执、虚假诉讼等非诚信犯罪行为打击力度，全年移送案件7件7人。

【融入基层社会治理】 2019年，县人民法院诉讼服务中心在全市率先成建制进驻县社会治理综合服务中心，打通“访—调—仲—诉”全链条。机制运行以来，民商事案件收案降幅明显，比上年减少32.2%。牵头成立银企纠纷调解委员会，运行4个多月，成功调处“银企纠纷”33件计1821.82万元，入选省“三服务”好典型。法治副校长、普法讲师团送法进校园8人次，法院志愿者送法进企业进社区53人次，开展巡回审判43次，提高群众尊法、知法、守法意识。

【优化诉讼服务】　2019年，县人民法院全面推进移动微法院和智能送达系统深度融合，所有诉讼活动通过平台实时推送，方便当事人和诉讼代理人随时随地通过微信参与诉讼和执行。提供巡回审判、假日法庭、预约开庭等特色司法服务，提升人民群众司法获得感。加大简易程序、小额诉讼程序运用，审结案件2996件，占一审民事案件88.25%。发挥“12368”司法服务热线联系法官、接收咨询举报的服务功能，共接通热线电话1509个。依法为经济困难当事人缓减免诉讼费14.27万元，发放司法救助金8.9万元，努力做到不使有诉求的群众因经济困难打不起官司。

【推进司法公开】　2019年，县人民法院通过新浪网法院频道对1642件案件的庭审开展同步网络直播，广泛接受社会监督。推进裁判文书公开上网，方便社会公众查阅监督，裁判文书上网率100%。加大司法网络拍卖力度，成交金额2.1亿元，为当事人节省佣金2181万元。

【法院干部队伍建设】　2019年，县人民法院以政治建设为统领，开展重温入党誓词等系列活动，增强党员干部凝聚力、战斗力、向心力。扎实开展“质量建设年”活动，不断提高办案能力。开展专题业务培训和能力提升，共组织各类培训、竞赛43次347人。开展“队伍建设年”和“廉政教育月”活动，开展警示教育活动，进一步教育引导全体干警廉洁司法。

（詹勐）

司法行政

【概况】　2019年，常山县司法行政系统开展扫黑除恶专项斗争，提供优质法律服务；加强行政执法监督，化解行政争议；确保全国两会、新中国成立70周年重要时间节点的安全稳定，做好社区矫正线上线下职能管理，完成特赦工作；落实法律服务民生举措，加强法律顾问“驻在式”服务，加大农民工法律援助维权力度；普治结合营造依法治理新氛围，深化民主法治建设三年行动，推进宪法主题公园创建工作，打造法治宣传新形式；构建社会治理新格局，推进“文明、规范、公正”司法所建设，深化人民调解参与信访矛盾纠纷化解工作机制，打造本地特色调解品牌，开展刑满释放人员和被特赦人员安置帮教工作；坚定信念，不忘初心，深入开展主题教育，提升干部队伍素养。

乡镇（街道）、村（居）调委会共调处案件数7937件，成功调解7916件，成功率达99.7%。全县16个行业性专业调委会共调处案件1035件，成功调解1003件，涉及金额5318.58万元。

接收社区矫正对象203人，解除矫正218人，累计接收3010人，累计解除2743人。至年末，在矫264人，其中缓刑241人、假释19人、暂予监外执行4人。共给予警告处罚58人次，收监执行7人次，居住地变更11人次，信息化核查760余人次，司法部录用社区矫正案例4篇，重新违法犯罪率始终控制在0.5%以内。

开展“法律六进”活动300余场次，发放宪法读本、《胡柚娃带你学宪法》、宪法折页等宣传资料3万余册，举办各类法治宣传活动、讲座120余场，形成“领导带头垂范、部门紧密配合、群众普遍参与”的法治宣传教育模式。

县公共法律服务中心为企业和群众解答法律咨询2091次，办理法律援助699件，其中刑事类案件218件，民事类案件481件，比上年增加15.9 %；受理农民工群体性法律援助案件205件，为农民工挽回经济损失432余万元；办理公证事项 508件，开展预约、延时公证服务78次，接待群众来访来电1000余人次，公证外出核查调查67次，取消证明材料14份，对436项公证事项承诺公证证明材料清单制。

是年，常山县司法局被衢州市司法局评为“2018年度司法行政工作综合考评优秀单位”，“法治副校长为青少年护航”项目被衢州市司法局评为“2018年度司法行政工作推进项目奖”。汪益华、吴业勤被县委、县政府评为“2018年度全县平安建设突出贡献个人”。

【扫黑除恶专项斗争】 2019年，县司法局对全县189个行政村开展“地毯式”宣传；利用“常山司法”微信公众号和“之江法云”三级微信塔群，围绕扫黑除恶十大打击重点开设“以案释法”“热点说法”等专栏，向群众推送扫黑除恶专项斗争法律知识。依托全县14个司法所、11名村级法律顾问和692名调解员在执业、办案、调解过程中收集线索。对全县社区矫正对象开展涉黑涉恶线索排查，通过“手机定位”+“电子手环”双管控及司法所“定人包案”制度，确保隐患排查不留死角。全年新增涉黑涉恶案件报备42件。

【法律服务紧跟政府中心工作】 2019年，县司法局为政府拆迁、征收征用过程提供有力法律保障，引导群众依法、合理表达诉求，规范引导政府真实、合法行政行为，营造和谐稳定的法治环境。全年指派各法律执业人员参与政府中心工作50人次，提供法律意见43次，参与重大民生工程现场监督7次，出具公证法律文书1份。

【证明事项清理与法制审核】 2019年，县司法局牵头完成证明事项清理工作，确定可以取消的证明事项69项；可以替代的证明事项175项，其中可以通过政府部门运用数据共享平台等网络核验方式办理的50项，可以通过政府部门内部核查和部门间核查办理的107项，可以通过申请人书面告知承诺方式办理的18项，开展证明事项承诺告知制，公布可通过承诺告知的29项。完成权力清单调整事项审核、部门乡镇职责边界审核、涉企行政委托事项清理、乡镇赋权事项审核工作，营造公平有序的市场竞争环境。根据“职权法定”“问题导向”原则，会同县委编办进行会审，对36个部门上报的404项需厘清的权力事项进行法律核对，明确法律依据、履行职责主体，确保各责任主体履行职责有法可依。

【政府涉法事务风险防范】 2019年，县司法局联合县政府法律顾问参与中商破产、国大收购、“白改黑”工程、扫黑除恶、万洋众创、制砂经营权出让项目和事项的法制审查，对县政府交办的塔山矿业遗留问题处置、芙蓉电站遗留问题处置等出具审查意见。开展规范性文件清理工作，落实规范性文件管理，为党委政府提供规范性文件、行政合同合法性审查等法制服务，为保障重点工作和重大项目加强制度供给、政策供给。严格按照行政规范性文件三统一有关工作要求，对县政府和部门签订的招商引资、产业基金、总部经济、项目协作等20多份协议开展法制审查。认真落实上级监督意见，对《衢州市人民政府政务督查通报》中的败诉案件问题进行整改并落实责任追究制度。

【行政执法监督指导】 2019年，县司法局开展行政执法主体资格确认公告工作，对行政执法部门的执法主体资格重新梳理，明确依据，并向社会公布。落实行政执法责任制和重大行政处罚备案、行政处罚公开工作。开展行政执法检查，下发落实行政执法三项制度文件，开展行政处罚未执行案件检查，对法治政府建设重点指标落实情况、贯彻落实行政执法“三项制度”情况、贯彻落实《浙江省重大行政决策程序规定》有关情况、贯彻落实“双随机、一公开”监管措施有关情况、贯彻落实《浙江省企业权益保护规定》有关情况、强化劳动监察行政执法协调监督情况、《中华人民共和国国旗法》实施情况等进行专项监督检查；组织政府特邀行政执法监督员参加行政执法专项监督检查和行政诉讼案件旁听活动；加强对部门、乡镇法制工作的监督检查和指导帮助，组织行政执法单位旁听行政诉讼案件，举办法治研讨班，对乡镇、部门行政行为风险点进行针对性的培训指导。开展常务会学法3次，邀请专家对全县44家乡镇部门160人次作重大决策程序规定、信息公开条例、行政复议法、行政诉讼法等讲解学法活动以及法治讲座活动。

【行政复议体制改革】 2019年，县司法局增挂县行政复议局牌子，标志着常山县行政复议体制改革正式完成。县司法局加强对行政应诉指导监督工作，主动与县法院对接，推进行政争议调解中心建设，在县司法局、县法院共同设置行政争议调解中心，并实体化运行。全年收到行政复议案件33件，办结20件，其中申请人主动撤回2件、驳回3件、确认违法2件、维持13件。代理县政府被诉案件8件，审结5件，利用中心远程开庭1件，诉前调解1件，纠错率35%。

【常山地方特色调解品牌打造】 2019年，县司法局挖掘全县公安、检察、法院等部门的银色人才资源，成立常山县首家个人品牌调解工作室“云河工作室”和常山县拘留所调解室“和美工作室”。“云河工作室”成立后，整合民间自愿调解资源，解决农村基层治理中的各项问题，探索总结出适应地方特色的调解矛盾纠纷工作方法，成功主持调解各类案件和各类矛盾纠纷28起，兑现调解协议书涉及金额70万元；“和美工作室”成立后，成功调处化解各类矛盾纠纷33起，涉及还款金额282.59万元。

【民主法治村的创建与复评】 2019年，县司法局严格参照“民主法治村（社区）”申报条件及复评标准，通过实地调研，听取整合各乡镇街道、司法所、村（社区）三方意见，现场查看硬件设施及台账资料，完成评估调研工作。加强与复评村、创建村的相互交流，落实民主法治村（社区）创建“回头看”工程，鼓励各村（社区）创新形式、打造特色，浓厚村级法治文化氛围，稳固治安防控，夯实基层治理的法治基础。全年申报26个市级民主法治村（社区），8个省级民主法治村（社区）。至此，全县已创建市级民主法治村（社区）57个，其中省级民主法治村（社区）12个。

【法律服务三个平台实现一体化】 2019年，县司法局整合公共法律服务资源，整体入驻县社会综合治理服务中心，实现公共法律服务中心“实体平台”、微信塔群“网络平台”和“12348”人工热线“服务平台”三个平台的一体化。开通手机APP客户端、“常山司法”微信公众号法律服务板块和“12348”人工热线24小时全时空服务热线，将司法行政各项职能有效整合，满足基层群众“足不出户的法律体验”，极大缓解全县法律服务资源紧缺的瓶颈。

【政法一体化办案】 2019年，县司法局依托政法一体化办案系统，通过案卷“一键送达”，数据交换、信息共享，实现政法各部门执法办案的网上协同，提升办案规范化、透明化。年内，县社区矫正执法大队共接收案件126件，做到100%接收和100%反馈。通过开展信息化核查，合力分析社区矫正对象动态行动轨迹，对涉毒、有不假外出被警告处罚记录等社区矫正对象实施“手机定位＋电子手环”双重电子监管措施，累计佩戴电子手环81人次，填补手机监管漏洞。

【特赦工作】 2019年，县司法局严格遵循国家主席特赦令和特赦《决定》，严把摸排调查关、报请程序关、依法裁判关，成立特赦工作评审委员会，严格依据特赦标准、按照时间节点，对照平台信息、查阅档案等方式开展双重排查完成九9类对象的摸排、筛查工作，签订《特赦告知书》289份，宣传到位率达100%。经排查，全县25名基本符合特赦条件的社区矫正对象全部开展特赦裁定。

【安置帮教工作】 2019年，县司法局完成刑满释放人员和被特赦人员信息核查、意见反馈、重点对象衔接、安置帮教方案制订等工作，做好与监狱、看守所等部门的沟通工作，认真进行信息核查并及时反馈核查情况，提前做好工作预案，落实必接必送措施，防止脱管、漏管，做到信息核查率100%、安置帮教率达100%。至此，对全县符合特赦令第七类人员3人办理安置帮教特赦人员交接手续及完成接送任务，补充完善特赦服刑人员档案资料。

【法治宣传】 2019年，县司法局遴选41名法治副校长参与录制法治教育微课程，通过开设“点单型”课程，参与式体验，创新型普法、互动式交流，以“4+4”模式全面推进依法治校进程。将法治副校长四点钟普法课堂、“法律明白人”培育工程、宪法主题公园创建、“以案释法”普法平台、法治大讲坛等项目落地落实。全县上报法治大讲坛活动计划15家，上报经典“以案释法”案例32个，遴选培育出191名“法律明白人”。组织各普法成员单位创作各类法治文化作品，把“三八”妇女节、“3•15”维权周相关普法内容编排成文艺节目和摄影、书法作品，制作普法“微视频”，运用“形象化”方式，寓教于乐，增强普法宣传的欣赏性和实效性。

（徐瑛琦）

浙江省第三监狱

【概况】 2019年，浙江省第三监狱（以下简称“省三监”）坚守安全底线、践行改造宗旨，统筹推进以政治改造为统领的“五大改造”（政治改造、监管改造、教育改造、文化改造、劳动改造）；坚持创新发展，完成监狱党委换届、警员职务序列改革和机关合署办公，通过司法部“智慧监狱”审核验收，打赢中华人民共和国成立70周年大庆安保攻坚战。至年底，省三监累计实现22年1个月无罪犯脱逃、18年3个月无罪犯自杀、18年10个月无重大生产安全事故的良好成绩，监狱各项工作稳中有进。

【干警队伍建设】 2019年，省三监坚持政治引领，开展“不忘初心、牢记使命”主题教育和“强素质、树形象”主题活动，举办党委理论中心组学习会13期，累计政治轮训376人。在省监狱管理局“队列指挥”大比武中取得一、二等奖的好成绩。坚持夯实基础，规范开展“党支部堡垒指数”“党员先锋指数”考评工作，创新开展党员“政治生日”活动。坚持从严治警和从优待警，开展“警示教育月”活动，规范开展民警职工春秋游、疗休养活动，组织慰问帮扶活动等。

【监管安全规范】 2019年，省三监持续夯实安全管理基础，推动罪犯分级分类管理，落实罪犯“一站式”收押工作，开展“百日安全大会战”和年底收官行动。聚焦应急处置水平提升，强化监地联防联控工作，累计开展防脱逃、防暴恐等演练6次。推进扫黑除恶专项斗争，开展挖隐行动、涉枪涉爆在逃人员排查行动，协助公安押回一名命案罪犯。提升生活卫生保障能力，细化《罪犯生活物品清单式管理实施细则》，巩固深化“三清三化”（网格化清源、规范化清理、常态化清查）工作内涵。不断提升规范执法水平，开展减刑假释暂予监外执行专项整治工作，共办理减刑案件820件、保外就医初保案件9件，依法特赦罪犯1人；共提请假释案件94件，假释完成率居全省前列。

【“两大中心”标准化打造】 2019年，省三监推进“智慧监狱”建设，制订《加快推进“智慧监狱”建设实施方案》，科学谋划应用系统推进，顺利通过司法部“智慧监狱”审核验收。高标准打造一体化实战指挥中心，制定《指挥中心实务手册》《应急预案操作流程》，部署完成安防集成、智能化管理平台，共联动各监区开展应急演练100余次。打造标准化的会见服务中心，坚持“以人民为中心”和“最多跑一次”工作改革的理念，完善智能化登记服务设施建设，完成会见流程“一站式”部署，树立监狱机关文明规范的良好形象。

【政治改造工作】 2019年，省三监突出政治改造统领地位，印发《罪犯政治改造学习指南》，固定每周一为国旗下宣誓日；开展庆祝新中国成立70周年系列活动和爱国主义大合唱、知识竞赛等活动。推进“修心教育”落实落地，开展“绿植进监”“亲情进监”“书香进监”等活动，强化罪犯“三课”教育。健全建强罪犯职业技术教育实训基地，有1131人取得《思想道德修养与法律基础》合格证书，128人获得“职业技术证书”和“陶艺行业证书”。创新“澄源”工作机制，全年共答复罪犯提问325次，解决罪犯微心愿192个。

【后勤保障工作】 2019年，省三监全面规范基本建设程序和投资行为，共完成新建和续建项目10个，工程总投资774.2万元，确保“十三五”规划各项建设任务的顺利推进。强化后勤保障工作，规范备勤房管理，加强水电气保障工作，对配电所房屋进行维修。做好公务用车管理，实现全年安全行车无事故、无违规。推进第一期“开心农场”建设，完成221块土地的分配。

（赵楠）

军　事

人民武装

【概况】　2019年，常山县人民武装部（以下简称“县人武部”）党委以习近平新时代中国特色社会主义思想为指导，坚持习近平强军思想，坚定不移举旗铸魂，坚决贯彻军分区党委和常山县委的各项决策部署，聚焦聚力备战打仗，持之以恒夯基固本，全面建设呈现出与时俱进、稳步提升的良好势头。抓实党委理论学习中心组机关理论学习、周一夜学，坚定信仰信念、厚植忠诚底色。全面加强党的领导和党的建设，深入推进“三个一线”（即一线指挥部、一线战斗堡垒、一线带兵人队伍）建设，持续提高党的建设质量成效。着眼全面打牢备战打仗根基，拟制完善作战和动员等“1个基本案、11个子方案”，及时更新辖区兵要地志，实现动态实时、保真保鲜。编实建强应急和基干民兵队伍，完善信息数据，在军分区组织的民兵调整改革工作量化考评中取得较好成绩。是年，常山县人民政府被省政府表彰为“征兵工作成绩突出单位”，县国防教育委员会被表彰为“国防教育先进集体”，县人武部被省军区表彰为“先进团单位”。

【上级机关工作指导】　2019年3月，省军区动员局副局长刘剑明大校到常山检查指导民兵整组工作；6月，省军区办公室副主任卞云坚大校到常山检查指导部队安全管理工作。7月和8月，市委常委、军分区司令员林建敏大校先后两次到常山分别指导县人武部党委民主生活会和检查指导预定兵员役前训练工作；1月和8月，市军分区政委王波大校先后两次到常山检查指导工作。10月，市军分区副司令员杜春雨大校到常山调研指导国防教育工作。

【国防教育工作】　2019年，县人武部以衢州市赋予国防教育试点任务为牵引，按照“基础＋特色”的思路，采取“党建＋”的教育模式，围绕“1369”的架构体系，融合军地资源，创新方法手段，狠抓末端落实，国防教育工作特色鲜明、亮点纷呈。邀请军事专家朱云集教授为全县副科级以上领导干部作国家周边安全形势报告；成功申报常山西源革命纪念馆为省级国防教育基地；指导辉埠镇久泰弄村建成常山县首个国防教育主题展馆；军地联合举办悬挂光荣牌启动仪式、退役士兵返乡欢迎仪式暨专场招聘会、军创贷、“国防杯”书画摄影作品展、军人世家表彰等系列活动；全力协助地方挖掘和宣扬胡兆富事迹，牵头联系军队媒体采写的胡兆富事迹；胡兆富事迹被中央电视台新闻频道、中央电视台军事频道、军视网、《解放军报》等国家级媒体报道；协调县委成立胡兆富事迹宣讲团，县委书记叶美峰率宣讲团到省军区进行首场宣讲。

【年度征兵任务完成】 2019年，县人武部以征集高素质兵员为核心，以征兵“五率”考评为抓手，以确保廉洁征兵为底线，统筹推进征兵工作转型发展，实现“一稳两升两杜绝”的总体目标（大学生新兵稳定在现有征集比例；大学毕业生和重点高校大学生比例稳步提升；杜绝违规违纪，杜绝责任退兵，非责任退兵比例控制在1%以内）。经过严格的体格检查、政治考核和役前训练，年度征兵任务圆满完成，而且连续四年无退兵。常山籍新兵分别补充到中国人民解放军陆军、海军、空军、火箭军和武警部队。大专以上文化程度占90%，其中大学毕业生占新兵总人数的17%，大学在校生占新兵总人数的27%，大学新生占新兵总人数的46%。

【民兵组织整顿】 2019年，县人武部较好地完成民兵整组工作任务。在3月份省军区组织的督导检查和10月份军分区组织的深化民兵调整改革检查考评中，排名均在全市第一方阵。至年底，全县编建基干民兵队伍各项质量指标均达到要求。

【军事训练】 2019，县人武部以练兵备战“七个体系、七种能力”为抓手，完善支援保障作战行动、国防动员、非战争军事行动和日常战备方案预案，区分大、中、小规模，规范任务分队等级备勤人员编成、器材配备与实施程序；开展物资动员、重要目标协防等重难点问题集智攻关。两次参加省军区、军分区两级国防动员演练和遂行非战争军事行动任务，提高机关指挥能力素质。结合军分区军地联合指挥中心建设，立足新形势下作战指挥需求，完成县人武部本级作战值班室升级改造。

【遂行应急抢险任务】 2019年，县人武部组织民兵多次参加应急抢险任务，出动民兵540余人次，抢险救援装备若干，其中金川街道武装部先后组织民兵参加森林灭火等应急抢险任务8次，出动民兵270余人次。紫港街道武装部参加抗洪救灾等应急抢险任务2次，出动基干民兵30人次；辉埠镇武装部参加堤坝抢修任务1次，出动民兵15人；新昌乡武装部参加抗洪抢险任务、森林灭火应急抢险任务2次，出动民兵230人次。

（叶凯旻）

退役军人事务

【概况】 2018年12月10日，常山县退役军人事务工作组成立。2019年1月21日，常山县退役军人事务局（以下简称“县退役军人事务局”）挂牌成立；3月22日，搬迁至天马街道天马路249号人防大楼办公。县退役军人事务局内设3个科室，即办公室、安置军休和就业创业科、拥军优抚和褒扬纪念科；下属单位1个，即常山县退役军人服务中心；行政编制6名，事业编制6名。2019年3月，县退役军人事务局机关党支部建立；4月，中共常山县委退役军人事务工作领导小组及办公室建立。

2019年，因发掘整理的胡兆富事迹受到中共中央政治局委员、国务院副总理孙春兰的批示肯定，衢州市委市政府给予常山县、衢州市退役军人事务局通报表扬1次。7月26日，在全国退役军人工作会议上，胡兆富受到人力资源和社会保障部、中共中央组织部、退役军人事务部、中共中央军委政治工作部等军地相关部门联合表彰，被授予“全国模范退役军人”称号。是年，县退役军人事务局获衢州市退役军人事务系统年度工作考核第一名；徐红权获“浙江省爱国拥军模范”称号，桂美林获“浙江省爱国拥军模范”称号，胡兆富、徐功武获“浙江省首届‘最美退役军人’”称号，汪正满被评为“常山县‘效率之星’”。

【退役军人信息采集和光荣牌悬挂工作】 2019年，县退役军人事务局抢抓春节机遇在县电视台、报纸、网站、微信、钉钉等媒体广泛宣传，及时通知全县退役军人限期到县退役军人事务局采集信息，利用“周二下村日”，逐户核对、不漏一人。成为省退役军人事务厅通报表彰的全省13个省级审核通过率100%的县之一。印发悬挂光荣牌工作的实施细则，举行为烈属、军属和退役军人等家庭悬挂光荣牌的启动仪式，规范开展光荣牌悬挂工作。至年底，全县悬挂光荣牌9107块，符合条件的对象实现应挂尽挂、精准悬挂。

【对烈士家庭和优秀退（现）役军人的走访调研活动】 2019年，县退役军人事务局领导分别带队对全县108名烈士家庭走访调研，了解情况、听取诉求、征求建议、建立档案。按照“三分一定”法开展优秀退（现）役军人典型事迹调查，至年底，各乡镇、街道均建立“军人荣誉墙”。加强退役军人教育管理，开展加强退役军人思想政治教育工作、提高退役军人担任村主职干部比例的调研活动。

【基层服务站分类管理】 2019年4月28日，常山县退役军人服务中心挂牌成立；截至5月31日，县、乡、村三级退役军人服务中心（站）全部挂牌成立，共建退役军人服务中心（站）213个，县退役军人服务中心1个，乡镇（街道）服务站14个，村社服务站189个。紫港街道、辉埠镇、青石镇3个服务站被市退役军人事务局评为“示范性乡镇（街道）退役军人服务站”，天马街道屏山社区、紫港街道紫港社区和外港村等10个服务站被市退役军人事务局评为“示范性村（社）退役军人服务站”。县退役军人事务局在全市率先推行基层服务站分类管理，出台基层服务站考核办法，规范推进机构建设。

4月28日，县退役军人服务中心挂牌成立

（县退役军人事务局 供图）

【军转干部安置工作】 2019年，常山县接收安置军转干部2人，计划安置2人。从4月份移交安置工作启动以来，严格按照规定程序，有序推进档案审核、考核计分、笔试面试等系列工作。最终，2名军转干部都安置到党政机关，占计划安置数的100%。

【士兵退役办理手续】 2019年，常山县接收安置退役士兵。其中，符合政府安排工作条件退役士兵24人，安置到事业单位退役士兵12人，占总安置人数的50%；安置到央企退役士兵5人，安置到国企7人。联合县委组织部、县人武部等单位制订并下发《常山县军人退役一件事实施方案》和《军人退役一件事办理指南》，设立军人退役办理窗口，实现军人退役办理手续“最多跑一次”，接收自主就业退役士兵，其中服役2年的占57%、服役5年的占33.64%，发放待安置期间生活补助费、社会保险及2018年退役士兵一次性经济补助金等安置经费490.08万元。

【部分退役士兵社保接续工作】 2019年4月，常山县成立部分退役士兵社保接续专班，制订并下发《常山县部分退役士兵社保接续工作实施方案》和《常山县部分退役士兵社保接续风险防控方案》，开展全方位宣传。10月，县部分退役士兵社保接续专班全面开展部分退役士兵社保接续工作，制定保险接续工作办事指南和办事公告，逐一上门排查通知，设立固定咨询解答热线，对照前期排查名单，逐一电话、短信告知。截至年底，共收到申报材料585份，初审合格并输入系统554人，全面完成社保接续阶段性任务。

【退役军人就业创业扶持工作】 2019年，常山县鼓励退役军人自主创业，落实创业扶持政策。全县事业单位工作人员面向退役军人招录3人，社区专职工作者面向退役军人招录2人，县消防大队优先招录退役军人15人，联合县人力资源和社会保障局综合比选退役军人社区专职工作者3人。自6月1日起，县退役军人事务局每周发布一次规模企业招聘信息，提供更多就业机遇；邀请10余名退役军人创业成功代表回常山举办退役军人创业座谈会，做好创业老兵带新兵服务；与县农行、县农商行、县建行等4家银行协作，创设军人贷、军创贷，额度大、利率低、免担保，助力退役军人创业，截至年底，全县享受退役军人享受税收优惠政策25人，减免税费150万元；享受一次性创业补贴6人、17万元；享受创业担保贷款132人、3500万元，确保退役军人在享受普惠性政策和公共服务基础上给予特殊优待。年内，县退役军人事务局与县人社部门组织3次专场招聘会，进场用人单位100余家，达成就业意向180余人。

【胡兆富被评为全国模范退役军人】 2019年，常山县委高度重视挖掘、宣传胡兆富老英雄的先进事迹。新华社、人民网、《光明日报》《解放军报》《浙江日报》等对胡兆富先进事迹进行长篇报道；中央电视台国防军事频道9月3日（抗战胜利纪念日）播出93岁胡兆富《我不是英雄》特别节目，浙江卫视多次报道。中共中央政治局委员、国务院副总理孙春兰作出批示，亲自协调增补全国模范退役军人，在全国退役军人工作会议上表扬胡兆富；省委书记车俊对胡兆富先进事迹作出批示，在全省纪念建军节92周年大会前亲切接见胡兆富、并合影留念，会上呈俊用6分钟时间深情讲述胡兆富事迹，号召全省向胡兆富学习；市委书记徐文光也对胡兆富事迹作出批示。胡兆富被评为全国模范退役军人、浙江省最美退役军人，被省委授予浙江省优秀共产党员。省委作出《向胡兆富同志学习的决定》，胡兆富先进事迹成为省、市“不忘初心、牢记使命”主题教育的鲜活案例，在全省掀起感知英雄、崇敬英雄、学习英雄的热潮。

【退役军人优待政策】 2019年，县退役军人事务局发放伤残抚恤金、定期补助金1192.12万元，医疗保障支出37.82万元；死亡注销重点优抚对象12人，发放丧葬补助金11.26万元；帮扶解困2370人次，发放补助134万元。以春节、“八一”、烈士纪念日等节日为契机，走访慰问驻常山部队7批次，重点优抚对象72余人次，慰问物资折款68.2万元。联合拥军医院组织义检1场，惠及2096余名重点优抚对象。组织36名重点优抚对象参加疗休养活动。

【烈士褒扬纪念】 2019年，县退役军人事务局开展“传承•2019清明祭英烈”“9•30”烈士公祭活动。清明期间，组织烈属、参战人员、部队官兵、在校师生等3.5万余人次开展缅怀英烈活动。“9•30”烈士纪念日，全县开展各种形式的纪念祭扫活动，投入经费10余万元，社会各界3万余名群众参与。对全县19处零散烈士纪念设施进行全面修缮。投资320万元，完成常山县烈士纪念馆布展和周边配套设施建设工程。浙江省烈士纪念设施保护管理单位工作人员培训班在常山举办。校对完善烈士信息67条，在全市率先完成烈士英名录信息数据统计工作。

【拥军优抚宣传】 2019年，县退役军人事务局举办纪念新中国成立70周年常山国防教育暨全县退役军人书画摄影作品展，展出作品60余幅，接待参观人员2万余次。9月1日，会同人武部到衢州高铁站举行隆重仪式，迎接当年首批退役军人返乡。快递1200多份月饼到常山籍现役军人、驻常山部队官兵军营和家庭，中秋同吃子母饼，军地共赏中秋月。召开首届“军人世家”表彰会，对全县38户一家三代、四代参军家庭进行隆重表彰。国庆节、重阳节期间，分别组织烈属、抗美援朝、对越自卫还击作战老兵、荣誉退役军人、重点优抚对象代表，参观常山城乡发展变化。先后召开对越自卫反击作战胜利40周年纪念会、参战参试代表座谈会，赠送银行赞助纪念保温杯，交流情况、增进友谊，推动工作。

（江真真）

武警常山中队

【概况】 2019年，武警衢州支队常山中队（以下简称“武警常山中队”）坚持以习近平新时代强军思想为指导，以《纲要》和贯彻落实新条令为依据，围绕贯彻落实新条令这条主线，深入开展“不忘初心、牢记使命”和“传承红色基因，担当强军重任”主题教育活动，扎实开展经常性思想政治教育活动，不断深化官兵爱兵精武的思想，履行使命的热情，全体官兵在思想上、政治上时刻与党中央保持高度一致，始终牢记为人民服务的根本宗旨，拥政爱民，坚定建设一支与先进中队身份相适应全面过硬中队的目标，抓经常打基础，团结一心，顽强拼搏，全面完成以执勤为中心的各项任务，有效推进部队建设的健康、安全、创新发展。

是年，武警常山中队连续25年被评为“基层建设先进中队”，执勤目标连续31年安全无事故。中队一班立集体三等功。

【中队党支部建设】 2019年，武警常山中队坚持把工作重心放在部队全面建设上，下大力气增强党支部的组织功能。坚持按照“贯彻落实好、内部团结好、求实作风好”的标准，不断加强自身建设。坚决执行党的群众基本路线，利用开展先进性教育活动，对党员干部进行加强党的先进性和增强政策纪律观念为主要内容的党课教育；注重抓好基础理论学习，提高官兵理论素养，做到每个教育开展有计划，有备课，有落实。注重把经常性思想工作做到哨位上，确保中心任务的完成。注重运用身边人身边事开展教育说理，使官兵在思想上更加容易接受尊干爱兵教育。逐条逐项落实《政工条例》，规范政治工作秩序。

坚持落实“七项生活制度”，坚持党管干部、党管党员的原则，发挥党员干部的先锋模范作用，确保各项工作落实有效。加强“两个助手”建设，保证共青团组织和军人委员会工作的正常开展。以党建带动团建，切实做好青年官兵的思想工作，组织适合团员青年特点的文体活动，调动官兵的工作积极性。军人委员会保障战士在中队建设中的主人翁地位，听取战士的合理化意见和建议，使全体官兵以中队为家的思想树立得更加牢固。

【军事集训和比武考核】 2019年，武警常山中队按照《军事训练条例》和《军事训练大纲》要求，科学组织训练，结合中队任务实际，从基础体能抓起，加强技战术训练，突出实战化要求，注重发扬“一不怕苦、二不怕死”的战斗精神，有效锻造官兵血性胆气，提高打赢能力。依据建设现代化武装警察部队、有效履行职能使命的要求，不断提升遂行多样化任务能力为重点；以“两个确保”为目标，以执勤、处突为中心，认真落实勤务制度，狠抓执勤战备工作，以任务为牵引，以提高履行使命能力为重点，坚持从严治军，科技强军，科学指导，狠抓落实，谋求军事工作的全面协调持续发展，忠实履行好维护社会治安稳定和保卫人民美好生活的神圣使命。围绕提高战斗力这个出发点，大抓练兵备战，武警常山中队军事训练水平大幅提升，在上级组织的各类军事集训和比武考核中均名列前茅。

【执勤任务】 2019年，武警常山中队常态化担负固定勤务，党支部每月结合按纲建队形势，召开议勤质量分析会，认真分析执勤安全形势，查找薄弱环节，提出整改意见。根据形势任务的需要，开展执勤战备教育，分析敌社情，使官兵牢固树立忧患意识，坚决克服当和平兵，站和平哨的麻痹思想，增强完成任务的责任感和使命感。每周制订查铺查哨计划，突出两个12时后和节假日、休息日等时段查勤，夜间查哨必查铺，杜绝以往查哨规律性的问题。每周开展不少于两次专勤专训，每周不少于一次的导调式方案拉动演练，每月组织一次营区遭袭击、抢险救灾等科目的演练，尤其是以总队执勤正规化等级评定和支队执勤能力考核为契机，下大力气抓好执勤训练，提高官兵执勤和应急处置能力，确保目标安全。年内，武警常山中队完成台风利奇马、新中国成立70周年等敏感期抢险维稳任务，以及各类临时武装押解勤务。

【中队后勤建设】 2019年，武警常山中队以推进全面建设现代化后勤为目标，坚持“三服务”方向和“三倾斜”方针，开展伙食管理规范年活动，在后勤应急保障力量建设上求提高，在后勤规范化管理上求深化，在改善部队物质生活条件上求延展，在后勤信息建设上求发展，推动后勤建设再上新台阶。抓好伙食精细化保障制度落实。每周征求一次官兵对伙食的意见，并抓好整改工作，促使伙食调节更合理。加强对餐厅伙房的卫生管理，每日进行检查，保证不留死角，干净卫生。严格按照制度控制经费开支，党支部每月对大项经费开支有研究有审议；中队经济民主组定期对财务开支情况进行检查监督，同时对上月账目进行审查，确保经费开支科学合理。加强机关、基层被装物资的管理，严禁将配发给个人的物资送人、寄家和变卖；对战士被装不合适的，及时进行修改调整，保证每一位战士穿的合身，用的舒服。加强武器管理，确保枪弹安全。重点对武器库的各项制度落实，严格指纹锁的管理使用，定期组织武器擦拭保养、检修报警设施，确保枪弹安全、性能良好。

【拥政爱民】 2019年，武警常山中队把双拥工作纳入中队党支部的议事日程，作为官兵思想政治建设的一项重要内容，坚持全心全意为人民服务的宗旨，做到与人民群众“同呼吸、共命运、心连心”，继承和发扬军队的优良传统，加强警政警民团结，为常山县经济社会发展贡献力量。制订年度拥政爱民、军民共建活动计划，经常参加县公安局开展的军警民联防工作，协助维护社会治安和国家利益，在活动中教育官兵发扬见义勇为的精神，坚决同违法犯罪分子做斗争，确保驻地的安全和稳定。每逢重大节日，全国“两会”等时机，中队都积极战备，做好随时出动准备，增强常山人民和外来游客的安全感。多次与共建单位召开军民座谈会、开展篮球友谊赛，促进军民关系友好发展。

（罗家烨）

人民防空

【概况】 2019年，根据全县机构改革工作部署，县住建局加挂县人民防空办公室（县民防局）牌子。机构改革后，通过加强融合、提升动能，人防工作稳中有进。常山县人民防空指挥部办公室被评为2019年度全省人防工作先进单位。

【工程建设】 2019年，县住建局稳步推进人防工程建设。按要求开展“双随机”抽查，加强对在建人防工程的监督巡查，及时跟进工程建设进度，掌握工程质量情况。加强已竣工人防工程平时维护管理的检查，及时发现违反人防工程平时管理使用要求的现象。全年开展各类巡查、检查10次，发现问题6处，持续跟踪问题整改进度，确保所有问题整改完毕。

【指挥通信】 2019年，县住建局根据《浙江省重要经济目标防护分类分级标准（试行）》，在全县范围内梳理出重要经济目标9处，并完成报批。结合常山县箬岭水厂开展人防课题研究，编制《县级供水系统目标防护对策与方案研究》，于12月9日在省人防办通过专家评审。开展县人防指挥部成员单位及编成方案调整工作，明确调整后的指挥部成员单位，制定指挥部工作要点、成员单位平时职责和编成方案，并由县政府发文明确。完成全市人防军事周训练任务。在“5•12”“9•18”等重要时间节点，组织全县人防警报试鸣，全县15只固定警报器统一鸣响。结合警报试鸣，联合屏山社区开展人口疏散演练活动，社区300余名群众参加演练，活动组织有序，收到较好的效果。

【宣传教育】 2019年，县住建局开展“3•1”国际民防日宣传活动。联合各社区走街入户发放《新时代人民防空》防空防灾宣传册，并在紫港社区举办“关注民防 关爱生命”讲座。联合定阳社区在中商广场开展现场宣传，向市民群众发放人防宣传资料1000余份。开展“5•12”人防宣传周活动。在县城街心公园和各个社区开展现场咨询宣传活动，悬挂宣传横幅，共发放宣传资料2000余份，宣传环保袋1000余只；在新昌小学开展人防教育课，在学校的人防教育实践基地，参观人防宣传图板、模型，并组织心肺复苏等应急救护技能的培训与操练。

（黄琪）

工　业

工业经济

【概况】　2019年，常山县129家规模以上工业企业实现产值130.1亿元，比上年增长8.2%，增速在衢州市6个县（市、区）中排第三位；工业增加值34.5亿元，比上年增长7.6%，增速在衢州市6个县（市、区）中排第四位；实现利税18.6亿元，比上年增长21.4%；实现利润13.4亿元，比上年增长29.8%。全年产值超亿元的工业企业34家，实现产值96.9亿元，占全部规模以上工业总产值的74.5%。其中，产值超5亿元的企业有5家，2亿～5亿元的企业有7家。全县推进入库工业项目50余项，工业项目完成投资19.67亿元，比上年增长19.6%；制造业完成投资19.55亿元，比上年增长6.1%，实现工业投资、制造业投资“双增长”。实施数字经济“一号工程”，成立衢州市首家东南数字经济研究院分院。全县数字经济核心产业制造业实现增加值1.61亿元，比上年增长22.6%，增速排衢州市第二位。深化“亩均论英雄”改革，全县规模以上工业亩均税收增速49.4%，排全省第七位；规模以上工业亩均增加值增速39.2%，排全省第九位。

【政策扶持】　2019年，县经信局全面梳理整合原有的工业政策，牵头制定《关于加快推进工业经济高质量发展的若干政策意见》（即工业新政“二十八”条），聚焦龙头培育、数字经济、创新驱动、绿色发展、环境优化五大方面，每年安排工业转型升级专项资金1亿元，引导和鼓励企业坚守实业，做强主业。制定实施细则，细化政策条款，明确财政资金兑现流程、申报时间、申报材料等。通过召开政策宣讲会、干部联系企业等方式，做好政策宣传解读，及时兑现政策奖励资金，帮助企业用好用活政策，激活企业创新发展潜能。

【培育数字经济产业】　2019年，县经信局实施“数字经济”一号工程，坚持“数字产业化、产业数字化”两手抓，借力东南数字经济发展研究院建设，推动东南院首家分院落户常山，推进企业数字化改造、智能化升级。依托东南院的智力资源和技术力量，整合浙江省数字经济联合会、衢州学院及相关企业等资源，分类分批建设研发平台，已建成轴承数字研究中心，累计服务各类企业10余家，为企业数字化转型提供技术支撑。与新昌陀曼公司开展合作，引进陀曼e微智造系统，开展轴承行业数字化改造，选择5家轴承车加工企业作为试点，全年完成数控设备上云联网703套，企业生产管理能力明显提升。

【产业转型升级】　2019年，县经信局聚焦效率革命年“三号攻坚”行动，统筹推进钙产业整治、生态园区整治、工业企业“退散进集”等重点工作，打好系列组合拳，加快产业转型升级。全县16家轻钙生产企业全部关停，关停出清生态园区17家企业，关停砖瓦企业2家。深化“亩均论英雄”改革，建立“亩产效益”综合评价大数据平台，开展工业企业综合评价，研究制定差别化用电等差别化政策，加快评价结果运用，推进低效企业改造提升，促进资源要素向优势领域集中。全年完成整治“低散乱”企业（作坊）11家，涉及淘汰落后产能的企业10家。加快传统产业改造提升，制定《常山县轴承产业改造提升省级试点实施方案（2019—2022）》，挖掘SKF中国小圆锥滚子轴承基地、捷姆轴承、中精轴承等一批新的增长点，推进轴承行业转型升级。是年，轴承行业列入全省第三批传统制造业改造提升省级试点，同时入围2020年工业和信息化重点领域提升发展名单。

【创业创新平台建设】 2019年，县经信局以企业需求为导向，深化与南京大学、浙江大学、浙江工业大学、衢州学院等战略合作，推进企业院士、博士工作站建设，对接组织院士常山行、博士企业行等高端人才交流活动，现场为企业科研创新“问诊把脉”。鼓励企业加大研发投入，建立企业技术中心、研发中心等创新平台，加快推进创新技术、产品研发及产业化步伐，提升核心竞争力。双明轴承公司院士专家工作站被评为省级院士专家工作站，其院士团队研制的重卡系列轴承套圈，成功打入奥地利市场。环宇轴承公司研发的“高性能螺杆压缩机系列轴承关键制造技术及其应用”获2019年度中国机械工业科学技术奖“科技进步类”三等奖。

【企业服务】 2019年，县经信局深化省委“三服务”活动，开展服务企业“破山”行动，成立“破山”专班，建立小专班、推进办、联席会议等多级联动交办机制，首批选取15个重点企业（项目），成立5个服务小专班，全部进驻园区开展集中办公，解决经济发展中的企业历史遗留问题、要素保障制约问题、政策供给不足问题、体制机制不顺问题，助力企业发展和项目建设。开展“组团联企”活动，在全县筛选160家企业作为重点服务对象，结合“百名局长帮百企”行动，组建32个服务团，每周确定一个服务企业主题，动态掌握企业情况，滚动调整问题困难，实现企业服务常态化。加强企业家队伍建设，将每年9月25日设立为“常山工匠日”，成立“常山工匠学院”，弘扬“一丝不苟、精益求精”的工匠精神，浓厚高技能人才培育氛围。

2月23日，“破山”行动专班工作部署会召开　（县经信局 供图）

（祝倩云）

经济技术开发区

【概况】 2019年，常山县经济技术开发区（以下简称“县开发区”）围绕“强发展”主旋律和“大抓工业”总要求，推动平台能级、发展动能、优商服务等全面提升，深入践行“绿水青山就是金山银山”理念，完成生态园区整治提升，完成县开发区与辉埠新区的优化整合，有力推动工业经济发展和“特富美安”慢城大花园建设。县开发区四大区块工业总产值187.35亿元，比上年增长20.3%，累计总税收6.58亿元，其中地方留成3.26亿元；规模以上企业工业总产值106.6亿元，规模以上企业工业产值增加28.9亿元，总税收4.8亿元，其中地方留成2.4亿元。开发区在建项目97个，累计完成固定资产投资14.14亿元，其中新入园项目29个，完成投资5.26亿元；续建项目68个，完成投资8.9亿元。

【生态园区整治】 2019年，县开发区围绕《生态园区整治提升方案》，牵头实施企业清退工作，集中优势力量和资源，围绕“导、狠、快”三字方针，干部带头帮助企业腾空物资达12万余吨，实现17家企业的腾空，做到即腾即整，对腾空后企业的废旧厂房进做到即时拆除和土地即时平整。对标省级标杆园区，按照一流智能化工平台、一流生态创业平台的要求，高标准完成空间和产业规划，并根据规划先期启动林家路、外围绿化等建设项目。

【“四大区块”一体化改革】 2019年，县开发区按照高起点定位、高档次建设、高要求管理、高效率服务、高质量发展的“五高”要求，结合开发区现实基础和发展趋势，妥善处理各方关系，明确整合范围、职责权限、体制机制、规划建设、发展质量和队伍建设6个方面，做到提前完成人员分流调配，提前完成业务和台账交接，提前明确辉埠新区服务机制，提前摸清辉埠新区底数。开发区四大区块整合与能级提升战略目标、产城一体战略方针、四大百亿产业战略重点，构成一个有机战略整体，形成完善的战略体系，快速实现整合到融合，为创建省级经济开发区打下坚实的基础。

【企业事项全程代理】 2019年，县开发区服务企业实现从被动“门诊”到上门主动“问诊”的转变，共上门服务征询并帮助企业解决问题165个，企业口碑全面快速提升，如开发区干部以高效落实、高质量成果赢得经纬药业业主的重新信任。深化“最多跑一次”工作改革，企业由多次跑到最多跑一次，“最多跑一次”升级到“零跑路”。围绕“奔跑、战斗、温馨、亲清”四个方面要求，着力打造办事效率高、感情激情足、服务态度好的新型“店小二”，企业事项由干部全程代理，干部通过微信、电话向业主及时反馈办理信息，实现业主办事足不出户。

【盘活闲置低工资企业】 2019年，县开发区精准高效盘活闲置低效企业15家，土地面积324.05亩，厂房157890.69平方米。闲置盘活均围绕主导产业上下游项目，壮大“四大百亿”产业基础，主导产业产值达57.12亿元，比上年增长24.5%。科研投入持续加大，工业转型成效初显。开发区“四大区块”科技创新投入达1.28亿元，比上年增长27.5%，高新技术产业占规模以上工业增加值的比重达到26.2%，科技进步对经济增长的贡献率达到21.3%。

【产城一体化项目加快实施】 2019年，县开发区启动集聚区基础配套工程，规划在3年内完成以城市活力廊的景观水面为形象核心，周边布局商业综合体、生态住区、滨水商业街、行政中心等8个功能一体的城市综合体。该城市综合体项目是开发区设立以来第一个真正意义上的产城融合工程。总面积

2000平方米的小型滨水综合体正在抓紧建设之中，将导入餐饮、超市、娱乐、物流等生活配套功能，部分满足生活性配套需求。谋篇布局205国道西南侧、十里山地块打造购物中心、培训机构、餐饮和文化娱乐等配套集聚项目，构建以集聚区为中心、各区块多点辅助为一体的城市配套功能，多样化、多功能整体提高产城融合水平。各区块辅助配套功能正在进行可行性论证。

（毛静雯）

招商引资

【概况】 2019年，常山县招商局（以下简称“县经技协作中心”）开展项目招引活动，促成一批重点项目的签约、落地。到上海、杭州、深圳、河南、云南等地走访企业、考察调研项目，已签约的项目有远山云间旅游度假区、大和热磁产业园二期、香榧种植基地等；已落地项目有维和药业营销总部项目、中源幕墙项目、金色同弓田园综合体等。尝试委托招商，到上海等地对接东方龙等招商中介公司，尝试利用专业的招商中介机构、知名风投机构，围绕“四大百亿”产业进行委托招商。强化推介招商，参加北京、福州、温州、宁波等地商会活动，开展招商推介；组织企业参加“渝洽会”“兰洽会”等展会活动；开展招商宣传，制作招商引资宣传片，利用企业开工等各种活动平台进行对外宣传，印制并发放招商项目册等宣传资料5000余册。是年，市外资金到位27.7亿元，完成任务数120%，其中工业项目到位资金15.6亿元，1亿元以上项目到位资金18.3亿元。

【招商工作机制创新】 2019年，县经技协作中心进一步创新招商工作机制强化精准招商、完善考核机制、优化招商政策。出台《健全精准招商工作机制的意见》，深化驻点招商，调整设立大湾区、长三角2个驻点招商组。实行“1+1+N”制度，即1名县领导领衔1个驻点招商组，主攻四大百亿产业，盯引1～2个重点培育产业，对接“N”家重点企业，集中精力引进产业关联度紧、配套性强、税源性好的项目。建立项目快速预判机制，强化项目招商主体、承接主体、服务主体的无缝对接，实现重点招商项目洽谈、签约、建设、投产“全过程”跟踪服务。5月就出台《常山县2019年招商引资考核实施办法》，进一步完善考核内容，增设第一信息人加分、项目入库推进加分、回头看倒扣分等考核内容。通过整治扶持政策文件纷繁、条款重复、政出多门等现象，出台《常山县招商引资优惠政策》。

【项目服务】 2019年，县经技协作中心创新举措，通过专班服务、专项交办、专人对接，深化招商项目服务工作。组建“精准招商”工作专班，由县领导牵头，统筹开展精准招商工作，协调推进招商项目进展。在此基础上，根据具体项目的推进需求，及时组建由有关部门的相关负责人组成的子专班，给予项目从招引到落地的全流程全方位“一条龙”服务。每周、每月定期汇总重点招商项目推进情况，掌握项目最新动态；由政府办牵头，组织驻点招商组和相关部门定期召开招商工作例会，对项目推进过程中存在的问题进行梳理、汇总，形成交办单，交办相关单位限时解决。指导5位“常青藤”招商引资联络员，对接联系县内部分重点企业，实时掌握企业发展动态，了解企业需要，解决投资者的后顾之忧，坚定企业的投资信心。

【山海协作】 2019年，常山县新建山海协作项目19个，协议投资71.12亿元，累计到位资金27.88亿元（除新签约项目外，含3年续建项目资金）。牵线促成投资达50亿元的万洋众创城项目落户常山。该项目用地约930亩，建设规模约130万平方米，2019年5月已开工建设，并列入衢州市长工程。这是常山县截至年底引进的单体投资额最大的工业项目，为常山工业经济的集聚发展提供新增长极。建成后，预计将吸引300家企业入驻园区，年产值近50亿元。年内引进总投资2810万元的新视线眼科医院，已开始营业。利用山海协作载体，建立拱墅—常山电商合作基地、慈溪农产品E电园常山展销平台、引飞果业常山土特产直营平台等多个农特产品营销平台。选定慈溪高新区占地40亩的上林英才产业园为常山县“消薄”飞地项目主体，已入驻10余个产业化项目，常山县已投资入股9300万元，按10%保底条款收益分红。敲定慈星智造小镇为慈溪—常山科创飞地，推动正丽机电总投资6100万元的“年产1万吨高端铸件生产线技术改造”项目签约落地。

【常山—古蔺东西部扶贫协作】 2019年3月11—13日，县委书记叶美峰带领常山县党政代表团到四川古蔺对接东西部扶贫协作工作，在产业协作、扶贫就业、社会支援等多领域达成合作事项。4月24—25日，古蔺县委副书记、县长率领古蔺县党政代表团11人到常山考察学习。双方召开联席会议，研究东西部扶贫协作相关事项。5月22—23日，衢州市委书记徐文光、常山县政府县长张少华率党政代表团到古蔺调研对接东西部扶贫协作工作，对东西部扶贫协作产业培育、脱贫攻坚工作开展等情况进行实地考察。6月26—27日，县委常委、副县长姚金环带队到古蔺县专题对接消费扶贫事宜。常山县选派2名干部、6名专业技术人才到古蔺开展帮扶工作；古蔺县选派1名干部、4名专业技术人才到常山县挂职学习。年内，常山县共组织3场东西部劳务协作专场招聘会，提供工作岗位1.6万余个；举办技能就业培训班40期，开展贫困人口就业培训1848人次，帮助实现就业739人；接纳21名古蔺建档立卡贫困生到常山县职业中专就读；拨付给古蔺县东西部扶贫协作项目资金3770万元（其中常山县财政支付805万元），用于实施古蔺县扶贫车间项目建设、猕猴桃种植、甜橙种植产业园建设、消费扶贫、人才培训、残疾人康复设备购置和就业培训等13个项目。加大常山—古蔺招商引资力度，引导企业到古蔺投资兴业，中广核泸州古蔺风力发电有限公司投资建设的古蔺县德耀风电场项目、广州高乐皮具古蔺县高乐皮具加工厂项目、浙江油田项目已落地，共完成投资2.04亿元，受益贫困人口381人。

（李颖莹）

主要工业产业

【轴承行业】 2019年，受中美贸易摩擦影响，国际市场变动，不确定因素增多，国内市场竞争加剧，轴承行业面临新一轮整合。常山县轴承行业规模以上企业19家，累计实现产值13.76亿元，比上年下降11.7%。行业内产值增长的企业有2家，分别是皮尔轴承公司、双明轴承公司，其余企业产值均下降，降幅最大的企业产值比上年下降42.18%。

【新材料行业】 2019年，常山县新材料行业得益于哲丰新材料、先导精密等企业产能正常发挥，27家规模以上工业企业累计实现产值25.1亿元，比上年增长17%，对全县工业经济增长的贡献率达37%。其中，哲丰新材料实现产值11.1亿元，比上年增加5.87亿元。

【水泥建材行业】 2019年，受上半年连续雨水天气及水泥价格下跌影响，常山县水泥建材行业未能持续2018年的高位增长态势。全县水泥建材行业规模以上企业9家，累计实现产值29.4亿元，产值增速为10%，比上年下降22.7个百分点。其中，常山南方水泥有限公司实现产值14.7亿元，比上年增长12.5%；常山江山虎水泥有限公司实现产值7.0亿元，比上年增长2.76%。

【纺织服装行业】 2019年，受中美贸易摩擦影响，纺织服装行业市场形势整体下滑，部分纺织企业由全价产值变为加工费，产值增幅持续下滑。得益于宝升家纺、灿宇纺织两家企业新建投产项目的拉动，常山县纺织服装行业整体产值仍实现增长。全县12家规模以上企业实现产值7.07亿元，比上年增长27.8%。其中，宝升家纺、灿宇纺织两家企业实现产值2.37亿元。

【金属加工行业】 2019年，常山县金属加工行业规模以上工业企业19家，实现产值18.73亿元，比上年增长17.9%。金属加工行业实现增长主要为原先已投产项目的产能释放，铝锭加工上游企业生产情况良好。

【省级重点项目】 2019年，全县入选省重点项目共30个，包括浙江哲丰新材料有限公司年产35万吨环保型装饰材料、食品包装材料基材项目，浙江先导精密机械有限公司FERROTEC常山产业园项目等。项目计划总投资518080万元，年度计划总投资90000万元，2019年实际完成投资90225万元。

常山县2019年省重点项目一览表

表7

单位：万元

序号	企业名称	项目名称	项目主要内容	总投资	2019年计划投资	实际完成投资
合计				518080	90000	90225
1	浙江哲丰新材料有限公司	年产35万吨环保型装饰材料、食品包装材料基材项目	利用已取得土地，新建生产厂房、办公楼、仓库等建筑，购置造纸生产线及配套设施，形成年产10万吨三聚氰胺浸渍装饰材料基材、5万吨无纺墙纸装饰材料基材、20万吨食品包装材料基材的生产能力	130000	20000	22000
2	浙江先导精密机械有限公司（浙江先导热电科技股份有限公司）	FERROTEC常山产业园项目	项目用地100亩，依托杭州大和热磁技术和市场等资源，打造常山石英半导体部件、真空部件、TE半导体制冷片等研发和制造基地	100000	10000	10220

续表 7

单位：万元

序号	企业名称	项目名称	项目主要内容	总投资	2019 年计划投资	实际完成投资
3	常山众卡物流产业园投资有限公司	年产 10000 台大中型卡车智能车厢建设项目	项目分期实施，其中一期占地 184 亩，新建厂房、综合楼等建筑，形成年产 10000 台大中型卡车智能车厢及配件的生产能力	50000	5000	5250
4	浙江常山科润新材料有限公司	年产 7000 吨紫外线吸收剂及配套工程项目	项目占地 113 亩，新建四个标准生产车间以及仓库、公用工程及配套工程，建筑面积 37000 平方米，采购反应釜、离心机、烘干机、冰机、冷水机组、真空机组、空分机组等设备，建成投产后实现年产各类紫外线吸收剂产品 7000 吨	36000	7000	7280
5	常山皮尔轴承有限公司	斯凯孚中国小圆锥滚子轴承生产基地	项目于 2018 年开工建设，占地 220 余亩，总体规划产能为中小型圆锥滚子轴承 2600 万套／年，项目主要依托斯凯孚技术、市场等资源，拟建设厂房等建筑面积 4 万平方米，购置金舟保护气氛淬回火炉、安杰森磨超自动线、菲斯特装配自动线等生产设备，产品主要应用于汽车领域	60000	7200	7360
6	常山上通双明精锻科技有限公司	高精轴承精锻基地项目	项目拟拍卖辉埠新区内空闲土地及厂房，购置 1600 吨精密热模锻机械式压力机自动化线、数控全自动四工位立式车床等设备，可一次自动完成多道加工工艺，生产效率高，节约材料成本，项目建成后可形成年产 1200 万件汽车轮毂轴承圈的生产能力，产品具有高质量、高稳定性等特点	30000	5500	0
7	浙江中精轴承有限公司	年产 750 万套高端轴承及配件的项目	拍卖取得土地 75 亩，增置轴承锻造生产线、全自动数控车床、磨加工生产线、自动化连线设备、热处理加工线、含清洗、检测、装配多工位组成的装配生产线	15000	5000	5010
8	常山县杭鑫轴承有限公司	年产 20000 吨轴承锻件、车件项目	拍卖取得土地 50 亩，改建及新建厂房，购置开式冲床、退火炉、磨床等国产设备，项目建成后形成年产 2 万吨轴承锻件、车件的生产能力	5000	1000	1260
9	常山县鑫龙轴承有限公司	年产 700 万套轴承锻件、车件及热处理线扩建项目	购置数控车床、轴承精车件机器人等国产设备，新增土地用地 18.94 亩，与原取得的土地（10 亩）整体规划开发建设。项目建成后可形成年产轴承锻件、精车件、热处理件 700 万套的生产能力	5080	2000	2080
10	浙江赛赛轴承有限公司	锻车生产线自动化研发改造项目	对锻造车工项目按工序合理规划改造生产车间，新增 2 条轴承锻造生产线，改造原有 5 条生产线，购置自动线数控车床，机床等国产设备	2000	2000	2075
11	捷姆轴承集团有限公司	轴承滚子生产线改造、双列圆锥滚子研发及产业化项目	拟购置全自动检测设备、高精度超精机、高速镦锻生产设备等，投资建设轴承精密滚子生产线，完成双列圆锥滚子研发及产业化	5000	1500	1560
12	常山永成制冷设备有限公司	年产 200 万只制冷配件及 6 万台制冷设备	项目新增用地 30 亩，新建厂房及综合楼，购置发泡机、加液机自动切管机、喷塑设备、激光切割机、数控冲床、折弯机、剪板机等设备，建成后形成年产 200 万只制冷配件项目和 10 万台制冷设备的生产能力	5800	1600	1750

续表 7　　　　单位：万元

序号	企业名称	项目名称	项目主要内容	总投资	2019 年计划投资	实际完成投资
13	浙江汇冰制冷有限公司	年产 10 万台冷柜生产项目	项目拍卖取得土地 46.58 亩及厂房实施项目建设，购置数控折弯机、数控冲床、数控剪板机等国产设备，项目建成后可形成年产 10 万台冷柜的生产能力	4500	1000	1020
14	浙江启源汽车零部件有限公司	年产 300 万件汽车内饰件生产项目	项目主要采用自动化的技术或工艺，购置卷材分切机、片材分切机、注塑机等相关配套设备，项目建成后可形成年产 300 万件汽车内饰件的生产能力	4000	1500	1610
15	浙江天子股份有限公司	3000 吨精制（糖渍）柑橘皮精加工项目	购置精制机、切丁机、烘干、真空脱气、空包装机等设备，建成后形成年产 3000 吨精制糖渍柑橘皮的生产能力	2000	1000	1005
16	浙江鼎皓工贸有限公司	年产 60 万套课桌椅曲木椅部件项目	收购取得土地 23.64 亩及厂房，改建原有厂房，购置烘板机、上胶机、压机、生物质锅炉、喷漆等设施，建成后形成年产 60 万套课桌椅曲木椅部件的生产能力	4500	1500	1570
17	常山弘远电子有限公司	年产 7500 万只汽车发电机整流二极管制造项目	拟利用现有场地及配套设施实施项目建设，购置进口焊接炉、碱洗机、灌胶机、自动测试分档激光打印一体机及检测试验设备，项目建成后形成年产 7500 万只汽车发电机整流二极管的生产能力	2300	1200	1260
18	衢州市天英电子有限公司	生产线改造提升项目	项目主要采用自动化的技术或工艺，购置自动丝印机、曝光机、自动压力机、数控机床、自动收放板机等国产设备。产品具有散热快、寿命长等特点。企业产能年产 36 万平方米印制电路板，产能保持不变。新增建筑面积 6000 平方米	1800	1000	1005
19	浙江盈祥纺织有限公司	年产 3000 万米全涤纶长丝四面弹力布项目	拍卖取得土地和厂房，购置喷水织机、检测设备等，实施全涤纶长丝四面弹力布的生产，年产能 3000 万米，项目用电负荷 1600 千伏安	7000	1500	1500
20	浙江灿宇纺织有限公司	年产 2640 万米涤纶阻燃遮光布项目	企业收购取得土地 38 亩及厂房实施项目建设，将原有厂房进行改建，并新建厂房加盖办公楼，购置喷水织机、检测设备等，项目建成后形成年产 2640 万米涤纶阻燃遮光布的生产能力	5000	1500	1600
21	浙江洪涛五金制品有限公司	年产 200 万套制冷设备配套五金件生产线项目	转让取得土地 27.5 亩，新建厂房及综合楼，购置冲床、铣床等生产设备，主要生产卡扣、铰链、长格条、短格条等产品，建成后形成年产 200 万套的生产能力	2000	1000	1125
22	浙江杰昆科技有限公司	基于光纤传感的油气管道泄漏和结构安全综合监控系统	项目自主研发国际先进的分布式光纤声波传感（DAS）产品最新技术，同时结合最新的具有独创专利的光纤声音和振动传感技术，建设一种基于分布式光纤传感技术的长距离油气管道防偷防控预警、油气泄漏检测的综合监测系统，项目着力打造智能化的油气管道健康保障体系，产品的监测精度和可靠性得到极大的提升	10000	1000	1200

续表 7

单位：万元

序号	企业名称	项目名称	项目主要内容	总投资	2019 年计划投资	实际完成投资
23	浙江瑞一阀门有限公司	年产 3000 套光学仪器及 5 万套汽车液压阀门项目	拟拍卖取得土地及厂房，购置棒料自动切割机、自动冲压机、数控车床等设备，建成后形成年产 3000 套综合验光台及 5 万套液压阀门的生产能力	4000	1000	1150
24	科米诺新材料科技（浙江）有限公司	年产 2 万吨调制蜡、2000 吨色母粒及塑料助剂项目	企业拟租赁厂房实施项目建设，购置螺杆挤出成套设备、过滤机、物料存储罐等国产设备，建成后形成年产 2 万吨调制蜡、2000 吨色母粒及塑料助剂的生产能力	5800	3000	3200
25	仓谷医疗科技（浙江）有限公司	年产 120 万套牙科手术套装、800万片口罩、3500 万片牙科纸垫片、10 台牙科电子器械、100 万支牙科旋转器械项目	项目拟租用厂房实施项目建设，购置电子装配生产线、拉管机、切片机、灭菌设备等，项目建成后可形成年产 120 万套牙科手术套装、800 万片口罩、3500 万片牙科纸垫片、10 台牙科电子器械、100 万支牙科旋转器械的生产能力	5100	1000	1100
26	常山天喆茶叶籽开发有限公司	年产 300 吨茶叶籽食用油项目	项目主要采用自动化的技术或工艺，购置剥壳机、色选机、压榨机等国产设备，项目建成后可形成年产 300 吨茶叶籽食用油的生产能力，项目不新增建筑面积，企业拟租赁原常山绿圣生物科技公司部分厂房	2700	500	600
27	常山奥申电器有限公司	年产 1 万件汽车弹簧及 0.8 万件汽车五金配件项目	企业转让取得土地 10 亩及厂房实施项目建设，主要购置数控弹簧机、数控模床等国产设备，项目建成后形成年产 1 万件汽车弹簧及 0.8 万件汽车五金配件的生产能力	2000	1000	1260
28	浙江飞乐防爆电器有限公司	防爆电器、灯具生产基地建设项目	新增用地 22 亩，新建厂房、仓库、综合楼等建筑，购置熔炼炉、压铸机、全自动切割机等设备，建成后形成年产 3 万套防爆灯具等产品的生产能力	5000	1000	1305
29	浙江玮宏金属制品有限公司	年产 3 万吨铝合金棒生产线项目	企业利用已收购的土地（38 亩）及厂房实施项目建设，购置压铸机、工业机器人、切割机等生产设备，项目建成后形成年产 3 万吨铝合金棒的生产能力	3500	1500	1790
30	浙江常山菲裕工贸有限公司	年加工 10 万吨制冷设备用覆膜不锈钢材项目	项目用地为收购衢州圣马工贸有限公司土地 23.457 亩及厂房实施项目建设，新建厂房 7300 平方米，值班室及配电房	3000	1000	1080

（祝倩云）

·电力工业·

【概况】 国网浙江常山县供电有限公司（以下简称“常山供电公司”）是国网浙江省电力公司直供直管的县级供电企业，配设职能部门7个、业务支撑和实施机构3个、业务班组16个、乡镇供电所4个，下属集体企业2家。2019年，常山供电公司有全民职工223人、集体企业直签合同员工56人、农电员工83人；全县电力用户数14.73万户，全社会用电量16.39亿千瓦时，比上年增长1.62%；城镇用户供电可靠率99.9884%，农村用户供电可靠率99.9187%，综合供电电压合格率99.976%，综合线损率3.19%；全县电网最大网供负荷20.52万千瓦，比上年增长6.77%。全年未发生安全考核事故，累计安全生产日4642天。

截至2019年年底，常山电网有220千伏变电站2座、主变4台，容量66万千伏安；110千伏公用变电站6座、主变12台，容量58万千伏安；35千伏公用变电站6座、主变13台，容量12.94万千伏安。35千伏公用输电线路13条，长度193.9998千米；10千伏公用配电线路132条，长度1274.4468千米；10千伏公用配电变压器1422台。

2019年，常山供电公司完成县两会、中考和高考等重要活动保电任务计25次，完成320国道、沿江公路、杭金衢高速公路等政府重点迁改工程90余项，实施“3+2”工作法助力全县农房整治，高效完成“乡村振兴 电力先行”示范区建设和“农村饮用水”配套电力工程建设。落实电价红利，助力企业降本增效，全县累计减少企业电费支出836.21万元。推进新能源发展，累计完成柴改电、煤改电、电采暖等30个电能替代项目，全年完成替代电量3291.59万千瓦时，节约电量545.39万千瓦时，累计建成电动汽车快充站4座。有效推进光伏扶贫，实现常山县光伏小康二期项目并网目标，架设铁塔34基，配套线路3千米。累计完成分布式光伏并网986户、容量22.22兆瓦，发电量4945.66万千瓦时。

是年，常山供电公司评为浙江省AA级“守合同重信用”企业，获“常山县垂直管理部门年度工作目标综合考核一等奖”，被评为“常山县学雷锋先进单位”“常山县平安单位”；新都供电所被评为“省供电公司标杆供电所”，辉埠供电所被评为“省供电公司五星级供电所”；路里坑1号变（台区）获省供电公司“精品台区”称号。

【用电服务模式】 2019年，常山供电公司创新推行营商环境优化服务“1+3”（“1”即是以客户为中心，“3”即是涵盖业扩备单、服务抢单、个性化专单）新模式，联合常山县7个单位制定《常山县优化营商环境“10+N”行动方案》，进一步深化“最多跑一次”工作改革。压缩办电时长、降低办电成本，全面实行“三零四省”（零上门、零审批、零投资，省力、省时、省钱、省心）服务，全年落实5000余户低保户的电费优惠政策即。设立园区客户经理，与县经济技术开发区管委会联动开展“一站式”用电服务。全面推广线上办电，推广掌上电力3万余户、智能交费1.5万户。

【电网建设及规划】 2019年，常山供电公司有序推进衢州球川110千伏输变电工程，新建及改造10千伏线路112.27千米、低压线路36.82千米，新建及改造配变159台，容量6.36万千伏安。在衢州市率先开展以网格化规划为基础，编制覆盖区域内全电压等级、全项目集成的芳村网格配电网规划，全年7个网格达到目标网架。

9月27日，县委书记叶美峰、县委常委、常务副县长何健到常山供电公司指导检查国庆安保工作　　（常山电力公司　供图）

7月23日，常山供电公司举行2019年全县大面积停电事件应急演练

（常山电力公司　供图）

2019年常山县全社会用电量、售电量指标完成情况一览表

表8　　电量单位：亿千瓦时

全社会用电量	供电公司售电量	线损率	工业用电量	农业用电量	居民生活用电量
16.39	10.8	3.19%	12.25	0.03	2.12

（李明阳）

农业·农村

综　述

2019年，常山县农业农村局（以下简称“县农业农村局”）贯彻落实市委“1433”发展战略体系和“3752”乡村振兴大花园顶层设计，围绕“农村美·农业强·农民富”的奋斗目标，激发乡村产业内生动力，提升农村风貌特色品质，促进农民收入稳步提升，推动涉农试点改革深化，为新时代“三农”工作打下坚实基础，提供强劲动能。全县实现农林牧渔业增加值84186万元，比上年增长1.9%。

乡村产业内生动力增强。2019年，全县提标改造建设粮食生产功能区8个，面积7814亩。“早稻＋再生稻”模式增加粮食产量2750吨，每亩增加纯收入500元以上。完成高标准农田1.52万亩，新增高效节水灌溉面积0.20万亩；新增粮食产量61.76万千克；新增油料0.9万千克；其他农产品28.1万千克。常山胡柚产值增加值2.475亿元，获2019年度中国果业最受欢迎的柑橘区域公用品牌10强，被农业农村部列为中国农业品牌目录2019年区域公用品牌，被中国果品流通协会和浙江大学CARD中国农业品牌研究中心评为最具影响力十强品牌，品牌价值达9.36亿元。农产品质量安全省、市、县三级定量检测总体合格率99.8%。创建省级农牧对接的绿色循环体4个，创建省级美丽牧场2家、市级美丽牧场1家。全县肉产品检疫检验率达100%。按照“属地管理”原则，建立网格化巡查长效监管机制，保障全县猪肉产品质量安全。

慢城大花园风貌提升。2019年，全县完成各类农房整治51690宗，整治面积236.29万平方米，整治率100%，拆后利用面积177.06万平方米，利用率52.54%。谋划“千年宋诗河·百里慢城歌”诗画风光带重点项目13个，总投资221.88亿元，其中当年完成投资18.948亿元。完成24个美丽乡村建设，建成美丽乡村示范乡镇1个、省级特色精品村3个、新时代美丽乡村精品村15个。创建历史文化保护利用重点村6个、一般村38个。“厕所革命”实现全覆盖，年内建成A级以上公厕78座，困难群众改厕率和农村旱厕拆除率均达100%。是年，常山县公厕建管“所长制”被农业农村部、卫健委列为全国九大“农村‘厕所革命’典型范例”之一，且排名全国第二位。垃圾分类实现全域化。全面推进农村垃圾“四分”处理机制，创建农村垃圾分类示范点30个、资源化利用点4个，实现农村生活垃圾分类收集覆盖面积71%以上，资源化利用率86%以上，无害化处理率达100%。污水治理实现全改造。农村生活污水治理补齐短板，全县完成整改任务数12个村，计1895户。“万家灯火”实现全布局。实施首批51个行政村“万家灯火”工程，惠及7万余人。

农民致富渠道拓宽。借助“何处心安慢城常山”区域城市品牌，围绕乡土气味、乡愁原味、乡趣品味，推动境内高端民宿产业发展。“云湖仙境”“申山乡宿”等一批高端民宿建成。其中，彤弓山居、云湖仙境被评为浙江省“银宿”；村上酒舍被评为浙江省“白金宿”和浙江省十佳文化主题民宿，取得新的突破。2019年，全县接待游客990.6万人次，比上年增长5.1%。旅游总收入达67.9亿元，比上年增长13.6%。游客人均消费685元，比上年增长8.2%。全县乡村休闲旅游接待游客251万人次，增长15.8%；营业收入1.7亿元，增长15.9%。全县高端民宿11家，其中被评为等级民宿6家；在建（提升）中高端民宿24家，高端民宿引领作用初现，乡村民宿发展集群区正在形成。年内，省级及以上专项扶贫资金下达5817万元，已下达产业扶贫计划项目7个，共补助资金2270万元，涉及球川、青石、招贤、芳村、何家5个乡镇，包含香椿、白茶、常山胡柚、香柚等特色产业基地改造以及重点帮扶村用于发展壮大集体经济的集体物业改建。以“常山阿姨”为重点，全面打响县域培训品牌，农村实用人才和新型职业农民培训6419人。

常山县绿色防控工作在全省会上作典型发言，全省乡村产业发展大会及全省稻渔综合种养工作推进会作书面交流，入选省级农业绿色发展先行市、县（市、区）创建单位，被列入省级化肥减量增效示范县创建名单，被表彰为2018年全省农业展会先进集体。青石镇获得第二批省级农业特色强镇荣誉并入选全国农业产业强镇，常山胡柚入选中国农业品牌目录2019农产品区域公用品牌，常山胡柚新品种选育引进筛选试验与研究推广获2018年度浙江省农业丰收奖二等奖，浙西丘陵地区柑橘病虫绿色防控集成技术研究获“2018年度浙江省农业丰收奖”三等奖。

农村工作

【概况】 2019年，县农业农村局贯彻落实县委农村工作会议精神，以建设美丽乡村升级版为载体，以四件“关键小事”（即“厕所革命”、污水治理、庭院整治、垃圾分类）为突破口，全面开展美丽乡村提质扩面、环境整治、业态培育、传承保护、三治融合、改革攻坚六大行动，书写好“美丽乡村释放美丽经济”“美丽家园承载美好生活”两篇文章。

美丽乡村建设展现新面貌。2019年，全县完成村口景观建设提升137处、美丽庭院改造3000余户。新增省级美丽乡村示范乡镇1个（白石镇），特色精品村3个（郭塘村、达塘村、梅树底村）。以“所长制”为统领，新（改）建的78座公厕，全部按照《旅游厕所等级划分与评定》的标准建设，并达到A级以上标准，其中AA级19座、A级59座。建设与保护并重，完成西源村历史文化古村落保护重点村项目规划，并通过省级规划评审。

【乡村休闲旅游】 2019年，全县新增高端民宿4家，分别是彤弓山居、申山石宿、自在梅林、宋邸客栈；新增民宿集中村1个，即同弓乡中和村坡地民宿集中村；农家乐民宿接待游客人数567.88万人；东案乡梅树底列入省级休闲乡村创建项目。开展农家乐民宿培训宣传，举办农家乐民宿培训班2期，制作《慢村生活》农家乐民宿宣传册，在《衢州日报》上专版介绍常山农家乐民宿，提高常山农家乐民宿知名度。围绕“防风险保平安迎大庆”，加强农家乐民宿领域安全生产监管，开展农家乐民宿消防、防汛防台风等检查80多次，发放整改通知书8份。

【扶贫开发】 2019年，县农业农村局（县扶贫办）核定低收入农户9982户12758人。赵家坪、芳村镇、球川镇等7个集中安置区建成并投入使用，完成异地搬迁187户540人。投入保险资金191.4万元，有效遏制低收入农户因病返贫。农民增收能力进一步增强，年内省级及以上专项扶贫资金下达5817万元，其中3196万元用于光伏小康工程，42万元用于异地搬迁工程，其他扶贫资金2579万元；已下达产业扶贫计划项目有7个，共补助资金2270万元，涉及球川、青石、招贤、芳村、何家5个乡镇，包含香椿、白茶、常山胡柚、香柚等特色产业基地改造以及重点帮扶村用于发展壮大集体经济的集体物业改建。全县低收入农户人均可支配收入11058元，比上年增长12.5%。

【农民素质提升工程】 2019年，全县农民教育培训工作全面推进，合计培训人数6419人，其中农村实用人才培训2510人，计划完成率132.1%；高素质农民培训656人，计划完成率177.3%；转移就业技能培训1100人，转移率88%；普及性培训人数达2300人次。县农广校被衢州市农业信息与教育培训中心通报表彰为“2019年度农民培训工作先进单位”。

【生活污水治理】 常山县通过实施农村生活污水治理“三年行动计划”，累计建成农村生活污水处理终端742个，其中处理能力5吨以上的518个、5吨以下的120个、30吨以上的104个，受益农户58967户。2019年，是农村生活污水治理提标改造的决战之年，助力剿灭劣Ⅴ类水体中心工作，对2013年以前建成的污水处理设施进行全面排查整改，截至年底，全县107个治理村全部按照工作计划和时间节点完成农村生活污水提标改造建设任务，新增受益农户13101户，年度完成整改任务12个村、计1895户。县农业农村局对照“建得成、管得好、用得上”的农村生活污水治理要求，及时做好农村生活污水运维的移交工作，全县180个行政村的农村生活污水治理终端全部移交完毕。在助力改善和保障农民生产生活上，与住建部门共同推行“五位一体”农村生活污水治理设施管理体系，确保农村生活污水治理设施“建得成、管得好、用得上”。

11月7日，常山县农村生活污水治理专项规划（2019—2022）评审会召开

（县农业农村局 供图）

【生活垃圾治理】 2019年，常山县创新农村生活垃圾分类“123工作法”，以何家乡农村生活垃圾分类“123工作法”为载体，全面推广农村生活垃圾“二分+”（即分为可烂和不可烂）处理模式，实现源头分类、垃圾兑换超市和终端设施“三个全覆盖”以及有技术、有队伍、有资金、有机制、有成

效的“六有”工作目标。截至年底，全县累计建成乡镇垃圾中转站16个、电力（阳光房）垃圾堆肥站48个，提升垃圾分类示范村129个，新增垃圾兑换超市94个，更新分类垃圾桶0.3万余只，举办垃圾分类知识讲座180余场1.15万人次。

【常山县公厕建管“所长制”被列为全国九大“农村‘厕所革命’典型范例”】 2019年，县农业农村局按照《旅游厕所等级标准》《旅游厕所质量等级评分细则》的标准，深化“所长制”内涵，在全县乡村开展公厕提升行动。全年新（改）建农村公厕78座，其中A级59座、AA级19座，实现行政村等级公厕全覆盖。同年10月，经农业农村部、国家卫生健康委组织专家集中评议、实地核查、公示，常山县“一厕一所长一厕一风景”做法，以总分第二的成绩入选全国九大“农村‘厕所革命’典型范例”，被两部委联合发文向全国推介。同年12月，《常山县高质量推进城乡“厕所革命”切实解决群众关心的“关键小事”》登上省委深改办《领跑者》专刊，受到时任浙江省省长袁家军的批示肯定。

东案乡梅树底公厕

（县农业农村局 供图）

【历史文化古村落保护】 2019年，县农业农村局推进以古建筑修缮、古街道修复、基本公共服务设施建设、绿化与景观建设、文化与旅游发展项目为主题的历史文化古村落保护利用工作，完成4个历史文化保护重点村的项目建设，其中大处村评价考核为优秀；38个一般村中已完成在建项目的有31个，其余7个村正按时序稳步推进。开展历史文化村落“百村档案”工作的收集、整理工作，挖掘村庄历史文化。

6月20日，县级历史文化古村落县级规划评审会在县农业农村局召开

（县农业农村局 供图）

农业综合开发

【概况】 2019年，常山县有历年累积和新立项高标准农田项目24个，产业化发展财政补助项目4个，产业化发展贷款贴息项目1个，部门项目2个，标准农田质量提升项目8个，累计投资23723.73万元，其中省以上财政资金18625.8万元。在项目实施管理过程中，严格遵照执行《浙江省农业综合开发资金和项目管理实施办法》，强化项目管理与财务管理的有机结合，确保项目和财务管理操作的规范性和可控性。同时，加强土地治理项目资金支付的管理，工程进度款和竣工决算严格按施工合同要求支付。2019年度项目建成后，可新增和改善灌溉达标

面积0.89万亩；新增和改善排水达标面积0.48万亩；新增高效节水灌溉面积0.20万亩；年节约水量49.52万立方米；新增粮食产量61.76万千克；新增油料0.9万千克；其他农产品28.1万千克；新增种植业总产值267.94万元；项目区农民收入增加总额225.62万元，效益比较明显。

【项目申报】 2019年，全县获批立项2019年高标准农田建设项目10个、标准农田质量提升项目8个、产业化发展贷款贴息项目1个，累计争取省以上财政资金1729.8万元，其中高标准农田项目1717.8万元、产业化发展贷款贴息项目12万元。

【项目推进】 2019年，全县建成高标准农田1.52万亩，完成投资4750万元；完成产业化发展项目8个，完成投资1778万元。同时，在标准农田质量提升项目方面，天马街道大山坞畈等6个补划标准农田质量提升项目通过市级验收。

粮油生产

【概况】 2019年，全县粮食播种面积14.38万亩；粮食总产量5.59万吨。水稻播种面积9.05万亩、单产487.3千克／亩，总产量4.41万吨。其中，早稻面积2.55万亩，平均单产447千克／亩，总产量1.14万吨；单季稻面积4.67万亩，平均单产550.3千克／亩，总产量2.57万吨；连作晚稻面积1.83万亩，平均单产382.5千克／亩，总产量0.7万吨。全县种植玉米1.58万亩，单产278.5千克／亩，总产量0.44万吨；大豆2.83万亩，单产166千克／亩，总产量0.47万吨；番薯0.6万亩，单产333千克／亩，总产量0.2万吨；马铃薯0.22万亩，单产272.7千克／亩，总产量0.06万吨。

【水稻新品种推广和高产创建】 2019年，全县继续扩大高产、优质水稻良种面积，其中早稻品种中早39、株两优831和单季稻品种甬优1540、甬优15作为主推品种广泛种植，甬优1540表现优异，可作为早稻、单季稻和再生稻种植，水稻良种覆盖率97%。实施省级千亩水稻高产创建示范片7个，总计7850亩，涉及6个乡镇，带动辐射周边面积5万亩；示范片内采用精准定量栽培、测土配方施肥和病虫害综合防治技术，采用“早稻＋再生稻”模式推广，平均亩产再生季达250千克，增加粮食产量2750吨，每亩增加纯收入500元以上。种植大户陈清明获高产创建竞赛单季稻全市三等奖。

【粮食生产功能区提标改造】 2019年，全县提标改造建设粮食生产功能区8个，面积7814亩。建设区域主要分布于白石、金川、天马、球川和同弓5个乡镇（街道）的8个田畈。其中，白石镇子坞畈1712亩，白石镇十八里畈994亩，金川街道四都畈1000亩，金川街道青年畈359亩，天马街道三都畈959亩，金川街道菖蒲塘畈629亩，球川镇三溪畈1501亩，同弓乡胡村畈660亩。

【粮油产业项目建设】 2019年，全县实施田间基础设施建设项目2个，新建硬化机耕路2124米，新建排灌渠道2964米；新建育秧烘干中心2个，建成育秧烘干用房1440平方米，晒场600平方米，热风炉2台。

蔬菜瓜果

【概况】 2019年，全县蔬菜瓜果产业保持稳定发展，蔬菜面积稳定，受早春持续阴雨及7月梅雨天气影响，产量比上年下降；全年蔬菜瓜果价格保持高位运行，产值比上年增加。全县蔬菜瓜果播种面积77909亩，与上年持平，产量17.13万吨，比上年下降1.4%；产值38654万元，比上年增长2.8%。其中，蔬菜62301亩，比上年增加325亩，总产量9.97万吨，比上年减少0.09万吨，总产值20325万元，比上年增加970万元；西甜瓜面积15608亩，总产量7.17万吨，总产值18329万元。谷舞仁生蔬菜生产示范基地、新地西瓜集约化育苗基地、五联茭白生产示范基地等新型农业生产基地生产良好，技术实施到位，示范带动效应较强。谷舞仁生农业开发有限公司三溪蔬菜基地被评为省级“放心菜园”。新地西瓜集约化育苗基地育成西瓜甜瓜苗60万株，其中西瓜嫁接苗5万株，育成辣椒、茄子等蔬菜苗20万株，年育苗能力达500万株。球川镇上安畈瓜菜生产示范基地、天马五联蔬菜基地等设施蔬菜生产基地探索蔬菜高效种植模式，大棚越冬番茄长季节栽培、“辣椒—莴笋”“水稻—松花菜”种植模式效益较好，全县蔬菜产量和质量明显提升。依托项目建设，完善东案乡红翔家庭农场西甜瓜种植示范基地，引进30余个西甜瓜新品种进行试验示范，筛选出西瓜甬蜜4号、甜瓜银蜜58等优良品种3个，开展蜜童西瓜嫁接栽培技术试验，效果较好，消除瓜农对西瓜嫁接栽培的顾虑。山地扁豆、四季豆、黄瓜、茄子、番茄、辣椒、冬瓜、包心菜以良好的产地生态环境、适当的上市季节受到消费者的普遍欢迎。大棚西瓜继续保持良好的生产效益，农户种植积极性较高，种植规模保持平稳，全年播种面积15005亩，总产量7.07万吨，总产值17868万元。

6月12日，常山县西甜瓜新品种示范现场会举行 （县农业农村局 供图）

经济特产

【概况】 常山县水果主要以常山胡柚等柑橘类为主，桃、葡萄、枇杷、猕猴桃等小水果面积较小。截至2019年年底，全县小水果总面积9630亩，总产量8350吨，总产值7580万元。全县茶园面积11250亩，2019年生产各类茶叶270吨，总产值3300万元，其中名优茶产量168吨、产值2500万元。黄冈山茶园在浙江省种植业“五园（生态茶园、美丽果园、放心菜园、特色菌园和道地药园）创建”活动中被认定为省级生态茶园。

【球川蓝莓基地初步建成】 2019年，球川镇引进蓝莓生产企业浙江蓝美发展有限公司，结合贫困村“消薄”工作，注册成立常山县蓝之莓农业开发有限公司，引进蓝莓新品种，采用“飞地消薄”模式，在棋盘山村、九都村新开发蓝莓基地850亩。

球川镇棋盘山村蓝莓基地

（球川镇 供图）

【茶叶籽食用油生产线建成】 2019年，常山天喆茶叶籽开发有限公司引进年产300吨茶叶籽食用油生产线，茶叶生产副产品茶叶籽得到利用，茶农效益得到提升。

【香柚产业发展】 为推动胡柚全产业链发展，2018年浙江柚香谷投资管理股份有限公司引进柑橘新品种香柚，开发生产双柚汁（胡柚、香柚）饮品，2019年全县共种植香柚面积3000余亩。

常山胡柚

【概况】 全县常山胡柚种植面积10.5万亩，产量12.1万吨，总产值12亿元，鲜果产值3.725亿元，产值增加值2.475亿元，产值增加值比上年增长19.6%。“衢枳壳”原药材产量6000吨，产值1.2亿元。推广种植常山胡柚新品种690亩，新建柑橘设施大棚37亩，评选认定优质果园8个；建成常山胡柚种苗繁育中心，培育营养钵砧木苗5万株。青石镇列入国家农业产业强镇建设，获得补助资金1000万元；青石省级特色农业强镇以高分通过省级验收。

开展“衢枳壳”（常山胡柚）降糖、降脂、儿童抗炎等基础理论研究，其中“衢枳壳”抗呼吸道感染儿科新药临床前研究项目列入省科技厅重点研发项目，“衢枳壳”降糖（降脂）研究获国家自然科学基金青年基金项目、浙江省医药卫生科技计划项目立项。

举行中国·常山乡村振兴产业发展大会。常山县胡柚研究院柑橘新品种选育引进筛选试验与示范推广项目获“2018年度省农业丰收奖”二等奖。常山胡柚获2019年度中国果业最受欢迎的柑橘区域公用品牌10强，被农业农村部列为中国农业品牌目录2019年区域公用品牌，被中国果品流通协会和浙江大学CARD中国农业品牌研究中心评为最具影响力十强品牌，品牌价值达9.36亿元。

【青石镇列入国家农业产业强镇示范建设单位】 2019年，县农业农村局主动争取、精准对接，青石镇通过省、市农业农村和财政部门的共同遴选推荐，被农业农村部和财政部审核列入2019年农业产业强镇示范建设单位，获得补助资金1000万元，全省仅7个县（市、区）有项目入围。

【常山胡柚“进超入市”】 2019年3—4月，常山县在杭州世纪联华举行常山胡柚“进超入市”推介会期间，共销售1000多吨，平均价格在8～9元/千克。至此，常山胡柚开始批量迈向省会城市中高端销售市场。

【常山胡柚优质果园评选活动】 2019年，通过乡镇（街道）推荐与审核，全县有10个基地列入优质果园创建名单。经评定小组对10个基地实地勘察和果实品质测定鉴评检测，常山县众柚胡柚专业合作社水南村胡柚基地等8个基地被评为“2019年常山胡柚优质果园”。

【2019 中国·常山乡村振兴产业发展大会】 2019 年 12 月 7—8 日，“2019 中国·常山乡村振兴产业发展大会”举行。此次大会突出产业发展主题，策划安排开幕式、高端论坛、常山胡柚“秋收”网红直播等 6 项活动，参加大会人员 450 人，其中邀请省部级领导、和省内外嘉宾等 350 人，常山县胡柚、油茶、食用菌等企业负责人 100 人。

【“衢枳壳”抗呼吸道感染儿科新药研究获省科技厅立项】 2019 年，常山县胡柚研究院、浙江省医学科学院等联合申报的新“浙八味”——“衢枳壳”抗呼吸道感染儿科新药临床前研究项目，获浙江省科技厅 2020 年度省重点研发计划项目立项。该项目从抗炎、镇咳、平喘、祛痰、解热、抑菌、抗病毒方面全面考察“衢枳壳”对呼吸道感染的药效作用及机理，为开发儿科用药打下坚实基础。

12 月 9 日，衢枳壳抗呼吸道感染项目启动会举行　　（县农业农村局 供图）

常山食用菌

【概况】 2019 年，常山食用菌以周年化、园区化为特色，以猴头菇、黑木耳为主导品种，主推黑木耳“稻—耳”轮作、羊肚菌大棚栽培模式。全县食用菌栽培总量 0.94 亿袋（瓶），产鲜菇 4.0 万吨，总产值 2.93 亿元。其中，羊肚菌栽培约 140 亩，栽培规模居全省之首。“森力”猴头菇被省农业农村厅评为“2019 浙江精品鲜菇”。黄良水被省委授予“浙江省劳动模范”称号，被聘为“浙江省食用菌产业技术创新与推广服务团队专家、兼药用菌组专家”。

【食用菌科研成果】 2019 年，常山县天乐食用菌研究所开展高药用价值猴头菇新品种试验研究，初选出腺苷含量明显较高的 2 个品种，作为猴头菇养胃产品开发的重要原料品种；开展羊肚菌育种与栽培技术研究，自繁菌种在生产上试用约 10 亩，出菇表现与从四川正规育种企业购买的相近，有效地降低常山县食用菌栽培大户的菌种成本。

【全县食用菌培训班举办】 2019 年 6 月 25—28 日，县农业农村局举办全县食用菌产业提质增效技术培训班，食用菌栽培主体等 40 人参训，组织学员到福建省古田县、浙江省庆元县等地考察学习。

6 月 25 日，常山县 2019 食用菌产业提质增效技术培训班在县职业中专举行

（县农业农村局 供图）

畜牧业

【概况】 2019年，全县生猪养殖场48户，生猪存栏3.75万头，折合饲养量10.75万头；牛存栏2900头，出栏510头；羊存栏1.51万头，出栏1.04万头；家禽存栏155.22万羽，出栏276.31万羽；蜜蜂饲养量6815箱；肉类总产量7644.03吨；禽蛋产量2380.26吨；畜牧业产值达2.42亿元。

【畜禽排泄物综合利用】 2019年，全县养殖场在粪污储液池上安装线上监控、液位仪、智能电表三套智能设备，通过数据分析和实时影像，达到养殖污染智慧防控作用。14个乡镇（街道）均成立养殖场联络小组，定期到场到点做好养殖污染巡查，结合第三方监管，指导养殖场畜禽排泄物综合利用。利用低丘缓坡、闲置土地丰富的资源优势，全域推广经济实惠，互利共赢的“猪—沼—作物”生态消纳循环模式，年内创建4个省级农牧对接的绿色循环体。

【美丽生态牧场创建】 2019年，县畜牧兽医局按照《浙江省省级美丽牧场验收评分标准》，围绕“绿化美化、布局合理、技术先进、安全高效、资源利用”五大要素，通过项目化手段“整县制”推进美丽牧场建设，累计投入建设资金260万元。年内创建省级美丽牧场2家、市级美丽牧场1家。

【生猪屠宰管理】 2019年，常山县屠宰场污水处理设施投入使用，生猪定点屠宰场污水应急处理能力大幅提升，生猪屠宰效率和猪肉产品供应能力明显提高。常山县肉产品检疫检验率达100%。生猪定点屠宰管理工作，按照“属地管理”原则，建立网格化巡查长效监管机制，保障全县猪肉产品质量安全。

【病死动物无害化处理】 2019年，全县开启养殖环节生猪保险联动跨区域运行处理模式，累计处理病死猪25042头。严格执行生猪屠宰检疫无害化处理规定，检疫后不可食用的生猪产品及病死猪经驻场检疫人员拍照记录，依法进行无害化处理。累计无害化处理不可食用生猪产品1.8044吨，病死猪51头；定期组织开展无害化处理专项执法行动。

【动物卫生监督执法】 2019年，常山县15个检疫申报点和1个动物卫生监督分所共开具畜禽动物检疫合格证10875份。其中，开具生猪动物检疫合格证3762份，检疫生猪59395头；开具牛动物检疫合格证65份，检疫牛358头；开具禽类动物检疫合格证7036份，检疫禽类343.41万羽。常山省际动物检查站查验出入境（县境）运载动物及产品车辆28057辆，其中生猪18955辆、牛2260辆、羊4辆、家禽161辆、动物产品5974辆、动物副产品703辆。查验生猪257.94万头、牛6.72万头、羊51头、家禽68.56万羽、动物产品4.41万吨、动物副产品0.155万吨。劝退违规车辆16辆。加大生猪养殖、运输、屠宰“三环节”瘦肉精等违禁药品检测力度，抽检盐酸克伦特罗10498份、莱克多巴胺10445份、沙丁胺醇8642份，检测结果均为阴性，合格率100%。县畜牧兽医局与衢州市出入境检疫局对接，抽检猪肉、猪肝、猪尿、禽肉、鸡蛋等畜产品100份，抽检合格率100%。非洲猪瘟防控期间，县动物卫生监督所共查处案件29起，查获并无害化处理生猪150头，生猪产品2478.9千克，共罚款人民币189931.6元。

【重大动物疫病防控】　2019年，全县使用禽流感疫苗178.63万毫升，免疫家禽133.65万羽次，应免密度达100%；使用牲畜口蹄疫疫苗30.61万毫升，免疫牛、羊2.09万头次，免疫生猪18.41万头次，应免密度达100%；使用猪瘟疫苗22.44万头份，免疫生猪5.97万头次，应免密度达100%；使用猪高致病性蓝耳病疫苗10.68万头份，免疫生猪6.11万头次，应免密度达100%。采集监测各类畜禽血清5183份次，其中牛、羊O型口蹄疫抗体424份次，羊亚Ⅰ型口蹄疫抗体424份次，布病424份次；采集猪O型口蹄疫抗体410份次、猪瘟抗体320份次、猪蓝耳病抗体210份、禽流感H5抗体610份次、H7N9血清学监测610份次、新城疫抗体210份，抗体监测合格率均符合省、市要求。

渔　业

【概况】　2019年，全县实现渔业经济总产值2.28亿元，比上年增长1.71%；其中渔业一产产值1.16亿元，比上年增长2.66%。水产品总产量6553万吨，比上年增加1.60%，其中养殖产量5820吨、捕捞产量733吨；渔民人均纯收入2.53万元，比上年增长1.2%。

【水产健康养殖示范创建】　2019年，按照“行业管理规范化、养殖技术标准化”的要求，参照国家、省级健康养殖创建标准，组织实施创建完成健康养殖示范场4家。其中：国家级常山县曾天家庭农场；省级常山县夏香家庭农场、常山章氏万源家庭农场、常山县宁春光家庭农场。截至2019年年底，常山县已经成功创建水产健康养殖示范场7家，其中国家级4家，省级3家。通过示范创建逐步提升常山县渔业管理规范化水平和养殖生产核心竞争力。

【渔业资源增殖放流】　2019年6—8月，县农业农村局六次在“一港四溪”等公共水域完成夏花草鱼460万尾、青鱼100万尾、鲢200万尾、鳙150万尾、唇䱻150万尾、河蟹587千克增殖放流任务。另外，农业农村局积极拓展增殖放流活动多途径参与，与检察院联合开展环境污染案件当事人资源修复行动，在常山港以及内河增殖放流8～10厘米唇䱻、鲢、鳙鱼种和甲鱼、河蟹苗种共计90多万尾。通过开展增殖放流与保护，进一步改善常山县渔业水域环境。

【基层渔技体系改革与建设】　2019年，在全县推介4个主推品种，5个主推技术，其中主推品种：小龙虾、中华鳖、草鱼、禾花鱼；主推模式和技术5种：清水小龙虾养殖模式、稻鱼共生（轮作）模式与技术、稻鳖共生（轮作）模式与技术、淡水池塘生态混养模式与技术、大水面洁水增养殖模式与技术。围绕常山县主导品种和主推技术的试验示范，完成3家渔业科技示范基地、渔业科技示范户33户创建工作；组织基层渔技员参加5天期脱产培训25人次；宣传、发放技术资料1000余份，指导渔技员安装使用“中国农技”APP，加强渔技推广信息化建设。

【水产养殖病害防控】　2019年，全县一共设置4处病害测报点，总面积205亩，测报品种为草鱼、鲫鱼。调整测报点1处。因原测报点大汀塘2019年无养殖计划，将其替换为宁春光家庭农场，养殖面积50亩。上半年对病害测报点开展4次水质检测，全县4个测报点上半年没有出现死鱼现象。全年通过短信和微信平台发送信息200余次，在微信平台和手机通信答疑100多条养殖户提出的各种养殖问题，服务内容有各种养殖技术、病害防治技术、气象预报等各种对养殖户急需的养殖信息。开展集中培训。5月中旬，组织全县50家养殖大户进行课堂培训，并邀请省水产技术推广站专家讲解淡水养殖病害防控相关知识。内容有养殖技术、病害防控、开展病害测报等，现场发放相关资料150余份。

【开展初级水产品和养殖水质检测】 2019年，对全县14个乡镇街道开展51个批次水产品质量安全监督抽检送样工作，其中部级抽检6个批次、无公害检测4个批次、省级例行风险抽检21个批次（养殖环节15个批次、市场环节6个批次），以及县级自行抽检20个批次。样品抽检合格率100%。2019年度开展养殖水水质检测52次，47个养殖场水质符合养殖用水标准，5个养殖场水质不符合养殖用水标准，联合乡镇对其进行整改。

农业产业化

【名特优新农产品展示展销】 2019年11月22—26日，全县23家企业参加在浙江新农都会展中心（萧山）和浙江农业展览馆（杭州和平会展中心）举行的浙江农业博览会，展示展销“常山三宝”（常山胡柚、山茶油、猴头菇）等系列名特优新农产品。12月，县农业农村局组织20余家企业分别参加在上海、南京举行的浙江名特优新农产品展示展销会。

11月15日，2019年第12届亚洲果蔬博览展销“常山三宝”（常山胡柚、山茶油、猴头菇）等系列名特优新农产品

（县农业农村局 供图）

【农业龙头企业】 截至2019年年底，全县共有国家级农业龙头企业2家（天子、爱佳），省级骨干农业龙头企业3家，市级及以上农业龙头企业22家，县级农业龙头企业187家。

【休闲观光农业与全省同步发展】 2019年，县“探寻常山三宝·享丰收喜乐1日游”“清凉一夏·浙西避暑休闲带2日游”两条线路成功入选“浙江省休闲农业与乡村旅游精品路线100条”；新昌乡黄塘油茶园、球川镇食药用菌园、江家畈胡柚果园成功入选“浙江省100个最美田园”。

农业项目

【概况】 2019年，县农业农村局累计向上争取到位资金2.5亿元；其中，争取省级财政资金“金色同弓田园综合体”建设专项资金1800万元，“大宗油料生产基地”1056.1万元，“青石胡柚强镇资金”1000万元。决策农业项目11个，总计投资32.61亿元。谋划重大农业项目7个，完成年度谋划任务。

推进县重点建设项目4个，累计完成投资3.9亿元。完成农业固定资产投资1.5亿元。

【农业项目决策咨询】 2019年，县农业农村局组织召开农业项目决策咨询会议，完成对十八里普森高端花卉苗木基地建设等11个农业项目的决策咨询工作，决策项目总投资32.61亿元。其中，常山县万亩香柚高标准种植基地开发建设、常山县万亩香榧高标准种植基地建设、金桥生猪养殖园区现代化建设提质改造被列入2020年县重点建设项目；常山县万亩香榧高标准种植基地建设列入省、市、县长工程。

【农业重大项目谋划和建设】 2019年，县农业农村局谋划重大项目7个，其中10亿元项目以上3个，1亿～10亿元项目2个，1亿元以下项目2个。完成2019年县重点建设项目4个，累计完成投资3.9亿元；2019年重点建设项目计划全面完成。

【农业固定资产投资】 2019年，全县完成农业民间固定资产投资任务1.5亿元。县农业农村局牵头完成入库项目17个，总投资约10亿元；其中，年度完成1.5亿元，完成年度10%的增长目标。

农产品质量安全监管

【概况】 2019年，县农产品质量安全监督管理中心以深化农业供给侧结构性改革为主线，开展农产品质量安全专项整治，推进农产品质量安全追溯平台推广应用，配合做好省级食品安全县创建评价验收工作，推行食用农产品合格证制度，推进信用管理体系建设，开展日常监管和监督抽检。强化舆情监测，实时监测研判农产品质量安全舆情状况；加强应急处置和舆情应对能力提升，确保农产品质量安全事件的报告率和处理率100%。

【农产品质量安全专项整治】 以本地主产的时令果蔬产品、畜牧产品、水产品为主要对象，严厉打击违规使用禽蛋禁用药物、违法使用牛羊肉“瘦肉精”、生猪屠宰注药注水、水产养殖禁用药物及非药物违规添加、农药隐形成分添加等违法违纪行为，定期对辖区内上市农产品开展快速检测筛查，及时发现问题，预警预报。县、乡联动全面排查农产品质量安全风险隐患，确保不发生重大农产品质量安全事件。2019年，县农产品质量安全监督管理中心出动执法监管人员450余人次，执法检查各类生产经营主体300余家次，消除农产品质量安全隐患260余处。

【农产品质量安全巡查抽检】 2019年，县农产品质量安全监督管理中心开展农产品质量安全专项整治、食品安全问题联合行动，监督巡查农产品生产基地568家（次），省、市、县三级定量检测抽检农产品726批次，总体合格率99.8%，未发生重大农产品质量安全突发事件。

【省级食品安全县协同创建】 2019年，县农产品质量安全监督管理中心配合县市场监管部门做好省级食品安全县创建相关工作，参与创建工作分析讨论，准备、整理相关考核台账，广泛宣传，全力保障农业农村领域省级食品安全县创建各项指标的完成，协同完成常山县省级食品安全县创建工作。

【农产品质量安全监管体系构建】 2019年，

县农产品质量安全监督管理中心加大追溯平台推广应用力度，深化构建农产品质量安全追溯平台、农产品公共追溯查询平台，实行动态信息管理，推进农产品生产经营主体信息完善工作。全县302家规模以上农产品生产经营主体纳入主体信息库管理；107家主体应用手机端农产品质量安全主体追溯系统。推进常山县农产品质量安全信用体系构建，推行农产品质量安全“黑名单”制度，建立健全县级规模以上农业生产经营主体的信用档案，宣传诚信文化，提高生产经营主体诚信意识。

【食用农产品合格证管理制度推行】 2019年，县农产品质量安全监督管理中心全面推行食用农产品合格证制度，与县市场监管部门联合建立产地准出市场准入衔接机制。明确生产经营主体开具、查验食用农产品合格证的责任。截至年底，全县302家农产品生产经营主体使用农产品合格证，全年开具各类农产品合格证20万余张，全县域内基本实现农产品合格证管理全覆盖。

土壤肥料

【概况】 2019年，常山县土肥工作狠抓耕地质量建设与管理、农业“两区”土壤污染防治、测土配方施肥、化肥减量、商品有机肥推广应用，提高耕地综合生产能力，促进粮食增产和农民增收。全县完成测土配方施肥面积30万亩，减少不合理化肥使用量198吨，推广应用商品有机肥面积4万亩；有18个冬绿肥示范方通过验收，面积3973亩；完成耕地土壤酸化治理项目建设，面积42576亩，通过施用生石灰、有机肥等措施，土壤质量得到显著提升；完成中轻度重金属镉污染农田进行修复示范项目，面积50亩，初步建立起一套有效的和可推广应用的稻田重金属中轻度镉污染农田治理与水稻安全生产技术组合模式；实施垦造耕地培肥项目84个，面积4933.452亩。全县设施农业用地审批项目18个，面积41460平方米。开展“大棚房”排查整治工作，发现大棚房问题10处，均在规定期限内整改到位。

植保植检

【概况】 2019年，县农业农村局狠抓农作物病虫监测预警，准确掌握病虫害发生动态，发布《农作物病虫情报》7期，全县主要农作物病虫草鼠害发生面积155.46万亩次，防治面积185.09万亩次，挽回产量损失10.48万吨。推进重大农业植物疫情阻截防控，抓好3个省级监测点、2个市级监测点和3个县级监测点的运行管护，开展重大植物疫情春、秋季集中防控行动，疫情普查率100%、防控率100%，未新增植物疫情，有效控制加拿大一枝黄花、柑橘溃疡病于零星发生状态。8月20日，常山县在全省（萧山）绿色防控推进暨晚稻重大病虫害防控现场会上作《创建全域绿色防控新业绩扮靓国际慢城诗画风光带》典型发言，介绍病虫害绿色防控“常山经验”。

是年，常山县游胜家庭农场、志根家庭农场水稻病虫害绿色防控示范区被评为“省级农作物病虫害绿色防控示范区”；陈清明植保专业合作社被评为“省级示范性植保服务组织”。

【统防统治与绿色防控融合示范县建设】

2019年，常山县仍被列为省级统防统治与绿色防控融合示范县和部级万亩示范基地，全县组织实施农作物病虫害统防统治17.48万亩，推广应用绿色防控技术面积19.14万亩次，减少农药用量109吨，减量比例21.8%，超额完成考核任务。通过政策引领与示范带动，融合示范创建提质扩面，全县500亩以上的大田畈及公路沿线田畈基本建立示范区，示范面积3.99万亩，既有效控制病虫害，又美化了田园，"盘景"向"风景"提升渐成雏形。

【农药废弃包装物回收处置】 2019年，县农业农村局按照市场运作、政府扶持、属地管理的原则，落实"市场主体回收、专业机构处置、公共财政扶持"的工作机制，投入资金70.5万元，回收农药废弃包装物23.98吨，回收率87.38%；归集、处置36.59吨（包括上年未处置部分），处置率165.06%，超额完成考核任务。通过政策引导，增强农药使用主体环保意识，有效遏制农民随意丢弃农药废弃包装物的行为，减少对生态环境的污染。

农村经济管理

【概况】 2019年，县农业农村局开展行政村集体经济薄弱村消除工作，规范村级财务管理，维护农村经济社会和谐发展。办理农村集体经济组织登记赋码证村数180个，全面完成村集体经济组织登记赋码和颁证工作。推进农村改革，盘活村集体经济；加强农村集体"三资"管理，维护农村经济社会和谐发展。结合"常山三宝"发展规划，评选示范性家庭农场，引领农业农村产业发展，规范主体发展，开展"空壳社"清理。

【消除集体经济薄弱村】 2019年，全县村级完成经营性收入4082.75万元，其中，175个行政村完成年经营性收入10万元以上，占比97.22%，比2018年增长39.77%；全县180个行政村均完成总收入20万元以上，比2018年增长29.86%，圆满完成"消薄"三年任务。

8月26日，常山县"消薄"领导小组成员及各乡镇街道"消薄"负责人参观金川街道"抱团消薄"基地项目

（县农业农村局 供图）

【集体经济发展试点项目扶持】 2019年，县农业农村局、县财政局向上争取扶持村集体经济发展试点项目资金2540万元。通过乡镇（街道）、村申报，由县委组织部、县财政局、县农业农村局、县林业水利局组成的项目评审组评审，确定东案乡东案村等15个行政村为2019年度扶持集体经济发展试点项目村。同时，根据中央、省、市扶持壮大村集体经济发展的相关要求，选取紫港街道孔家弄村等26个村作为扶持村，按每个村60万元进行补助。

【"一事一议"项目】 2019年，县农业农村局、县财政局向上争取扶"一事一议"项目资金1400万元，通过乡镇（街道）、村申报，由县财政局、县农业农村局、县资规局、县民政局等组成的项目评审组评审，选定除何家乡、同弓乡外的其他12个乡镇（街道）的33个村作为“一事一议”项目发展村。

【农村产权制度改革试点】 2019年，县农业农村局推进宅基地三权分置、全域土地流转、农村产权制度等农村改革，选定辉埠镇路里坑村、同弓乡中和村、金川街道十五里村作为宅基地三权分置改革试点。根据市里土地流转要求，评选出白石镇、同弓乡为衢州市市级土地流转示范乡镇；白石镇的草坪村、小白石村、白石村、新塘岭村，同弓乡的同心村、彤弓山村、湖石头村、金川源村，天马街道天安村，紫港街道渣濑湾村，金川街道徐村村，辉埠镇东乡村为土地流转试点村；完善县农村产权交易中心相关管理条例及实施细则，为盘活村级资产资源提供制度保障。

【村级财务管理规范年活动】 2019年，县农业农村局根据浙江省农业农村厅、浙江省财政厅、浙江省审计厅的统一部署，开展“村级财务管理规范年”活动，严肃村级财务制度。全县各乡镇（街道）会计代理中心拒绝不规范票据108张，金额达30多万元，其中补办手续后入账票据61张，金额7万元。开展村级财务收支审计和村主职干部开展离任经济责任审计，全县180个行政村基本通过审计，审计资金总额2.13亿元，违纪金额169.19万元，退赔金额67.89万元，受处分人数32人。完善村级财务网络管理系统平台，全县14个乡镇（街道）的180个行政村联入县村级财务管理网络，实现县、乡镇（街道）联网全覆盖。强化对村级财会人员的业务培训，组织3次乡镇（街道）分管领导、农经员、代理会计进行村级财务规范性文件、财务规章制度、专项知识业务等工作的学习和培训。

【新型农业主体培育】 2019年，县农业农村局将新型农业经营主体培育工作重点放在推动家庭农场发展上，全县家庭农场呈快速发展势头。至年底，新注册登记家庭农场222家，全县经工商注册登记家庭农场1412家，注册资金12.2549亿元，经营面积9.063万亩。累计创建省级示范性家庭农场34家、市级示范性家庭农场65家、县级示范性家庭农场107家、县级规范化家庭农场120家。根据省、市相关要求进行“空壳社”清理，共清理吊销合作社营业执照277家，注销合作社497家。经主体申报、部门联审、抽查核实，共筛选出符合条件的大学毕业生从事现代农业省级财政资金补助政策的人员2人，经公示后完成补助资金发放。

农村能源

【概况】 2019年，全县农村清洁能源利用率86.4%，秸秆综合利用率95.4%。建设农田氮磷生态拦截沟渠1条，农村沼气工程建档工作进度完成100%。

【农田氮磷生态拦截沟渠建设】 2019年，县农业农村局在辉埠镇双溪口村五爱田畈建成农田氮磷生态拦截沟渠1条，建设内容为生态化改造三段相连硬质沟渠1080米及建设末端小型生态湿地150平方米。农田有效覆盖面积约为350亩。

【农村沼气安全运维服务】 2019年，县农业农村局多次在全县范围内开展沼气安全巡查，通过农民信箱发送防台风沼气安全宣传短信2万余人次；对全县现存农村沼气工程进行建档，落实农村沼气安全生产主体责任，做好对农村沼气工程的技术指导工作。

【农作物秸秆综合利用】 2019年，县农业农村局开展农作物秸秆综合利用的宣传，落实乡镇干部包村联户、包干巡查等制度，建立县、乡镇、村组、农户四级联防联控和网格化体系，形成责任明确、上下联动及长效的秸秆禁烧和综合利用工作机制，实行全行政区域禁止露天焚烧秸秆，在重点时段、重点区域开展禁止秸秆露天焚烧的巡查工作，提高农作物秸秆综合利用率。多次开展农作物秸秆禁止露天焚烧专项巡查，利用农民信箱、钉钉、微信等方式发送秸秆禁烧宣传短信5万余人次，农作物秸秆综合利用率达95.4%。

【农村能源利用调查】 2019年，县农业农村局开展农作物秸秆资源入户调查120户、农村清洁能源利用入户调查200户，为推行科学规范的农村能源利用情况调查标准和方法、制定农村能源利用政策和规划提供依据。

农业机械化

【概况】 2019年，全县农机总动力8.9055万千瓦，比2018年减少4.34%。主要原因是上道路拖拉机淘汰报废造成。水稻耕种收综合机械化率为80.14%，其中机耕面积8.9017万亩、机耕率98.31%，机播面积3.329万亩、机播率36.77%，机收面积8.9882万亩、机收率99.27%。全年落实农机惠农政策资金140.5568万元，其中，农机购置补贴资金137.5068万元、农业机械报废补偿（更新）资金3.05万元。全年新建粮食烘干中心1个，新增烘干机2台、烘干能力20吨/批；现有烘干中心46个，烘干机125台、烘干能力1472吨/批，实际烘干粮食3.352万吨。有育秧中心19个、年育秧能力4.35万亩，实际育秧2.3万亩。全年发生道路拖拉机事故2起，事故责任1起为次要责任、1起为同等责任，共死2人，伤1人，直接经济损失2万元。无道路外农机事故。

是年，辉埠镇成功创建省级农业“机器换人”示范乡镇；常山县辉宏农机专业合作社被评为省级农业“机器换人”示范基地；何家乡、紫港街道成功创建省级“平安农机”示范乡镇。

【农机化发展】 2019年，全县发展先进适用农业机械300台，其中享受购机补贴机具111台，非补贴机具189台。补贴机具包括轮式拖拉机14台、联合收割机4台、粮食烘干机4台、水稻插秧机5台、水稻直播机1台、热风炉4台、茶叶机械1台、粮食精选机2台、耕地机械60台、秸秆粉碎还田机3台、起垄机9台，多旋翼无人遥控植保机2台。简易保鲜储藏设备2套。其中，多旋翼无人遥控植保机为常山县首次享受农机购置补贴。

【农机安全管理】 2019年，县农业农村局与14个乡镇签订管理责任书，严格执行“谁经办，谁签字，谁负责”的岗位工作责任制。开展元旦春节两节安全生产大检查、安全生产月活动、农业安全生产大检查、交通安全大会战拖拉机专项整治等农机安全生产活动，先后组织17次计86人次的执法检查和隐患排查活动，检查机具215台，纠正违章23起，排查治理安全隐患19个，提出农机安全生产建议27个。开展与交通、交警部门联合检查18天，检查上道路拖拉机45台，查处消除安全隐患20起。推进农机安全保险，参保拖拉机、收割机、插秧机、烘干机共97台，保费8.447万元，保额5152万元。开展农业机械安全技术检验，上道路拖拉机于5月15—16日在农机化技术培训学校开展集中检验。农田作业拖拉机、联合收割机、插秧机、烘干机于3月26日至4月4日在全县58个检验点开展上门免费实地检验。全年检验农业机械322台，其中上道路拖拉机23台、农田作业拖拉机112台、联合收割机60台、插秧机20台、烘干机107台。

【农机注册登记换证】 2019年，县农业农村局共办理拖拉机注册登记13台，联合收割机注册登记3台，联合收割机转移登记2台；初次申领拖拉机驾驶证7本，增驾拖拉机驾驶证9本，到期换证61本。增驾联合收割机驾驶证6本，到期换证21本。新登记外省籍拖拉机信息293台，其中第一批涉嫌假牌47台、第二批涉嫌假牌106台。

【农机安全生产宣传教育】 2019年，县农业农村局建立农田作业机械和外省籍拖拉机两个微信群，发送农机安全信息1100条。通过LED显示屏滚动播发安全管理信息16条，农民信箱发送短信6.5万条，推广《农村信息报》211份、《现代农机》杂志39份。3月21日和5月17日，各举办一次农机安全教育专题培训会，共培训农机操作人员400多人。开展农机安全生产宣传月活动，6月11日、12日、26日分别在辉宏农机专业合作社、县城街心公园、白石镇大街等地开展农机安全生产咨询活动。悬挂标语32条，刊登宣传专栏10个，发放宣传资料3500份，受教育群众约4000人。

农业执法

【概况】 2019年，县农业执法大队挂常山县农业综合行政执法队牌。县农业执法大队开展农药实名制改革试点，全力保障农业生产安全和农产品质量安全；理顺渔政执法工作职能，开展“绿剑”系列集中执法、渔政“亮剑”多部门联合执法等系列执法行动，严厉打击农业投入品生产经营使用环节、农产品生产环节及渔政领域的违法行为。全年抽检的果蔬等农产品248份经检测全部合格。坚持规范农业生产事故调查处理程序，热情受理群众举报、投诉与来信来访，全年妥善处理农民有关种子、农药质量等投诉12起，为农民朋友挽回经济损失约5000余元，有效维护农业生产安全和农民群众的合法利益。

【农药实名制改革试点】 2019年5月，县农业执法大队对全县110余家农资经销店开展为期3天的农资信息化集中培训，实现农资信息化全覆盖。通过政策宣传、集中培训、签订承诺书、实地核查、开展约谈会等手段，下发“农药实名制购买告知书”115份，实现“农药实名制购销承诺书”签订100%，农药购买实名制100%。根据浙江省农业农村厅《关于开展农药实名制改革试点工作的指导意见》文件精神，完成试点方案制订，做好“农资信息化”“农产品质量监督”平台打通等前期准备工作，为全面推进农药实名制改革试点打好基础。

【农业执法宣传工作】 2019年，县农业执法大队借助微信平台，推送农药实名制购买工作推进过程中的一些典型图片；借助媒体力量，对执法过程全程跟踪并宣传渔政执法。对渔业大队渔民20余人开展集中约谈。全年通过微信、农民信箱、发放宣传单和新闻媒体报道等多种形式，发送微信信息1000余条次、短信信息4万余条次、纸质资料1.5万余份。在“浙江农业执法网”“常山电视台”等平台发布各类宣传信息11篇，电视报道2篇，报纸报道4篇。

【农业执法行动】 2019年，县农业执法大队出动执法人员789人次，检查各类农资生产、经营企业348家次，农药、肥料等农资案件共计立案9起，结案9起，罚没款总额25023元。春耕备耕之际，牵头组织县公安局、县市场监管局执法人员开展农资打假3部门联合执法行动，共出动执法人员10人次，检查农资经营店20余家，通过对店内种子、农药、化肥等产品的标签、登记证号等方面展开检查，查处肥料涉嫌擅自修改标签案件和涉嫌经营过期农药案件各1起。开展“绿剑”系列集中执法与交叉执法检查，与江山大队、衢江大队、龙游大队等其他县市执法大队开展执法互查。全年出动执法人员600余人次开展“绿剑”系列执法活动，检查各类农资、农产品生产、经营企业250余家次，查处经营假农药案1起、经营擅自修改标签内容的农药案件2起。开展农产品质量安全检查。传统节假日期间，先后多次对家庭农场、果蔬生产基地等主体开展用药检查，共出动执法人员200余人次，检查主体100余家次，发放《农产品安全告知书》《禁限用农药名录》等宣传资料200余份。“绿剑”夏季农产品抽检期间，检查各类果蔬生产主体167家次，出动执法人员300人次。开展农药经营店许可专项检查，出动执法人员15人次，检查农资经营店40余家，下发经营许可证到期停止经营通知19份，后续除10余家经营户经整改到位达到发证条件将经营许可证续展之外，其余不符合条件的农资经营户已全部关停。

【渔政执法行动】 2019年2月，渔业执法工作职能由县水利局划入县农业农村局，由农业执法大队承担。县农业执法大队全年出动执法人员300余人次，收缴、焚毁地笼网、丝网等网具300余副，收缴电瓶6个，立案7起，结案7起，其中移送公安机关电鱼案3起，罚没款总额1.1万元。开展渔政亮剑执法行动，既有联合县市场监管局、县综合执法局、县公安局等多部门的联合执法，也有自行组织本部门执法人员的连夜蹲守。通过对北门零担市场、辉埠镇等8个规模菜市场，大桥、芳村等乡镇河道巡逻检查等方式，严查电、毒、炸鱼，无证捕捞，使用禁用渔具等各类违法行为。全年实行24小时值班制，接“12345”渔政投诉举报30余起。开展初级水产品质量安全专项执法检查。8月，联合渔业科对县内水产品养殖户开展集中执法检查，共出动执法人员10人次，检查水产养殖户20余家，未发现使用“孔雀石绿”“硝基呋喃类”等禁用兽药的情况；针对“三项记录”缺失情况普遍存在，执法人员现场告知养殖业主要严把兽药进货关，加强台账记录。

（徐思思）

林业·水利

综 述

2019年，常山县秉承“绿水青山就是金山银山”“山水林田湖草是一个生命共同体”的理念，坚定实施“四四二”工作要求，“六大行动”整体稳步推进。全年新建“一村万树”省级示范村11个、市级推进村32个，省级示范村数量全市第一。中国油茶智慧云平台建设初见成效，取得4个国家级软件著作权和1个地方标准化试点项目，与亚林所签约建立“油博士”工作站。启动本地常山油茶企业重组，争取到浙江省乡村振兴产业发展示范建设资金5000万元。常山县被评为“浙江省现代林业经济示范区油茶产业示范县”。新华·中国油茶产品价格指数（常山发布）上线发布；东海常山木本油料运营中心油茶籽油实现挂牌交易。油茶籽完成成交量4.67万吨、成交额达9.65亿元，油茶籽油成交额8000余万元。常山县被评为“浙江省常山县常山油茶中国特色农产品优势区”；“常发牌”山茶油被评为“浙江省游客喜爱的土特产”；常山传统榨油技艺列入《浙江省非物质文化遗产名录》。常山县有1人获得全国木本油料“工匠精神”奖，5人入选全国木本油料“一线工匠”人才库名单，1家企业被授予突出贡献会员单位。全面改善防洪排涝能力，强化中型水库运行管理，芙蓉水库标准化创建顺利通过专家组验收。坚决贯彻县委、县政府“全域开展矿砂治理·资源归集”的决策部署，组建矿砂治理·资源归集行动小组。规范重点项目制石制砂场审批，草拟并完善《关于进一步规范重点项目临时制石制砂场的实施意见》。

是年，县委书记叶美峰被全国绿化委员会授予“全国绿化奖章”；常发粮油食品有限公司被授予“全国绿化模范单位”。县委副书记、县长张少华带队到北京参加中国林业产业联合会木本油料分会理事长会，常山（油茶）作为典型发言。常山油茶入选国家农业农村部、国家林草局等九部门评选的中国特色农产品优势区。

林业 水利

【概况】 2019年，原县林业局与原县水利局在全县机构改革时合并为常山县林业水利局（以下简称“县林水局”）。全年完成油茶良种造林1000亩、油茶更新改造1000亩，培育油茶良种苗木130万株。长风灌区节水配套改造项目基本完工。关停违法违规陆域碎石场22家，加强陆域机制砂“乱象”整治。严厉打击河道非法采砂行为，修改完善《常山县涉水项目砂石利用管理办法》，全年巡查270余次，查获11起非法采砂案件，罚没款项25.6万元，何家乡非法采砂一案采取刑事强制措施25人。

是年，县林水局获国家林草局颁发的第四届中国林业产业突出贡献奖。常山水文在全省考核中连续4年获得优秀，全省水文应急机动监测现场会在常山县举行。常山林场被评为2019年浙江省生态文化基地。

【全县农村饮用水达标提标行动】 2019年，根据全省农村饮用水达标提标三年行动的要求，县委、县政府成立常山县农村饮用水达标提标行动指挥部，指挥部下设办公室，办公室设在县林水局。县林水局谋定全省第一个“建管一体”的《常山县农村饮用水达标提标行动方案》，将常山县农村饮用水达标提标行动纳入“三个三”基层党建工作及“党建治理大花园”考核项目。农饮水城乡一体“全覆盖”：明确常山县以城乡同网为主、单村供水站为辅的“城乡＋单村”供水格局，创新单村供水“一主一备”供水思路，宣传、配置、巡查、执法、引导、治理“六到位”，加强水源地安全保障。农饮水专业运维“建管养”：搭建农村饮用水信息化安全管理平台，全县56个水厂、水站实现在线监测监控、远程遥控，创新单村供水服务“村内择优选聘”机制，协助管网巡查、维护，水费收缴等日常工作。新昌乡黄塘村单村供水工程列入浙江省农村饮用水达标提标行动典型1号案例。

【全省农村饮用水达标提标行动暨冬修水利工作现场会在常山召开】 2019年，县林水局协助县委、县政府成功承办全省农村饮用水达标提标行动暨冬修水利工作现场会，部委、省、市媒体竞相报道常山农饮水相关做法。常山县成功争取到省级农村饮用水达标提标行动考核奖励5000万元。至年底，全县完成22.1万人口的农饮水改造提升，超额完成衢州市水利局下达的年度任务。

【“宋诗之河”工程建设】 2019年，县林水局加快推进“宋诗之河”治理工程，完成新建、生态化改造20千米，其中滨江堤节点打造4420米、1800米宋诗精品文化长廊和462米宋诗浮雕建设。

【“美丽河湖”建设】 2019年，县林水局构建“美丽河湖”新格局，建成芳村集镇段滨水公园；完成《常山县美丽河湖实施方案》编制；开展南门溪、虹桥溪流域综合治理前期工作；完成芳村溪、龙绕溪小流域综合治理年度任务。

芳村溪中小河流治理 （县林水局 供图）

【创新“一村万树”绿化美化常山模式】 2019年，常山县新建“一村万树”省级示范村11个、市级推进村32个，省级示范村个数居衢州市县（市、区）第一。全县人工造林1969.5亩，超额完成年度任务。新植珍贵彩色树种50万株以上。向上申报常山县梅树底森林人家、泰安森林人家2个省级森林人家。梅树底村、新桥村、黄塘村等7个村入围“国家森林乡村”创建。常山不老泉森林氧吧入围“全省30佳最美森林氧吧”。常山县林场获“省级森林生态文化基地”。

【林业资源保护】 2019年，县林水局完成公益林面积核查及到户清册修编、公益林矢量数据与二类数据衔接，完善“林地一张图”。完成松材线虫病防控除治任务，在省级松材线虫除治质量抽查中取得合格，位居衢州市前列。办理各类涉林行政许可事项1685件，办理审核林地征占用项目46宗，缴纳森林植被恢复费2143.63万元。

【全国第一张取水许可电子证照落地常山】 2019年，县林水局坚持开展水政执法日常巡查，年内共巡查河道1200多千米。协助开展中央环保督查工作，开展黄泥塘“金钉子”自然保护区违建别墅问题规划调整工作。服务“最多跑一次”工作，全国第一张取水许可电子证照落地在常山。

【打击非法占用林地等涉林违法犯罪】 2019年，县森林公安局开展打击非法占用林地等涉林违法犯罪暨“2019雷霆行动”，对重点区域、重点行业开展排查整治。开展“禁种铲毒”行动，联合地方公安、乡镇林业站，在全县范围内排查毒品原植物罂粟种植地，共查获非法种植毒品原植物21起，铲除毒品原植物罂粟2746株。开展“野生动植物”保护专项行动，联合县市场监督管理局等部门，会同林政等站所，在全县范围内多次组织清查整理行动。

【森林防火工作】 2019年，县森林公安局联合各乡镇、有关部门做好日常森林防火工作，共巡查14个乡镇的156个行政村，出动16台森林防火宣传巡逻车（县2台，每个乡镇各1台），开展巡查人力2164人次，组建16支半专业化森林消防队伍，全县有200余人随时待命备战森林消防。全年接处警198起，出动警车497车次，出动警力1194人次，立案27起，其中刑事案件7起、行政案件20起、结案查处16起（林业行政案件），追究9人刑事责任，移送起诉刑事案件5起，收缴罚款305200.54元。

【有害生物防控综合施策】 2019年，县林水局全面完成省下达的2982亩除治任务，实际完成除治面积2万余亩，清理病枯死松树1200余吨，省质量检查组对常山县清理任务完成情况及除治的质量给予肯定。开展林业病虫害的监测和测报工作，逐步建立健全县、乡（镇、街道）、村三级监测体系。完成国家测报点（松毛虫测报点、油茶象测报点）虫情测报及上报任务。发挥与乡镇（街道）林技员、护林员的作用，协同完成松材线虫病监测任务和春、秋二季专项普查。阻截传播途径，完成3000亩噻虫啉防治松褐天牛。在松材线虫发生区乡镇及潜在区域，青石镇飞碓村、水南村，招贤镇五里村，东案乡的白马村，以及金钉子景区等，喷洒噻虫啉杀虫剂，减少松褐天牛虫口基数，降低被侵染松树数量和概率。实行区位预防，采取“清理＋打孔注药”的组合防治技术，在高速公路五里隧道两侧及东案白马村一侧、320国道与048省道青石段等10个地块，进行注射松材线虫病免疫剂，共注射免疫针剂3万余支、注射松树20068株。加强检疫检查，落实检疫封锁。对全县24家苗木生产经营者进行苗木产地检疫，共检苗木216.78万余株。强化疫木采伐、涉木加工企业的监督管理，加大检疫执法工作宣传，严防疫木外流，防止疫情向外蔓延。开展森林医生服务，全县排查红火蚁疫情面积300余亩。并对部分笋用竹、古树、油茶等病虫害提供的技术服务与帮助。完成《常山县2019—2020

年松材线虫病防治方案》编制工作，指导松材线虫病除治工作。

（平君文）

中型水库管理

【概况】 2019年，县委机构编制委员会印发《关于调整常山县县属局级事业机构的通知》，将常山县中型水库管理局更名为常山县中型水库管理中心（以下简称“县水库管理中心”），为副局级事业单位。县水库管理中心在岗在编人员20人，其中公务员1人、事业编制19人；配备主任1人、副主任2人、综合科长1人、工程管理科科长1人。全年开展绿化养护、安全监测、设备检修、灌区渠道岁修等维修养护工作10余项，完成投资180.5万元，省级维修养护资金使用率达100%。完成金川弄、狮子口、千家排水库渔业经营权公开拍租，将水库日常保洁责任纳入生态渔业经营范围。是年，芙蓉水库标准化管理创建通过省水利厅专家组验收；长风灌区节水配套改造项目基本完工，11月完成结余资金招投标；芙蓉水库节水配套改造项目土建5个标段全部开工建设，年内完成建安投资2219万元，占合同金额的85%。

【省水利厅领导检查指导】 2019年6月19日，浙江省水利厅副厅长冯强到常山检查指导长风灌区、芙蓉水库灌区节水配套改造项目建设情况。冯强先后到芙蓉水库灌区四标段总干渠、何家乡湖澄庙跨常山江倒虹吸段实地察看，了解灌区工程建设、农村饮用水达标提标建设等工作开展情况，对灌区节水配套改造项目建设工作、农村饮用水达标提标建设以及水保示范园工作的有序推进表示充分肯定，并指出灌区项目建设要保障进度，为农村饮用水达标提标工作保驾护航。

【芙蓉水库灌区节水配套改造项目建设】 根据衢州市水利局、衢州市农业综合开发办批复《常山县芙蓉水库灌区节水配套改造项目初步设计报告》，芙蓉水库灌区节水配套改造项目总投资3475.06万元，包括中央资金1000万元、省财政资金1000万元、省水利资金1000万元、县级财政及县水利资金475.06万元。该项目主要建设内容包括改造干渠7.82千米、支渠11.50千米、排水渠2.5千米，干支渠清淤9.82千米，改造及加固堰坝4座、改造灌溉泵站11座、渡槽2处，新建倒虹吸1处，改造节制闸14处、农桥18座，新建灌区管理房1处，以及灌区信息化建设。2019年3月，灌区项目土建工程5个标段全部开工建设；截至年底，灌区项目建设已完成干渠改造5.3千米、支渠改造9.35千米、排水渠改造1.65千米，完成堰坝2座，累计投资2369万元，占概算投资的68.17%。

（王海松 商星星）

河道采砂管理

【概况】 2019年，常山县河道采砂管理办公室（以下简称“县采砂办”）成立“矿产资源归集”行动小组，以“维护砂石资源市场秩序”为目标，持续贯彻落实河道禁止采砂，开展陆域碎石加工场“回头看”专项整治行动，推进制石制砂规范管理。是年，县林业水利局（采砂办）获执行“十大军规”典型通报表扬一次。

【打击河道非法采砂行为】 2019年，县采砂办草拟并完善《常山县涉水项目砂石利用管理办法》，进一步规范县内涉水项目砂石利用监管，做到合法有序、保护环境、规范管理，确保涉水项目红线范围内的砂石资源在合法合理利用的前提下，达到节约资源的目的。与大数据局、政法委对接协调，利用常山雪亮工程等措施严厉打击非法盗采。整合县采砂办和县林水局执法大队的执法力量，建立联合执法队伍，每天安排执法人员24小时值班，夜间至凌晨对重点河段涉水违法行为进行统一巡查和打击。全年巡查200余次，立案查处非法采砂案件11起，罚没款22.6万元，其中移交公安机关立案侦查1起。

【陆域机制砂整治行动】 2019年，县采砂办通过前期的摸排，建立砂石场的“一场一档”的审批档案。县域内共有28家陆域碎石场，县采砂办采取开展陆域碎石加工场“回头看”专项整治行动，召开挂靠重点交通项目碎石场业主集体约谈会议，明确关停时间等措施，22家违法违规陆域碎石场在3个月内已全部关停。

【制石制砂规范化管理】 2019年，“矿产资源归集”行动小组探索出“政府管控、国资统筹、市场配置、有序经营”的砂石资源归集“常山模式”，经县政府主要领导同意后，于6月1日在常山县公共资源交易网上公告2个片区的制石制砂加工经营权出让招标文件。7月31日对常山县制石制砂加工经营权进行公开招标，经过充分竞争，其中第一标（青石片）中标价为2659.09万元，第二标（白石片）中标价为3058万元，行业开始转入新轨。县砂石资源管理领导小组办公室牵头起草并出台《常山县线性重点项目矿（砂）石利用管理暂行办法》《关于进一步规范线性重点工程项目临时制石制砂场的暂行办法》，规范重点项目制石制砂场审批流程；出台《常山县制石制砂加工经营企业运行监管办法（暂行）》，对制石制砂企业开办程序及约束性规定进行明确。

（汪凡琪）

贸 易

国内贸易

【概况】 2019年，全县实现社会消费品零售总额74.3亿元，比上年增长6.3%；限额以上批零住餐销售额（营业额）累计28.43亿元，比上年下降7.57%。其中批发业销售额45.3亿元，比上年增长6.9%；零售业销售额12.2亿元，比上年增长9.1%；住宿业营业额1.86亿元，比上年增长8.6%；餐饮业营业额25.85亿元，比上年增长13.3%；实现网络零售额为18.19亿元，比上年增长47.1%，居全市第一位。

【电子商务】 2019年，县经信局以衢州市电商“精准助农”工程试点为抓手，成功申报东案乡高峰村、芳村镇芳村村、辉埠镇东乡村等10个第二批试点村。年内成功创建省级电商专业村5个。借助工业大讲堂平台开展转型跨境电商培训，为企业提供跨境电商咨询服务。开展古蔺—常山两地电商人才交流培训活动，培训近百人，帮助古蔺挖掘特色产品，提升产品网络营销能力。

【“浙江鲜辣美食之乡”创建】 2019年，常山县被评为“浙江鲜辣美食之乡”，成为年度内浙江省餐饮行业唯一一个特色之乡。举办常山县首届鲜辣宴评选活动，评选一批代表常山特色、蕴含常山历史文化的鲜辣美食，升华鲜辣美食底蕴，推进鲜辣文化落地生根。

【非法成品油整治】 2019年，常山县开展成品油整治“春雷”行动、“猎鼠”行动，全年出动整治人员2500余人次，查获非法加油点20余处，其中由市场监管查处结案17起，罚没款22.4万元，扣押油品90.14吨；由公安刑事立案4起，破获重大非法加油点刑事案件，起诉11人，逮捕3人，扣押非法流动加油车30余辆，收缴罚款40余万元。

【散装水泥管理】 2019年，全县水泥产量呈持续上升态势，散装率有所提高。全县4家水泥生产企业水泥年产量596.6万吨，其中散装水泥供应量483.7万吨。

（詹 汉）

对外及对中国香港台湾地区贸易

【概况】 2019年，县经信局落实“订单＋清单”制度，及时掌握企业动态，发挥预警指导和帮扶作用，帮助企业应对风险。密切关注中美经贸摩擦进展情况，建立重点企业联系机制，定期开展走访，同时联合贸促会、中信保等相关单位和部门为企业提供针对性政策性咨询和业务指导。通过政策宣传、加强招商引资、强化为企服务等举措，培育境外贸易主体。全县新增进出口实绩企业13家，新增拥有自营进出口权企业27家，有外贸进出口实绩企业65家，拥有自营进出口权企业242家。全县外贸进出口总值2.62亿美元，比上年增长1.43%。其中，进口5.76亿元，比上年增长38.57%，增幅全市第一。

【组织企业参加相关展交（博览）会】 2019年，县经信局组织50余家企业参加华交会、广交会、义博会、消博会和第二届进口博览会，累计实现出口意向成交额3000万美元。发动20家企业参与衢州中非投资论坛、浙德高峰对接等活动，服务企业拓展新思路。

2019年常山县自营境外业务统计一览表

表9

企业名称	贸易额（美元）	主要产品	主要国家或地区
合计	219467265		
浙江四通进出口有限公司	50840	轴承	阿联酋 土耳其 保加利亚 白俄罗斯 南非
常山县海诚化工有限公司	35086769	硝体	印度
常山优泰机电有限公司	86687	柴油发电机组以及配件 工业洗衣机 制冷机组	马尔代夫
衢州市申可进出口贸易有限公司	38301	领带 日用品	亚欧
常山欧呢特贸易有限公司	864233	涤纶缝纫线 纯涤纱	东南亚
浙江威诗朗进出口有限公司	84000	路灯及杆	爱沙尼亚
常山普徕特进出口有限公司	425627	建材	东南亚 非洲
常山星琪商贸有限公司	164663	枕头 珍珠饰品	美国 日本
常山县美翰贸易有限公司	18503616	纺织品 工艺品 日用品	非洲 南美 中东
常山县辰申贸易有限公司	30917350	纺织品 工艺品 日用品	非洲 南美 中东
浙江泰士特贸易有限公司	6219027	阀门	美洲
浙江雪村国际贸易有限公司	96299	商用冷柜	东南亚
常山星阳进出口有限公司	1067547	饰品 节日用品	美国 欧洲
浙江超吉进出口有限公司	417239	家居 清洁用品	东南亚
常山亨仁商贸有限公司	1529885	综合类	美国
衢州高盛医疗用品有限公司	160800	医疗用棉	东南亚 非洲
常山县科峰化学有限公司	680544	化学品	印度
浙江英旭贸易有限公司	142503	墙纸	中东 俄罗斯
常山卓凡家居有限公司	70681	家纺	东南亚
衢州常山梦辰进出口有限公司	7415	综合	东南亚
常山富竹商贸有限公司	8556	综合	印度 巴西 意大利 法国 西班牙
浙江四通轴承有限公司	5562520	轴承	阿联酋 土耳其 保加利亚 白俄罗斯 南非

续表 9

企业名称	贸易额（美元）	主要产品	主要国家或地区
浙江捷姆轴承有限公司	6969325	轴承	印度 巴西 意大利 法国 西班牙
常山县环宇轴承有限公司	2150359	轴承	迪拜 俄罗斯 乌克兰 新加坡 南非 孟加拉
常山县双明轴承有限公司	976074	轴承	巴西
衢州鑫盛轴承有限公司	26277	轴承	欧美
常山楷瑞轴承有限公司	14314	轴承	东南亚
浙江省常山纺织有限责任公司	3911694	棉纱线	孟加拉国 印度尼西亚
浙江云泰纺织有限公司	276627	色纺纱	中国香港地区
浙江隽美纺织服饰有限公司	393639	服装	北欧 中东 加拿大
浙江卡罗莱纳纺织有限公司	1269648	纱线	中国香港地区
衢州格劳威服装有限公司	2370432	专业服装	东南亚 美洲
常山顺发箱包有限公司	325284	箱包外套	欧美
浙江天子果业有限公司	1507850	蜜橘	东南亚 加拿大
浙江衢州常发粮油食品有限公司	29200	油茶	东南亚
常山百顺农业开发有限公司	6535	油茶	东南亚
常山县豆豆文体用品有限公司	2417222	无纺布制品	美国
浙江开拓休闲家具用品有限公司	6478502	户外用品	欧美
浙江常山施翔工贸有限公司	3491274	节日服装	美国
浙江傲克密管件有限公司	1889278	铜管件	美国 东南亚 欧洲
浙江玛莉莎工贸有限公司	4363419	铝锅	沙特 埃及 伊朗 阿联酋
浙江道合邦工贸有限公司	629153	铝锅	东南亚 欧美
浙江雄狮工贸有限公司	136948	保温杯	巴西 西班牙
浙江创建厨具有限公司	4804143	咖啡壶	欧美
浙江南洋精工酒店用品制造有限公司	5460712	餐厨用具	美国 德国
浙江雪村制冷设备有限公司	1155305	冰柜	东南亚
浙江申瑞流体控制有限责任公司	583851	阀门	亚非拉
浙江灵腾铸造科技有限公司	1907097	不锈钢精密铸造	欧美
常山优特机械有限公司	6573	机械用品	欧美
浙江常山迈峰宠物用品有限公司	1979939	狗咬胶	欧美
浙江爱丽莎环保科技股份有限公司	2290687	墙纸	非洲 印度
衢州瑞宝亚克力有限公司	1439870	亚克力板材	印度 加拿大 新加坡

续表 9

企业名称	贸易额（美元）	主要产品	主要国家或地区
浙江常山科润新材料有限公司	2248478	化学品	印度
浙江百晔塑料有限公司	178015	PVC 软管	美国 中东
科米诺新材料科技（浙江）有限公司	125686	化学品	东南亚
浙江乐太新材料有限公司	5040	化学制品	中国台湾地区
常山县万谷电子科技有限公司	49791	温度计 制冷器	欧美 日本
浙江常山硅峰电子有限公司	578760	抛光片	美洲 东南亚
衢州正邦电器配件有限公司	268267	电器插座	美国
常山弘远电子有限公司	138526	芯片	中国台湾地区
飞浦防爆电器有限公司	186187	防爆灯具	俄罗斯
浙江先导精密机械有限公司	838470	石英制品	美国 中国台湾地区
浙江先导热电科技股份有限公司	2130	热电制冷器	中国台湾地区
浙江富欣达健康科技有限公司	435771	体育用品	欧美
浙江普尔泰科电气有限公司	2879365	电器设备	东南亚 非洲
衢州特美舒鞋业有限公司	10729682	鞋	美国 欧洲
衢州市宏远鞋业有限公司	942308	鞋	非洲
浙江沃得网业有限公司	19158	综合	日本
常山县鑫晖清洁用品有限公司	4080	家居清洁用品	东南亚
浙江经纬药业有限公司	704704	药品	美国
常山县洁湖矿产品有限公司	4400	石灰类	东南亚
常山皮尔轴承有限公司	37156370	轴承	美国
常山百花服饰有限公司	525744	环保袋	日本

2019 年常山县出口产品分类一览表

表 10

行业	出口额(万美元)	全县出口额占比(%)	行业	出口额(万美元)	全县出口额占比(%)
家具工艺品	1612.31	7.35	轴承	5290.61	24.11
金属加工	2725.18	12.42	纺织	997.56	4.55
鞋类	1167.20	5.32	化工	3764.40	17.15
电子电器	453.88	2.07	—	—	—

（毛 倩）

供销合作

【概况】 2019年，常山县供销合作社联合社（以下简称“县供销社”）机关核定参公事业编制9名，内设办公室、业务组导科、财务资产科3个科室；下设芳村、辉埠、白石、青石4个基层供销社。全资公司有常山县联农供销发展有限公司和常山县红宇烟花爆竹有限公司；参股公司有常山县球川蓝之玫农业发展有限公司。是年，县供销社推进球川镇棋盘山等优质蓝莓种植示范基地建设，引种“蓝美一号”1200余亩，创建结对帮扶工作“常山样板”，主动争取到全省供销社产业扶贫暨常山团组结对帮扶现场会在常山召开；指导新建油茶产业农合联，指导金川街道农合联完成粮油专科医院组建；布置“三衢味”营销网点2家，助力打响“三衢味”农产品区域公用品牌知名度。为招商引资企业——浙江盈祥纺织有限公司解决招工、消防供电和周边路灯配套不全等难题，企业投入资金2000余万元，正式开工生产。积极向上争取资金，县供销社争取到2019年度省供销社财政扶持资金250万元；完成2020年省供销社扶持资金项目申报工作，并提前争取到蓝莓专项扶持资金250万元。履行紫港中学“第一书记”工作职责，为学校解决项目资金10万元；组织党员干部到西源革命纪念馆等教育基地开展党建活动，提升党员党性修养，增强党组织的凝聚力；结合蓝莓产业发展工作，推进“红色引领、蓝色扶贫”专题党建品牌工作开展；下属基层党支部及时进行换届，规范基层党支部建设，撤销2个基层党支部。对白石基层社约800平方米的老旧房屋、芳村基层社约1300平方米的屋顶等资产按程序进行维修，投入资金90余万元，确保供销社社有资产保值增值。加强对红宇烟花公司经营网点和仓库的安全检查，配合管理部门进行市场检查。处理信访件4件，做好供销综合公司债权债务信访件处理工作。

【球川镇蓝莓基地建设】 2019年，为增强经济薄弱村“造血”功能，浙江省供销社、浙江省兴合集团筹集帮扶资金600万元，量化到球川镇东坑、三溪、棋盘山、九都、芙蓉、黄泥畈6个集体经济薄弱村，加上球川镇工业公司出资170万元和县供销社出资30万元，共同成立“常山县球川蓝之玫农业发展有限公司”。年内，常山县球川蓝之玫农业发展有限公司从浙江蓝美公司引种“蓝美一号”，在球川镇棋盘山村、九都村建成1200余亩的草莓基地。浙江蓝美公司，是浙江省兴合集团入股的一家专注于蓝莓产业的国家高新技术企业、国家产业化农业龙头企业；该公司以前期赊销提供种苗，后期以蓝莓果品收购款抵扣的方式，减轻球川镇蓝莓基地建设资金负担。

【县农合联服务农村经济发展】 2019年，通过开展“内提品质、外拓市场”系列活动，常山胡柚产业农合联联合浙农集团中农在线、金泰农资等单位，在线下为柚农提供技术服务，在线上探索开展阿里村淘现场直播，扩大胡柚产品销售；常山胡柚专科医院发展会员117人，通过在线问诊平台为会员提供专家服务200余次，电话问诊130余次，庄稼医生下乡巡诊70余次，累计为大宝山、桃源果业、阁底小朱、小翠胡柚等1万余亩常山胡柚果园提供技术服务。县农合联指导金川街道农合联完成粮油专科医院组建，并通过整合粮食银行等服务窗口资源，创建以服务粮油产业为主导的现代农业综合服务中心。县农合联会同常山农商银行开展农合联会员信用等级评定工作，对农合联会员授信30家，额度1200万元。做优农合联会员担保服务，两山农林联合社给予100多个会员超9000万元的预授信金额，担保放款90笔，金额6685万元，贷款利率为基准利率下浮10%，600多家合作社、家庭农场、农户等主体通过两山农林联合社获得资金互助，在农信联社顺利转贷，续贷金额达3.2亿元。

【农产品购销合作】 2019年，县供销社完成5家“三衢味”品牌在常山本地的授权主体协议续签，布置“三衢味”营销网点2家，助力打响“三衢味”农产品区域公用品牌知名度。协助举办球川镇首届蜜桃采摘暨美食文化节，浙农集团中农在线电商公司、金华农批市场代表分别和球川镇农合联负责人及桃园主体签订合作协议。举办常山供销社、古蔺供销社与浙江省消费扶贫购销平台对接活动，促进常山县和对口帮扶古蔺县农产品销售，常山县农合联、古蔺县供销电商、浙农电商三方签订合作协议，常发、大宝山、恒寿堂等一批常山农业企业，以及古蔺县川酒集团成功入驻“浙里汇”平台，常山天喆茶叶籽开发有限公司与古蔺县供销电子商务有限公司达成3000亩茶叶籽购销合作意向。

（盛月浩）

粮食流通

【概况】 2019年，全县粮食工作围绕“创新、提升、加速、稳定、促进”五个重点，全面实现“粮食安全、粮农增收、粮企发展”三大目标，以确保区域粮食安全为己任，严格落实地方储备规模，认真抓好各级储备粮管理，保障粮食安全。7月12日，早稻谷开秤收购。县内收购政策性早稻谷（订单内）11873吨，兑付粮食订单收购政府奖励金712.74万元，其中省级订单奖励资金510万元、县级订单奖励资金202.74万元。

【早稻订单合同签订】 2019年，县粮食部门开展送政策、送订单、送科技、送资金、送信息的“五送”服务活动，走访种粮大户和粮食专业合作社，宣传粮食收购政策，发布粮食产销信息。与种粮大户签订粮食预订单，为68户种粮大户发放粮食预订单质押贷款1355万元；发放预付定金29户，金额116万元。落实早稻订单面积28842.41亩，订单数量11537.364吨。

【危旧仓库气密性改造和信息化智能提升工程建设】 2019年，县粮食部门着重抓好中心粮库旧厂房气密性改造和信息化智能提升工程建设，探索富氮低氧储粮技术的应用，减少粮食中化学药剂的残留，杜绝储粮害虫的抗阳性，延缓储粮品质的劣变，确保储粮的新鲜度，减少对人员身体伤害；整合储粮“四合一”技术，达到绿色储粮的目的。年内完成中心库新库地磅秤改装、7个仓库气密性改造和富氮低氧设备采购招标工作，改造完成的仓房已全部投入使用。

【“中国好粮油示范县”项目】 2019年，县经信局推进“中国好粮油示范县”项目实施，至年底，“中国好粮油示范县”12个项目完成投资6952万元，完成国家确认投资额的62.6%，其中5个项目已全面完成。

（詹汉）

烟草专卖

【概况】 2019年，常山县烟草专卖局（分公司）实现卷烟批发销量9935.7箱，比上年增长1.98%，实现批发销售额4.8亿元，比上年增长2.53%；上缴各项税费2363.89万元，实现税利1.3亿元，比上年增长4.44%。查获各类涉烟违法案件102起，比上年增加43.66%，查获涉案卷烟541.8件，比上年增加12.34%。

是年，县烟草专卖局（分公司）“2018•12•03”无证运输重大案件和“2019•04•05”无证运输重大案件获衢州市烟草专卖局涉烟大要案表彰奖励；办公室车队被评为“全市系统安全生产先进集体”，1人被评为“全省烟草系统优秀青年志愿者”，1人被评为“全市系统安全生产先进个人”，1人被评为“全市系统安全文明驾驶员”，1项课题被评为“全市系统优秀质量管理成果”。

【客户服务】 2019年，常山县烟草专卖局（分公司）围绕卷烟零售终端提质增效，致力于为零售终端提供优质的营销支持和特色服务，帮助建立消费者微商圈、做好品牌培育、合理安排库存及资金周转等；经常性开展驻店营销，帮助提升卷烟经营收入。加强“香溢零售”品牌化建设，建立5家“香溢合作店”，提升香溢品牌影响力。以党建品牌创建为契机，开展结对党员零售户活动，3个党支部各结对3户党员零售户，每月一走访，每季一慰问，发挥优秀党员零售客户示范引领作用，帮助困难党员零售户解决生活、经营等方面问题，与零售户关系进一步融洽。

【专卖管理】 2019年，常山县烟草专卖局加强真烟监管和打假打私，卷烟市场秩序进一步好转。重拳整治大户，加强日常监管，坚守规范经营底线，做到“防流入”与“防流出”并重。加强与公安、市场监管、运管等部门之间的协作，拓宽部门协作深度，全力打击涉烟违法行为。卡口打击和物流寄递打击一手抓，严厉打击非法运输假私烟违法行为，形成全面拦截的省际壁垒。推进全部事项100%进驻行政服务中心，全年办理各类型行政许可事项1012件，网上办理1009件，网上申请率达99.70%。利用“3•15”消费者权益保护日、“12•4”国家宪法日活动，宣传烟草专卖法律法规，提供投诉处理、真假烟鉴别等服务，全面推进专卖阳光执法体系建设。

（段晓艳）

通　信

邮　政

【概况】 2019年，中国邮政集团公司浙江省常山县分公司（以下简称“邮政常山县分公司”）扎实开展金融业务、寄递业务和农村电商业务，为广大城乡居民提供储蓄、汇兑、便民取款、各类便民缴费等基础金融服务和代理保险服务，提供工资、社保、养老金、来料加工费、各类补贴等资金代发服务。至年底，全县有邮政局所9处，邮政储蓄网点9处，空白乡镇邮政局所6处，信筒信箱38个，用户信报箱18844只，从业人员143人；邮政常山县分公司固定资产净值1193万元，邮政生产用房2732平方米，非生产用房12319平方米，邮政生产用计算机137台，邮政邮运汽车7辆，邮运路线10条，其中乡邮6条、总长1450千米。承担着普遍服务的义务，从常山出口的信件和物品可以递送世界各地，特快专递通达200多个国家和地区。全年完成邮政业务收入3092万元，比上年增长18.43%。

【助力常山胡柚网售】 2019年11—12月，邮政常山县分公司成立“常山胡柚电商扶贫项目临时支部”，多次对多家胡柚合作社进行考察，多角度比对，对合作社产品的“品相”“口感”“规模”等分别进行测试，最后选取本地一家胡柚种植、销售都具有较大影响力的合作社作为供应商。在产品的外包装上，统一设计邮政万斤农产品进城项目“不干胶”，方便用户通过扫码，二次下单购买。拓宽销售渠道，除邮乐网、邮乐小店销售外，还利用员工的朋友圈转发信息；协同单位大客户资源，采取企业团购等形式助推万斤农产品进城。整合寄递部的资源，及时将胡柚纳入“极速鲜”销售项目，优化运输作业流程，确保物流时效，为常山胡柚“保鲜保质”保驾护航。

【邮政储蓄】 2019年，邮政常山县分公司推进“村社建档、信息比对、分岗管户、营销策划、精准走访、营销实施”客户经营六步法，实现网点金融基础客户的扩面和积累，壮大本地基础客户规模，提升客户经营能力，有效吸引客户，聚集网点人气，快速提高金融业务发展。至年末，储蓄余额达10.2751亿元，比上年净增7004万元；居民储蓄存款市场占有率7.2%；全县代理保险新增系统内保费6880万元。

【寄递包裹】 2019年，常山县邮政寄递事业部全面开展标快化转型工作，以提升服务质量、客户体验为宗旨，有效提高邮政快递的市场占有率，市场占有率从原来的10.98%提高到18.5%。全年寄递业务实现收入548万元，比上年增长27.09%，增长率全市排名第一。

【电商和文传】 2019年，邮政常山县分公司推进常山胡柚网售工作，帮助柚农加快销售胡柚库存。整个农产品进城项目，累计销售常山胡柚60多万千克，销售收入352万元，带动快递包裹4.85万个，金融代发工资1户，车险客户5户以及码牌2户，精准助农5户，为周边待业群众增加320多人次的临时就业机会，支付薪酬7.8万元。函件业务结合“不忘初心、牢记使命”主题教育，成功开发金川街道办事处、徐村村文化礼堂、五里亭村文化礼堂的有声图书。

常山邮政分公司2019年业务收入情况一览表

表11

收入名称		金 额（万元）	比上年增长（%）
邮政业务总收入		3092	18.43
其中	函件收入	110.4	113.84
	快递包裹	548	27.09
	报刊收入	191.29	-4.39
	储蓄收入	1594	9.52
	集邮收入	37.48	2.25
	分销业务	362.17	86.87
	信息业务	27.49	83.24
	机要通信	1.1	19.61
	其他收入	220.07	-3.04

（宁素芹）

电信·移动·联通

【概况】 2019年，中国电信股份有限公司常山分公司（以下简称“电信常山分公司”）致力于提供覆盖面广、稳定性高、安全性强的精品光网和移动网网络。在实现出口带宽扩容的同时，完成对网络架构的优化调整，包括核心网络结构升级改造、覆盖片区的光网接入点部署完善、所有AB类基站站点100%成环等工作，光网覆盖率达100%；推进10GPON OLT上线，打造千兆光纤宽带小区。围绕移动网络的关键能力，打造无线精品网络，补点覆盖新妇保院、华府大酒店、党校等7个室分的建设和开通，持续推进L网800M重耕，具备全网VOLTE、NB-loT商用能力，推进网络优化，实现首个5G基站的开通和3G网络退网。

电信常山分公司服务“东接新衢州 慢城大花园”建设，配合县政府重点项目中的杆线迁移，完成351国道、320国道、淳常公路等各类重点项目的杆线迁改和弱电管道建设及杆线迁移改造下埋等工作。完成第二届常山人发展大会、第三届常山国际赏石文化节、2019中国山地自行车公开赛、龙舟大赛等重大赛事的通信保障工作。

2019年，中国移动通信集团浙江有限公司常山分公司（以下简称“移动常山分公司”）推进4G网络优化，4G网络覆盖达95.3%；开启5G网络建设，在营业厅、智运会活动现场、华为旗舰店率先开启5G网络体验；家庭宽带户籍覆盖率为76.56%；移动用户日通份额占比87.06%。配合县政府完成新中国成立70周年庆祝活动等大型通信保障活动9次。截至年底，移动常山分公司在职员工68人，运营收入12397万元，比上年增长2.8%；固定资产超过3亿元。

2019年，中国联合网络通信有限公司常山县分公司（以下简称“常山联通”）聚焦通信基础设施建设，固定网、无线网覆盖全县城乡，抢抓常山5G商用和产业化突破的新机遇，加快推进5G网络建设布局及共建共享，抢占5G产业链制高点。继续做好4G网建设，全年新建基站23个，移动基站规模累计达467个，实现杭金衢高速4G连续覆盖，重点加强热点区域的深度覆盖。聚焦网络保障服务，做好中国（常山）山地自行车比赛、梅树底音乐节、中国·常山观赏石博览会等活动的通信保障工作计10余次。

【电信助推常山“智慧城市”建设】 2019年，电信常山分公司支撑县政府“最多跑一次”改革平台建设，第一时间完成“四个平台”指挥中心升级搬迁和县行政服务中心的改造升级，助推常山县“最多跑一次”工作改革走在全市前列。电子政务网延伸至188个村（社区），开通电子政务无线网，向校园和企业延伸拓展电子政务网、手机电子政务网，在全县电子政务网电脑上安装防护系统，为政府提供安全可靠的电子政务网。完成“12345”营商环境热线和“一把手”接听台席建设，为常山的营商环境提供热线和平台保障。完成全县的教育网改造、卫生网改造、公安110机房搬迁割接、社保并网、公积金专网并网工作，确保重要用户专网的优质、安全、稳定运行。

【移动大数据分析服务】 2019年，移动常山分公司抓党建促经营发展，年度党建工作考评在衢州市移动公司基层党支部中排第一位。开展客户服务满意度提升活动，全年满意度保持在99%以上。推进智慧运营项目，开发大数据应用分析、视联网平台等应用，助力智慧城市管理，以大数据分析为基础，为城市规划、旅游开发、人口统计等提供科学决策依据。

【联通助推常山“智慧城市”建设】 2019年，常山联通聚焦云业务引领，为客户提供专享定制、安全可信、应用聚焦的全方位云服务，助力企业转型升级。与县经信局合作，推动企业上云，为常山县22家企业提供企业上云服务。服务教育信息化，承建常山中考标准化考场项目，完成全市6个考点（含人机考点）、专用考场的建设工作，营造安全、公平、公正的考试环境。结合云大物、视频监控、无人机等先进技术，整合现有水务、环保、林业、农业等部门的信息资源，开发“河长制平台2.0”信息化平台，成为常山“五水共治”的亮点工程。建设常山环境管控综合信息管理大数据平台，解决环境审批的前置条件改善和提升环境审批效能。助力污水治理信息化建设，建立和完善农村污水治理设施运维监管体系、法规标准体系及保障服务体系；利用信息化和大数据分析手段，建立科学、快捷、人性化的农村生活污水治理设施运维监管服务平台。建设球川镇综合调度信息指挥中心，提升乡镇综合调度信息化水平。对柚香城和大东门菜市场进行信息化改造，实现菜价实时动态公布，菜价实时监管，支付方式电子化。承建电力作业实时现场物联网项目，提升电力应急远程指挥监管信息化水平。

【联通助力城乡建设】 2019年，常山联通助力“慢城常山”城市品牌，配合县委、县政府创建省级文明示范城市工作，组织文明创建志愿活动212人次。积极配合县委、县政府完成各项县重点工程杆线迁移、环境综合整治工作，如城关中学、招贤镇美丽乡村、梅树底革命纪念碑光缆整治，渣濑湾花谷迁改工程、市政白马桥光缆、320国道衢州航埠至常山草坪、龙游至开化华埠公路工程常山段杆线迁移工程等。

（张芹 章国芳 陈妙芳）

交 通

综 述

2019年，常山县交通运输局（以下简称“县交通运输局”）实施交通重点项目7个：常山国际慢城通景公路工程于4月底完成交工验收；048省道延伸线项目主线工程12月筹备交工验收，支线工程的路面和桥梁完成95%，进入扫尾工作；衢州市沿江公路（常山段）工程、320国道“二改一”工程、351国道常山段工程、杭金衢高速公路常山段拓宽工程、淳安至江山公路常山界牌岭至新桥段公路工程、“四好农村路”建设工程5个项目处于建设当中。交通基础投资完成8.2亿元，在衢州市排第一位。谋划重大前期项目5个：何家至辉埠公路工程、杭金衢高速公路阁底出口连接线工程、温岭至常山公路（浙西连廊）宋畈至新桥段、常山江航运开发工程、常山县综合客运枢纽工程。成立5个专班，实施效率革命年交通项目“大会战”行动，提前完成沿江公路项目约180亩土地交付，厘清4.68千米车行道、25千米绿道与水利重叠施工部分的界限，明确同步实施时限要求；拆除320国道改扩建项目的江家大桥、新站特大桥征迁的4栋房屋。按照县“扫黑除恶”专项行动部署，严厉打击重点项目恶意阻工、“三抢”等黑恶行为，会同公安部门、属地乡镇（街道），完成351国道建设项目大桥头乡全部41亩“三抢”苗木的迁移工作，5个交通重点项目的建设进度明显加快。

320国道常山段2018年公路养护大中修工程、205国道常山凉亭边隧道2018年维修加固工程竣工并验收合格。交通部门围绕“四好农村路”规划，着力加强美丽公路建设。投资3480万元，完成320国道常山大塘后至朱家渡段2019年公路养护大中修、常新线大中修、320国道路面应急养护等国省县道干线公路养护工程的修复，实现县域内公路的“安、畅、舒、美”的标准。投资20070万元，完成通自然村、打通断头路公路建设12.4千米；完成通景公路改扩建工程建设26.7千米，等级公路提升改造工程25千米，县道路面维修34.5千米、乡村道路面维修13.7千米；完成3个普通服务站以及乡村道路安全生命防护工程安装。投入1339.7万元，完成隧道维修、危桥加固，以及5处危险路段（其中省级挂牌督办2处、市级挂牌督办2处、全市十大交通事故高发重点路段1处）整治工作，新增国道、省道道口示警桩86根，新增各类标志牌201块，修复减速带151米，农村公路（县道）标线更新漆划2501平方米，更新或新增标识标牌612个。

开展城乡客运一体化改造工作。偏远建制村实现每天有1个班次车运行，改造提升城乡公交站点、亭棚40个，实现城乡公交站点半径3千米内覆盖率95%以上，新建港湾式停靠站6个，更新农村客运车辆14辆。全县有农村物流服务点128个，其中2019

年改造2个。

加强道路运输管理。按照《常山县公交客运服务规范》《常山县公交客运服务质量考核办法》完成城市公交考核，发放考核奖142.74万元；开展“百名市民评公交”活动，调整公交线路。突出抓好交通运输系统春运、“五一”、“十一”期间等重点时节安全生产工作，督促全县道路运输及相关企业依法依规设置安全生产的管理机构、健全管理制度、配足专职管理人员、增加资金投入。至2019年年底，全县有48辆危险品运输车辆安装智能视频监控，完成年度安装任务的60%以上。强化货运车辆源头管理，与规模以上货运企业签订《常山县道路货物运输企业安全生产暨禁止超限超载装载责任书》《常山县道路货物运输企业安全生产暨禁止超限超载装载承诺书》；至年底，辖区内90%加高栏板的车辆完成切割，淘汰国Ⅲ车101辆。推广省内仅持有道路普通货运从业资格证件的驾驶员免费继续教育；继续实施驾驶员培训行业服务质量评价公布制度。

规范交通行政执法。推行《浙江省行政执法监管平台》应用，对执法人员库和执法对象名录库适时更新，按照《常山县交通运输随机抽查实施办法》，开展随机抽取检查对象、随机选派执法检查人员，向社会公开检查结果。全年本部门独立或会同公安、环保部门开展“双随机抽查”3次，完成双随机检查任务22次，随机抽查企业主体37户次，参加随机抽查执法人员74人次，检查结果公示率100%。办结运政行政处罚案件43起，罚没款32.12万元；办结公路超限运输案件1起，罚没款2.99万元。公路路政与公安交警联合执法，查处超限超载车辆414辆，卸载货物17097.41吨，卸载率100%；查处非法改装货运车辆130辆，全部恢复出厂设置。推进“最多跑一次”工作改革，打造群众和企业办事“路路通”品牌，方便群众办事，推行“凭一部手机办理”“凭一张身份证办成”，利用“浙里办”APP和浙江交通微信公众号，推动“网上办”向“移动办”等；落实“八统一”标准，调整审批机制，办理环节压缩1/3，办事材料精简1/3；取消4.5吨及以下普通货车道路运输证和驾驶员从业资格证许可；取消道路货物运输站（场）经营许可；深化信用评价结果应用，推进信用与许可、执法和监管的协同联动，形成以信用为主要载体的事前管准入、事中事后管监管的全过程监管机制；推进部门联办“一件事”迭代升级，按照“直接取消审批、审批改为备案、实行告知承诺、优化准入服务”等四种方式，推进“证照分离”“证照联办”和“多证合一”等改革，减少办事环节，整合办事材料，缩短办事时限，减免办事费用，优化办事流程，提高办事效率。年内，交通窗口办理行政许可、服务等事项8568件，其中路政办理许可事项9件，运政办结事项8555件，质量监督办结施工图批复4件。

是年，县交通运输局在2018年度衢州市“平安交通”建设安全生产目标管理责任制考核中获优秀等次、获全市交通运输系统2018年度工作目标责任制考核优秀等次。

公　路

【概况】　截至2019年年底，常山县境内有国家高速公路3条、国道2条、省道1条、县道22条、乡道34条、村道382条；公路通车总里程1071.55千米，其中G60即沪昆高速公路41.63千米、G3即京台高速公路31.13千米、G60N即杭长高速公路16.24千米、G205即国道山深线23.49千米、G320即国道沪瑞线39.963千米、S221即省道江溪线8.63千米、县道公路263.07千米、乡道公路164.46千米、村道公路482.94千米。公路密度为48.84千米/百平方千米。国省道干线公路里程161.08千米，占公路总里程的15.03%；县道占公路总里程的24.55%；乡道占公路总里程的15.35%；村道占公路总里程的45.07%，公路通行政村率100%。全县公路桥梁366座，总长27246.22延米，其中互通式立交桥9座1636.34延米；按跨径分，特大桥1座1263.18延米，大桥59座16457.18延米，中桥84座4660.53延米，小桥222座4865.33延米。全县公路隧道34道，总长30352.4延米；其中，长隧道9道19793延米，中隧道10道7133.4延米，短隧道15道3426延米。

2019年，全县从事道路旅客运输经营业户数11户，其中班车客运8户、包车客运1户、城市公交运输经营1户、出租运输经营1户。公路旅客营运车辆209辆（包括出租车54辆270座），合计4052座位，其中大型客车43辆1702座、中型客车105辆1989座。全年完成旅客运输量399万人次，旅客周转量16429万人千米；完成货物运输量1427万吨，货物周转量157410万吨千米。全县道路客运线路32条日发班次1024个，其中跨省线路1条日发班次8个、跨市线路11条日发班次22个、跨县线路3条日发班次116个、县境内线路26条日发班次878个；全县等级客运站8个，其中二级站1个、四级站1个、五级客运站6个；农村客运班线通行政村率100%；客运出租汽车经营户1户，经营车辆54辆。全县机动车驾驶培训机构6个，其中二级驾培机构1个、三级驾培机构5个；全县教练车127辆，教练员137人，全年培训驾驶员3083人次，教学场地（含租赁场地）9万平方米。全县各类机动车维修企业户13个，其中一类机动车维修企业2个、二类机动车维修企业11个，全年维修各类车辆32156辆次；全县汽车综合性能检测站1个，全年对运营车辆检测606辆次。道路运输从业人员4533人，其中道路旅客运输从业420人、道路货物运输从业3656人、站（场）经营从业89人、机动车维修从业189人、机动车驾驶员培训从业166人、其他从业13人。

【320国道衢州航埠至常山草坪段改建工程】 该工程为续建项目。2019年，县交通项目“大会战”行动专班拆除房屋4栋，有力推进重要节点工程江家大桥、新站特大桥的建设进度。截至年底，先行段1标段主要控制性项目江家大桥、新站特大桥完成半幅合拢，朱富互通桥完成道路交通导向更改，完成总体形象进度80%；2标段主要控制性项目（即320国道至球川连接线、官庄小桥、渔溪口1号桥、2号桥、九龙山小桥）完成总体形象进度50%，其中320国道至球川连接线于10月底建成通车。

1月6日，320国道改建项目（常山段）江家大桥右幅中跨合拢段顺利合拢

（县交通运输局 供图）

【351 国道常山段建设工程】 2019 年，该工程征迁工作完成红线内移交土地 1943.2 亩，占总量的 97%，房屋拆迁 33 栋，占总量的 30%，管线迁改 114 座，占总量的 89.8%。全线桥梁 15 座开工 12 座，桩基进度 49%，墩柱进度 21%，完成盖梁 1 个。涵洞 115 道完成 40%，圆管涵 53 道完成 26.4%。隧道 4.5 座，已开工 4 座，其中山角铺隧道贯通。路基清表完成 56.2%，土石方开挖完成 30.7%，土石方填筑完成 18.4%。年内，已完成建安产值 35642.01 万元，开工累计完成建安产值 37992.26 万元，完成建安总产值 15.07 亿元的 25.2%。

12 月 31 日，351 国道（常山段）山角铺隧道首座隧道双线贯通

（县交通运输局 供图）

【衢州市沿江公路（常山段）工程进入扫尾阶段】 该工程为续建项目。2019 年，通过开展效率革命年“一号攻坚”暨交通项目“大会战”行动，180 亩土地提前交付使用，极大地推动项目进度。至年底，常山段工程总体形象进度达 89%，全线基本贯通；其余扫尾工程有水系改造、交通安全设施增设、部分路段及桥梁的面层沥青铺筑等工作。

12 月 27 日，沿江公路（常山段沿江公路车行道全线贯通，图为长风段）

（县交通运输局 供图）

【杭金衢高速公路常山段拓宽工程主线段开建】 2019 年，该工程常山先行段（2 标）主要围绕常山港大桥两侧拓宽、樊村隧道群江西方向右线拓宽、大洋滩隧道两侧拓宽，等控制性节点进行施工；主要工程内容路基、路面（含老路面病害处理）、桥涵 9 座、隧道 4 座（樊村隧道群 1 至 3 号隧道江向右幅，大洋滩隧道两侧新建单洞）、五里枢纽 A、G 匝道，防护及防排水、交安设施、绿化等工程。主线段（5 标）施工单位为浙江交工集团股份有限公司，于 8 月 15 日开工建设，施工范围为 K409+000（柯城区沟溪乡）~ K415+800（招贤镇泉目山村）~ K457+284（球川镇浙赣主线收费站），全长 48.284 千米（其中柯城段长 6.8 千米、常山段长 41.484 千米），合同金额 240875 万元，沿原线杭金衢高速公路两侧改扩建，主要工程有路面、桥梁 98 座 3864.78 米（其中大中桥 22 座 2173.7 米、小桥拼宽 76 座 1691.08 米）及沿线设施、绿化、防护、防排水等工程，上跨杭金衢高速天桥拆除重建 8 座、利用 13 座，圆管涵 125 处、盖板涵 86 座，常山段改扩建五里枢纽、常山东互通、常山互通、常山服务区、常山西互通共 5 处，新建樊村 3 号隧道 335 米 /1 座等，主线段建设工期计划 2022 年 7 月底完工，缺

陷责任期为 24 个月。截至 2019 年年底，先行段（2 标）完成总体进度 75.7%，主线段（5 标）完成总体进度 12.92%。

【常山界牌岭至新桥段公路工程第二标段开建】 该工程是淳安至江山公路项目的一部分，分两个标段，相同的设计标准，第一标段已于 2018 年 12 月开工建设。第二标段（里程 2627 米）于 2019 年 8 月 8 日完成招投标，中标单位为浙江铭鼎交通建设有限公司，9 月 15 日开工建设；该标段主要控制性工程有大桥 3 座 543.2 延米，中桥 1 座 58.2 延米，隧道 2 座 593 米；监理单位为浙江通衢工程管理有限公司。年内，第一标段完成产值 2620 万元，形象进度 25%；第二标段完成产值 2048 万元，形象进度 17%。

【《四好农村路规划》获县政府批复】 2019 年 4 月 18 日，常山交通局牵头组织县府办、县发改局、县住建局、城东新区管委会、县资源规划局、县生态环境局常山分局、县农业农村局、县文广旅体局、县林水局、县财政局以及各乡镇（街道）参与，对《乡村振兴——“四好农村路”建设专项规划（2018—2035）》进行审查，吸取建议，优化方案。10 月 30 日获县政府批复同意，该规划分近期（2018—2020 年）、中期（2021—2025 年）、远期（2026—2035 年），主要研究规划常山县范围内县道、乡道、村道等农村公路在建好、管好、护好、运营好四个方面存在的问题，并提出具体措施和布局，总投资约 56.43 亿元。

【“四好农村路”近期规划开始实施】 2019 年 10 月 30 日，《常山县四好农村路规划》获县政府批复。其中近期（2018—2020 年）规划项目主要有：通自然村、断头路建设 29 千米；低等级公路提升改造 40 千米；通乡镇、景区等公路改扩建 45 千米；路面维修工程 124 千米；安全生命防护工程 30 千米；危桥病隧改造 8 座；普通公路服务站建设 8 个；渡口、渡船提升改造 4 个；乡镇运输服务站建设 7 个；港湾式停靠站建设 60 个；村级农村物流服务点 160 个；更新农村客车 97 辆；另外，还有“四好农村路”示范乡镇建设、规范化农村公路管理站建设等项目。至年底，以上项目处于实施阶段。

“四好农村路”——新溪线至太安路段

（县交通运输局 供图）

【石姆岭矿区道路修复】 石姆岭矿区道路修复工程根据常山县政府常务会议纪要〔2019〕18 号精神，由辉埠镇政府委托县公路局代建，并直接发包给常山县定阳公路养护中心建设，项目建设费用列入“山水林田湖草”专项资金给付，合同价 678.39 万元。2019 年 6 月 18 日工程开工，9 月 15 日完工。

【交通运输安全生产】 2019 年，县交通运输局牵头相关部门和社会力量参与道路交通事故防控工作大会战，落实“两客一危”车辆主体责任，货车超限运输治理，查处超限超载车辆 15 辆，卸载货物 860.27 吨；查处非法改装（恢复出厂设置）车辆 5 辆。落实防汛抗台应急24小时值班制度，挑选58人组建5支应急抢险队伍，配备机械装备110台件。“利奇马”超强台风期间，常山县停运班线7条，停开10班次，清理塌方8001立方米，修建挡墙170立方米，保障道路运输安全。在保障春运等节假日和重点时段开展行业安全隐患排查治理工作。公路运营排查。发现危桥2座（修书桥、庙后桥），整改投资44.98万元；生命安全防护工程问题1个，整改投资30万元；实施隧道维修加固工程1个，投资161万元。道路运输排查。组织85人次参加，检查客运站、货运、汽车维修、驾驶员培训企业45家次，发现安全隐患14处，整改率100%。在建交通工程排查。对高空作业和复杂工况下的风险和隐患，以及边通车边施工作业的工程项目进行整改，确保施工安全。整治危险路点段5处，投入248.7万元。

【交通运输行业春运工作】 2019年春运从1月21日开始，至3月1日结束，共40天。其间，县交通运输局派出运政执法286人次，对车辆技术状况、从业人员资质、安全门检等环节进行检查督查，检查企业41家，发现隐患并整改15处（项）。修补公路坑洞4000余平方米，疏通边沟6810米，路面沥青灌缝150千米，整理路肩41930平方米，清扫路面4921千米，清理山体塌方3800立方米，修复、矫正标志标牌。交通质监部门加大对边施工边通行路段现场的安全检查和监管力度。港航部门保障水上运输安全。利用公路沿线治超站、养护站等场所，设置服务点2处，为司乘人员提供热水、方便食品、常备药等服务2000余人次。投放客运车辆162辆4143座（长途客车58辆2179座，农村客车104辆1964座）。投放公交车61辆，出租车54辆。发送客运班次34003班，其中加班70个班次，安全运送旅客70.05万人次，实现旅客周转量2271.5万人千米。

【交通运输综合行政执法改革】 2019年3月20日，浙江省委办公厅、省人民政府办公厅印发《关于深化交通运输综合行政执法改革的实施意见》，整合交通运输系统内公路路政、道路运政、水路运政、航道行政、港口行政、地方海事行政、工程质量监督管理等执法门类的行政处罚以及与行政处罚相关的行政检查、行政强制等执法职能，组建交通运输综合行政执法队伍，以交通运输部门名义实行统一执法。8月21日，常山县交通运输综合行政执法队挂牌成立，承担本行政区域除高速公路外的交通运输综合行政执法职责，重点加强现场一线监管、动态巡查、案件办理和应急处置等。

【耘耕小镇公交班车开通】 2019年1月，常山公交9路班车线路延伸至耘耕小镇，票价2元，支持微信、银联卡支付。发车时间：老汽车站至耘耕小镇两趟7:10、7:35，火车站至耘耕小镇两趟15:45、16:25，耘耕小镇至火车站四趟分别为7:30、8:00、16:40、17:10，延伸线段途增SKF公司、临时站点、耘耕小镇3个站点。

【交通建设项目“百日决战”行动】 2019年9月20日起，常山县交通系统开展交通建设项目“百日决战”行动，抢抓“黄金施工期”，按照“前期项目抓深入、新建项目早开工、在建项目出形象、完工项目圈句号”的要求，全力冲刺全年工作目标。至年底，列入“百日决战”行动目标的十大任务高效推进，其中沿江公路工程（常山段）、320

国道衢州航埠至常山草坪段改建工程、淳安至江山公路常山界牌岭至新桥段公路工程、杭金衢高速公路常山段拓宽工程、048省道延伸线常山溪口至宋畈公路工程、公路大中修及提升等工程、“四好农村路”建设工程（为民办实事）、衢州市绿色产业集聚区常山何家至辉埠公路工程均圆满完成目标。

【非法成品油专项整治】 2019年，县交通运输局会同有关部门、乡镇开展以“未取得危险化学品运输经营许可证、道路运输证，擅自从事运输成品油的违法行为”为重点内容的整治行动，严厉打击非法流动加油车辆，规范成品油运输经营秩序，保障安全生产，切实维护广大消费者的合法权益。6月30日，常山县交通运输局与县经信局、公安局、市场监督局、资规局、应急局、住建局、生态环境常山分局、气象局联合印发《关于加强常山县成品油市场管理的通知》，进一步加强成品油市场管理。至年底，共对13辆擅自从事成品油运输的车辆依法进行调查、取证，分别对13名当事人实施行政处罚，收缴财政罚没款39万元。

【交通运输行业扫黑除恶专项斗争】 2019年，县交通运输局成立交通运输系统扫黑除恶专项斗争领导小组，制定《常山县交通运输行业扫黑除恶专项斗争实施方案》《常山县交通运输局扫黑除恶攻坚年活动总体方案》，建立健全《常山县交通运输重点行业及场所“扫黑除恶”专项斗争管理机制》，制定《常山县交通运输行业扫黑除恶专项斗争工作任务清单分解表》；通过LED显示屏、出租车顶灯LED屏、国省道沿线可变情报板、标语等强化宣传，营造氛围。排查摸底在交通工程建设领域通过黑恶势力强揽工程项目、煽动闹事、非法占地等行为，通过黑恶势力收取保护费或其他费用、索要补偿费、无故阻碍施工、干扰施工单位正常取料等行为。排查摸底借助黑恶势力控制运输市场货源或货运专线、客运市场的客源或客运线路资源、维修市场、驾培市场的行为；组织团伙散布虚假信息、造谣滋事或者纠集出租车、货运等驾驶员影响行业稳定的行为；通过恐吓、威胁或强制提供中介代理服务等方式干扰运输市场的行为。排查摸底通过黑恶势力超限超载运输，聚众恶意冲卡等行为。排查摸底通过黑恶势力影响码头、水路运输正常秩序的违法行为。至年底，交通运输系统在治理超限运输、社会车辆参与非法成品油运输问题、4个重点领域、危险货物运输车辆等方面市场秩序得到整顿并有序规范。

（朱月亮）

水路•铁路

【概况】 2019年，县交通运输局全力做好水上交通运输的安全生产预防和遏制工作，加强重要节假日水上运输服务，确保各项工作平稳有序开展。春运期间，航政执法检查渡口5天次，巡查渡口24人次；全县有渡运渡口有3处、渡船3艘90客位，全部投入春运，共完成渡运旅客2501人次。协助衢州市港航管理局履行船舶检验职责，严格按照船检法规和船检管理系统的规范要求，完成2019年检验渔船33艘。至年底，常山县水上交通运输已连续36年安全无事故。开展“美丽渡口”创建活动，完成象湖渡口“美丽渡口”创建工作。积极向上对接，努力推进常山江航运开发项目前期工作。

2019年，常山县铁路工作办公室因事业

单位机构改革，更名为常山县铁路建设管理中心，机构规格从正科级调整为常山县发展和改革局下属正股级事业单位。衢九铁路总体运行平稳；杭衢高铁开工建设，杭衢与衢九铁路联络线计划于2023年与杭衢高铁同步建成；南方水泥铁路专用线项目可研于2019年11月23日通过中国铁路上海局集团批复，并上报国家铁路局集团审批

【常山江航运开发项目前期工作】 2019年3月12—13日，省交通规划设计研究院专家组到常山县，对常山江航运开发项目涉及改拆建桥梁进行实地踏勘调研。3月19日，衢州市副市长王良春主持召开常山江航运开发项目推进会，明确初步设计批复前的相关前期工作由市政府统一协调，常山县全力配合。4月，市发改局向省发改委呈报《常山江航运开发项目建议书》；进入评估阶段，省水利厅出具行业意见书，要求调整天马梯级下移方案的合理性。5月，该项目各相关单位展开深入研究天马梯级下移方案工作。6月，“浙赣运河”纳入国家高等级内河航道网规划，并通过交通运输部部务会审查，待修改完善后报国务院审批。至年底，招贤、阁底、白虎滩3个枢纽整体水利工程物理模型试验工作已完成。因《常山江航运开发项目建议书》审查延期，《常山江航运工程可行性研究报告》《防洪影响评价报告》编制审查报批工作仍在进行。

【天马梯级下移方案调整纪事】 天马梯级现坝址方案位于常山县城中心，与人行景观桥太近，不能满足通航要求，同时对左右两岸建筑及景观影响较大，从常山经济社会发展以及民生、景观等角度分析，必须拆除现天马水电站，坝址位置向下移。为此，省水利水电勘测设计院进行《天马梯级下移必要性及可行性专题研究》；省城乡规划设计院进行《南门溪水位变化对中心城区内涝风险评估》；省交通规划设计研究院对富足山大桥改建进行方案研究工作，推进《常山江航运工程可行性研究报告》工作。4月30日，省水利厅出具的行业意见书中认为：常山江航运开发项目已列入《钱塘江流域综合规划》，功能以航运为主，结合发电，但天马梯级（朱家渡大桥下游附近坝址方案）较规划位置下移约3.5千米，使得新老天马梯级间河段及南门溪正常蓄水位抬升5.5米，不同意天马梯级朱家渡附近坝址方案，要求深入研究规划调整的合理性。为推进项目进度，县长张少华、副县长段为斌、市港航局副局长余春辉分别先后到省相关部门对接前期工作。7月23日，县交通运输局召开天马梯级下移专题研究会议。8月2日，设计单位完成方案修改，进入天马梯级坝址方案比选阶段。9月28日，县委常委第69次（扩大）会议原则同意“方案5”（选址在朱家渡大桥下游100米处）。10月，“方案5”分别向市水利局、省水利厅申报。12月，县人大常委会主任徐建华、副县长段为斌到省水利厅对接常山江航运开发前期事项。

【九景衢铁路常山站运营情况】 截至2019年年底，常山站每天有10趟列车经停，其中6趟D字头列车，4趟普速列车。自2019年5月起，增开新型集中动力列车（俗称绿巨人），从常山站出发乘坐动车可直达沪杭等地。常山高铁站全年发送旅客191318人次（其中客发94026人次，到达97292人次），票价总收入635.73万元。

（朱月亮 洪元倩）

城乡建设与管理

综　述

2019年，常山县城乡规划建设管理工作坚持规划引领，提升基础配套。从规划引领城市发展的思路出发，在配套基础设施建设、规划廊道管控等角度进行规划谋划。突出规划服务，强化城市能级。从城市赋能、规划赋能的作用入手，着重优化规划对城市能级提升的指导作用。突出战略导向，明确多规融合。在机构改革，整合各部门规划管理职责的背景下，推进各部门规划融合，避免规划矛盾互掐现象。完成《常山县危旧房地块周边配套设施规划》《常山县人才公寓布点规划》《常山县芳村镇历史文化名镇保护规划》《常山县球川镇历史文化名镇保护规划》《常山县中心城区及重点片区航测》编制，明确新的发展背景下提升城市能级新台阶和乡村振兴多模式，明确重大基础设施的建设要求，构建空间支撑体系。开展《“衢州有礼”诗画风光带——常山江宋诗田园总体规划》《常山县综合交通专项规划》《常山县黄冈山文化旅游区总体规划及策划方案》《常山县万寿寺规划及建筑方案设计》《常山县国土空间总体规划》等编制工作。2019年7月，完成规划委员会联席会议制度的优化完善方案，并报县政府批复，由原规划国土联席会更改为规划委员会联席会，已完成第25～35期的规划国土联席会议材料整理及会议纪要。会议审核通过规划设计条件、规划方案、规划方案变更、项目选址等57个项目。完善农房通用图免费修改工作，组织召开全县村镇规划员例会，对乡镇进行农房通用图免费修改服务的流程培训，全面启动常山县农房通用图修改服务工作；配合县农业农村局做好县农民集聚工程实施意见的制定，明确各集聚点的选址。

城市规划

【概况】　2019年，县规划中心完成《常山县危旧房地块周边配套设施规划》《常山县人才公寓布点规划》《常山县芳村镇历史文化名镇保护规划》《常山县球川镇历史文化名镇保护规划》《常山县中心城区及重点片区航测》编制，明确新的发展背景下提升城市能级新台阶和乡村振兴多模式，明确重大基础设施的建设要求，构建空间支撑体系。开展《“衢州有礼”诗画风光带——常山江宋诗田园总体规划》《常山县综合交通专项规划》《常山县黄冈山文化旅游区总体规划及策划方案》《常山县万寿寺规划及建筑方案设计》《常山县国土空间总体规划》等编制工作。

【《常山县危旧房地块周边配套设施规划》编制完成】 2019年，县规划中心完成《常山县危旧房地块周边配套设施规划》及四个地块交通影响性评价的编制。《常山县危旧房地块周边配套设施规划》根据安置区人群特征，结合老城区现状设施建设，因地制宜，对各类服务设施依据需求频率和重要程度进行分级配置。规划在设施配置中强化基础教育、老年设施和居民生活必需的设施，按规范建议应新建城南小学、桑园幼儿园、扩建江滨幼儿园、配建城南公厕，扩大城南、定阳、桑园、滨江居家养老设施。

【《常山县人才公寓布点规划》编制完成】 2019年，县规划中心完成《常山县人才公寓布点规划》编制工作。《常山县人才公寓布点规划》是在常山县各工业片区发展的前提下结合产城融合概念提出的工作要求，规划按照高端人才公寓、配套人才公寓进行规划选址和规模测算。在城东新区滨江一期预留50人左右高端人才公寓，狮子口未来社区片规划1000人左右人才公寓，并在罗汉山地块、集聚区地块结合集聚工程和企业自建预留5300人左右的人才公寓规模。

【《常山县芳村镇历史文化名镇保护规划》编制完成】 2019年，县规划中心完成《常山县芳村镇历史文化名镇保护规划》编制工作，并配合县住建局完成省厅报批工作。《常山县芳村镇历史文化名镇保护规划》规划范围为芳村镇域，涉及20个行政村和1个居委会，总规划面积约154.76平方千米。

历史镇区范围：芳村历史镇区西起芳鑫北路、东至芳村小学东侧道路，北起常新线、南至新昌溪与芳村溪交汇处，总规划面积约32.63公顷。

核心保护范围：西起林家弄、东至芳村小学，北起井边弄北侧，南至水阁亭以南，总面积7.02公顷。

建设控制地带：西起芳鑫北路，东至芳村小学东侧道路，南起芳村溪中央，北至北面以北侧山体，规划建设控制地带面积为25.51公顷。

环境协调区：西起西山、东至寿源岭观景平台，北起炮台山、南至新昌溪与芳村溪交汇处南侧，总规划面积约249.55公顷。

《常山县芳村镇历史文化名镇保护规划》要求保护以“水阁亭为中心，以上街—下街为主轴，以井边弄、红军弄、水阁弄、林家弄等鱼骨状传统街巷网络为系统，众多遗存节点有机串联”的传统结构。

【《常山县球川镇历史文化名镇保护规划》编制完成】 2019年，县规划中心完成《常山县球川镇历史文化名镇保护规划》编制工作，并配合县住建局完成省厅报批工作。《常山县球川镇历史文化名镇保护规划》规划范围为球川镇域，面积129.5平方千米，下辖20个行政村334个村民小组、1个居委会，总人口近4万人。

历史镇区范围：球川历史镇区位于球川镇西部的球川村，距新镇区5千米，县城19.5千米，总规划面积约301.5公顷。

核心保护范围：球川古镇核心保护区主要分为中球线东西两片区域以及水口区域。西侧主要为徐氏聚居村落区，包括徐氏旧宅、球川建筑群等重要的历史建筑；东侧主要为毛氏聚居村落区，包括塘坑弄30号、48号民居、球川老街等重要的历史建筑；水口处包括兴贤塔、永安桥等重要的历史建筑。合计占地面积 19.05 公顷。

建设控制地带：球川建设控制地带主要为球川村内建筑聚集区、球川溪及沿岸、周边山体山脚区域，并将两个核心保护区连成一片，合计占地面积 80.16 公顷。

环境管控区：古镇环境管控区主要为规划范围内邻近农田地带及球川溪南侧的片区，占地面积 221.31 公顷。

《常山县球川镇历史文化名镇保护规划》保护结构为“一环两溪两古道，两心四村两片区”。

一环：指串联新老镇区的旅游交通环。

两溪：指球川溪、龙绕溪，是球川历史发展的主要文化带。

两古道：指叶溪岭古道、蔑岭古道，是球川联系周边的通道，也是古代球川与周边往来的商贸文化通道。

两心：指球川古镇旅游核心、球川新镇服务核心。

四村：指镇区具有历史价值的四个村落，包括东坑村、三溪村、龙绕村和后弄村。

两片区：指北部山水古镇文化景观区、南部田园新镇生态景观区。

【完成常山县中心城区及重点片区航测】 2019 年，县规划中心完成常山县中心城区及重点片区航测工作。为更直观地反映常山县中心城区和重点片区的视觉效果，结合黄冈山文化旅游区的规划编制需要和中心城区展示，完成《常山县中心城区及重点片区航测图集》汇编。主要包括中心城区、国际慢城、黄冈山约 125 平方千米的航拍航摄工作。

【在编《常山江宋诗田园总体规划》】 2019 年，县规划中心对接《衢州市乡村大花园示范区概念规划》中诗画风光带的规划范围，结合常山乡镇界线和乡村边界线，对常山港—江两岸一定区域进行规划设计。主题定位：五湖慢城大花园、百里宋诗风光带。通过对现状增量空间、生态空间、农业空间等进行初步研判后划定各片区主导功能分区和准入清单（负面清单）。规划打造 1 个样板区（渣濑湾慢生活样板区）、3 个特色点（风情何家、招贤古渡、赛得健康养生小镇）、12 个重点项目（长风休闲农业观光带、徐村文化产业园、万洋众创城、农民集聚工程、慢城奇乐小镇、柚香谷、胡柚小镇、赏石小镇二期、常山港二期工程、招贤香柚湾、赛得健康小镇二期、衢州市沿江公路常山段）。

【在编《常山县综合交通专项规划》】 2019 年，县规划中心结合中心城区交通规划和路网优化工作开展《常山县综合交通专项规划》的编制，规划范围为县域范围，主要对铁路、道路规划和中心城区路网进行规划优化。

【在编《常山县黄冈山文化旅游区总体规划及策划方案》】 2019 年，县规划中心结合黄冈山文化旅游区建设开展《常山县黄冈山文化旅游区总体规划及策划方案》的编制，规划范围为何家乡局部村庄。借助项目范围内的山水资源，从文化体验拓展到休闲娱乐和康养度假，最终形成特色鲜明的“唐寺高僧”佛教文化和“宋诗大德”宋诗文化相互交映的文化旅游区。黄冈山文化旅游区的规划定位为佛教文化公园。

【在编《常山县万寿寺规划及建筑方案设计》】 2019 年，县规划中心结合万寿寺重建工作开展《常山县万寿寺规划及建筑方案设计》的编制，万寿寺项目中总用地面积

24115平方米，其中上院11200平方米、中院2615平方米、下院10300平方米。

【在编《常山县国土空间总体规划》】 2019年，县规划中心开展《常山县国土空间总体规划》编制，强化国土空间规划对各专项规划的指导约束作用，实现土地利用规划、城乡规划等有机融合，合理有序划定“三区三线”，从根本上解决项目落地难的问题。完成双评估、双评价工作初稿；整理完善实施评估指标，做好自然资源一张图的底图底数分析，做好生态保护红线评估调整方案并上报至省厅。结合常山县“东接新衢州”和“招贤桥头堡”的发展背景，完成“常山融衢接杭、深度对接长三角发展战略专题”、“十四五”规划时期优化国土空间布局战略研究专题。完成大纲初稿编制工作。

规划管理

【概况】 2019年，县城乡规划中心完成鸿鼎·南悦名城二期、鸿鼎·名座、常山气象防灾减灾综合工程（一期）等房地产及公建项目的方案审查和工程规划许可等。办理建设项目选址意见书25件、选址面积35万平方米；办理建设用地规划许可证31件、用地面积6.3万平方米；办理建设工程规划许可证76件、建筑面积14.4万平方米；办理乡村建设规划许可证3件、建筑面积463平方米。

【土地规划设计制订】 2019年，县城乡规划中心完成21宗土地的规划设计条件制订：常山县金川街道十五里村大岗山地块，常山县天马街道东港村对面坞地块，常山县天马街道蒲塘村苦竹坞地块，常山县城南启天总部南侧地块，常山县心舟公园东侧地块，常山县姜家堡综合供能站地块，常山县城东新区综合供能服务站地块，常山县大桥头乡濛桥村A-01-01、02、03、04地块，常山县辉埠镇彭川村A-01地块，常山县赵家坪综合供能站地块，常山县东案乡朝阳村2019-A-01地块，常山县芳村镇新桥A-1地块，常山县球川镇龙绕C-01-12地块，常山县同弓乡官庄桥A-01地块，常山县十五里村夹江水库南侧4号地块，常山县后坊大弄口单元05-03-40-02号地块，常山县芳村镇工业功能区小野矿业北侧地块，常山县招贤镇汪家淤工业小区1号地块。

【城市交通规划管理】 2019年，县城乡规划中心根据《常山县治理城市交通拥堵工作任务书》的要求，完成年初确定的城市治堵工作目标中城区新增停车位500个的目标。紫荆花园三期、西城花园三期两个建设项目，总地下空间建筑面积为31318平方米，新增停车位501个，其中紫荆花园三期399个、西城花园三期102个。高标准执行项目停车位配建，对商业、办公、居住等不同类型项目均严格执行2013年12月1日起施行的《浙江省城市建筑工程停车场（库）设置规则和配建标准》的配建要求，鼓励小区按人车分流设计，车辆停放向地下空间发展，并在规划设计条件的制定上要求必须合理利用地下空间。

【违反建筑整治规划管理】 2019年，县城乡规划中心开展违法建筑整治行动，组织规划巡查，对发生的违法建筑认真研究，及时提出规划处理建议。年内配合相关部门查处违法建设项目19件。参与整治、拆违工作，掌握违法建设发展动态，及时形成书面材料，并提出相关建议措施向上级领导汇报，并按

《常山县违法建筑分类处理指导意见》相关规定，补办处罚后的审批工作。

村镇建设

【概况】 2019年，全县各乡镇（不含3个街道办事处）审批公建及工业项目选址31件，用地许可10件，工程许可15件，竣工规划核实33件（含商住楼）；农村私人建房选址（用地）172件，许可（乡村建设规划许可、工程许可）769件。

【同弓乡规划建设】 2019年，同弓乡彤弓山村被列入国家级传统村落，编制完成《常山同弓乡彤弓山村传统村落保护发展规划》《常山县同弓乡胡村村传统村落保护发展规划》《常山县同弓乡胡村村美丽宜居示范村规划》；完成综合供能站《常山县同弓乡关庄桥村A–1地块控制性详细规划》编制；完成同弓乡集镇安置区、同弓乡石油供能站规划审查；完成同心村居家养老中心、彤弓山村便民服务中心项目选址意见办理；办理农民建房乡村规划许可19件。

【球川镇规划建设】 2019年，球川镇办理农民建房乡村规划许可73件。农民下山脱贫安置区2号楼、3号楼主体建设完工。东山村便民服务中心项目及杨家村文化礼堂项目开工建设。完成上安村便民服务中心项目选址意见办理。

【大桥头乡规划建设】 2019年，大桥头乡濛桥村、新村村、友好村村庄规划初稿的编制完成，完成大桥头乡坡地村镇地块控规的编制，启动集镇能级提升规划编制。实施“农房整治”，大桥头乡整治农房2426处，面积约13.19万平方米。建设集镇口袋公园1个，投资约30万元。濛桥实施以曾家桥头为中心的改造提升和鲁芳线两侧改造提升项目，总投资100万元；完成大桥头乡莲塘村杭金衢高速公路动迁安置区选址和友好村351国道动迁安置区选址，完成新村综合楼选址，完成农民建房乡村规划许可85件。

【招贤镇规划建设】 2019年，招贤镇完成集镇“污水零直排建设区”提标改造及配套设施工程；启动招贤镇农民集聚工程，完成招贤镇集聚点——集镇区块及常山县G60招贤镇古县安置区新增建设用地计划申报工作，启动《320国道二改一招贤镇集镇安置区地块控规》《常山县招贤镇农民集聚地块开发建设概念性方案》编制；完成大溪沿村村庄规划审批；推进浙江赛得健康小镇（二期）项目建设，提出浙江赛得健康小镇1号、2号–1、6号地块规划设计条件、浙江赛得健康小镇14号地块规划设计条件、常山赛得健康产业园养老公寓用地护坡选址意见，办理浙江赛得健康产业园（二期）小镇10号地块1号～9号共享型疗养公寓项目建设工程规划许可、浙江赛得健康小镇11号地块建设工程规划许可、浙江常山赛得健康产业园养生公寓（一期）接待中心项目竣工规划核实；完成办理招贤镇官庄村来料加工厂房项目建设工程规划许可、游林村文化礼堂及文化广场地块选址意见；办理农民建房乡村规划许可85件；推进农房整治和风貌提升，整治面积154978平方米。

【何家乡规划建设】 2019年，何家乡黄冈村完成美丽宜居示范村建设并通过省级现场验收。全乡农村私人建房选址（用地）21件。

完成困难群众危旧房改造16户。对全乡256户C、D级危房进行一户一档专项管理，为保障全乡农民群众生命财产安全、推进农村危旧房治理工作提供基础保障。

【新昌乡规划建设】 2019年，编制达塘村、泰安村美丽宜居示范村村庄规划，对全乡已经摸排的10户困难群众的危旧房实施改造。完成新昌乡黼略村传统文化展示馆、泰安村便民服务中心的规划建设。办理农民建房乡村规划许可44件。

【芳村镇规划建设】 2019年，《芳村镇芳村村传统村落保护发展规划》《常山县大处村传统村落保护发展规划》编制完成。芳村人民法庭（审批楼及诉讼服务中心）迁建项目建筑主体结顶。加强小城镇建设，常山县芳村镇农民异地搬迁B地块安置房11号、12号楼开工建设，总建筑面积18948平方米，总层数11层，总投资3544.89万元。办理农民建房乡村规划许可131件。芳村商贸综合体项目地块的项目总建筑面积4.2万平方米，其中商贸综合体建筑面积9400平方米已全面竣工，共投资16490万元，并通过验收。

【辉埠镇规划建设】 2019年，辉埠镇彭川村村庄规划已报批，宋畈村、山背村、路里坑村、达坞村、东鲁村5个村的村庄规划通过评审，久泰弄村、童家村、鸭坞村、辉埠村、才里村5个村的村庄规划初稿编制完成。全面实施农房整治，辉埠镇农房整治6459宗，面积约27万平方米。邱家篷安置区景观提升工程投资约224万元。完成辉埠镇金辉标准厂房建设项目工程选址及规划许可，项目投资约2219万元，于11月开工建设。办理农民建房乡村规划许可88件。

【白石镇规划建设】 2019年，县规划中心完成《白石镇镇区控制性详细规划》修编工作；集镇污水管网建设基本完善并创下污水零直排示范乡镇，完成污水“零直排”创建工作；集镇综合体宜丰大厦基本建设完成。完善全镇饮用水主管网及7个行政村的农民饮用水工程。柚香谷明清老宅及浙赣合作示范区“未来驿站”项目建设中。全年办理农民建房乡村规划许可30余件。

【青石镇规划建设】 2019年，县规划中心完成《常山县特色石文化基地（中国观赏石博览园）控制性详细规划（调整）》编制、报批工作。完成飞碓村扶贫车间、九景衢铁路安置区、砚瓦山集散中心等项目选址。办理农民建房用地许可18件，乡村规划许可96件。2019年青石镇被列入美丽城镇省级样板镇创建名单。

（胡克政）

城市建设

【概况】 2019年，常山县住房和城乡建设局（以下简称“县住建局”）承建项目31个，其中重点项目10个、重大前期项目3个、非重点项目18个。由县住建局实施的常山县城区道路亮化智能节能改造项目、常山县芳村水厂建设工程等多个项目相继完工并投入使用，常山县天马污水处理厂一期、二期清洁排放技术改造项目开工建设。城区生活垃圾分类覆盖面达到60%，全年生活垃圾增长率基本持平，垃圾增长率有效控制在1%以内。指导危旧房治理棚改项目融资贷款，5亿元贷款资金投放到位，2167套安置房按期开工。获2019年度衢江杯奖（优质工程）

4个，分别是浙江顺风建筑工程有限公司承建的常山县公安局业务用房建设工程、浙江顺风建筑工程有限公司承建的常山县芳村小学迁建工程——行政实验楼、启天建设集团有限公司承建的常山县东方广场城市综合体项目C地块二期工程（1号楼及地下室）、浙江宏图建筑工程有限公司承建的常山县赵家坪阳光名都2区二期工程36号楼工程。全年开展监督项目69个，房建63个，受监面积188.62万平方米，市政和装修项目6个，总造价2.76亿元。全县工程质量处于受控状态，没有发生重大工程质量事故。

【“厕所革命”深入推进】 2019年，县住建局深入推进“厕所革命”，31座城区公厕所长任职全覆盖，扣紧健全责任链。城区公厕完成第二次招投标，由专业保洁公司进行维护管理，每个公厕科学设置男、女厕位比例，配备厕纸，推广应用感应节水、除臭环保等技术，保障公厕整洁无异味。12月，常山县“厕所革命”先进经验在《浙里改（领跑者）》刊发，获省长袁家军批示肯定。

东明湖健身坪公厕 （县住建局 供图）

【农村生活污水处理设施运维】 2019年，县住建局完成白石镇十八里村，芳村镇新桥村、上猷阁村，辉埠镇黄坞岭村、东乡村、东鲁村，球川镇常周村、黄泥畈村，青石镇飞碓村、阁底村、山头村，天马街道周塘村，紫港街道姜家堡村，招贤镇游林村、汪家淤村、渔溪口村，共16处农村生活污水处理设施的标准化运维管理评价。12月6日，组织开展全县农村生活污水治理设施运维管理工作培训。12月19日，常山县农村生活污水运维管理工作通过省级考核。12月31日，组织开展《浙江省农村生活污水处理设施管理条例》主题宣传日活动。常山县连续两年获浙江省农村生活污水处理设施运行维护管理工作考核优秀县。

【城市亮化建设及设施改造提升】 2019年，县住建局继续实施常山县城区道路亮化智能节能改造项目，提升城市形象。项目总投资约9000万元，于12月31日完成竣工验收。建设内容主要包括：对城区19633盏路灯、景观灯进行全面维修和节能改造；对22858盏路灯、景观灯进行智能化改造，理顺管理体制，实施“一把闸刀”、一个机构管理，智能化调节控制；对城区路灯线路进行改造提升，清理乱拉乱接现象。

6月30日，常山县城区道路亮化智能节能改造项目完工 （县住建局 供图）

【城市天然气利用工程完成年度投资】 2019年，常山县天然气有限责任公司完成紫亭路、紫港小区中压接入管等DE250中压主管网敷设，完成年度投资额970万元；完成4个住宅小区（阳光名都二、三期，西城花园，紫金花园三期，滨江花园）约1100户用户管输天然气供气。截至年底，已建设LNG瓶组气化站1座，天然气门站1座，敷设中压管网54千米。累计完成21个住宅小区配套施工，通气工业用户29家，商业用户18家，居民用户3900家，安全运行2100天。

【城区“五水共治”管网提标改造】 2019年，常山县市政园林管理处完成城区积水点改造5处，提标改造管网2.5千米，雨污分流改造管网1.78千米，清淤排水管网140千米，县城市建设项目管理办公室完成新建供水管网15千米。

市政园林与环境卫生

【概况】 2019年，县住建局结合“365”巡查工作，共完成路面维修11600平方米，疏通雨污水井3000座次，疏通管道4132烽，疏通积水点200余次；对白马路口、金川桥底、梅园路、白龙路等5处积水点进行改造，铺设管道约1860米。清淤2205立方米，窨井盖更换230套。全面落实“最多跑一次”工作改革，完成行政审批35项。维修路灯3300余盏；完成屏山路段的4盏路灯移交工作；加强全城区管理路灯及景观灯约2.4万盏（其中城区主干道4653盏、次干道1831盏、景观灯1.75万盏）的维修保养工作。城区4个口袋公园项目于9月12日开工，仅用90多天全部建成，该项目总投资约700万元。年内完成数字城管中心派遣的数字城管案件1291件，其中办结1247件、待办44件，完成率96.6%，比上年明显提高。开展城区生活垃圾分类工作，垃圾分类覆盖率达60%；全年生活垃圾增长率基本持平，垃圾增长率有效控制在1%以内。

【河道整治疏浚保清洁】 2019年，县住建局加强水域保洁管理工作，管理的水域（内河、南门溪）保洁面积约25万平方米，每天安排4名专门人员清理内河及南门溪漂浮物，保持水域清澈。

【城市公园改造】 2019年，县住建局推进园区改造提升。投入89万元完成东明湖公园东大门停车场改造，提供免费停车位31个。完成东明湖公园南侧至东方大酒店路段浇筑沥青混凝土路面改造，对东明湖公园、塔山公园、文峰广场5处零星裸露、闲置地块调整绿化景观，共复绿400余平方米，园区新增景观灯90余套，虎山弄水库水榭平台新增座椅6处，实现园区景观面貌较大提升。完成公园绿化养护工作，使用各类优质化肥1.8吨、杀虫剂100多千克；修剪绿地草坪约9.6万平方米，修剪花坛、灌木4万平方米；补植苗木1万余株、乔木500余株、草皮1300平方米；清运垃圾280多吨，填埋树枝树叶10多吨。集中整治东明湖山体滑坡1处，装饰面脱落铺装破损30余处，修复、更换照明设备及部件500余处，新增警示牌、指示牌30多套。

东明湖公园提升改造工程——沥青路面浇筑　　（县住建局 供图）

【东明湖公园防汛防火保平安】 2019年，东明湖虎山弄水库建立健全预测预报方案、运行调度方案、抢险避险方案及“一湖一策”实施方案，完善水库周边及拱桥附近的安全警示牌。强化汛前排查值守、汛期提升整治。强化森林防火，定期检查更新消防器材，公园各主要登山入口处竖立森林防火指示牌及悬挂防火标语，向周边单位派发森林防火倡议书，提高市民森林防火意识。组织开展消防培训和演练，提高应急作战能力。8 月强台风期间，坚持 24 小时巡查制度，强化园区用电、用火、用水、用气安全检查，杜绝安全隐患。年底，林区栽植防火苗木，及时清理森林防火隔离带约 5000 米。全年未发生重大火灾情况和重大安全事故。

【公共绿地养护】 2019 年，县住建局管理的城市公共绿地面积 106.79 万平方米，莳花 3597 平方米。加强绿化养护管理，改善公共绿化环境。实行绿化网格化分区管理，开展除草施肥、修枝整型、病虫害治理、抗旱浇水、补植补栽、树干刷白以及清除垃圾工作。年内共投入 6.5 万元，购买园林植物病虫害防治农药 10 件，分批次分类别完成全程病虫害统防统治 4 次，全程植物病虫害得到有效控制；对城区绿化带及行道树进行修剪 3 次、施肥 5 次以上，定期处理杂草、修剪草坪及绿篱 8 次以上，对城区鲜花补植 5 次以上。

【年垃圾无害化处理率达 100%】 2019 年，县住建局环卫处持续做好 171 万平方米的城区主次干道和 26 座城区公厕的清扫保洁和市场化运营的监督管理工作。深入推进环卫作业市场化，实现从“干”到“管”大跨越，继 2018 年将生活垃圾填埋场渗滤液处理委托第三方运营后，2019 年将城乡生活垃圾填埋场填埋库区实行市场化运营，使垃圾填埋处置更专业、规范、高效。落实“厕所革命”工作，对新建及完成提升改造公厕及时接管并安排人员进入保洁，发挥公厕管理“三巡查”机制，开展公厕维护维修 200 多次，使得公厕管理逐步走向精细化。保障县各项重大活动卫生工作，做好现场、城区道路卫生保洁，完成 5 项重大活动的卫生保障工作。加强垃圾收运和处置工作，自 6 月开始，常山城区生活垃圾运至衢州垃圾焚烧厂进行焚烧处置，全年收运和处置生活垃圾 6.87 万吨，其中城区 3.11 万吨、农村 3.76 万吨；填埋处置 5.47 万吨，焚烧处置 0.8 万吨，餐厨垃圾 0.6 万吨。无害化处理率 100%。

【垃圾分类工作】 2019 年，县住建局推进城区生活垃圾分类工作，将城区生活垃圾分类的示范街区、3 个省级高标准小区建设等工作推行市场化运行，对生活垃圾分类工作模式进行有益探索。同时，注重“八进”工作的宣传，落实垃圾分类从娃娃抓起的理念，分类人人有责，推动学校及社区的宣传实践工作，天马一小还把垃圾分类知识纳入学校期末游学考试中。是年，常山县城镇生活垃圾增长率考核指标为控制在 1% 以内，获省级垃圾分类工作优秀县，成功创建省级高标准生活垃圾分类小区 3 个、省级定时定点分类投放示范街 1 条；县住建局被评为浙江省生活垃圾分类工作突出集体。

城区垃圾分类　　　（县住建局 供图）

建筑业

【概况】 2019年，全县建筑施工企业计53家，其中一级总承包2家、二级总承包8家、三级总承包36家、专业承包2家、混凝土企业3家、劳务企业2家。中介机构4家。全县发放施工许可证61个，总施工合同额31.2亿元，比上年上升42.46%。县外建筑企业市场份额占比过高，承担项目20个；合同额约21.35亿元，占全年总合同额的68.43%。施工总产值41.7017亿元，比上年下降21.9%。2019年，全县建筑工程竣工备案54个，比上年增加42.1%。

【建筑业企业发展扶持政策落实】 2019年，县住建局落实《常山县人民政府关于进一步完善常山建筑业企业发展政策的意见》中的奖励政策，提振建筑业企业的创业精神，增强企业的发展信心。全县有20家施工企业申报财政政策奖励，共申请奖励70.93万元，比上年增长8.91%。

【建筑节能改造及示范工程建设】 2019年，县住建局开展建筑节能审查项目35件，建筑面积20.57万平方米。实施太阳能等可再生能源建筑应用面积17.66万平方米；完成既有公共建筑节能改造1万平方米；实施高星级绿色建筑和建筑节能示范工程2项。完成装配式工业建筑面积约15.89万平方米。

【工程质量监管】 2019年，县质监站出台《安装自查确认书》和《常山县建设工程项目资料审查实施细则》两项举措，进一步规范在建工程资料及验收程序。开展全县专项质量监督检查4次，覆盖全县65个在建工程，发现质量问题100余项，下发整改指令书26份，质量问题均已整改完毕，全年未发生重大质量事故。全面推动工程质量终身责任制的落实，保证工程质量责任“三项制度”覆盖率达100%，住宅工程分户验收率达100%。推进工程质量管理标准化，推行样板引入制度，开展住宅工程质量常见问题专项治理示范工程创建活动。全年建设工程质量投诉仅有36起，办结率一直保持在100%。

【在建工程无欠薪】 2019年，县住建局加大在建工程的监管力度，成立建设领域在建项目督查专班，采取企业自查、主管部门督查、多部门交叉检查的形式，确保每季度实现督查全覆盖，27个重点工程实现每月全复查。年内督查118次，下发整改意见书75份。至年底，农民工工资专用账户管理及银行代发、农民工实名制管理等6项制度覆盖率达100%。无欠薪工作通过省级验收。

房地产业

【概况】 2019年，常山县房地产管理处（以下简称“县房管处”）落实动态巡查监管责任制，建立健全长效机制，督促各房开企业在办理预售许可证时执行一次性公开全部准售房源及明码标价制度。至年底，全县有房地产开发企业17家：常山安厦房地产有限公司、浙江谷茂房地产有限公司、浙江贝林房地产有限公司、浙江恒润房地产有限公司、衢州天地房地产开发有限公司、浙江常山万通房地产有限公司、常山嘉禾置业有限公司、常山成坤房地产有限公司、常山县经纬置业有限责任公司、常山嘉建房地产开发有限公司、衢州鸿鼎置业有限公司、浙江巨泰房地产开发有限公司、衢州鸿邸置业有限公司、浙江博鳌房地产开发有限公司、衢州舒峻置业有限公司、常山广和置业有限公司、浙江锦禾投资开发有限公司。全县房地产开发完成投资额120269万元，比上年下降42.7%。商品房新开工面积8.24万平方米，共计批准预售商品房面积14万平方米。办理商品房预售合同备案2522件，销售面积23.11万平方米，比上年下降23.27%。

【商品房销售】 2019年，全县新建商品房销售面积23.11万立方米，比上年下降23.27%；销售均价8440元/平方米，与上年基本持平。其中，商品住宅销售套数1157套，比上年下降40.79%；销售面积13.54万平方米，比上年下降40.56%；销售金额136615万元，比上年下降33.96%；销售均价10091元/平方米，比上年增长11.13%。

【小区物业管理】 2019年，全县从事物业管理的企业23家。其中，本地企业14家，外地企业9家。全县从事物业管理服务的单位除23家物业服务企业外，还有8个社区承担约150万平方米的老旧住宅小区卫生保洁工作，一个小区约2万平方米的物业由业主委员会自治。23家企业在管项目44个，其中住宅物业37个（包含6个未交付项目）、商业物业4个（包含1个未交付项目）、后勤物业3个。物业服务总面积约269.15万平方米，其中20万平方米以上的住宅小区1个、10万平方米以上住宅小区7个、其余均为10万平方米以下住宅小区。敞开式住宅小区物业服务费每月每户6～12元，封闭式住宅小区物业服务费0.4～1.5元/平方米·月。全县物业管理服务收入1848.35万元，平均收费率为67%，24%左右的物业管理企业经营亏损，从业人员583人。归集物业专项维修资金7813.35万元，拨付使用物业专项维修资金593.94万元，归集物业保修金1360.96万元。

【直管公房管理】 2019年，县房管处实现公共租赁房、直管公房模式和数据化管理，改变传统粗放型管理，使公共租赁房、国有公房向规范、严谨、高效模式转移，通过系统数据化快捷模式加强对直管公房住宅管理，对非住宅进行市场化经营管理。全年收缴公房租金254.58万元，办理租赁许可证98件；对公房安全排检查24次，直管公房维修138户、大修3处，完成办理承租户合同到期续签790户。公共租赁住房修理240户，排查出存有安全隐患拟进行大修房屋27幢、历史古城建筑8处，清理腾退不符合承租条件7户。

【白蚁虫害防治工作】 2019年，县房管处完善白蚁防治站内部制度，职责明确，管理规范。主动与建房户联系，了解工程内容及进度，及时编制施工方案，做到白蚁虫害防治与工程同步施工。将工程项目建房地址、建房单位、工作内容等用进度表方式明示，杜绝漏防现象。做好回访复查，凡是在复查中发现蚁害的及时进行治理。全县新建房屋白蚁预防受理39家企业单位，预防房屋119幢，预防受理总面积842974.69平方米，已经完成432298.98平方米，完成灭治总面积3.6万平方米。

城市管理

【概况】 2019年，县住建局的环卫（公厕）

保洁、城区绿地管养实行市场化运营。城乡供水、污水处理实行标准化运维。在建工程质量安全实行高压化监管。公园广场、桥梁亮化实行精细化管理。其中，慢城绿道获得“浙江最美绿道”，常山县成为全市唯一拥有两条省级最美绿道的县（市、区）；塔山公园获得省级优质综合公园、阳光名都小区获得省级园林式居住小区。

【建设工程造价代理机构备案管理】 2019年，全县有招标代理机构18家（衢州联腾工程咨询有限公司、浙江泽盛工程造价咨询有限公司、浙江中正工程项目管理有限公司常山分公司、衢州港盛投资咨询有限公司常山分公司、浙江禾城工程管理有限公司常山分公司、衢州市开成工程造价咨询事务所有限公司常山分公司、浙江求是工程咨询监理有限公司常山分公司、欧邦工程管理有限公司常山分公司、衢州华瑞工程造价咨询有限公司常山分公司、浙江省房地产管理咨询有限公司常山分公司、浙江宏诚工程咨询管理有限公司常山分公司、衢州市宇正建设投资咨询有限公司驻常办事处、浙江重阳项目管理有限公司常山分公司、泰宇建筑工程技术咨询有限公司常山分公司、浙江中合工程管理有限公司常山分公司、浙江建友工程咨询有限公司常山办事处、衢州公信建设工程管理服务有限公司常山分公司、浙江九越工程监理咨询有限公司常山分公司）。其中，县内企业2家，县外企业16家；甲级资质企业8家，乙级资质企业10家。县住建局造价所受理招标控制价备案49件，招标控制价约6.8亿元。县住建局造价所针对全县建材市场情况，从厂家、供应商、施工方等多源头采集信息，整理和上报建筑材料市场价格信息12期。

【住建审批事项实现“最多跑一次”】 2019年，县住建局完成人民防空工作与建筑工程消防工作的承接，24个审批事项全部移交到位。县住建部门的权力事项库全面更新，累计可替代办理证明事项9项，更新后的住建事项共174项，并全部实现最小颗粒度的细化。公租房受理实现一窗办、网上办和“一证通办”，通过权力运行系统实行限时办结，全流程受理时限缩减70%以上。房地产资质审批实现网上申报，做到“零跑腿”和无纸化办公。

【施工合同履约检查】 2019年5月，县住建局造价所联合相关单位开展建设工程联合检查，增强合同各方履约意识。对12个在建房屋建筑和市政基础设施工程建设项目（11个房建工程、1个市政工程）的施工合同履约方面展开检查，切实加强建设项目标后监督管理，维护建设工程合同当事人的合法权益，提高企业诚信经营意识，检查结果总体情况较好。

安全监督

【概况】 2019年，县住建局开展监督项目69个。其中，房建63个，受监督面积188.62万平方米；市政和装修项目6个，总造价2.76亿元。共与48家施工企业、16家监理企业签订安全责任书，并督促企业与项目经理，项目和班组签订安全责任书，形成安全生产监管工作级级有人抓、层层有人管的格局，确保安全生产工作常抓不懈，有序进行。制订监督计划，开展大检查20余次，巡查280余次，下发整改单145份，涉及隐患整改350余条。全年对10个工程的10个项目经理及9个项目总监实行衢州市建筑业违法违章扣分，对18个工程实行停工整改，向县综合执法局抄送和移送案件6起。

【“智慧工地”综合管理平台推广应用】 2019年，县住建局推广“智慧工地”建设，依托“城市大脑”，搭建“智慧工地”总体框架，建立起“智慧工地”综合管理平台。围绕人、机、料、法、环等关键要素，建立智能门禁系统、扬尘监控智能系统、远程视频监控系统、起重机械监控系统、质量安全执法系统，利用“互联网+”信息平台，对安全管理人员到岗履职情况、文明施工、安全生产等进行实时监控和预警，工程质量、施工安全明显提升，监管效率显著提高。

【重大危险源管控】 2019年，全县建设工程有重大危险源11处，其中深基坑3个、高大支模架3个、高边坡1个、附着式升降脚手架1处、高处作业吊篮3处。县住建局严格按照《防范建设工程较大以上事故的意见》及《危险性较大的分部分项工程安全管理规定》开展治理，监督企业落实专人负责，在工地现场设立重大危险源公示牌，明确重大危险源类型、治理时间、进度等详细信息，有效遏制重特大事故的发生。

【起重机械专项检查】 2019年，县住建局两次邀请省建科院检测专家对全县在建项目的起重机械开展专项检查，累计检查在建项目48个，检查起重机械151台（其中塔式起重机37台、施工升降机47台、物料提升机44台，高处作业吊篮23台），下发整改通知书30份，停止使用通知书2份，现场处罚7起，全力消除起重机械安全隐患。

【建设工程安全生产】 2019年，县住建局结合全省质量安全治理提升三年行动，开展全县建设工程安全生产“2019亮剑一号行动”，严厉打击建设工程领域安全生产违法违规违章行为，增强建设工程安全事故防范能力，全面提升全县建设工程安全生产管理水平。在企业自查自纠的基础上，对所有在建项目开展督查并进行评分。

【安全知识和安全文明标准化宣贯】 2019年，县住建局联合各部门开展“安全生产月咨询日”活动，共发放建筑施工安全宣传资料400多份。督促所有工地围挡围墙、大门做到美观大方，围挡上必须设置安全漫画和安全警示语句，如全国安全生产月、最优营商环境、扫黑除恶、社会主义核心价值观、平安建设等公益广告，共悬挂各类宣传横幅300多条。组织部分施工企业、监理企业的负责人、安全副总、安全科管理人员到衢州市中心医院项目参加安全生产现场观摩会。组织全县建设、施工企业、监理企业相关负责人在常山县城东新区心舟公园东南侧地块中南广和漫悦湾工程项目召开现场观摩会，并邀请市住建局质监站和安监站相关领导参加。

【施工现场扬尘治理】 2019年，县住建局结合常山县国家卫生县城复评和中央环保督查的要求，制定《关于国家卫生县城复评迎检的通知》《关于做好中央环保督查迎检准备工作的通知》等规范性文件及相关要求，对任务指标再分解、责任再落实。与48家施工单位签订《2019年度建筑企业文明施工责任书》，对扬尘治理重点难点路段、区块，划分包干区，明确职责，规模以上项目要求安装PM_{10}扬尘在线监测和视频监控系统。针对扬尘治理、文明施工，共出动检查人员400余人次，检查项目150余次，对发现存在扬尘措施不到位的项目下发《限期整改通知书》41份，联合县综合执法局对渣土运输不规范的2家企业进行查处。

（黄 琪）

住房公积金管理

【概况】 2019年，衢州市住房公积金中心常山分中心（以下简称“常山分中心”）归集住房公积金4.67亿元，比上年增长7.6%。办理职工个人住房贷款600户，发放贷款1.83亿元，比上年下降34.4%，支持购房面积86400平方米。年末职工个人住房贷款余额9.94亿元，比上年上升0.3%；住房公积金增值净收益1377.2万元，比上年增长12.18%。新增45个单位1991名职工建立住房公积金制度。新增45名个体职业人员缴存。截至年底，缴存单位591家，正常缴存职工16136人；累计归集住房公积金32.9亿元，归集余额9.33亿元。全年办理期房贷款楼盘9个。动员有条件的企业缴存公积金。对规模以上企业、拟申报上市企业发放《住房公积金催建催缴函》，督促企业单位履行社会责任，限期办理缴存手续。全年扩面净增人数420人。

2019年，常山分中心执行衢州市住房公积金中心统一政策，公积金缴存、提取、贷款业务全面执行衢州市住房公积金中心政策和业务操作办法。深化“最多跑一次”改革。在服务大厅购置小机器人，用于公积金咨询、查询等业务；坚持开展服务大厅周一晨会。在全市第二届衢州市住房金融礼仪大赛中获三等奖；获县“最多跑一次”工作改革办公室2019年度“先进窗口”；获2019年度县委、县政府对乡镇部门综合考核二等奖（垂直参评类部门）；在县行政服务中心对各进驻窗口部门每月等级考评中，常山分中心连续12个月获“模范红旗窗口”。

【公积金业务“掌上办”“网上办”推行】 2019年，常山分中心不断深化“最多跑一次”改革，通过“浙里办”APP、公积金网上办事大厅，主动引导群众在手机上、网上办理公积金业务。开启“5+2”和24小时服务模式，提取公积金秒级到账。“零跑腿”业务逐月增加，“掌上办”“网上办”占全部业务量达到68%。6项核心指标完成情况均符合要求。

【退休“一件事”联办】 2019年3月，常山分中心与县人社局等5个部门开展退休老年类“一件事”联办，制订联办方案。通过数据共享、线上联合审批机制，个人住房公积金资金转入个人银行卡，开展退休提取公积金联办业务，职工跑一个窗口即可办结两件事。

【公积金贷款“一证通办”】 2019年9月，常山分中心通过与市、县大数据部门及不动产中心多次对接，与5家受托银行全面开展组合贷款“一证通办”。在此基础上，牵头、联合不动产中心开展公积金贷款“一件事”联办，相关前期工作全部到位，并已开始实施。

【贷款结清“小金”代办】 2019年，常山分中心率先开展结清贷款后续事项“最多跑一次”或“零跑腿”。制订结清贷款后续事项“小金”代办实施方案，完善业务流程，把原来需要跑3个部门，涉及6个环节的手续，压缩到公积金1个部门办结，并将已注销的抵押产权证通过快递寄到群众手中。

【乡镇延伸“就近办”】 2019年11月，

常山分中心通过与常山农商行26个网点合作，公积金业务实现乡镇全覆盖，快捷办理窗口的牌子、宣传折页、易拉宝、桌牌已全部在网点布置到位。在丰收驿站开展宣传事项与业务培训工作。

（黄海彤）

城市综合管理

【概况】 2019年，常山县综合行政执法局（以下简称“县综合执法局”）围绕市容市貌提升、执法体制改革、信访投诉化解、违法建设管控、“三服务”温度彰显，开展城市综合管理工作。牵头全县“三改一拆”“四边三化”工作，累计拆违37.15万平方米，完成“三改”31.49万平方米，完成“四边三化”省、市级交办问题204个，打造特色桥下空间3个。完成部分县级重大赛事及重大活动的安全保障服务，如做好2019•海峡两岸（常山）赏石文化交流展暨第三届常山赏石文化节、2019中国•常山山地自行车公开赛总决赛等活动现场的安全保护工作和赛得健康小镇保护性施工、农房风貌提升整治、非法成品油专项整治等行动的联合执法工作。以党建为统领，创新“共建共治共享”基层治理模式，针对群众反映强烈的柚香城农贸市场周边秩序乱象，通过建立城市管理失信惩戒、街面序化正向引导激励和党员商户违法抄告等制度，引导沿街商户自觉主动参与市容秩序管理维护，实现柚香城农贸市场周边零占道、零违章、零投诉的治理新格局。通过以点带面、稳步推进方式，全面推动城市管理工作向精细、规范、长效方向发展。7月19日，衢州市综合行政执法系统深化党建治理大花园工作现场会在常山召开，县综合执法局在会上作典型发言。

7月19日，衢州市综合行政执法系统深化党建治理大花园工作现场会在常山召开

（县综合执法局 供图）

全年立案查处各类违法案件216件，涉及越门经营、违法建设、室外无照经营、破坏绿化、不规范养犬等违法行为。无行政诉讼败诉案件，未发生暴力抗法事件。

【市容市貌】 2019年，县综合执法局围绕打造“干净、安静、干劲、风景”的慢城品质，坚持高标准、严要求，依托智慧城管视频管控“天线”和一线执法人员网格化巡查的“地线”，双线联动，重点突破、以点带面，深入开展占道经营、流动摊贩、户外广告、乱搭乱建、牛皮癣清理、犬类管理、弃土外运等市容环境专项整治行动。统筹安排对城区雨水篦子、道路积水、公园绿化等群众关注的城市问题开展专项普查，不断推进完善城市基础设施建设，助推国家卫生县城复评顺利通过。全年出动执法人员4000余人次，解决各类问题9000余起；智慧城管指挥中心立案29429件，解决29155件，问题解决率达99.07%，城市品质显著提升。

时令水果疏导点整治（县综合执法局 供图）

【信访投诉】 2019年，县综合执法局推行信访投诉“最多诉一次”改革，畅通投诉渠道、分析投诉热点、跟进办理效果，极力缩短办理时间，提高办理质量，做到“件件有落实、事事有结果”。针对群众投诉多的餐饮油烟问题，选取典型深入实地调研，深析问题根源，及时回应群众诉求、化解信访难题。针对蒋记餐馆多年污水乱排问题，多次主动组织协调会，通过上门指导、耐心服务、协调处理等方式，成功解决扰民难题。全年受理信访投诉件350件，其中解决群众反映多次的油烟类、占道经营类问题225件，平均办理时长2.61天。信访事项办理“效能指数”第一季度综合排名全县第一，服务群众、解决难题能力不断提升。

【违建管控】 2019年，县综合执法局落实违建巡查“定队员、定时间、定片区、定任务、定责任、定要求”的“六定”工作机制，对城区违建巡查做到“一天一巡查、两天全覆盖”，确保违建苗头快速发现、快速查处。针对紫荆花园违建处置工作，迅速成立紫荆花园攻坚专班，坚持做到“四个一批”（即当场整改一批、立案处罚一批、补办手续一批、责令拆除一批）。6个工作组对紫荆花园小区6栋高层476户的违法建设情况进行全面排查处置，抽调、召集执法骨干400人参与违建整治工作，召开各类整治推进会、协调会、通报会53次，立案查处50个重点违法建设案件，完成200件轻微违规装修户的装修审批手续补办工作。2019年新立及结余的违法建设案件全部执行到位。

【服务民生】 2019年，县综合执法局开展“三服务”工作，创新推出“两访一开放”活动，着力解决群众最关心、最直接、最现实的权益问题。每月第三周周二定为走访日，由局领导对乡镇（街道）、重点商铺、企业、重要信访点、案件多发区域进行走访了解；每月25日定为接访日，由局领导对各类重难点问题进行交办解决；每年12月12日定为开放日，邀请各界人士参与，共同交流城市管理相关问题，实现城市管理“全民参与”。全年走访群众、商户107家，接待访问58起，处理问题37件。

（徐 玲）

城投集团

【概况】 常山县城市投资集团有限公司（简称“常山城投集团”）于2019年5月31日正式挂牌，由常山县城市投资运营有限责任公司等10家国有企业优化整合而成，是根据县委、县政府关于国有企业市场化改革要求并经常山县人民政府批准成立的国有企业，注册资本金7亿元，党委书记、董事长兼总经理方丽强。常山城投集团内设部室6个，下属子公司6家（合资控股公司1家），包括常山县基础设施建设投资有限公司、浙江常山绿惠投资开发有限公司、常山县水务发展投资有限公司、常山县心安城市开发有限责任公司、浙江常鸿建筑工程有限公司、常山县智慧城市建设运营有限公司。另有二级子公司1家，常山县心安人力资源开发有限公司，有干部职工300人左右。常山城投集团业务涵盖城市、交通、水利基础设施投资建设、房地产开发、危旧房改造水资源经营管理、经营性资产管理、污水处理、建材销售、人力资源等领域。

2019年，常山城投集团实施重点项目24个，完成总投资17.3亿元。县委党校迁建工程、人行景观桥、垃圾填埋场提升改造、文昌阁主体建设等一批重点工程完工，农民饮用水达标提标工程、应急备用水厂工程、开发区污水处理厂项目、国际慢城休闲谷和花海工程等一大批民生项目实施，有力促进常山经济社会发展。推进省重点水利项目常山港治理二期工程建设，全年完成投资 3 亿元，新建防洪堤 10 千米，完成省水利厅年度考核指标任务，推进浙石油综合供能服务站项目建设，年内完成 7 个规划站点建设。配合开展常山江航运开发项目前期工作，配合推进杭金衢高速改扩建、沿江公路、351 国道、320 国道改建、048 省道延伸公路、淳常公路、辉何公路等项目建设。

是年，常山城投集团获 2019 年度数字城管工作“先进集体”；县水务公司获 2019 年度衢州市农村饮用水达标提标行动“先进集体”；县水务公司、县心安公司获常山县“2019 年度投资贡献奖”。刘奎芳、周国建获 2019 年度数字城管工作“先进个人”；傅志辉、余天涯、郑志莲获 2019 年度省农饮水现场会“先进个人”。县水务公司获 2019 年度执行“十条军规”正面典型事项的通报表扬一次。

【城投集团及下属子公司挂牌成立】 2019 年 5 月 31 日，城投集团市场化转型正式揭牌，公司迅速完成人员整合以及集团部室、子公司组织构建。县委、县政府明确提出的“推动国有资本做强做优做大”方针为国企发展指引前进方向，将原 10 家国有企业重组为常山县城市投资集团有限公司。

5 月 31 日，城投集团正式挂牌成立

12 月 31 日，城投集团开展各子公司及合资公司集中挂牌仪式活动（县城投集团 供图）

【常山县委党校迁建工程项目完成】 2019 年 9 月 20 日，常山县委党校迁建工程项目通过竣工验收，该项目总投资 1.49 亿元，项目用地 40000 平方米（合 60 亩），总建筑面积 26031.02 平方米，建设内容包括综合教学楼（5 层，10548.46 平方米）、报告厅（地上一层，地下一层，共 3494.59 平方米）、体育馆（一层，局部二层，共 1336.9 平方米）、学员宿舍楼（4 层，5723.96 平方米）、党员服务中心（4 层，4927.11 平方米）及其他相关配套工程。

常山县委党校建设成果

（县城投集团 供图）

【常山港治理二期工程】 2019 年 10 月 28—29 日，浙江省农村饮用水工程暨冬修水利工作现场会在常山县召开。其间，副省长彭佳学、省水利厅厅长马林云及省级相关单位领导、全省11个地级市分管水利的副市长及水利部门主要负责人、全省各县（市、区）领导和水利部门负责人等300余人，走进常山县常山港治理二期工程现场，认真观摩并进行互动交流。会上，彭佳学肯定了项目建设成果，要求加快推进常山港治理二期工程，大力实施冬修水利工程建设。

【县农饮水工作超额完成】 2019年，常山县水务发展投资有限公司按照农饮水“全域覆盖、建管合一”《常山方案》，全力推进农村饮用水达标提标行动，打造全省典型“一号案例”。全省农村饮用水达标提标行动现场会在常山召开。常山县农村饮用水达标提标项目全年完成管网改造138个村，涉及20.8万人，完成年度任务的137%。常山县水务发展投资有限公司被衢州市农村饮用水达标提标行动领导小组办公室授予“先进集体”称号，获县“两办”关于执行“十条军规”正面典型事项通报表扬1次。

【常山港治理二期工程“宋诗之河”项目完工验收】 2019年12月27日，常山港治理二期工程“宋诗之河”项目通过合同工程完工验收。该项目总投资3800万元，结合常山港治理二期工程项目建设进行打造，在沿线重要节点植入“宋诗文化”，以浮雕形式，在青砖、黄岗岩上雕刻常山特色历史人文诗歌。该项目城区段包括滨江堤和外港堤两部分，其中滨江堤总长4420米（包括约1800米长的宋诗精品文化核心区，以及462米长的中央核心诗画浮雕区和诗词浮雕区）。该项目与周边内河公园、城市绿道及赵家坪码头公园、“常山国际慢城”形成辐射，形成集“城市休闲、观光旅游”等为一体的城市休闲核心区。

常山县常山港治理二期工程“宋诗之河”建设成果　（县建发公司 供图）

【常山县滨江一期人行景观桥建设工程项目竣工验收】 2019年12月26日，常山县滨江一期人行景观桥落成，2020年1月15日，完成竣工验收，该项目总投资7500万元。滨江一期人行景观桥亦称文兴桥，采用钢结构和钢筋混凝土结构形式，全桥长度225米，标准宽度9.6米，桥中设置三处观光平台，宽度14.6米，系常山港首座人行景观桥。

常山县滨江一期人行景观桥建设成果　（县城投集团 供图）

【常山县文昌阁重建工程完工】 常山县文昌阁重建工程于2019年12月底初步完成竣工验收。项目总投资约3000万元，用地面积约16.5亩。建筑层数5层，建筑高度39米，钢筋混凝土结构。建设内容包括主体建设，配套景观建设，建筑立面，景观、亮化等。东临慢城山地自行车公园，苍山林海，南面心舟公园、人行景观桥。该项目是构建常山精品文化战略、科学发展常山区域经济的重要举措。

常山县文昌阁建设成果

（县城投集团 供图）

【常山县农村饮用水达标提标工程获同类项目最大审批额度】 2019年9月18日，常山县农村饮用水达标提标工程固定资产借款合同正式签订，融资总额3.5亿元，成为衢州市农村饮用水达标提标工程推进中审批额度最大的融资项目，并于当月放款1亿元。该工程是常山县委、县政府2019年度为民办实事的重点工程，也是实施乡村振兴战略的标志性工程，县委、县政府以“三年任务两年完成”的决心，举全县之力推进工程建设。城投集团自2019年6月接到任务起，为争取到最优贷款利率，由财务分管领导牵头，协同财务融资部先后与多家银行接洽，并在谈判中引进竞争机制，最终将项目贷款基准利率从最初的上浮5%争取到下调7%，相当于每年为集团节省融资成本约200万元。

【发债融资工作】 2019年8月23日至11月20日，城投集团先后与国金证券、财通证券、国融证券等券商深入探讨发债方案，迈出市场化转型的关键一步。面对“负债高、收益少、融资平台”等历史遗留问题的困扰，财务融资部积极与各大银行商榷解决方案，以集团新增流动资金贷款为契机，由建设银行常山县支行发起退平台申请，于2019年12月10日取得中国建设银行《关于常山县城市投资集团有限公司转为退出类平台客户的批复》（建公〔2019〕152号），成功解决集团迈向资本市场的首要障碍。2019年12月12日，浙商证券开始编制城投发债融资方案。随后，国开证券以自身资源优势成为本次债券发行的联合承销商，为发债工作加上一道“双保险”。

【完成资产审计】 2019年，集团财务融资部完成集团及子公司历年审计问题共计30个，主要为规范账务核算，完善资产管理、清理三角债。8—9月，集团财务融资部对历年审计遗留问题进行全面梳理。9月27日，财务融资部邀请县审计局、容诚会计师事务所共同研讨并攻克“大国资攻坚”审计的历史遗留问题。前后通过多次与会计师事务所、审计局沟通对接，探讨历年审计问题整改过程中存在的疑点难点，并及时将完成的历年审计问题整改报告上报审计局和国资中心。通过相关账务处理、清理三角债、债转股等方式，在容诚会计师事务所的全力配合下，最终确保集团满足发债的各项评级要求。

【闲置资产盘活】 2019年，常山城投集团绿惠公司盘活多处闲置资产。通过司法拍卖，绿惠公司取得浙江中商汽车有限公司产权并完成过户，厂房的修缮以及配套设施的完善开始实施。完成对原鑫宏电镀公司吸收合并的相关工作，完善电镀厂区的日常管理及安全生产设施配套；至年底，新建的电镀厂7号污水预处理车间已完成，并通过初步验收；该厂已有先导精密和南洋精工两家企业协议入驻；同时，3号电镀车间的先导精密电解线开始试运行，年经济效益增收150多万元。完成原皮尔轴承资产出让工作，腾出资金用于集聚区万洋秀谷等项目的政策处理和基础配套设施建设。由于历史原因，辰通轴承、SKF轴承等企业以往无租金或低租金使用绿惠公司厂房，绿惠公司通过资产盘活、多方协调后，每年租金可增收近50万元。2019年，常山城投集团绿惠公司建立健全资产管理台账，做好公司资产的日常管理、维护，做好出租厂房合同签订、租金收取、水电费收付；做好资产已过户绿惠的厂房、土地登记入库；完成15家生态园区清退企业的合同签订，资产过户5家，共计支付费用（含相关税费）8900万元。

【心安公司面向行政事业单位及国资公司拓展服务业务】 2019年10月，经县政府同意，常山城投集团心安公司注册成立心安人力资源公司，住房公积金常山分中心、城投集团、县水务公司、青石镇政府、县机关事务保障中心等单位共计劳务派遣人员83人、劳务外包50人已纳入公司统一管理。为完善全县“职工工作餐补助”管理工作，根据县政府第62次常务会议精神，全县行政事业单位以及国资公司工作餐补贴支付“一码通”平台由县心安公司具体实施，该项目于11月底完成招标。县心安公司及时完成全县近5000名工作人员的数据资料采集、上传以及就餐卡办理、发放，端口测试、设备安装调试，餐补资金的发放充值，实现工作餐多途径消费。

【危旧房项目建设】 2019年，经过与危旧房改造指挥部的前期对接、沟通，于2019年12月完成心安公司危旧房项目的移交、法人变更、营业执照办理。全县危旧房项目总投资16亿元，共4个安置区，总占地面积65219平方米，总建筑面积319551平方米（其中地上部分237737平方米），配套车位1300个。共设计安置房23幢（江滨3幢、城南6幢、桑园10幢、定阳4幢），2167套（安置套数为2113套）。截至2019年年底，累计完成总工程量的40%，已到位资金9.59亿元，其中贷款5亿元、财政性资金（债券）4.59亿元。

（钟一添）

自然资源·环境保护

自然资源

【概况】 2019年年初，全县机构改革全面启动，常山县自然资源和规划局（以下简称“县资规局”）于1月21日挂牌成立。县资规局机关内设9个内设机构，即办公室、法规监察科、自然资源调查登记科（挂测绘与地理信息管理科牌子）、自然资源开发利用科（挂自然资源所有者权益科牌子）、国土空间规划科、行政审批服务科、用途管制与耕地保护科（挂生态修复科牌子）、地质矿产管理科和财务与审计科。

2019年，全县耕地实有面积29.7万亩，永久基本农田保护面积23.9005万亩。县资规局积极开展永久基本农田储备区划定工作，划定永久基本农田储备区16694.7亩；科学编制2018年度耕地保护补偿方案，核定全县符合耕地保护补偿条件的耕地面积26.9903万亩（其中永久基本农田23.0916万亩），理论补偿资金1502.4577万元，违法扣减耕地保护补偿资金134.1419万元，最终发放2018年度耕地保护补偿资金1368.3157万元，推进耕地保护和农田修复。全县矿山总数34个，其中大中型矿山5家；开采矿种13个，其中纳入统计矿产11种，主要有水泥用灰岩、萤石、钨锡矿、叶蜡石、方解石、制灰用灰岩、水泥配料用页岩、水泥配料用砂岩、砖瓦用页岩、普通建筑用石料、花岗岩。其中，石灰石、石煤、萤石的地质资源量居全省前列，叶蜡石为全省四大产区之一。主要矿探明储量：石灰石66015万吨，石煤47138万吨，叶蜡石403万吨，萤石矿1074万吨。是年，常山南方水泥有限公司、常山县中兴矿业有限公司入选全国绿色矿山名录库。

2019年，全县完成供地50宗，供地面积2160亩；出让“工业标准地”19宗，面积1087.2亩，其中省级以上平台出让8宗、面积345.1亩，省级以下平台出让11宗、面积742.1亩，省级平台“工业标准地”出让宗数比例、面积比例均达100%。国有划拨土地使用权转让、出租审批142宗。其中，房改房交易81宗，土地总面积536.22平方米，补交土地出让金32.46万元；其他交易61宗，土地总面积69477.13平方米，收取土地出让金23915.96万元，其中包括常山县心安城市开发有限责任公司的4宗危旧房改造划拨土地转出让地块。保障农民建房新增建设用地指标200余亩，全年审批备案农村私人建房817户，面积103120.58平方米；乡（镇）村公共设施、公益事业建设用地审核21宗，面积14140.45平方米；农村集体经济兴办企业用地审核4宗，面积4625.8平方米；设施农用地共备案18宗，面积41459.953平方米；临时用地审批6宗，面积51861平方米。出具无矿产压覆证明98份。

2019年，县资规局完成公建及私人建房项目审批选址意见书40件、用地许可158件、工程许可130件、竣工验收7件、乡村建设规划许可535件。7月底，制定规划委员会联席会议制度的优化完善方案，并报县政府批复，由原规划国土联席会更改为规划委员会联席会，已完成第25～35期的规划国土联席会议材料整理及会议纪要。会议审核通过规划设计条件、规划方案、规划方案变更、项目选址等57个项目。

2019年，县资规局在县委、县政府对县级机关部门工作目标年度考核中获一等奖；获平安建设突出贡献集体和2018年度全县党委信息工作先进单位称号。2019年1月22日，常山县不动产登记中心被浙江省自然资源厅评为“2018年度浙江省不动产登记窗口便民利民服务突出集体”。常山县土地开发整理中心被市委、市政府授予“全市党建治理大花园先锋战队”称号。

【国土空间规划编制】 2019年，县资规局启动《常山县国土空间总体规划》的编制工作。召开全县国土空间规划编制动员会，初步完成国土空间规划“双评估”“双评价”专题研究，整理完善实施评估指标，做好自然资源一张图的底图底数分析，做好生态保护红线评估调整方案并上报至省资规厅；基本完成国土空间规划大纲的编制；结合常山县“东接新衢州”和“招贤桥头堡”的发展背景，完成《常山融衢接杭、深度对接长三角发展战略专题》研究。完成《“衢州有礼”诗画风光带——常山江宋诗田园总体规划》的编制，提交市局初审，并深化编制《“衢州有礼”诗画风光带——常山段详细规划》。完成《常山县黄冈山文化旅游区总体规划及策划方案》等编制。

【不动产登记工作】 2019年7月，常山县不动产登记机构不再对常山县范围内不动产登记业务审查婚姻关系；试行不动产登记和户籍过户联动办理。农村宅基地确权按照“一次申请、一套材料、一窗受理、一并办理”的要求，进一步简化程序和材料，优化完善农房违法处理、补办审批手续和确权登记整个工作流程和政策；“互联网＋不动产抵押登记”模式延伸至县内8家银行，11月开始全面实现网上办理；推进“掌上办事之城”建设工作，办事事项网上可办率达100%、掌上可办率94.07%、承诺时限压缩率85.74%、即办率60%，政务服务核心指标均超标完成；在县（市）区中率先启用不动产登记电子证明，实现不动产抵押登记“零跑腿”。发放不动产登记证明5870份，不动产登记证书25180份，注销登记3325份，查封543份，解封557份，开具查档证明12319份。2月25日，常山县行政服务中心不动产登记窗口被评为市级巾帼文明岗。

【农村宅基地使用权与房屋所有权确权登记工作】 2019年，县资规局制定出台常山县农村宅基地使用权及房屋所有权确权登记办法；成立3个指导组，对全县14个乡镇（街道）进行业务培训与工作督查。全年完成农房权籍调查74281户，颁发农房不动产权证书37670本，符合农房发证条件的农房确权登记发证率77.32%，超额完成上级下达的年度农房发证任务。

【第三次全国国土调查工作】 2019年，县资规局根据上级第三次国土调查工作（以下简称“三调工作”）领导小组的统一部署及相关要求，开展常山县三调初始工作。依据国家及省级下发的高清遥感影像，结合实地调查举证，在全县范围开展土地利用状况调查，包括地类、位置、面积、分布等。根据调查成果对全县地类图斑重新勾绘，全县地类图斑数量由46480个细化到73337个。

【全域土地整治和土地开发】 2019年，县资规局完成垦造耕地项目3424亩，其中新增耕地2285亩；完成旱改水1169亩；完成农村土地综合整治及建设用地复垦面积1345亩，新增耕地面积1023亩。同弓乡全域土地整治完成一期土地整治范围内5000亩的土地流转，施工区块3000亩已开工建设。青石镇、招贤镇的全域土地整治项目完成初步设计方案评审，按评审意见修改中。辉埠镇全域土地综合整治项目已完成招投标工作。12月5日，县委副书记、县长张少华在全省全域土地综合整治与生态修复现场会上作典型发言。

全域整治调研现场 （县资规局 供图）

【"十类地"盘活处置】 2019年，县资规局逐宗查清"十类地"位置、面积、土地征收等情况，建立图、表对应的台账，需要清理地类总计15271.66亩，并制定"一宗一策"。创新做法，灵活运用土地交易方式，顺利破解原皮尔轴承地块存量土地盘活难题。批而未供土地(2009—2016年)消化任务为590亩，已经完成604亩；盘活存量建设用地面积任务为780亩，已经完成803亩；低效用地盘活任务为230亩，完成399亩。

【"除险安居"三年行动】 2019年，常山县全面完成浙江省地质灾害综合治理"除险安居"三年行动。全县在地质灾害系统中有隐患点103处，威胁人数828户3607人。所有地质灾害隐患点均通过工程治理或避让搬迁的方式消除隐患，完成核销工作。7月，青石镇砚瓦山村彭家山已搬迁区域发生大规模滑坡，滑坡方量8000多立方米，滑坡影响区涉及6户23人，因科学研判，提前避让搬迁，成功避免一起严重的地质灾害事故。

【"大棚房"整治和"扫黑除恶"专项行动】 2019年，县资规局排查并上报12个"大棚房"问题，共涉及面积19.537亩，已全部分类处置到位。加大对涉黑涉恶线索排查，全年收到涉黑线索33条并全部核查完毕；发放扫黑除恶宣传手册3000余份，在矿区、违法开采点、征地现场等悬挂横幅300余条，粘贴扫黑除恶公告950余份，并制作宣传展板放置于重点场所，使得扫黑除恶专项斗争深入人心。对自然资源领域涉土涉矿违法行为采取高压态势，全年开展巡查412次，立案调查70件，行政处罚55件，罚款810万元，不予返还复垦保证金20万元，查扣盗采设备（挖机、铲车）共16台次。

【山水林田湖生态修复】 2019年，常山县作为全省四个山水林田湖生态修复项目国家试点之一，共实施山水林田湖生态修复重点项目有7个大类20个，总投资37.75亿元，其中中央资金5亿元。已完成垦造耕地、农村土地综合整治、“蓝天三衢”工程一期、废弃矿山治理、芳村水厂建设、智慧环保项目6个项目，累计完成投资22.97亿元，已拨付资金19.63亿元。废弃矿山生态修复稳步推进，辉埠镇坪山片区、金川街道十五里村石煤矿、石灰石矿等一批废弃矿山治理项目已完成；长宏采石场、东湖、坪山等8个废弃矿山生态修复交工验收工作已完成。

【耕地保护监督员试点工作】 2019年，县资规局在新昌乡4个行政村开展村级耕地保护监督员省级试点工作，聘任村级耕地保护监督指导员4人（按行政村配置）、监督员15人（按网格配置）。建立试点工作领导小组，制订实施方案，完善工作机制，组建由生态指导员和专职网格员组成的监督员队伍。村级耕地保护监督员共开展巡查180人次，发现耕地保护问题3起。

【资规局信访办理工作】 2019年，县资规局受理群众信访件553件，其中来访类信访件16件、来信类信访件8件、网络渠道信访件488件、电话渠道信访件41件，按期办结率达100%。重点办理省资规厅交办的信访积案件1个。运用调解手段和方法，主动开展行政调解，派驻信访超市干部接待来访群众200余人次，化解纠纷率98%，初信初访工作办理水平全面提升。

【征迁补偿工作】 2019年，县资规局完成集体土地征收面积980.286亩，与被征地村签订征地协议60份，涉及征地补偿费4921.321万元。收回国有土地使用权3宗，面积12.855亩，涉及金额41.0117万元，助推谷舞仁生、赛得健康小镇等多个零星项目的落地扩展。配合全县交通大会战工作，多次参加县相关会议，抽派工作人员进入工作组，指导征地拆迁工作的开展。

【矿产资源管理职能调整】 2019年，县矿管办全部职能整合至常山县自然资源和规划局，人员全部隶属资规局统一管理，继续履行矿产资源开发利用、轻钙行业整治工作，完成常山县龙山碳酸钙有限公司关停工作。2019年12月25日，根据《关于下达县属部分事业单位机构编制事项调整的通知》（常编〔2019〕26号）文件精神，县矿管办撤销。

（胡克政　陈国俊）

环境保护

【概况】 2019年，常山县环境保护局在全县机构改革时更名为衢州市生态环境局常山分局，并于5月5日正式挂牌运行。市生态环境局常山分局强势推进治水、治气、治土污染防治三大攻坚战，全力整治涉气“散乱污”企业23家，开展工业园区8家企业废气专项整治，完成4家企业VOCs治理、8家企业无组织排放改造、4家企业燃气锅炉低氮改造、1家企业生物质锅炉超低排放改造、2家企业臭异味治理。开展常山县工业园区“污水零直排区”创建，累计排查市政雨、污水管网90.8千米，检查井2051座，清淤管网49.86千米，完成园区企业内部整改81家，园区市政管网结构性缺陷修复335处。完成重点行业51家企业（52块地块）基础信息调查和风险筛查工作，启动常化公司、时庆公司污染地块风险管控工程。加强企业环境应急管理工作，制订年度应急预案备案企业计划，共完成41家重点企业应急预案、57家工业固体废物申报登记和危险废物管理计划备案工作。抓好环保督察整改工作，第一轮中央环保督察期间，全县收到的28件交办信访件全部完成整改；反馈问题2项，均已上报销号。省级环保督察期间，全县收到的21件交办信访件全部整改完成；反馈问题22项，已完成整改上报销号13项，按时序整改的9项，督察整改工作取得阶段性成果。辖区内无因环境污染而造成群体性上访事件的发生。

开展全国第二次污染源普查工作，普查数据已基本定稿。县域内水环境质量持续向好，主要地表水体和集中式饮用水水源地水质100%符合要求，出境水达到Ⅱ类水标准，比考核要求高一个等级，连续4年获全省考核优秀。环境空气质量持续稳定，$PM_{2.5}$均值31微克／立方米（目标值33微克／立方米），居全市第二；城区环境空气质量指数（AQI）优良率96.7%（目标率94%），连续2年达到二级标准，远超“浙江省十三五环境保护规划提出的优良率到2020年实现85%”的目标。

是年，县环境监察大队被评为“2018年度全省环境监察执法工作优秀大队”。

5月5日，市生态环境局常山分局挂牌成立　　（市生态环境局常山分局 供图）

【环保项目谋划和实施】　2019年，市生态环境局常山分局谋划实施浙江虎鼎环保科技有限公司固废处置与综合利用、圣诺再生资源有限公司废油再生利用技改等项目，提升全县固废综合处置和再生利用能力。智慧环保项目建设持续推进，完成绿色产业集聚区常山片区空气质量自动监测站、黄冈山、不老泉、梅树底清新空气功能站的建设工作。

【第二次污染源普查基本完成】　2019年，市生态环境局常山分局完成427家工业源、30家农业源、501家集中式、30家畜禽养殖等类源的数据审核和产排污量核算工作。其中，强审通过率、提示审核通过率、核算完成率均达100%，位于全市前列。

【新版排污许可证核发】　2019年，市生态环境局常山分局对全县电子、家具、锅炉等行业企业开展新版排污许可证核发工作，已完成32家企业的排污许可证核发和55家企业的备案登记。

【环保“最多跑一次”工作改革】　2019年，市生态环境局常山分局有序推进环保“最多跑一次”权力事项调整梳理和办事指南标准化，依托投资项目3.0、电子化归档系统等，做好项目的实时跟进、滚动督办，推进办事流程再优化、政务资源再整合、工作效率再提升。落实“区域环评＋环境标准”改革，对符合项目落地要求，且不在环评审批负面清单内的项目进行降级。推进“区域环评＋环境标准”改革区域内的24个项目由报告表简化为登记表承诺备案。

【环境执法行动】　2019年，市生态环境局常山分局开展雷霆斩污、清废排查、双随机等专项执法行动，对环境违法行为形成零容忍的高压打击态势。全年接收处理各类环境信访件260件，立案查处环境违法案件41起，处罚款金额544万余元；6起涉嫌行政拘留案件移送公安；对17起不履行行政处罚的案件申请法院强制执行；人均处罚案件数和罚款总额均居全市第一。

4月9日，市局陈鸿斌副局长（左二）带队到常山开展“雷霆斩污”专项行动

（市生态环境局常山分局 供图）

【生态环保宣传活动】 2019年“6•5”世界环境日期间，市生态环境局常山分局开展“蓝天保卫战 我是行动者”快闪演出、“送法下企”、生态环境满意度调查宣传、生态环保培训等活动，扩大群众生态环保的知晓度和参与度。建立“企业环保咨询日”常态化制度，于每月15日下午为全县企业提供环保政策和技术免费咨询现场服务。年内，发送环保短信20万条，环保培训450余人，参与环保志愿者和学生代表100余人，发放环保袋及宣传手册等1000余份，进一步营造全社会关心、支持和参与环境保护的良好氛围。

2019年常山港各断面水质监测结果统计一览表

表12 单位：毫克／升

断面名称	溪东断面	柳头断面	富足山断面	招贤断面
高锰酸盐指数浓度范围	0.8～1.3	1.0～2.4	1.0～2.1	1.1～1.9
高锰酸盐指数平均浓度	1.1	1.4	1.4	1.4
氨氮浓度范围	0.04～0.10	0.04～0.22	0.03～0.18	＜0.03～0.27
氨氮平均浓度	0.07	0.09	0.05	0.08
总磷浓度范围	0.01～0.03	0.01～0.04	0.01～0.04	0.02～0.05
总磷平均浓度	0.02	0.03	0.03	0.03
目标水质	Ⅲ类	Ⅱ类	Ⅲ类	Ⅲ类
现状水质	Ⅰ类	Ⅱ类	Ⅱ类	Ⅱ类

2019年常山县城区环境空气质量统计一览表

表13 单位：毫克／立方米

项目	测值范围	平均浓度	特定百分位数浓度
二氧化硫（SO_2）	0.003～0.016	0.006	0.012
二氧化氮（NO_2）	0.003～0.068	0.024	0.054
可吸入颗粒物（PM_{10}）	0.005～0.162	0.053	0.109
细颗粒物（$PM_{2.5}$）	0.003～0.114	0.031	0.066
臭氧（O_3）	0.011～0.158	0.075	0.112
一氧化碳（CO）	0.4～1.4	0.700	1.000

说明：臭氧为最大8小时浓度，二氧化硫、二氧化氮为第98百分位数；可吸入颗粒物、细颗粒物、一氧化碳为第95百分位数；臭氧最大8小时浓度为第90百分位数

（裴高颖）

综合管理与监督

发展和改革

【概况】 2019 年，常山发展和改革局（以下简称“县发改局”）围绕“四四二”战略体系，提高站位、明确方位、找准定位，在重大规划引领、重大项目推进、重点领域改革、参谋作用发挥等领域，推进“东接新衢州、慢城大花园”建设。

建立和完善项目全生命周期管理机制等重要机制，推进项目建设、扩大有效投资。全年“7 个 10%”结构性指标呈现“六正（交通投资 34.7%、生态环境投资 21.7%、高新投资 20.5%、民间投资 12.8%、制造业投资与 2018 年持平、国有投资 13.5%）一负（房地产投资－42.7%）”。万洋众创城、哲丰新材料、金色同弓田园综合体和远山云间 4 个省、市、县长项目（其中万洋众创城为市长项目）开工入库 3 个，开工入库率超过省里要求的 50%，全市第一。建立常态化项目谋划机制，开展“谋划好项目、擂台大比拼”专项行动，全县各单位全部参与，邀请省市专家对项目进行多轮论证，完成谋划项目 402 个，比 2018 年增加 260 个。

浙赣“衢饶”示范区稳步推进，示范区管委会临时办公点落户白石镇并完成装修；完成常山片区总规和控规；位于示范区常山片区核心区块的浙赣省际未来驿站项目已完成土地征用、杆线迁移、方案设计、林地审批。主动谋划“未来社区”建设，牵头谋划生成外港片区“山水栖息地、未来慢社区”和芳村镇芳村村“慢生活未来社区”编制方案。争取家政服务业领跑者试点，申报全国家政服务业提质扩容“领跑者”试点并成功入选，成为全国唯一一个县级试点。

深化投资项目“最多跑一次”工作改革。县发改局牵头做好投资项目在线监管 3.0 平台迭代升级，指导相关涉批单位利用 3.0 平台进行项目审批。投资项目“最多 90 天”实现率达 100%。同时，全部实现“5 个 100%”（100% 应用平台、100% 网上申报、100% 网上审批、100% 批文回传、100% 在线归档）。全面深化“标准地”改革，全县出让“标准地”9 宗，面积 765.85 亩，全部为省级以上平台出让土地，省级以上平台“标准地”出让宗数和面积比例均达 100%。配合国资改革，制订政府投资项目资源封闭运行方案，筛选出适合资源封闭运行项目 51 个，总投资 113.822 亿元。稳步做好价格改革，降低一般工商业电价，清理电价附加收费，4 月 1 日、7 月 1 日先后两次降电价，平均降低一般工商业及其他用电目录电价 0.0219 元／千瓦时（含税）、0.0529 元／千瓦时（含税）。降低全县非居民用管道天然气最高销售价格，下调 0.28 元／立方米，3.42 元／立方米的价格水平居全市最低。

全县特色小镇建设有序推进，完成赏石小镇五年创建投资任务；云耕小镇中万洋众创城、众卡运力等一批大项目开工建设，赏石小镇考核优秀、云耕小镇考核合格排名大幅提升。抓好美丽经济幸福产业健康发展，推进赛得健康小镇、石博园二期、远山云间等项目建设，推动休闲旅游、健康养老高端化、品牌化发展。稳步推进服务业企业培育，兑现石文化产业发展补助资金77.5万元，兑现服务业企业做大做强奖励补助83.3万元。

2019年，县发改局争取到上级各类资金支持项目10个，累计资金10453.3万元；其中城区危旧住宅棚改项目获中央资金3400万元。4个项目列入省、市、县长项目，其中1个项目列入市长工程；2个项目列入省集中开工项目；5个项目列入省重点项目；23个项目列入市重点项目；15个项目列入市重大服务业项目。

县内综合供能服务站建设加快推进，城东站、姜家堡站、新桥站、龙绕站、同弓站、东案站、赵家坪站7个站点完成建设工作并投入运营，推进速度全市最快。

加强教育领域价格管理，规范全县民办幼儿园收费公示；核定全县小学放学后校内托管服务收费标准为70元/生·月，同时明确对经济困难家庭学生参加校内托管服务的，参照学生资助政策予以减免。

【县发改局机构改革】 2019年2月28日，县委、县政府批准《常山县发展和改革局职能配置、内设机构和人员编制规定》，标志着县发改局机构改革工作顺利完成。机构改革后，县发改局划出的职责有6项，即重大项目稽查职责划转至县审计局，农业投资项目职责划转至县农业农村局，应对气候变化和减排职责划转至市生态环境局常山分局，组织编制并实施主体功能区规划职责划转至县自然资源和规划局，价格监督检查职责划转至县市场监督管理局，药品和医疗服务价格管理职责划转至县医疗保障局；划入的职责有2项，即划入原县经信局承担的能源管理相关职责和原市机关事务管理局的公共机构节能管理职责。局行政编制11名，内设办公室等10个职能科室，设直属机构常山县成本调查监审中心，物价专项编制5名。随着职能的划转，原局直属机构常山县物价监督检查分局划到县市场监管局，划出省专项编制6名、人员2人。常山县能源监察大队整建制划为县发改局下属事业单位（参公），划入编制6名、人员2人。随公共机构节能管理职责划入的人员1人。

2019年6月5日，县委机构编制委员会办公室印发《关于下达县属事业单位机构编制事项调整的通知》明确：县能源监察大队由县经信局所属调整为县发改局所属事业单位。

2019年9月24日，《中共常山县委机构编制委员会关于调整常山县县属局级事业机构的通知》指出：将常山县服务业办公室更名为常山县服务业发展中心，为正局级事业单位；将常山县重点项目领导小组办公室更名为常山县重点建设项目服务中心，为副局级事业单位；将常山县铁路工作办公室更名为常山县铁路建设管理中心，为正局级事业单位。

2019年12月25日，《中共常山县委机构编制委员会关于下达县属部分事业单位机构编制事项调整的通知》指出：撤销县发改局所属的2家事业单位，即县能源办公室、县重大项目前期工作领导小组办公室，前期办职责并入常山县重点建设项目服务中心；

常山县铁路建设管理中心调整为股级单位，为县发改局下属事业单位。

【家政服务业提质扩容】 2019年5月，县发改局获知国家启动家政服务业提质扩容试点项目信息，经分析论证，认为“常山阿姨”工程与该项目贴合度较高，决定争取试点，以更好地提升“常山阿姨”品牌。为此，在“常山阿姨”品牌建设的基础上，编制完成《常山县家政服务业提质扩容“领跑者”行动试点工作方案》，多次到国家、省发改委争取家政服务业提质扩容“领跑者”试点。10月，常山县受邀参加在青岛举行的全国家政培训提升行动启动仪式，并在启动仪式上介绍“常山阿姨”家政服务品牌打造的经验和做法。12月，常山县成功入选全国家政服务业提质扩容“领跑者”试点，成为全国唯一一个县级试点。

【能耗“双控”监管】 2019年，县发改局设置“纵向到底、横向到边”考核机制，根据全县年度能耗“双控”考核指标，分解细化每季度能耗“双控”指标，倒推测算42家用能1000吨以上重点能耗企业月度能耗指标，每月汇总分析企业能耗数据，及时发送能耗超标预警。结合能耗数据情况，对重点高能耗企业实行用能总量控制，按月分解落实控制目标，实行“当月超、下月补”的机制。联合供电公司等有关单位及时发送能耗预警，对水泥、造纸企业进行重点监控。根据《常山县“区域能评＋区块能耗标准”改革实施方案》，在开发区、辉埠新区开展投资项目节能承诺备案工作，大大简化企业节能审查流程，提高节能审查办事效率。

（江静静）

营商环境建设

【概况】 2019年8月8日，县委、县政府印发《常山县营商环境建设办公室职能配置、内设机构和人员编制规定》，常山县营商环境建设办公室（以下简称“县营商办”）成立，不再保留常山县行政服务中心管理办公室。县营商办为县政府派出机构，机构规格和县政府工作部门相同（正科级），挂县最多跑一次改革办公室牌子。主要职能有：统筹推进营商环境建设、“最多跑一次”工作改革、行政审批制度改革、行政服务中心规范化管理、信用体系建设、“双随机一公开”工作。内设综合科、改革一科、改革二科、社会信用科，核定行政编制数7名，设主任1名、副主任2名；下设股级全额拨款事业单位常山县行政服务中心，核定事业编制数7名。2019年，县营商办以“营商环境年、基层治理年、效率革命年”活动为契机，以信息化、标准化建设为抓手，重点聚焦“个人全生命周期”“企业全生命周期”“项目全生命周期”三大改革，全面建设“无证明办事之城”“掌上办事之城”“信用示范之城”，在更大范围、更深层次深化“最多跑一次”工作改革，优化营商环境，取得明显成效。

是年，常山县“无差别受理”改革推进团队被市委、市政府授予“活力新衢州、美丽大花园”建设改革创新先锋战队；“最多跑一次”改革专班被县委、县政府授予“东接新衢州、慢城大花园”先锋战队；县营商办被县委、县政府作为执行“十条军规”先进典型通报表扬1次，被县政府授予集体三等功。谢黎丽个人被市委、市政府授予“活力新衢州、美丽大花园”建设改革创新先锋战士。

8 月 20 日，常山县营商环境建设办公室揭牌仪式举行　　（郑小琴 摄）

【“厕所革命”在全省推广】　常山县按照“大花园”建设的要求，聚焦群众如厕难的“关键小事”，三年如一日持续推进“厕所革命”。截至 2019 年年底，全县新建、改建 246 座公厕，实现城乡全覆盖并全部达到国家 A 级旅游厕所及以上标准，切实解决城乡公厕“脏、乱、差、偏”的顽疾，提升群众的获得感和幸福感。2019 年 12 月 23 日，《浙里改（领跑者）》刊发《常山县持续推进城乡“厕所革命”大力改善全域人居环境》，向全省推广常山县以“所长制”为核心的“厕所革命”经验和做法。2019 年 12 月 31 日被省长袁家军批示肯定。

【个人全生命周期改革】　2019 年，县营商办围绕个人住房、就医、退休、出生、入学等推进“一件事”改革，在全县推出不动产登记业务“60 分钟办结”“全市通办”、退休一件事联办、医疗补助一站式结算、新生儿“五证合一”、残疾评定和证件办理医院一站式办结；公积金业务实现“零跑腿”“零证明”“刷脸办”“全市通办”；全市首推新生儿入学网上报名、网上缴费。10 月 31 日，全市助残服务“最多跑一次”工作改革推进会在常山召开，现场推广常山县推行残疾评定、残疾证办理医院一站式办结、助残服务“1+X”代办服务等改革举措。

10 月 31 日，衢州市残联系统深化“最多跑一次”改革现场会在常山召开　　（郑小琴 摄）

【企业全生命周期改革】　2019 年，县营商办推进涉企“一件事”改革，贯彻落实浙江省优化营商环境“10+N”便利化改革行动方案。推进减税降费，提升办税便利度，纳税次数压缩至 7 次，纳税时间压缩至 130 小时内。

【项目全生命周期改革】　2019 年，县营商办推进企业投资项目 3.0 平台试点，从项目生成、赋码、立项、规划许可、施工许可到竣工验收，实现同一平台、线上审批全覆盖、项目信息和审批结果共享。深化投资项目“标准地＋承诺制”改革，全面推行“区域能评”“区域环评”。

【“无证明之城”创建】　2019 年 4 月 8 日，县政府印发《常山县创建“无证明办事之城”实施方案》。此后，县营商办全面清理烦扰企业和群众的“奇葩”证明、循环证明、重复证明等各类无谓证明。经过 3 次梳理，69 类被直接清理，47 类适用告知承诺替代纸质证明。50 类应用可信电子证照和信用承诺，107 类通过政府部门内部核查和部门间核查办理。至9月底，“无证明之城”创建工作全面完成。

【“信用示范之城”建设】 2019年8月8日起，常山信用建设工作统筹推进。至年底，县营商办推进衢州市信用信息共享平台推广与应用，共上传数据15万余条；开通信用常山网站，实施信用承诺闭环管理；抓好信用宣传工作，全县开展专题信用宣传10余次；清查在运营黑名单企业，推动信用分级分类监管；开发信安分常山本地应用，落实12项激励措施。打造信用特色品牌，“信用＋常山阿姨”多次被领导关注批示。“信用＋基层治理”球川镇黄泥畈村诚信治理体系建设，实现零上访、零纠纷、零刑事案件，村庄面貌焕然一新，被中央电视台《新闻联播》等多个栏目报道在全国推广，被国家信息中心主办的大型财经月刊《财经界》报道，被《浙江日报》整版报道，得到市委书记徐文光的好评。球川镇创新“诚信考评＋流动红旗”治理模式，受到省委书记车俊在全省美丽城镇建设工作会议的专门表扬，被《衢州政务信息》采用。

【“掌上办事之城”建设】 2019年，县营商办推出公共支付、生育登记、诊疗挂号、社保证明打印、公积金提取、交通违法处理等22个类别600余项便民应用可掌上办，身份证、户口本、驾驶证等电子证照可自动获取，依托省市数据共享平台，人口信息、婚姻信息等300余类信息已实现数据共享，实现100%民生事项“一证通办”。

【“低保惠民联办”改革】 2019年，县营商办完善“低保惠民联办”服务，实现13项政策“一证通享、一窗通办、一网联送”。4月29日，全市民政系统深化“最多跑一次”改革现场会在常山召开。常山县“低保惠民联办”改革项目获得国家民政部2018年度全国15个社会救助领域优秀创新实践案例提名奖项；被省政府办公厅政务信息专刊印发，获副省长王文序批示；在2019年7月份全省“最多跑一次”改革例会上作典型经验交流发言，也是年内全市唯一一个在全省改革例会上做典型经验发言的县（市、区），被省委改革办《竞跑者》栏目采用在全省推广。

4月29日，衢州市民政系统深化“最多跑一次”改革现场会在常山召开

（县营商办 供图）

【车辆全生命周期一件事改革】 2019年，县营商办围绕“车辆全生命周期一件事”，按照“一个政府面向群众”的思路，成立县行政服务中心交管分中心，整合公安交警、税务、交通运管、卫健、商务、综合执法、高速交警、保险、银行统一进驻，进驻服务事项127项，所有与车辆、驾驶证、道路有关的事情，在交管分中心基本都能办理，探索“车、驾、路”全链条、一站式服务新模式。这项改革举措被省委改革办《竞跑者》、市《领跑先锋》采用。

【乡村基层“最多跑一次”工作改革深化】

2019年，县营商办全面推进“最多跑一次”工作改革向乡镇（街道）村（社区）延伸。全国首创公安事项进驻乡镇便民服务平台，3月27日，全市公安事项进乡镇工作推进会在常山召开。推进237项民生事项在乡村可办，综合性自助终端在14个乡镇（街道）实现全覆盖。扩面银行网点服务内容，将公积金、社保、医保、市监、税务、公安、交通运输局的43项服务事项延伸至银行，实现“同城通办、就近能办、异地可办”。

【公共场所便利化改革扩面】 2019年，县营商办以县人民医院为公共场所便利化改革示范点，打造环境舒心、服务贴心、智慧暖心、交通顺心的“八站四心”。制定《常山县关于开展“最多跑一次”改革向公共场所延伸扩面工程的实施方案》《常山县人民医院医共体“有礼医院·智慧服务”实施方案》等实施方案，并由县政府办公室印发；制订县体育馆、图书馆、文化馆、公交车站、长途汽车站、火车站、中小学文化课校外培训机构服务质量提升专项实施方案，并组织实施和项目展示。

【营商环境指标和政务服务指标提升】 2019年，县营商办出台常山县企业开办、注销、用水用气、不动产登记“一件事”等便利化改革县级实施方案；统筹做好省对县（市、区）营商环境指标评价相关工作。依托浙江政务服务网、“浙里办”APP，实现2727项政务服务事项掌上申报，占所有政务服务事项98.9%以上，100%政务服务事项实现网上申报（除不适宜网办的事项外），94.7%政务服务事项实现跑零次，办事指南的完整性和准确性大大提升，极大地方便企业及员工办事。

【“双随机、一公开”监管】 2019年，县营商办印发《常山县全面推广应用浙江省行政执法监管平台工作实施方案》，先后5次召开全县以及重点部门工作部署会、推进会。在全市率先开展部门联合“双随机、一公开”监管工作。开展“三级培训”，解决执法人员业务不熟悉问题，累计共培训部门管理员62人次，部门联络员及科室干部120余人次，各单位执法干部1200余人次。截至年底，常山县“双随机、一公开”各项指标均实现100%。

（郑小琴）

公共资源市场化配置监督管理

【概况】 2019年，县公共资源市场化配置监督管理办公室（以下简称“县监管办”）以服务对象良好体验为标准优化营商环境，体现服务至上理念。结合“三服务”活动，通过上门走访、电子邮件、信函等形式，向投标企业、招标代理机构、招标人、行业主管部门等相关25家主体，征求到关于项目招投标监督管理、内部管理方面的意见建议31条，整理编印《监管办服务手册》500本，发放给招投标各方主体。以新时代科技手段为依托优化营商环境，体现技术监管理念。在前期通过招标方式确定账户开立银行、多方协调成立总账户的基础上，完成开发投标保证金电子化收退系统，结合“不忘初心、牢记使命”主题教育征求到的意见建议，再次对系统进行优化，做到无缝化对接电子招标系统。以打造规范高效的交易市场为目标优化营商环境，体现法治政府理念。重新修订《常山县小额建设工程交易管理办法》，对交易方式、各乡镇（街道）交易平台的权限重新给予界定，约束邀请招标的项目范围，严格各类交易方式的程序，在不影响效率的前提下，有效打击工程建设发包的违规行为，预防腐败，确保有意参与投标的企业得到公平对待，提高全县小额工程建设项目招投标工作规范化程度。组织村级小额工程专项督查，开展招投标领域扫黑除恶专项斗争，将存在问题线索提交给县扫黑办，给予打击，净化市场环境；同时，会同行业行政主管部门，通报处理一批违规企业，让违规者付出代价，倡导企业诚信经营。

是年，常山县共开展进场公共资源交易活动3087次，交易金额30.13亿元。其中，建设工程项目招投标活动1391次，预算造价278752.04万元，中标价253898.10万元，降低造价24853.94万元，资金节约率8.92%（含乡镇街道小额工程交易平台1321次，预算造价84281.83万元，中标价76016.33万元）；举行政府采购1561标次，预算价26547.89万元，中标价23471.78万元，节约资金3076.11万元，资金节约率11.59%；国有资产拍租115宗，起拍价385.16万元，成交价393.50万元，增额8.34万元，增幅2.17%；国有土地拍卖20次，起拍价23449.41万元，成交价23499.41万元，增额50万元，增幅0.21%。

【小额工程专项检查行动】 2019年4月1—4日，县监管办会同相关行业行政主管部门抽调人员组成联合检查组，开展村级小额工程专项督查行动。以2019年第一季度小额工程交易较多的辉埠镇、何家乡、紫港街道、金川街道、球川镇为重点，检查5个乡镇（街道）交易平台建设情况、项目管理情况、项目交易台账、施工台账等。针对发现的主要存在问题，一一发函相关单位，督促整改。

开展招投标领域“树正气、打歪风”专项整治行动，面向社会征集招投标领域违法违规行为线索；对已完成交易的项目进行线索排查，共排查项目3247个，发现可疑线索35条，最终确认报送线索3条。

（唐必明）

审计工作

【概况】 2019年，常山县审计局（以下简称“县审计局”）开展审计（调查）项目45个，查出违规金额147.02万元，管理不规范金额2441.82万元，促进增收节支141万元，核减工程款3396万元，核减率8.2%。报送审计专报、要情等26篇，被县领导批示38次，其中主要领导批示15次。向纪委监委等部门移送处理书7份。信息被审计署、审计厅信息刊物采用6篇次，其他信息被上级部门采纳33篇次。

是年，县委书记叶美峰的署名文章《审计机关要当好县域发展的“护林员”》被《中国审计报》等5个刊物采用，《提升工业企业“亩均税收”的审计思考》一文被《浙江审计》采用。2017年度预算执行及其他财政收支审计、农业和农村工作办公室主任经济责任审计2个项目被市审计局评为2019年市优秀审计项目。县审计局机关被评为2018年度全省审计机关考核县级机关考核优秀单位和内部审计业务指导和监督工作县（市、区）审计局优胜单位。

【财政涉农项目专项资金同级审计】 2019年，县审计局采用“财政+”模式，对涉农项目专项资金进行审计，发现3个村有6个项目多头申报，涉及财政补助资金467.88

万元，移送案件1起。针对涉农项目方面问题，县审计局提出审计建议6条，提交审计专报3篇，要情1篇。其中，《涉农资金管理存在的问题及建议》专报获县长张少华批示，促使《关于构建乡村振兴涉农资金统筹整合机制的实施意见》等多个文件出台。审计工作报告获县人大常委会的肯定。

【政府投资项目审计】 2019年，县审计局通过对常山县委党校迁建工程项目预算执行审计，助力新校区在9月30日完成启用仪式；报送的《关于建议在安排大额预算资金计划前对项目业主的管理能力进行提升》的审计专报，获县长张少华批示，从而推动县委组织部围绕项目谋划、征地拆迁等8个专题，牵头举办5期培训班，参加人员涉及各单位主要负责人，培训人数1594人次。

【民生保障项目资金使用审计】 2019年，县审计局关注扶贫资金项目、惠民补贴等民生资金的使用。审计查处不规范金额667.26万元，违规金额44.97万元；移送乡党委案件2个，6名乡村干部因履职尽责不到位被问责；《土地开发项目政策处理费使用需规范》《种粮面积虚报顽疾亟须整治》2个审计专报获叶美峰书记重要批示。

【领导干部经济责任审计】 2019年，县审计局开展领导干部经济责任审计、自然资源资产离任审计5个。其中，原常山县水利局局长自然资源资产离任审计，报送“审计要情”2篇，县领导先后作出3个批示。编制适合全县被审计单位的《领导干部履行经济责任风险防范清单及案例》，通过开展送书上门服务，将审计寓服务于监督的方式进一步延伸拓展，获领导肯定。

【审计调研服务工作】 2019年，县审计局帮助11家国企完成85项历年审计遗留问题的整改。邀请省审计厅投资审计处处长陈岩明一行到常山指导解决水务公司历年审计遗留问题的整改。《“大国资攻坚”行动审计问题整改情况汇报》获县长张少华肯定批示：“审计局工作主动，关口前移，体现出良好的工作状态。”做好小城镇环境综合整治专项调查，对于项目变更、征地等方面存在问题，撰写《东案乡小城镇环境综合整治项目存在的问题及原因分析》获张少华批示，推动相关问题的解决。协调配合做好“上审下”项目。精准对接全省的民办教育发展情况专项审计调查、全省扶贫专项审计、市局对常山县财政决算审计、辉埠镇经济责任审计和自然资源资产离任审计等项目，做好沟通协调，确保审计工作顺利开展。

（周彩霞）

统计工作

【概况】 2019年，常山县统计局围绕国家、省、市统计重点工作及县委、县政府中心工作，加强统计监测、统计分析和统计调查，着力提高统计质量和统计服务水平，各项工作有序运行，为全县经济社会平稳发展提供优质高效的统计服务。

注重统计监测预警。依托经济预警小专班，规范、加强基本单位名录库建设、工业经济、服务业统计、GDP核算、固定资产投资、农林牧渔业增加值等六大联席会议，每月及时掌握、交流重要指标、重点企业、投资项目的变化情况，发现问题，提出对策，实现事后分析向事前预警、事中监测转型。每月收集、整理市对县、26县实绩考核等各类考核数据，及时掌握全县基本情况，通过数据动态分析，提出对策建议，为县领导科学决策提供依据和参谋。其中《2019年度衢州市对县（市、区）综合考核高质量和绿色发展指标进展情况》《市对县综合考核重要指标情况汇报》等材料受到县领导高度重视。

强化统计分析调研。以“三服务”为契机，服务企业促发展、服务群众解民忧、服务基层强根基，通过走访企业、调查户，开展各类调研活动，重点对每季统计指标进行梳理分析，研判经济运行态势，密切关注全县经济发展中出现的新问题、新趋势，季度经济分析报告为县委、县政府和有关部门正确分析判断形势提供重要依据，月度专报及时对发现的新问题提出预警。全年完成党政、综合、专业、经普、舆情等各类信息90余条，其中约稿25篇；累计印发《统计专报》7期、《常山统计》17期，完成各类汇报材料40余篇。有60余篇信息被县委、县政府《每日要情》《要情快报》采用，8篇分析调研材料被常山《领导参阅》《政务参阅》刊登；12条信息获县委书记、县长等领导批示。

丰富统计服务产品。及时印发2018年度统计公报。用丰富翔实的数据，图文并茂地展示常山县2018年在经济和社会事业方面取得的成就。每月及时发布《常山县主要统计数字》小册子和《常山县与周边县市区主要经济指标对比情况》卡片，为县委、县政府、县直部门掌握常山全年经济走势及发展面貌提供信息资源。2019年在遵循继承性、可比性及专业性的前提下，对公布各类数据的主要项目设置进行增项和调整，实现精准服务。完成《常山70年（1949—2019）》统计数据汇编工作。

除常规统计数据咨询服务外，县统计局还在浙江政务网上公开发布统计数据，设立“统计调查数据查询”，不但能快速、公开发布数据，还能及时回应社会咨询，尽量满足公众统计需求。

【第四次经济普查工作】 2019年3月10日，全国第四次经济普查工作全面启动。县经普办按时全面完成规模以上企业普查工作，其中工业企业116家、商贸业企业43家、建筑业企业41家、服务业企业24家、房地产业企业20家。至4月30日，全面完成非一套表企业和个体工商户登记工作，总计全县非一套表单位3304家、个体户抽样调查户（包含个体运输户）1325家。5月，县经普办集中精力抓数据质量控制工作，累计完成国家、省、市各类查询核实整改3000余条，较好地控制普查数据质量。6月，为迎接国家事后质量抽查，通过数据质量交叉检查、省市查询核实整改工作，查遗补漏等程序，切实保障普查数据质量进一步提高。同时，开展普查资料开发利用工作，为第四次经济普查工作画上阶段性句号。

【县情县力三项统计调查工作】 2019年，县统计局在全县开展人口变动抽样调查，并做好主要数据评估工作；开展安全感调查，做到强化培训、加强指导、抓好督查，提高人民群众对“平安创建”工作的安全感、知晓度，确保平安“二率”有新提升；做好改革获得感评估调查的宣传及向上对接工作等。

【调研基层数据质量】 2019年，县统计局结合“三服务”活动，分专业对全县各行各业的发展脉络进行梳理，深入重点行业、企业和住户进行走访调研。截至年底，已完成14个乡镇（街道）、100余家企业和

180余户住户的走访调研，通过实地指导乡镇统计工作和企业统计工作，广泛收集基层统计意见，及时改进，有效提升基层业务人员统计业务水平，提高源头报表数据质量。

【优化人才队伍】 2019年，县统计局加强机关建设，高标准制订机关“三定”方案，高效率完成下属单位调整。建立完善《常山县统计局内部管理制度》《常山县统计局岗位责任制考核办法》，将考核从“软任务”变为“硬约束”，设置信息撰写及招商引资考核加分项，充分调动干部干事积极性，逐步形成按制度办事、按程序办事、高效率高质量办事的良好风气。根据《党政领导干部选拔任用工作条例》《常山县党政机关中层干部选拔任用办法》，提拔3名中层干部，并对相关科室负责人进行调整，不断完善人才队伍梯队结构，全力打造一支老、中、青各年龄层次优化配置的人才队伍。

【统计法治工作】 2019年，县统计局成立由局长任组长，分管领导任副组长，各专业科室负责人任成员的常山县统计局案件审理小组。制定《2019年全县统计法治工作要点》《常山县统计局统计违法案件审理工作规定》《常山县统计局行政执法过错责任追究制度》。结合机构改革，内设机构增设“统计执法监督局”，明确统计执法监督局工作职责。加强统计执法检查，推行“双随机、一公开”执法机制，从平台数据库400余家单位中，按照7%比例，随机抽取21家调查单位进行统计执法检查；全程应用浙政钉“掌上执法”程序，全面开通并实行“CPP”和“APP”端口；严肃查处统计违法行为，提高统计公信力。全年有12家单位受到警告处理，并限期整改；有2起受到警告并罚款的行政处罚。加强统计法治宣传，在常山主流媒体上开展统计法治宣传；对统计法治意识不强和统计基础薄弱企业，通过走访、检查，进行现场普法宣传。利用“小班化”培训模式，对新增“四上”企业和“小升规”企业进行培训，宣讲统计法律法规，从源头加强统计法制建设。全年举办相关培训班14期，参训人数646人。

（占慧臻）

市场监督管理

【概况】 2019年，常山县市场监督管理局（以下简称县市场监管局）紧紧围绕全县“三年”活动总体部署，按照“规定动作做出色，自选动作要出彩”的工作要求，坚持服务发展主线不动摇，在深化“最多跑一次”改革、“三强一制造”建设、“双随机、一公开”检查等领域助推经济社会发展；坚持安全底线不松劲，抓好食品药品、特种设备、产品质量安全监管；坚持保障民生实线不懈怠，办实“放心食品提升工程”“送药上山进岛”“放心消费在常山”等民生工程。

【创建“浙江省食品安全县”】 2019年12月，常山县被正式命名为“浙江省食品安全县”。自创建以来，县政府先后投入3000多万元，撬动社会资金1亿多元，用于城乡农贸市场改造提升、放心食品工程等重点工作。成功创建9家星级农贸市场、5家省放心农贸市场，柚香城农贸市场成为市智慧农贸市场，大东门农贸市场列入市首批景区化示范参观点。责任体系进一步健全，形成政府监管、部门协同、企业负责、社会参与的食品安全工作新格局，全县食品安全保障水平稳步提升。

9月5日，省级食品安全县通过现场考评

（张军飞 摄）

【建成“浙江省山茶油及食用植物油质量检验中心”】 2019年11月，“浙江省山茶油及食用植物油质量检验中心”项目顺利通过考核验收，标志着全省首家山茶油及食用植物油质量检验中心正式建成。2017年12月，常山县以县检验检测研究院为基础，获批筹建该中心。两年多来，累计投入400余万元，购置电感耦合等离子体质谱仪、气相色谱带FID检测器等12台（套）先进的检测设备，有效强化技术支撑。目前，该中心已具备20个产品、27个参数的检测能力。

【“三强一制造”建设】 县市场监管局推进“质量强县、标准强县、品牌强县”和“品字标”建设，开展“质量提升百千万”行动，对93家规模以上企业开展先进质量管理方法培训，新立项“浙江制造”团体标准项目2个，发布标准1个，市标准化试点项目1个。其中“品字标浙江制造”认证实现零突破。2019年8月，常山县双明轴承有限公司“双列调心滚子轴承热锻套圈”获得浙江制造国际认证联盟颁发的“浙江制造”认证证书。这是常山县轴承行业的首张“浙江制造”认证证书，对推动全县轴承行业高质量具有示范引领作用。12月，双明轴承又成功入选2019年浙江省企业标准“领跑者”公示名单，成为全省59家“领跑者”企业之一。

【“最多跑一次”改革】 县市场监管局全面实行经营场所登记申报承诺制，企业开办全流程“一件事”一日办结、企业简易注销、新办企业印章免费刻制等新举措，并成立“小丫代跑团”，提供代办、代跑服务，实现办事速度和群众满意度双提升。全年通过企业开办平台办理企业1899户，网上申报率由原来的50%左右，提高到90%以上。

4月17日，“小丫代跑团”成立

（张军飞 摄）

【放心食品提升工程】 总投资1500余万元，其中政府奖补200余万元，共建成农村家宴放心厨房5家、“阳光餐饮”80家，完成食品作坊“整改提”20家，创建省名特优作坊5家、量化达标小微食品5家、食品作坊集聚区1家、品质示范超市1家。

【“送药上山进岛”便民服务点建设】 “送药上山进岛”便民服务点建设是2019年浙江省十大民生实事项目，着力解决山区、岛屿等偏远地区群众“购药远、购药难”的问题。县市场监管局结合县情做好融合文章，创新“景区1+1+1”模式，在选点时与乡村旅游结合，将其中2个点设在新昌乡黄塘旅游服务区（AAA级）、东案乡梅树底旅游服务区（AAAA级），着力构建长效机制，努力实现服务山区群众与促进乡村旅游共赢。

【建成非公党建服务中心】 县市场监管局按照“支部设在市场上，党旗插在商铺中”的工作思路，投资100余万元，在柚香城新建非公党建服务中心，着力打造常山县非公党建“四个基地”，即全县市场党建宣传展示基地、全县商品交易市场党组织开展活动学习的中心基地（党校）、全县小个专（小微企业、个体工商户、专业市场）党员培训基地和服务基地。

【重点专项整治】 2019年，在成品油整治中，拆除黑加油点28处，立案查处58起，移送公安5起，刑拘14人，罚没款77.4万元。在保健品市场乱象整治行动中，出动执法人员1042人次，检查经营主体555家次，立案查处7起，罚款93.8万元。开展“定阳社区试点”工作，与天马街道定阳社区支部结对共建，着力构建“支部共建，合力共治；党员示范，带动一片；发动群众，群管群治”的保健市场共治长效机制。

【深化“双随机、一公开”检查】 2019年，牵头全县“互联网＋监管”工作，运用“浙政钉　掌上执法”系统实施检查7578户，提前完成衢州市下达任务数的123%（6153户），人均检查81.5户，掌上执法检查率99.93%，指标位居全市前列。

【“放心消费在常山”行动】 县市场监管局从广泛发动抓宣传、实地筛查抓重点、专人指导抓质量、开展培训抓源头等举措，全力助推“放心消费在浙江”行动在常山县深化推进。2019年，共成功申报放心商店46家、放心网店9家、无理由退货承诺单位74家，全部超额完成目标任务数。

（姜毅）

应急管理

【概况】 常山县应急管理局（以下简称“县应急管理局”）于2019年1月正式挂牌成立，重点负责安全生产类、自然灾害类等突发事件和综合防灾减灾工作，负责安全生产综合监督管理和工矿商贸行业安全生产监督管理工作。2019年，县应急管理局聚焦“大安全、大应急、大减灾”新使命新要求，坚持边改革、边应急、边建设、边融合，稳步推进安全生产、灾害防范、应急救援和减灾救灾等各项工作，推动全县安全生产形势持续稳定好转。全县发生各类生产安全事故15起、死亡16人，比2018年分别下降16.7%、20%。其中，工矿商贸企业事故4起，死亡4人；“十二类”生产经营道路交通事故发生11起，死亡12人。未发生生产安全较大事故。发生火灾38起、无人员伤亡、直接经济损失173.16万元，比2018年火灾起数和直接经济损失分别下降5%、上升15.4%，伤亡人数持平。自然灾害形势总体平稳，有效应对梅雨期6轮强降雨和超强台风“利奇马”，先后紧急启动3次Ⅳ、一次Ⅲ级防汛应急响应，提前指挥转移人员1117人次，实现“不死人、少伤人、少损失”目标。发生森林火灾2起、森林火情16起，当日扑灭率100%，未发生因灾伤亡事件。

是年，县应急管理局被评为“闽浙赣毗连地区护林联防委员会第三联防区先进集体”。

【应急管理机构改革】 2019年，县应急管理局根据机构改革要求，有序推进“三定方案”制定、职责划转、人员转隶等机构改革各项工作，划入7个部门的部分职能和县防汛防台抗旱指挥部、县森林防灭火指挥部、县减灾委等议事协调机构。主动与县林水局、资规局、民政局等部门协调沟通，厘清双方职责边界，整合各方资源。及时调整县防汛防台抗旱指挥部、县森林防灭火指挥部、县减灾委等议事协调机构成员单位，建立会商研判、应急联动、联合检查、应急值守等工作机制，加快推动职能磨合融合。

【“防风险、保安全、迎大庆”专项行动】 2019年8月至10月中旬，县应急管理局牵头组织实施“防风险、保安全、迎大庆”安全生产综合整治大行动，围绕道路交通安全、消防安全、危险化学品安全、建筑施工安全、地质灾害安全、校园安全、矿山安全、旅游安全、城乡危旧房安全、特种设备安全“十大领域”开展重点攻坚，全面排查各种危险有害因素，严格落实风险管控措施，彻底整治各类事故隐患，确保全县重点敏感时段生产安全事故“零发生”。其间，全县累计排查企业单位589家次，排查问题隐患996项，隐患整改率达100%；接受上级各类督查检查和明察暗访6次，对上级督查反馈问题，逐项任务分解，全部实现“清零销号”。

【安全生产监督管理】 2019年，县应急管理局加强重点行业安全治理，深刻吸取江苏响水“3•21”事故教训，集中开展危化品安全治理，对全县7家危化品企业开展“全面体检式”专家指导服务，全面筛选重大危险源1个，排查发现安全隐患316处，全面落实问题清单、责任清单和整改清单。集中力量开展非煤矿山安全生产专项执法检查，检查矿山11家，其中4家矿山正在基建期，3家矿山停产整改，指导治理隐患43处。组织实施重大隐患挂牌督办，将20处重大安全隐患列入三级政府挂牌督办。强化安全执法，编制年度安全生产监督检查计划，明确重点检查对象35家，督促乡镇（街道）和相关安委会成员单位执行好检查计划。针对有限空间行业、喷涂作业、高危行业开展专项执法检查，非事故案件立案11起，行政罚款32.99万元。夯实安全基础，指导服务13家企业完成安全生产标准化评审工作；推动绿色安环险的扩面工作，在117家危化、矿山、金属冶炼、电镀、木制品加工、造纸、环境治理业及全县规模以上重点企业推广“安环险”。加强宣传教育，在安全生产月期间，组织开展安全知识竞赛、现场咨询、应急演练、企业座谈多种形式的宣传活动，累计参与群众上万人次，全民安全素养持续提升。

【防汛减灾】 2019年，县应急管理局主动扛起防汛抗旱指挥部职责，早部署早谋划防汛工作，全面做好备汛工作，公布87座水库责任人、227座山塘责任人、所有行政村（社区）基层防汛责任人；对全县188个村（社区）防汛制度、防汛组织结构图、防汛防台形势图组织进行更新；全面检查14个乡镇（街道）和188个村（社区）基层防汛工作，检查水利工程、地质灾害隐患点、交通设施等502处，发现存在较为严重的安全隐患63处，全部完成整改。组织修订《常山县防汛防台抗旱应急预案》，梳理部门职责，顺畅指挥体系。高标准完成40处避灾安置场所规范化建设。开展4期、600人次基层防汛知识培训。加强汛期指挥调度，发出预警信息11.87万条，召集县气象局、县林水局、县资规局等部门开展会商10次，做好形势研判和水利工程调度。指挥应对常山港两次超警戒水位的流域性洪水。

【森林防灭火】 2019年，县应急管理局围绕“打早、打小、打了”的森林防灭火工作目标，压实做好春节、元旦、清明等重点时段森林防灭火工作责任。召开全县性森林防灭火工作会议3次，提前发布禁火令2次，明确禁火区域，严格火源管控，累计印发“禁火令”2500余份。创建联合督查机制，会同县林水局分片区开展森林防灭火专项联合督查16次，排查治理火灾隐患点56处。分批组织全县森林消防扑火队员培训演练，开展技能培训7次、实战演练3次，参与人员400余人次。实施“除隐患、保平安”护航新中国成立70周年森林防灭火专项行动，推进24小时值班制度和“零报告”制度，实施县级半专业森林防灭火队伍集中备勤，特别是进入一级响应以后，县、乡、村三级每天安排各类值班值守和巡查人员600余人，圆满完成森林消防安保任务，实现国庆期间“零火情”。

【应急管理体系建设】 2019年，县应急管理局在全县部署开展县级突发事件应急预案编制、修订工作，涵盖突发事件总体应急预案和69个专项预案。完成职责范围内《常山县防汛防台抗旱应急预案》和《常山县森林火灾应急预案》修订工作。全面开展应急救援队伍和基层常备应急力量调查摸底，基本掌握各类队伍的组织机构、人员构成、救援装备和经费保障情况。以“全灾种、大应急”的要求，建设一支综合性应急救援队伍，把县危险化学品应急救援队、县森林消防应急救援队、县自然灾害应急救援队等5支专业救援队伍纳入统一培育管理，并签订战略合作协议。同时，重点强化现有队伍建设，提高应急处置救援能力，共开展各类救援队伍业务知识培训和演练32次，参加人员3500余人次。

6月29日，在金川街道开展县级应急救援综合演练　　（县应急管理局 供图）（江莉贞）

消　防

【概况】 2019年，常山县消防救援大队（以下简称“县消防大队”）共配备执勤车9辆，公务车3辆；人员有59人，其中干部9人、消防员13人、梅园站合同制队员6人、金川站合同制队员21人、文员10人。年内，县消防大队完成消防体制改革和队伍转隶，按照“对党忠诚、纪律严明、赴汤蹈火、竭诚为民”的总要求，实现改革期间队伍“思想不乱、工作不断、队伍不散、干劲不减”，筑牢指战员对党忠诚、看齐追随的思想根基，深化“创人民满意消防队伍”活动，推荐县消防大队马德宇代表常山县参加“最美浙江人·青春领袖”评选，并将其典型事迹推送到“学习强国”上。围绕做好庆祝新中国成立70周年的消防安全工作，县消防大队坚持全面发动、重点攻坚，坚持非常时期、超常举措，较好地完成各项重点工作任务。全年检查单位714家次，下发改正通知书377份，督促整改隐患798处，下发行政处罚决定书76份，对2家单位作出责令“三停”（停产停业、停止施工、停止使用）处罚，对1家场所实施临时查封，罚款5.57万元。开展投入使用营业前安全检查36次，其中下发公众聚集场所投入使用、营业前消防安全检查合格证23份，下发不同意投入使用、营业决定书13份。全年接警238起，出动消防车辆385车次，出动消防员2097人次，抢救被困人员42人，疏散人员2人，抢救财产价值89.4万元。完成《衢州市常山县区域消防安全评估报告》的编制工作，为常山县未来5−10年消防工作提供方向性指导。完成消防安全“三年翻身仗”行动年度任务目标。2019年，全县发生火灾35起，火灾发生数比上年下降12.5%，比2014—2016年火灾平均数下降56.25%，其中电气火灾发生数比上年下降5.3%；未发生亡人火灾和较大以上火灾。

是年，县消防大队被市政府评为2018年度安全生产工作先进集体。

【火灾防控基础建设】 2019年，县消防大队以消防安全“三年翻身仗”和“防风险保平安迎大庆”、小微企业专项治理消防安全执法检查专项行动等消防安保专项工作为主线，上下联动，形成立体火灾防控态势。年初，县消防大队提出的智慧烟感项目列入县政府年度十大民生工程，到年底，共完成248万元投资建设任务，为全县4000多户高龄低保户安装远程联网型独立式感烟报警器。协调县住建局推进智慧充电桩建设，辖区已安装单位102家、充电口1075个，有效杜绝扯线充电的方式，降低小区、出租房的电动车火灾安全隐患。

【消防安全检查和消防比武活动】 2019年4—10月，县消防大队在全县开展“防风险保平安迎大庆”消防安全执法检查专项行动。7月30日，举办第二届全县微型消防站比武活动，全县消防安全重点单位微型消防站、各乡镇政府专职消防队、社区微型消防站等单位参加，有效地检验全县多种形式消防队伍实战能力。

【全媒体宣传消防知识】 2019年，县消防大队建立“常山县消安委实体化运行办公室”“常山县乡镇街道消防安全三年翻身仗交流”“常山县社会消防力量”等微信群，利用新媒体通报重要消防信息。每月通过常山新闻传媒集团《常山消防之声》栏目、《今日常山》报曝光火灾隐患单位，全年累计曝光60余次；联合各社会单位、社区通过户外楼宇电视、LED显示屏不间断播放消防安全警示片（提示语）；通过移动运营商向全县手机用户发送消防安全提醒短信17万余条。11月9日，县消防大队联合县新闻传媒集团拍摄的专题宣传片在县电视台黄金时段、各社会单位户外视频、楼宇视频、KTV、影院和各大网吧同步滚动播放，营造浓厚的“119消防宣传月”氛围，收到良好的社会宣传效果。

【消防宣教场地建成】 2019年，县消防大队协调有关单位完成台风馆、地震馆建设并投入使用，模拟初期火灾扑救、火灾逃生体验、消防隐患查找、消防知识教育等板块已列入建设规划。联合县供电公司，耗资100余万元打造用电安全消防展示厅，10月正式揭牌并投入使用，建筑面积近120平方米，主要用于日常生活用电常识、安全风险及预防的宣传和教育，定期面向社会免费开放。此外，全县11个乡镇3个街道8个社区180个自然村消防体验室（宣传点）建设全部完成，共组织开展“七进”活动120余次，组织团体、企事业单位、学校、社会单位及各界群众走进消防站（科普基地）参观100余次，发动消防志愿者、村（居）干部、社区消防宣传大使到家入户、走街串巷宣传消防知识45余次，联合社区消防宣传大使走进孤寡老弱群体家中开展“敲门”行动10余次，发送消防安全主题微博、短信2500余条，微信1300余条，发放消防宣传资料6万余份，受益群众8万余人。

【压路机侧翻事故救援】 2019年5月29日14时51分，县消防大队接到报警称：位于上埠村高速公路桥下的一辆压路机发生侧翻导致一人员被困，情况十分危急。接到报警后，县消防大队立即出动1辆消防车7名消防指战员火速赶到现场实施救援。到达现场后，发现一辆道路施工车侧翻高速公路桥下面，一名司机被困在变形的驾驶室内。掌握情况后，指挥员立即下令，先由两辆挖掘机配合形成固定支点，将20余吨的压路机抬起，随后救援人员迅速钻进驾驶室合力将被困人员救出，并抬上担架送医。

【D5689次动车组常山段火灾扑救】 2019年10月14日20时28分，县消防大队接到报警称，位于九景衢客运专线常山段D5689次动车组发生火灾，有人员被困，县消防大队立即出动4车20人赶赴救援现场。达到现场，指挥员立即与常山站负责人及现场动车组负责人联系，了解火灾基本情况后，迅速下令成立疏散组、攻坚组和供水组，疏散组与列车员一起对89名乘客进行疏散，攻坚组提前准备好水带、水枪等灭火救援工具，沿铁路铺设水带干线，进行预先展开，待列车完全断电，确认无危险后指挥员带领攻坚组进行内攻灭火。在灭火过程中，由于车厢过道小、火势大，一度无法有效深入打击火势，指挥员不慌不乱，带领一名攻坚组队员多次进入车厢打击火势。至22时30分，火势被完全扑灭。

（徐磊）

财政·税务

财　政

【概况】　2019年，常山县实现地区生产总值150.37亿元，比上年增长6.6%。其中，第一产业增加值8.00亿元，比上年增长1.7%；第二产业增加值63.02亿元，比上年增长5.8%；第三产业增加值79.35亿元，比上年增长8.0%；三次产业结构比为5.3∶41.9∶52.8。按常住人口计算，全县人均生产总值58933元，比上年增长5.7%；城镇居民人均可支配收入39654元，比上年增长8.9%；农村居民人均可支配收入22149元，比上年增长9.7%。全县财政总收入18.94亿元，比上年增长10.8%；一般公共预算收入11.79亿元，比上年增长7.4%；一般公共预算支出55.65亿元，比上年增长18.3%。全年财政收支平衡。

常山县财政局（以下简称“县财政局”）开展“不忘初心、牢记使命”主题教育、“警示教育月”“党建治理大花园·党员先锋作示范”等活动，组织党员干部签订《党风廉政建设责任书》，选派业务骨干参与县委中心工作、巡察任务等。组织参加全县万人合唱大赛，举办“最美初心”爱国主题朗诵比赛。组织“创卫”、社区文明劝导、认领微心愿、慰问困难户等志愿活动，参加人数800余人次。

是年，县财政局被评为“全省基层财政管理综合工作综合优秀单位”“浙江财政年鉴2019卷组稿先进单位”“衢州市助残先进集体”“常山县劳动模范集体”，在全县机关部门综合考核中蝉联一等奖，受到县委、县政府“十条军规”执行工作通报表彰3次。县财政局干部甘苏被评为浙江省“无偿献血先进个人”，郑小英被评为常山县“效率之星”，杨斌被评为常山县“东接新衢州、慢城大花园”先锋战士称号。

【财政收入】　2019年，县财政局顺应征管体制改革新变化，加强经济形势分析，提高收入预测的准确性。加强财源培植，深挖增收潜力，优化收入“三个比重”。支持打造“四大百亿”产业，落实和完善总部经济政策。深化“智汇常山”工程，增强经济发展内生动力，推进创新成果向生产力转化。全县一般公共预算收入占财政总收入的比重为62.2%、占GDP的比重为7.8%；其中税收收入9.05亿元，比上年增长4.0%，占一般公共预算收入的比重为76.8%。规范非税收入征管，推进非税收入电子化收缴，全年非税收入28.99亿元，比上年增长54.7%，其中纳入一般公共预算管理的非税收入2.74亿元，比上年增长20.1%。

【服务经济发展】　2019年，县财政局深化“最多跑一次”工作改革，连续3年开展“上门服务至少一次”大走访，汇总调研情况，列出破难清单，建立长效机制。落实大规模减税降费政策，减轻企业负担9761万元；做好拖欠民营企业账款清查工作，推动偿还欠款2793万元。完善政策供给，梳理和整合产业政策，推进出台工业新政“二十八条”，参与制定“大工业”“大服务业”“大招商”以及“大人才”等政策，全年兑现涉企专项资金2.06亿元；参与制定工业企业“退散进集”、生态园区出清、钙产业整治等政策，优化产业结构，腾出高质量发展空间。引导产业基金发展，推进产业基金投资及运作，引导基金投资企业回归，促进产业转型升级。加大向上争取资金力度，全年争取资金21.28亿元，其中乡村振兴产业发展示范建设项目获省补资金4000万元、金色同弓田园综合体建设项目获1800万元、一事一议美丽乡村建设项目获2000万元。

【保障和改善民生】 2019年，全县财政民生支出41.76亿元，比上年增长14.4%。县财政局支持乡村振兴，统筹2.92亿元用于打造美丽乡村，加快推进农村人居环境建设；投入6692万元用于农饮水达标提标工程，惠及29万农村人口；助推慈溪—常山山海协作“消薄飞地”产业园项目落地。加速交通建设，助推交通项目“大会战”，投入5.34亿元用于淳常公路、320国道“二改一”等交通基础设施建设。推进教育文化事业发展，保障农村义务教育发展，配套安排农村教师特岗津贴，投入1亿元用于芳村、阁底等乡镇学校迁建扩容，推动城乡教育融合发展；大幅提高教师待遇，推动教育教学质量奖从人均28000元提升至40000元；保障中职教育提升工程，安排500万元职业教育专项资金，推动常山工匠学院建设；支持打造省诗词教育基地、24小时“南孔书屋”和“浙江书法村”，推动常山县成功创建区域推进语言文字规范化县。保障医疗卫生支出，投入5557万元用于人民医院二期、中医院异地搬迁、乡镇卫生院提升工程；推进医疗卫生改革，推动常山县医共体建设经验列入全省典型。投入财政专项扶贫资金7059万元，助力脱贫攻坚。

【规范财政管理】 2019年，县财政局持续完善预算管理制度，压减一般性支出，提请政府出台县级部门预算调整管理办法，增强预算刚性；实施会议费和培训费总额控制，促进节约型机关建设。规范政府投资管理，出台政府投资项目契约化管理制度，实现项目封闭式运行；强化政府投资项目全过程监管，严把政府投资项目概算、预算、结算三道关，全年审核项目611个，核减投资支出1.95亿元；完善立项资金来源审批制度，全年审批项目102个，对7个不予立项。加强公款竞争性存放管理，全年开展财政资金竞争性存放招标16.80亿元，新增存量资金总收益835万元；指导预算单位开展公款竞争性存放29次，累计招标金额6.33亿元。建立“廉政灶”制度，降低公务接待廉政风险。加强政府采购管理，推进全省“一张网”建设，全县88户网超供应商入驻“政采云”。推进重点项目绩效评价，实施财政资金绩效自评项目83个，涉及资金8.05亿元，发挥绩效评价对专项资金使用的导向和激励作用。

【构建集中财力办大事体系】 2019年，县财政局构建集中财力办大事财政政策体系，推动成立以县长张少华为组长，副县长为副组长，相关部门单位负责人为成员的常山县构建集中财力办大事财政政策体系领导小组。完成常山县未来3年财政承受和保障能力情况分析，保留政策项目57项，调整、取消和强化政策项目25项。统筹涉农资金，构建乡村振兴涉农资金统筹整合机制，对县重点涉农、乡村振兴发展等12类项目和2.24亿元拼盘资金进行大整合。加强全面预算绩效管理，出台《常山县全面推进预算绩效管理三年行动计划（2019—2021年）》，并下达计划任务清单。

（潘金金）

常山县2019年一般公共预算收入执行情况一览表

表14　　单位：万元

项　目	调整预算数	执行数	完成调整预算(%)	比上年±(%)
一般公共预算本级收入合计	117905	117850	100	7.4
一、税收收入小计	90459	90457	100	4
（一）主体税种收入	65206	63857	97.9	18.6
增值税	51206	48402	94.5	22.3
其中，改征增值税	—	18285	—	44.3
企业所得税（40%）	12000	13244	110.4	17.7
个人所得税（40%）	2000	2211	110.6	-27
（二）小税种收入	15653	14913	95.3	-36.2
资源税	1400	1656	118.3	18.5
城市维护建设税	5000	5384	107.7	-5.6
房产税	2000	947	47.4	-76.2
印花税	1200	1391	115.9	1.2
城镇土地使用税	1000	752	75.2	-79.5
土地增值税	3800	3447	90.7	-42.3
车船税	760	864	113.7	-8
环保税	450	429	95.3	36.2
其他税收收入	43	43	100	43.3
（三）农业两税收入	9600	11687	121.7	19.8
耕地占用税	4600	4583	99.6	81.9
契税	5000	7104	142.1	-1.8
二、非税收入	27446	27393	99.8	20.1
（一）专项收入	7973	7439	93.3	-25.3
1. 教育费附加收入	3045	2878	94.5	-5.9
2. 地方教育费附加收入	2030	1918	94.5	-6
3. 残疾人就业保障金收入	684	646	94.4	-6.1
4. 森林植被恢复费收入	2214	1995	90.1	330
5. 水利建设专项收入	—	2	—	100
（二）行政事业性收费收入	3150	4533	143.9	190.4
（三）罚没收入	7254	7488	103.2	127.7
（四）国有资源（资产）有偿使用收入	8619	7508	87.1	70.9

续表 14　　单位：万元

项　　目	调整预算数	执行数	完成调整预算（%）	比上年 ±（%）
（五）政府住房基金收入	450	425	94.4	−88.2
二、上划中央“五税”收入合计	72356	71597	99	17.1
（一）上划中央“三税”收入	51356	48415	94.3	21.9
1. 消费税	150	12	—	−90.2
2. “改、增”中央部分	51206	48403	94.5	22.2
（二）上划中央所得税收入	21000	23182	110.4	8.2
1. 个人所得税（60%）	3000	3316	110.5	−27
2. 企业所得税（60%）	18000	19866	110.4	17.7
三、财政总收入合计	190261	189447	99.6	10.8
附列：出口退税情况（含免抵调）	—	−11150	—	32.7

常山县 2019 年一般公共预算支出执行情况一览表

表 15　　单位：万元

项　　目	调整预算数	执行数	完成调整预算（%）	比上年 ±（%）
一般公共预算本级支出合计	556669	556540	99.98	18.3
一、一般公共服务	58010	61524	106.06	22.8
二、国防	196	185	94.39	−0.5
三、公共安全	25033	25878	103.38	16.2
四、教育	70935	69310	97.71	13.3
五、科学技术	17040	15754	92.45	27.0
六、文化旅游体育与传媒	9108	9873	108.40	13.4
七、社会保障和就业	72333	76105	105.21	14.8
八、卫生健康	52193	54555	104.53	5.6
九、节能环保	14327	14671	102.40	29.9
十、城乡社区	73406	75575	102.95	123.0
十一、农林水	74744	69347	92.78	−11.8
十二、交通运输	49191	46786	95.11	44.3
十三、资源勘探信息等	2958	2242	75.79	−45.7
十四、商业服务业等	1400	1264	90.29	−50.7
十五、金融	—	—	—	−100.0
十六、自然资源海洋气象等	15386	12609	81.95	133.8
十七、住房保障	6661	6502	97.61	−65.0
十八、粮油物资储备	1500	1543	102.87	−18.5
十九、灾害防治及应急管理	1386	1953	140.91	—
二十、其他支出	15	15	100.00	−86.8
二十一、债务付息及发行费用	10847	10849	100.02	26.1

常山县2019年政府性基金收入执行情况一览表

表16　　　　单位：万元

收入项目	调整预算数	执行数	完成调整预算(%)	比上年±(%)
政府性基金收入合计	160490	144852	90.26	-22.2
一、新型墙体材料专项基金收入	—	—	—	—
二、城市公用事业附加收入	—	—	—	—
三、国有土地收益基金收入	2310	1081	46.80	-69.1
四、农业土地开发资金收入	240	288	120.00	140.0
五、国有土地使用权出让金收入	62430	68538	109.78	-40.8
六、彩票公益金收入	400	384	96.00	25.5
七、城市基础设施配套费收入	800	250	31.25	-83.7
八、污水处理费收入	1200	1122	93.50	195.3
九、彩票发行机构和彩票销售机构的业务费	110	100	90.91	-7.4
十、其他政府性基金收入	93000	73089	78.59	13.5

常山县2019年政府性基金收入执行情况一览表

表17　　　　单位：万元

支出项目	调整预算数	执行数	完成调整预算(%)	比上年±(%)
政府性基金支出合计	84877	76713	90.4	-48.7
一、文化体育与传媒支出	50	—	—	—
国家电影事业发展专项资金的支出	50	—	—	—
二、社会保障和就业	2364	2364	100.0	-21.3
大中型水库移民后期扶持基金支出	1809	1809	100.0	-29.7
小型水库移民扶助基金支出	555	555	100.0	30.0
三、城乡社区	76238	67606	88.7	-47.9
国有土地使用权出让收入安排的支出	32450	25657	79.1	-79.9
城市公用事业附加安排的支出	—	—	—	—
国有土地收益基金支出	2250	626	27.8	-65.9
农业土地开发资金支出	254	90	35.4	4.7
土地专项债券收入安排的支出	40000	40000	100.0	
城市基础设施配套费安排的支出	84	98	116.7	188.2
污水处理费安排的支出	1200	1135	94.6	175.5
四、农林水	23	23	100.0	-76.3
大中型水库库区基金支出	23	23	100.0	-76.3
五、资源勘探信息等	—	—	—	—
散装水泥专项资金支出	—	—	—	—
新型墙体材料专项基金支出	—	—	—	—

续表 17

单位：万元

支出项目	调整预算数	执行数	完成调整预算（%）	比上年 ±（%）
六、商业服务业等	—	—	—	-100.0
旅游发展基金支出	—	—	—	-100.0
七、其他支出	2920	3427	117.4	-75.2
彩票公益金安排的支出	1300	2069	159.2	4.9
彩票发行销售机构业务费安排的支出	120	78	65.0	-8.2
其他政府性基金支出	1500	1280	85.3	-89.1
八、债务付息和发行费用	3282	3293	100.3	14.6
债务付息支出	3238	3238	100.0	12.7
债务发行费用支出	44	55	125.0	—

常山县2019年国有资本经营收入执行情况一览表

表 18

单位：万元

收入项目	调整预算数	执行数	完成预算（%）	比上年 ±（%）
国有资本经营收入合计	426	426	100.0	—
一、利润收入	426	426	100.0	—
电力企业利润收入	—	—	—	—
钢铁企业利润收入	—	—	—	—
运输企业利润收入	—	—	—	—
机械企业利润收入	—	—	—	—
投资服务企业利润收入	—	—	—	—
贸易企业利润收入	—	—	—	—
其他国有资本经营预算企业利润收入	426	426	100.0	—
二、股利、股息收入	—	—	—	—
三、产权转让收入	—	—	—	—
四、清算收入	—	—	—	—
五、其他国有资本经营收入	—	—	—	—

常山县2019年国有资本经营支出执行情况一览表

表 19

单位：万元

支出项目	调整预算数	执行数	完成预算（%）	比上年 ±（%）
国有资本经营支出合计	426	0	—	—
一、解决历史遗留问题及改革成本支出	—	—	—	—
二、国有企业资本金注入	—	—	—	—
三、其他国有资本经营预算支出	426	0	—	—
其他国有资本经营预算支出	426	0	—	—

常山县2019年社会保险基金收入执行情况一览表

表20　　　　单位：万元

科目	调整预算数	执行数	完成调整预算（%）	比上年±（%）
全县社会保险基金收入合计	150756	150524	99.8	10.5
其中：保险费收入	95046	95804	100.8	3.6
财政补贴收入	50620	48825	96.5	32.3
其他社会保险基金收入／利息收入	5090	5895	115.8	54.3
一、企业职工基本养老保险基金收入	52800	54990	104.1	11.4
其中：保险费收入	44250	45665	103.2	6.2
其他基本养老保险基金收入／利息收入	3980	4736	119.0	41.8
二、机关事业单位基本养老保险基金收入	28451	29680	104.3	19.4
其中：保险费收入	14161	14200	100.3	−9.4
财政补贴收入	14245	15335	107.7	70.4
其他基本养老保险基金收入／利息收入	45	145	322.2	−27.1
三、失业保险基金收入	1566	1650	105.4	16.2
其中：保险费收入	1456	1546	106.2	12.6
其他失业保险基金收入／利息收入	110	104	94.5	121.3
四、基本医疗保险基金收入	23297	23136	99.3	11.1
其中：保险费收入	22761	22623	99.4	9.5
其他基本医疗保险基金收入／利息收入	536	513	95.7	218.6
五、工伤保险基金收入	2282	2139	93.7	−7.4
其中：保险费收入	2080	2056	98.8	1.8
财政补贴收入	182	62	34.1	−78.0
其他工伤保险基金收入／利息收入	20	21	105.0	200.0
六、生育保险基金收入	618	—	—	—
其中：保险费收入	611	—	—	—
其他生育保险基金收入／利息收入	7	—	—	—
七、居民社会养老保险基金收入	12635	11182	88.5	−6.6
其中：保险费收入	644	670	104.0	93.6
财政补贴收入	11815	10336	87.5	−10.8
其他居民社会保险基金收入／利息收入	176	176	100.0	417.6
八、居民基本医疗保险基金收入	29107	27747	95.3	11.3
其中：保险费收入	9083	9044	99.6	2.2
财政补贴收入	19808	18503	93.4	15.3
其他居民医疗保险基金收入／利息收入	216	200	92.6	733.3

常山县 2019 年社会保险基金支出执行情况一览表

表 21

单位：万元

科 目	调整预算数	执行数	完成调整预算（%）	比上年 ±（%）
全县社会保险基金支出合计	181602	172436	95.0	10.4
其中：社会保险待遇支出	170594	160447	94.1	6.4
一、企业职工基本养老保险基金支出	82026	80548	98.2	13.0
其中：基本养老金支出	78000	76000	97.4	9.1
二、机关事业单位基本养老保险基金支出	28180	28100	99.7	5.8
其中：基本养老金支出	27950	27950	100.0	8.3
三、失业保险基金支出	5933	4723	79.6	277.5
其中：失业保险金支出	926	973	105.1	75.0
四、基本医疗保险基金支出	22666	21013	92.7	7.5
其中：基本医疗保险待遇支出	21956	20280	92.4	7.0
五、工伤保险基金支出	2270	2335	102.9	22.5
其中：工伤保险待遇支出	2265	2300	101.5	24.4
六、生育保险基金支出	1083	—	—	—
其中：生育保险待遇支出	1083	—	—	—
七、居民社会养老保险基金支出	12480	12230	98.0	7.8
其中：基本养老金支出	11450	10900	95.2	1.4
八、居民基本医疗保险基金支出	26964	23487	87.1	2.1
其中：基本医疗保险待遇支出	26964	22044	81.8	0.4

常山县 2019 年社会保险基金预算结余一览表

表 22

单位：万元

科目	调整预算数	执行数
全县社会保险基金本年收支结余	−30846	−21912
一、企业职工基本养老保险基金本年收支结余	−29226	−25558
二、机关事业单位基本养老保险基金结余	271	1580
三、失业保险基金本年收支结余	−4367	−3073
四、基本医疗保险基金本年收支结余	631	2123
五、工伤保险基金本年收支结余	12	−196
六、生育保险基金本年收支结余	−465	—
七、居民社会养老保险基金本年收支结余	155	−1048
八、居民基本医疗保险基金本年收支结余	2143	4260

（朱清颖）

税　务

【概况】　2019年，国家税务总局常山县税务局（以下简称“县税务局”）组织税收收入165661万元，比上年增长5.91%，社保合计96746万元，比上年增长21.77%，非税收入6354万元，比上年减少3.93%；办理各类退税29296万元，其中资源综合利用退税5520万元，福利企业退税6568万元，出口退税11150万元。县税务局落实新出台减税政策，减免税额累计18847.1万元，社保费减免4527.62万元。2019年，常山县税务局多次向常山县委、县政府主要领导汇报税收优惠政策落实情况，并邀请县纪委监委领导对常山县税务局减税降费工作开展专项督查，2019年常山县税务局先后3次获得县委、县政府主要领导的肯定性批示。

【党建工作】　2019年，常山县税务局精心组织谋划“不忘初心、牢记使命”主题教育活动，召开7次集中学习，专题研讨4次；班子领导为所在支部联系点或跨支部上党课7次，支部书记为所在支部党员上党课或谈心得体会5次；组织专题调研和成果交流，形成调研报告7篇；举办1期党务培训班，参加1期市局党务和纪检培训；召开1次党委民主生活会和5个支部组织生活会，全体班子成员和党员进行深刻的批评与自我批评。“不忘初心、牢记使命”主题教育期间，常山县税务局走访纳税人缴费人500余户。常山县税务局注重“不忘初心、牢记使命”主题教育整改实效，推动专项整治“回头看”，对查摆的问题采取清单式、销号式管理方式，设定整改期限，落实主体责任，牢牢抓好整改落实不走样。

5月27日，常山税务接受省局党委第八巡察组巡察见面会　　　（朱俊辉 摄）

【干部队伍建设】　征集股室、干部对教育培训的建议意见，了解干部业务短板所在，制订出台新常态下干部教育的培训计划，提升干部业务水平。2019年6—7月间分3批组织全局干部职工到浙江大学玉泉校区开展为期6天的集中脱产培训，加快“四合”融合力度，提升干部业务素质和工作实操能力。落实好税务大学网络学习和“岗位大练兵、业务大比武”各项工作。加强干部网络大学注册管理和信息核对，对学习竞赛情况进行跟踪；协同各职能股室，落实好各业务线的岗位练兵和业务比武活动，挑选精兵强将参加浙江省税务局、衢州市税务局组织的各类竞赛。

【税收法治建设】　2019年，县税务局调整重大执法决定法制审核实施方案和重大执法决定法制审核制度工作领导小组。完成破产和执行案件申报工作，全年向破产管理人申报25家公司的税费债权，收到破产、执行、政府收购案件入库分配款税款826856.77元，滞纳金6111.62元，社保费本金1165970.68元。推进内控管理辅助新平台推广使用。内控辅助平台于2019年7月开始运行，全局客户端安装使用情况、单位防控日志完成情况、季度的部门防控情况等考核指标均达100%。

【城乡居民“两费”工作机制建设】 2019年，县税务局积极联系市局社保非税科、县社保局和其他县局，研究探讨城乡居民两费数据的数据传递问题，确保城乡居民“两费”（即城乡居民基本养老保险费和城乡居民基本医疗保险费）划转平稳推进。组织召开税务、社保、医保三方协调会，打通城乡居民“两费”数据壁垒，确保城乡居民“两费”征缴系统征缴功能的实现。做好征管部署，确定13项重点工作任务，逐项完成专题汇报、下发实施方案、明确内部职责、全面开展自查、制定应急预案、实施分片包干、核对缴费名单、加大宣传力度、强化培训辅导9项重点工作。

【网上办税“最多跑一次”】 2019年，县税务局推行网上办税，网上办税率达到92%，各项涉企服务均得到极大提升，其中企业新办实现“一日速办”。通过“企业开办全程网上办平台”与“新办智能办理模块”，及时处理发票申领信息，实现发票发售半小时内办结。全年通过“新智能办理模块”，自动登记企业数量325户次。企业注销实现“一网办结”。联合市场监督管理部门，通过钉钉注销群传递数据信息，优化办事流程，压减注销时间，精简申请材料，其中一般注销实现3日内办结，个体工商户注销实现3分钟办结。企业反馈实现“一键优化”。启用浙江政务平台好差评系统，让纳税人有更多反映需求的渠道，办事体验能够有更直接和及时的反馈，好评率达99.9%。

（朱俊辉）

国有资产监督管理

【概况】 2019年，常山县国有资产监督管理委员会办公室（以下简称“县国资办”）职能归并常山县财政局，负责指导常山县国有资产投资运营有限责任公司履行国有资本出资人职责，强化对国有资本的管理。负责国有资产处置、调剂、收益收缴等监督管理工作，全面运行行政事业单位资产管理信息系统，推动各行政事业单位及时进行账务处理，提升日常资产管理效率。做强做优做大国企，优化资产配置，加快推进资产确权工作。全面深化国有企业改革，制定并执行国有资本管理制度并组织实施。创新投融资机制，坚持政府融资平台公司市场化转型，12月底，各国资公司新增授信金额5.2亿元，新增到位资金2.2亿元（含存量已审批授信新到位资金）。

【优化做大“资产池”】 2019年，县国资办为做强做优做大国企，按照国有资产的属性和用途，优化资产配置，建立“非经营性资产池”和“经营性资产池”。全县非经营性国有房地产产权统一集中登记到县机关事务保障中心（除教育、卫生医疗用地），由其统一调剂使用，首批待移交资产60处，县房管处、县住建局、县市监局、县社保局等多家单位已完成办公用房移交工作；经营性国有房地产共注入城投集团120处、农投集团7处，其中15处已经完成资产变性工作。截至年底，全县累计办理不动产权证书567本，已累计导入335宗土地测绘数据、1297幢房产测绘数据，资产登记确权率达80%。

【推进国有企业市场化转型】 2019年，县国资办加快深化国有企业改革，构建“1+1+N”国有资本投资运营多产权组织架构，即1个国资办+1家母公司+N家核心公司（其他子公司），制定《关于深化常山县国有企业改革的若干意见》《关于融资平台市场化转型实施方案》等“1+10”改革配套制度。由国资办履行出资人职责，制定企业国有资产监督、管理、运营制度；国投公司对出资企业履行股东职责，以市场化手段落实国资监管职责；城投、农投及其他子公司各自量身定制主营业务，打造企业独立明晰的发展定位，全面推进国有企业市场化转型。

【扩大固定资产投资】 2019年，县水务公司开展农村饮用水提标达标及应急水厂建设项目，总投资4.5亿元。独创“1+7”的模式，建立1个农村饮用水管理服务中心，下设7个营业所，将由水务公司实施移交后的管网、供水设施等进行分片区进行专业运维，实行城乡供水同网、同质、同服务。全域土地综合整治、城市休闲谷建设稳步推进，文昌阁、人行景观桥已进入收尾阶段，这些重点项目的推进，有效扩大固定资产投资。

【资产管理迈入“云时代”】 2019年，全县各行政事业单位资产管理全部上资产管理云服务平台（简称“资产云”），对接现有资产档案数据，覆盖各类国有资产，贯穿国有资产管理配置、使用、处置、收益等从入口到出口的全生命周期，实现全过程资产管理跟踪、全生命周期动态监管，建设资产智能管理云数据中心。2月起，开展全县行政事业性国有资产月结、月报试编工作，推动单位及时进行账务处理，保证资产实物流和资金流的合一，倒逼单位做到账实相符、账账相符，大幅提升单位日常资产管理效率。

（张紫薇）

金融·保险

综　述

2019年，全县金融机构牢固树立“强服务”理念，紧紧围绕县委“四四二”战略体系，紧扣县政府工作中心，深入开展“金融五送（送金融进政府、送金融进部门、送金融进企业、送金融进乡村、送金融进社区）”活动，主动依托“组团联企（村）”等载体，积极践行金融为民，全力解读好、宣传好、落实好党中央国务院支持民营小微企业发展的决策部署；年末，全县金融机构本外币各项存款余额2360130万元，比年初增长8.43%；贷款余额1959952万元，比年初增长15.80%，居衢州市四个县（市）第一位；贷款不良率0.91%，居衢州市4个县（市）第二低，年度减幅列全市4个县（市）最大；全县保险业总保费收入4.06亿元，赔款支出1.26亿元；全县证券交易量167.9亿元，托管市值10.17亿元，成功落地一家私募项目。深入开展金融知识进街心、进社区，创新推出“金融知识大讲堂”进乡村振兴讲堂等活动，取得良好社会效果；全年举办各类金融宣传112次，受众面49755人次，发放宣传资料13980份。

全面推进绿色普惠金融发展。2019年，全县金融机构坚持绿色发展理念，全力推进传统产业转型升级，绿色综合保险方案、常山胡柚气象指数保险方案已形成，排污权质押贷款正在扩面增量，安全生产绿色保险、油茶低温气象指数保险等业务不断增长；全年办理安全生产绿色保险18笔、保费金额79.36万元，赔付金额45.69万元。普惠金融工作成效不断显现，21个银行卡助农服务点通过省级五星级助农服务点考核验收，全县移动支付业务量完成率居衢州市四县（市）第一位。

倾力推进移动支付便民工程。2019年，全县金融机构持续优化金融服务，实现移动支付在医院、旅游、政务、交通等民生、公共服务领域全覆盖。深入推进银行卡助农服务点移动支付工作，在服务点配置丰收一码通、智能付终端，采取手机银行与二维码交互方式办理助农业务，共建设完成84个助农点实现移动支付受理，为衢州市4个县（市）之首。深入开展移动支付示范街区（商圈）创建，创成省级示范街3条、示范圈1个，完成50余个银行、企业食堂银标二维码受理环境改造工作，87辆公交车实现移动支付应用。

2019 年常山县金融机构本外币存贷款余额一览表

表 23

项目、名称 机构名称		存款		贷款	
		年末余额（万元）	比年初增长（%）	年末余额（万元）	比年初增长（%）
全县金融机构		2360130	8.43	1959952	15.80
其中	农发行	28390	−37.37	192745	31.76
	工商银行	321892	20.39	253152	11.68
	农业银行	221557	7.24	183150	25.50
	中国银行	106801	−11.89	146783	6.53
	建设银行	220164	−6.77	191341	15.96
	农商银行	1011102	20.43	674070	16.25
	邮政储蓄	151112	5.20	57586	15.91
	村镇银行	89900	4.27	103110	1.42
	泰隆银行	74878	9.09	76705	15.07
	温州银行	12931	−34.61	7805	−7.85
	金华银行	16759	−15.82	14653	−18.87
	民泰银行	34751	24.06	19278	21.84
	台州银行	20890	40.88	39573	29.52

（樊小雄）

人行常山支行

【概况】 2019 年，中国人民银行常山县支行（以下简称“人行常山支行”）始终坚守金融为民初心，牢固树立“强服务”理念，紧紧围绕政府中心工作，坚持党建统领，以“不忘初心、牢记使命”主题教育为平台，以“金融五送”为抓手，全面推进常山县经济金融健康发展，取得显著成效。人行常山支行“不忘初心、牢记使命”主题教育工作获人民银行杭州中心支行党委书记、行长殷兴山充分肯定：“常山县支行工作做得又细又实，要表扬并在基层行中倡导”；相关工作经验被浙江省人民银行系统“不忘初心、牢记使命”主题教育工作简报第 43 期刊用；创新推出的“喝彩清廉央行”廉政教育活动获人民银行衢州市中心支行主要领导充分肯定。人行常山支行被作为全县执行“十条军规”典型予以通报表彰，多次被县委、县政府主要领导大会表扬。“最优营商环境”大讨论活动获得县纪委书记、监委主任肯定。

【推进从严治党】 2019 年，人行常山支行始终坚持抓好党建是最大政绩的理念，以“金钉子”党支部品牌建设为统领，健全党建工作机制，创新将党小组建在股室上、创新推出《党小组（股室）党建工作综合考评暂行办法》，做到党建工作与业务工作“五同”。强化党员教育管理，创新实施“金钉子”党员评选分段制，充实积分管理内容，激发不同年龄段党员投身党建工作积极性，在实践中提高党性修养；组织党员到球川镇后弄村“血泪坑”、开化中共浙皖特委纪念馆开展主题党日教育活动，创新举办“喝彩清廉央行”活动，强化党性教育，筑牢思想防线。大力弘扬先进性，创新推出党员“五亮”活动，创新建立“党建＋支行（股室）重点工作”机制，推行“码上”支付党团员志愿服务网络化管理办法，让每位党员扛起重点工作责任，发挥榜样示范引领作用；以“金钉子”讲堂为平台，深入挖掘、弘扬身边党员的先进事迹，让党员有自豪感、归属感、荣誉感。坚持党建带团建，创新出台《中国人民银行常山县支行“金钉子”“雏鹰”成长方案》，合力培养青年员工；全年举办“金青学堂”12次，开展谈心谈话14人次。

【信用县创建工作】 2019年，人行常山支行根据省级信用县建设标准，推动县政府出台《关于创建浙江省“信用县”实施方案》，建立各部门联创共建的创建格局。建立健全守信奖惩机制，其中，创新推出大花园治理“先锋战队”“先锋战士”授信机制，全年共发放贷款12笔、余额495万元；指导推动县农商行与常山县球川镇黄泥畈村联动创新推出的“诚信考评＋流动红旗”乡村治理模式，获省委书记车俊在9月6日全省美丽城镇建设工作会议上表扬肯定。

【有效规范金融市场】 2019年，人行常山支行牵头推进金融领域扫黑除恶专项工作，有效净化金融生态市场。组织对县某银行开展综合执法检查，对其违规行为处罚41.6万元。高度重视金融消费者权益保护，及时处置金融消费投诉。

【金融风险有效控制】 2019年，人行常山支行守牢不发生系统性金融风险底线，持续加大出险企业、民营企业监测力度，指导、督促金融机构加大不良贷款处置力度，促成“银田系”金融风险化解方案达成意向。

（樊小雄）

银保监常山监管组

【概况】 2019年，中国银行保险监督管理委员会衢州监管分局常山办事处更名为中国银行保险监督管理委员会衢州监管分局常山监管组（以下简称“银保监常山监管组”），5月10日正式挂牌。

推进常山县银行业“合规管理强化年”专项活动。强化案件风险防控、加强警示教育。以“强化合规内控、防范案件风险”为主题，组织举办常山银行保险业“合规大讲堂”3期，分析讨论“案件风险防控”的核心内容、预防措施、手段等，提升辖内案防合规氛围。督促法人机构组织全行警示教育活动，以一堂现场警示教育课、一次案防风险分析会等形式对全行员工进行案件防控警示教育。补足内控短板，强化员工行为管理。督促各机构从激励机制、公司治理、制度建设、业务流程、实际操作层面开展本行内控有效性评价，发掘可能降低合规意识的难处、可能存在风险隐患的痛处，落实整改责任人，落实工作措施、落实事后评价，确保整改到位。辖内各机构全年开展员工异常行为专项排查54次，并强化内部责任追究，内部问责273人。其中，开除1人，行政处分21人，经济处罚251人、罚款17.53万元。组织开展“5•20”敬老日志愿服务活动，弘扬银行保险业社会责任。

截至年底，全县金融机构各项人民币存款余额230.9亿元，比年初增加21.25亿元，增长10.13%；各项贷款余额195.97亿元，比年初增加26.72亿元，增长15.79%；不良贷款余额1.77亿元，比年初下降0.57亿元，不良率0.91%，比年初下降0.48%，实现不良双降。

【重点项目信贷投放】 2019年，银保监常山监管组鼓励辖内银行积极向上争取政策倾斜，加大对辖内重大项目、重点企业和重点领域等信贷资源投放力度，做大县域信贷总量。县域一大批重点项目、重点企业如351国道、沿江公路、天子公司、科润新材料等授信获批并投放。同时，各支行积极对接众卡产业园、万洋众创城、国际慢城道路、城乡供水一体化等项目。截至年底，辖内银行贷款余额195.97亿元，比年初增加26.72亿元，贷款增速15.79%，增速位于全市第一，其中3000万元以上的大额项目贷款新增13.73亿元，占新增贷款的51.35%。

【民营企业融资】 2019年，银保监常山监管组开展金融服务民营企业、提升小微金融服务质效等活动，督促法人机构建立、分支机构落实授信尽职免责机制，提高小微企业不良容忍度，推进信贷便利化行动，提升办贷转贷效率，督促辖内各银行机构降低民营企业、小微企业融资难度。全年协调鑫龙轴承，开拓休闲、云泰纺织、常山纺织、正大医药等10多家企业融资及不良处置事宜。截至年底，已累计组建15个债权人委员会，存续7家，涉及用信余额1.44亿元。联合授信已成功签约并录入系统71家企业，授信总额22.02亿元，对外担保总额2.93亿元。辖内银行业普惠型小微企业贷款57.67亿元，比年初增加9.02亿元，比上年增长16.56%。普惠型小微企业贷款平均利率为6.1%，比上年下降0.64个百分点，节约利息1367万元，实现2019年小微企业贷款利率在2018年下半年基础上再有所下降的目标。推进“无还本续贷”工作，发放无还本续贷649户7.64亿元，为企业节约续贷周转成本约690万元。

【防范信用风险】 2019年，银保监常山监管组按照“盯指标、盯处置、盯高风险机构”原则按月度监测辖内各银行机构信用风险数据，实施大额不良贷款清单月度报送制度，督促各机构积极投放信贷，督促不良压降较慢的机构加快处置，督促可能新增大额不良的机构妥善化解及早预案。配合县政府开展辖内轻钙行业清理整顿退出计划，摸排县域轻钙行业授信用信情况，督促辖内各银行机构做好稳妥退出、处置工作。配合政府协调设立银企纠纷人民调解委员会，入驻县信访中心，实现一窗受理，通过非诉渠道快速解决银企债权纠纷。11月22日开始运行，截至12月17日，已受理54件，标的2040万元，已调解成功27件1781万元，经司法确认15件。按照年初“做大分母，做小分子”的既定策略做小不良余额，督促各机构拓宽不良处置渠道，加大不良处置力度。截至年底，县银行业共处置不良4.56亿元，其中核销2.06亿元，现金清收1.66亿元，实现不良率0.91%，比年初下降0.48个百分点，不良率降幅位列全市第一。

【强化机构审慎监管】 2019年，银保监常山监管组做好法人机构监管工作。督促农商行、村镇银行组织开展违规涉企服务收费自查，退回抵押资产评估费约15万元。督促常山农商银行持续推进员工行为排查、内控案件制度健全、隐性不良贷款压降、法人治理水平提高等重点工作，组织对常山农商银行涉企收费现场检查和股权治理。督促村镇银行继续做好管理能力提升、流动性管理、不良贷款压降等重点工作。摸清辖区内保险业现状。自5月10日监管组挂牌后，通过下发调研、召开保险机构座谈会、实地走访调查等方式基本摸清辖区内保险业的现状，发现辖区内保险业存在市场发展不均衡、业务发展不平衡、同业竞争不规范等九大问题，提出相关建议，完成调研报告及机构概览。配合政府推进安环险的扩面工作，指导人保公司牵头做好合规宣传、出单工作。开展监管政策落地大督查。组织对辖内3家银行机构网点、1家保险机构网点就监管政策传导、执行等情况进行大督查，通过组织座谈会、查看档案资料、约谈员工等方式，对部分机构监管政策传导不畅、员工对小微“两增两控”、还款方式创新“两扩两降”不熟悉等问题，督导其积极整改。

（冯程程）

工行常山支行

【概况】 2019年，中国工商银行股份有限公司常山支行（以下简称“工行常山支行”）坚持服务实体经济本源，提高经营站位，助力常山经济实体，多措并举服务民营经济和普惠金融，全年净增小微企业贷款24户，贷款金额5280万元。坚持有效增长攻坚，存款增量创历史新高，其中对公存款新增3.86亿元，储蓄存款新增1.59亿元，四行占比均为第一。坚持严守风险底线，推进劣变防控和风险化解，资产质量回稳向好，开展“压实责任年”活动，筑牢合规案防基础，实现安全稳健经营。坚持关心关爱员工，弘扬身边的“美”，7月、8月、9月先后开展“先锋之美”“本色之美”“师表之表”事迹宣传，编写3位先进人物事迹材料进行宣传，推进职业文明和行业文明建设。开展“巾帼心向党 建功新时代”庆三八系列活动，鼓励女员工不忘初心、勇于担当；举办“话军旅、忆初心、抒情怀”退伍军人庆八一联谊会，激励退伍军人退伍不褪色、展现新作为。截至年底，工行常山支行各项本外币存款余额32.19亿元，在四大国商行中占36.98%，比年初新增5.45亿元；各项本外币贷款余额25.32亿元，在四大国有银行行中占比32.68%，比年初新增2.65亿元。年末不良额、不良率分别比年初下降516万元、0.34个百分点。全年实现拨备前利润9444万元。

是年，工行常山支行被工行浙江省分行评为“2019年零售业务旺季竞赛先进支行”，获“2019年度全省县域支行综合竞争力考核二等奖”和工行衢州分行“2019年全员业务技术竞赛总团体第一名”。

【首笔“房管家”业务成功办理】 2019年2月18日，工行常山支行为客户成功办理全省工行系统首笔“房管家”业务，金额13.8万元。“房管家”是指二手房买卖过程中，为保证交易资金安全，根据交易双方委托对二手房交易资金进行监管，并根据约定条件进行资金划转清算的业务，具有有效确保客户监管资金安全、实现二手房交易资金监管业务线上化操作、监管资金按照活期存款计息、精简业务办理流程等优势。

【“e抵快贷”产品推广】 2019年，工行常山支行大力推广“e抵快贷”产品，在线评估、在线审批、在线放款，共计发放62户，合计金额5587万元，均为人行基准贷款利率，有效降低小微企业主的融资成本。

【“经营快贷”推出】 2019年，工行常山支行运用工行创新产品“经营快贷”，帮助企业解决融资难题。为小微企业以及小微企业主推出网上小额贷，最高200万元，为基准利率，解决企业担保难问题；为经营烟草的经营户发放“衢烟E贷”信用贷款，解决企业担保难问题，拓宽企业融资渠道。全年累计发放经营快贷80笔，金额3000万元。

【“无本续贷”业务】 2019年，工行常山支行紧跟市场需求步伐，创新推出小微企业“无本续贷”业务，着力解决小微企业再融资过程中常见的转贷“难、贵、慢”问题。全年办理无本续贷业务23笔，金额9751万元，有效降低小微企业的转贷成本。

【第一家老年客户旗舰店打造】 2019年，工行常山支行针对小东门分理处老年客户较多的特点，网点内设置健康服务咨询站，每月15—16日邀请专家坐诊，日常配备血压仪及电子体重计供老年客户使用，为老年客户提供贴心暖心的增值服务，用心打造常山第一家老年客户旗舰店。

【工行基层党组织设置的优化调整】 2019年，工行常山支行为使党的组织和党的工作全覆盖，对所属党组织进行优化调整，将支部建在部门、网点。6月27日，新成立4个党支部，分别是：中共中国工商银行衢州常山支行公司业务部支部委员会；中共中国工商银行衢州常山支行综合管理部支部委员会；中共中国工商银行衢州常山支行第一联合支部委员会，由个人业务部和营业室组成；中共中国工商银行衢州常山支行第二联合支部委员会，由小东门分理处和万家富支行组成。

（赵丽雅）

农行常山支行

【概况】 2019年，中国农业银行股份有限公司常山县支行（以下简称“农行常山支行”）机关设有综合管理部、风险管理部、公司业务部和个人金融部；营业机构有支行营业室、红旗街支行、芳村支行；在全县设24小时自助银行6个，其中驻人式自助银行2个；配有自动取款机（ATM）、存取款一体机、自助转账机等自助设备30台。至年末，农行常山支行各项存款余额22.16亿元，比年初上升1.5亿元；各项贷款余额18.31亿元，比年初上升3.72亿元；实现净利润5180万元；完成中间业务收入1373万元。

做好项目营销。常山资规局的4亿元土地专项债成功落地；成功营销近年来单笔最大的非税土地指标款3.55亿元财政资金；成功营销常山县农商行企业年金托管业务，实现年金托管零的突破。重点支持国家级农业龙头企业浙江天子股份有限公司新增投放4000万元贷款，获得省、市、县各级政府肯定批示和企业高度认可；中电建351国道项目贷款8.85亿元提款手续办理结束；完成绿投集团3000万元、绿惠公司3500万元的流动资金授信；土地整治、农民集聚安置房、幼儿园新建工程、浙赣省际未来驿站等项目对接中。强化场景建设。互联网缴费场景商户35户，完成率175%；互联网产业链场景319户，完成率109%；微信银行客户3057户，完成率130%；营销个人商户318户，完成率95%；对公商户23户，完成率135%；移动支付业务量10.81万笔，完成率120.16%。

主辅业务兼顾，提升经营效益。围绕“存款立行”，持续做好稳存增存。2019年重点围绕客户基础建设，把客户拓展作为各项业务实现可持续发展工作重点，明确主攻方向，加大对各层级客户的维护力度。加大信贷有效投放，做大信贷总量。全年新增法人有贷户42户，新增1000万元以下普惠金融贷款9126万元；列全市第一位。加快重点产品的营销，提升中间业务收入。积极做好信用卡分期业务、加强同业代理业务营销力度、信用社年金托管业务落地和抓好投行业务收入。做好信贷风险管控，加大不良处置，减少减值准备支出；优化存款贷款结构，营销低成本存款，提高客户经理议价能力，提升存贷利差。加强MIS-POS业务营销和推动，加快金融图谱的绘制分析。

强化风险控制，不良贷款骤降。严格把好贷款发放关。加强贷前真实性调查，高度重视第一还款来源，续贷时逐步压缩风险客户信用额度，继续实行100万元大额贷款的风险预审制等管理措施，在源头上防控风险。做好预防关。重点抓本金逾期客户和欠息客户，特别是对潜在风险客户浙江锦禾农业科技有限公司争取政府与我行共同实施帮扶，帮助企业维持经营，度过困难时期。对客户通过贷后例会进行审议采取逐步压缩信用总额，提高第二还款来源保障度等多项管控措施，企业还款意愿增强，每月均有按时归还贷款利息；取得上级分行支持农行常山支行年底暂不下调风险分类。紧盯清收处置重点项目，主动加强与县法院的沟通，狠抓已核销贷款的清收，通过上门清收、诉讼、核销等多种手段，全力完成2019年清收处置任务目标。截至2019年年底，农行常山支行不良贷款余额624万元，比年初减少1026万元，不良率0.34%，在当地四大国有银行最低。

【主题教育】 2019年，农行常山支行领导班子成员开展“不忘初心、牢记使命”主题教育专题学习1次，组织周集中学习9次，自学计100余次，党委书记上党课2次，组织手抄党章党规，全员观看电影《我和我的祖国》，开展主题党日活动、主题教育趣味运动会。9月底，对辖内3个网点开展“大篷车”巡回辅导工作，共召开专题会议3次，出具“大篷车”巡回辅导报告和问题清单各3份，农行常山支行领导班子成员撰写调研报告4份。

（季雨根）

建行常山支行

【概况】 2019年，中国建设银行股份有限公司常山支行（以下简称“建行常山支行”）以党建统领业务中心工作，开展“不忘初心、牢记使命”主题教育，督促各支部健全完善“三会一课”制度，指导各支部主题教育走深走实，深入开展向张富清老英雄学习活动；开展纪念建党98周年系列主题党日活动；持续开展党建共建工作，与县退役军人事务局、县人事劳动和社会保障局共同举办常山县“拥军贷”授信暨党建共建签约仪式，与县退役军人事务局签订党建共建协议，举行党建共建揭牌仪式。建行常山支行“普惠2+1”客户新增59户，完成年度新增计划的92.19%，在衢州市建行系统九大机构排名第二；金融科技平台关键绩效指标九大机构排名第二。年末，建行常山支行本外币一般性存款时点余额22.02亿元，比年初下降1.6亿元；其中，对公存款余额14.49亿元，时点存款较年初下降2.22亿元，四行余额占比28.75%，列四行第二位，新增占比－698.17%，列四行第四位；个人存款余额7.53亿元，时点存款较年初新增0.62亿元，四行余额占比20.62%，列四行第三位，新增占比17.14%，列四行第三位。各项贷款余额19.13亿元，较年初新增2.63亿元，当地四行余额占比24.70%，列第二位，新增占比26.54%，列四行第三位；其中，对公信贷余额为4.2亿元，较年初下降0.28亿元，余额占比位列四行第四、新增占比位列四行第四位；个人贷款余额13.41亿元，时点个贷净新增1.4亿元，四行新增占比41.17%，列四行第一位。个贷业务一枝独秀，拉动贷款业务整体上升，对当地四行占比保有份额做出贡献；累计实现中间业务净收入896万元，当地四行余额占比15.78%，列第四位；其中，对公中收受项目投放的影响，四行余额占比9.75%，列第四位，个人条线中收净收入692万元，四行余额占比19.31%，列第四位；不良贷款总额2113万元，比年初下降1208万元，不良率1.1%，比年初下降0.91个百分点，实现“双降”目标。其中，对公不良额919万元，对公不良率2.19%；比年初的2067万元下降1148万元，年内新暴露不良贷款500.8万元，共处置对公不良1649万元，对公不良额、不良率较年初实现双降。全年不良贷款起诉34笔，金额793.42万元，均为个贷。不良贷款回收2624.62万元，其中，个贷回收20笔，金额464.17万元；对公贷款回收4户，金额2160.45万元。

【为省级以上文明村授信】 2019年，建行常山支行联合县委宣传部、县文明办举行文明村文明贷签约仪式，建行常山支行与13个全国文明村、省级文明村签订授信协议，共授信1400万元。

1月17日，文明村文明贷签约仪式召开

（建行常山支行 供图）

【“胡柚助农贷”获省分行批复】 2019年12月，建行常山支行自主创新上报的“胡柚助农贷”获省分行批复，这是衢州分行2019年唯一的一个自主创新个人普惠产品。年底，建行常山支行联合常山县农业农村局举办常山“胡柚贷助农贷”产品发布仪式，并发放第一笔胡柚贷款20万元。

【首笔项目贷和网络供应链贷申报获批】 2019年，建行常山支行申报的衢州沿江公路PPP项目4亿元获中国建设银行股份有限公司浙江省分行批复，这是建行常山支行2019年首笔项目贷款。年内，建行常山支行为捷姆轴承集团办理一笔50万元的“E信通”网银供应链贷款，这是近年来建行常山支行首笔网络供应链产品。

【中标住建系统对公存款项目】 2019年，

建行常山支行与县住建系统对接，并中标常山县住房和城乡建设局对公存款6000万元、常山物业维修专项资金管理中心对公存款3300万元以及常山县物业维修专项资金银行账户。常山县物业维修专项资金银行账户项目实施后，有助于拓展对公、个人业务的发展，每年全县约有1200万元物业费缴存，且全县的公租、廉租房源都由建行常山支行管理，在住房租赁“蓝海项目”上将展开深度合作。至年底，已有1400套公租保障房源入驻建融公寓平台，从而打响“要租房、到建行”的口号。

【农村蓝海“裕农通+”建设】 2019年12月，建行常山支行按照省分行相关要求，开展县域农村蓝海的拓展与建设工作，率先在全市建行完成所辖193个行政村的全部覆盖，成为全市建行系统内第一家完成的县域支行。省分行个人金融部副总经理周俊到建行常山支行颁发贺信，肯定建行常山支行在“裕农通”县域村村通上所做出的成绩。

（姚胜土）

中行常山支行

【概况】 中国银行股份有限公司常山县支行（以下简称“中行常山支行”）依靠中国银行海外网点及代理行众多和国际结算的优势，在汇率持续波动较大形势下，为客户配套定制优势产品，减少国际市场对企业的影响，缓解融资压力，受到全县广大进出口企业好评。紧贴地方经济脉搏，集中资金支持常山县的重点行业、特色产业和招商引资项目，为常山经济发展贡献力量。选派优秀专职人员进驻青石镇飞碓扶贫结对联系村开展工作，对接、实施扶贫项目，争取扶贫资金300万元，其中省中行专项拨付60万元，用于村级扶贫，并在全省中行系统开展“情系常山，宣传推广常山胡柚”销售活动，为扶贫村增收创利，取得良好效果。截至年底，中行常山支行实现本外币核心存款余额109210万元，比年初减少14289万元；本外币日均存款125423万元，比年初增加2724万元；人民币贷款余额146994万元，比年初增8969万元；国际贸易结算量4850万美元，市场占比34.83%，排名当地“四行”第二。人民币不良贷款余额1042万元，不良率0.71%，全县平均不良率为0.91%，低于在全县平均0.2个百分点，处于较好水平。

【重大项目新增贷款】 2019年，中行常山支行贯彻做大信贷总量，多投放贷款，切实服务企业和地方经济发展的信贷工作方针，坚持授信工作做到“投放一批、申报一批、储备一批”良性业务发展模式。加大对重大项目新增贷款的营销和支持力度。先后为纳税大户浙江常山水泥有限公司授信3亿元，为浙江哲丰新材料有限获批授信总量2.7亿元，为国家级农业龙头企业浙江天子股份有限公司授信8800万元；叙做常山县水务发展投资有限公司污水第三期扩建项目1.15亿元项目贷款，常山县城市投资集团有限公司第一期2000万元流动资金贷款获上级行批准。

【“战役贷”“中银通宝”产品】 2019年，中行常山支行通过推广中国银行浙江省分行推出的“战役贷”“中银通宝”等为中小微企业量身定制的系列产品，为常山企业争取优惠利率政策，有效解决资金问题。至年底，中行常山支行授信平均贷款利率4.61%，比年初下降0.44%；其中，小微企业授信平均贷款利率4.45%，比上年下降0.84%。

（邱建春）

邮储常山支行

【概况】 2019年，中国邮政储蓄银行股份有限公司常山县支行（以下简称“邮储常山支行”）本部设有综合管理部、个人金融部、公司业务部。共11个网点，其中自营网点2个（常山支行营业部、招贤支行），邮政代理网点9个。自营网点配置附行式存取款一体机3台、离行式自动取款机2台；邮政代理网点配置附行式存取款一体机5台、ATM4台。支行从业人员47人。年末，邮储常山支行各类存款余额14.96亿元；新增发卡9160张，结存卡户数12.50万户；代理销售理保险8699.88万元、国债501.78万元；零售贷款累计新增8062.83万元，贷款结余57742.82万元；小企业贷款新增1614.72万元，贷款结余14039.19万元。

是年，邮储常山支行营业部被中国银行业协会评选为“中国银行业文明规范服务三星级网点”，常山县支行被评为常山县第十四届“消费者信得过单位”。

【信贷规模扩大】 2019年，邮储常山支行通过网点厅堂营销、行内交叉营销、销售团队拓客，进一步做大信贷业务等销售规模，全年信贷新增规模超亿元；同时，结合“走出去引进来”营销策略，通过加强存量客户服务和营销走访，积极与常山胡柚行业协会、景观石协会、常山山茶油专业市场等平台对接，发挥以客引客工作的最大成效，推广生意贷、E捷贷、极速贷、商户贷等客户，累计新增305户，不断提升客户体验，优化产品形象，因地制宜致力于实现科学发展和行业特色发展，日益融入地方社会经济建设。

（史 景）

常山农商银行

【概况】 浙江常山农村商业银行股份有限公司（以下简称“常山农商银行”）内设11个职能部室，下辖营业网点26个，其中营业部1家、直属分理处2家、支行9家，员工306人。截至2019年年底，常山农商银行各项存款余额101.11亿元，比年初新增17.15亿元，增幅20.43%；存款市场份额占39.39%，增量占全县银行业的85.53%。各项贷款余额67.41亿元，比年初新增7.04亿元，增幅16.25%；市场份额占38.14%，比年初上升0.64个百分点。贷款拔备率5.10%，比年初上升1.46个百分点。不良贷款拔备覆盖率531.01%，比年初上升299个百分点。一般准备比率1.64%，均达到和超过监管部门要求。

2019年，常山农商银行按照县委、县政府制定的《全面实施乡村振兴战略加快“特富美安”慢城大花园建设行动计划（2018—2020年）》要求，深入贯彻落实县委《关于实施消除集体经济薄弱村三年行动计划的意见》，深入实施《关于实施常山农商乡村振兴战略金融服务工程（2018—2022年）的意见》，参与创新“慈溪飞地”“转租消薄”“自主消薄”3种“消薄”模式，每年可向经济薄弱村让利440余万元，每年为村集体提高收入500余万元。截至2019年年底，已向100个村发放“消薄”贷款1.1亿元。

常山农商银行以“乡村振兴主办银行”

为角色，积极融入基层治理工作。积极助力美丽城镇建设，将贷款利率优惠与政府的评价机制相挂钩的做法，受到省委书记车俊的表扬。在此基础上，常山农商银行与县农业农村局结合农户小额普惠贷款，探索推动金融参与基层治理从城镇向乡村延伸，在球川镇黄泥畈村创新推出“乡风文明贷”，将贷款利率优惠与村民是否积极参与“五水共治”、垃圾分类宣传、邻里纠纷调解等相结合，对被评为乡风文明信用户的村民，最高可获得50万元的信用贷款额度，在同类贷款上，利率最高降幅可达20%，切实将个人的乡风文明行为转化为个人信用，这一做法获时任县委书记叶美峰的批示肯定。

贯彻落实“周二无会日”制度，推行“周二下村日”制度，组成“班子成员＋部室总经理＋支行行长＋客户经理”的联村（社区）团队，到农户家中找办法、在田间地头找答案，推进乡村振兴战略的落地。坚持乡村振兴和普惠金融相结合，全面推进“推增户扩面助乡村振兴”“乡村振兴普惠大走访”两大活动。常山农商银行支行党支部书记到乡村振兴讲堂上党课46场，参与村民2300人次。

推行绿色信贷管理，制定《绿色信贷管理办法》《绿色信贷分类管理办法》《绿色信贷业务操作流程》，开展绿色信贷纠偏工作，确保年底绿色信贷行业投向偏离度为0。推广绿色金融，青石支行、阁底分理处获批“绿色专营支行”。

是年，常山农商银行获中共常山县委、常山县人民政府授予的“乡村振兴主办银行”称号，被评为“2018年度衢州市志愿服务工作先进单位”“常山县2018年度优秀志愿服务组织”“衢州市移动支付业务推广劳动竞赛先进推广集体”“2019年衢州市移动支付业务推广劳动竞赛移动支付示范服务点”。

6月20日，在中共常山县委十三届七次全体（扩大）会议上，中共常山县委、常山县人民政府授信常山农商银行“乡村振兴主办银行”称号　　（胡金红 摄）

【全县“丰收驿站”建成204家】　2019年，常山农商银行在全县推进集电商、金融、民生、政务于一体的“丰收驿站”建设的基础上，根据网点及人口集聚情况，充分整合“丰收驿站”资源，让老百姓在家门口就能办理存取款、缴费、汇款转账、贷款、电子商务等业务。至年底，全县建成“丰收驿站”204家，覆盖面达100%；办理业务95万笔、11亿元，月均办理业务笔数7.9万笔，“丰收驿站”月均获客量3.49万个，基础业务入村率70.4%。根据业务发展情况及村民满意度，对全县188个行政村、204个“丰收驿站”开展星级丰收驿站创建和评定工作，共评定五星级驿站13家、四星级驿站85家、三星级驿站73家、二星级驿站33家。以第三方机构的形式参与全县村级（社区）便民服务中心升级版打造工程，将代办计生、社保等行政服务类事项纳入“丰收驿站”业务范围。开设“指尖上”的超市，建好丰收购“常山馆”，通过浙江农信系统线下1万多家“丰收驿站”，将“常山三宝”、常山贡面等农副产品往外推销，增加农民收入。

【金融服务“一站式办”】　2019年，常山农商银行依托浙江省农信联社“园区金融云”

平台，与县城投集团共同打造常山公职人员“一卡通”系统。作为该系统中唯一的一家金融机构，常山农商银行从主动对接到项目落地，仅用时25天。通过该平台，全县公职人员不仅能够将自己卡里的餐费补贴在食堂中使用，还能在与该行布局签约的大型商超、加油站等场所内进行消费，只要绑定该行丰收互联，手机扫一扫就能轻松付款，使常山县域公务人员的餐费管理不仅满足“八项规定”和“同城不得接待”的相关规定，还解决纪委、审计有效监督公务资金使用的不便之处。至年底，通过该系统开卡5440张，成功接入157家单位、58家食堂、4家大型超市，4家合作收单超市收单消费笔数17161笔，金额达215万元。配合当地政府推进“最多跑一次”工作改革，在第三代社保卡的发卡工作、智慧医疗合作、社区融合工作上做细做透。

【“智慧金融圈”打造】 2019年，常山农商银行以邻居卡为载体，搭建金融场景化布局，打造“智慧金融圈”。与县市场监督管理局合作，对常山大东门菜市场进行智慧项目改造，完成菜场内40余户商户“一码通”布放工作；为全县12个乡镇卫生院布放收款工具，实现医疗就诊刷卡扫码支付。与常山县第二人民医院对接“银医通”项目合作，整合双方资源，优化服务流程，实现客户自助挂号、支付等服务，缩短等候时间，达成银、医、患三者共赢。完成智慧公交的升级，使邻居卡拥有与公交卡一样的功能。全年通过邻居卡收取公交费用562709笔，计386.45万元。

【融资畅通工程】 2019年，常山农商银行落实“融资畅通工程”，开展为期40天的“支持实体经济、助推企业发展”大走访活动。由一把手挂帅，成立领导小组，细化目标任务，画好作战图，倒排时间表，将责任任务层层传导，协调推进。组织信贷人员分片包干实地走访县域内所有登记在册企业，以地理位置为界限，划分网格，重点走访新都、辉埠、球川等工业园区内的企业，全面梳理、摸清企业经营情况。为小微企业量身定制信贷产品。对接万洋众创产业园项目，推出“好邻居·小微园”厂房按揭贷款，有效缓解新入园企业融资担保难问题。推出“好邻居·设备贷”，盘活企业机器设备这一“沉睡”资产，拓宽小微企业融资担保渠道。修订下发“好邻居·助企贷”，拓宽受众企业面，为经济效益好、经营管理规范、发展前景优的小微企业解决融资担保难的问题。落实小微企业“三服务”，通过“跑堂式”登门走访、“地毯式”调查摸底，为每家企业制定特色融资方案。深入乡镇（街道）、工业园区和各行政村开展企业家金融政策和风险教育宣讲活动，推荐该行“定存宝”“转贷通”“浙里贷”等存贷产品，企业网银、电票业务等结算方式及贷款利率定价办法。推行“惠贷通”“转贷通”两款续贷转贷的产品，服务存量小微企业信贷客户的转贷，降低小微企业融资成本。至年底，常山农商银行发放无缝对接业务678笔，金额12.62亿元，节约企业转贷成本450万元。创新“贤商贷”产品，全年共计发放贷款81笔，金额3010万元。

【邻居银行品牌文化建设】 2019年1月25日，由常山农商银行协办的“农商银行杯”2018最美常山人“年度榜样”暨“十大孝星”颁奖盛典举行。典礼上，对22名“年度榜样人物”“孝老之星”“年度特别荣誉奖”获得者进行表彰。7月18日，常山农商银行与县人武部、县退役军人事务局战略合作签约“军创贷”产品，助力退役军人保障体系建设。11月14日，常山农商银行主办金融知识宣讲会，县级部门负责人参加会议并听取与会企业主意见、建议。11月27日，常山农商银行向常山县教育基金会捐赠100万元善款用于常山县贫困师生帮扶、薄弱学习就学环境改善。12月6日，常山农商银行举行浙江省“信用县”创建工作推进会暨常山农商银行“乡风文明贷”发布会。

12月6日，浙江省“信用县”创建工作推进会暨常山农商银行“乡风文明贷”发布会举行（胡金红 摄）

（徐云飞）

农发行常山信贷组

【概况】 2019年，农业发展银行常山县信贷组（以下简称“农发行常山信贷组”）坚持政策性银行办行方向，坚持服务“三农”，坚持规范经营、防范风险，积极扩展市场、创新产品、培育客户，实现各项业务的全面增长。年末，贷款余额192745万元，比上年末增加46458万元，比上年增长32%；贷款日均余额181640万元，比上年增加42888万元，比上年增长31%；存款余额28390万元，比年初减少16995万元，比上年减少37%；存款日均余额41860万元，比上年下降7297万元，降幅15%。将脱贫攻坚、支持涉农民营小微企业等专项工作作为政治任务来抓，按时保质完成各项工作任务，全年累计发放扶贫贷款2800万元，发放小微企业贷款330万元。

【储备粮收储贷款发放】 2019年，农发行常山信贷组完成轮换省级储备早籼谷8500吨，县级储备早籼谷3379吨，县级储备晚籼谷2000吨；全年累计发放贷款9笔，金额6644.31万元，其中地方储备粮轮换贷款2922.23万元、省级储备粮贷款984.00万元、县级储备粮贷款2222.08万元、地方调控粮贷款516.00万元。

【中长期项目贷款投放6笔】 2019年，农发行常山信贷组获批完成2笔中长期贷款，金额43820万元，储备项目2个，分别为辉埠镇全域土地综合整治及生态修复工程和常山县金色同弓田园综合体农旅产业园项目。投放中长期贷款4笔，金额53820万元，其中支持常山县美丽公路工程项目1.5亿元、棚户区改造项目2亿元、常山县应急备用水厂（含一期管网）及农村饮用水达标提标工程1亿元、常山县城区道路白改黑及人行道改造PPP项目8820万元。

（方 瑜）

常山联合村镇银行

【概况】 2019年，浙江常山联合村镇银行股份有限公司（以下简称“常山联合村镇银行”）设有综合管理部、合规风险部、运营管理部、业务管理部4个管理部门和营业部1个业务部门，以及球川镇、芳村镇、青石镇、大桥头乡4个乡（镇）支行，同弓金融便利店1家轻型网点；员工人数94人。截至年底，常山联合村镇银行各项存款余额8.99亿元，储蓄存款余额6.59亿元；贷款户数4703户，贷款余额10.31亿元，涉农贷款10.17亿元，小微企业贷款8.1亿元。不良贷款率2.63%，拨备覆盖率185.07%；各项资产总额12.78亿元，其中盈利性资产9.81亿元，非盈利性资产2.97亿元；流动性比例70.78%，资本充足率17.36%，核心资本充足率16.27%。

是年，常山联合村镇银行被评为“衢州市银行业金融机构一星级维权服务站”“常山县第十四届消费者信得过单位”“常山县现金服务示范网点”。

【金融服务与支农支小】 2019年，常山联合村镇银行响应主发起行杭州联合银行号召，开展“联合大走访活动”，推进村居化营销战略，全年走访打卡4500人次，新增农户信息建档14549户，新增准星级网格35个，新增准五星级网格23个。支农方面，全县授牌信用村59个，其中2019年新增5个，开展各类营销活动400余场，平均网格渗透率较年初提高3.1%，渗透率最高的达56.67%。在人行常山支行的支持下，获4000万元扶贫再贷款，为支小工作提供有力保障。截至年底，常山联合村镇银行涉农贷款余额10.17亿元，小微企业贷款余额8.1亿元。

【小额信贷产品创新】 2019年，常山联合村镇银行坚持为民营小微企业提供便利，持续推进绿色信贷产品创新工作，健全信贷产品体系，先后推出“安置贷”“联琏贷”“安心贷”等产品，有效满足小微及个人需求，提高民营企业的资金使用效率，降低财务成本。截至年底，常山联合村镇银行小微企业贷款户数共计2184户，还款方式创新累计发放201户，发放金额4.1亿元。

【企业管理制度完善】 2019年，常山联合村镇银行新制定、修订制度40项，使全行各项制度总数达242项，制度条理更加细化，更加切合行内发展现状。加大人力资源管理工作力度，加强员工队伍建设，加快后备人才体系的搭建，先后开展行内培训活动26场，完成后备干部竞聘、风险经理聘任等岗位补充与调整。以员工为中心，活动为依托，将企业文化宣传与公益活动结合起来，2019年开展各类公益活动15场，为800余位老人及困难群众送上关怀与温暖。

（吴凌飞）

泰隆银行常山支行

【概况】 2019年，浙江泰隆商业银行衢州常山支行（以下简称“泰隆银行常山支行”）服务小微企业，将小微贷款批量作业与“信用村”结合起来推进，改善农村金融服务，以“立等贷”等随借随还的无抵押贷款产品和可上门开户开卡的“移动金融服务站”，为普通百姓提供快捷方便的普惠金融服务。推广“接力贷”“智融通”“长青贷”等绿色信贷产品，让金融产品和服务能惠及全县更多的企业。加强PAD金融移动服务站建设，为客户提供便捷的移动开户、电子银行签约服务。截至年底，泰隆银行常山支行各项存款余额74877万元，比年初增加6242万元，贷款余额76705万元，比年初增加10045万元。

是年，泰隆银行常山支行被衢州市公安局、常山县公安局分别授予“治安安全先进单位”称号。

【小微企业无缝续贷还款方式创新】 2019年，泰隆银行常山支行优化小微企业还款方式，加大续贷支持力度，降低企业续贷成本。综合运用无缝对接产品（预审批）、循环贷款（速e贷和融e贷）、无还本续贷产品（连连贷、接力贷），有效解决小微企业贷款无缝周转问题，降低小微企业的融资成本和压力。全年泰隆银行常山支行发放无缝对接贷款1810笔，户数767户，金额39191.22万元，节约企业转贷成本352.72万元。

【商标和专利质押贷在常山率先推出】 2019年，泰隆银行常山支行形成一套泰隆衢州特色的绿色金融拳头产品，推出专利权质押、商标权质押、设备抵押、林权抵押、客运交通工具抵押贷产品，其中商标质押贷、专利质押贷均为泰隆银行常山支行在常山地区的首创。创新拓宽企业融资渠道，如针对技改企业开展设备抵押贷款，开展供应链企业商标权专利质押贷款等。

【PAD金融移动服务送上门】 2019年，泰隆银行常山支行通过人机结合，客户经理携PAD上门一对一服务，实现现场为客户办理借记卡发卡、电子渠道签约、移动贷款现场申请和发放、移动营销等功能。客户经理借助PAD可以远距离长时间作业，实现前端移动化全流程作业。且PAD前台全流程放贷平均耗时约需30分钟，有效解决大部分农村偏远地区无网点或少网点的业务瓶颈，客户体验感及满意度大幅提升。

（黄志军）

温州银行常山支行

【概况】 2019年，温州银行股份有限公司衢州常山小微企业专营支行（以下简称“温州银行常山支行”）按照“整固规模、严控风险、增收提效、强化管理”经营发展思路，推进社区金融、文化金融、科技金融、温商金融等，塑造温州银行特色化金融服务品牌；推进小微贷款，发挥特色产品优势，利用微抵贷、融易贷、温享贷、小微园按揭等优势特色产品加大信贷支持小微力度。重点抓流程管理，简化信贷审查、审批流程，推行抵押物自评，共完成自评108笔，累计为客户节约费用5万余元。支持地方重大建设、创业园建设，服务大项目融资，通过向上争取，温州银行常山支行协助向常山万洋众创城投放1.5亿元。响应“推进基层党建共融共建、共治共享”号召，温州银行常山支行“志愿服务小分队”走进天马街道文峰社区，为社区老年爱心食堂送“温暖”。截至年底，温州银行常山支行存贷款总量2.07亿元，其中存款余额1.29亿元，各项贷款余额0.78亿元，代理理财3.3亿元。采取多种清收手段压降不良贷款，全年处置不良贷款90万元。

（柳继明）

金华银行常山支行

【概况】 2019年，金华银行常山支行主动适应经济金融新常态，坚持依法合规、稳健经营，以“立足地方、服务小微”为市场定位，着力提升整体经营管理水平，加快经营转型和结构调整，确保运营管理、风险防控工作双落实，推进支行稳健持续发展。年末，金华银行常山支行各项存款余额16758万元，各项贷款余额14653万元，实现净利润890.01万元，比上年增加781.76万元，增长率722.18%，业务趋于良性发展，经营能力逐步提升。

是年，金华银行常山支行获总行“最佳营销网点”称号；4名员工获总行“无差错柜员”称号；选送员工参加衢州市金融系统庆祝新中国70华诞《读中国》获三等奖。

【小微企业金融支持】 2019年，金华银行常山支行扩大对各类园区、市场、商圈等小微企业和市民的金融支持，扩大服务广度和深度，累计发放小微企业贷款46户7585.5万元；优化信贷结构，推进“普惠金融”支农功能，支持城乡个体户、农户经营创业，为个人客户提供8577万元资金支持。减费让利，降低企业融资成本为20户企业提供无还本续贷，金额3553万元，为客户节约财务成本31万元；为17家贷款企业申请利率优惠，为客户节约财务成本60.87万元。

【与常山万洋众创城签订战略合作协议】 2019年，金华银行常山支行主动对接市重点项目常山万洋众创城，签订战略合作协议，给予入园小微企业1.5亿元的授信额度，成为除常山万洋众创城项目贷款合作银行外、常山辖内除其项目贷款合作银行外的第一家发放贷款银行。此举获县政府及金融主管部门的认可，常山电视台以《紧盯实体经济融资需求助力企业高质量发展》为题进行专题报道。

【与常山县不动产中心签订合作协议】 2019年，金华银行常山支行设置“不动产抵押贷款和不动产抵押登记综合窗口”，并与常山县不动产中心签署合作协议，客户在金华银行常山支行即可办理本行的抵押相关业务。

【不良贷款清收】 2019年，金华银行常山支行加强不良贷款的控制处置，通过与总行、分行及法院、企业主等多方沟通争取，采取多种清收手段，共现金清收不良贷款1526.52万元，其中不良本金清收767.43万元、表外息清收759.09万元。至年末，账面不良贷款余额102万元，比年初减少63万元；不良率0.69%，较年初下降0.22%。实现不良贷款余额、不良贷款率的双降。

【参加全县性公益活动】 2019年，金华银行常山支行参加全县性公益活动，在文明县城、卫生县城创建活动中，每周组织1～2次开展联创活动。配合县民生实事涉残项目改造要求，对支行场所无障碍环境进行升级改造，为残疾人通道加装扶手，在室内设立盲道，方便残疾人及老年人等群体。组织全支行员工开展扶贫捐款活动，并在“世界献血日”开展爱心献血活动。组织志愿者在朱家坞村、湖东村开展“孝老爱亲”活动，员工被评为常山县“最美孝老金融人”。

（宋　岚）

民泰银行常山支行

【概况】 2019年，浙江民泰商业银行股份有限公司衢州常山小微企业专营支行（以下简称“民泰银行常山支行”）坚持做小做微的市场定位，以扩增存贷规模、提高资产质量为核心，着力市场拓展，加强基础管理，支持常山地方小微企业的发展，实现各项业务健康、稳步发展。至年末，各项存款余额34751.11万元，比年初增加6738.95万元；贷款余额19277.69万元，比年初新增3455.55万元。

【农村普惠金融服务】 2019年，民泰银行常山支行坚持服务“三农”，借力“信用村”

建设，践行普惠金融。每周二定为“走村日”，早上一小时，晚上两小时，开展金融知识下乡、文艺下乡等系列活动，持续推动农村普惠金融服务。通过整村授信实现对农户进行批量做和精耕细作，让农民享受到金融带来的红利。全年发展信用村8个，发放农惠通贷款4218笔，累放金额19490.38万元。

【小微企业续贷业务实现无须还本发放】 2019年，民泰银行常山支行针对临时存在资金压力的小微企业，开展续贷业务。续贷时无须归还本金，只需支付利息，实现贷款业务的无缝对接，减轻客户“过桥贷款”所需要付出的转贷成本，切实为企业客户解决还贷困难的问题，让企业客户体会快捷便利的办理时效。全年发放续贷业务7982.04万元，比年初增加2389.45万元。

【通过PAD实现整村批量授信】 2019年，民泰银行常山支行为客户办理贷款突破地区的限制，加大对移动营销平台推广力度，特别为转贷客户提供更多的便利，通过PAD实现整村批量授信。全年发放PAD业务382笔，发放金额15650万元，替代率达96%。

（李楚楚）

台州银行常山支行

【概况】 2019年，台州银行股份有限公司衢州常山小微企业专营支行（以下简称“台州银行常山支行”）围绕“强基础、调结构、控风险、稳增长”的工作思路，坚持“中小企业的伙伴银行”的市场定位，紧盯投入产出比指标，均衡发展存贷业务。至年末，存款余额2.089亿元，贷款余额3.957亿元。

【“24小时移动营业厅”系统开发成功】 2019年，台州银行常山支行以业务场景驱动，以新的互联网技术为支撑，成功开发“24小时移动营业厅”系统，融合柜员和后台客服资源，实现线上互动，满足客户需求。通过移动营业厅，客户可通过视频连接支行前台人员，随时办理转账、汇款、信息修改、理财购买、贷款还款等各类业务，还可一键联系专属客户经理，及时处理各类疑问及业务诉求，实现客户足不出户即可获得优质的金融服务。

【通过移动PAD实现全流程上门办理】 2019年，台州银行常山支行客户经理可通过移动PAD实现上门办理开卡、贷款签约、贷款提交、贷款审批等全流程，真正做到“最多跑一次”和“一次不用跑”的一站式金融服务，最快90分钟放款完成贷款到账，提升用户体验，助推小微金融服务转型升级。

（彭倩）

保险业

【中国人民财产保险股份有限公司常山支公司】 2019年，中国人民财产保险股份有限公司常山支公司（以下简称“人保财险常山支公司”）服务常山地方经济发展，开展油茶低温气象指数保险、家庭农场组合保险，为广大农户提供风险保障和惠农富农的政策性优势；探索保险协助社会管理，以常山县政府为主导，承保并扩面安全生产和环境污染综合责任保险，助推全县七大高危行业企业产业转型升级。配合县公安部门开展电动车专项整治工作，建设2座文明劝导站点，在一定程度上降低道路事故发生的风险，保障人民群众生命财产安全。人保财险常山支公司全年实现签单保费8409.38万元，比

2018年增长2.5%，市场份额占56.79%，支付各类赔款5808.16万元。

（徐浩峰）

【中国人寿保险股份有限公司常山县支公司】 2019年，中国人寿保险股份有限公司常山县支公司（以下简称“人寿保险常山支公司”）设有综合部、客户服务部、营销发展部、收展发展部、个险培训部、团体业务部、银行保险部7个职能部门；在天马街道、芳村、招贤、球川4个乡镇街道分设营销服务部。在编员工25人，劳务派遣人员3人，代理制人员702人。向个人及团体提供人寿、年金、健康和意外伤害保险产品，涵盖生存、养老、疾病、医疗、身故、残疾等多种保障范围，满足客户在人寿保险领域的保险保障和投资理财需求。针对2018年7月至2019年4月期间公司销售风险预警管理系统和非法集资监测系统筛选出的重点销售人员，以及对有曾被举报、投诉疑似销售非保险金融产品的人员开展重点排查工作；对公司从业人员针对非法放贷、暴力讨债、非法设立金融机构和非法开展金融业务等涉黑涉恶问题进行排查。全年实现保费收入16097万元（含集团公司保费），比上年增长10.29%；市场份额为61.6%，比上年略高0.66个百分点；为近8万人次提供各种保险保障服务，支付满期金及赔款3453.41万元；发生保单质押借款400余笔，为保户提供借款金额4200余万元。是年，人寿保险常山支公司获“银保渠道赢定2019开门红‘标保倍增奖’”“浙江国寿2019年二季度重振国寿先锋奖”“全省系统2019年度‘重振国寿’标杆单位价值贡献奖”等荣誉。姚智燕获2019年浙江省分公司“95519”服务技能竞赛个人第二名；周强获浙江省分公司70周年突出贡献奖。

（丁琪）

【中国太平洋财产保险股份有限公司常山支公司】 2019年，中国太平洋财产保险股份有限公司常山支公司（以下简称“太保财险常山支公司”）设有综合管理科、交叉销售部、理赔科3个职能部门，经营范围涵盖财产保险的全部领域，包括车险、人身意外险、健康团意险、雇主责任险、财产保险、建筑工程一切险、农险；在编员工6人，劳务派遣人员4人。太保财险常山支公司2019年实现保费收入1239万元，在常山县同行业市场排名第三；支付赔款857万元。

（徐俊）

【中国人寿财产保险股份有限公司常山县支公司】 中国人寿财产保险股份有限公司常山县支公司（以下简称“国寿财险常山支公司”）内设经理室、综合业务部、互动业务部、车行业务部、银保业务部和理赔部；在编员工17人。国寿财险常山支公司产品体系完备，承保险种有车辆险、家庭财产险、企业财产险、安全生产责任险、食品安全责任险、意外险、健康险、工程险、货运险、农业险。2019年，国寿财险常山支公司展开政保合作项目，承保全县“养老机构责任险”和农民工工资支付保证保险及建筑领域的各种履约保证保险，承保政府部门主导的安全生产责任保险等。全年实现全险种保费收入2620.78万元，比上年增长12.67%。保费规模位列常山财险第二，市场份额占17.7%。其中，车险2002.29万元，非车险618.49万元。赔款总支出1401.06万元。

（徐芳芳）

教　育

综　述

2019年，常山县教育局围绕“强发展”主题，紧扣向“真减负”“学育才”“优服务”“精气神”“善合作”要质量，扎实开展“教育翻身仗决胜年”“教育大会精神贯彻落实年”“教师队伍建设规范年”的“三年”活动，勇担新使命、奋力新作为，全县教育工作多点开花、全面起势，成功创建浙江省学习型城市和省区域推进语言文字规范化县。

教育质量持续提升。设立“文峰书香”教育奖励基金，抓实教学常规、教学联盟和抱团发展工作，分学段召开教育教学诊断分析会议，通过综合施策、集成发力推动质量提升。2019年，常山县高考一段上线人数251人，实现“四连增”；中考总平均分跻身全市第四，中高考核心指标均实现进位目标。常山育才中学在2019年全市中考考核指标中，总平均分、优秀率、合格率、全市后20%控制率均位列全市第一。

队伍建设持续加力。选派4位新任校长到乡镇挂职锻炼，首次发放校长职级制奖励资金50万元，提升校长治校能力和内驱动力。出台实施《面向储备员额教师招考公办教师实施办法》，提高储备教师队伍的吸引力和稳定性。为教师成长成才搭建平台，新晋获评全国优秀教师1人、省教坛新秀1人、省师德先进个人1人、市名师7人以及其他获市、县荣誉教师296人。2019年招聘编制内教师58人，其中提前批33人、研究生11人；招录储备员额教师50人。

办学条件持续改善。2019年，项目建设总投资1.24亿元，有效带动基础设施改善向好。芳村小学新建工程、阁底小学扩容工程、同弓小学标准化校舍建设工程建成投用，五里小学迁建项目房建工程基本完成，校园体艺楼建设完成项目总工程量的40%。宋畈小学综合楼建设工程，同弓、阁底幼儿园改造工程全面竣工。成功争取浙江省2019年薄弱学校改造项目补助资金1432万元，排名全市第二。持续深化“最多跑一次”工作改革，立足“服务＋效率”做好义务教育营养餐政策落实集中整治，以部门联办为基础，将材料缩减成1套，学生只需填写“低保对象学生资助申请表”一张表。全年减少申请材料约1.4万件，享受各类资助学生人数4840人次，资助金额506.3万元。

对外影响持续增强。成功创建浙江省学习型城市和省区域推进语言文字规范化县，顺利承办浙江省中小学课程教材管理研讨会。2018年度常山县教育现代化发展水平监测得分排名全省53位，比2017年度进步24名。2019年，全县有98篇通讯报道登上《中国教育报》《中国教师报》《浙江日报》《浙江教育报》《钱江晚报》，数量再创历史新高。开化、衢江、龙泉、庆云、江山、德清、浦江、建德等地组团到常山学习交流。

2019年1月24日，在全省教育系统工作会上，常山县教育局被评为“2018年度浙江省教育工作业绩考核优秀单位”，受到表彰。

教育行政

【交流合作】 2019年1月2—4日，四川省泸州市古蔺县教育考察团一行13人在古蔺县委教育工委副书记、教育局副局长罗林带领下到常山交流教育工作，县教育局相关领导陪同。考察团先后走访常山县职业中专、育才小学、常山一中、澄潭教学点、中国观赏石博览园研学基地、芳村幼儿园、新昌小学、实验小学、城关中学、常山一小，实地参观学校校园文化、党建阵地，加深对常山“慢城大花园”建设的了解。常山县教育局与古蔺县教育考察团在育才小学进行两地教育工作交流座谈，双方分别介绍当地的教育情况，还就如何深化结对合作，提高教育质量等问题进行深入交流研讨。

1月2—4日，古蔺县教育考察团一行13人到常山交流教育工作 （县教育局 供图）

2019年2月26—27日，宁波慈溪市教育考察团一行9人在副局长谢柏南带领下到常山慰问慈溪支援常山教师，并就两地教育对口支援工作开展交流。常山县教育局相关领导及相关学校校长参加交流会，双方还就近几年两地教育发展概况做介绍，对2019年进一步深化教育合作广泛交流、完善对口帮扶机制、加强教师队伍建设等方面进行洽谈。

【常山县通过中国语言资源保护工程汉语方言调查2018年立项项目验收并获得优秀】 2019年3月1日，从《教育部语言文字信息管理司关于中国语言资源保护工程汉语方言调查2018年立项项目验收情况通报》获悉，常山县顺利通过验收并被评为优秀，浙江省仅4个县（市、区）获此表扬。

【走访慰问培智学校】 2019年5月17日，在第29个“全国助残日”来临之际，县委书记叶美峰一行到常山县培智学校走访慰问，并要求把“爱”作为开启残疾儿童的钥匙，做到“精诚至爱，静候花开”。

【开展“三服务”活动】 2019年6月27日，省体育局副局长吕林到常山开展“三服务”活动，市体育局党组书记申剑、党组成员毛周春，副县长郑金仙等陪同。吕林一行先后到常山县第一小学、城关中学了解少体校发展和后备人才培育等方面的基本情况和存在问题。

【学习考察】 2019年7月2日，县委副书记、县长张少华率队到浙江锦绣育才教育科技集团学习考察。县领导余风、郑金仙参加，育才集团董事长、总校长郜晏中陪同。

【工作指导】　2019年8月14—15日，浙江师范大学智慧学院副院长张立新教授一行4人到常山指导教育信息化工作。张教授结合常山教育实际，从智慧教育顶层设计、信息化项目谋划、特色应用等方面对常山教育信息化工作提出相关意见建议。

【全市基础教育半年工作会议】　2019年8月23日，全市基础教育半年工作会议在常山召开。市教育局基础教育处、学生发展处及直属单位负责人，各县（市、区）教育局分管副局长及教育科、幼教科科长，市直普教、特教学校分管副校长等40余人参加会议。市教育局副局长姚文湧参加会议并讲话。会上，各县（市、区）教育局交流2019年上半年特色亮点工作和下半年工作思路计划，市直学校衢州一中、衢州市特殊教育学校和衢州华茂外国语学校在会议上作介绍。市教育局教研室、考试院、电教馆、实践学校就涉及的基础教育工作作简要小结并布置下阶段相关工作。市教育局基础教育处、学生发展处负责人梳理回顾上半年全市基础教育重点工作，并就下一步工作落实推进作部署。

【庆祝第35个教师节大会召开】　2019年9月10日，常山县庆祝第35个教师节大会召开。大会表彰教育系统各级各类荣誉获得者和优秀外来教师、教育世家、二十五年班主任、40年教龄等先进个人，合作办学代表、捐资助学代表、教师代表等作交流发言。县委书记叶美峰、县长张少华出席会议并讲话，市教育局党委委员、调研员吕汶应邀出席。常山一中和慈溪中学签订合作办学协议。

9月10日，常山县庆祝第35个教师节大会召开　（县教育局 供图）

【县委第一巡察组巡察县教育局党委工作动员会召开】　2019年9月15日，县委第一巡察组巡察县教育局党委工作动员会在教师进修学校召开。县委第一巡察组组长黄仙忠作动员讲话，县委巡察办主任熊慧芬就巡察工作提出意见，县教育局党委书记、局长洪永海作表态发言。县委第一巡察组全体成员，县纪委监委派驻县教育局纪检监察组全体成员，县教育局全体机关干部，公办中小学（幼儿园）校级领导，部分退休人员，部分民办学校书记、校（园）长，电信、联通、移动、保险公司、新华书店负责人，部分施工企业、监理单位、食品配送企业负责人参加会议。

【纪念县教育局关工委成立30周年和县退教协会成立20周年大会召开】　2019年9月26日，庆祝新中国成立70周年暨纪念县教育局关工委成立30周年和县退教协会成立20周年大会在县文化馆召开。教育系统基层关工委负责人，学校退教协分会长、县退教协理事、常务理事等100多人参会。柯城、江山、开化、龙游退教协的10多位特邀嘉宾到会祝贺，县教育局党委副书记、副局长王文卿出席大会并讲话。会后，还举行专场文艺演出。

【扶贫协作交流】　2019年10月30日至11月3日，由常山县政府办副主任鲍晓晖带队，组织县教育局与县卫健局代表到四川古蔺就进一步深化东西部扶贫协作开展交流，同时看望常山在古蔺挂职的老师和医生。在11月1日举行的常山—古蔺东西部扶贫协作座谈会上，常山育才小学与古蔺东区实验学校签署结对帮扶协议。

【获评区域推进语言文字规范化县】 2019年11月29日，常山县语言文字规范化县工作评估会召开，省语委办主任朱鸿飞，衢州市教育局党委委员、副局长姚文湧，常山县语委主任、副县长郑金仙，县语委副主任、县府办副主任鲍晓晖，县语委副主任、县教育局局长洪永海，县语委办主任、教育局副局长徐良英及县语委各成员单位参加此次评估会。会议由衢州市教育局党委委员、副局长姚文湧主持。经省、市专家组评估认定，常山县达到区域推进语言文字规范化县标准，正式成为区域推进语言文字规范化县。

11月29日，常山县语言文字规范化县工作评估会召开　　（县教育局 供图）

学前教育

【概况】 2019年，县委、县政府持续加大幼教补短力度，实施“4（城区）+5（农村）”普惠性幼儿园打包建设项目。建立健全幼儿园动态监测机制，出台《关于进一步推进园际联盟共同体活动方案》《常山县农村学前教育补短提升工程方案》，为全县学前教育未来发展制定时间表和路线图。通过改造提升、引导撤并等方式抬升学前教育底部，关停撤并农村小规模薄弱幼儿园3所，实行“四统一”试点管理教学点7所，新建和改扩建3所。是年，全县有幼儿园55所，298个班级，在园幼儿8914人；新入幼儿园2469人，离园幼儿2836人。

【成立培智学校学前教育部】 2019年1月30日，根据《浙江省第二期特殊教育提升计划（2017—2020）》关于“特殊教育要做好两头延伸，到2020年，学前教育入园率达到90%”的规定，常山县教育局成立培智学校学前教育部，属公办性质全日制幼儿园，地址位于常山县金川街道十五里村（常山县培智学校内）；办学规模3个班（小、中、大各1个班），招生范围面向全县适龄残障幼儿。

【省特级教师团队开展准提培训】 2019年8月27日，常山县教育局邀请学前教育专家、浙江省特级教师李小玲及工作室团队，在育才小学进行“完整儿童视角下的课程园本化”培训，全县幼儿园园长、骨干教师340余人参训。

【省级幼儿园评估专家组评估指导】 2019年11月18日，省级幼儿园评估专家组到常山县金川中心双语幼儿园进行等级评估指导，市教育局基教处干部陈国斐，县教育局党委委员、副局长徐良英陪同。

【全县幼儿园教师16学时培训】 2019年12月17日，全县幼儿园教师16学时培训在教工幼儿园举行，旨在进一步推进全县幼儿园课程改革，总结一年课改工作取得的经验，研究全县课改工作中出现的问题和困难，加强园际之间的交流，促进全县幼儿园教育教学质量进一步提高。

义务教育

【概况】 2019年，全县中考总体平均分在2018年增加12.64分的基础上，再增26.23分，600分以上人数达20人，比2018年增加17人。合作办学成效显著，常山书生中学城南、城关校区总体平均分均比2018年提高20分以上。薄弱学校进步明显，常山三中、天马中学总体平均分比2018年分别提高29.68分和25.09分。芳村小学新建工程、阁底小学扩容工程建成投用，五里小学迁建、同弓小学标准化校舍、宋畈小学标准化校舍等重点项目建设加快推进，薄弱学校办学条件持续改善。球川小学、天马二小通过省级健康促进金牌学校创建考核验收，城关中学、常山一小被评为浙江省心理健康教育示范点。以学军学农课程、“武术进校园”等为载体，开发学生德育“第二课堂”，32所学校2.4万余名中小学生参加学军课程，创建省级劳动实践基地4个、市级劳动实践基地6个。是年，全县有义务教育段学校34所，其中初中7所、小学27所（含完小2所）。在校学生24672人，班级数656个；招生数5504人，其中小学2806人、初中2698人；毕业生数5851人，其中小学2896人、初中2955人。

【首个村校书法联谊教育基地揭牌】 2019年3月15日，常山县首个村校书法联谊教育基地揭牌仪式在常山县辉埠小学举行。辉埠小学与辉埠镇东乡村（浙江省书法村）结对联谊，开设校内书法课堂，建立校外书法辅导基地，开展书法村校合作，共书中华传统文化。

【常山县学校武术队】 2019年7月13—14日，“鲁迅故里”杯第14届浙江国际传统武术比赛在绍兴市奥林匹克中心开赛。常山县第一小学、同弓小学、新昌小学、培智学校4所武术队，与国内外225支代表队的5000多名武术爱好者同台竞技。经过2天激烈角逐，常山县学校武术队获得52金、47银、14铜的优异成绩。

【宋畈小学王金良被评为“全国优秀教师”】 2019年9月6日，从教育部发布的《全国优秀教师和全国优秀教育工作者的决定》获悉，常山县宋畈中心小学教师王金良被教育部授予“全国优秀教师”称号。王金良自1983年7月参加工作，深深扎根在农村教育第一线，一直是领导、师生及家长心目中的模范教师。36年间，王金良没有因为私事而请过一天假，天天做到早到校，晚离校，真正做到早上接学生，傍晚放学送学生，时时处处表里如一，言行一致，在同事和学生心目中是一个诚实可信可敬的人。

【衢州市中考标准化考场建设工作现场会召开】 2019年9月10日，衢州市中考标准化考场建设工作现场会在常山县城南中学召开。市教育考试院副院长杨青云、中考负责人雷帆、各县（市、区）招生办主任（教育科长）、联通公司人员20余人参加会议。会议由衢州市考试院副院长杨青云主持。梳理（市、区）针对市中考标准化考场建设工作中反映的问题，讨论落实系统使用、培训等有关事项，并对中考标准化考场建设验收工作进行安排。

【育才中学教学质量庆功表彰会召开】 2019年10月12日，常山县召开庆功表彰会，向常山育才中学表示祝贺。县委书记叶美峰，浙江锦绣育才教育集团董事长、总校长部晏中讲话。县领导张少华、余风、郑金仙参加。会上，颁发集体三等功奖牌、教学质量特别贡献奖、“文峰书香”教育奖励基金首笔50万元奖金，为常山育才中学管理团队佩戴大红花、绶带。常山育才中学在全市中考考核指标中，总平均分、优秀率、合格率、全市后20%控制率均位列全市第一。

【初中教育大会召开】 2019年10月20日，常山县教育局召开全县初中教育大会。县教育局班子成员、全体机关干部，教研室教研员，各中小学书记、校长（园长）及全体初中教师共700余人参会。市教育局基教处处长翁胜华、市教研室初中文化学科教研员到会指导。

【第52届中小学田径运动会举办】 2019年11月2—3日，常山县第六届全民运动会暨第52届中小学田径运动会在城南中学举办，各中小学、幼儿园书记、校（园）长，各中小学代表队运动员、教练员1000余人参加。此届运动会分设比赛项目10个、竞赛组16个，共刷新比赛纪录20项，产生112块金牌、112块银牌、112块铜牌，常山一中、育才中学、实验小学、球川小学获各组别团体总分第一。

【“心系公益，情暖校园”爱心捐赠活动】 2019年11月19日，浙江华意科技有限公司携手贝恒科创园党支部走进常山县二都桥小学开展“心系公益，情暖校园”爱心捐赠活动。县委常委、县纪委书记、县监委主任王荣国，县教育局党委书记、局长洪永海，浙江华意科技有限公司执行董事、贝恒科创园党支部书记柴咪娜等出席捐赠仪式。

普通高中教育

【概况】 2019年，全县有高级中学3所（常山一中、紫港中学、三衢中学），完全中学1所（天马中学）。普通高中毕业生1566人，招收新生1486人；全县高中计99个班，在校生4362人。县教育部门深化常山一中教育综合改革，做强紫港中学体育、美术、日语三大办学特色，全县高考一段上线人数达251人，实现“四连增”。

【常山一中入选浙江省第二批普通高中化学学科基地】 2019年7月6日，浙江省基础教育课程改革工作领导小组办公室正式发文公布全省第二批普通高中学科基地名单。常山一中成功入选浙江省第二批普通高中化学学科基地。

【调研普通高中分类办学教育工作】 2019年11月21—22日，省教育厅基教处处长方红峰带队到常山调研普通高中分类办学教育工作。衢州市教育局党委委员、副局长姚文湧，衢州市教育局基教处处长翁胜华，常山县教育局党委书记、局长洪永海，县教育局党委委员、副局长徐良英以及县教育局相关科室负责人陪同调研座谈。

职业高中教育

【概况】 2019年，县委、县政府召开全县职业教育大会，举办“职教新起航 工匠耀常山”高峰论坛，出台《加快职业教育发展的若干意见（试行）》，为加快职教现代化发展、推动就业全面化培训、完善社会多元化办学等指明方向；设立常山工匠学院，确定每年9月25日为常山“工匠日”，通过打造“工匠精神”、厚植“工匠文化”，全力提升职教服务地方经济水平。是年，全县有职业高中1所（县职业中专），在校生计50个班2024人。

【常山县职业教育高峰论坛举行】　2019年5月30日，由常山县人民政府主办，县教育局、县经信局、县人社局共同承办的“职教新启航 工匠耀常山”高峰论坛在县职业中专举行。衢州市校企合作单位主要领导、各县（市区）职业学校主要领导，常山县经信局、人社局主要领导和分管领导、县教育局中层及以上干部、各乡镇（街道）分管领导、各中小学主要领导、各规模以上企业负责人、职业中专全体教师等300余人参会，与会的国内外学界、企业界的专家学者就新时期职业教育开展、校企合作、工匠精神传承等主题，从不同角度阐述思想观点。论坛由浙江省政府督学、国家教育行政学院特聘研究员翁孝川先生主持。

【常山县职业教育大会召开】　2019年6月26日，常山县职业教育大会召开。省教育厅职成教处处长王志泉致辞，县委书记叶美峰讲话，县委副书记、县长张少华主持，市教育局党委委员、副局长蒋志贤出席，徐建华、林红汉等县领导，以及县内企业代表、民办职业培训机构、常山县首届“十大名匠”和县外合作院校、校企合作企业、学生家长代表等400余人参加。

6月26日，常山县职业教育大会召开

（县教育局 供图）

【考察调研】　2019年7月26日，河北廊坊市大厂回族自治县政协主席冯辛、教体局局长金文利一行到常山县职业中专，考察常山职业教育情况。常山县政协主席林红汉、县教育局局长洪永海等陪同。考察组实地考察常山县工匠学院、职业中专汽修实训厂房、校史陈列室，观看常山县职业教育专题片，对常山高度重视职业教育予以高度评价，对常山出台的有关促进职教发展的政策措施表现出浓厚的兴趣。

2019年常山县教育概况一览表

表24

类　别	学校数（个）	班级数（个）	招生数（人）	毕业学生（人）	在校学生（人）	教职工数（人）					
						合计	专任教师	行政人员	教辅人员	工勤人员	编制数
合　计	95	1109	10206	10988	40088	3309	2763	54	296	196	2228
一、基础教育	94	1059	9490	10278	38064	3169	2625	53	295	196	2098

续表 24

类别	学校数（个）	班级数（个）	招生数（人）	毕业学生（人）	在校学生（人）	教职工数（人）					
						合计	专任教师	行政人员	教辅人员	工勤人员	编制数
1. 普通中学	11	292	4184	4521	12721	1093	977	10	62	44	971
普通高中	4	99	1486	1566	4362	414	363	5	28	18	376
普通初中	7	193	2698	2955	8359	679	614	5	34	26	595
2. 小学	27	463	2806	2896	16313	1109	1091	11	7	—	1043
3. 幼儿园	55	298	2469	2836	8914	951	541	32	226	152	68
4. 特殊教育	1	6	31	25	116	16	16	—	—	—	16
二、中职教育	1	50	716	710	2024	140	138	1	1	—	130

2019 年常山县各高中本科、高校录取情况一览表

表 25

学校名称	本科录取情况（人）			高校录取情况（人）		
	录取	参考	比率（%）	录取	参考	比率（%）
常山一中	649	752	86.30	737	752	98.01
三衢中学	33	91	36.26	84	91	92.31
紫港中学	199	636	31.29	606	636	95.28
天马中学	0	131	0.00	122	131	93.13
职业中专	8	183	4.37	182	183	99.45
总计	889			1731		
参考数	1793			1793		
录取率	55.22%			96.54%		

2019 年常山县民办中学情况一览表

表 26

项目		班级（个）	招生数（人）	在校生数（人）	毕业生数（人）	教职工数（人）	专任教师数（人）
天马中学	初中	6	39	205	73	39	13
	高中	9	146	401	168		12
育才中学（初中）		33	512	1542	532	124	103
三衢中学（高中）		10	159	394	91	12	12

（张俊国）

浙江广播电视大学常山学院

【概况】 2019年，浙江广播电视大学常山学院（以下简称“常山学院”）开放教育招生531人，比上年增长9.25%，在全省电大招生工作万人比中排名前列，创历史新高。其中，常山学院与县委组织部联合启动首轮“一村一名大学生计划”培养项目，62名村两委干部（村后备干部）参加学历提升；与县公安局合作，辅警班招生31人。奥鹏教育（含大连理工大学、中国医科大学、北京中医药大学）招生22人。全年培养开放教育本专科毕业生376人，其中本科212人、专科134人、“一村一名大学生计划”30人，毕业率90.83%。有3名学员获国家开放大学奖学金，11名学员获省电大奖学金。3人被评为省电大优秀毕业生，10人被评为市级优秀毕业生。

根据县委巡察工作统一部署，2019年3月18日至4月4日，县委第三巡察组对学院党总支进行巡察，7月19日反馈巡察意见，共指出6方面49项问题。党总支提出54条整改措施，共通报问责处理3人，提醒谈话6人，清退违规款项24175元，追缴2013年以来毕业生欠费37286元。扎实开展“不忘初心、牢记使命”主题教育，开展建校40周年系列活动，编纂40周年电大校志，举办首届农民大学生创业创新大会。

是年，常山学院被省电大评为思想政治工作先进单位和招生工作先进单位；被市电大评为思想政治工作先进单位、教学工作先进单位、教务管理先进单位、社区教育工作先进单位。

【社区教育学习品牌创建】 2019年，常山学院推进常山喝彩培训项目进学校，在常山二中开设“常山喝彩歌谣第一讲堂”，该项目被列为2019年度浙江省社区教育实验项目。《田园宋诗》获衢州市社区教育进农村文化学习品牌，《孝善文化》等5个项目获衢州市社区教育进农村文化礼堂“特色课程”建设对象；开设主题班“越剧班”“太极拳班”。与城区各社区联合举办“大合唱”“烘焙”“排舞”等培训班，共举办培训班39期，培训学员达3000多人次。

（丁远进 陈姿境）

11月13日，常山社区学院越剧班开班

（常山学院 供图）

科学技术·气象

科学技术

【概况】 2019年，常山县科学技术局（以下简称“县科技局”）全面实施创新驱动发展战略，紧盯“五倍增、五提高”指标任务，把抓好科技项目、推进科技合作、培育创新主体等作为首抓短板，积极谋划并扎实推进补齐短板的各项举措，取得一定成效。

发挥项目建设优化产业结构的引领作用，积极申报各级各类科技项目。县科技局受理2019年度县级科技计划项目78项，其中工业类19项、农社类10项、医药卫生49项，经科室形式审查、专家评审、立项决策，并邀请县纪委监委派驻县教育局纪检组全程监督，最终立项33项，财政经费支持项目9项（包括工业类5项、农社类3项、医药卫生类1项），安排科技扶持资金100万元。组织申报市级以上各类科技计划项目41项，其中申报市级指导性项目6项（立项3项）、市科技计划项目8项、市级特派员项目4项、省级重点研发项目8项、省级特派员项目15项。加强宣传发动和挖掘，组织县属科研机构申报2020年省公益性技术研究项目。

推广使用科技“创新券”。加大对创新券政策的宣传，鼓励企业利用“创新券”购买科技服务活动，共享高校、科研院所等创新载体的科技资源，促进科技成果转化。重点落实科技“创新券”政策，全年兑现补助资金103.99万元。

发挥科技特派员服务“三农”、加快农业转型发展的作用。县科技局完成第14轮省级科技特派员推荐、选派和轮换工作；组织完成12项省级个人科技特派员项目验收工作；督促会计师事务所完成省级个人科技特派员项目财务审计工作。

参与全县好项目的谋划工作，“中国常山足球训练基地”项目入选县级好项目。攻坚招商引资，汽车脚垫等汽车内饰精品生产基地建设项目落户经济开发区。

【油茶产业创新服务综合体建设项目获省科技厅奖励】 2019年，常山县油茶产业创新服务综合体成功列入全省创建名单。县科技局完成并报送《油茶产业创新服务综合体创建工作总结》。开展综合体大楼牌面制作。加强与省科技厅相关处室对接，针对常山县未列入2019年省创新服务综合体专项补助范围的问题，县科技局主要领导多次带队到省科技厅对接，争取到3000万元的奖励。该项目获县委办、县府办2019年度执行“十条军规”工作较好典型通报。

【省级星创天地项目申报成功】 2019年，县科技局把农业科技创新平台建设作为推进农村创新创业、实施乡村振兴战略的有力支点，结合常山县特色产业和资源优势，组织“常山县一乐大学生创业园”完成星创天地以及专家现场考察工作，该项目成功列入2020年省级星创天地备案名单，绩效考评后并可获得省级奖补资金。

【山海协作和科技合作】 2019年，县科技局结合产业契合度，组织常山斯凯孚轴承有限责任公司、德讯达电子科技有限公司等企业参加第十四届慈溪市自主创新人才科技合作交流会暨百名专家教授进百企活动。借助浙江科技学院科技成果转移转化中心常山分中心平台，多次到浙江科技学院对接，在省级高新园区、科技示范县、博士后工作站、科创飞地等的建设上达成双方合作共识。加强与常山县胡柚研究院的协作，搜集整理“胡柚酵素产品灭活或是减活性工艺”等常山胡柚产业技术攻关项目与难题，与华中农业大学建立合作关系。与宁波兵科院开展人才技术合作洽谈。对标省、市科技部门考核指标，完成技术交易登记额2.2亿元。

【科技型企业培育】 2019年，县科技局按照高端、高质、高效的发展要求，深入企业摸排，推选的10家国家高新技术企业通过省科技厅评审，另有4家国家高新技术企业获省科技厅的再次认定。遴选一批科技水平、竞争实力、发展潜力相对较高的企业，初步形成常山县科技型中小企业储备库，年内新增省科技型中小企业24家，完成任务数的126.3%。开展2019年度12家企业的创新类财政补助兑现工作。组织2家企业参加中国创新挑战赛。

【企业研发平台建设】 2019年，县科技局加强企业研发载体建设，鼓励支持企业联合高校、科研院所共建企业研发载体。组织浙江爱丽莎环保科技股份有限公司完成省级高新技术企业研发中心申报；组织浙江环宇轴承有限公司、浙江赛赛轴承有限公司完成市级工程技术研发中心申报，浙江环宇轴承有限公司通过市级工程技术研究开发中心认定。开展“飞地型”研发机构建设工作，到东阳、义乌等地考察，召开座谈会，出台《常山县“飞地型”研发机构认定管理办法（试行）》。组织浙江先导精密机械有限公司人员到浙江华康药业有限公司（开化）考察学习省领军型创新创业团队申报培育工作；指导浙江杰昆科技有限公司开展省领军型创业创新团队申报前期准备工作，申报国家级“一带一路联合实验室”。组织3家县重点创新团队中期评估。加强对全县企业研发机构的管理。

【全面创新改革联系点创建工作】 2019年，县科技局完成《全面创新改革联系点创建情况汇报》，在全省全面创新改革联系点工作会议上作发言。组织申报的全面创新改革新型产学研合作项目“SJTW电缆线配方的而设计与开发”获省科技厅立项，衢州市仅此一家。制定、出台《企业首席科技官管理办法》，调整产生新一届企业首席科技官40人。举办常山县企业首席科技官培训班，邀请省科技厅、衢州学院等专家领导为企业首席科技官进行工业4.0、数字经济、科技创新政策等培训，到中财集团浙江中财管道衍生产品有限公司、龙游县浙江金昌特种纸股份有限公司考察学习，实地参观院士专家工作站和省领军型创新创业团队，现场学习高新技术企业的经营理念与运营模式。

【省级可持续发展创新示范区创建工作】 2019年，县科技局在2018年成功列入可持续发展创新示范区创建的基础上，围绕“一城一产一品”，有序开展各项创建工作。建立县可持续发展创新示范区创建工作领导小组，召开省级可持续发展创新示范区创建推进会，全县各乡（镇）部门及县域高新技术企业、省科技型中小企业共160余人到会。

【防震减灾数字智慧平台建设】 2019年，县科技局围绕打造全省防震减灾数字平台建设创新点、样板地、示范县的目标，深入推进常山县防震减灾数字智慧平台建设工作。组织防震减灾大数据平台成员单位召开数字地震工作会议，规范数据采集模板，完成数字智慧平台数据采集工作，启动第一批震感台站的建设工作，省地震局专家领导多次到常山进行业务指导。

【科技保姆“三服务”工作】 2019年，县科技局印发《关于开展科技保姆“三服务”支持企业创新发展活动的通知》，完善干部常态化服务企业。举办企业研发项目信息管理及R&D经费统计业务培训会，全县110余家规模以上工业企业负责人和财务人员共200余人参加会议；会上，省、市、县专家开展研发经费税前加计扣除、工业新政“二十八条”中关于加大研发投入条款、科技创新券等政策宣传。紧盯高新技术产业投资额、研发投入归集、高新技术企业和省科技厅中小企业申报等工作，组织党员干部深入企业服务500人次以上，破解企业融资难、人才引进难、危废处理难、科研成果转化难等问题。

（周思超）

气象工作

【概况】 2019年，受厄尔尼诺事件影响，常山县气候总体较异常，气温明显偏高、降水时空分布不均。强对流天气和局地强降雨天气较频繁，暴雨较往年明显偏多，秋季旱情较重。面对复杂的天气和异常气象灾害，常山县气象局做好灾害性天气监测预警和重要节假日、重大社会活动的气象服务，全年向县领导当面汇报气象情况10余次，电话汇报20余次，县领导视察气象工作3次，参与气象防灾减灾和防汛检查4次；对外制作发布气象服务材料165期，发布灾害预警信号95次，全网发布1次，预警短信60余万条，人工增雨作业4轮次。

【常山气象防灾减灾综合工程（一期）项目】 常山气象防灾减灾综合工程（一期）暨常山气象业务用房迁建项目于2018年5月启动。项目前期，涉及面广、程序复杂，项目牵涉国有资产流转、居民用房征迁、土地征收、附属设施移改等“三通一平”工程。2019年，该项目推进总体正常，县发改局7月正式立项批复实施建设。该项目为县重点投资项目，列入县政府建设项目全生命周期计划管理。该项目（含国有资产、房屋征迁、土地以及主体工程等）总投资4000余万元。2019年10月完成项目招标，11月完成工程规划许可和施工许可审批。11月24日开工建设，进行基础施工建设。

【基层气象灾害防御工作管理】 2019年，常山县气象局健全基层气象防灾减灾体系；召开全县气象工作会议和气象协理员培训会，提升基层气象协理员开展气象灾害防御工作管理水平。年内完成省级气象防灾减灾标准化村（社区）39个，梅树底景区入选浙江首批“气候避暑胜地”。会同县行政服务中心和银监常山办事处，及时推出气象证明“零”次跑服务改革工作。与县林水局重点加强水利设施调度、森林防火人影作业标准化建设、油茶气象指数保险等气象服务。4月，气象防灾减灾工作纳入常山县乡村振兴行动计划和乡镇（街道）机构职责“三定”方案。6月初，气象融入县委网格化社会治理体系，全县全科网格员2000余人纳入气象灾害预警信息发布名单。7月，气象安全首次纳入乡镇（街道、园区）安全生产目标责任制（县安委办发文）。9月，气象预警信息首次借助“常山慢城通”拓宽发布渠道，气象预警分区触发机制列入县大数据局与气象共建共享推进计划；11月，常山县气象局气象防灾减灾体系、气象灾害防御应急处置等7个管理事项纳入“常山县县乡职责边界事项清单”。

【公共安全气象管理】 2019年，常山县气象局加强雷电灾害的监测预警，加强防雷安全监管，联合县应急管理局发文《公布常山气象灾害防御重点单位（雷电敏感类）名单》，公布2019年度防雷安全重点单位49家。联合经信、公安、市场监管、资规、交通、应急、住建、环保9家部门发文，加强常山县成品油市场的安全监管。全年多次联合县文广旅体局、县应急管理局、县市场监管局、县经信局对全县AAA级以上景区、旅游酒店、成品油市场开展防雷安全联合检查。开展“安全生产月”“安全生产专题行”活动，开展危化企业、易燃易爆场所和旅游景区的专项督查检查，现场检查6家单位，排查安全隐患2项。

【气象科普宣传】 2019年，常山县气象局联合县有关部门共建梅树底AAAA级景区、东方巨石阵景区两个高标准气象科普文化广场，与县文旅体局、有关乡镇协商，专门腾出一亩多场地无偿用于建设气象防灾减灾科普基地。协同赏石小镇旅游投资方在东方巨石阵景区内共建地震馆、台风馆以及科普文化讲堂，定期免费为社会公众无偿开放。深化模式，年内先后与县属中小学生开展以“太阳、地球和天气”为主题的美术作品有奖创作评选，与县摄影协会协办2019常山县“气象万千、慢城常山”气象景观风光摄影有奖征文大赛。

（周婷洁）

文旅体卫

文化 旅游

【概况】 2019年，常山县文化和广电旅游体育局（以下简称“县文广旅体局”）以“文旅体融合发展”为契机，通过摸家底、找定位、夯基础、补短板、促融合，推动文化、旅游和体育工作更好地服务中心大局。在全省率先进行文旅资源融合普查，为全域旅游规划编制、“十四五”文旅体专项规划提供精准数据支撑。在全市率先成立民宿行业协会，全县有中高端民宿11家，其中村上酒舍被评为浙江省白金宿、申山乡宿被评为金宿，另有4家被评为省级银宿，乡村民宿发展集群区正在形成。推荐新昌乡黄塘油茶园、球川镇食药用菌园、江家畈胡柚果园成功入选2019年浙江省“最美田园”，宋诗之河入选全省首批诗路旅游目的地培育名单；指导东方广场酒店成功创四星级旅游酒店、华府慢城生活酒店被认定为银鼎级特色文化主题酒店。创建研学实践示范基地9家、营地5家，其中省级基地1家、市级基地4家、市级营地1家。常山县国际慢城运动基地成功创建省级运动休闲旅游示范基地，慢城绿道被评为浙江省十佳运动休闲绿道，慢城常山被评为2019中国体育旅游精品项目。成立黄鹂鸟创作工作室，原创大戏2部、曲艺作品19个、小品5个、舞蹈排舞作品3个、音乐作品8首，原创大戏《愤怒的茶油》入选浙江省中青年编剧扶持项目。“常山喝彩歌谣”专题片作为全市唯一的参展影片入选全国2019年文化和自然遗产日非遗影像展，省级“非遗”项目“传统榨油技艺”产品“手工木榨山茶油”被评为2019年中国旅游商品大赛暨浙江省优秀“非遗”旅游商品。

是年，县文广旅体局被评为浙江省年度体育宣传工作贡献奖和2019年度全县乡村振兴慢城大花园建设突出贡献集体，常山县被评为2019中国·常山山地自行车公开赛总决赛年度优秀赛区、第四届全国智力运动会最佳赛区和中国观赏石协会2019年度先进单位。

【旅游产业经济】 2019年，常山县接待游客990.55万人次，比上年增长5.07%；旅游总收入67.86亿元，增长13.58%；人均游客消费685.10元，增长8.2%。全年乡村旅游接待游客251万人次，比上年增长15.81%；直接营收1.67亿元，增长15.87%。新开中高端民宿6家，在建中高端民宿14家，高端民宿引领作用初现，民宿集群正在形成。

【民生工程】 2019年，常山县“三馆两中心”项目启动；县文化馆、图书馆改造提升项目完成；2个乡镇文化站迁址重建；新建非遗展示馆和南孔书屋各1家、文化礼堂27

家，实现全县14个乡镇（街道）文化站服务项目政府购买全覆盖。加强历史遗存保护开发，开展兴贤塔、方文彬故居等省保单位修缮、设计工作，启动赵鼎墓考古发掘、馆藏文物鉴定评级和第八批全国重点文物保护单位申报工作。开展全域旅游示范区创建工作，完成《常山县全域旅游发展规划》编制、旅游集散中心建设、旅游大数据中心二期项目建设等强基础、全配套工作，完善全县125个旅游厕所百度地图标识和各景区（村）外部交通标识。推进万村景区化建设工作，完成6个AAA景区村，33个A级景区村验收，东方巨石阵景区完成2019年全市唯一的AAA级景区验收，东案乡和青石镇双双被授予AAAA景区乡镇称号。

【群众文化活动】 2019年，常山县春节元宵节系列活动、庆祝新中国成立70周年系列活动、“宋诗之河”主题活动等大型文化活动成功举办。县文广旅体局继续开展“一乡一节”、激情广场、乡镇文化走亲、送文化下乡以及免费公益培训讲座等各类文化惠民活动，指导乡镇举办群众文化活动100多场，建成“三团三社”100多支、文化志愿者队伍600多人，开展送戏下乡80场、送书下乡3万余册、县外文化走亲11场，播放农村公益电影3600余场。

【文化旅游营销推广】 2019年，常山县先后举办或承办2019海峡两岸（常山）赏石文化交流展、中国首届常山鲜辣美食节、浙江省文明旅游现场会、“百县千碗”系列旅游推介等大型活动。其中，2019海峡两岸（常山）赏石文化交流展持续7天，活动期间共接待游客近5万人次，观赏石等特色旅游商品交易额达1300余万元。“慢村生活·鲜辣常山”2019常山“百县千碗”美食与民宿招商推介会在杭州举行，现场多家旅行社与常山景区、涉旅企业展开合作洽谈，“鲜辣常山”品牌影响力迅速扩大。

【文化旅游市场环境】 2019年，县文广旅体局加强文旅行业监管和服务，开展各领域专项整治行动，建立多部门联合执法机制，优化行政审批流程，严查违法违规经营行为，开展法治宣传教育和数百次涉旅、涉文企业安全检查，全县文化旅游市场健康有序发展。全年出动检查执法人员731次，检查经营单位1177家次，依法取缔无证销售音像制品地摊4家，收缴非法音像制品、出版物1021张（册），立案查处违法违规单位4家。抓好广播电视安全播出工作，建立安全播出指挥部，明确各成员单位职责分工，确保重要时期、重要节点的广播电视安全播出。

2019年常山县旅游星级酒店一览表

表27

名　称	地　址	星　级
东方大酒店	常山县天马街道金石东路1号	★★★★
东方广场酒店	常山县紫港街道春江路38号	★★★★
华府大酒店	常山县定阳南路171号	★★★

2019年常山县旅行社一览表

表28

名　　称	地　　址	星　　级
常山县天马旅行社有限公司	常山县紫港街道北滨江路88号	★★★★
常山县华夏旅行社有限责任公司	常山县人民路277号	★★★
常山县山水旅游有限公司	常山县人民路55号	★★★
常山县新视界旅行社有限公司	常山县健康弄34号	
常山县友好旅行社有限公司	常山县天马街道人民路43幢29号	
常山县心悦旅行社有限公司	常山县人民路59号	
常山县文峰旅行社有限公司	常山县定阳北路42号二层、51号二层	
常山县心愉健康科技有限公司	常山县天马镇文峰西路9号中商广场1幢1单元4楼	
常山县春秋旅行社有限公司	常山县人民路86号	
常山县心安旅行社有限公司	常山县青石镇水南底铺188号42栋	
常山县慢城旅游营销有限公司	常山县紫港街道文坊路1号	

2019年常山县AAA及以上级景区（点）一览表

表29

名　　称	地　　址	星　　级
三衢石林景区	常山县辉埠镇路里坑村	AAAA
梅树底景区	常山县东案乡梅树底村	AAAA
东方巨石阵	常山县青石镇砚瓦山村	AAA
奇石馆	常山县紫港街道北滨江路88号	AAA
黄冈山景区	常山县何家乡黄冈村	AAA
黄塘景区	常山县新昌乡黄塘村	AAA
黄塘村	新昌乡黄塘村	AAA
郭塘村	新昌乡郭塘村	AAA
黄冈村	何家乡黄冈村	AAA
高峰村	东案乡高峰村	AAA
西源村	新昌乡西源村	AAA
渣濑湾村	紫港街道渣濑湾村	AAA
孔家弄村	紫港街道孔家弄村	AAA
砚瓦山村	青石镇砚瓦山村	AAA
田蓬村	东案乡田蓬村	AAA
聚宝村	白石镇聚宝村	AAA
弄坞村	东案乡弄坞村	AAA
樊家村	何家乡樊家村	AAA
高埂村	招贤镇高埂村	AAA
新桥村	芳村镇新桥村	AAA
徐村	金川街道徐村	AAA
下猷阁村	芳村镇下猷阁村	AAA
路里坑村	辉埠镇路里坑村	AAA
东坑村	球川镇东坑村	AAA
长风村	何家乡长风村	AAA
金源村	东案乡金源村	AAA
达塘村	新昌乡达塘村	AAA
新塘岭村	白石镇新塘岭村	AAA

·县新华书店·

【概况】 2019年，浙江常山县新华书店有限公司（以下简称“县新华书店”）完成销售3642万元，实现利润约310万元，比上年增长23.51%。教材发行工作保持稳定增长，全年完成教材教辅销售2537万元，比上年增加298万元，增长13.31%。配合省新华书店集团拓展网上发行渠道，参与新华网群平台建设、政采云业务或依托第三方平台独立开展网上发行业务。政采云业务获首次突破，与3家学校达成合作，完成销售码洋190万元，实洋103万元。完成中小学教材发行、农家书屋出版配送等政府采购项目。县新华书店先后为1月实施的新都工业园区新都村农家书屋项目和12月实施的青石镇城南中学校园书屋项目，提供从设计布局到图书品种的选择到上架的全方位服务。

是年，县新华书店被浙江省新华书店集团有限公司评为“2018年度中小学教材发行先进单位”。

【组织系列读书活动】 2019年，县新华书店不定期举办绘本故事会、诗歌朗诵活动、樊登读书会线下读书沙龙活动。“世界读书日”期间，县新华书店邀请儿童文学家阿娅老师到常山4所乡镇小学举办讲座，并在卖场举行小读者见面会。暑假期间，县新华书店邀请浙江文艺出版社的编辑桃子姐姐到常山举办“桃子姐姐讲童诗”活动；与县委宣传部、县教育局等部门联合开展“新华杯”感动人物常山一小、常山二中“新华杯”体艺活动，“衢州有礼 知书达理”中小学生主题读书活动等一系列活动。开展高考送清凉活动，为紫港中学、常山一中高三学子送上慰问物品。

【政治读物征订工作】 征订各类政治读物65万余元。随着《习近平新时代中国特色社会主义思想学习纲要》《习近平关于不忘初心牢记使命论述摘编》及第五批全国干部学习培训材料的发行，县新华书店组织全员开展各类政治读物的团购征订工作，开展拉网式的上门征订工作，及时完成征订任务。9月初，联系《党章》增订工作，在全县发行2万册的基础上，又补订1.2万余册，销售码洋5万余元。

【全民读书周活动】 2019年，在“礼赞新中国、书香大花园”全民读书周开启之际，县委宣传部牵头，县新华书店承办全民读书周暨“学习强国——惠学习”活动。活动期间，县新华书店将最大的优惠力度给予县级“学习强国”积极分子，配合县委宣传部营造“人人爱读书、读好书、善读书”的良好氛围，努力让全民阅读成为慢城常山的新风尚。

（钱志庆）

体育

【概况】 2019年，常山县文化和广电旅游体育局（以下简称“县文广旅体局”）贯彻落实全民健身国家战略，树立大体育的发展理念，以“打造华东地区朝气蓬勃的活力高地”为战略目标，将体育工作融入全县经济社会发展大局，展现新气象，干出新作为，体育事业得到进一步发展。常山县体育竞赛成绩喜人，在浙江省乒乓球积分赛中勇夺1金1银1铜，在浙江省武术散打锦标赛中斩获1银1铜，在浙江省青少年儿童田径冠军赛中获2银2铜。承办2019中国·常山山地自行车公开赛总决赛暨2019U系列赛——山地自行车全国青少年锦标赛暨浙江省青少年山地自行车冠军赛、“农商银行杯”2019全国皮划艇（静水）赛艇U系列赛浙江站暨浙江省青少年皮划艇赛艇锦标赛、衢州市中小学生田径锦标赛暨市青少年学生阳光田径比赛、衢州市中小学生篮球锦标赛暨市青少年学生阳光篮球比赛（初中组、小学组）、衢州市首届武术散打锦标赛。成功创建以阁底小学、城南中学、紫港中学为梯队的县散打基地；引进省赛艇队退役运动员并组建常山县第一支赛艇队，完善2019—2022年周期业余训练布局项目，备战浙江省第十七届运动会。

是年，常山县国际慢城运动基地成功创建为省级运动休闲旅游示范基地，常山县慢城绿道成功被评为浙江省十佳运动休闲绿道，中国山地自行车公开赛总决赛(浙江常山站)被列入省重点培育品牌体育赛事名录库，常山县被评为2019中国·常山山地自行车公开赛总决赛年度优秀赛区、第四届全国智力运动会最佳赛区。完成2019年省重点培育品牌体育赛事名录库推荐赛事推荐工作，完成2018中国山地自行车公开赛申报浙江省体育产业发展资金项目库项目并通过入库验收。

【全国国际跳棋赛事在常山举行】 2019年，县文广旅体局承办全国国际跳棋锦标赛暨四智会测试赛、第四届全国智力运动会国际跳棋比赛、浙江省国际跳棋选拔赛等高等级赛事。其中，四智会国跳比赛历时11天，全国各地33支代表队379名运动员参赛，受到《中国体育报》、《体坛报》、央视网、新浪体育等多家报刊媒体持续关注报道，赛事活动拉动人气明显。

【承办浙江省青少年皮划艇赛艇锦标赛】 2019年，县文广旅体局承办“农商银行杯”2019年全国皮划艇（静水）赛艇U系列赛浙江站暨浙江省青少年皮划艇赛艇锦标赛。此次比赛为期4天，全省17支皮划艇队、14支赛艇队共358名选手在常山江展开激烈角逐，受到《中国体育报》、《体坛报》、新浪体育等多家报刊媒体关注报道，有力地推动常山水上运动的发展。

7月20日，2019浙江省皮划艇锦标赛举行　　（县文广旅体局 供图）

【承办浙江省青少年山地自行车冠军赛】 2019年，县文广旅体局承办2019中国·常山山地自行车公开赛总决赛暨中国青少年自行车U系列——山地自行车全国青少年锦标赛暨浙江省青少年山地自行车冠军赛。比赛持续3天，国内外1000余名运动员参赛，是一场专业与业余相融合的国家级专项赛事，也是一场全国青少年山地自行车和浙江省青少年自行车顶级赛事。

【常山县第六届全民运动会举行】 2019年，县文广旅体局组织举办常山县第六届全民运动会，活动时间长达10个月。此届运动会设置自行车、气排球、游泳、篮球等11个极具趣味性、群众性的比赛项目，吸引4万余人次参赛。其中，“智慧文峰杯”男子篮球比赛首次尝试网络直播，共网络直播6场，观众达1.2万人，群众参与体育活动的热情空前高涨，“人人热爱体育、全民强身健体”理念深入人心。

【体育基础设施建设】 2019年，县文广旅体局完成全国体育场地设施普查工作和25个体育小康村升级工程，全县体育场地设施总面积为62.56万平方米，人均场地面积为2.45平方米，全县体育公共服务水平得到有效提升。全面完成全省基层体育场地设施建设“211125”工程，即2个社区多功能运动场、1个体育休闲公园、1个笼式足球场、1个拆装式游泳池以及25个体育小康村提升工程建设，结合主城区5个口袋公园建设，完成二代智能路径安装，为全民健身提供便利场地设施。

2019年常山县体育协会一览表

表30

序号	协会名称	负责人	审批时间	协会等级	会员人数（人）
1	常山县老年体协	王生智	2004-9-30		15000
2	常山县篮球协会	郑时雄	2004-8-2	AAA（2019年评）	460
3	常山县武术协会	符和根	2012-5-31	AAA（2019年评）	165
4	常山县羽毛球协会	陈平生	2012-8-29	AA（2019年评）	62
5	常山县乒乓球协会	季文革	2004-8-2	AAA(2019年评）	75
6	常山县钓鱼协会	全志云	2012-8-29		50
7	常山县户外登山运动协会	王土青	2017-3-17	AAA（2019年评）	650
8	常山县信鸽协会	祝建平	2014-7-3		60
9	常山县自行车协会	裴海军	2014-12-5	AAA（2019年评）	103
10	常山县游泳协会	沈志良	2016-1-5	A（2019年评）	78
11	常山县足球协会	何华平	2015-4-2	AAA（2019年评）	50
12	常山县象棋协会	宁梦良	2016-4-28	A（2019年评）	55
13	常山县跑步协会	刘小平 汪荣林	2017-1-10	AAA（2019年评）	86
14	常山县杨式太极拳协会	叶建华	2008-7-29		63
15	常山县气排球协会	符红锋	2018-1-27		320
16	常山县皮划艇协会	周建明	2017-5-30	AAA（2019年评）	70
17	常山县体育舞蹈协会	璜　晶	2013-7-15		55
18	常山县围棋协会	叶春旭	2018-03-30		60
19	常山县铁人三项运动协会	林国芳	2019		130

（凌昊）

常山县文学艺术界联合会

【概况】 2019年，常山县文学艺术界联合会（以下简称“县文联”）编制2名，其中主席1人、副秘书长1人，至年底，实际在岗2人。县文联下辖10个协会，即作家协会、美术家协会、书法家协会、摄影协会、音乐家协会、舞蹈家协会、诗词楹联学会、民间文艺家协会、喝彩协会、戏剧协会，另有下辖民营非企业单位1家（常山县定阳书画院）。共有会员744人，其中国家级会员13人（当年新增2人）、省级会员97人（当年新增8人）、市级会员153人。年内主要活动有：承办省书法最高奖“沙孟海奖”第十届全浙书法篆刻大展活动、装修完成文艺之家阵地、成功创建“浙江省诗词之乡”、完成县文艺家协会换届选举工作、浙江省首届“青春诗会”暨常山江“宋诗之河”采风活动、浙江省网络作家协会体验营活动，制定出台《常山县文艺发展扶持奖励办法》《常山县文联深化改革实施方案》《常山县文艺家协会管理办法（试行）》。

是年，常山县文艺成果丰硕。周华诚、郭裕文2人获第四届衢州市文化人才“香樟奖”；出版《流水的盛宴：诗意流淌钱塘江》《和蜂絮语》等7种图书；喝彩节目《上栋梁》获浙江民间文艺“映山红奖”；毛春良的《竹编大明盛世》浙江工艺美术双年展；王阳君等5人作品入选“全浙书法篆刻大展”；徐志芳作品《牵手的爱》入选第27届全国摄影艺术展览；罗文富、肖斌作品入选省摄影主题展览；王斌《歌声渐远》入选浙江省油画作品展；曾令兵《常山喝彩歌谣》获第七届全国市县级电视台推优活动电视专题类一等奖；周华诚图书《草木滋味》、费斐歌曲《常山喝彩》、陈伟龙等戏曲《琼奴与苕郎》、周一愚等动漫《胡柚娃》、张斐等编剧的广播剧《喝彩师》等5项作品获衢州市第四届文艺精品“南孔奖”；周华诚的《一日不作，一日不食》、潘兵等人的《最美时代·一生喝彩》、王馥芸等人的《宋诗之河系列主题套曲》入选衢州市文艺精品扶持工程第七批项目，东乡村、古县村、金川社区被评为首批市级特色文艺村。

【《常山宋诗一百首选注》整理编印】 2019年1月17日，《常山宋诗一百首选注》编校初稿完成，该书精选王安石、苏轼、赵鼎、曾几、杨万里、辛弃疾、陆游、范成大等名人与常山有关的古诗词作品100首，推动常山宋诗的通俗化、普及化。

【农民书法家进城送福送春联活动】 2019年1月23日，“放歌新时代 文化进万家”常山县农民书法家进城送福送春联活动在县街心公园举行，来自省书法村（辉埠镇东乡村、东案乡金源村）的13名农民书法家参加活动，现场书写赠送“福”字和春联500余副。

【《常山县领导联系结对文艺家工作制度》制定出台】 2019年4月2日，《常山县领导联系结对文艺家工作制度》由县委办公室印发，31位处级领导干部分别联系31位文艺家代表，为营造崇文尚艺、尊重人才的良好氛围提供制度保证。

【中国报告文学协会采风团走进常山活动】 2019年4月19日，中国报告文学协会采风团走进常山活动举行，活动由《中国报告文学》杂志社常务副社长王夏牵头，知名作家张国云、陈启文、王伟举、裔兆宏、王建生、刘小平、李朋霞、卢旭、许彤、陆原、山哈、峻毅、黄立轩参与。同时，“中国报告文学常山创作基地”“浙江报告文学常山创作基地”揭牌成立。

【浙江省首届“青春诗会”暨常山江“宋诗之河”采风活动】 2019年5月24日，全省首届“青春诗会”暨常山江“宋诗之河”采风活动启动，为期3天，浙江省诗词与楹联学会的40多位嘉宾到宋诗之河常山港段、忠简古渡、招贤古渡、石博园、东方巨石阵等景点参观考察，创作诗词作品200多首。中华诗词学会副会长林峰，省诗词与楹联学会副会长郭星明、叶志深出席活动，县委书记叶美峰，县委常委、宣传部部长余风陪同。

【《常山县文艺发展扶持奖励办法》制定出台】 2019年5月27日，《常山县文学艺术发展扶持奖励办法（试行）》由县“两办”印发，该文件针对常山县文艺人才引进、重大文艺作品创作、获奖文艺作品（人才）、展演著作项目、会员奖励扶持、文联（协会）工作项目、优秀文艺人才、优秀文艺作品8个方面进行扶持奖励，受到省、市文联的肯定。

【文艺服务调研】 2019年7月2—3日，省文联书记处书记赵雁君一行到常山，对衢州市书法爱好者参加“沙孟海奖”全浙书法篆刻展的作品进行点评；同时，赵雁君召集常山县文联各协会负责人座谈会，围绕建立健全基层文艺服务长效机制进行调研，到辉埠镇东乡村考察，对如何打造好“浙江省书法村”品牌提出要求和建议。

【红色经典歌剧舞剧选段展演】 2019年7月4日，由县音乐家协会承办的“不忘初心 跟党走 红色经典献礼国庆70周年”中国红色经典歌剧舞剧选段展演在县文化馆二楼小剧场举行，38位县音乐协会会员为观众送上红色经典芭蕾舞剧《白毛女》、红色经典歌剧《洪湖赤卫队》《党的女儿》《江姐》《沂蒙山》《红色娘子军》，受到观众一致好评。

【调研民间文艺工作】 2019年7月20日，中国民间文艺家协会党组成员、副秘书长侯仰军，浙江省民协副主席兼秘书长郑蓉一行到常山半典阁走访考察，观看常山喝彩专题纪录片和连环画收藏情况，盛赞常山文艺发展势头，并对常山文艺发展提出更高的要求和建议。

【浙江省网络作家协会体验营活动】 2019年8月14日，浙江省网络作家协会体验营活动在常山启动，活动为期3天，省作协党组书记、副主席臧军牵头，省网络作家协会代表胡毅萍（古兰月）、谢冠彦（北藤）、于太封（少封）等10人参加，先后考察体验西源麻山、新昌黄塘、青石石博园、招贤古渡、常山喝彩项目，并参加常山创作基地授牌仪式。

【县文联入驻新“文艺之家”】 2019年8月31日，县文联正式入驻展衣山文艺之家大楼。新“文艺之家”按照“文艺人才集聚地、文艺精品展示区、文艺交流会客厅”的功能定位精心打造，为县文联所属各协会的讲座培训、沙龙交流提供温馨家园，总面积达631平方米。

【西泠印社艺术家采风团走进常山活动】 2019年11月5日，由西泠印社主办的“浙水千秋山海协作——西泠印社艺术家采风团”走进常山活动，丁茂鲁、宋涛、江吟、郭超英、沈颖丽、周海文、王益康等采风团成员参观考察中国观赏石博览园和常山“宋诗之河”，并在常山“文艺之家”组织笔会交流。

【第十届全浙书法篆刻大展活动】 2019年2月27日至12月3日，在省书法协会牵头下，县文联承办浙江省书法最高奖“沙孟海奖”第十届全浙书法篆刻大展活动。该活动以常山江“宋诗之河”为主题，共收到书法篆刻投稿作品4733件，评出获奖作品31幅，入展作品352幅，相关作品在省展览馆展出，并汇编成书出版。特邀名家作品50幅、获奖及入展作品383幅共计433件书法作品原件存入县档案馆。

【县文联所属文艺协会组织建设】 2019年，县文联指导县作家协会、县摄影协会、县民间文艺家协会、县音乐家协会、县美术家协会、县舞蹈家协会、县书法家协会先后完成换届选举工作；筹备成立常山县戏剧家协会。县文联所属文艺协会组织建设得到全面加强，协会活力得到进一步释放。

【常山县成为衢州市第一个“浙江省诗词之乡”】 2019年12月24日，浙江省诗词与楹联学会印发《关于授予常山县“浙江省诗词之乡”称号的决定》，常山县由此成为衢州市第一个“浙江省诗词之乡”。常山县职业中专被授予“浙江省诗教先进单位”称号，招贤镇招贤村被授予“浙江省诗词之村”称号。

【编发《三衢山》杂志】 2019年，县文联秉承精益求精的创办宗旨，面向县内外征稿，打造常山文艺人的阵地和家园，刊物分设文笔、旧事、人物、墨色、古韵、诗歌、萌芽、动态等栏目，全年编发刊物4期，《三衢山》刊物登上《浙江作家》第10期推介专栏，并正式加盟全省内刊联盟。

（黄马新）

卫生健康

【概况】 2019年，常山县卫生健康局（以下简称“县卫健局”）围绕“让群众在家门口享受优质卫生健康服务”的目标，聚焦群众“看病难、看病贵、看病烦”的问题，创新举措，攻坚克难，深化医疗卫生领域各项改革，推进卫生健康事业高质量发展。截至2019年年底，全县有各级各类医疗机构266家，其中常山县人民医院、常山县中医医院、常山县妇幼保健计划生育服务中心各1家、乡镇（中心）卫生院14家、民营医院6家（常山贞元医院、民康医院、常山第三医院、常山安康医院、常山眼科医院、常山第二医院）、其他医疗机构2家（浙江省第三监狱医院、常山县疾病预防控制中心）、村卫生室（社区卫生服务站、卫生院分院）184家、有乡村医生169人（不包括在村卫生室执业的执业助理及以上人员），门诊部1家，个体诊所41家(其中中医诊所12家)、厂矿医务室15家。卫健系统的干部职工有2070人，其中在编职工1230人（公务员编制12人、参公编制9人、事业编制1209人）、离休干部6人、退休职工446人、编外协议人员388人。

2019年，县卫健局开展基本建设工程10项，其中县级重点项目含县人民医院二期工程、县中医医院异地搬迁改造及新建住院楼等2项、县级重大前期项目1项、非重点项目（乡镇卫生院维修、改、扩、新建项目）7项。县人民医院二期工程完成前期报建程序和监理单位、施工单位招标，项目开工建设，完成场地土方平整工程量的40%，累计完成投资700万元；县中医医院异地搬迁改造及新建住院楼项目完成主体工程施工，完成暖通工程、弱电工程、净化工程、医用气体工程招标等，累计完成总投资3200万元。2019年6月1日，县妇保院新大楼投入使用。

【家庭医生签约服务】 2019年，县卫健局推进家庭医生签约服务工作，成功创建省级家庭医生签约示范基地，发挥医共体总院专家力量提升签约质量，推出“10+2”服务及慢病长处方等服务，高标准推进基本公共卫生服务项目。截至年底，电子健康档案建档率85.96%，管理高血压患者23619人，管理糖尿病患者6128人，与12.62万名居民签订家庭医生服务协议，规范签约率36.61%。

5月15日，县人民医院白石分院家庭医生签约 （县卫健局 供图）

【县域医共体建设】 2019年，县卫健局系统推进县域医共体建设，构建县域医共体建设“365”运行体系，推动医疗卫生资源下沉和城乡基本公共服务均等化，基层分院门急诊和住院人次分别提升12.75%、25.7%，县域就诊率、基层就诊率分别提高2.1个和1.8个百分点，医保支出增幅比2018下降18.7个百分点。2019年10月，浙江省医共体现场会在常山县召开，副省长成岳冲到会讲话，并对“常山模式”作出批示肯定，省卫健委专项奖励常山县800万元用于医共体建设，《健康报》专版介绍、中央电视台专题报道常山做法，国家卫健委课题组专门听取常山县医共体建设工作汇报。

10月22日，全省医共体现场会在常山召开 （县卫健局 供图）

【医疗卫生服务“最多跑一次”工作改革】 2019年，完成区域影像、超声等6个业务共享中心，全县10.6万人次享受服务，县人民医院建成网上预约诊疗系统，提供5种以上的挂号预约途径，高峰期群众现场挂号排队时间缩减至2.19分钟；完成智慧药房建设，门诊取药人均缩减排队时间10分钟以上。同步推进“慢城百事通”建设，将预约挂号、生育登记和健康信息查询等功能嵌入“慢城百事通”。启动“有礼医院•智慧服务”建设，当年度完成医后付、“刷脸付”系统建设。

【卫健系统人才队伍建设】 2019年，县卫健局招录各类人才69人，提前招聘人才50

人。全系统入选衢州市第三届名医 3 人，名中医 1 人。2019 年，选派 61 人到上级医院进修学习，组织开展临床、公共卫生、计划生育培训班 111 期，11084 人次；举办省、市级医学继续教育班 11 期，提升卫计服务技术水平。组织临床、护理、急救、公共卫生服务等技能比武 16 次，参与人员 850 余人次。

【常山县域医院龙头学科建设】 2019 年，县卫健局推进龙头学科建设。县人民医院肛肠外科、重症医学科被评为省级龙头学科，并达到国家卫生健康委县级综合服务能力推荐标准。县人民医院芳村分院、青石分院、大桥头分院的中医科和招贤分院的呼吸内科被评为市级特色专科，拓展县域医疗服务厚度。

【全县计划生育指标情况】 2019 年，全县出生性别比 106.22，控制在合理范围内。年末，全县有育龄女 90394 人，已婚育龄妇女 67056 人。全年上报女性初婚 1200 人，再婚 579 对，离婚 946 对。

【计生家庭奖特扶及计保险情况】 2019 年，全县有奖扶对象 3362 人，特扶对象 379 人，其中失独 161 人，伤残 192 人，并发症 26 人。为 2355 户独生子女家庭投保，投保资金 7.08 万元。全县有 6.37 万余人参加安康保险，赔付 235 人次，累计获得理赔资金 199.6 万元。

• 疾病预防控制与监测 •

【人感染 H7N9 禽流感防控】 2019 年，全县组织开展外环境人感染 H7N9 禽流感检测 7 次，采集外环境标本 105 份，均未检出阳性结果。

【霍乱等肠道传染病防控】 2019 年，全县医疗机构检测腹泻病人 860 例，粪便标本采集 860 人份，采便率 100.00%；“三线”培养 860 例，“三线”培养率 100.00%；检测到沙门氏菌阳性 25 例。年内全县健康体检人数 7681 人，均未检出阳性。开展伤寒、副伤寒监测及环境危险因素监测，均未检测出阳性菌株。

【手足口病监测与防控】 2019 年，全县报告手足口病 472 例，报告发病率为 185.16/10 万，无重症和死亡病例报告。对 60 例临床诊断病例采集标本进行实验室诊断，其中 COXA16 型肠道病毒阳性 24 例、其他肠道病毒阳性 34 例、阴性 2 例。全年报告 1 起手足口病聚集性疫情报告。

【麻风病防控】 2019 年，全县有麻风病现症病人 1 人。各医疗机构转诊可疑麻风病症状者 35 例。

【艾滋病防治】 2019 年，全县检测 4.55 万余人次，新发现 HIV 感染者 23 例，在管 HIV 感染者及病人 115 人。

【肺结核防治】 2019 年，全县报告结核病病人 287 例，其中肺结核 250 例（病原学阳性 169 例，病原学阴性 81 例），结核性胸膜炎 37 例，报告发病率 112.57 人 /10 万人，250 例肺结核病例中发现 7 例耐多药，发现的病例全部纳入常规管理。阁底小学、育才中学共发生 2 起结核病散发疫情，报告病例

2例，开展密切接触者筛查569人。

【规划免疫】 2019年，全县免疫规划疫苗接种达5.67万余剂次，接种率达95%以上，建卡建证率100%。

【狂犬病防控】 2019年，全县犬伤暴露总数3083人次，按要求完成免疫接种3075人次。球川镇发生1起一犬伤多人事件，共有5名犬伤暴露者。

【消除麻疹工作】 2019年，全县报告疑似麻疹或风疹病例10例，其中4例确诊为风疹、6例排除麻疹风疹病例，麻疹风疹排除病例报告发病率2.39人/10万人；开展确诊病例的密切接触者麻风疫苗应急接种30余人。

【血吸虫病防治】 2019年，血吸虫病综合治理环境改造工程1个，投资360多万元，环境改造治理灭螺面积4.62万平方米。全县血吸虫病血清学查病5356人，未发现血吸虫病病人。晚血病人内科救助26人。随访26人，其中好转26人、自然死亡1人。

【疟疾监测】 2019年，全县“三热”病人监测血检628人，未发现可疑病人。

【病媒生物监测】 2019年，监测显示城镇居民区鼠密度2.12%，农村居民区鼠密度4.42%，重点行业鼠密度3.80%；绿化带、餐饮等外环境成蝇捕获率0.41只/笼，农贸市场、单位食堂等室内环境平均每条成蝇数量1.24只/笼。通过诱蚊灯法检测城镇居民区、公园、医院、农户等环境成蚊密度1.30只/灯·夜。宾馆、饭店、医院、商场等重点行业平均蟑螂密度0.05只/张。登革热监测点监测结果，白纹伊蚊BI为14.44，埃及伊蚊BI为0。

【适龄儿童窝沟封闭】 2019年，全县完成26所小学的窝沟封闭项目，学校覆盖率100%；2018—2019学年二年级学生总数2513人，同意服务学生总数2123人，服务率84.5%，口腔检查学生数2143人，学生覆盖率85.3%；窝沟封闭应封2054人，实际封闭2054人，封闭率100%；口腔复查学生人数1182人，复查率57.5%；复查封闭牙齿颗数7465颗，封闭完好牙齿颗数3394颗，完好率45.5%。

【职业卫生监测】 2019年，全县报告农药中毒病例51例，其中男性30例、女性21例，无死亡病例。全年报告职业病8例，其中尘肺新发病例5例、尘肺晋期病例2例、急性中毒1例。新发尘肺病病例5例，均为男性，其中Ⅰ期3例、Ⅱ期2例。1例急性中毒为职业性急性混合型化合物中毒，无死亡病例。全年报告9例疑似职业病病例，均为男性，其中水泥尘肺8例、滑石尘肺1例。

【慢性病社区综合防治】 2019年，全县累计登记并管理高血压患者23786人，其中一级患者管理2761人、二级患者管理16477人、三级患者管理4548人；规范管理15580人，规范管理率65.50%；血压控制数15120人，血压控制率63.57%。累计登记并管理糖尿病患者6144人，其中常规管理2792人、强化管理3352人；规范管理3774人，规范管理率为61.43%；血糖控制数3204人，血糖控制率52.14%。重精患者累计登记在册1120人，报告患病率4.46%；管患者数118人，管理率为99.82%；规范管理1105人，规范管理率98.66%。

·卫生监督·

【卫生行政许可】 2019年，全县作出卫生行政许可1062件。其中，公共场所新办145件，变更17件，延续9件，注销52件；护士首次注册73件，变更107件，延续98件，注销9件，护士新证换发遗失补证1件；医师执业注册46件，变更114件，医师多机构备案36件，医师多点执业2件，医师注销1件；母婴保健专项技术服务许可新发3件，母婴保健专项技术服务许可变更1件；放射诊疗职业病防护预评价4件，控制效果评价6件，放射诊疗许可新发2件，变更3件；医疗机构设置10件，医疗机构新发证11件，医疗机构变更50件，医疗机构注销22件，到期换证63件；乡村医师再注册177件。

【卫生行政处罚】 2019年，县卫生行政部门作出处罚决定案件309件。其中，一般程序案件253件，简易程序案件56件；医疗卫生48件、放射卫生11件，传染病防治（包括消毒产品）143件、公共场所卫生89件、学校卫生15件、职业卫生3件；处罚没款41.43万元。

【集中式供水卫生监督检测】 2019年，县卫生行政监督机构对4家生活饮用水供水单位开展监督检查和饮用水监督采样工作；对4家水厂共采集水样88份，包括水源水8份，出厂水16份，末梢水64份。检测指标均合格。

【集中消毒餐饮具的消毒效果监测】 2019年，县卫生行政监督机构对集中消毒的餐饮具采样100份，经检验全部合格。

【非法行医打击】 2019年，县卫生行政监督机构检查医疗机构233家，查处违法医疗机构149家，立案处罚155户次。查处“黑诊所”9家；查处非医师行医7起；查处10家医疗机构聘用非卫生技术人员从事医疗活动；查处16家医疗机构使用未取得处方权的医师开具的处方。

·妇幼保健·

【概况】 2019年，县妇保院接收门诊142026人次；免费婚前医学检查1164对，婚检率达101.48%。全县活产数2194人，产妇数2176人，孕产妇系统管理2079人，管理率94.76%，剖宫产率42.75%，县级高危筛查率98.76%，高危产妇住院分娩率100%，产前筛查率95.13%，抢救重症高危孕产妇39例。发放叶酸853人。完成“两癌”筛查工作，乳腺癌筛查8291例，查出乳腺良性疾病82例，乳腺癌5人；宫颈癌筛查8289例，查出异常人数713例，其中原位癌0人、微小浸润癌1人、浸润癌3人。3岁以下儿童系统管理率95.03%，7岁以下儿童保健覆盖率96.83%，5岁以下儿童死亡率2.73‰，婴儿死亡率1.37‰，无新生儿死亡。全年无户籍孕产妇死亡。

6月1日，县妇保院新大楼启用

（县卫健局 供图）

·健康浙江·

【概况】 2019年，常山县按照“健康浙江”建设要求，抓实国家卫生县城复审。建立国家卫生县城复审联席会、工作督导等制度，全面开展宣传教育，实施外环境整治，顺利通过国家卫生县城复审。有序推进卫生乡镇创建工作，成功创建国家级卫生乡镇6个，成功创建浙江省健康促进金牌学校2所、银牌学校1所、铜牌学校8所，创建全民健康生活方式行动健康示范单位1家，健康食堂1家，健康社区1个，健康酒店1家。健康教育持续推进，健康教育讲师团职能有效发挥，健康宣教和健康素养进全县49个文化礼堂工作全部落实。

【生活饮用水保障】 2019年，全县监测水样96份，80份水样所有监测指标均合格，水质综合指标合格率为83.33%，比2018年上升7.29%。其中，市政供水出厂水2份、二次供水2份、市政供水管网水8份，12份水样均合格，合格率100%；农村集中式供水84份，68份水样合格，水质综合指标合格率80.95%。

【改水改厕工作】 2019年，全县农村卫生厕所普及率和无害化卫生厕所普及率分别为99.88%、98%，分别比2018年上升0.67%、0.96%。

（王露锋）

医疗保障

【概况】 2019年1月21日，常山县医疗保障局（以下简称“县医保局”）挂牌成立。县医保局为正科级的县政府工作部门，其主要职责是拟订医疗保险、生育保险、医疗救助等医疗保障制度的政策、规划、标准并组织实施，监督管理相关医疗保障基金，完善国家异地就医管理和费用结算平台，组织制定和调整药品、医疗服务价格和收费标准，制定药品和医用耗材的招标采购政策并监督实施，监督管理纳入医保范围内的医疗机构相关服务行为和医疗费用等。县医保局内设办公室、改革发展和医药服务管理科、医药招标采购和基金监管科3个科室，行政编制6名，设局长1名、副局长2名；股级职数4名。下属事业单位2个：常山县医疗保障服务中心和常山县智慧医保管理中心。常山县医疗保障服务中心于2019年3月8日成立，为公益一类事业单位，机构规格正股级，核定全额事业编制8名，设主任1名、副主任1名。常山县智慧医保管理中心于2019年12月19日成立，为公益一类事业单位，机构规格正股级，核定参公编制8名，设主任1名、副主任2名。至年末，全局（含下属事业单位）有在职干部职工16人，设党支部1个。

5月23日，常山县医疗保障工作会议召开
（县医保局 供图）

2019年，县医保局深化“最多跑一次”工作改革，在全市创新生育保险报销“一站式”服务，利用“一窗受理”云平台进行审批办理，推动“跑一次”向“零跑腿”升级；落实医保“五同”推动医共体建设，其经验做法获省医保局领导的批示肯定；全市“五同”模式现场会在常山召开。联合县税务局、乡镇（街道）、有关银行开展2020年度常山县城乡居民基本医疗保险参保缴费工作，至年底，全县基本医疗保险参保率达99.73%。县医保局在2019年全市医疗保障工作目标责任制考核中排名第一。

【内部管理制度健全】 2019年，县医保局建立内部管理制度23项，规范单位内部管理。建立乡镇医保工作机制，明确乡镇医疗救助、医保业务工作范围和职责。建立“红丝带”党建品牌。发挥党建品牌作用，通过党建引领医保各项工作，推进“五心”（不忘初心，助力脱贫攻坚；工作细心，助力效率革命；服务暖心，助力营商环境；办事耐心，助力基层治理；秉持公心，助力清廉医保）服务落到实处。建立“清廉医保”品牌。深入推进警示教育活动，严格履行党风廉政建设“两个责任”，抓好“关键少数”，突出“抓早抓小”，增强广大职工的自律性、自觉性。

【医保“最多跑一次”工作改革】 2019年，县医保局开展政银合作，与卫健、公安、人社等部门配合，开展新生儿“五证联办”，配合退役军人事务局做好退役军人基本医疗保险参保登记、医保医疗关系接续等相关工作。整合分级诊疗转诊认定、报销受理、生育保险报销等服务功能，让办事群众在医院一站式完成认定、报销，将各类补助救助纳入医保报销系统进行刷卡结报，开展退休老年类事项“一件事”联办，实现“一窗”综合办结。利用“一窗受理”云平台进行审批办理，实现生育报销零跑腿。医保局医保结算系统接入长三角地区异地就医门诊费用直接结算平台，实现与上海异地就医门诊费用双向直接结算。全年为32万余人次提供参保服务，有近206万人次享受医疗保险报销；医保支出4.6亿余元。

8月初，生育保险待遇申领“一站式”服务在县妇幼保健院实行

（县医疗保障局 供图）

【医保支付方式改革】 2019年，县医保局推行门诊实行按人头付费、住院实行按DRGs（按疾病诊断相关分组）、对于精神病等需长期住院治疗且日均费用较稳定的疾病实行按床日付费结算等多元化付费方式。实行差异化报销，提高基层县域就诊率。

【医疗救助政策落实】 2019年，县医保局坚持以托住底线、统筹衔接和高效便捷为原则，开展精准扶贫。出台政策加大贫困人员大病保险倾斜力度，实现贫困人员统筹区范围内医疗费用报销“一站式服务、一窗口办理、一单制结算”，实现医疗救助政策落实率和困难群众资助参保率两个100%。年内，全县2.5万多人次享受到医疗救助，累计支出医疗救助资金2859.22万元，医疗救助率达100%。

【医保基金监管】 2019年，县医保局建立由医保、卫健、财政等多部门组成的医保联席会议制度，出台医保资金“1+6”配套管理制度，规范医保基金使用。通过集中宣传打击欺诈骗保、规范“两定”单位医保行为、提高管理人员业务能力、开展定点机构常态巡查、重点问题集中提醒约谈措施，多角度、多方位开展医保基金监管，规范医保基金使用。重点开展打击欺诈骗保专项治理工作，通过全省、全市异地交叉检查，联合卫健、市监、公安等部门严厉查处欺诈骗保案件，实现“两定”医药机构检查全覆盖。年内，全县新增定点零售药店7家，累计有定点医疗机构46家、定点零售药店50家；收到群众举报5件，查实2件，发放奖励资金1000元。全年处理定点医药机构21家（其中解除协议3家）、医保医师2人，向公安机关移送案件3件，向卫健部门移送案件4件，向市场监管局移送案件1件，减少医保基金损失1042.36万元。

4月17日，“打击欺诈骗保 维护基金安全”宣传月活动举行　　（县医保局 供图）

【医共体建设】　2019年，县医保局发挥医保在医共体建设中的杠杆作用，积极参与到医共体建设中，通过总额同算、行为同管、责任同担、结构同调、信息同享来提高医共体医疗服务能力和医保基金管控能力。县域就诊率比上年提高0.82个百分点，住院均次费用比上年下降8.59%，基金支出增长率比上年下降4个百分点。

8月8日，省人社厅副厅长仉贻泓到常山调研医共体相关工作　　（县人社局 供图）

【医保36个子项网上办理】　2019年，县医保局加强医保信息系统建设，将“浙里办”APP、“浙江政务服务网”群众办理的事项与医保系统对接，将医保36个子项全部开通网上办理，通过部门间的数据共享，对生育登记证明、出生医学证明、户口本等可共享的办事材料予以减免，并通过浙江政务服务网、“浙里办”APP、云平台等渠道，让办事群众能在网上直接申请办理。

（周　颖）

人力资源和社会保障

综　述

常山县人力资源和社会保障局（以下简称“县人力社保局”）是主管全县人力资源和社会保障工作的正科级行政机构，2019 年 3 月，县人力社保局机构改革转隶组建工作基本完成。将县人力资源和社会保障局的公务员录用调配、考核奖惩、培训、工资福利等职责划入县委组织部（对外加挂县公务员局牌子）；将军官转业安置职责划入新组建的县退役军人事务局；将城镇职工和城乡居民基本医疗保险、生育保险职责划入新组建的县医疗保障局；将引进国外智力和外国专家管理职责划入新组建的县科学技术局。

2019 年，常山县人力资源和社会保障工作深化“最多跑一次”工作改革，强化为民服务理念；引进和培养高端人才，拓宽引才渠道，加强高技能人才队伍建设，兑现落实人才待遇政策；开展就业创业服务工作，搭建用工平台，加强东西部扶贫协作；开展劳动用工管理、劳动监察、劳动仲裁工作，全面构建和谐劳动关系。

人才队伍建设

【概况】　2019 年，县人力社保局实施“英才荟”紧缺急需人才引进计划，设立人才服务站，通过轮选比才招录专业化干部 15 人。特色打造“智汇常山”工程，补贴资金 280 余万元。全县通过系列评审，取得各系列专业技术职称 625 人，其中高级 76 人、中级 77 人、初级 195 人；组织企业初中级职称社会化评审各 1 批次，评定相关专业初级技术职称 222 人、中级技术职称 55 人；开展职业技能鉴定 3944 人次，其中高技能人才新增取证数 785 人。全县建成博士后科研工作站 1 家、市级专家工作站 2 家、县级专家工作站 6 家、市级技能大师工作室 2 家。

9 月 21 日，常山县妇保院县级专家工作站——舒静专家工作站揭牌仪式举行
（县人社局 供图）

【常山第六届职工职业技能大赛】　2019 年 9 月 8 日，县人力社保局举办常山第六届职工职业技能大赛，共有育婴员、保安员、中式烹调师、电工、车工、汽车维修工 6 个工种的 178 位技能精英参赛，参赛人数、大赛

规模突破历届技能大赛。

【“十百千”人才服务企业专项行动】 2019年，县人力社保局落实十个部门“结十校”、百名局长“引百雁”、千名乡村干部“招千人”计划。至年底，超额完成“十百千”三项指标。累计与17家大专院校和中高职院校建立对接合作；促进大学毕业生在本县工业企业稳定就业143人，比上年增长68%；促进返乡创业517人，比上年增长43%；促进返乡就业2157人，比上年增长38%。

2月1日，常山县2019年春季人力资源交流大会暨“十百千”人才服务企业专项行动启动仪式举行 （县人社局 供图）

【博士后科研工作站成立】 2019年，县人力社保局为鼓励企业引进高层次人才，实施创新驱动战略，开展科技研发，通过多次到常发粮油、亿谷科技、捷姆轴承等企业对接、跟进人才平台建设工作，9月25日成功协助捷姆轴承有限公司建成博士后科研工作站。至年底，全县共建成科润新材料有限公司、县人民医院、捷姆轴承有限公司3家博士后科研工作站。

就业创业

【概况】 2019年，常山县就业管理服务局围绕“十百千”人才服务企业，开展“三服务”活动，落实惠企减负政策，开展返乡农民创业示范县建设，开展东西部扶贫劳务协作，举办各类创业创新活动等，坚持就业优先，交出一份稳定的就业成绩单。

【服务企业用工】 2019年，县就业管理服务局先后举办2019年春季人力资源交流大会暨“十百千”服务企业用工行动启动仪式、2019年夏季大学生招聘会暨“十百千”人才服务企业工作推进会等多场大型招聘活动，将服务企业用工和激活慢城活力紧密结合，以“十百千”活动为抓手，多方联动聚集合力，多措并举主动服务，形成较好的服务企业营商环境。全年举办大小型各类招聘活动36次，提供招聘岗位12546个，吸引求职者约3.4万人次。帮助企业和高校毕业生对接300余人次；实现就业143人次，比上年增长68%。

7月8日，“青年常山 活力慢城”2019夏季大学生招聘暨“十百千”人才服务企业推进会在县东方广场酒店三楼东方厅举行

（县人力社保局 供图）

【东西部扶贫劳务协作】 2019年，县就业管理服务局创新扶贫方式，通过人力资源公司组织化输入，促进转移就业，助力脱贫攻坚。依托“常山阿姨”品牌，为四川省古蔺县群

众开展专业化培训，拓宽脱贫就业渠道。与四川省古蔺县相关部门对接，在当地建立“扶贫车间”，帮助古蔺县8000余名建档立卡贫困户脱贫增收，其中“扶贫车间”入选浙江省对口支援典型案例。全年完成“扶贫车间”建设43个，吸纳古蔺县500余人就近就业，带动200余名贫困户实现就业增收。

5月13日，常山·古蔺东西部扶贫协作“常山阿姨”培训班开班

（县人社局 供图）

【兑现各项惠企减负红利政策】 2019年，县就业管理服务局率先出台《常山县创业就业补贴申领实施办法》《关于印发进一步支持大学生就业创业打造“青年常山”意见的通知》《关于申报〈养老、家政服务和现代农业企业创业就业补贴〉的通知》等文件，加大就业创业扶持力度。推出“减保费率”“社保费返还”“企业招工奖励”“稳岗补贴”四大政策，减轻企业经营负担。兑现社保费用返还2855.54万元，发放招工奖励补贴41.88万元，稳岗补贴98.2万元，共涉及企业361家次，占失业保险基金结余比例全市最高。

社会保障

【概况】 2019年，全县职工基本养老保险和城乡居民社会养老保险参保人数224458人，其中企业参保84302人、居保参保140156人。企业养老退休27842人，当年新增1662人；城乡养老退休48616人，当年增加2679人，其中居保退休新增514人。工伤保险参保人数38852人，当年增加1809人。社保卡持有人员总计343640人（实体社保卡持有率100%），电子社保卡持有人员59701人。

【首推退休“老年类”事项联办】 2019年，县人力社保局在原内部退休一件事联办的基础上再深化、再优化，结合生命全周期特点，会同县医保局、县民政局及县公积金分中心整合基本养老保险退休、职工医保补缴、老年优待证办理及公积金退休支取4个事项，实现“一件事”联办，年内共受理3308件。

【推广事项告知承诺制】 2019年，县人力社保局以“承诺”代替“证明”，通过工作人员代跑和数据代跑的形式核实信息，助力打造“无证明办事之城”和“信用示范之城”。年内有5个事项的6种纸质证明材料取消，用承诺代替，其中通过数据共享调用死亡数据信息办理人员死亡登记业务共3771件。

【基本养老保险精准扩面】 2019年，县人力社保局坚持结果导向，精准施策，全力推进全民参保计划。通过完善养老保险政策、摸清核实未参保人员底数，建立动态管理参保数据库，定期下发未参保数据名单消除覆盖盲点，深挖参保扩面征缴潜力，扩大基本养老保险覆盖工作成效显著。全县实现基本养老保险参保率连续多年位居全市前列，到年底，全县基本养老保险参保率达99.59%，新增参保企业单位 1701 家，新增机关事业单位 36 家。

劳资监管

【概况】 2019 年，县人力社保局依托“浙江政务网”打造“在建项目欠薪预警平台”，实时掌握在建项目实名制管理、分账管理、按月足额支付等制度的落实情况，常态化监管企业用工，从源头防范欠薪发生。5 月，常山县通过省“无欠薪”创建考核。常山县仲裁院成功申报全省实体化仲裁示范庭，实现证据同步演示系统、庭审高清录音录像刻录系统，庭审全程同步录音、同步录像、同步记录、同步刻录、证据同步演示。

【常山县无欠薪工作通过省级考核】 2019 年，县人力社保局根据无欠薪工作考核细则，对全县在建项目工地开展定期检查，其中包括夏季根治欠薪攻坚行动、冬季根治欠薪攻坚行动、部门联合检查、日常巡查。依托“浙江政务网在建项目欠薪预警平台”，实时掌握在建项目实名制管理、分账管理、按月足额支付等制度的落实情况，常态化监管企业用工，从源头防范欠薪发生。5 月，常山县无欠薪工作通过省“无欠薪”县创建工作考核。

【劳资纠纷妥善处置】 2019 年，县人力社保局共受理劳动人事争议案件 213 件，到期结案率 100%，调解率 83.1%，结案金额 861 万元；受理劳动监察咨询投诉举报案件 392 件，结案率 100%，为 1055 名工人讨回工资 3979 万元。

（郑 昕）

社会生活

人民生活

【概况】 2019年，全县城镇居民人均可支配收入39654元，比上年增长8.9%；农村居民人均可支配收入22149元，增长9.7%。全年居民人均消费支出15922元，比上年增长9.7%。按常住地分，城镇居民人均消费支出22992元，增长9.1%；农村居民人均消费支出10500元，增长10.0%。居民恩格尔系数为35.3%，其中城镇为34.9%，农村为36.0%。

2019年，全县基本养老保险参保率99.6%。全县职工基本养老保险和城乡居民社会养老保险参保人数223944人，其中企业养老退休27842人、城乡养老退休48616人，当年增加3827人；工伤保险参保人数38852人，当年增加1809人；社保卡持有人员总数343640人（实体社保卡持有率100%），电子社保卡持有人员59701人。

2019年，全县有7783户（9748人）纳入城乡最低生活保障，其中城镇低保438户（549人），农村低保7345户（9199人），年支出低保金6531.9万元。10月1日开始实施低保标提标，每人每月770元。全年救助困难群众496人，救助金额140.3元。特困人员集中供养生活费提高至每人每年10990.5元，共支出特困供养资金1233.1万元。资助全县城乡低保、五保、低边13350人参加城乡居民医疗保险，资助金额560.7万元。全年办理结婚登记1837对、离婚登记995对、补领结婚证551件、补领离婚登记证47件、收养登记16件，实施婚姻家庭辅导995对。

（占慧臻）

2019年全部从业人员和工资情况一览表

表31

指标名称	年末总人数（人）	年末在岗职工人数（人）	在岗职工工资总额（万元）	在岗职工年平均工资（含劳务派遣）(元)
合计	49002	39579	289061	72276
1. 农、林、牧、渔业	52	22	58	27667
2. 采矿业	8	8	36	45000
3. 制造业	14905	14268	76357	54033

续表 31

指标名称	年末总人数（人）	年末在岗职工人数（人）	在岗职工工资总额（万元）	在岗职工年平均工资（含劳务派遣）(元)
4. 电力、热力、燃气及水生产和供应业	546	526	9380	173097
5. 建筑业	17805	12847	53591	42616
6. 批发和零售业	911	839	4183	51825
7. 交通运输、仓储和邮政业	517	504	5080	96704
8. 住宿和餐饮业	686	610	2636	44510
9. 信息传输、软件和信息技术服务业	110	84	867	101722
10. 金融业	406	381	6858	178758
11. 房地产业	296	291	2564	82224
12. 租赁和商务服务业	2827	707	3614	41362
13. 科学研究和技术服务业	250	248	3128	119569
14. 水利、环境和公共设施管理业	170	137	1555	114058
15. 居民服务、修理和其他服务业	28	22	328	116800
16. 教育	2866	2629	34025	125973
17. 卫生和社会工作	2024	1664	20643	120904
18. 文化、体育和娱乐业	180	163	2362	142563
19. 公共管理、社会保障和社会组织	4415	3629	61798	161273

2019 年单位从业人员和工资情况一览表（不含私营）

表 32

指标名称	职工年末人数（人）	女性（人）	在岗职工（人）	在岗职工年平均工资（含劳务派遣）（元）
总计	16406	7177	14203	117229
1. 企业	6776	2775	6007	81526
2. 事业	4957	2795	4335	136724
3. 机关	4281	1293	3508	160854
4. 农、林、牧、渔业	52	21	22	27667
5. 制造业	3875	1587	3422	62997
6. 电力、热力、燃气及水生产和供应业	510	119	490	180830
7. 建筑业	609	66	513	87212
8. 批发和零售业	431	276	391	59556

续表 32

指标名称	职工年末人数（人）	女性（人）	在岗职工（人）	在岗职工年平均工资（含劳务派遣）（元）
9. 交通运输、仓储和邮政业	137	30	137	116620
10. 住宿和餐饮业	314	207	257	53280
11. 信息传输、软件和信息技术服务业	110	37	84	101722
12. 金融业	406	205	381	178758
13. 房地产业	40	18	40	75000
14. 租赁和商务服务业	170	58	155	113657
15. 科学研究和技术服务业	176	52	174	138420
16. 水利、环境和公共设施管理业	170	58	137	114058
17. 居民服务、修理和其他服务业	28	8	22	116800
18. 教育	2866	1784	2629	125973
19. 卫生和社会工作	1917	1251	1557	123989
20. 文化、体育和娱乐业	180	72	163	142563
21. 公共管理、社会保障和社会组织	4415	1328	3629	161273

2019 年规模以上私营企业从业人员和工资情况一览表

表 33

指标名称	职工年末人数（人）	女性（人）	在岗职工（人）	在岗职工年平均工资（含劳务派遣）（元）
总计	34058	8909	26409	46180
（一）采矿业	8	—	8	45000
（二）制造业	12139	4720	11526	50828
（三）电力、热力、燃气及水生产和供应业	36	2	36	61833
（四）建筑业	17382	1547	12520	41805
（五）批发和零售业	647	427	615	43398
（六）交通运输、仓储和邮政业	380	145	367	89008
（七）住宿和餐饮业	372	242	353	36425
（九）房地产业	256	123	251	83007
（十）租赁和商务服务业	2657	1619	552	42593
（十一）科学研究和技术服务业	74	24	74	71676
（十三、）卫生和社会工作	107	60	107	63411

2019年城乡劳动力配置情况一览表

表34 单位：万人

	合计		合计
一、年末人口数	25.54	按国民经济行业分组	—
年末16岁以上全部人口数	21.32	1. 农、林、牧、渔业	3.06
其中：不计入劳动力资源的人数	3.26	2. 采矿业	0.23
二、年末劳动力资源总数	17.36	3. 制造业	3.21
三、经济活动人口	16.93	4. 电力、热力、煤气及水的生产和供应业	0.10
全社会就业人员	16.47	5. 建筑业	4.12
按就业身份分组	—	6. 批发和零售业	2.01
1. 非私营单位从业人员	1.64	7. 交通运输、仓储及邮政业	0.44
2. 私营单位从业人员	6.43	8. 住宿和餐饮业	0.54
3. 个体户主	1.60	9. 信息传输、计算机服务和软件业	0.02
4. 个体从业人员	4.49	10. 金融业	0.20
5. 其他	2.31	11. 房地产业	0.04
城镇失业人员	0.14	12. 租赁和商务服务业	0.23
城镇登记失业人员	0.14	13. 科学研究、技术服务业	0.10
		14. 水利、环境和公共设施管理业	0.03
		15. 居民服务、修理和其他服务业	0.29
		16. 教育	0.47
		17. 卫生和社会工作	0.22
		18. 文化、体育和娱乐业	0.12
		19. 公共管理、社会保障和社会组织	1.02
		20. 国际组织	—

2019年常山县农村住户、城镇住户调查基本情况一览表

表35

指　标	单　位	农村住户	城镇住户
调查样本户数	户	150	100
期内常住人员数	人	393	269
人均现住房建筑面积	平方米	76.9	45.5
可支配收入	元	22149	39654
一、工资性收入	元	11431	24474
二、经营净收入	元	5850	4602

续表 35

指　标	单　位	农村住户	城镇住户
三、财产净收入	元	390	3349
四、转移净收入	元	4478	7229
消费支出	元	10500	22992
（一）食品烟酒	元	3784	8021
（二）衣着	元	510	2041
（三）居住	元	2441	4972
（四）生活用品及服务	元	607	1054
（五）交通通信	元	844	2381
（六）教育文化娱乐	元	1088	2891
（七）医疗保健	元	1094	1188
（八）其他用品和服务	元	132	444
耐用消费品拥有情况（每百户）	—		
1. 家用汽车	辆	20.1	42.6
2. 摩托车	辆	9.3	9.0
3. 助力车	台	106.0	81.0
4. 洗衣机	台	84.7	93.0
5. 电冰箱（柜）	台	101.3	103.0
6. 微波炉	台	48.0	45.0
7. 彩色电视机	台	150.0	158.0
8. 空调	台	120.7	179.1
9. 热水器	台	101.3	104.1
10. 洗碗机	台	0.7	1.0
11. 排油烟机	台	66.0	83.0
12. 固定电话	线	18.0	10.0
13. 移动电话	部	252.0	230.0
其中接入互联网	部	147.3	187.0
14. 计算机	台	18.7	68.9
其中接入互联网	台	14.0	60.0
15. 照相机	台	2.0	6.0
16. 中高档乐器	架	0.7	11.0
17. 健身器材	台	1.3	5.0
18. 空气净化器（含新风系统）	台	0.0	2.0
19. 吸尘器	台	3.3	7.0

（张莉丽）

民政事业

【概况】 2019年，常山县民政局（以下简称“县民政局”）聚焦脱贫攻坚、聚焦特殊群体、聚焦群众关切，履行基本民生保障、基层社会治理、基本社会服务职责，推进“大养老”“大社救”“大治理”“大服务”等各项工作，民政事业发展取得长足进步。“孝老之城”建设更具影响，建成孝善文化馆，建好孝老示范村，发布《常山孝经》，孝老敬老氛围日益浓厚，在全国性会议作典型发言。“最多跑一次”工作成效突出，“低保惠民联办”获好评，“婚育户”联办和“身后一件事”联办全面落实。民生实事项目推进，农村敬老院改造提升、示范型居家养老服务中心、树葬和骨灰堂示范点、农村便民服务中心等31个县级以上民生实事项目全部建成并投入使用。“大养老”建设推进，县社会福利中心实施“公建民营”，第二社会福利中心已列入2020年重点项目并完成施工招标，乡镇级居家养老服务中心覆盖面达50%，村级老年活动中心、老年人权益保障中心、老年服务中心功能得到有效发挥。“大救助”体系完善，全面落实县级低保30%抽查复核，常态落实全县低保、低边、特困供养对象县级公示机制，建立“慢城融慈善”平台。

是年，县民政局在全省民政会议暨第六届浙江慈善大会上，被表彰为“全省民政系统先进集体”。

【“孝老之城”建设】 2019年，常山县孝善文化馆在“5•20”常山敬老日正式开馆，全国老龄办党组成员、中国老龄协会副会长朱耀垠出席仪式并给予常山县高度肯定。紫港街道外港村、狮东村建成“孝老示范村”，县孝善文化培育基地落成。建成球川镇龙绕村“夕阳红食堂”，解决困难老人就餐难题。12月7日，在首届全国孝亲敬老文化传承与创新大会上，常山县副县长郑金仙做典型发言，受到国家卫健委党组成员、全国老龄办常务副主任、中国老龄协会会长王建军高度评价。

【“低保惠民联办”】 2019年，县行政服务中心民政窗口累计办事16354件，做到无差错，被评为2019年度常山县“改革领跑奖”。“低保惠民联办”全面升级，通过政府兜底、流程优化、平台保障，形成13项政策打包式、便民化、高效率办理，低保惠民政策覆盖全县低保对象。1月初，“低保惠民联办”入选全国社会救助优秀创新案例十五强，获提名奖，成为浙江省唯一入选案例。7月26日，常山县委副书记、县长张少华在全省“最多跑一次”改革工作例会作“低保惠民联办”典型经验交流，受到省委常委、常务副省长冯飞的表扬。9月30日，“低保惠民联办”被评为2019年度衢州市改革创新优秀实践案例。11月19日，“低保惠民联办”入选省“竞跑者”。

7月24日，县委副书记、县长张少华（前中）调研低保惠民联办工作　（张志林 摄）

【社会救助工作】 2019年，县民政局突出抓好县级低保抽查复核落实，涉及对象2780户，占全县低保对象35.7%，即时核销低保对象 133 户，提交省级系统核对 2647 户，确保精准救助落到实处。完善低保对象公示机制，村级每月张榜公示，县级每月通过“慢城通”平台公示，主动接受社会监督，全年低保类信访件数量下降 30%。10 月 1 日实施低保标提标，全额低保从每人每月 680 元提高至 770 元。截至 12 月底，全县有 7783 户（9748 人）列为城乡最低生活保障对象，与 2018 年同期相比，减少 2070 户（2337 人），年支出低保金 6531.85 万元。全年实施临时困难救助 496 人次，救助金额 140.26 万元。出台《关于进一步健全特困人员救助供养制度的实施意见》，特困人员集中供养生活费提高至每人每年 12012 元，共支出特困供养资金 1233.1 万元。县救助管理站救助生活无着流浪乞讨人员 213 人次（食宿救助 190 人次、医疗救助 2 人次、护送返乡 15 人次，站外救助 6 人次），发放救助物品 32 件（套），分发方便面等食品 24 箱、矿泉水 16 箱；通过公安人脸识别系统，查清 9 名流浪乞讨滞留人员身份，并顺利护送返乡；11 月，将原寄养在思源养老院的 4 名滞留人员转移安置到县第三人民医院；救助中心建设完工，11 月投入使用。

【社会福利和养老服务工作】 2019 年，县民政局推进养老机构星级评定管理，累计 17 家养老机构取得星级。县社会福利中心一期工程通过项目竣工验收，由绿城颐养中心“公建民营”。县第二社会福利中心已列入县 2020 年重点项目并完成施工招标。积极向上对接，为赛得健康小镇护理型养老机构、白石不老泉康养中心项目提供有效信息。完成球川镇、同弓乡、紫港街道 3 个示范型居家养老服务中心建设（衢州市为民办实事项目），并分别签约杭州康久医疗有限公司和杭州市帼西丽老年服务中心进行运营。超进度完成同弓乡、白石镇敬老院改扩建工程，并通过验收合格、投入使用。做好青石镇、金川街道、辉埠镇、球川镇等敬老院装修及配套施工的督查和指导工作，其中辉埠镇完成主体及装修工程、球川镇敬老院装修建设已完成并投入使用。培训养老护理员 32 人、家庭养老护理员 1012 人。组织全县儿童督导员和儿童主任业务培训。全年发放社会孤儿和困境儿童生活补助 725.7 万元，百岁老人高龄津贴 39.95 万元，90 岁老人生活补贴 112.9 万元。

紫港街道示范型居家养老服务中心

（县民政局 供图）

【社会组织管理工作】 2019 年，全县新登记社会组织 209 家，变更 12 家，注销 2 家。截至 12 月底，全县有社会组织 2118 家，其中正式登记 515 家、备案 1603 家。完成 2018 年度社会组织年度检查工作。召开全县社会组织发展大会，省民政厅副厅长江宇出席会议并讲话。出台《常山县促进社会组织发展若干意见》，设立 100 万元的社会组织发展扶持专项资金。县社会组织党群服务中心被评为省级示范点（全市县级单位首家）。推进社会组织参与社会治理，广大社会组织在“平安社会”创建、“孝老之城”建设、“创文创卫”等志愿服务中发挥积极作用。

11 月 27 日，常山县社会组织发展大会召开　　（张志林 摄）

【社区和社会工作】　2019 年，县民政局推进全国社区治理和服务创新实验区建设，做好社区治理、社区服务、社区综合体、数字社区等工作，初步形成共建、共治、共享的社区治理体系。推进基层减负增效赋能工作，清理对外挂牌 189 块、室外服务标识牌 486 块、室内功能指示牌 216 块、制度 795 块、涉村事项 79 条、融合宣传阵地 36 个。全年社工考试报名人员达 910 人，创历史新高，新增持证社工人数 112 人（社会工作师 14 人，助理社会工作师 98 人）。全县有社会工作专业人才 283 人（其中初级 235 人、中级 48 人）。全年新增社区工作岗位 62 个。截至 12 月底，全县有 2 家标识志愿服务组织、2 家开展志愿者注册的志愿服务组织、2 家开展志愿服务记录的志愿服务组织，共有注册志愿者 100819 人。

【婚姻登记工作】　2019 年，全县办理结婚登记 1837 对、离婚登记 995 对、补领结婚证 551 件、补领离婚登记证 47 件、收养登记 16 件，实施婚姻家庭辅导 995 对。4 月 16 日，实施“婚姻生育户口”一件事联办，全年办理 760 件。2006—2019 年的 5 万余条婚姻登记电子签名数据全部归档。

【殡葬管理工作】　2019 年，全县完成 2064 具遗体火化任务（含弃灰 13 人），减免群众殡葬基本服务费 130 万元，为 444 人（低保户、五保户、重度残疾人）赠送骨灰盒总计 13.32 万元。5 月 24 日，县西山陵园正式投入使用，南山公墓、西山陵园办理公墓入墓 266 穴（其中南山公墓入墓 187 穴，二次入墓 61 穴，实际销售 122 穴；西山陵园入墓 79 穴，二次入墓 1 穴，实际销售 78 穴）。协助县重点项目迁坟 13 穴，配合同弓乡全流域土地整治迁坟工作任务，协调组织就近火化，同步配送骨灰盒 2600 只。推进“陈尸”化解工作，成功化解 9 具“陈尸”。倡导文明祭奠活动，重要祭祀日安排工作人员 90 余人次，迎接祭扫人员 12 万人次，赠送鲜花 8000 束，确保群众祭扫活动安全、文明、有序进行。县殡仪馆尾气除尘净化改造采购项目总预算 540 万元，争取到 2019 年中央预算内资金 300 万元。全面实施“身后一件事”联办，全年办理 970 件，带给群众极大便利。高标准完成市级为民办实事项目 13 个树葬示范点和 2 个骨灰堂示范点建设，出台《常山县节地生态安葬奖励实施办法（试行）》，全年树葬 4 例、骨灰堂安葬 15 例。

【福利彩票销售服务工作】　2019 年，“中福在线常山县大街销售厅”销售额 2096.5 万元。开展“福彩暖万家”等 5 个系列活动，累计投入经费 42 万元，资助 190 人，其中资助困难大学新生 10 人，共计 8 万元；资助困境儿童、困难老人、困难环卫工人 160 人，共计 32 万元；资助困难义务教育阶段学生 20 人，共计 2 万元。

【水库移民工作】　2019 年，全县核减直补对象 253 人，恢复直补对象 4 人（刑满释放），复核后共有直补对象18132人。发放直补资金1088万元。全年安排水库移民扶持项目63个，资金重点用于生产开发类及美丽家园类项目建设，13个项目已完工，24个已验收，9个已报结。县水库移民食用菌基地等项目收益200余万元，助推参与联建的45个移民村完成“消薄”工作。开展困难水库移民家庭子女非义务教育助学工作，发放助学金10万元。通过公开招标方式，委托第三方对全县18131名水库移民对象进行生产生活状况入户调查。10个农村便民服务中心建设列入县为民办实事项目，辉埠镇辉埠村、宋畈村、达坞村、黄坞岭村，球川镇龙绕村，同弓乡关庄桥村，新昌乡郭塘村、泰安村，招贤镇溪上村、鲁士村便民服务中心均在年内建成并投入使用。

【地名管理工作】 2019年，全面开展不规范地名清理整治工作，完成整治17处。全年安装门牌3700块，发放门牌证5250本，审批各类地名设置证明75份，消除门牌号1305块，出具相关地名标志证明4125份。完成国家地名数据库5.0系统升级，完成第二次地名普查数据库3458条属性数据上报工作。完成“常山数字城管”系统和常山县地名地址管理系统相关工作，共计入库数据10万条。

【福利企业管理工作】 2019年，县福利企业管理办公室做好残疾人就业税收优惠政策的宣传贯彻落实，引导更多企业加入残疾人集中就业队伍。妥善处理配套政策调整及相关后续事宜。协调推动和配合相关部门做好残疾人就业中的权益维护工作。全县福利企业共5家，职工总人数470人，其中安置残疾职工150人，残疾职工占总人数的比例达31.9%。残疾职工养老保险等5项保险参保率达100%，人均年参保额约12338元。

【法治民政工作】 2019年，县民政局有17人参加执法证培训考试，参与率列全市民政系统第一位；新增执法证持证人员10人，累计21人，执法证持证率列全市民政系统第一位。开展“双随机、一公开”执法检查，独立检查40家单位，检查参与20人次，查出问题率11%，在全县排名靠前。

【慈善工作】 2019年，县慈善总会募集善款1273.51万元，拨付救助金1324.6万元，开展助医、助困、助老、助残、助学、助教、助孤、中西部扶贫、“消薄”援助等工作。其中，助医项目拨付救助金20.7万元，援助17名大病儿童；助困项目拨付救助金31.23万元，174户家庭受益；助老项目援助23.98万元，支持“孝老之城”建设；助残（孤）项目拨付援助金61.89万元，支持22名残疾人家庭进行危旧房改造；助学（教）项目拨付援助金41.28万元，资助142名困难学生；公益项目拨付援助金33.32万元，援建3家“关爱儿童之家”，并支持春泥公益协会开展援助项目；中西部扶贫项目拨付款物412.2万元，援助古蔺县开展扶贫工作；“消薄”援助项目拨款700万元，援助金川街道新建村及芳村镇8个村开展“消薄”工作。

（张志林）

常山县残疾人联合会

【概况】 截至2019年年底，全县持证残疾人有12360人，包括一级、二级重度残疾人4670人，占37.78%；三级、四级残疾人7690人，占62.22%。其中，视力残疾人1812人，听力残疾人2088人，言语残疾人 70 人，肢体残疾人 5931 人，智力残疾人 1116 人，精神残疾人 1168 人，多重残疾人 175 人。

2019 年，常山县残疾人联合会（以下简称“县残联”）全面完成涉残民生实事项目建设。实施“残疾人之家”建设项目；完成列入市、县两级政府无障碍环境建设改造的涉残民生实事项目。5 月 8 日，由县政府办公室牵头召开 2019 年度常山县政府民生实事涉残项目交办会，明确工作任务，分解压实部门责任。争取省财政厅、省残联 1000 万元残疾人服务能力提升工程财政激励性资金，其中列支 625 万元用于“残疾人之家”提升和新建支持。会同县财政局建立“残疾人之家”财政扶持政策，明确星级创建及奖励标准。协调县财政局调剂年度预算 120 余万元，用于 189 个文化礼堂（便民服务中心）无障碍环境设施改造，减轻各村（社区）负担。年内，全县有 10 家“残疾人之家”已全部装修完毕并投入试运行；全面完成 21 家重要场所、14 个乡镇（街道）“四个平台”办事大厅及 189 个村（社区）文化礼堂（便民服务中心）无障碍设施建设改造。

落实残疾人兜底保障。常山县扩大残疾人两项补贴覆盖面，对生活部分不能自理的残疾人中需要长期照护的一级、二级听力、言语残疾人，按每人每月 50 元的标准发放残疾人护理补贴。2019 年，全县有 5339 名重度残疾人享受护理补贴，发放金额 1092.33 万元；3761 名残疾人享受困难生活补贴，发放金额 868.79 万元。为 13 家盲人按摩机构和 15 名城镇个体户发放养老金补助 8.2 万元。全面完成 20 户省级、25 户市级和 10 户县级残疾人慈善危旧房改造（修缮）。全年完成 151 户符合条件的残疾人家庭无障碍设施改造，配发 210 户残疾人家庭无障碍（其他类）辅助器具，完成 2 家符合条件的机构无障碍设施改造。为 27 名符合条件的残疾人机动轮椅车燃油补贴对象发放补贴。

深化精准康复服务。县残联实施残疾人基本型辅助器具服务，其中假肢安装 18 人、验配助视器 179 人、配发盲人智能眼镜 40 人，配发普及型辅助器具 414 人。实施浙江省困难残疾人大病医疗救助 8 人，市困难残疾人大病医疗救助 15 人，髋／膝关节置换手术补助 10 人。创建 8 家县级残疾人社区康复示范站。为 91 名残疾儿童提供康复服务，其中听力言语康复训练 7 人、脑瘫康复训练 20 人、智障康复训练 22 人、孤独症康复训练 5 人、人工耳蜗手术 2 人、自费人工耳蜗 2 人、自费耳蜗升级处理器 4 人，困难残疾儿童康复生活补贴 29 人。落实全县 459 名精神残疾人免费服药政策。选送 2 名康复专业人才到省残联培训，与县妇幼保健机构实现残疾儿童筛查数据共享。开展家庭病床服务，全县共设立 495 张家庭病床，将残疾儿童、精神残疾人和“三瘫一截”等对象作为家庭病床服务的重点人群，全年累计开展责任医生服务 3659 次，协调员上门服务 4627 次，持证残疾人签约服务率达 80% 以上。县残疾人康复中心（安康医院）通过评估考核，成为市级定点儿童康复机构。全市首家县级残疾人托养服务中心 9 月底已投入运营，开启常山县托养服务的新篇章。

促进残疾人就业就学。县残联在常山县 2019 年春季人力资源交流大会上设立残疾人招聘专区，推出残疾人就业岗位 280 多个，142 名残疾人与 13 家招聘单位达成就业意向。向嘉兴、金华、杭州及本地的福利企业，输送 20 名残疾人按比例就业。乡镇机关公务员岗位单招单考 1 名残疾人。输送 3 名视力残疾人参加初级保健按摩师培训及小儿推拿特色培训，1名残疾人参加面点培训，安排9名残疾人参加市中级盲人按摩培训班。1名残疾人获全国残疾人职业技能竞赛竹编项目第6名。推动残疾儿童少年普遍接受义务教育和特殊教育向两头延伸，支持残疾人特殊教育发展，培智学校有在校学生46人，全县随班就读残疾学生118人，为26名残疾学生送教上门；为142名残疾学生和贫困残疾人家庭子女发放助学补助。

维护残疾人合法权益。县残联围绕护航新中国成立70周年大会战、全国残疾人职业技能大赛等重点节点，开展3次矛盾纠纷大排查大调处活动，全县未发生残疾人到市去省进京上访等重复访、越级访、群体访事件。重视残疾人日常动态掌握，实施重点人员一对一稳控，落实“日报告”和“零报告”制度。2019年，县残联共处理回复“12345”热线16件、信访件2件，信访处置率100%。建立经常性法律援助救助机制，施行援助12人次。推进“最多跑一次”改革，将视力、听力、言语、肢体、14周岁以下智力残疾评定移入县人民医院和县妇保院，评定时间调整为每周三，对评定结果无异议的予以当场发证。与县民政局、县公安局、县卫健局等部门联发《常山县低保惠民联办实施方案》《常山县推进“殡葬”一件事改革实施方案》，将困难残疾人生活补贴，残疾人证注销及惠残政策的取消纳入联办事项。残疾人证遗失补办不再登报挂失，将残疾人证到期换发、遗失补办、破损换新办理及部分高频事项办理移交行政服务中心残联窗口，达到服务最方便、办事零跑腿目标。全年受理申请办证人员1338人，其中重评无等级变化73人、等级变化237人、不符合223人、新办证805人；系统注销死亡人员419人；办理户籍迁移15人；补办换领残疾人证589本。开展上门办证11次，为52名残疾人提供上门办证服务。

做实残疾人文化体育工作。县残联开展康复体育进家庭项目，为320名残疾人配发康复体育器材。创建1家市级残疾人文化示范基地。球川镇听力残疾人姜委魏在全国第十届残疾人运动会暨第七届特奥运动会个人49公斤级跆拳道项目中获得银牌，实现常山县残疾人在国家级以上体育赛事中成绩新突破。输送3名残疾人参加第十一届全国残运会体育集训队，输送1名残疾人参加省残疾人文化辅导培训班，输送8名残疾人参加市残疾人文化体育辅导培训班，输送8名残疾人参加市残疾人书画培训班。

营造浓厚助残氛围。在“全国爱耳日”期间，县残联开展“关爱听力健康，落实国家救助制度”宣传教育活动，免费为60多人进行听力检测、血压测量及助听器维修保养；举办“保护听力、减少听力损伤”科普知识讲座，累计发放宣传资料1000多份。在“全国助残日”期间，县残联组织40多名残疾学生游慢城，参观常山火车站、国际慢城自行车主题公园、国防教育展览馆等地；组织15名肢体残疾人畅游石博园；县领导走访慰问培智学校、康复机构，为12名残疾人自强模范送上党和政府的温暖和关爱。在“全国残疾预防日”“肢残人活动日”“全国特奥日”“世界读书日”期间，县残联组织义诊活动，播放公益宣传片，送辅助器具，开展趣味运动，开展“盲人定向行走”培训，让残疾人有效参与和融入社会生活。

是年，白石镇残疾人林芳仙被评为“浙江省自强模范”，并得到省委书记车俊、省长袁家军等省领导的接见看望；天马街道残疾人徐勋在市委宣传部、市文明办举办的“有礼之星”选树活动中被评为“自强之星”；残疾人徐勋、胡诚分别获市残联举办的“感恩祖国 自强奋进”励志演讲比赛二等奖和三等奖；残疾人徐宝英家庭入选全国“最美家庭”候选名单。大拇指蛋糕店总经理马金花、华康家庭农场农场主朱阿康被评为衢州市自强模范；县财政局、县教育局被评为衢州市助残先进集体；白石镇中心卫生院残疾人社区康复站站长林辉、紫港街道紫港社区主任江敏被评为衢州市助残先进个人；县残联被评为衢州市残疾人工作先进集体；县残联办公室主任王诚、芳村镇残联理事长徐仕和、金川街道残疾人工作专职委员徐兰英被评为衢州市残疾人工作先进个人。

【全市社区精准康复业务培训会】 2019年6月5—6日，全市“阳光康护·家庭病床”推进会暨社区精准康复业务培训会在常山召开，与会人员现场观摩天马街道残疾人社区康复示范站、中医院何家分院残疾人社区康复示范站等地，走访慰问家庭病床对象，探讨家庭病床康复服务经验。

【全市助残服务“最多跑一次”工作改革推进会在常山召开】 2019年10月31日，全市助残服务“最多跑一次”工作改革推进会在常山召开，明确以“六统一”为标准全面推进助残服务“一件事”在全市各地的贯彻落实。会前，与会人员参观常山县人民医院残疾评定办证现场、在常山县行政服务中心观看助残服务“一件事”部门联动的实操演示，听取常山县和衢江区助残服务“最多跑一次1+X”联办机制改革经验介绍。

【全县残疾人工作会议召开】 2019年5月8日，常山县残疾人工作会议暨县残联第七届主席团第二次全体会议召开，回顾总结2018年全县残疾人工作成绩，明确2019年工作思路，布置下一阶段的工作任务，县政府残工委全体委员，县残联第七届主席团全体委员，各乡镇（街道）分管领导、残联理事长、残疾人工作专职委员，派驻纪检监察组负责人，春泥公益、阳光志愿者协会、红十字应急救援队负责人等160余人参会。

【紫港社区创建省级无障碍社区】 2019年11月7日，省残工委考核组到常山实地验收紫港街道紫港社区无障碍社区创建工作，听取市、县残工委创建工作情况汇报，认为紫港社区符合省级无障碍社区标准，同意通过省级无障碍社区考核验收。同时，省残工委考核组对常山县推进全国无障碍县创建工作进行指导。

【残联组织改革】 2019年，县残联以“强三性（政治性、先进性、群众性），去四化（机关化、行政化、贵族化、娱乐化）”为目标，出台常山县残联改革方案，重点明确县级残联工作职能、完善县级残联组织构成、改进队伍配备方式，提升各级残联服务能力。选送2名乡镇（街道）残联理事长参加全省残疾人工作重点示范乡镇（街道）残联理事长培训班，组织县残联3名班子成员参加全市残联系统干部能力素质提升培训班，组织20名乡镇（街道）残联理事长、残疾人工作专职委员参加全市乡镇（街道）残联理事长和专职委员培训班。各类资源向基层一线倾斜，工作力量向一线转移，注重乡镇（街道）、村（社区）残疾人组织建设，发挥各级残联“代表、服务、管理”职能。

【“清廉残联”建设】 2019年，县残联强化清廉制度建设，厚植清廉思想、培育清廉文化、落实清廉行动；扎紧权力运行“笼子”，严防“四风”，推动残联工作重心下移，发挥好残联作为党和政府密切联系残疾人的桥梁纽带作用。同时，认真配合县委巡察工作“回头看”，配合市、县派驻纪检监察组执纪检查和各级审计检查工作，做好问题整改和追责问责，树立风清气正的清廉形象。

（蔡 卿）

常山县红十字会

【概况】 2019年，常山县红十字会（以下简称“县红十字会”）弘扬“人道、博爱、奉献”的红十字精神，学习贯彻《中华人民共和国红十字会法》，组织建设、救灾救助、救护培训、献血、造血干细胞捐献和人体捐献工作，以及信息工作都取得新的成效。全年，在新蓝网、浙江新闻网等主流媒体刊发信息3篇，运用微信、美篇等自媒体开展宣传，刊发信息46篇。在赵家坪社区试点创建红十字博爱社区。出台完善《常山县红十字会制度汇编》。创建球川红十字主题文化广场。至年底，常山县村（社区）基层红十字会建会数5个，建会率为2.63%，成人会员5109人，占常住人口的2.03%。

【“5•8”世界红十字日宣传义诊活动】 2019年5月8日，县红十字会在县城十字路口街心花园举行纪念第72个“5•8”世界红十字日街头宣传义诊活动。制作、展出红十字知识宣传展板10余块，发放红十字知识、造血干细胞捐献等宣传资料300余份，接受咨询和义诊人数200余人，发放爱心袜子600双。

【博爱救助】 2019年，县红十字会重点面向常山县贫困家庭、器官捐献家庭等对象，开展“博爱送万家”走访慰问活动。为困难家庭送去慰问金16.24万元，走访慰问188户。县红十字会通过“母婴平安”项目共资助外来务工人员困难家庭高危孕产妇38人，项目救助资金利用率达100%；帮助县内5名儿童共获得15万元的“小天使基金”救助。

【应急救援】 2019年10月11日，常山县红十字应急救援队改名常山县启天红十字应急救援队（以下简称“县红十字应急救援队”），启天建设集团有限公司为县红十字应急救援队提供20万元救援资金。县红十字应急救援队设有山救组、城救组、水救组、医疗组、后勤保障组、新闻报道组和秘书处，有正式队员37人、预备队员10人；有国家一级救护师1人、二级救护师2人、中级绳索专业2人，取得救援桨板培训资质6人。2019年县红十字应急救援队共计出勤120次，其中城市搜救类60次、水域救援类4次、活动保障类12次、出席会议类16次、训练演练类20次、志愿者服务类8次。5月6日，参加对江西省上饶市王有兴以及常山县金川街道王十五娜的搜寻工作；5月11日，参加衢州市电视台举办的现场寻亲活动；5月18日，组织队员开展水上救援训练；6月6日，参加江山市抗洪救灾行动，成功救出8名被困群众，处理1名伤员；7月4日，参加常山县抗洪救灾行动，成功解救2名芳村镇九里岗因洪水被困山上农庄的村民；10月1日，金川街道鲁蒋村84岁老人蒋念云离家后走失，县红十字应急救援队立即组织

4名队员，前往搜救，最终在童家附近找到走失老人；11月2日，在常山县芳村镇的牛角洞开展实地洞穴救援演练，山地救援、野外生存、野外搜救、应急通信等各项救援技能明显增强。

【救护培训】 2019年，县红十字会紧抓重点行业、人群培训工作，扩大培训受众范围。全年完成救护员培训40场次，计1542人；普及培训112场次，计13855人次。

【大爱“三献”】 2019年，县红十字会做好“三献”（无偿献血、遗体和人体器官捐献、造血干细胞捐献）组织工作，全面落实省、市红十字会布置的年度任务清单。实现造血干细胞捐献31人次（入库）；器官捐献2例，角膜捐献1例；献血2030人次，献血量50110毫升。

【博爱社区创建试点】 2019年7月，县红十字会在赵家坪社区开展“红十字博爱社区”创建试点工作，突出“博爱”主题，建设“博爱社区”活动阵地、“博爱广场”阵地、6个“博爱”主题楼道，做好会员台账、志愿者台账、活动台账，实现可持续居民救护培训和可持续创建“博爱社区”的要求，年内争取到省红十字会补助资金5万元。

【首个“红十字”主题文化方志建成】 2019年8月，常山县首个“红十字”主题文化广场在球川镇开园，在原公园建设的基础上增添“弘扬正能量引领新风尚、中国红十字会基本情况介绍、红十字运动基本知识和常见急救健康知识”四大板块内容，创建红十字文化长廊，让群众能够掌握更多的应急救护小知识，走近红十字文化，走进红十字精神。

（洪飞 黄筱赟）

乡镇（街道）

天马街道

【概况】 天马街道位于常山县境内中南部，是常山县政府驻地，总面积75.49平方千米，辖区东连青石镇，南接江山市西，西北交白石镇、金川街道，北界常山港和紫港街道。下辖12个行政村、6个社区。天马街道总户数19183户，总人口47851人，其中农村人口15424人。党组织67个，其中党工委1个、党委6个、党总支1个、党支部59个，党员2108人。

2019年，天马街道聚焦“大党建”统领，夯实基层党建基础，以“三个三”党建工程、“三联工程”为重点，开展基层党建、网格管理和项目推进等工作的一月一督考，督考结果及时通报并作为年度综合考核重要依据，检验工作成效。实施党建“四化”工作法，即精准化研判、清单化管理、专班化推进、常态化督考“四化”工作法，形成工作闭环，推动每个村社完成年度“五个一”重点工作（即实施1件以上民生实事，化解1个以上突出矛盾，完成1个以上重点项目，打造1处以上特色节点，形成1个以上特色品牌），用实实在在的工作成效检验“三联工程”是否落地。创新启动“红色预备队”计划，通过“双荐双考”选拔红色预备队成员40人，精心设岗，采取“六个一”模式进行考察培养。至年底，有1名成员增补担任村支委，3名成员提拔担任社区两委，17名成员担任专兼职网格员。做好后进村党组织整转、村党组织书记县级备案管理、挂靠党员清理和党内基本制度落实等工作，全力推进基层党建工作。严格对照“八有”标准，全面推进“乡村振兴讲堂”建设。做好机构改革“后半篇”文章，深化“模块＋专项”运行架构，实行“机构归类、业务归口、工作归位”，落实“模块协调、班子协同、干部协作”，通过模块化运行，推动各项工作齐头并进。

全面建设美丽乡村。天马街道12个行政村“消薄”任务全面完成。以“蓝马甲”志愿者队伍为抓手，及时化解治水矛盾、反馈治水问题，严格执行“河长制”制度、创建零直排区，提升“五水共治”满意度。深化“路长”责任制建设，全面实施路段规范化管理，截至年底共完成72个点位的交办整治工作，其中市级交办点2个，广告牌残留2个，废品垃圾58处，乱搭乱建2处。持续推进“三改一拆”工作，全年拆除历史存量违法建筑2.51万平方米，完成上级下达的任务数。在天马街道蒲塘口全面完成沿线1.6千米28个整治点的排查及整治工作。以点带面建设美丽乡村，以“云湖仙境”高端民宿为核心，配套实施银杏大道、万家灯火、美丽庭院、家宴中心等项目，助推天安村打造AAA级旅游景区。圆满完成国家卫生城市复审工作，街道出台创卫复审工作实施方案、工作推进方案，建立街道创卫复审工作领导小组，明确创卫复审工作具体内容和具体要求，以基层党建“三个三”为抓手，用好网格化管理的运行模式，实现群众知晓率100%、问题排查率100%、整改率100%。配合推进老城区有机更新，主动参与渡口小区1～19幢区块配套设施改造、城区道路白改黑、城区“口袋公园”等项目实施。指导各社区围绕“志愿之城”“孝老之城”建设，打造出文峰社区“红色灯塔”、东明社区“银邻管家”等一批志愿服务、孝老敬老特色品牌。加强城区无违建创建，街道城管中队高调宣传、高频巡查、高压拆除违法建筑，完成紫荆花园违规装修排查，拆除北屏山长坞区块违章建筑。完善社区服务平台，推进“红色物业联盟”“党员楼长制”“双百双千”党员志愿服务等工作，创新“银龄管家”“同心慧”党建综合体、居民诚信体系建设等特色载体，确保为城区居民提供高质量的服务。

文化体育事业健康发展。街道完成东明社区、渡口社区的文化家园建设；完成南前坊村文化礼堂建设项目审批工作。每月举办各类文娱活动，街道组织送戏、送服务、文化走亲等活动18场，开展文化队伍培训120人次，指导各村居举办文体活动、讲座培训等108场。在街道公共服务绩效评估中被评为一类乡镇。五联村、蒲塘村、东港村、周塘村完成体育小康村升级，配备室内器材、羽毛球架等；各社区配备智能健身器材，更换老旧健身路径52件。完成屏山社区残疾人之家和辖区内各村居办公场所、文化礼堂的残疾人无障碍设施标准化建设。

做好信访工作。推广信访代办，完成18个村社信访代办点建设，为基层群众代办各类信访事项16件。高质量完成“12345”信访举报平台、省委巡视组交办信访件和各类来信来访事件的调查、答复工作，事件办结率、群众满意度均较大提升。完成新中国成立70周年大庆安保和其他重要节点安保工作。加大信访积案化解力度，按时完成县级交办的积案化解任务。深化“扫黑除恶”专项行动，对照“扫黑除恶”三年工作计划，开展“扫黑除恶”宣传，悬挂各类横幅500余条，张贴宣传海报4500张，发放宣传单2.5万份；配合做好上级交办的“扫黑除恶”相关工作。

扎实开展“不忘初心、牢记使命”主题教育。坚持街道党工委书记作为第一责任人，抓住街道班子成员“关键少数”，拉高标杆、压实责任，坚持学在前、改在前、干在前，带动街道机关、村社党员这个“绝大多数”。压实18个村（社）和18个“两新”组织党组织书记“第一责任人”职责，做到“一个都不少，一个都不掉队”的要求，实现面上党员学习教育全覆盖，落实主题教育各项规定动作，做到边学边改、边查边改、即知即改。坚持因类施教，结合党员实际，分领域、有重点地推进主题教育，不搞一刀切、一锅煮，严格按照《衢州市基层党员党支部主题教育“1+5”指导意见》，分类做好“五个一”“五带头”，逐步实现“大水漫灌”“单项传导”向精准式、菜单式、互动式转变。打造“初心时空茶馆”学习平台，以“线上＋线下”“在线学＋现场学”等方式，解决“两新”组织党员学习时间不足、空间不足、素质不齐“三大难题”。做到主题教育与专项整治、重点工作有机结合，实现“两不误、两促进”，聚焦“党建治理大花园”重点工作。加大对外宣传力度，完成各类宣传报道200余篇，其中中央级1篇，省级16篇，市级32篇。在弘扬孝老好风尚、农房风貌提升、“有礼之星”选树等工作中挖掘各类典型人物30余人。

是年，天马街道获全省“示范数字档案室”称号；文峰社区被评为浙江省儿童之家规范化建设试点单位，并获得2019年浙江省青年志愿服务项目大赛铜奖；金川社区被命名为“衢州市文艺特色村（社区）”，金川社区扫黄打非工作站被评为浙江省“扫黄打非”进基层示范标兵；天马村景区公厕被评为AA级旅游厕所；天安村的云湖仙境民宿获浙江省银宿等级；周塘村国家地质公园研学基地获浙江省中小学生研学实践教育基地。

【农房风貌提升】 2019年，天马街道“主”字型架构体系推进农房风貌提升工作，即主动对接画好一个“丶”点，党建统领畅通一条“|”线，积极参与做实三条“一”线，牢牢抓住党建这一“牛鼻子”，将干部、党员、群众拧成一股绳，强势推进农房风貌提升工作，天马街道在全县农房风貌提升工作排名中多次排名首位。出台《关于压实“三联”责任强势推进农房风貌提升的通知》，增派4～5名干部至各村成立村级农房风貌提升工作小专班，每日召开工作汇报会，研判分析分类处置意见。年内，天马街道共完成整治3468宗，面积135686.94平方米。长期保障整治成果，不定期开展各整治点的“回头看”督查工作，防止拆后反弹。此外，各村严格落实审批建房“四到场”制度，从源头上管控建房，确保农村建房合法合规。

【县城危旧房治理改造】 2019年，省建工集团第五建设公司党总支、县城市危旧房住宅小区棚改项目指挥部、天马街道党工委三方党组织结对共建，以党建引领项目，“金钉”铸强民心，把党旗插在项目上，互帮互学，同频共振，有效推动项目建设。主动与指挥部对接，化解安置区施工过程中产生的各类问题，确保安置房施工平稳有序。项目推进过程中，天马街道做到项目部有问题随叫随到，没问题宣传防范一定到。同时，严格要求施工方合理安排施工时间，科学规划施工方案，尽量减少对周边群众的影响。至年底，4个安置小区项目推进总体有序平稳。协助做好房屋评估，严格按照市、县相关政策要求，重点做好2111户20多万平方米危旧房评估工作，认真做好核查核对，确保各项评估数据不出大差错，确保数据齐全真实有效。

【“四个平台”运行】 2019年，天马街道规范“四个平台”运行，将“四个平台”工作与街道机构改革、模块化改革相结合，突破条块壁垒，实现部门派驻机构与街道有机融合，“四个平台”闭环流转，有效运转。配齐配强综合信息指挥室、政务服务中心等科室中层干部及一般干部，完成综合治理大厅改造。细化网格管理，制定出台《农村网格管理考核办法》，以网格为单位，捆绑考核网格工作完成情况。完成社区网格党支部换届选举，打破原先党支部、党员与网格分离的情况，有效推动党建统领网格管理。完成社区、农村网格“一长三员”调整，8名新招录社区干部、5名“红色预备队”成员调整担任专职网格员。

【土地开发、农村土地综合治理】 2019年，天马街道完成东港村和天马村的土地综合整治项目44.37亩，完成三调建设用地复垦项目规划设计223亩。全面完成外围7个村农村饮用水提标达标工程项目的主体工程建设。天安村争创省级“一村万树”示范村相关建设任务全部完成。全速推进恒寿堂万亩香柚种植基地的土地流转工作，该项目在天马街道天安村、和平村流转土地3500余亩。截至年底，已完成第一期753亩土地流转，第二期700余亩的土地流转推进。

2019年天马街道各社区基本情况一览表

表36

社区名称	共建单位（个）	楼幢（幢）	户数（户）	人数（人）	低保对象（人）	外来人口（人）	外出人口（人）	育龄妇女（人）	环检对象（人）	归正对象（人）
屏山社区	14	95	2025	4991	78	782	382	1660	673	13
金川社区	15	213	1844	4385	44	205	81	1626	633	11
东明社区	13	281	3513	8950	57	1481	1500	3251	931	16
定阳社区	15	93	2073	4987	51	2032	599	1827	590	8
文峰社区	18	435	2088	5000	55	1628	721	1543	790	6
渡口社区	13	87	1702	4114	99	203	107	1623	687	10
合 计	88	1204	13245	32427	384	6331	3390	11530	4304	64

2019年天马街道各行政村基本情况一览表

表37

村 名	支 书	主 任	户数（户）	人口（人）	党员（人）	劳力（人）	柑橘面积(亩)	柑橘产量(吨)	胡柚面积(亩)	胡柚产量(吨)	村集体经济年收入(万元)
东方红	焦瑞生	—	342	982	34	567	29	72.5	29	25	81.54
南前坊	袁小军	郑荣良	423	1013	41	676	130	188	50	95	201.42
西 峰	吴慈祥	胡 军	297	546	31	301	62	134	52	46	32.04
北屏山	马土标	马土祥	327	683	27	440	0	0	0	10	143.1
常年青	徐晓俊	—	339	776	40	485	20	36	10	10	144.25
蒲 塘	李培荣	吴建军	288	749	26	588	197	255	180	308	80.57
周 塘	刘国华	—	358	913	36	605	230	340	230	454	17.88
五 联	徐贤义	李昌敏	621	1702	51	1197	360	418	310	190	16.48
东 港	谢晓华	—	514	1537	62	1013	537	763	469	398	12.4
天 马	邱有青	鲍金荣	946	2227	66	1757	545	565	475	599	14.34
天 安	李涌泉	廖燕萍	749	2172	87	1370	832	468	760	759	21.64
和 平	—	吴立冬	734	2124	86	1740	315	644	260	680	27.3
合 计			5938	15424	587	10739	3257	3883.5	2825	3574	792.96

（江勇勇）

紫港街道

【概况】 紫港街道位于县城常山港以北，东与青石镇接壤，南邻常山港、天马街道，西接金川街道，北连辉埠镇、大桥头乡。区域面积41.3平方千米，下辖10个行政村、2个社区、1个渔业大队。截至2019年年底，紫港街道户籍人口15753人，党组织27个，党员808人；耕地总面积6034亩，山林总面积2.4万亩。

2019年，紫港街道党工委、办事处紧抓项目“生命线”，明确各项目牵头领导和具体责任人，细化工作举措，依托“党建＋项目”，全力破解攻克项目推进中的各类难题。实施项目推进“一日一碰头、一周一例会、一月一点评”制度，项目攻坚小组每日召开碰头会，项目牵头领导每周参加工作例会，共同分析项目推进存在问题，研究攻坚举措和办法。全年完成农民饮用水提升工程、狮子口灌区秋冬水利工程、建设用地复垦、G60高速二期拓宽土地征用、城市污水处理厂三期土地征用等一批重点项目。紫港街道党工委抓好基层党建主体责任的落实。坚持每周督查，每月研判，推动基层党建标准化规范化建设，结合后进党支部整转，在渣濑湾、孔家弄、狮子口、狮东、外港、姜家堡6个村建立“国际慢城”党建联盟，通过召开联盟会议、互比互看互学、座谈交流等多种形式，实现强村带弱村。打响紫港城市党建品牌，以“共享”为理念，联合辖区共建单位，整合各类服务资源，打造“党建共商、事务共管、难题共解”的社区治理新模式。依托“徐金妹工作室”“老娘舅工作室”等社会组织，以点带面，真正使城市党建工作扎根基层，“徐金妹工作室”获浙江省离退休干部先进集体。实行《模块化干部绩效考核办法》、《村主职干部“积分报酬制”考核办法》，将工作实绩作为干部考核的重要导向，倒逼干部主动作为。深入实施村（社）“领头雁”工程，通过实绩比拼、群众推荐、综合考察等方式，任免6名村（社）党支部书记，选优配强村干部队伍。坚持一线淬炼，将中青年干部派驻至项目推进等重点工作一线，让干部在项目攻坚与难题破解中不断成长。

紫港街道通过“河长制”“蓝马甲”志愿活动、治水结对、校园宣讲、文艺演出等多种形式，开展“五水共治”工作，唤醒群众主体意识，共同参与其中。2019年，紫港街道集中整治各类小微水体30处、村庄水塘14个、黑臭沟（渠）16条，处理群众举报45件，“五水共治”满意度进一步提升。对照上级任务清单，推进“四边三化”问题整治，全年完成省、市、县问题点位交办173个。开展048省道、320国道、常辉线、常新线、苦狮线等交通要道“治乱”整治11次。健全长效管理机制，依托“路长＋网格员＋保洁员”队伍，定期巡查路面环境和重要节点路口，发现问题立即整治，全面构建职能到位、责任到人的“四边三化”网格全覆盖化管理。建立违法建筑长效管理机制，对新增违法建筑做到高频巡查、高压防控、高调拆除。

2019年，紫港街道获得“浙江省人民调解工作先进乡镇（街道）”“浙江省2019年‘平安农机’示范镇（乡、街道）”等称号。

【风貌提档升级】 2019年，紫港街道全面开展农房风貌提升工作，街道、村干部奋力投身整治一线，攻坚克难，共拆除“一户多宅”、危旧房、附房、生产性用房等各类建筑2017宗11.22万平方米。做好拆后土地利用文章，拆后空间用于村道路拓宽、停车位建设、美丽庭院、村庄景观节点打造、“一米菜园”建设等，发展特色农家乐、高端民宿，推动美丽乡村发展为美丽经济。向上争取建设资金2000万元，持续推进慢城“5+1”美丽乡村基础设施建设，完成“万家灯火”、渣濑湾村支线道路提升、孔家弄村婴头小公园、麦坞文化广场等项目建设，实现慢城村庄风貌提档升级。

一米菜园建设　　（紫港街道 供图）

【基层治理】　2019年，紫港街道深入开展平安网格建设，提升辖区群众的安全感和幸福感。配齐、配强网格“一长三员”（即网格长、专职网格员、兼职网格员、网格指导员），完善网格员管理办法，严格落实会商制度。街道各网格全年巡查记录16927条，办结各类事件16520件，比上年增长1.25倍。建立网格、村、街道三级信访代办制度，由信访代办员为村民“跑腿”代办信访事项，街道“最多跑一次”信访代办站全年登记信访事项31件，其中网格代办19件，全部实现一次接访，一次出结果。《常山县紫港街道：激发网格能量，让基层治理“活”起来》一文刊登于2019年12月17日《浙江法制报》。

【“厕所革命”工作】　2019年，紫港街道聚焦民生实事，深化实施农村困难群众厕改、农村公厕提升行动，全面改善农村人居环境，完成农村困难群众厕改60户，新建AA级旅游公厕2座，实现辖区公厕全覆盖目标。全年接待新疆农业农村厅、辽宁省辽阳市农业农村局等各类考察团5次。

2019年紫港街道各行政村基本情况一览表

表38

村名	支书	主任	户数（户）	人口（人）	党员（人）	劳力（人）	外出劳力（人）	耕地面积（亩）	柑橘面积（亩）	胡柚面积（亩）	村集体经济年收入（万元）	农民人均纯收入（元）
枧　头	裘立新	—	466	1237	40	741	184	269	71	71	21.30	13200
后　坊	方伟国	郑拥军	330	816	26	486	176	180	12	10	25.78	13500
外　港	樊泉水	杨林华	599	1444	64	723	307	80	535	430	21.84	13100
富足山	李志国	占安民	645	1667	48	1010	285	350	386	240	22.65	15600
大弄口	张国新	—	710	1840	68	1283	304	460	50	50	22.13	13400
狮子口	王根有	谢亚青	523	1299	64	601	207	900	640	638	22.19	12300
狮　东	黄盖民	叶光福	612	1584	75	997	213	1253	882	685	28.58	12500
孔家弄	李明良	—	429	1137	32	783	142	760	486	490	35.16	12800
姜家堡	江国诚	郑　栋	463	1225	44	876	187	950	980	980	28.22	12300
渣濑湾	包勇飞	—	479	1233	35	893	367	832	373	373	39.01	16200
合　计			5256	13482	496	8393	2372	6034	4415	3967	266.86	134900

（曾艳婷）

金川街道

【概况】 金川街道位于县城西北、常山港南岸，东接天马街道和紫港街道，南连天马街道，西与白石镇、同弓乡、何家乡接壤，北邻辉埠镇、何家乡，总面积57.51平方千米，下辖14个行政村、1个社区，常住人口31954人。境内有“一港二溪”（即常山港、南门溪、龙绕溪）。2019年，金川街道耕地面积10906亩，林地面积13461亩，园地面积4204亩。粮食播种面积15784亩，粮食总产量6094.8吨；蔬菜种植面积5481亩，产量9806吨；果园种植面积1804亩，产量3171.3吨，果用瓜种植面积1003亩，产量2288.5吨。全年生猪饲养量3757头，家禽出栏246934只。辖内有中小学校4所，教师193人；幼儿园5所，教学点2处，其中，省二级幼儿园2所（钳口中心幼儿园、双语幼儿园）。

2019年，金川街道因地制宜，探索乡村产业振兴发展。立足城郊区位优势，鼓励和引导对集体资源进行统盘、发包、租赁，上埠村对废弃垃圾厂进行改造提升，常桥、金川弄、朱家坞等村建设物业大楼，每年至少可收10万元租金。新都片依托优势区位条件、高效物流网络，大力发展电商经济。新都村注册电子商铺154家，被评为省级电商示范村。推进十五里“乡约五都”“塞外秋天”、徐村瑶山云舍民宿建设。湖东片加快旅游产业建设，徐村紫薇花海种植400余亩，苗木编织成的紫薇花篱笆、花篮，形成产业链，实现经济效益与景观效益双丰收。

坚持问题导向、目标导向、需求导向，做细做实做主题教育。创新“晨读会”“掌上微课堂”“有声图书馆”等多种形式，把“乡村振兴讲堂”作为“主题教育主载体”的定位，推出“小云话初心”等特色课程，“初心课堂”相关做法登上“衢州发布”和市级简报。注重调查研究，开展“民生难事清零行动”，促进各村精气神明显提振，中心工作推进速度明显加快，重点难点明显疏通。

是年，金川街道被评为“学雷锋先进单位”；道路交通安全工作被市委、市政府作为执行“十条军规”典型事项通报表扬；新都村被评为“省级电商示范村”，徐村村党支部被评为衢州市基层组织建设和基层治理先锋战队。

400亩紫薇苗木　（金川街道 供图）

【36个村“抱团消薄”】 2019年，金川街道整合多方资源，吸收天马街道、紫港街道入股，筹资5530万元，建设常山县金惠标准厂房经营有限公司，购买原皮尔轴承厂房地块使用权，委托开发区经营管理，每年获取租金430余万元用于3个街道所辖的36个村集体分红，实现“抱团消薄”“五方共赢”。36个村抱团投资新增400多个岗位，有效解决“园中村”村民的就业问题。这一经验做法被列入衢州市“消薄”攻坚推进现场会典型案例。

【风貌提升行动】 2019年，金川街道强力推进农村风貌提升，共拆除不合规建筑2307宗，面积达11.85万平方米，其中蒋家村52户10年违建6天清零的事迹登上《衢州日报》

头版。完成蒋家村枫树底、十五里村牛车上等7个垦造耕地项目，验收面积479.18亩，新增水田面积285.82亩，新增旱改水面积183.37亩；完成十里山等村建设用地复垦项目验收，验收面积31.58亩，新增耕地面积27.90亩。

【模块化运行改革】 2019年，金川街道根据县委的统一部署，大力推进模块化改革。在街道原组织架构上，打破重组，构建大党建（大协调）、大经济、大服务（大园区）、大治理（大执法）四大模块，搭建“模块扁平运行＋组团联村服务＋专项攻坚推进”的总体架构。创新党小组负责制和模块联村机制，确立模块联村“定位”，周二下村“定时”，模块干部驻村驻格“定点”，模块指导联系村党建工作“定责”的工作原则，推进党建业务深度融合、实战运行更为高效。率先确定“岗位赋分＋模块打分＋组团积分＋专项加分＋奖惩加减分”的考核评星制度，并在干部正向激励和末位管理中强化结果运用。年内，金川街道模块化改革运行情况2次在衢州市乡镇（街道）模块化改革推进现场会上作典型发言；常山县乡镇（街道）模块化运行座谈会在金川街道召开2次，市、县领导多次到金川街道考察。

11月4日，常山县乡镇（街道）模块化运行座谈会在金川街道召开

（金川街道 供图）

【弱势群体社会保障】 2019年，金川街道对全街道192户共224位低保对象进行清理规范，加大弱势群体帮扶力度。全年为287名重度残疾人办理护理补贴，为185名生活困难残疾人办理生活困难补贴；为30户困难群众实施住房救助；临时救助31户42人，共发放救助金7.738万元。发放90周岁以上高龄老人津贴6万元。完成湖东等5个村避灾安置点规范化建设。以十五里村为试点建设农村老人幸福食堂；打造“能大姐”金名片，建起“红色爱心洗衣房”，开展“喘息服务”，解决独居老人、残障人士家属面临的实际问题。

【社会治理】 2019年，金川街道处理来信来电528件，接待群众200批次，调解矛盾170件。开展安全隐患大排查，整治森林防火、汛期防汛、地质灾害、农村危旧房及企业矿山隐患点120处；依法打击非法加油行动23次；下发企业安全生产整改建议书30份。以“自治”“德治”为基础，通过“社区有礼”积分制、乡贤议事团等载体探索基层自治新模式，形成和谐文明乡风。建起“法治讲堂”，在信访重点村邀请市法律专家以案说法，引导村民们通过法律途径解决矛盾纠纷。

【基层党建】 2019年，金川街道全力聚焦基层党建“全领域建强，全区域提升”。做优做亮徐村“追梦党支部”品牌和赵家坪社区“睦邻党支部”城市品牌，提升基层党建水平。由街道党工委牵头抓总，成立“诗画风光带红色联盟”，发挥党组织的战斗堡垒作用和党建联席协商的大智慧，盟内5个后进村完成整转，常桥村党支部被评为2019年度“金钉子”党组织。2019年3月，《学习时报》刊登《破解基层治理的红色密码——浙江省常山县金川街道基层党建工作探索与实践》一文，点赞街道党建工作。在中共衢州市委七届六次全会上，徐村村党支部被授予“衢州市基层组织建设和基层治理先锋战队”。徐村村党支部和十里山村第一网格党小组被县委授予“党建统领·宋诗田园先锋战队”。

2019年金川街道赵家坪社区基本情况一览表

表39

社区主任	专职工作人员	楼房	住户	非农业人口	农业人口	外来人口	外出人口
郑小云	6人	653幢	4316户	4920人	7387人	121人	326人

2019年金川街道各行政村基本情况一览表

表40

村名	支书	主任	村民小组（个）	农户（户）	人口（人）	劳力（人）	党员（人）	播种面积（亩）	柑橘面积（亩）	胡柚面积（亩）	山林（亩）	村集体经济年收入（万元）
五里亭	陈松贵	官　明	9	627	1335	838	43	1234	220	160	1400	37.53
新　建	徐新华	徐高翔	12	357	1066	590	44	1198	50	26	500	46.66
常　桥	徐小忠	何　军	7	341	755	492	37	430	100	90	720	44.48
十里山	陈明富	刘昌其	10	505	1172	685	41	786	70	60	1000	51.70
十五里	刘启忠	—	18	730	2111	1354	94	6856	445	270	3470	49.26
蒋　家	蒋文斌	蒋　明	4	234	631	406	27	472	42	40	600	34.43
新　都	缪进水	—	13	634	1568	983	85	1763	112	110	2839	35.91
金川弄	洪　剑	—	19	810	2027	1256	67	4178	650	450	287	49.74
胡家淤	胡水金	—	32	1032	3256	2048	89	7053	560	700	250	40.10
朱家坞	何文仙	朱华贵	4	326	877	562	31	761	110	90	0	75.07
湖　东	陈雪锋	占晓露	10	584	1463	925	65	3134	250	242	1320	35.43
徐　村	叶继强	徐有德	8	401	1108	663	41	1298	130	100	0	31.12
上　埠	郑立华	郑国庆	17	906	2017	1275	75	2606	270	270	725	35.87
上　蒋	—	蒋念荣	4	245	595	340	26	499	30	0	350	30.32
合　计			167	7732	19981	12417	765	32268	3039	2608	13461	597.62

（张尚锋）

辉埠镇

【概况】　辉埠镇地处常山县城北郊，系全国钙产品生产基地、市经济强镇及浙江省千万吨水泥熟料生产基地，拥有全省储量最丰富、品位最优的石灰石资源，先后被授予全国文明镇、省级教育强镇、省级体育强镇。全镇区域面积127.1平方千米，辖17个行政村，常住人口约3.54万人。镇域范围内交通纵横便捷，九景衢铁路、杭金衢高速公路、黄衢南高速公路纵贯境内，常辉公路与320国道、205国道交汇贯通；国家AAAA级景区三衢石林位于境内。镇工业功能区——辉埠新区成立于2003年，规划面积14.1平方千米，已建成10平方千米，入区工业企业160余家，其中规模以上企业47家、产值超亿元企业15家、10亿元以上企业2家，形成建材、轴承、纺织、装备制造和新型材料等主导产业。2019年，辉埠园区新增小升规企业5家，实现工业总产值95.6亿元，比上年增长5.6%；实现固定资产投资7.3亿元，增长53%；实现财政总收入1.2亿元，增长17.4%；实现农民人均可支配收入增长12.5%。

2019年，辉埠镇深入开展扫黑除恶专项斗争宣传活动，累计发放宣传单8万份，入户走访近2万人次，扫黑除恶专项斗争知晓率达85%以上。广泛开展禁毒和反邪教平安建设工作，累计进村入校开展文艺表演4次，发放相关宣传资料2万余份。开展矛盾纠纷大排查、大调处行动，率先制定农村网格工作考核管理实施细则等工作机制，全年辉埠镇“一长三员”协助排查各类矛盾纠纷630起，调解成功613起，调解成功率达97.3%；上报事件信息3万余条，其中“平安浙江”APP爆料事件9552条，均居全县第一。全县第一批建成镇级信访超市，全面推行信访代办制，成功化解市级信访积案1件、镇级积案2件。

经济工作不断发展。开展项目招商、产业招商，在强链补链、高新产业上下足功夫，抓好“信息对接、签约落地、项目开工、竣工投产”四大环节，招大引强工作取得显著成效。2019年，辉埠镇引进森智源乳胶等优质项目11个，总投资约20亿元，其中1亿元以上项目6个、10亿元以上项目1个，当年入库投资额6亿元，盘活园区低效闲置资产5处，面积100余亩。加速解决“森智源”乳胶蒸汽供应、“雄狮工贸”天然气保障、“虎鼎环保”项目落地等一批重点难点问题，园区企业发展平稳有序。完成新区万友大道、童家村口道路等5条道路的改造提升工程；完成1号路交叉口雨污水管道改造、2号路西北段污水管道建设等4处配套建设工程；投入100万元建成散布式便民服务点，完成店铺公开招租8处，园区功能设施逐步完善。

安全工作不断深入。制定工矿企业安全生产监督检查计划，成立3支安全生产监督检查专业队伍，先后开展危化企业、烟花爆竹、有限空间、涉爆粉尘、自建油罐、安全生产大检查等多轮次专项行动，在全县率先完成工矿企业市级挂牌隐患整改。组织开展安全生产培训，指导各工矿企业开展应急救援演练，提高企业安全生产工作自主管理能力。

民生工作不断夯实。做好低保、低保边缘户摸底审核、临时救助及大病救助等工作，全年为600多户低保家庭发放低保补贴550余万元，大病救助困难群众11户，发放救助资金200余万元。组织开展“最美厨娘”选拔赛、“咱爸咱妈咱全家”手机摄影大赛、

“传粽接爱”等敬老活动，传播弘扬良好家风家训。完成鸭坞村等6个行政村的公厕建设，黄坞岭等3个行政村的文化礼堂建设。结合农房风貌提升行动，加快推进拆后土地综合利用，建成口袋公园、停车场、小微景观近百个。

2月27日，辉埠镇首届最美厨娘选拔赛举行（辉埠镇 供图）

【园区整合】 2019年，辉埠镇配合做好大园区整合、大国资改革重组系列工作，完成“辉投”“泰安”等平台公司资产确权、股权转让，完成园区、国资、辉埠三方的职责定位和人员调整；协同开发区及相关部门调整完善镇财政体系和议事机制，共同构筑起项目服务共推、企业监管共抓、发展成果共享的长效运行机制。

【交通大会战】 2019年，辉埠镇探索实行党建统领“四变”工作法，即党支部“变”指挥部、组团成员“变”指挥员、网格长“变”攻坚组组长、联户党员“变”宣传员，多方合力、多点发力，在全县率先完成交通大会战项目征迁任务。351国道涉及的56幢82户房屋征迁协议全部签订，节点房屋全部拆除，923亩土地全部交付，其中桐村村20天全面完成39幢50户征迁协议签订和115穴坟墓迁移，受到县委主要领导批示肯定。

【轻钙产业整治】 2019年，辉埠镇推进轻钙产业整治，于6月15日前全面关停现有16家轻钙企业，拆除立窑50孔、封闭靠山窑1孔，拆除厂房等建筑面积8万平方米；完成坪山片区废弃矿山生态治理工程，恢复林地59亩，垦造耕地170余亩；完成利华、正鑫企业厂区拆后复垦；启动实施后社片区生态环境治理工程，2项钙产业环保督察专项整改任务提前销号完成。委托中国碳酸钙行业分会，编制完成《碳酸钙产业整治升级发展规划》和辉埠镇碳酸钙产业准入门槛，明确钙产业后续发展的体系和标准。

4月24日，县长张少华（前左二）调研钙产业整治工作（汪东丽 摄）

【村级集体经济】 2019年，辉埠镇拓宽村集体增收渠道，探索实施“做大物业经济、盘活闲置资产、拓展文化旅游、发展光伏产业、拆后土地利用、灵活资源运作”强村六法，实现村级集体经济批量“消薄”。全镇17个行政村共实现村集体经营性收入790万元，各村年经营性收入平均10万元以上，其中经营性收入达15万元以上的行政村有7个，占41%，提前完成2020年集体经济“消薄”工作。组建辉埠镇金辉标准厂房出租有限公司，抱团联建的小微企业孵化器二期已开工建设。以盘活农村“三资”为切入口，全面摸清各村三资状况，逐一分类登记造册，建立资产资源卡片，健全完善村集体经济合同管理制度，规范口头承包合同12份，清理整治长期低偿、无效合同2份，追缴拖欠租金5万余元，盘活闲置资产8处，为村集体增收200余万元。

【乡村环境整治】 2019年，辉埠镇开展农房整治工作，出台《“暑夜”行动和“破晓”行动实施意见》，成立17个农房整治工作小组，白天下村强整治，晚上上门做工作。每日通报各村农房整治进度，营造村村比拼、格格竞赛的氛围。截至年底，已完成农房整治6392宗，整治面积26万平方米。因地制宜、因村施策，纵深推进美丽庭院创建、“一米菜园”建设、垃圾分类管理。出台《辉埠镇全域环境大整治大提升行动意见》，制定12项整治提升标准，开展环境大提升、复绿大推进、垃圾大清运、河道大清理等各类战役18场，发动党员800多人、群众2000余人全程参与，排查整改环境卫生问题300余处。成功创建“一村万树”鸭坞村省级示范村和双溪口村推进村，完成珍贵树种造林260亩。

【生态环境治理】 2019年，辉埠镇全面开展固废环境摸底，结合信访举报、交办件等线索，深入企业、汽修点等200余处场所，摸清固废产生、暂存、流向等情况，分类制定固废污染预防方案。会同环保等职能部门，开展固废专项巡察13次，发函交流3次，配合查处问题5个、事件3起，阻止固废倾倒4次，清运各类固废约15万吨。深化碱性水处置，委托浙江环科环境研究院衢州分公司、衢州环境医院对碱性水整治现状进行研判分析，探索使用红壤中和、集水沉淀、自然消纳等办法生态治理碱性水问题，确保系统出水pH值达标。

2018—2019年辉埠镇规模以上工业企业部分经济指标一览表

表41　　单位：千元

企业名称	年份	工业总产值（当年价）	国家、省级新产品产值	工业销售产值	出口交货值	资产合计	利税总额
中润钙业	2019	—	—	—	—	—	0
	2018	29715	—	31912	—	24511	1300
航翔纺织	2019	16480	4800	17568	—	19151	785
	2018	27880	1600	25950	—	22602	1187
江山虎水泥	2019	701461	—	731133	—	1003921	334064
	2018	682640	—	678653	—	827701	279106
精辗钢管	2019	25837	16793	23720	—	23860	−75
	2018	41296	28150	41594	—	27140	−2145
虎跃水泥	2019	238924	—	237240	—	100527	14933
	2018	191048	3000	186501	—	80229	15153
四通轴承	2019	107058	69584	80067	60799	245690	−1430
	2018	160231	104146	125849	74528	254280	4382

续表 41

单位：千元

企业名称 \ 年份 \ 经济指标		工业总产值（当年价）	国家、省级新产品产值	工业销售产值	出口交货值	资产合计	利税总额
金雄	2019	15923	8600	16203	—	41046	998
	2018	28204	24943	28830	—	40513	1231
常山纺织	2019	120375	60188	134772	26431	157569	2878
	2018	130946	65470	138740	27390	154399	3624
双明轴承	2019	147496	124251	148043	6725	93282	33685
	2018	125839	85835	121584	17148	64378	13869
康乐轴承	2019	41802	38158	40125	—	23184	3479
	2018	46637	42805	44555	—	28344	2893
捷姆轴承	2019	102766	45752	107350	46716	157947	7728
	2018	177749	64414	168828	64108	175613	12093
亿智达	2019	47996	23998	47996	—	46871	2845
	2018	22639	0	22639	—	37645	−2612
迈尔泰木业	2019	119589	—	110856	—	100047	685
	2018	138374	—	128255	—	95084	515
润达涂料	2019	23179	14551	21071	—	19877	1557
	2018	22848	14539	20771	—	17335	1355
雪亮厨房	2019	64669	—	66634	—	47149	1557
	2018	67305	—	66096	—	31028	1355
百邦花式	2019	35597	2100	38807	—	39294	5053
	2018	43206	—	50275	—	42090	5736
欧恒制冷	2019	130427	39871	89756	—	74193	7565
	2018	104757	—	60243	—	79055	−374
雪村制冷	2019	98679	51467	98679	—	120268	5879
	2018	91657	58605	93050	999	108648	8448
哲丰新材料	2019	1110983	1016443	1003959	—	1638782	18367
	2018	523672	365503	476775	—	1099460	−5325
富瑞森工贸	2019	59147	—	59147	—	32225	4479
	2018	60037	3100	60037	—	34393	2014
创建厨具	2019	48576	39048	46644	29824	32977	1615
	2018	43247	24914	42265	26066	32141	1146
亨达铝业	2019	357679	68051	357679	—	98416	8665
	2018	195411	50800	195075	—	53063	4709
恒业混凝土	2019	83618	83618	83618	—	36115	4708
	2018	92142	—	92142	—	33265	4010
卡罗莱纳	2019	71683	57881	62839	8522	50747	2750
	2018	66268	34720	60641	441	60077	1749

续表 41

单位：千元

企业名称 \ 年份 \ 经济指标	年份	工业总产值（当年价）	国家、省级新产品产值	工业销售产值	出口交货值	资产合计	利税总额
程超精密	2019	42098	6013	36085	—	33397	888
	2018	40466	7600	32866	—	33049	924
瑞金钙业	2019	—	—	—	—	—	0
	2018	21584	—	21889	—	22307	1545
成鑫轴承	2019	38061	12953	39262	—	61615	3561
	2018	48979	1532	48932	—	65213	3782
中兴矿业	2019	58576	—	58576	—	198162	17462
	2018	64356	—	64356	—	189268	19289
凯康金属	2019	309125	88563	316150	—	105989	4131
	2018	249120	—	258047	0	85068	2830
星球滚动体	2019	23640	—	22191	—	40483	1107
	2018	27070	—	27313	—	40741	3163
水建混凝土	2019	90023	—	90023	—	42074	4368
	2018	100710	—	100710	—	37409	5202
隆盛线业	2019	33663	33663	33196	—	5423	20
	2018	31564	16246	31209	—	7076	835
浩雪电器	2019	19390	11588	19080	—	10666	685
	2018	16369	9003	15190	—	8620	443
新淇尔电器	2019	53211	15891	51352	—	57229	−149
	2018	27186	25119	26528	—	54051	−1455
灿宇纺织	2019	123436	30270	123436	—	52034	245
	2018	30569	0	30569	—	31282	−305
江山虎电力	2019	35934	—	35934	—	98360	24947
	2018	32015	—	32015	—	69088	13027
鸿丰	2019	24145	—	24145	—	23961	2190
	2018	21264	—	21264	—	22964	259
百利盛金属	2019	123567	86495	119060	—	47635	1976
	2018	124469	—	119330	—	56652	2206
英鸿建材	2019	51425	38403	52119	—	49303	6292
	2018	41028	—	39998	—	60549	4708
神龙水泥	2019	116674	—	117400	—	23126	4002
	2018	108278	—	107292	—	21126	2614
合计	2019	6626702	2202543	6541903	208858	7220703	1331518
	2018	5801439	1119159	5723125	234345	6490229	1062983

2019 年辉埠镇各行政村基本情况一览表

表 42

村 名	人口（人）	村民小组（个）	农户（户）	劳力（人）	外出劳力（人）	耕地面积（亩）	胡柚面积（亩）	柑橘产量（吨）	胡柚产量（吨）	村集体经济收入（万元）
大埂村	2998	20	1026	1922	958	1577	190	70	190	12.59
山背村	1694	11	556	1037	571	873	360	10	148	10.1
鸭坞村	1679	8	508	1138	380	1073	125	0	78	202.45
石姆岭村	1579	13	544	1089	425	350	0	0	0	316.63
辉埠村	1800	14	630	1227	220	1114	20	0	30	13.6
东乡村	3029	16	1037	2218	100	2200	390	5	527	17.74
童家村	1199	10	420	810	429	420	50	0	—	16.57
久泰弄村	2558	23	691	1474	800	2525	800	0	110	72.89
宋畈村	1518	13	475	840	436	820	159	5	150	10.25
达坞村	1905	18	560	1137	530	1078	400	4	350	11.85
路里坑村	1835	13	541	1283	723	970	50	2	5	32.9
彭川村	3240	21	1027	1850	850	1812	150	0	270	10
双溪口村	2286	20	782	1580	830	1506	230	30	300	15.18
桐村村	1095	11	326	630	610	366	10	0	100	14.26
黄坞岭村	1851	29	522	1160	580	1075	80	10	105	13
才里村	2102	27	545	1240	680	1050	330	22	270	10.13
东鲁村	3035	44	905	2152	917	1663	20	2	25	10
合 计	35403	311	11095	22787	10039	20472	3364	160	2658	790.14

（方 瀚）

招贤镇

【概况】 招贤镇位于常山县境东部。辖区东交衢州市柯城区航埠镇、沟溪乡，南界江山市大陈镇，西连青石镇，北接大桥头乡和东案乡。地处金衢盆地西缘，属低山区和丘陵平原交错分布区，地势南、北两翼高，中部低，南部为低山丘陵山区，北部为丘陵岗地，中部为沿江冲积平原区。最高点湖山，位于境南；最低点大溪沿村东侧河滩地，位于境东。常山港自西向东流贯境中，境内流程 8 千米；芳村溪西北从大桥头乡入境，向东南流至境中注入常山港。另有官塘溪、大坑溪、大弄溪 3 条季节性河流。矿藏资源有石灰石、石煤、石英砂等。320 国道、杭金衢高速公路、黄衢南高速公路、衢常铁路、九景衢铁路穿境而过，素有常山“东大门”之称。全镇总面积69.8平方千米，耕地面积6364亩，林地面积41399亩；下辖18个行政村，有农户12229户34653人。招贤镇党委下辖23个党支部，其中行政村党支部18个，党员1294人。境内名胜古迹主要有“招贤古渡”“樊氏大宗祠”“古县遗址”“箬溪泉水”。

2019年，招贤镇财政收入1120万元，完成全社会固定资产投资33662万元，实现规模以上工业总产值1.9亿余元，比上年增长15.6%。开展“三服务”活动，坚持问题导向，注重精准发力，集中精力发展工业、服务企业，指导帮助企业争取项目、资源、政策，大广建材、飞浦防爆、赛特尔化工、科升电力等一批工业企业发展势头迅猛。坚持镇村联动、刚柔相济，妥善化解溪上、汪家淤等村一批信访问题。警调中心化解纠纷132件，接待群众1791人次。古县、招贤、纱帽山3个村被评为“浙江省善治示范村”，高埂村被评为“浙江省首批农村引领型社区”。便民服务加速度，按照组团联村要求，调整网格员26人，进一步加强网格队伍建设；专职网格员信息上报和网格巡查工作开展情况良好，以村务员代办、联户党员“五上门”制度打通“无差别受理”最后一公里。支持和帮助村级集体经济发展壮大，运用村企合作、社群合作、盘活集体资产等途径，增强造血功能，11个村达到经营性收入10万元以上。

是年，招贤镇获“浙江省年度农村文化礼堂建设示范乡镇”称号。

【项目建设】 2019年，招贤镇集全镇之力开展征地、拆迁工作，魅力招贤建设得到坚强保障。两大块状项目实现突破，4月开始“赛得健康小镇”项目攻坚行动，项目二期13个地块征收工作全部完成，8个地块交付使用，征收土地566户719亩，迁葬坟墓215穴；五里小学迁建项目进展顺利，学校整体搬迁正在推进当中。四大线性工程全面开花，沿江美丽公路已全线贯通；杭金衢高速公路拓宽项目顺利推进，房屋征迁阶段有序开展；320国道“二改一”项目施工顺利；“独流入海”二期项目常山港防洪堤工程土地征迁基本完成，汪家淤、象湖、鲁士段基本完工。

【幸福指数提升】 2019年，招贤镇高标准推进农房整治工作，共整治农房、大棚等建筑3392宗18.44万平方米，实现拆后利用土地46.7亩，各村风貌显著提升，农居环境优化，农民幸福指数明显提高。深入开展“五水共治”，建立常态化保洁机制，抓实“自查、巡查、督查”三大环节，让更多群众享受到治水成果。加快受地质灾害威胁群众的搬迁避让，共拆除地质灾害点房屋8幢11户，保护人民群众生命财产安全。开展困难群众大病救助，切实帮扶弱势群体，全年发放大病救助资金213户93万余元。加快实现全镇公厕美如景，新建独立公厕A级以上5座，改建独立公厕5座，巩固“厕所革命”成果。

【招贤古渡建设】 2019年，招贤镇围绕“宋诗之河”建设，加快推进招贤古渡建设。深化招贤段“宋诗长廊”品牌宣传，将喝彩歌谣、畲族特色、抗战历史、枇杷文化、古渡宋诗、赛得乡贤馆“六大主题展馆”串点成线，集聚人气，吸引大批领导、专家、游客前往参观，打响招贤文化旅游品牌。

【文化礼堂建设】 2019年，招贤镇被评为浙江省农村文化礼堂建设示范乡镇；溪上村、鲁士村新党群服务中心、文化礼堂全面启用；中华诗词学会、省市县诗词与楹联学会等重量级专家学者到古县、招贤、高埂等村文化礼堂旅游专线考察。组织村文化礼堂代表队参与全县万人大合唱、排舞大赛、“我们的村晚”等活动，群众精神生活更加丰富多彩。

12月13日，纱帽山村“我们的村晚”文艺演出举行 （王一群 摄）

2019年招贤镇各行政村基本情况一览表

表43

村名	支书	主任	村民小组（个）	农户（户）	人口（人）	党员（人）	劳力（人）	外出劳力（人）	耕地面积（亩）	林地面积（亩）	柑橘面积（亩）	柑橘产量（吨）
官庄村	徐毛良	徐毛良	5	287	834	36	450	250	592	682	671	916
高埂村	兰冬生	曾云祥	10	766	1956	60	1400	560	287	2900	1364	2810
大溪沿	林建明	季云仙	10	459	1404	42	1010	596	320	0	711	712
游林村	曾嘉明	曾嘉明	10	350	1154	28	692	325	530	4178	746	904
古县畈	韩志平	张利平	10	436	1280	79	795	618	535	1402	1231	1611
古县村	李小林	李　成	15	570	2187	76	1470	661	368	2477	1466	1891
招贤村	周建平	—	14	510	1448	54	998	290	413	814	936	957
汪家淤	陈冬香	邹根生	7	390	1100	43	750	400	186	465	498	942
渔溪口	邓江华	兰如荣	14	634	1610	51	917	335	483	2044	1108	1002
纱帽山	魏雨生	徐朝斌	16	518	1537	60	860	345	385	2473	1311	1641
溪上村	曾余生	徐亚安	12	860	2270	78	1506	730	376	5542	1911	2236
泉目山	—	—	9	898	2618	74	2812	1300	250	1225	1507	1526
大弄村	黄国新	刘樟木	8	546	1711	40	1050	460	314	482	961	1264
五里村	李向阳	刘剑飞	15	1030	2670	69	1820	982	235	6700	704	1301
樊村村	樊智敏	樊利红	8	651	1820	51	1040	510	176	3821	802	1264
鲁士村	郑书舞	徐娟芳	8	750	2172	61	1420	430	367	1500	841	894
山底村	徐建忠	郑仕民	14	765	2207	51	1466	698	311	2361	1389	1387
象湖村	郑水清	郑小群	24	1809	4675	113	2437	1123	236	2333	1645	2695
合　计			209	12229	34653	1066	22893	10613	6364	41399	19802	25953

（祝雅斌　游一川）

青石镇

【概况】 青石镇位于常山县城东郊，距离衢州市区29千米，距离常山县城5千米，东连招贤镇，西接天马街道和紫港街道，南与江山市大陈乡交界，北和大桥头乡毗邻；是中国青石花石之乡，中国常山胡柚祖宗地，常山国家地质公园四大景区之一。杭金衢高速公路、320国道、221省道及九景衢铁路穿境而过，境内设有高速公路出入口。2019年，青石镇总面积78.7平方千米，辖18个行政村、1个渔业大队，有农户10791户，总人口约3.6万人。

项目建设强势推进。2019年，青石镇有县级重点项目和重点工程12个，完成土地征用710亩，土地流转近700亩，拆迁房屋9幢，涉及11个村2000余户农户。320国道“二改一”、沿江公路、独流入海防洪堤二期、全域土地整治等项目有序推进，完成固定资产投资1.5亿元。完成中国观赏石博览园二期项目红线内88穴坟墓迁移及部分遗留问题的政策处理。完成化工园区出清及退散进集任务，1家关停，2家进园，利安隆集中供气供热项目进入试生产阶段。砚瓦山村美丽乡村重点村建设项目进展顺利，投资1300万元，建设村庄主要节点3个，打造美丽庭院35户。

环境整治强力推进。2019年，青石镇结合美丽乡村建设项目，开展“厕所革命”、垃圾分类等工作，完成新建公厕8座、改建3座，其中3座被评为A级旅游厕所。深入开展“五水共治”工作。整治县级以上“四边三化”点位158个，“四边”脏、乱、差问题得到有效解决。打响农房整治攻坚战，共拆除或整治5763处25.49万平方米。

文旅活动融合发展。2019年，青石镇紧抓“宋诗之河”打造机遇，挖掘山溪边南宋左丞相后裔、九龙山宋窑遗址等元素，打造阁底小学宋诗文化墙。开展第三届赏石文化节、“宋诗之河”乡村文化旅游节暨青石镇激情广场月月唱、“戏曲中秋·东方月夜暨梨园争芳戏游慢城”越剧专场连演、万人大合唱等文体活动约20场。成功举办2019·海峡两岸（常山）赏石文化交流展暨第三届常山赏石文化节，东方巨石阵景区正式开园营业，5D玻璃天桥、彩虹滑道、玻璃漂流等网红项目成为吸睛亮点，“去闲庄”“萱蘇汐谷”等民宿项目加快建设。

“宋诗之河”乡村文化旅游节暨青石镇激情广场月月唱　　（青石镇 供图）

民生实事工程建设推进。2019年，青石镇创设“周一夜谈”载体，与群众面对面宣传政策法规，现场答疑，化解纠纷。一批民生项目顺利推进，阁底敬老院改建、阁底小学扩建、阁底幼儿园改造等工程全面完成。投资120万元，镇综合文化站改建完成并投入使用；新建村级文化礼堂3座、提升1座，新建青石镇文化展馆、大塘后村常山胡柚文化展厅，改造水南、大塘后、溪口村体育场地3处；创建A级景区村2个（马车村、澄潭村）。15个行政村基本完成农民饮用水提升工程。农民建房审批速度加快，2019年审批建房126户，是2018年的近3倍。建成桥亭村残疾人康养中心，已入住10余人。

基层组织建设不断加强。2019年，青石镇以“三走遍”行动（走网格、走党员、走农户）为载体，做实做细做深“三联工程”，全面掌握群众需求动态。全镇800多名党员干部参与“三走遍”活动，收集群众需求120多件，为群众办理实事好事80多件。开展“诵初心”“守初心”“践初心”等活动，抓好全镇各党组织的“不忘初心、牢记使命”主题教育，通过集中学习研讨、开展调查研究、检视反思整改等，推进主题教育向纵深发展，实现全体党员“理论学习有收获、思想政治受洗礼、干事创业敢担当、为民服务解难题、清正廉洁作表率”的目标。推进乡村振兴讲堂建设，围绕产业特色开展技能培训，提升群众的就业创业能力。全镇18个行政村中达到经营性收入10万元以上的有17个村，完成率达94.4%。中国银行浙江省分行扶持飞碓村集体经济发展模式在全省扶贫会议上作经验交流。青石镇村干部队伍“三类”人员清理全面完成，补配村支委4人。制定《青石镇农村党员问责办法（试行）》以及《青石镇关于规范农村党员参加党内生活的有关规定（试行）》，严肃开展执纪问责，全年处理党员干部31人，其中开除党籍3人、终止职务4人。

社会治理稳定有序。2019年，青石镇深化“最多跑一次”工作改革和“四个平台”建设，对全镇45个网格225名“一长三员”逐个分析研判，强制调整15名政治素质不过关、无法保证在岗时间、能力水平不够的网格员。深入开展“扫黑除恶”专项斗争，建立“云河工作室”，完善“大调解”工作机制，“三治融合”扎实推进，全年达成各类基层调解942件。畅通群众信访渠道，及时解决群众合理合法诉求，全年接收各类信访件680余件，初信初访满意度达93%以上。加强对森林防火、汛期防汛、地质灾害、农村危旧房以及企业矿山的排查治理，保持对山砂、森林资源严管态势，全年开展安全检查107家，发现隐患26处，全部完成整改。推进“两站两员”机制建设，消除道路安全隐患。

是年，青石镇入选第九批全国“一村一品”示范村镇，被评为省农业产业强镇，入选国家农业产业强镇创建名单，获中央农业产业示范项目补助1000万元，被评为浙江省AAAA级旅游景区镇。东方巨石阵景区被评为国家AAA级景区。湖头村毛春良被评为衢州市非物质文化遗产“常山竹编技艺”代表性传人。

【2019•海峡两岸（常山）赏石文化交流展在青石镇举办】 2019年4月26日，2019•海峡两岸（常山）赏石文化交流展暨第三届常山赏石文化节开幕式在中国观赏石博览园盛大举行。（详见“大事记”类目相关内容）

4月26日，2019•海峡两岸（常山）赏石文化交流展在青石镇举办 （青石镇 供图）

【320国道改建工程决战誓师大会在青石镇举行】 2019年5月27日，“党建统领•乡村振兴”320国道改建工程决战誓师大会在青石镇大塘后村举行，县领导，县委办、县委组织部负责人，县委党建工作领导小组成员单位主要负责人，各乡镇（街道）党（工）

委书记、组织委员，县级后进村党支部书记、第一书记，青石镇全体镇机关干部职工及村两委干部参加。会上，320国道改建工程（青石段）项目临时党总支书记杨力军向与会领导介绍青石镇党建统领320国道改建项目推进的基本情况和主要做法，并宣读决战320国道改建工程倡议书。澄潭村项目党支部书记徐立伟作表态发言。与会县领导还为9个320国道改建工程（青石段）项目临时党支部授旗。

5月27日，“党建统领·乡村振兴”320国道改建工程决战誓师大会在青石镇大塘后村召开　　（青石镇　供图）

【青石镇被评为省农业产业强镇】 2019年9月24日，省农业“两区”办组织相关专家对常山县青石镇创建省级特色农业强镇工作进行验收，青石镇以93.5分通过。常山县青石胡柚特色农业强镇于2017年列入省特色农业强镇创建对象，两年中，创建项目总投资1.51亿元，完成计划投资的106%，其中县级以上财政投入资金6200万元。

【常山赏石小镇2018年度考核结果“优秀”】 2019年9月26日，浙江省特色小镇规划建设工作联席会议办公室公布2018年度省级特色小镇创建和培育对象考核情况，25个小镇考核为优秀、45个良好、31个合格、9个警告，还有5个特色小镇考核为降格，常山赏石小镇考核结果为“优秀”。

【“云河工作室”在青石镇揭牌成立】 2019年6月，常山县老干部品牌工作室“云河工作室”正式揭牌，县委组织部、县公安局、县司法局、青石镇的相关领导参加。仪式后，工作室开展“银耀乡村正能量 人民调解暖人心”送法入户宣传活动，吸引200余名群众参与。“云河工作室”是以退休民警陈云河为带头人的老干部品牌工作室，有成员40余人，其中骨干成员6人。

2019年青石镇各行政村基本情况一览表

表44

村名	支书	主任	村民小组（个）	农户（户）	人口（人）	劳动力人口（人）	党员（人）	总面积（平方千米）	耕地面积（亩）	山林面积（亩）	园地面积（亩）	村集体经济年收入（万元）
山溪边村	郑英春	郑英文	12	677	2028	1080	54	4.3	0.2737	350	1050	88.14
阁底村	—	徐国芳	15	736	2406	1600	71	6.8	0.3853	1550	1100	44.95
江家村	许军良	—	21	1018	3689	1900	111	7.76	0.3956	735	1506	41.54
澄潭村	徐立伟	曹金全	17	804	2674	1680	67	4.56	0.2619	55	1520	52.48
桥亭村	祝亚平	王国军	28	965	2854	1625	99	7.9	1.2232	9400	1889	39.46
砚瓦山村	徐卫国	—	17	600	2185	1450	89	6.76	1.4106	12788	720	88.52
湖头村	王祥春	—	21	996	3416	1920	96	6.81	0.4836	1396	1655	48.66
水南村	徐雨根	黄建军	22	1010	3410	2100	103	4.66	0.8692	6300	1680	48.56
塘边村	陈先平	汪小良	8	315	1145	698	38	2.66	0.1016	212	406	79.11

续表 44

村 名	支 书	主 任	村民小组（个）	农户（户）	人口（人）	劳动力人口（人）	党员（人）	总面积（平方千米）	耕地面积（亩）	山林面积（亩）	园地面积（亩）	村集体经济年收入（万元）
山头村	胡亮亮	王庆华	8	472	1621	1080	55	2.6	0.1066	100	392	22.94
虹桥村	危耀土	胡卫群	12	521	1842	9500	63	4.6	0.2406	1150	366	53.17
新站村	江政宏	江军良	6	352	1165	645	36	2.76	0.1854	852	427	22.61
马车村	张财有	邓行华	8	375	1232	894	46	2.8	0.4407	6479	596	39.54
溪口村	鲁正峰	—	8	331	1070	603	56	2.5	0.3901	2957	598	75.11
大塘后村	—	秦定福	12	584	1840	1300	65	2.85	0.2311	485	920	53.67
九龙山村	官小华	李开标	7	347	1100	610	38	1.76	0.7866	2800	635	35.61
飞碓村	刘达生	江桔芳	8	426	1442	780	41	3.76	0.6554	5163	850	47.11
和尚弄村	林德良	—	7	262	962	680	37	2.86	0.2615	1500	620	32.99
合 计			237	10791	36081	30145	1165	78.7	8.7027	54272	16930	914.17

（徐巧芳）

白石镇

【概况】 白石镇位于县境西南，地处浙赣两省三县市交界处，素有“两浙首站”“八省通衢”之称。镇政府驻地白石街，距县城公路里程13.5千米。辖区东交常山天马街道、金川街道，南界江山市大桥镇，西邻江西省玉山县岩瑞镇，西北接壤球川镇。杭金衢高速公路与320国道在白石镇境内交会，320国道自东向西贯穿5个村。境内有中坊至球川、白石至江山市大桥两条县级公路。7个行政村均通水泥路，总里程18千米。

2019年，白石镇区域总面积46.2平方千米，辖7个行政村99个村民小组，有90个自然村。常住户3551户，总人口10468人。全镇有学校1所，专职教师27人，义务教育普及率100%；文化站、图书室8个（其中村文化站、图书室7个），藏书6350册；镇中心卫生院1所，卫生技术人员16人，其中医生7人，病床7张；计生服务站1个，服务人员2人，负责妇幼保健、防疫及地方病防治等；邮政储蓄所、信用社各1个；集贸市场1个。7个行政村通电、通邮、通电话、通有线电视。全年实现地方财政收入438.2万元，比上年增长4.77%；全年完成固定资产投资5415万元，比上年增长43%；实现旅游收入3463万元，比上年增长8.5%；村集体经济经营性收入达到123.3万元，平均每个村17.6万元，比上年增长114%；农民人均可支配收入达19518元，比上年增长9.5%，社会经济等各项事业取得良好的发展。

深挖历史文化，草坪村“炮台山”主题教育基地成为全县主题教育重点路线。以“开设初心讲堂集中教学、创立特色讲堂现场研学、组建精神食堂结对互学、兴办民情论坛上门送学、搭建空中课堂远教助学”的“五堂五学”实现党员干部学习教育全覆盖。开展“组团联村、党员联户和两委联格”走访调研，创新推出党员联户“四双工作法”，以“双向选择、双方承诺、双重赋权、双线推进”破解党员联户“联而无效”的难题。2019年，白石镇调整党员联户520余人次，党员走访群众1200余人次，为民代办实事850余次，有效拉近党员群众的距离。

抓牢浙赣边际合作（衢饶）示范区建设

的历史机遇，加强与县城投集团、县交通运输局等部门的对接，细化投资合作协议，加快推进项目建设，打破常规争取村集体入股未来驿站项目，为村集体增收提供稳定收益来源。加强与江山、玉山等地及两市两省的沟通对接，按照“三年打基础、五年见成效”的要求，谋划一批大学分院区、中心医院、商场超市等综合性服务机构，并推动落实以带动聚集人气。加强浙赣示范区配套设施建设，确保水、电、油、气供应充足，交通道路高速畅通。

推进农村饮用水达标提标工程，320国道主管网和村网已经完成通水调试，白石历史缺水难题有望顺利破解。城乡双线互通供水工作经验在全省农民饮用水达标提标现场会书面印发。推进320国道“二改一”项目，中球线顺利通车。投资230余万元，完成十八里敬老院二期改扩建工程，改善敬老院软硬件设施。

开展扫黑除恶、反邪教、禁毒等宣传活动，净化社会风气。开展道路交通安全大会战，严格落实宣传、排查、整治等工作，通过开展党员“志愿服务1小时”活动，强化村民道路交通安全意识，提升道路环境。落实安全生产“党政同责、一岗双责”责任制，院士工作站。

“飞跃丛林”项目引进（白石镇 供图）

【美丽乡村建设】 2019年，白石镇“五四三”工作常抓不懈，排名处于全县前列。建设用地复垦工作启动迅速、推进高效，测量、设计、政策处理，招投标等环节均走在全县前列。全域推进“一村万树”工程，十八里村被评为“一村万树”省级示范村，工作进度始终排名全县前列，并以高标准通过省级苗木规格验收。新塘岭村依托百亩桃林和不老泉景区争创AAA级景区村、国家森林乡村。

【特色产业培育】 2019年，白石镇把产业振兴作为带动群众致富推进乡村振兴的关键，全力培育特色产业。以聚宝村500亩荷花塘和100亩中草药基地为优势基础，大力发展“荷”产业，打响“聚宝酒”“聚宝莲子”等品牌，做大做强中草药产业。依托乡村振兴讲堂平台，邀请一线农技专家现场指导，流转200亩土地打造草坪辣椒基地。深化家政服务培训基地，完善教学设施，拓宽师资生源，成功创建四省边际职业培训联盟基地。

【农房整治拆后利用】 2019年，白石镇坚持拆要到底，用要有效，管要长效，坚决打好农房整治“后半篇文章”，用群众看得见的实实在在的好处赢得群众的支持与参与。曹会关村以“共建共管共享”的基层自治理念率先探索“邻里菜园”建设，全村新建菜园25处，面积4000余平方米，得到县委书记叶美峰的批示肯定并在全县推广。拆除小白石村5000余平方米破旧厂房，向上争取扶持资金，新建两栋标准厂房，实现村集体物业增收27万元。

2019年白石镇各行政村基本情况一览表

表45

村名	支书	主任	村民小组（个）	农户（户）	人口（人）	党员（人）	劳力（人）	外出劳力（人）	耕地面积（亩）		山林面积（亩）	柑橘面积（亩）	村集体经济年收入（万元）
									水田	旱地			
十八里	吴国明	许金水	12	458	1266	75	805	471	986	215	6023	620	55.79
白石	胡红旗	胡长水	24	820	2430	106	1466	677	1451	312	6273	991	61.86
小白石	黄志勇	胡长军	8	396	1174	40	732	372	1058	57	3690	350	81.16
曹会关	廖海富	陈用浙	8	302	838	43	530	290	631	228	3562	301	55.18
草坪	林芳良	黄发明	19	669	2089	97	1226	614	1659	217	11085	745	120.03
新塘岭	李理福	刘朋明	16	505	1501	69	894	558	1273	184	5467	410	60.12
聚宝	黄杰伟	罗群	12	401	1170	61	617	320	989	138	9405	120	76.55
合计			99	3551	10468	491	6270	3302	8047	1351	45505	3537	510.68

（刘抒妍）

球川镇

【概况】　球川镇位于衢州市最西部，辖区东连同弓乡、何家乡，东南交白石镇，西、西南部与江西省玉山县毗邻，北与开化县接壤。镇域面积129.5平方千米，下辖20个行政村、334个村民小组、1个居委会，总人口约3.5万人。镇政府驻地红旗岗距离县城22千米，距离G60高速出口0.5千米。区位交通优势明显，杭金衢高速公路斜贯境东南，在后弄村窑上设互通立交进出口、停车区及管理服务中心，西接江西梨温高速公路；320国道临境而过；3条县级公路在境内交会；20个行政村通公路，总里程48千米。2019年，球川镇实现地区生产总值6.55亿元，增长6.5%；财政总收入13070.65万元，一般公共预算收入3868.91万元。工业企业25家，其中规模以上企业10家；工业总产值67449万元，其中规模以上工业55561万元。农民人均可支配收入19805元，比上年增长14%。社会消费品零售总额61450万元；为民办实事项目全面完成。球川镇工业功能区规划面积2.13平方千米，拥有轴承、木制品和金属制品三大主导产业，各类入驻企业30余家，其中规模以上企业8家。现代农业蓬勃发展，拥有耕地2.4万亩，是全县重要的产粮区，建成森力灵芝文化产业园、“谷舞仁生”电商农业园、普罗旺斯生态园等精品农业园。商贸繁荣，墟日、九月廿二庙会等传统一直延续至今，年商贸交易额超10亿元。旅游资源丰富，有千年的桐门福田寺、千年古道、独具特色的兴贤塔、融徽派和浙派建筑风格的三十六天井；有千家排水库、红旗岗水库、王家南绿休闲山庄、棋盘山古树群等风景宜人生态资源。

2019年，球川镇大力开展“扫黑除恶”专项整治行动，全方位发动、全角度宣传、全人员参与，营造扫黑除恶的强大声势。将扫黑除恶与纠纷化解相结合，全镇729件矛盾纠纷全部得到合理合法解决。打造“扫黄打非”和“红十字”主题公园，弘扬正能量，引领新风尚。深化“最多跑一次”工作改革，全年受理事项15427件、办结15389件，一次性办结率达99.75%。全力支持球川派出所创新“融警务”模式，全市公安机关服务窗口进乡村现场会、全市“枫桥式公安派出所”创建现场会先后在球川镇召开。常山县第二福利院项目完成政策处理，新建老人“幸福食堂”2家，3个养老院完成改造。新建农村无害化卫生厕所6座，改建1座，实现全覆盖。新建村文化礼堂3座，农村基层文化活动阵地得到不断完善。集镇“污水零直排区”项目通过省级验收，完成新店等7个村的“万家灯火”项目，完成18个村农民饮用水达标提标工程，全镇7户地质灾害点农户全部按时解危，镇村人居环境不断优化。

11月19日，球川镇龙绕村“夕阳红幸福食堂”开业　　（球川镇 供图）

是年，球川镇被评为“市级平安示范乡镇”、全市“最多跑一次”改革向乡镇基层便民服务平台延伸示范点、省级“扫黄打非”进基层示范点；黄泥畈村获“全国乡村治理示范村”称号；球川派出所被评为全省首批

“枫桥式公安派出所”。

【营商环境优化】　2019年，球川镇完成320国道连接线、中球线拓宽、中球线沿线厂区污水处理等基础设施建设。球川镇工业功能区提档升级，园区4号路建设启动。以村集体抱团方式新建标准化厂房6处，园区承接能力进一步提升。启征涉及沙安片的工业用地130亩，实施园区扩容。投资300余万元，实施瑞宝亚克力边坡挡土墙项目等配套功能提升工程。

【招商引资】　2019年，总投资1.5亿元的九都辉绿岩项目、1亿元的合欢鞋业公司和5000万元的浙江启源汽车内饰公司等5个招商引资项目在球川落地；2个加油站、1个天然气站均落户球川。

【模块化改革】　2019年，球川镇从“破、立、统、评”四个方面全面打破重组镇政府职能运行模式，设立“1+4+X”的运行架构，建立党小组长负责制和以综合信息指挥室为中枢的闭环机制，实行交办事项模块化、事项进出统一化，球川镇的这一做法在全县推广。集镇治理得到“点赞”，创新“流动红旗＋诚信考评”办法，用流动红旗促集镇店铺“门前三包”落地，将诚信评价机制与农商银行贷款优惠政策挂钩，有效调动群众参与的积极性，球川集镇秩序明显好转。9月6日，省委书记车俊在全省美丽城镇建设工作会议上，对球川镇这一做法进行表扬。

【基层社会治理球川模式】　2019年，球川镇探索法庭民事立案进乡镇，整合资源、做实保障、做强服务，建立专业队伍＋社会力量＋模块（组团联村）干部的矛盾纠纷一站式化解体系，实现“微事不出网格、小事不出村、大事不出模块、矛盾不上交”的基层社会治理球川模式。打造以镇综合信息指挥室为平台、以信息化技术为支撑、以网格化管理为基础、以公共安全视频监控联网应用为重点的“群众性、立体化社会治安防控体系”，球川镇社会治理能力现代化水平明显提升。

【村级“消薄”完成】　2019年，球川镇20个村集体经济总收入1249.2万元，比上年增长15%。行政村年经营性收入10万元以上的“消薄”任务全面完成。其中，省供销联社帮扶“消薄”项目成为全市“消薄”攻坚推进现场会的典型案例。

【下山脱贫工作】　2019年，球川镇完成集镇安置房1号楼建设、签约交付。集镇安置房2号楼、3号楼主体工程结顶竣工，预计可安置农户74户。螺丝塘安置区地块土方平整完成90%。集镇新建小区“名豪佳苑”基本完成主体建设。与县农投集团沟通、谋划农民集聚区建设，初步排摸集聚意向农户740余户。

【“五四三”整治】　2019年，球川镇投入1600万元，实施龙绕溪小流域综合整治工程，防洪堤一期项目已完成，二期项目完成政策处理。全面推进“河长制”，“五水共治”满意率达80%以上。完成“四边三化”自查整改65处，整治上红线沿线“青山白化”2处，整治乱搭乱建广告牌28处。

【农房整治】　2019年，球川镇拆除“一户多宅”和影响村庄风貌的房屋5499宗，总面积28.15万平方米，实现366宗“四类人员”

清零。新包装农房整治项目94亩，存量建设用地复垦项目预计可新增耕地509亩，两项合计可为镇、村增加项目资金1.5亿元。投资500万元的西村村主街外立面改造基本完成。完成道路“白改黑”5000米；提升一批村口节点4个；完成凉亭建设2个；投入600万完成后弄村外立面改造提升；启动球川村古村落保护工程，村庄景观桥已动工建设，125幢农房外立面改造和19幢村古建筑修缮工程已完成设计与预算，进入招投标阶段。

2019年球川镇2000万元以上非国有工业企业情况一览表

表46

项目类别 企业名称	法人代表	职工人数（人）	年产值（万元）	销售额（万元）	税收（万元）	利润（万元）	工资总额（万元）	人均工资（万元）
常山县同景新能源公司	徐水升	6	3498	3498	1	1693	33	5.50
瑞宝亚克力	徐卫红	68	8269	3875	321	66	166	2.44
特美舒鞋业	王家国	333	8146	8018	—	155	1574	4.73
鸿腾铝业	舒国多	38	3726	3852	5	148	148	3.89
恒嘉轴承	张汉民	75	5953	4159	221	−22	541	7.21
赛赛轴承	毛赛赛	327	14171	11386	458	137	1377	4.21
三禾工艺品	李延龄	31	4042	3254	64	4	85	2.74
宏毅轴承	华木水	133	8935	6819	196	9	613	4.61

2019年球川镇各行政村基本情况一览表

表47

村名	村支书	村主任	村民小组（个）	农户（人）	人口（人）	党员（人）	劳动力（人）	外出劳力（人）	耕地面积（公顷）	山林面积（公顷）	胡柚面积（公顷）	胡柚产量（吨）	村集体经济收入（万元）	农民人均纯收入（万元）
后　弄	钟金良	林学忠	15	469	1500	48	969	480	26	303	7	200	121.03	1.53
芙　蓉	王金法	朱雪华	41	1175	4057	152	2621	1212	72	3315	—	—	73.62	1.55
红旗岗	刘堂林	鲁周国	40	807	2353	122	1520	1010	51	2569	16	245	79.68	1.52
杨　家	唐余金	黄龙泉	8	290	1140	22	736	275	56	190	15	430	30.66	1.46
西　村	方高生	鲁祖才	20	635	1910	56	1234	810	90	112	8	195	42.96	1.48
东　山	华盛平	华盛平	26	735	2605	116	1683	863	128	298	15	405	53.11	1.43
球　川	徐永禄	徐文新	43	1488	4690	215	3030	1430	136	1019	31	940	81.64	1.45
东　坑	廖端泉	吴剑锋	18	356	1166	43	753	430	43	1317	2	45	44.03	1.44
王　家	王瑞泉	王守林	10	316	1094	31	707	456	61	419	1	23	38.38	1.45
三　溪	刘文荣	罗平平	17	609	2011	66	1299	938	99	418	1	22	52.97	1.46
吴　家	林国华	吴志宽	7	236	788	42	509	320	53	422	1	40	35.56	1.42
上　安	占志建	郑建平	7	325	1083	36	700	336	78	78	15	360	46.09	1.45

续表 47

村名	村支书	村主任	村民小组（个）	农户（人）	人口（人）	党员（人）	劳动力（人）	外出劳力（人）	耕地面积（公顷）	山林面积（公顷）	胡柚面积（公顷）	胡柚产量（吨）	村集体经济收入（万元）	农民人均纯收入（万元）
馒头山	许水平	李忠寿	14	526	1625	59	1050	665	116	211	13	295	66.39	1.46
沙　安	陈锡庆	徐章泉	9	372	1121	34	724	460	58	186	13	300	126.65	1.48
黄泥畈	周燕清	周燕清	7	326	1086	49	702	280	59	152	2	25	55.11	1.52
九　都	李建锋	刘玉军	9	320	1040	39	672	382	56	194	8	120	37.26	1.50
棋盘山	汪雨平	汪雨平	8	347	1210	45	782	586	108	37	10	225	45.12	1.51
常　周	程其虎	廖跃明	4	267	895	32	578	292	59	475	13	300	102.75	1.49
龙　绕	舒国民	舒国民	14	672	2286	99	1477	800	130	295	7	140	71.45	1.52
新　店	黄在机	姜壮荣	17	596	1587	55	1025	586	132	413	9	260	44.74	1.50
合　计			334	10866	35247	1361	22771	12611	1610	12423	187	4570	1249.2	—

（徐卫燕）

芳村镇

【概况】 芳村镇位于常山县北部，是县域发展次中心，与杭州淳安，衢州柯城、开化接壤。黄衢南高速和杭新景高速公路穿境而过，且均有出口，是常山县北部重要的交通要塞和枢纽。镇域面积154.2平方千米，辖20个行政村和1个居委会，总人口2.8万余人，有26个基层党支部1165名党员。芳村镇享有“十最”美誉，即最广阔的镇域、最悠久的历史、最便捷的交通、最繁华的集镇、最丰富的矿产、最多样的特产、最优越的生态、最清洁的水源、最深长的峡谷、最纯朴的民风。

芳村镇镇域内国家重点生态公益林面积10万亩，森林覆盖率80%，负离子含量2000个／立方厘米，是极好的“天然氧吧”。境内桃花源AAA景区具“小气候、原生态、农家屋、高山菜”的旅游特色，素有“浙西小九寨、清凉休闲谷”之称，被评为“浙江省林业观光园区”“省级农家乐特色村”等。提供全县近20万人饮用的一级水源地芙蓉水库坐落在镇域内，总库容9580万立方米，环境优美，水质清澈。镇域内的芙蓉大峡谷是浙西一大奇观，长约10千米，宽20～40米，深近百米，人称“浙西第一大峡谷”，每至汛期，峡谷中激流澎湃，水雾弥漫，蔚为壮观。

芳村镇历史悠久，文化底蕴丰厚，始建于北宋重和元年（1118），享有“千年名宋镇”美称。文物古迹众多，芳村明清古街、大处村清代古建筑群、炉山寺佛教圣地遗址至今仍保存较好。芳村古街已有800多年历史，分上街、下街，全长800多米，保护较完整，街上有明清建筑60余幢。大处村于2017年9月被评定为“浙江省首批省级传统村落”，大处古建筑群建于清乾隆年间，由“三桥二坊一祠”组成，拥有郑氏宗祠、乐济桥、节孝坊等省、市级文物保护单位。村中古桥、古牌坊、古祠堂、古民居、古树、古道“串点连线”，构成一道独特的历史文化风景线。芳村镇是“浙江省历史文化名镇”，拥有中国传统村落1个，省级传统村落1个，省、市、县重点文物保护单位30余处。

芳村集镇规划面积2.25平方千米，常住人口6000余人。自古以来，芳村集镇商贾云集，市场繁荣，贸易活跃，商业辐射带动力强，是原芳村镇、原新桥乡、新昌乡、大桥头乡、东案乡等乡镇重要商贸中心和人员集散地，辐射周边10余千米、5万余人的生活圈。集镇功能完善，建有派出所、法庭、工商所、交警中队、农业银行、信用联社、村镇银行以及电信公司、移动公司等机构，拥有中小学、中心医院、农贸市场、污水处理厂、垃圾处理中转站、自来水厂等配套设施，是除县城之外公共服务最为齐全的集镇。

2019年，芳村镇党委、镇政府因势利导，全力推进农村饮用水达标提标行动，实现老百姓从“有水喝”到“喝好水”完美转变，全镇20个行政村水表均已安装到位。全省农村饮用水达标提标行动现场会在芳村镇召开，副省长彭佳学点赞芳村镇饮用水工程。8个行政村分别与绍兴市上虞区8家上市企业结对，顺利完成“消薄”工作。全面开展农村宅基地和住房确权登记发证工作，为农村产权制度改革提供物权保障。率先完成无障碍环境改造项目验收工作，优化残疾人办事环境。新建井河村、前塘村、洁湖村、东源村文化礼堂，芙蓉湖村文化礼堂于4月正式被评为五星级文化礼堂。常山县红玉越剧团在上猷阁村文化礼堂隆重开业，芳村村“翰墨文心·最美书香”公益书法班正式开课，新桥十番锣鼓获“常山喝彩”非遗展演银奖，芳村·猷阁队在农村运动会上表现优异。扎实推进“厕所革命”，芳村集镇广场公厕、大处公厕、新桥公厕获AAA公厕，新建A级公厕11个、AA级公厕2个，6个村“万家灯火”工程顺利推进。

2019年11月，芳村镇成为常山县第一个乡村未来社区试点乡镇，也是衢州第一批试点项目，并与浙江大学建筑工程学院签订乡村未来社区战略合作框架协议。12月，芳村镇被评为“浙江省森林城镇”，并入围2020年度美丽城镇建设样板创建名单。是年，芳村镇入选“浙江省旅游风情小镇”培育名单；芳村溪被评为浙江“美丽河湖”。

【基层党建基础】 2019年，芳村镇党委注重“四个平台”向村级延伸工作，切实发挥村干部和网格员两支队伍作用。加强全镇干部多维度综合考核力度，打造一支复合多能性干部队伍。强化行政村重点领域排名工作，评选“拖拉机队”“先锋战队”，鼓励先进、鞭策后进。开展“三类人员”清理行动，5名村两委干部被依规清退。抓好党员管理工作，全年发展入党积极分子30人，预备党员转正6人，将99名不配合农房整治工作的党员转入“镇整转教育支部”进行回炉重造。全面落实党风廉政主体责任，强化执纪问责力度，镇党委下发各类工作交办单79张，问责9人。开展“党建扎根”行动，完成6个村的后进村整转工作。搭建干群连心之桥，深化党员问需、网格问效、网格比拼等党建工作，提高群众的幸福感和满意度。开展“不忘初心、牢记使命”主题教育、领导班子授党课、乡村振兴讲堂计170余次。成立“桃花源党建联盟”，促进党建资源互通互享，提升基层党组织力。河边山村党支部被县委授予“金钉子党组织”称号，上猷阁村党支部和芙蓉湖村党支部“金钉子党组织”复评合格。

【集镇风貌】 2019年，芳村镇党委、镇政府狠抓农房整治、风貌提升工作。全镇拆除整治5082处，面积19万多平方米，《衢州日报》头版头条点赞洁湖村。抓好拆后土地利用工作，利用“一米菜园”建设点缀农户房屋前后。推进小城镇环境综合整治常态化管理，完成常新线两侧外立面粉刷6000多平方米，新建集镇口袋公园1个。开展“最美商户”评选，组建“夕阳红”小城镇环境综合整治志愿者队，有效解决长效管理不力的问题，扭转“重面子不重里子”局面。

小城镇环境综合整治后的芳村主街

（芳村镇 供图）

【项目建设】 2019年，总投资1.6亿元的芳村集镇商贸综合体项目建成。芳村集镇作为全县3个农民集聚镇之一，集镇农民集聚安置房已由县农投集团开工建设。淳常公路建设项目快速推进，被评为全县一号交通攻坚速度最快的工程。投资150多万元创建的“污水零直排区”项目已完工，并通过市级验收。芳村自来水厂顺利迁建；芙蓉水厂正处于施工阶段。芳村小学搬迁工作年初完成；镇政府新办公楼正在装修。新桥、东源段芳村溪流域整治项目圆满完成，河边山段完成进度的70%。芳村法庭、芳村交警中队迁建工作均已开工建设。品牌打造有序推进。2019年6月，芳村镇成功入选第四批浙江省旅游风情小镇培育名单。

11月5日，芳村镇集镇商贸综合体竣工

（芳村镇 供图）

【乡风文明建设】 2019年，芳村镇党委、镇政府大力开展对道德模范和乡贤好人的挖掘及宣传工作。猷阁口村周桔凤先后获得“浙江省道德模范”“全国道德模范提名奖”荣誉；芙蓉湖村“天价馄饨”老板娘凌基云被评为2019年“常山县道德模范”和“最美常山人”十大年度人物。以猷阁口“孝老村”为辐射，打造“孝老之镇”。组建的“最美领跑志愿服务队”，全年提供服务90余场次，服务群众1500余人次。依托乡村振兴讲堂，创立田间讲堂、孝老讲堂、后进讲堂等各具特色讲堂，累计开课130余堂。开展扫黑除恶专项斗争，营造和谐稳定的居住环境。

【基层改革和基层治理】 2019年，芳村镇党委、镇政府围绕上级党委对乡镇改革的要求，在全市率先推进机构改革和模块化运作，不断创新和完善模块运行机制，扁平高效架构体系进一步显现。全市首个乡镇（街道）模块化运行观摩现场会在芳村镇成功召开。在衢州举办的全市现场会上，芳村镇代表中型乡镇作典型发言。推进信访“最多跑一次”工作改革，在全市乡镇首推“信访超市”，公、检、法、司全面入驻。以村民议事团、三级代办为平台，实现群众反映诉求、化解矛盾“最多跑一次”。7月，常山县信访“最多跑一次”改革现场会在芳村镇召开。11月，芳村镇党委受邀参加在龙游县举办的全市信访“最多跑一次”工作改革现场会，并作经验交流发言。通过模块化改革及镇领导班子和镇、村干部的共同努力，成功实现信访摘帽。以大党建模块牵头，大执法为载体，探索基层治理“一支队伍执法”，有效破除“看得见管不着”尴尬局面。河边山村网格员邵余芳获衢州市“网格服务管理先锋战士”荣誉，上猷阁村党支部书记江月军获全县“党建统领·宋诗田园”先锋战士称号。

2019年芳村镇各行政村基本情况一览表

表48

村名	支书	主任	村民小组（个）	户数（户）	人口（人）	劳动力（人）	外出劳力（人）	党员（人）	村民代表（人）	土地面积（亩）			经营性收入（万元）
										总面积	耕地	公益林	
东源村	严辉根	黄小军	11	242	602	370	210	48	39	16292	56	14833	11.79
横山路村	王贤祥	魏贤标	6	329	916	608	342	40	44	12177	154	12023	12.44
新桥村	王致勇	王永秀	28	816	2284	1457	898	93	59	34581	776	24187	12.23
前姜村		严利峰（兼支部负责人）	23	558	1623	987	604	79	50	13387	327	12718.5	11.00
东岗村	段柳发	段永录	12	164	513	282	214	28	44	5760	201	4610.5	10.04
前塘村	金西海	丁柏华	17	342	945	532	327	44	40	11098	334.44	7804	10.59
修书村	饶雨祥	魏根福	22	403	1183	530	460	39	50	16836	208	11400	10.09
井河村	徐月亮	徐建民	6	322	875	525	396	24	43	7181	300.1	5149.8	10.57
芙蓉湖村	张海红	朱家红	25	631	2016	1332	714	82	50	7829	751	9238	10.06
上猷阁村	江月军	徐安平	10	364	1137	792	611	29	44	6934	360	2725	15.10
下猷阁村	徐志坚	汪全勤	14	290	888	590	302	21	39	2659	281	1692	10.01
猷阁口村	李　峰	吴胜国	7	265	810	455	355	32	42	3392	266	1490	10.09
芳村村	黄志旺	邵　峰	53	1375	4289	2580	1301	165	80	8022	1370	2422	10.07
园区新村	童土有		17	631	2051	1400	508	82	62	3816	1418.5	0	11.56
泮坑村	黄有祥	张庆庆	16	670	2150	1430	680	56	55	7183	920	4586	10.55
洁湖村		徐继良	36	775	2258	1467	642	47	61	4038	870	1060	10.03
河边山村	甘礼荣	刘勇军	9	324	886	572	346	25	40	2027	349	835	10.20
前进村	王芳平	郑忠成	10	377	1068	693	452	26	41	4911	311	2367	10.02
大处村	郑献雄		12	289	847	584	276	23	39	4678	252	2640	10.01
石塘村	姜南明		12	312	1044	600	22	21	40	350	350	3700	15.78
居委会	马懋红		—	—	388	—	—	—	—	—	—	—	—
合计			346	9479	28773	17786	9660	1004	962	173151	9855.04	125480.8	222.23

（何冠琦）

东案乡

【概况】　常山县东案乡，东接新衢州、北通千岛湖，距常山县城、衢州市区各20千米，黄衢南高速公路在境内设有出口，常东衢公路、351国道（在建）穿境而过，交通便利。东案乡地域面积68.81平方千米，辖10个行政村，84个自然村，人口13617人。全乡森林覆盖率78.5%，系“省级生态示范乡”。常山第一峰白菊花尖（1395米）坐落于境内梅树底AAAA风景区。境内最大河流为金源溪，发源于白菊花尖，自北而南蜿蜒穿流境中。

2019年，东案乡坚持把乡村振兴作为第一要务，推进常山胡柚小镇建设，完成土地流转1000亩，改造提升胡柚林500亩，完成常山胡柚景观大道、常山胡柚主题公园节点、常山胡柚观光园、常山胡柚商务产业中心等规划。创建常山县西瓜产业专家工作站，成功承办国家西甜瓜产业技术体系浙江省示范县常山现场会。成功创建省级农家乐特色乡镇、省级AAAA景区乡镇，金源村获省级AAA景区村，田蓬村获省级农家乐集聚村。梅树底村“自在梅林”被评为高端民宿，引进投资额达5000万元的高端民宿品牌“村上酒舍”。全年接待游客9万余人次，实现旅游收入1200余万元。通过抱团物业、山水资源、规模集聚等“消薄”模式，村集体经济经营性收入实现大幅增收，全乡10个行政村集体经济经营性收入36笔，金额128.64万元，超额完成“消薄”任务。

是年，东案乡被评为2018年度第二批小城镇环境综合整治省级样板乡镇、衢州市第六批语言文字规范化乡镇、省级农家乐特色乡镇。

【人居环境新面貌】　2019年，东案乡坚持把全域建设作为第一抓手，推进金源村、呈东村美丽乡村建设，完成田蓬村村口公园，梅树底村民情公园、朝阳村口袋公园、呈东村康养广场及一批地标节点建设等，完成东陇线沿线50余户围墙整治庭院提升工程。推进4个村“一村万树”行动，东案村获“一村万树”省级示范村，梅树底村被评为省级美丽乡村精品村、省级休闲村庄。开展农房整治风貌提升行动，完成拆除和整治农房2089宗、面积16.18万平方米。开展拆后利用工程，推进东案村和田蓬村“一米菜园”、前库村文化广场、金源村通村大道等建设。推进土地复垦工作，全乡完成土地复垦地块178处、面积137.59亩。推进朝阳、田蓬、白马等5个村的土地整治项目，新增或提升耕地指标939亩。东案乡创建国家级卫生乡镇通过验收，10个村均获省级卫生村称号。深化“五水共治”，落实“河长制”，3处污水排放突出问题及时整改完成；扎实开展“四边三化”、小城镇整治工作，推进集镇秩序管护市场化运维，形成“政府管公司，公司管集镇”，各项工作排名均位居全县前列。

东案乡前库村文化广场　（东案乡　供图）

【民生项目】　2019年，东案乡坚持把民生改善作为第一理念，投资150万元，实施

“万家灯火”工程，完成呈东村、朝阳村、前库村共370盏路灯安装。投资2400万元，实施农村饮用水达标提标工程。完成9个村的残疾人无障碍设施建设，白马村“残疾人之家”被评为省二星级“残疾人之家”。推进351国道项目征迁工作，完成579户农户的449.3亩土地征收、123穴坟墓迁移工作。推进综合供能服务站建设，仅用10天时间，完成7.5亩土地征用清表及31穴坟墓迁移任务。集镇星级农贸市场正式启用，投资达1000余万元、建筑面积3450平方米，涵盖蔬菜、豆制品、肉类、鱼类等38户经营户。累计完成旅游公厕15座，在全县第一个实现旅游公厕所有行政村全覆盖。

【党建统领基层治理示范】 2019年，东案乡坚持把基层治理作为第一保障，开展“联盟帮带”行动，把党建联盟帮带行动作为组织振兴的牛鼻子、党建统领的主抓手、基层治理的新载体，“强村带弱村”在农房整治、项目建设、土地征迁、信访等方面取得成效，获得县委书记叶美峰的批示肯定；东案乡被列为县委主题教育调研地点之一。打造“问题不出网格”的基层治理模式，实现“网格问效”常态运转，全年开展网格问效活动62次，提出问题202个，解决问题191个，在中共衢州市委七届六次全会上获市委书记徐文光的肯定。社会治理成效明显，多举措开展扫黑除恶专项斗争，全覆盖推进宣传，摸排有效线索3条。落实领导公开接访制度，发挥乡信访超市、网格治理的作用，信访事项办结平均时长4.81天，比上年降低1.91天，信访事项办结群众评价平均满意率96.73%，比上年增长0.2%。推进扫黄打非工作，东案乡被评为省级“扫黄打非”进基层示范点。

【乡风文明建设】 2019年，东案乡坚持把文化塑造作为第一内涵，乡风文明建设有新气象。挖掘亮点文化内涵，与衢州学院合作开展宋代文化小镇“进士院”实践课题研究，完成基础文化挖掘并汇编《王介家族与科举文化》，深入挖掘国家非遗喝彩歌谣、梅树底村红色文化、古法酿酒文化、前库蛋雕艺术文化等，持续培育乡土文化人才。金源村被列入第五批中国传统村落名录，获常山县唯一的省级历史文化（传统）村落保护利用示范村。浓厚有礼氛围，举办常山县千人徒步越野活动暨梅树底景区开园仪式，开展“衢州有礼 礼进礼堂”文化礼堂迎新年活动3场。金源村书法活动和白马村武术活动氛围更加浓厚，书法和武术特色节目“文武东案”获常山县村晚精品节目展演金奖，被推送参加市第二届村晚精品节目展演，白马村武术队斩获浙江省中国国际传统武术比赛5枚金牌。梅树底景区被评为“市级研学教育实践基地”。提升阵地文化设施，完成万安村、前库村文化礼堂新建工作，实现文化礼堂全覆盖，被评为五星级1个、四星级1个、三星级4个。新增梅树底村竹文化展馆和东案村特色产业展馆，完成金源村灯光篮球场、羽毛球场等建设。

东案乡金源村农民书法展

（东案乡 供图）

2019 年东案乡各行政村基本情况一览表

表 49

村名	支 书	主 任	农户（户）	人口（人）	村民小组（个）	劳动力数（人）	柑橘产量（吨）	胡柚产量（吨）	粮食产量（吨）	外出劳动力（人）	党员数（人）	村集体经济收入（万元）
万安	聂日伍	占建平	408	1093	11	866	772	1413	81.3	137	62	26.63
白马	李林财		396	1142	13	757	616	1224	122.7	90	60	31.43
东案	戴小平	胡志妹	376	1211	9	841	758	1274	66.6	102	39	27.36
前库	徐军星	徐光俊	422	1295	13	896	616	1110	75.1	70	48	33.09
田蓬	郑雨章	詹伟军	374	1116	11	750	642	998	58.3	111	60	42.89
朝阳	邹京军	彭国方	531	1658	16	1138	1102	1911	114.7	167	76	22.83
弄坞	程建华	朱 勤	337	1048	9	757	640	1106	104.7	101	41	37.73
呈东	谢志飞	王仁通	622	1860	22	1261	1066	2046	109.8	155	94	23.05
金源	王人法	王才贵	710	2069	42	1421	1032	1720	189.3	119	139	17.10
梅树底	王为平	张淑飞	357	1125	20	794	615	808	58.5	9088	58	34.43
合 计			4533	13617	166	9481	7859	13610	981	10140	677	296.54

（郑凯敏）

大桥头乡

【概况】　大桥头乡位于常山县城东约 16 千米，东邻东案乡，南接招贤镇、青石镇，西交紫港街道、辉埠镇，北界芳村镇。地处黄土丘陵区，地势西北高，东南低，向东倾斜。东、西、北三面以丘陵为主，南部属河谷平原。最高点皇子山，海拔 517.4 米，位于境西北；最低点大桥村田基南侧河滩地，海拔 84 米，位于境东南。总面积达 50.3 平方千米，辖 8 个行政村，常住农户 5190 户，户籍人口 15316 人，其中男性 7476 人、女性 7840 人。紧连国际慢城，交通非常便利；距离沪昆（杭金衢）高速公路常山出口和 320 国道均约 10 千米，黄衢南高速公路东案出口仅三四分钟；乡域内有苦狮线、鲁芳线两条县道，一条 351 国道（在建）经过；距常山县城及衢州城区均不足 20 分钟车程，山水资源丰富。境内拥有 3 条县级河道，其中芳村溪、虹桥溪是常山港的主要支流。芳村溪纵穿集镇而过，与金源溪在集镇下游处汇聚，形成独特的水岸风光。尤其是，芳村溪大桥头段是一条具有千年历史的古航道，始于唐末，兴于南宋，衰于 20 世纪 80 年代初，曾经航道繁忙，陆游、王汉之、杨继洲都曾留下轶事佳话。大桥头乡引进濛桥农业旅游综合体，发展濛桥竹漂、山涧民居、水上娱乐等项目，为乡村休闲旅游发展打下坚实的基础。

2019 年，大桥头乡财政实现经营性收入 105.63 万元。谋划推进“常山—慈溪飞地消薄产业园项目”，入股资金 860 万元，为今后每年实现稳定的经营性收入打下基础。成功引进常山良盛制冷项目，现已入驻辉埠工业园区，总投资 3000 万元。乡党委、乡政府持续推进“五水共治”“四边三化”“三改一拆”、小城镇环境综合整治等中心工作；超额完成“一村万树”工作任务；濛桥村曾家桥头高速桥下空间提升改造全面完成，并通过验收。抓好道路交通安全工作，新增隐患路口交通安全设施13处，投入整治资金1.9万余元。打赢农房整治和风貌提升面上“清零”攻坚战，全乡整治房屋2426宗，拆除面积13.19万平方米。打响351国道“三抢”整治攻坚战，完成土地分户测量708.55亩，迁移坟墓126穴，签订房屋征迁协议14幢19户，拆除房屋8幢。攻坚杭金衢高速公路常山莲塘段拓宽项目，协调解决各类矛盾纠纷50余起。12月18日，完成杭金衢高速公路拓宽项目莲塘段主线段土地清表工作，比计划提前13天，涉及里程1.6千米，征地面积52.64亩，被征农户139户、地块327块。聚焦坡地村镇项目，完成67户土地丈量及征用款项拨付工作；迁移坟墓57穴；完成施工便道建设和95%项目用地的清表工作。11月29日，常山县2019年下半年第三批重点项目集中开工仪式在大桥头乡举行。

督查考核工作强化，机制更加健全。健全网格工作考核管理办法、专职网格员月度绩效考评细则，定期不定期通报网格员在线率、巡查时长等情况，结果纳入网格员季度和年终考评，直接与网格员“钱袋子”挂钩，有效调动网格员工作的积极性、主动性，提升网格管理精细化服务水平。2019年，大桥头乡网格员队伍季度考核一直位居全县前列。全力护航351国道、杭金衢高速扩建、芳村溪流域综合治理等重点项目，其中通过完善社会稳定风险评估机制，全年开展项目稳评4件次。组织安全隐患排查整治7次，处置安全事故隐患点5处，全年辖区内未发生安全生产重特大事故。开展矛盾纠纷“大排查、大调处”活动，全年化解各类矛盾纠纷553起，调处成功率达100%，其中新村村被评为省善治示范村。

民生事业展现新颜。2019年，大桥头乡“卡壳”5年的苦狮线至中心小学道路全线打通，彻底解决大桥头乡中心小学400余名师生的出行难问题。3个民生实事工程累计投入资金2400余万元，其中芳村溪流域综合治理工程、农村饮用水达标提标工程已基本完工，坡地村镇项目政策处理已基本到位。投入专项资金20万元，用于大桥头乡中心小学教师宿舍楼提升改造工程。幸福快乐园项目建设加快推进，留守老人“居住难”“就餐难”问题得到破解。完成地质灾害隐患点整治2处，农村饮用水达标提标项目主管网接入工作全部完成，各村公益性公墓建设工作推进有序，农村医疗保险参保率达95%以上。举行大桥头乡农民运动会；组团参加全县农民运动会，并取得团体第一的好成绩。农村文化礼堂、省级卫生村创建实现全覆盖，新村村文化礼堂、浮河村红色纪念馆通过县级验收并投入使用，其中浮河村被评为四星级文化礼堂，濠桥村被评为“县新时代文明实践示范站”。举办第二届孝文化节，慰问全乡80户高龄老人。在浮河村举办大桥头乡第四届激情广场文艺演出和第二届村晚，文化活动翻新样。

【基层治理模式】 2019年，大桥头乡结合“不忘初心、牢记使命”主题教育，紧扣“强发展”主旋律和“学英雄、践三永、悟初心、担使命”行动，全面推动党建+基层治理“三个三”工程在基层落地落实。将全乡划分为24个网格，通过“7员组团”模式，组建8个“组团联村”服务团；通过“一把手”督考、班子陪考、群众评考、设立“红黑”榜等方式开展督考，倒逼干部真正沉下身子去、到群众中间去。发挥老党员、“老娘舅”经验优势，啃“骨头”，拔“钉子”，成功解决各类堵点、难点问题127个。

新村村老娘舅成员在樟树底下圆满调解纠纷 （大桥头乡 供图）

【美丽乡村特色创建】 2019年，大桥头乡加快推进小城镇综合整治项目建设，做美集镇“门面工程”。推进芳村溪防洪堤两岸绿化建设，建成集镇东西入口景观节点并投入使用。实施全域旅游项目，古塘天源生态观光园、濛桥乡村旅游综合体等项目有序推进。推进土地流转，引导各类大户建设家庭农场，培养以粮食种植、水果基地为主的家庭农场46家，推广再生水稻种植技术、竹稻种植等技术667亩。做精重点特色乡村，借助芳村溪资源优势，加快濛桥村美丽乡村示范提升项目建设，沿溪游步道、赤山古渡、古井问饮、樱花大道、鲁芳线景观节点等项目基本完成，庭院绿化整治成效明显，高端木屋民宿、旅游接待中心、景观廊桥、竹筏漂流等项目按时序推进，倾力打造“书香流芳、竹韵濛桥”。

2019年大桥头乡各行政村基本情况一览表

表50

村名	村支书	村主任	村民小组（个）	户数（户）	人口（人）	党员（人）	劳力（人）	胡柚面积（亩）	柑橘产量（吨）	胡柚产量（吨）	村集体经济收入（万元）	农民年人均纯收入（元）
客弄	陈国良	宁金全	7	265	676	27	432	661	925	876	30.96	22452
莲塘	汪夏根	曾帅帅	6	425	1251	36	801	975	1142	858	35.64	23245
樟山	符龙德	符龙德	12	596	1983	81	1236	1774	2277	1484	50.34	23568
大桥	符镇湧	韩国强	14	654	2107	40	1363	1513	1531	1146	77.04	24521
浮河	郑建华	郑开福	22	1129	3217	120	2081	2709	4318	2937	47.91	24875
新村	曾明良	熊卓军	6	284	897	27	519	500	926	841	81.34	23545
友好	谢名红	程正基	22	705	2029	78	1319	1551	2130	1475	40.67	22546
濛桥	姜小平	张小利	27	1132	3156	78	2039	2399	2521	1582	94.12	24515
合　计			116	5190	15316	487	9790	12082	15770	11199	458.02	—

（吴丽娟）

何家乡

【概况】 何家乡位于常山县西北部，东与金川街道、辉埠镇接壤，南与同弓乡相连，西与球川镇交界，北与开化县毗邻，号称常山“北大门”。常山江由西向东穿境而过，205国道由东向西纵贯全境。乡政府所在地樊家村尚书路，距县城7.5千米，距杭金衢高速公路常山出口6千米，乡村公路总里程

23千米。2019年，何家乡区域总面积54平方千米，辖8个行政村，有63个自然村、145个村民小组、农户5032户，人口13667人，农村劳动力9140人，其中外出务工劳力3221人。全乡23个党小组，党员587人，其中农村党员478人。耕地总面积609.9公顷，山林总面积3752.3公顷，森林覆盖率74.1%。何家乡党委、政府坚持党建、治理、大花园三位一体融合推进，围绕县委“四四二”战略体系，立足实际补短板、扬优势、创特色，推进何家乡旅游风情小镇建设。2019年，全乡粮食总产量5547.5吨，油菜籽总产量660.9吨，青大豆产量294吨，食用菌总产量2392吨，中药材总产量212.1吨；全乡固定资产投资6264万元，地方财政收入2676.69万元，农民人均纯收入22149万元。

2019年，何家乡加快推进沿江绿道、沿江公路、独流入海常山港二期治理工程等一批市县重大项目建设，完成沿江绿道土地征用68亩，完成“独流入海”钱塘堤建设项目35亩土地政策处理。以“提升靓丽风景、建设五彩何家”为目标，“五水共治”工作常抓不懈，“河长”巡河常态化。年内，乡村两级开展巡河624次，发放“五水共治”宣传单4000余份。“四边三化”招无虚发，结合小城镇环境综合整治行动，对205国道沿线进行拉网式排查治理，“四边三化”交办点整治工作全部完成。

【全域旅游】 2019年，何家乡以项目建设推动黄冈山、月亮湾、绣溪街三大核心旅游区提档升级，助力旅游风情小镇再上新台阶。长风村结合“宋诗之河”诗画风光带建设，深挖赵鼎忠简文化，邀请省文物考古所专家对“忠简孤塚”进行考古发掘。明确“鲜辣”品牌定位，建设鲜辣工坊、鲜辣文化主题展馆，打造“古渡金沙”景区。黄冈山景区生态修复一期工程开工建设，完成乌鹰坞水库除险加固工程及黄冈村内3个路口景观节点工程建设。在获评省级小城镇综合整治样板乡镇的基础上，继续做好小城镇环境提升管理的后半篇文章。

【农房整治】 2019年，何家乡对照上级要求，8个行政村联动，全面发动，专班推进，专项攻坚，一鼓作气、连续作战，取得乡农房风貌提升攻坚战的胜利。全乡排查需整治农房3103处，整治3103处，完成率100%，村庄风貌显著提升，特别是长风村、黄冈村成效明显。

【公共服务项目】 2019年，何家乡在7个村实施农村饮用水达标提标工程，落实项目资金1100万元。深化“最多跑一次”工作改革，新的便民服务中心建成。推进“厕所革命”，完成黄冈、江湾2个村的公厕建设。实施“万家灯火”工程，助力村庄美化、亮化，在双安、何家、江源3个村实施“一村万树”工程；在钱塘、黄冈2个村的主干道安装路灯120余盏。有序推进美丽乡村实施村项目，完成黄冈村路口节点打造和何家村驻马桥公园建设。加大文化项目建设，丰富群众精神生活，利用拆后土地建设村文化广场，双安村通过市级公共文化服务重点村验收；何家乡通过浙江省公共文化服务重点乡镇验收。结合小城镇综合整治，将何家乡“常山阿姨”学院门前空地变废为宝，见缝插针建设口袋公园，方便群众健身和休闲。

【“消薄”工作】 2019年，何家乡指导村级建立集体资产产权明晰动态管理档案，采取“台账式”管理办法，对集体“三资”进行一次集中清理核查，对现有的资产进行产权界定与评估，对账上有而实际已经不存在的资产要按规定程序进行核销，明晰资产所有权，进行产权登记，对因资产出售、征地拆迁等致使资产资源数量增减等情况，及时记录归档完善台账，实行动态管理，防止资产的流失，保护集体资产的安全和完整。长风村明确“集体＋公司＋农户”的股份合作制模式，开发实施沙水项目，“点沙成金”引领村集体经济活水长流，以公司入股为主，村集体入股20%、农户入股10%，集体以资源入股，年终按20%分红，且无论盈亏，每年可获10万元收入。樊家、钱塘、双安3个村申报扶贫资金项目，以厂房租金和林地入股，引进千亩白茶基地，项目投资1500万元，全部建成投产后，每年每个村集体经济可增加5万多元经营性收入。长风村、黄冈村利用人文优势和山水优势，依托旅游风情小镇建设，以乡村休闲旅游为抓手，因地制宜谋划旅游项目，以村集体为主体，引进资本入股成立旅游发展有限公司，制定民宿行业标准，结合黄冈山景区开发和“古渡金沙”景区建设，完善旅游功能，增强景区可玩、可看、可游、可购性，形成“吃喝玩乐”一应俱全的全产业链，让游客“留得下、留得住、愿意留”。

古渡金沙项目建设　　（何家乡　供图）

【建房储备金制度】　2019年，何家乡深化与常山农商银行合作，创新“定存活取、分档计息”“分布管控、分批退还”“党员代办、动态服务”三大制度，农户储备金半年度万元收益率提高507%。

【乡村保洁】　2019年，何家乡深化完善垃圾分类“123”工作法，全乡垃圾比上年减量31%，资源化利用率比上年增长38.5%，乡容村貌显著提升，群众卫生意识、环保意识明显改善。7月，何家乡通过国家卫生乡镇省级督查，“党建＋创卫”“市场化保洁机制”等做法得到督查组充分肯定。

【打造餐饮风味主题】　2019年，何家乡围绕“一片渔耕文化乐园、一条渔村休闲古街、一批渔家精品民宿、一块沙水娱乐项目、一系列渔文化景观”内容，打造“渔耕”长风，改造提升渔家乐一条街，打造餐饮风味主题。谋划实施渔文化展示馆、鲜辣文化展示馆、宋诗风情鲜辣村等重点项目，打造集辣椒种植、加工、展示、体验于一体、农旅融合的产业带、风情带。当地何家乡长风村被授予“中国辣村”，为已拥有“十里长风”渔家乐一条街的美食旅游景点长风村再添新主题。常山县作为“中国最美乡村旅游目的地”，何家乡打响“鲜辣”美食牌，促进常山特色旅游产品的不断丰富。

【首届常山鲜辣美食节暨世界首届斗辣会在何家乡举行】　2019年1月18日，中国首届常山鲜辣美食节暨世界首届斗辣会在何家乡长风村举行。国际著名厨艺大师、旅游专家、中国辣王、美食达人等400余人参加。此次美食节以“鲜辣常山、热辣长风”为口号，既有湘黔鄂赣川五菜系大师与常山大厨合作

“五湖四海辣烧将军鱼”，又有来自意大利、印度、墨西哥、伊朗、德国五国名厨与常山辣妹厨娘同台“斗辣”；还有“常山不寻常”美丽乡村特色美食商品展、“千椒百味”辣椒雕塑揭幕、常山十二家“鲜辣美食体验店”授牌仪式、“中国辣王”李永志对战20位常山辣王吃辣擂台赛等活动。

1月18日，中国首届常山鲜辣美食节暨世界首届斗辣会在何家乡长风村举行

（张东良 摄）

【党员联户“至少办一件”成何家乡党建品牌】 2019年，何家乡根据年初县委交办的《如何破解党员联户联而不实》这一课题，创新提出“至少办一件”活动，要求联户党员除平时加强走访动态掌握信息，更要为所联户每月至少办一件实事。至年底，“至少办一件”已成为何家的党建品牌，在中共衢州市委七届六次全会上作为正面典型通报案例受到表扬，也被《衢州日报》《今日常山》等市、县主流媒体头版报道，获县委书记叶美峰的批示肯定。

【“三联工程”】 2019年，何家乡强化“周二下村日”制度落实，组团联村团员共走访村民2300余户，排查各类隐患问题100余件，帮助解决矛盾纠纷526起，慰问特殊群体930余人次。实现乡村振兴讲堂全覆盖，成功创建“长风鲜辣讲堂”特色品牌。

【“一长三员”绩效考核办法率先推出】 2019年，何家乡针对网格工作流于形式、网格员管理松散、网格作用发挥不明显等问题，在全县率先研究制定“一长三员”绩效考核办法，突出量化评分、过程管理、责任捆绑、奖优罚劣，整合打通网格力量真正参与基层治理全面工作，压实网格责任，把全科网格打造成基层治理的“千里眼”“顺风耳”“防火墙”“应急队”。

（黄琛颖）

2019年何家乡各行政村基本情况一览表

表51

村名	支书	主任	村民小组（个）	党员（人）	农户（户）	人口（人）	劳力（人）	面积（亩）		村集体总收入（万元）
								耕地	柑橘胡柚	
何家	何其红	何中于	24	70	689	1976	1306	1684	605	55.47
樊家	王　莹	樊嘉云	16	45	530	1350	922	918	283	69.61
江源	洪春良	江　峰	23	71	745	2056	1290	1178	280	35.12
江湾	江水道	江建宗	16	46	529	1354	927	871	157	20.42
钱塘	琚正堂	琚滨华	22	61	886	2346	1591	2007	362	34.72
长风	裴军荣	何水平	16	67	602	1781	1208	422	268	22.57
黄冈	王水清	曾冬冬	21	71	711	1867	1271	1244	618	21.92
双安	鲍承文	蒋荣华	7	42	340	937	625	825	66	88.17
合计			145	473	5032	13667	9140	9149	2639	348

（詹晓瑜 江建平 陈刚）

同弓乡

【概况】 同弓乡位于常山县西郊，距离常山县城10千米，东连金川街道和常山县工业园区，南接白石镇，西临球川镇，北倚何家乡。全乡总面积38.5平方千米，辖8个行政村，共有常住户数4172户，常住人口11655人，其中男性人口6010人，女性人口5645人，60岁以上老人2230人，其中小城镇建成区占地23公顷，有常住人口875户2418人，全乡12个党支部，440名党员。全年固定资产投资完成1.9725亿元，比上年增长135%，财政总收入2207.28万元，比上年增长391.72%。农民人均可支配收入16796元，参加城乡居民基本医疗保险8963人。全乡耕地面积12574亩，其中水田10777亩，旱地1797亩。

2019年，全乡加快推进全域土地综合整治，净交付土地6000亩，现场施工作业面超4000亩，迁移并火化坟墓1596穴。创新建立“模块牵头＋组团联村”工作体系，坚持“百姓点事”“村民议事”“多元办事”等“五事”工作机制，全年共召开联席会议80余次，解决与项目建设相关的矛盾纠纷116起。全乡全年完成各类农房整治2135宗，面积达98686.74平方米。已打造“一米菜园”10余处，完成2个口袋公园建设，完成建设用地复垦20余亩。做深农旅结合文章，用好彤弓山村国家AAA级景区金名片，累计吸引游客5万余人次，带动周边农户日均增收200元。与常山县山水旅行社签订合作协议，村集体每年可增收30余万元，带动村民每年至少增收2万元。深化“厕所革命”，建成山边、关庄桥两座AA级公厕；新增公共场所盲道、坡道、扶手等残疾人设施30余处。年集中宣传扫黑除恶知识25次，上门入户宣传4100余户，发放宣传单1.6万份。开展交通安全专项整治，共排除道路交通安全隐患点35处，新增2个标准警保共建劝导站，选优配强交通安全协管员18人。全年走访慰问困难群众40余户，救助村民突发性、临时性生活困难48人次，大病救助因病困难群众余62户81人次，累计发放各类救助金、补助金等扶贫资金261.26万元。加强队伍建设，通过党委授权，明确1名班子成员为模块的牵头负责人，形成党委书记统筹抓总、模块牵头人按块负责、其他班子按责协助的“1+3+N”模块运行分工责任体系，制定完善干部考核机制，通过模块评分，岗位赋分，专班加分，提升干部工作激情和效能，全年选拔任用中层干部9人。建立和完善上下班作息、工作责任明确划分、纪律约束等制度。实行钉钉签到制度，并定期在全乡干部职工大会上通报。强化党内监督和行政监督，对发现的问题及时处理，对表现好的干部进行表彰鼓励，既重视正面典型的示范教育，又重视反面典型的警示教育，确保作风建设取得实效。

是年，同弓乡被评为小城镇环境综合整治省级样板镇、衢州市人大代表智慧监督治水工作先进集体、全县党委系统信息工作先进单位、全县政府信息工作先进单位、代表信息化履职先进组织单位、省级农业绿色发展示范区等。同心村、中和村第二网格被县委、县政府评为“党建统领 宋诗田园”建设先锋战队。

农房整治现场 （同弓乡 供图）

【全域土地综合整治项目】 2019年，同弓乡推进全域土地综合整治和金色同弓田园综合体项目建设，实现项目建设“零信访、零障碍、零强制、零事故”。建立“模块运行＋组团联村”工作体系，大花园模块牵头负责项目统筹推进即为“条抓”，项目涉及村的组团联村成员负责本村政策处理、纠纷调解等保障工作则是“块保”。通过选优配强驻村队伍，模块力量整合，改善之前工作专班存在与各部门、各村之间信息沟通不畅的问题，提高项目推进效率。截至年底，全乡迁移并火化坟墓1596穴，净交付土地6000亩，现场施工作业面超4000亩。其中7月，金川源村、湖石头村、中和村仅用16天时间，迁移并火化坟墓756穴。2019年12月5日，在全省全域土地整治现场会上，同弓乡全域整治项目被常山县作为典型案例作交流发言。金色同弓田园综合体项目被省财政厅列入2019省级田园综合体建设名单。

【农房整治】 2019年，同弓乡以村为单位成立8个农房整治攻坚小组，由组团联村团长担任组长，组团联村成员、村两委干部等为组员，紧盯目标、攻坚拔寨、连续作战，把政策宣传和农户思想工作做细做实做深，汇聚全乡力量推进农房整治与风貌提升。发挥“三联”工程作用，用好党员联户，全乡200余名联户党员累计上门宣传政策1600余次，化解村民不良情绪30余起。全年完成各类农房整治2135宗，面积达98686.74平方米。用活乡贤资源，注重发挥寓外乡贤力量，利用微信群等媒介向乡贤宣传农房整治各项政策，动员乡贤及亲属支持、推动农房风貌提升，仅7月，就借助乡贤力量顺利拆除附房17处、合法一户多宅2处、大围墙1处，提升危旧房1处。

【乡村旅游】 2019年，同弓乡将彤弓山村、胡村等传统古村落与太公山、龙绕溪整治、小城镇建设等有机结合，整合古村落的生态环境、文化底蕴，推行实物出租、资本入股等联合开发途径，形成“各方积极参与、资源充分利用、方式灵活多样”的古村发展提升体制机制，经营村庄，做活古村。做大做强彤弓山居、彤弓山农耕文化园等项目，引导村民群众共同参与村庄环境整治，让群众在参与共建中共享美丽环境、拓宽增收渠道。推行“消薄”“三资互通”模式，土地生财“获资”，整合资金“投资”，因地制宜“引资”，将“碎片化”土地转变为连片集中开发的土地综合整治项目，优化农村生产、生活、生态空间，盘活农村闲置土地为农户和村集体带来资金收入。中和村坡地民宿项目采用“村统一规划、民自愿自建、民宿股份合作”的建设模式，通过实行“村里统一规范、集中管理、利益分享”的经营模式，吸引山水旅行社、金秋年华健养等公司达成长期合作意向。关庄桥集镇农贸市场中的场地租给温州投资商用于经营超市，每年为关庄桥村带来7.5万元的租金收入；彤弓山村以“农民丰收节”为契机，“晒秋”为特色，引进资本发展集游玩、居住、餐饮为一体的乡村旅游业，每年可从中盈利至少10万元。

鸡公桥全貌 （同弓乡 供图）（徐珊怡）

同弓乡各行政村基本情况一览表

表 52

村 名	支部书记	村民主任	常住户数（户）	常住人口（人）	党员（人）	劳力（人）	外出劳力（人）	耕地面积（亩）		山林面积（亩）	胡柚面积（亩）	柑橘产量（吨）	胡柚产量（吨）	人均收入（元）
								水田	旱地					
彤弓山	章贵生	徐伟群	213	574	29	366	176	505	20	1060	10	5	16	17785
同 心	邹清华	余泽荣	530	1515	60	865	458	1463	118	4400	30	16	30	15248
关庄桥	杨 军	邹忠新	875	2418	75	1315	611	1841	460	1653	225	4	655	15754
金川源	刘小兵	乐军英	602	1646	57	1045	359	1731	58	2500	535	20	1631	17364
中 和	潘广丰	占廿九	521	1569	54	940	742	1535	177	15200	1205	12	898	17902
湖石头	洪治国	洪金民	391	1035	27	490	406	936	120	2676	355	18	536	17079
山 边	洪永录	张 忠	542	1535	41	938	361	1412	799	300	190	5	53	16681
胡 村	胡志建		498	1363	32	828	479	1354	45	6880	148	11	649	16557
合 计			4172	11655	375	6787	3592	10777	1797	34669	2698	91	4468	—

（余 丹）

新昌乡

【概况】 新昌乡位于浙江省西部，县境北部，是全国油茶之乡，省级民间文化艺术之乡，浙江省生态文化基地。辖区东连芳村镇，南接辉埠镇，西界开化县，北邻淳安县。乡政府驻地距县城22.5千米。属山地丘陵地区，山地总面积82.7平方千米。最高点八面山，海拔1012米，为常山县第二高峰。植被以油茶为主，兼有松杉林，落叶、阔叶和常绿叶树混交林。新昌乡气候温和湿润，四季分明，雨量充沛，年平均气温16.5℃～17.1℃。主要矿产资源包括煤、钨、锰、锡、铜、萤石、白石英、花岗岩、白岗岩、铅、锌、石灰石等。萤石矿储量1700万吨，氟化钙储量745万吨。全乡总面积111.6平方千米，耕地面积6240亩，其中水田5718亩、旱地522亩，主种水稻、小麦、玉米、大豆、番薯等。山林面积60908亩，其中油茶林53760亩，年产山茶油500吨左右；培育发展毛竹7147亩，拓展发展毛竹深加工业。新昌乡文化底蕴深厚，木油榨传统技艺、洗马舞、钢叉舞、鯖鮥拳四项内容已被列入省级“非遗”保护名录。

2019年，新昌乡下辖10个行政村，总户数6032户，17319人。基层党支部11个，党员637人，其中，10个行政村党支部，党员数606人；1个机关党支部，党员数31人。实现全社会固定资产投资9773万元，乡财政收入2426.49万元，农民人均纯收入14314元，属于全省欠发达乡镇。新昌乡党委、政府围绕全面完成农民饮用水达标提标建设任务，实现农村饮用水普及率100%的目标，投资1500多万元在全乡范围建设6个分散式供水村、4个管网延伸村。探索黄塘单村供水模式，一次性投资258万元，打造黄塘村示范供水站。至年底，对坑、鯖鮥等6个村通过验收，并完成饮用水供水协议签订工作。有效实施农业综合项目。统筹协调土地综合整治工作，300亩农村土地综合治理项目已全面完工。投资1500万元，长达2千米的芳村溪第二期防洪坝工程已全面完工。

是年，新昌乡被评为“农房体系构建和风貌提升先锋战队”“2018年度衢州市乡镇（街道）统战工作先进集体”。

【“全域景区化”建设】 2019年，新昌乡农房整治一整到底，率先将10个村全部清零，全乡拆除房屋1741处56012.25平方米，提升文化广场2个、小节点景观9处。做好“拆、改、美”三篇文章，统筹兼顾、综合施策、拆整并举，全面推进“全域景区化”建设。拆后复耕覆绿，变疤点为亮点，一批口袋公园、美丽庭院、一米菜园等景观节点相继出现。

【全域旅游迸发新鲜活力】 2019年，新昌乡把乡村旅游产业作为党建治理大花园的重要支撑，深挖特色资源，打造研学游、红色游、民宿游特色品牌。12月20日，新昌乡举办第四届油茶文化节暨中小学生研学旅行启动仪式，活动吸引400多名小学生参加。“常山国家油茶公园”入选“衢州市中小学生研学实践教育基地”后，新昌乡又成功创建浙江省中小学生研学实践教育基地，至年底，吸引研学游客达6000余人次。以西源革命纪念馆为核心，结合“不忘初心、牢记使命”主题教育，主打“初心游”“初心课堂”和爱国主义教育。全年红色游接待游客4万多人次，实现旅游收入30多万元。新昌乡辖内有“云上轩”“村上酒舍”“申山乡宿”等特色不一、人气火爆的各类民宿，针对游客的不同需求，有合家亲子游、高端民宿游、赏景度假游等各类民宿可供选择。全乡民宿持续扩容提升，基础设施不断改善，全年民宿接待游客1.6万余人次，实现营收36万余元。

采茶籽果脯 （谢 军 摄）

【“乡村振兴讲堂”创新昌模式】 2019年12月7日，常山县乡村振兴讲堂暨乡镇模块化改革推进会在新昌乡郭塘村召开。新昌乡作为“乡村振兴讲堂”试点乡镇，坚持把“乡村振兴讲堂”作为党建统领乡村振兴的“头号工程”，不断探索“乡村振兴讲堂”新模式。根据全乡10个行政村的区域位置、资源禀赋、产业特色等情况，在全域试点中采取“5+5”结对共建模式，以“五联共同体”为依托，乡村两级齐发声，实现资源共享、优势互补，以强带弱、同步办学。根据各村资源，将一批主题明确、特色明显、内容充实的村打造成富有吸引力、葆有生命力的精品讲堂。引申出“民主大喇叭”“产业直通车”“智慧客厅聚”“油游八面山”“红色洗礼堂”等主题鲜明的特色讲堂。

黄塘浙西最大室外党旗 （新昌乡 供图）

2019年新昌乡各行政村基本情况一览表

表53

村名		新昌	对坑	黄塘	岩前	輶辂	郭塘	达塘	茶源	泰安	西源	合计
村支书		刘水林	甘志光	廖红俊	程献光	李树金	张　荣	陈重良	余国军	余士生	程礼锋	
村主任		黎　明	张运通	廖红俊	程联明	—	吴利卫	汪华东	余利平	王维水	丁皮皮	
村民小组（个）		27	8	8	21	29	21	14	20	10	30	188
农户（户）		972	394	346	492	969	758	551	648	343	559	6032
人口（人）		2707	1133	944	1417	2644	2362	1541	1855	985	1731	17319
党员（人）		127	43	30	52	80	66	62	54	24	68	606
劳力（人）		1549	673	567	840	1562	1397	917	1091	592	1015	10203
外出劳力（人）		620	268	235	321	622	529	362	417	233	376	3983
劳务收入（万元）		1478	642	541	801	1490	1332	875	1040	564	968	9731
耕地面积（亩）	水田	1086	410	278	454	899	790	655	495	264	354	5685
	旱地	86	45	21	61	61	74	44	76	32	22	522
	合计	1172	455	299	515	960	864	699	571	296	376	6207
山林面积（亩）	竹林	—	—	—	—	—	—	—	—	908	6239	7147
	油茶林	5630	1880	4587	4290	8859	4469	4936	7629	7467	4013	53760
	合计	5630	1880	4587	4290	8859	4469	4936	7629	8375	10252	60908
油茶籽产量（吨）		63	9	3	4	12	9	13	12	6	10	141
中药材面积（亩）		220	—	70	—	210	240	90	—	—	—	830
柑橘面积（亩）		614	300	372	1420	645	658	432	265	454	—	5160
柑橘产量（吨）		659	436	496	1543	707	729	482	305	493	—	5850
其中胡柚	面积（亩）	365	92	80	390	300	370	170	5	210	—	1982
	产量（吨）	370	95	85	400	320	380	180	6	220	—	2056
村级经济（万元）		20	5	38	14	5	3	6	6	10	5	112
人均收入（元）		15840	13777	14545	16022	13086	14498	14711	13000	13459	14203	—
区域面积（平方千米）		10.5	3	4.6	8.8	8.2	9.0	13.1	10.9	12.8	29.7	110.6

（方　西）

附 录

组织机构及负责人名录

新增副处级以上领导干部简介

张少华 男，汉族，1973年10月生，浙江金华人，1998年1月入党，1992年8月参加工作，大学学历。现任中共常山县委副书记，县人民政府县长、党组书记，常山—慈溪山海协作产业园党工委书记。

翁旭东 男，汉族，1971年1月生，浙江衢州人，1996年5月入党，1993年8月参加工作，研究生学历。现任中共常山县委副书记、政法委书记，兼县社会治理综合服务中心主任。

何 健 女，汉族，1970年2月生，江苏扬州人，1999年12月入党，1990年8月参加工作，研究生学历。现任中共常山县委常委，县人民政府副县长、党组副书记，兼县经济技术开发区党工委书记，县营商环境建设办公室党组书记。

朱永平 男，汉族，1980年11月生，浙江衢州人，2005年6月入党，2001年9月参加工作，党校研究生学历。现任中共常山县常委、县委组织部部长、县委党校校长、县直属机关工委书记。

王荣国 男，汉族，1977年12月生，浙江江山人，2008年9月入党，1998年6月参加工作，大学学历。现任中共常山县委常委，县纪委书记，县监察委员会主任。

徐 彪 男，汉族，1982年11月生，浙江江山人，2005年9月入党，2003年12月参加工作，研究生学历。现任中共常山县委常委，辉埠镇党委书记。

姜雪峰 男，汉族，1971年9月生，浙江常山人，2000年12月入党，1990年8月参加工作，研究生学历。现任常山县人民政府副县长、党组成员。

李德生 男，汉族，1972年2月生，浙江常山人，1999年8月入党，1993年8月参加工作，大学学历。现任常山县人民政府副县长、党组成员。

樊金国 男，汉族，1964年10月生，浙江常山人，1991年5月入党，1985年5月参加工作，大学学历。现任常山县人大常委会党组成员、副主任候选人。

县级领导机构及负责人名录

(2019.1—2019.12)

中共常山县委员会：

书　　记：叶美峰

副 书 记：张少华（2019.1—）

王郁松

翁旭东（2019.11—）

常　　委：秦财华（2019.1）

余　风

何　健（女）（2019.1—）

朱永平（2019.1—）

毛献明（2019.1）
郑建华
黄　霏（女）（2019.1）
陈　东（2019.1）
韩金铭（2019.1—2019.9）
姜苏州
姚金环（女）
魏宏伟
桂美林
王荣国（2019.1—）
徐　彪（2019.1—）
戴根林（2019.1—）

常山县人民代表大会常务委员会：
主　　任：徐建华
副 主 任：苏新祥
徐　柯
王　全（2019.1—2019.2）
王生智
李德勇
党组书记：徐建华

常山县人民政府：
县　　长：张少华（代）
（2019.1—2019.2）
张少华（2019.2—）
副 县 长：何　健（女）（2019.1—）
毛献明（2019.1）
韩金铭（2019.1—2019.9）
揭政东（2019.1）
郑金仙（女）
戴根林（2019.1）
段为斌
胡伟民
姚金环（女）
魏宏伟
姜雪峰（2019.1—）
李德生（2019.6—）
党组书记：张少华（2019.1—）

中国人民政治协商会议常山县委员会：
主　　席：林红汉
副 主 席：黄法云
谢雨生（兼）
罗诚剑（兼）
范东英（女）
汪卫东（兼）
党组书记：林红汉

中共常山县纪律检查委员会：
书　　记：黄　霏（女）（2019.1）
王荣国（2019.1—）
副 书 记：郑顺满（2019.1）
朱开明
严良京（2019.1—）

常山县监察委员会：
主　　任：黄　霏（女）（2019.1）
王荣国（代）（2019.1—2019.2）
王荣国（2019.2—）

常山县人民法院：
院　　长：王小红
党组书记：王小红

常山县人民检察院：
检 察 长：姚俊宏
党组书记：姚俊宏

县级机关部门及负责人名录
（2019.1—2019.12）

一、县委工作机构

县委办公室：

主　　任：姜雪峰（2019.1）
　　　　　姜光明（2019.1—）

县委县政府信访局：

局　　长：陈桂强

县委政策研究室：

主　　任：朱　璋（2019.1）

县委保密委员会办公室（县政府保密局）：

主任（局长）：吴永兴（2019.1）

县委机要局（县密码管理局）：

局　　长：许　赟（2019.1）
　　　　　刘　华（2019.12—）

县委报道组：

组　　长：胡江平（2019.1—2019.6）
　　　　　徐高飞（2019.7—2019.12）

县委县政府督查（考核）办公室：

主　　任：郑　兵（2019.1）

县委台湾工作办公室(县政府台湾事务办公室)：

主　　任：程鸿星（2019.1）

县档案局（馆）：

局（馆）长：毕建国（2019.1）

党组书记：毕建国（2019.1）

县档案馆：

馆　　长：徐良其（2019.1—）

县委党史研究室：

主　　任：毕建国（兼）（2019.1）
　　　　　徐良其（兼）（2019.6—）

县委组织部：

部　　长：秦财华（2019.1）
　　　　　朱永平（2019.1—）

县委人才工作领导小组办公室：

主　　任：李　斌（2019.1—2019.12）

县委新经济与新社会组织工作委员会：

书　　记：何　菊（女）

（2019年1月20日，常委〔2019〕5号文件，县委组织部统一管理老干部工作。将县委老干部局的职责划入县委组织部，加挂县委老干部局牌子）

县委老干部局：

局　　长：姚肖忆（女）（2019.1）

县关心下一代工作委员会：

主　　任：秦财华（2019.1）

县委宣传部：

部　　长：余　风

县精神文明建设委员会办公室：

主　　任：奉　琼（2019.1）
　　　　　程慧娟（女）（2019.12）

（2019年9月24日，常编〔2019〕19号文件，将常山县精神文明建设委员会办公室更名为常山县精神文明建设指导中心，为副局级事业单位）

县精神文明建设指导中心：

主　　任：程慧娟（女）（2019.12—）

县社会科学界联合会：

主　　席：朱　灵

县互联网信息办公室：

主　　任：曾国平（2019.1—2019.9）

县委统战部：

部　　长：郑建华

县政府侨务办公室：

主　　任：王玉娟（女）（2019.1）

县委政法委员会：

书　　记：王郁松（2019.1—2019.9）
　　　　　翁旭东（2019.12—）

县社会管理综合治理委员会办公室：

主　　任：徐平平（2019.1）

县委610办公室：

主　　任：徐平平（2019.1）

县维护稳定工作领导小组办公室：

主　　任：徐家善（2019.1）

（2019年1月20日，常委〔2019〕5号文件，调整优化县委机构编制委员会领导体制。县委机构编制委员会办公室作为县委

机构编制委员会的办事机构，作为县委工作机关，归口组织部管理）

县机构编制委员会办公室：

主　　任：周元良（2019.1）

党组书记：周元良（2019.1）

县委机构编制委员会办公室：

主　　任：周元良（2019.1—2019.12）

县直属机关工作委员会：

书　　记：汪正满（2019.1）

　　　　　朱永平（兼）（2019.12—）

县委党校：

校　　长：秦财华（兼）（2019.1）

　　　　　朱永平（兼）（2019.1—）

常务副校长：傅昌华（2019.1—2019.7）

　　　　　何　菊（2019.7—）

县社会主义学院：

院　　长：郑建华（兼）

县委巡察办：

主　　任：徐国庆（2019.1）

　　　　　熊慧芬（女）（2019.1—）

二、县人大常委会工作机构

县人大常委会办公室：

党组书记：苏新祥（兼）

主　　任：章大勇

县人大常委会教育科技文化卫生民族华侨工作委员会：

主　　任：李启发

县人大常委会政策研究室：

主　　任：缪春祥

县人大常委会财政金融工作委员会：

主　　任：吴建良

县人大常委会农业与农村工作委员会：

主　　任：卢志土

县人大常委会代表与选举任免工作委员会：

主　　任：胡真钢

县人大常委会经济工作委员会：

主　　任：余国义

县人大常委会法制工作委员会：

主　　任：何小平

县人大常委会建设与资源环境保护工作委员会：

主　　任：叶剑明

三、县人民政府工作机构

（一）县政府工作部门

县政府办公室：

主　　任：陈　岗

党组书记：陈　岗

县政府法制办公室：

主　　任：毛学斌（2019.1）

县政府外事办公室：

主　　任：樊敏剑（2019.1）

县金融工作办公室：

主　　任：方建平（2019.1）

县政府应急管理办公室：

主　　任：占利华（2019.1）

县政府研究室：

主　　任：刘晓刚（2019.1）

县政府咨询委员会：

主　　任：王文达

县政府咨询委员会办公室：

主　　任：徐高禄（兼）（2019.1）

　　　　　黄廉科（2019.1—）

（2019年9月24日，常编〔2019〕19号文件，设立常山县大数据中心，为正局级事业单位）

县大数据中心：

主　　任：占利华（2019.12—）

党组书记：占利华（2019.12—）

县发展和改革局：

局　　长：姜光明（2019.1）

汪启红（2019.1—2019.12）
琚东风（2019.12—）
党委书记：姜光明（2019.1）
汪启红（2019.1—2019.12）

（2019年12月25日，常编〔2019〕26号文件，撤销县能源办公室）

县能源办公室：
主　　任：官建国（2019.1—2019.12）

（2019年1月20日，常委〔2019〕5号文件，组建县医疗保障局。将县人力资源和社会保障局的城镇职工和城乡居民基本医疗保险、生育保险职责，县卫生和计划生育局的药械集中采购和监督管理有关职责，县民政局的医疗救助职责，县发展和改革局（县物价局）的药品和医疗服务价格管理职责等整合，组建县医疗保障局，作为县政府工作部门）

县医疗保障局：
局　　长：姚肖忆（女）（2019.1—）
党组书记：姚肖忆（女）（2019.1—）

县统计局：
局　　长：黄廉科（2019.1）
黄爱珍（2019.1—）
党组书记：黄廉科（2019.1）
周建军（2019.1—）
涂晓明（2019.1—2019.12）

（2019年9月24日，常编〔2019〕19号文件，将常山县服务业办公室更名为常山县服务业发展中心，为正局级事业单位）

县服务业发展中心：
主　　任：涂晓明（2019.12—）

县服务业办公室：
主　　任：李忠兴（2019.1）

（2019年1月20日，常委〔2019〕5号文件，优化县经济和信息化局职责。将县民政局、县发展和改革局等部门组织实施重要物资和应急储备物资的收储、轮换和日常管理职责划入县经济和信息化局，加挂县商务粮食和物资储备局牌子。不再保留县商务和粮食局）

县经济和信息化局：
局　　长：郑忠东
党委书记：郑忠东

县商务和粮食局：
局　　长：蒋绍青（2019.1）
党组书记：蒋绍青（2019.1）

县教育局：
局　　长：洪永海
党委书记：洪永海

县第一中学：
校　　长：洪涛
党总支书记：洪涛

县科学技术局：
局　　长：祝慧虹（女）（2019.1）
李岳飞（2019.1—）
党组书记：祝慧虹（女）（2019.1）
李岳飞（2019.1—）

县民族宗教事务局：
局　　长：蓝小珍（女）（2019.1）

县公安局：
局　　长：胡伟民
党委书记：胡伟民
政　　委：龚进升

交通警察大队：
大 队 长：方志忠
教 导 员：姜作水（2019.1）
余国标（2019.6—）

刑事侦查大队：
大 队 长：汪有祥
教 导 员：蒋　亮（2019.1—2019.7）
叶青青（2019.7—）

治安大队：

大 队 长：余国标（2019.1—2019.6）
鲁祖宾（2019.6—）
教 导 员：徐 瑾（女）（2019.1—2019.7）
情指联勤中心：
主　　任：徐　瑾（女）（2019.7—）
经济犯罪侦查大队：
大 队 长：陈　誉（兼）（2019.1—2019.7）
徐勋燕（2019.7—）
教 导 员：龚志光（2019.1—2019.12）
110 指挥中心：
主　　任：叶青青（2019.1—2019.7）
法制大队：
大 队 长：陈　勇
国内安全保卫大队：
大 队 长：黄发林
特巡警大队：
大 队 长：徐启亮（2019.1—2019.6）
徐　峰（2019.6—）
反恐怖大队：
大 队 长：徐启亮（2019.6—）
看守所：
所　　长：鲁祖宾（2019.1—2019.6）
张根良（2019.7—）
城关派出所：
所　　长：陈　誉（2019.7—2019.12）
县民政局：
局　　长：廖小兵
党组书记：廖小兵
县老龄工作委员会办公室：
主　　任：严忠华（2019.1—2019.12）

（2019 年 9 月 24 日，常编〔2019〕19 号文件，将常山县水库移民管理办公室更名为常山县水库移民管理中心，为副局级事业单位）

县水库移民管理办公室：
主　　任：江根华（2019.1—2019.12）
县水库移民管理中心：
主　　任：江根华（2019.12—）
县司法局：
局　　长：汪卫东
党组书记：汪益华
县财政局：
局　　长：李德生
党委书记：李德生

（2019 年 9 月 24 日，常编〔2019〕19 号文件，将常山县财政国库支付中心（县政府预算会计核算中心）更名为常山县国库支付中心，为副局级事业单位）

县财政国库支付中心：
主　　任：段盛伟（2019.1）
黄廉哲（2019.01—2019.12）
县国库支付中心：
主　　任：黄廉哲（2019.12—）
县财政预算局：
局　　长：吴　艳（女）（2019.1—2019.12）
县财政预算执行局：
局　　长：空缺
县财政监督局：
局　　长：陈一芳（女）（2019.1）

（2019 年 9 月 24 日，常编〔2019〕19 号文件，设立常山县金融服务中心，为正局级事业单位）

县金融服务中心：
主　　任：计华丁（2019.12—）
党组书记：计华丁（2019.12—）
县政府投资项目评审中心：
主　　任：陈冬海（2019.1）
汪　莹（女）（2019.6—2019.12）
县人力资源和社会保障局：
局　　长：李　军（2019.1—2019.12）
周元良（2019.12—）
党组书记：李　军（2019.1—2019.12）
周元良（2019.12—）

（2019 年 9 月 24 日，常编〔2019〕19

号文件，将常山县社会保险事业管理局更名为常山县社会保险事业管理中心，为副局级事业单位）

县社会保险事业管理局：

局　　长：江水生（2019.1—2019.12）

县社会保险事业管理中心：

主　　任：江水生（2019.12—）

（2019年9月24日，常编〔2019〕19号文件，将常山县就业管理服务局更名为常山县就业管理中心，为副局级事业单位）

县就业管理服务局：

局　　长：胡志良（2019.1—2019.12）

县就业管理中心：

主　　任：胡志良（2019.12—）

县住房和城乡规划建设局：

局　　长：徐　敏（2019.1）

　　　　　郑建炳（2019.1—）

党委书记：徐　敏（2019.1）

　　　　　郑建炳（2019.1—）

县城乡规划中心：

主　　任：邹伟良（2019.1）

　　　　　黄晓东（兼）（2019.1—）

县综合行政执法局：

局　　长：曾智盛（2019.1）

　　　　　王贤龙（2019.1—）

党组书记：曾智盛（2019.1）

　　　　　王贤龙（2019.1—2019.12）

　　　　　潘广贵（2019.12—）

政　　委：程良寿（2019.1—2019.06）

　　　　　郑　刚（2019.12—）

县人民防空办公室：

主　　任：周建军（2019.1）

党组书记：周建军（2019.1）

县民防局：

局　　长：周建军（2019.1）

县交通运输局：

局　　长：王　伟（2019.1）

　　　　　黄国华（2019.1—）

党委书记：王　伟（2019.1）

　　　　　黄国华（2019.1—）

（2019年9月24日，常编〔2019〕19号文件，将常山县道路运输管理所和常山县公路管理局（县路政管理大队）整合为常山县公路与道路运输管理中心，为副局级事业单位）

县道路运输管理所：

所　　长：陈　俊（2019.1—2019.12）

县公路管理局：

局　　长：舒　俊（2019.1—2019.12）

县路政管理大队：

大 队 长：舒　俊（2019.1—2019.12）

县公路与道路运输管理中心：

主　　任：舒　俊（2019.12—）

县铁路工作办公室：

主　　任：江玉林（2019.1）

党组书记：江玉林（2019.1）

（2019年1月20日，常委〔2019〕5号文件，组建县农业农村局。将县农业和农村工作办公室、县农业局的职责，以及县发展和改革局的农业投资项目、县财政局的农业综合开发项目、县国土资源局的农田整治项目、县水利局的农田水利建设项目和渔业管理职责等整合，组建县农业农村局，作为县政府工作部门。县委县政府农业和农村工作领导小组办公室设在县农业农村局。县农业农村局承担县扶贫开发领导小组办公室工作。不再保留县农业和农村工作办公室、县农业局）

县农业和农村工作办公室：

主　　任：汪启红（2019.1）

党组书记：汪启红（2019.1）

县农业局：

局　　长：徐士平（2019.1）
党委书记：徐士平（2019.1）
县农业农村局：
局　　长：姜利成（2019.1—）
党委书记：姜利成（2019.1—）

（2019 年 12 月 25 日，常编〔2019〕26 号，撤销县现代农业园区管委会）

县现代农业园区管理委员会：
主　　任：徐士平（2019.1）
　　　　　姜利成（2019.1—2019.12）
县畜牧兽医局：
局　　长：林少卫（2019.1—2019.09）

（2019 年 9 月 24 日，常编〔2019〕19 号文件，将常山县扶贫开发办公室更名为常山县扶贫开发服务中心，为副局级事业单位）

县扶贫开发办公室：
主　　任：丁开有（2019.1—2019.12）
县扶贫开发服务中心：
主　　任：丁开有（2019.12—）

{2019 年 1 月 20 日，常委〔2019〕5 号文件，组建县林业水利局。将县林业局、县水利局的职责，以及县国土资源局、县住房和城乡建设局（县规划局）、县环境保护局、县旅游委员会等部门的风景名胜区、自然保护区、自然遗产、地质公园等管理职责整合，组建县林业水利局，作为县政府工作部门。县林业水利局的林业工作由县自然资源和规划局统一领导和管理。不再保留县林业局、县水利局}

县林业局：
局　　长：胡乾平（2019.1）
党委书记：胡乾平（2019.1）
县水利局：
局　　长：郑　汉（2019.1）
党委书记：郑　汉（2019.1）
县林业水利局：
局　　长：胡乾平（2019.1—）
党委书记：胡乾平（2019.1—）

（2019 年 9 月 24 日，常编〔2019〕19 号文件，将常山县中型水库管理局更名为常山县中型水库管理中心，为副局级事业单位）

县中型水库管理局：
局　　长：赵豪才（2019.1—2019.12）
县中型水库管理中心：
主　　任：赵豪才（2019.12—）
县油茶公园管理处：
主　　任：徐　俊（女）（2019.1—2019.12）

{2019 年 9 月 24 日，常编〔2019〕19 号文件，将常山县油茶公园管理处（县油茶产业办公室）更名为常山县油茶产业发展中心（县油茶公园保护中心），为副局级事业单位}

县油茶产业发展中心：
主　　任：徐　俊（女）（2019.12—）

（2019 年 1 月 20 日，常委〔2019〕5 号文件，组建县文化和广电旅游体育局。将县政府直属承担行政职能的事业单位县旅游委员会、县体育局的职责，以及县文化广电新闻出版局的文化、广播电视管理职责整合，组建县文化和广电旅游体育局，作为县政府工作部门。不再保留县文化广电新闻出版局，以及县政府直属承担行政职能的事业单位县旅游委员会、县体育局）

县旅游委员会：
主　　任：朱建红（2019.1）
党组书记：朱建红（2019.1）
县体育局：
局　　长：李岳飞（2019.1）
党组书记：李岳飞（2019.1）
县文化广电新闻出版局：
局　　长：徐良其（2019.1）
党组书记：徐良其（2019.1）

县文化和广电旅游体育局：
局　　长：邹伟良（2019.1—）
党委书记：邹伟良（2019.1—）

（2019年1月20日，常委〔2019〕5号文件，组建县卫生健康局。将县卫生和计划生育局、县深化医药卫生体制改革领导小组办公室的职责，县民政局承担的县老龄工作委员会办公室职责，县安全生产监督管理局的职业安全健康监督管理职责等整合，组建县卫生健康局，作为县政府工作部门。不再保留县卫生和计划生育局、县深化医药卫生体制改革领导小组办公室）

县卫生和计划生育局：
局　　长：黄国华（2019.1）
党委书记：黄国华（2019.1）

县卫生健康局：
局　　长：朱　璋（2019.1—）
党委书记：朱　璋（2019.1—）

县人民医院：
院　　长：饶祖华（2019.1—2019.6）
　　　　　陈兆俊（2019.6—）
党总支书记：饶祖华（2019.1—2019.6）
党委书记：饶祖华（2019.6—）

县审计局：
局　　长：李　珍（女）
党组书记：李　珍（女）

（2019年1月20日，常委〔2019〕5号文件，组建县应急管理局。将县安全生产监督管理局的职责，县政府办公室的应急管理职责，县公安局的消防管理职责，县民政局的救灾减灾职责，县国土资源局的地质灾害防治相关职责，县水利局的水旱灾害防治相关职责，县林业局的森林防火相关职责，县科学技术局的震灾应急救援职责，以及县政府防汛抗旱指挥部、县政府森林防火指挥部等有关职责整合，组建县应急管理局，作为县政府工作部门，按中央有关改革部署实施。不再保留县安全生产监督管理局）

县安全生产监督管理局：
局　　长：郑龙龙（2019.1）
党组书记：郑龙龙（2019.1）

县应急管理局：
局　　长：曾智盛（2019.1—2019.4）
　　　　　朱万洪（2019.6—）
党委书记：曾智盛（2019.1—2019.4）
　　　　　朱万洪（2019.6—）

（2019年1月20日，常委〔2019〕5号文件，组建县退役军人事务局。将县民政局的退役军人优抚安置职责，县人力资源和社会保障局的军官转业安置职责等整合，组建县退役军人事务局，作为县政府工作部门，按中央有关改革部署实施）

县退役军人事务局：
局　　长：汪正满（2019.1—）
党组书记：汪正满（2019.1—）

县市场监督管理局：
局　　长：姜利成（2019.1）
　　　　　陈金龙（2019.1—）
党委书记：姜利成（2019.1）
　　　　　陈金龙（2019.1—）

县食品安全委员会办公室：
主　　任：姜利成（2019.1）
　　　　　陈金龙（2019.1—2019.12）

（二）县政府直属单位

（2019年1月20日，常委〔2019〕5号文件，县机关事务管理局更名为县机关事务保障中心，继续作为县政府直属事业单位）

县机关事务管理局：
局　　长：陈金龙（2019.1）
党组书记：陈金龙（2019.1）

县机关事务保障中心：

主　　任：陈贤民（2019.1—）
党组书记：陈贤民（2019.1—）

{2019 年 9 月 24 日，常编〔2019〕19 号文件，将常山县新闻传媒集团（县广播电视总台）更名为常山传媒集团（县广播电视总台），为正局级事业单位}

县新闻传媒集团（县广播电视总台）：
总裁（台长）：郑建炳（2019.1）
　　　　　　　魏　斌（2019.1—2019.12）
党委书记：郑建炳（2019.01）
　　　　　魏　斌（2019.1—2019.12）
总 编 辑：程　斌（2019.1—2019.12）

常山传媒集团（县广播电视总台）：
总裁（台长）：魏　斌（2019.12—）
党委书记：魏　斌（2019.12—）
总 编 辑：程　斌（2019.12—）

（2019 年 9 月 24 日，常编〔2019〕19 号文件，将常山县招商局更名为常山县人民政府经济技术协作中心，为正局级事业单位）

县招商局：
局　　长：琚东风（2019.1—2019.12）
党委书记：琚东风（2019.1—2019.12）

县政府经济技术协作中心：
主　　任：琚东风（2019.12—）
党组书记：琚东风（2019.12—）

县公共资源交易中心：
主　　任：何红良（2019.1—2019.6）
　　　　　刘国军（2019.6—）

{2019 年 1 月 14 日，衢市编〔2019〕3 号文件，同意县（市、区）设立公共资源交易监督管理办公室，不再保留公共资源市场化配置监督管理办公室}

县公共资源市场化配置监督管理办公室：
主　　任：金　宏（2019.1—2019.12）
党组书记：金　宏（2019.1—2019.12）

县公共资源交易监督管理办公室：
主　　任：王木星（2019.12—）
党组书记：王木星（2019.12—）

浙江广播电视大学常山学院：
院　　长：黄仙寿（2019.1）
　　　　　琚旦炜（2019.1—）
党总支书记：黄仙寿（2019.1）
　　　　　　琚旦炜（2019.1—）

（2019 年 12 月 25 日，常编〔2019〕26 号文件，撤销县农业综合开发办公室）

县农业综合开发办公室：
主　　任：廖伟明（2019.1）

县供销合作社联合社：
主　　任：吴秀方（2019.1—2019.12）
　　　　　徐安平（2019.12—）
党委书记：吴秀方（2019.1—2019.12）
　　　　　徐安平（2019.12—）

{2019 年 1 月 14 日，衢市编〔2019〕3 号文件，设立县（市、区）营商环境建设办公室，不再保留行政服务中心管理办公室}

县行政服务中心管理办公室：
主　　任：刘利忠（2019.1—2019.9）
党组书记：毛献明（兼）（2019.1）
　　　　　何　健（女）（兼）（2019.1—2019.9）

县营商环境建设办公室：
主　　任：刘利忠（2019.9—）
党组书记：何　健（女）（兼）(2019.9—)

（2019 年 12 月 25 日，常编〔2019〕26 号文件，撤销县城东新区管理委员会）

县城东新区管理委员会：
主　　任：黄晓东（2019.1）
　　　　　周丽兵（2019.1—2019.7）
党工委书记：毛献明（兼）（2019.1）
　　　　　　姜雪峰（兼）（2019.1—2019.12）

（2019 年 12 月 25 日，常编〔2019〕26

号文件，撤销县政府投资项目建设中心）

县政府投资项目建设中心：

主　　任：林永祥（2019.1—2019.12）

县经济技术开发区管理委员会：

主　　任：杨春柳（2019.1—2019.7）

周丽兵（2019.7—）

党工委书记：段为斌（2019.1—2019.6）

何　健（女）（兼）（2019.6—）

（2019 年 9 月 24 日，常编〔2019〕19 号文件，设立常山县社会治理综合服务中心，为正局级事业单位）

县社会综合治理服务中心：

主　　任：翁旭东（兼）（2019.12—）

常务副主任：郑　君（2019.9—）

县征迁事务中心（县政府房屋征收办公室更名）：

主　　任：金　宏（2019.12—）

党组书记：金　宏（2019.12—）

（三）垂直管理单位

（2019年1月20日，常委〔2019〕5号文件，市生态环境局在常山县设立生态环境分局，作为市生态环境局的派出机构。将县环境保护局的职责，以及县发展和改革局的应对气候变化和减排职责，县国土资源局的监督防止地下水污染职责，县水利局的编制水功能区划、排污口设置管理和流域水环境保护职责，县农业局的监督指导农业面源污染治理职责等整合，划入市生态环境局常山分局。不再保留县环境保护局）

县环境保护局：

局　　长：陈　芳（女）（2019.1—2019.9）

党组书记：陈　芳（女）（2019.1—2019.9）

市生态环境局常山分局：

局　　长：陈　芳（女）（2019.9—）

党组书记：陈　芳（女）（2019.9—）

（2019 年 1 月 20 日，常委〔2019〕5 号文件，组建县自然资源和规划局。将县国土资源局的职责，以及县住房和城乡建设局（县规划局）的规划管理职责，县发展和改革局的组织编制并实施主体功能区规划职责，县水利局的水资源调查和确权登记管理职责，县林业局的森林、湿地等资源调查和确权登记管理职责整合，组建县自然资源和规划局，作为县政府工作部门。不再保留县国土资源局、县规划局）

县国土资源局

局　　长：沈文兵（2019.1）

党委书记：沈文兵（2019.1）

县自然资源和规划局

局　　长：黄晓东（2019.1—）

党委书记：黄晓东（2019.1—）

县税务局：

局　　长：张　帆

党组书记：张　帆

县烟草专卖局：

局　　长：陈日明

党组书记：陈日明

中国电信股份有限公司常山分公司：

总 经 理：陈利华

党委书记：陈利华

中国邮政集团公司常山县分公司：

总 经 理：张　剑

党委书记：张　剑

国网浙江常山县供电公司：

总 经 理：吴　忠（2019.1）

琚　军（2019.1—）

党委书记：陈韶昱（2019.1）

吴　忠（2019.1—）

县气象局：

局　　长：方革新

党组书记：方革新

县农信联社（农商银行）：

理事长（董事长）：余荣华
主任（行长）：张德建
党委书记：余荣华
中国人民银行常山县支行：
行　　长：周伟斌
党组书记：周伟斌
衢州银监分局常山办事处：
主　　任：李　骏
中国工商银行常山县支行：
行　　长：何柳进
中国建设银行常山县支行：
行　　　长：汪　政
党总支书记：汪　政
中国银行常山县支行：
行　　长：卫志安
中国农业银行常山县支行：
行　　长：陆士海
中国农业发展银行常山县信贷组：
主　　任：刘　坚
中国人民财产保险股份有限公司常山支公司：
经　　理：王荣良
中国人寿保险股份有限公司常山支公司：
经　　理：周　强

四、政协常山县委员会工作机构

县政协委员会：
秘 书 长：洪顺根
县政协机关：
党组书记：洪顺根
县政协办公室：
主　任：王春国（2019.1）
　　　　徐士平（2019.1—）
县政协委员工作委员会：
主　任：徐爱荣
县政协社会法制和民族宗教委员会：
主　任：邓永平（2019.1）
　　　　郑　汉（2019.1—2019.2）
县政协社会和法制委员会：
主　任：郑　汉（2019.2—）
县政协农业农村和人口资源环境委员会：
主　任：胡水林
县政协提案委员会：
主　任：江樟生
县政协经济科技委员会：
主　任：胡明祥（2019.1—2019.2）
县政协经济委员会：
主　任：胡明祥（2019.2—）
县政协文史资料委员会：
主　任：王晓华（2019.1）
　　　　邓永平（2019.1—2019.2）
县政协文化文史和学习委员会：
主　任：邓永平（2019.2—）
县政协港澳台侨委员会：
主　任：杨春玫（女）（2019.1）
　　　　王玉娟（女）（2019.1—2019.2）
县政协港澳台侨和民族宗教委员会：
主　任：王玉娟（女）（2019.2—）
县政协教育文化卫生体育委员会：
主　任：张国富（2019.1—2019.2）
县政协教科文卫体委员会：
主　任：张国富（2019.2—）

县级社会团体及负责人名录
（2019.1—2019.12）

常山县总工会：
主　　席：罗诚剑
常务副主席：吴直丰
党组书记：吴直丰
共青团常山县委员会：
书　　记：饶　群（2019.1）

金　童（2019.1—）
党组书记：饶　群（2019.1）
金　童（2019.1—）

常山县妇女联合会：
主　　席：邱雪芳（女）（2019.1）
郑　丽（女）（2019.1—）
党组书记：邱雪芳（女）（2019.1）
郑　丽（女）（2019.1—）

常山县科学技术协会：
主　　席：章金平
党组书记：刘裕良

常山县文学艺术界联合会：
主　　席：王有军

常山县残疾人联合会：
理 事 长：朱万洪（2019.1—2019.6）
傅昌华（2019.7—）
党组书记：朱万洪（2019.1—2019.6）
傅昌华（2019.7—）

常山县工商业联合会：
主　　席：涂国红
党组书记：徐志标（2019.1—2019.12）
王贤龙（2019.12—）

常山县红十字会：
会　　长：郑金仙（女）（兼）
常务副会长：叶树良（2019.1）
朱建红（2019.1—2019.5）
程良寿（2019.6—）

国有企业及负责人名录
（2019.1—2019.12）

县国有资产投资运营有限责任公司：
董 事 长：鄢仙丽（2019.5—）
总 经 理：鄢仙丽（2019.5—）

县城市投资集团有限公司：
董 事 长：方丽强（2019.5—）
总 经 理：方丽强（2019.5—）
党委书记：方丽强（2019.7—）

县农村投资集团有限公司：
董 事 长：朱建红（2019.5—）
总 经 理：朱建红（2019.5—）
党委书记：朱建红（2019.7—）

乡镇领导机构及负责人名录
（2019.1—2019.12）

天马街道：
党工委书记：严良京（2019.1）
谢志宏（2019.1—2019.12）
宁玮亮（2019.12—）
人大工委主任：曾素平
办事处主任：宁玮亮（2019.1—2019.12）
徐灵敏（2019.12—）

紫港街道：
党工委书记：周丽兵（2019.1）
樊敏剑（2019.1—）
人大工委主任：徐　亮（2019.1）
徐　升（2019.1—）
办事处主任：黄小兵（2019.1）
樊厚军（2019.1—）

金川街道：
党工委书记：郑　俊（女）
人大工委主任：张禄杰（2019.1—2019.12）
孔德壮（2019.12—）
办事处主任：邹　斌（2019.1—2019.12）
李　斌（2019.12—）

辉埠镇：
党委书记：陈　东（2019.1）
徐　彪（2019.1—）
人大主席：江小平（2019.1—2019.3）
饶明耀（2019.3—2019.4）

李永忠（2019.8—）
镇　　长：潘广贵
何家乡：
党委书记：樊金国（2019.1）
程敏芳（2019.1—）
人大主席：刘小莉（女）（2019.1—2019.12）
乡　　长：汪　峻（2019.1—2019.7）
楼　华（2019.7—）
招贤镇：
党委书记：何小建（2019.1—2019.4）
曾智盛（2019.4—）
人大主席：饶明耀（2019.1—2019.2）
王伟荣（2019.2—）
镇　　长：程敏芳（2019.1）
江玉林（2019.3—2019.4）
饶明耀（2019.8—）
青石镇：
党委书记：谢志宏（2019.1）
杨力军（2019.1—）
人大主席：张翼忠
镇　　长：郑　丽（女）（2019.1）
饶　群（2019.2—）
东案乡：
党委书记：金雪白（2019.1）
汪慧建（2019.1—）
人大主席：李永忠（2019.1—2019.7）
胡启新（2019.8—）
乡　　长：王木星（2019.1—2019.12）
大桥头乡：
党委书记：杨力军（2019.1）
徐军建（2019.1—）
人大主席：傅良寿（2019.1—2019.6）
王全寿（2019.8—）
乡　　长：徐军建（2019.1）
朱忠诚（2019.2—）
芳村镇：
党委书记：陈贤民（2019.1）
金雪白（2019.1—）
人大主席：黄　建
镇　　长：徐小灵
新昌乡：
党委书记：魏　斌（2019.1）
林永周（2019.1—）
人大主席：汪建新（2019.2—）
乡　　长：林永周（2019.1）
邹　赛（女）（2019.2—）
白石镇：
党委书记：刘　忻（女）
人大主席：邹　赛（女）（2019.1）
樊育旗（2019.2—）
镇　　长：汪慧建（2019.1）
王志渊（2019.2—）
球川镇：
党委书记：胡志彬
人大主席：李　青（2019.1—2019.4）
谢晓报（2019.8—）
镇　　长：王贤龙（2019.1）
邱雪芳（女）（2019.3—）
同弓乡：
党委书记：王建坤（2019.1—2019.7）
黄小兵（2019.7—）
人大主席：方金海
乡　　长：楼　华（2019.1—2019.5）
黄泽文（2019.6—）

荣 誉 录

［各级别均按颁奖表彰时间顺序排列；先进个人姓名后“（）”加注所属单位简称］

省部级及以上表彰（命名）的荣誉一览表

表 54

荣誉称号	获奖单位或个人	颁发单位／文号	颁发时间
2018 年度最佳蓝媒活动榜、2018 年度新媒体协作先进集体二等奖	县新闻传媒集团	中国蓝新闻·蓝媒号／奖牌	2019-01
2018 年度全省广播电视新闻协作县级电视二等奖、2018 年度全省广电新媒体新闻协作二等奖		浙江广播电视集团／奖牌	
浙江在线 2018 年度先进支站		浙江在线新闻网站／奖牌	
2018 年度全国社会救助领域优秀创新实践案例提名名单	常山县积极推进“低保惠民联办”（县民政局）	民政部办公厅／民办函〔2019〕1 号	2019-01-02
2018 年度全省审计机关考核先进单位	县审计局	省审计厅／浙审干〔2019〕1 号	2019-01-03
2018 年度全省内部审计业务指导和监督工作考核优胜单位		省审计厅／浙审科〔2019〕3 号	
国网浙江省电力公司 2018 年度“精品台区”品牌劳动竞赛先进名单——百佳精品台区	县供电公司辉埠供电所路里坑 1 号变	省电力公司、省电力公司工会委员会／浙电营〔2019〕6 号	
国网浙江省电力公司 2018 年度“精品台区”品牌劳动竞赛先进名单——优秀台区经理	张晓林（县供电公司辉埠供电所）		
2018 年度战备训练工作先进个人	周利建（县人武部）	省军区／浙战〔2019〕4 号	2019-01-08
2018 年度全省党校（行院）系统成绩突出集体	县委党校	省委党校、浙江行政学院／浙党校发〔2019〕2 号	2019-01-09
全省电大 2018 年度招生工作先进单位	浙江电大常山学院	浙江广播电视大学校长办公室／浙电大办〔2019〕7 号	
全省电大 2018 年度招生工作先进个人	王霞（浙江电大常山学院）		
2018 年度县社科联测评优秀单位	县社科联	省社科联／浙社科联发〔2019〕4 号	2019-01-11
大型文艺晚会《为常山喝彩》作品入选纪念改革开放四十周年浙江省舞台美术成果展	罗文富（县文化艺术中心）	省舞台美术学会／入选证书	2019-01-12

续表 54

荣誉称号	获奖单位或个人	颁发单位／文号	颁发时间
浙江省白金级民宿	村上酒舍	省民宿等级评定管理委员会／浙文旅民管〔2019〕1号	2019-01-16
浙江省银宿级民宿	云湖仙境、彤弓山居		
2018年度安全管理工作先进个人	郝志（县人武部）	省军区／浙办〔2019〕2号	
2018年度全省小城镇环境综合整治达标乡镇	东案乡	省城乡环境整治工作领导小组／浙城乡环治〔2019〕1号	2019-01-17
2018年度全省小城镇环境综合整治省级样板乡镇	同弓乡、东案乡、何家乡		
2018年度全省先进县（市、区）老龄办	县老龄办（县民政局）	省老龄办（便函发）	
国网浙江省电力有限公司2018年度标杆供电所	县供电公司新都供电所	省电力公司／浙电营〔2019〕49号	2019-01-18
2018年度全省不动产登记窗口便民利民服务工作中作出突出贡献的集体	县不动产登记窗口	省自然资源厅办公室／浙自然资办〔2019〕12号	2019-01-22
2018年度全行先进员工	王恩君	浙江泰隆银行办公室／泰银办〔2019〕36号	
全省法院荣誉天平奖章	王小红、刘永正、周宏良、郑早亥、谢根辉、刘晓林（县法院）	省高级法院／浙高法〔2019〕18号	2019-01-24
2018年度浙江省教育工作业绩考核优秀单位	县教育局	省教育厅办公室／浙教办〔2019〕6号	
国网浙江省电力有限公司2018年度涉法研究课题成果三等奖	县供电公司	省电力公司／浙电法〔2019〕80号	2019-01-28
2018年度“零非访”县（市、区）	常山县	省信访工作领导小组／浙信领〔2019〕2号	
第五届世界互联网大会（乌镇峰会）安保工作突出贡献个人	周小军（县公安局刑事侦查大队）	国家互联网信息办公室、浙江省政府／国信办通字〔2019〕1号	2019-01-29
2018年度国网浙江省电力有限公司五星级班组（工人先锋号）	县供电公司调控运行班	省电力公司／浙电人资〔2019〕94号	2019-01-30
2018年度国网浙江省电力有限公司优秀班组长	吴丹（县供电公司调控运行班）		
2018年度基本实现无信访积案县（市、区）	常山县	省信访工作领导小组／浙信领〔2019〕5号	2019-02-01
2018年度警体技能训练标兵	谢健、吴夏玮、陈骏、谢一帆（省三监）	省监狱管理局办公室／浙监办〔2019〕8号	
2018年度全省监狱系统先进工作者	余根平、柴晓建、黄建新、李波、陈辉平、徐骏、吴富民、毛腾捷、应骏晟、徐超、张浩（小）（省三监）	省监狱管理局／浙监〔2019〕28号	

续表 54

荣誉称号	获奖单位或个人	颁发单位／文号	颁发时间
2018 年度省级农村生活污水治理设施运维管理考核优秀县（市、区）	常山县	省住房和城乡建设厅、省农业农村厅、省生态环境厅、省财政厅／浙建村发〔2019〕40 号	2019-02-02
全省法院 2018 年度二等功个人	郑志东（县法院）	省高级法院／浙高法〔2019〕24 号	
打击整治枪爆违法犯罪专项行动成绩突出个人	王强（县公安局）	省公安厅／浙公网传〔2019〕115 号	
2018 年度浙江省监狱工作目标责任制考核良好等次	省三监	省监狱管理局／浙监〔2019〕27 号	2019-02-12
2018 年度全省公安机关信访工作考核县级优秀单位	县公安局	省公安厅／浙公通字〔2019〕13 号	
2018 年度全省扫黑除恶专项斗争先进集体		省委、省政府／浙委发〔2019〕3 号	2019-02-13
2018 年度全省公安机关执法质量考核优秀单位		省公安厅／浙公通字〔2019〕18 号	2019-02-14
第二批浙江省旅游风情小镇	何家乡	省政府／浙政发〔2019〕5 号	
具有群众文化高级专业技术职务——副研究馆员职务任职资格	周洁（县文化馆）、余根良（县非物质文化遗产保护中心）	省文化和旅游厅、省人力资源和社会保障厅／浙文旅职改〔2019〕5 号	
2018 年度全省特别致敬奖	段金荣（县公安局芳村派出所）	省公安厅／浙公通字〔2019〕15 号	
2018 年度全省千名好民警（辅警）	张刚（县公安局城关派出所）、黄慧岗（县公安局刑事侦查大队）、陈松根（县公安局交警大队）		
2018 年度全省环境监察执法工作先进集体——优秀大队	县环境监察大队	省环境执法稽查总队／浙环执法发〔2019〕1 号	2019-02-19
2018 年度全省环境监察执法工作先进个人	蒋国平、徐阳坤（县环境监察大队）		
2018 年度优秀客服经理	毛雪燕（工行常山支行）	工行浙江省分行运行管理部／工银浙运管〔2019〕5 号	2019-02-25
2018 年度全省科技信息工作先进单位	县科技局	省科技厅／浙科函〔2019〕1 号	
2018 年度全省科技信息工作先进个人	陈建平（县科技局）		
省教育系统第十五届“事业家庭兼顾型”先进个人	徐利平（新昌小学）	省教育工会／浙教工〔2019〕5 号	2019-02-28
2018 年度全省安全保卫“三化三达标”先进单位	农业银行衢州分行常山芳村支行	农业银行浙江省分行办公室／农银浙办发〔2019〕206 号	
组织系统 2018 年度信息报送先进单位	县委组织部	中共中央组织部办公厅／荣誉证书	2019-03-02
2019 年浙江省“七五”普法中期成绩突出个人	琚银芝（何家乡）	省普法教育领导小组（无文号）	2019-03-05
2017—2018 年度全省农行“三农”业务先进个人	吴慧琪（农行衢州常山县支行）	农业银行浙江省分行办公室／农银浙办发〔2019〕229 号	2019-03-11

续表 54

<table>
<tr><th colspan="2">荣誉称号</th><th>获奖单位或个人</th><th>颁发单位／文号</th><th>颁发时间</th></tr>
<tr><td colspan="2">四星级规范化市场监管所</td><td>县市场监督管理局直属市场管理分局</td><td rowspan="2">省市场监管局／浙市监基〔2019〕4 号</td><td rowspan="2">2019-03-15</td></tr>
<tr><td colspan="2">三星级规范化市场监管所</td><td>县市场监督管理局招贤市场监督管理所</td></tr>
<tr><td colspan="2">2018 年度全省先进县（市、区）民政局</td><td>县民政局</td><td>省民政厅／浙民办〔2019〕40 号</td><td rowspan="2">2019-03-18</td></tr>
<tr><td colspan="2">2018 年度乡村振兴战略实绩考核前 41 名</td><td>县农业农村局</td><td>省乡村振兴领导小组办公室／浙乡振组办〔2019〕1 号</td></tr>
<tr><td colspan="2">全省烟草系统优秀精实志愿者</td><td>傅彪（县烟草专卖局）</td><td>共青团浙江省烟草专卖局（公司）工作委员会／浙烟团〔2019〕1 号</td><td>2019-03-26</td></tr>
<tr><td colspan="2">2018 年度平安县（市、区）</td><td rowspan="2">常山县</td><td>省委、省政府／浙委发〔2019〕4 号</td><td>2019-03-28</td></tr>
<tr><td colspan="2">浙江省第六批基本实现教育现代化县（市、区）</td><td>省教育厅、省政府教育督导委员会办公室／浙政教督办〔2019〕9 号</td><td>2019-03-29</td></tr>
<tr><td colspan="2">全国监狱长培训班第一期优秀学员</td><td>鄢则荣（省三监）</td><td>省监狱管理局办公室／浙监办〔2019〕36 号</td><td>2019-03-30</td></tr>
<tr><td colspan="2">银保渠道赢定 2019 开门红“标保倍增奖”</td><td>人寿保险常山支公司</td><td>人寿保险浙江省分公司／奖牌</td><td rowspan="4">2019-04</td></tr>
<tr><td colspan="2">ZSBL 浙江省第十二届中学生篮球联赛衢州赛区初中女子组二等奖</td><td>城关中学</td><td>省教育厅、省体育局／奖牌</td></tr>
<tr><td colspan="2">浙江省“工人先锋号”</td><td>赏石小镇推进工作专班</td><td>省总工会／荣誉证书</td></tr>
<tr><td colspan="2">国家开放大学杰出校友</td><td>曾令兵</td><td>国家开放大学／荣誉证书</td></tr>
<tr><td colspan="2">省级化肥减量增效示范县创建名单</td><td>常山县</td><td>省农业农村厅／浙农专发〔2019〕65 号</td><td>2019-04-11</td></tr>
<tr><td rowspan="3">记功嘉奖</td><td>个人三等功</td><td>周鑫（省三监）</td><td rowspan="2">省监狱管理局／浙监〔2019〕61 号</td><td rowspan="2">2019-04-22</td></tr>
<tr><td>嘉奖</td><td>刘金良（省三监）</td></tr>
<tr><td>援疆嘉奖</td><td>杨峰、张迪、张浩（省三监）</td><td>省司法厅／浙司〔2019〕55 号</td><td>2019-04-25</td></tr>
<tr><td colspan="2">2017 年度小额不良贷款清收业绩突出个人</td><td>徐文杰（农行常山支行风险管理部）</td><td>农业银行浙江省分行办公室／农银浙办发〔2019〕390 号</td><td>2019-04-26</td></tr>
<tr><td colspan="2">2018 年度省课外阅读先进集体</td><td>城关中学、常山三中、常山一小、招贤小学</td><td>浙江教育报刊总社／奖牌</td><td rowspan="4">2019-05</td></tr>
<tr><td colspan="2">2018 年度浙江省优秀导读员</td><td>邱淑瑾（常山三中）</td><td>浙江教育报刊总社／荣誉证书</td></tr>
<tr><td colspan="2">大数据应用标杆网点奖</td><td>建设银行常山支行</td><td>建设银行浙江省分行个金部／建浙个〔2019〕25 号</td></tr>
<tr><td colspan="2">选送作品《妈妈的呼唤》在 2019 年第十五届浙江省未成年人读书节家风少年说大赛决赛中获小学组三等奖</td><td>市图书馆、县图书馆</td><td>省文化和旅游厅／荣誉证书</td></tr>
<tr><td colspan="2">2018 年度全省基层财政管理工作综合优秀单位</td><td>县财政局</td><td>省财政厅／浙财基函〔2019〕2 号</td><td>2019-05-05</td></tr>
</table>

续表 54

<table>
<tr><th colspan="2">荣誉称号</th><th>获奖单位或个人</th><th>颁发单位／文号</th><th>颁发时间</th></tr>
<tr><td colspan="2">2019 年零售业务旺季竞赛先进支行</td><td>工行常山支行</td><td>工行浙江省分行办公室／工银浙办发〔2019〕119 号</td><td>2019-05-07</td></tr>
<tr><td colspan="2">浙江省自强模范</td><td>林芳仙（白石镇草坪村）</td><td>省政府／浙政发〔2019〕14 号</td><td>2019-05-17</td></tr>
<tr><td rowspan="2">记功嘉奖</td><td>连续 3 年优秀公务员记三等功</td><td>余根平、姜王栋、杨斌、张巍、周慧军、陈刚（省三监）</td><td rowspan="2">省监狱管理局／浙监〔2019〕76 号</td><td rowspan="2">2019-05-21</td></tr>
<tr><td>嘉奖</td><td>杜建中（省三监）</td></tr>
<tr><td colspan="2">2018 年度浙江省“善治示范村”</td><td>球川镇：黄泥畈村、后弄村、西村村；何家乡：长风村；辉埠镇：路里坑村、鸭坞村、东乡村；金川街道：十五里村；招贤镇：古里村、招贤村、纱帽山村；何家乡：双安村；芳村镇：横山路村；同弓乡：中和村；青石镇：溪口村；新昌乡：黄塘村；白石镇：白石村；大桥头乡：新村村；紫港街道：渣濑湾村</td><td>省乡村振兴领导小组办公室／浙乡振组办〔2019〕4 号</td><td>2019-05-23</td></tr>
<tr><td colspan="2">2018 年度中小学教材发行先进单位</td><td>县新华书店</td><td>省新华书店集团／浙书集司〔2019〕85 号</td><td>2019-05-27</td></tr>
<tr><td colspan="2">集体三等功</td><td>县森林公安局</td><td rowspan="2">省森林公安局／浙森公〔2019〕13 号</td><td rowspan="2">2019-05-28</td></tr>
<tr><td colspan="2">个人三等功</td><td>胡红旗（县森林公安局）</td></tr>
<tr><td colspan="2">2019 年全省交通运输系统安全生产知识竞赛一等奖</td><td>胡小琴（县道路运输管理所）</td><td>省交通运输厅／荣誉证书</td><td rowspan="2">2019-06</td></tr>
<tr><td colspan="2">《小学生时代》美术教育实践基地</td><td>常山一小</td><td>浙江教育报刊总社／奖牌</td></tr>
<tr><td colspan="2">第五批列入中国传统村落名录的村落名单</td><td>招贤镇五里村、青石镇江家村、球川镇球川村、辉埠镇大埂村、芳村镇芳村村、同弓乡彤弓山村、东案乡金源村</td><td>住房和城乡建设部、文化和旅游部、国家文物局、财政部、自然资源部、农业农村部／建村〔2019〕61 号</td><td rowspan="2">2019-06-06</td></tr>
<tr><td colspan="2">2018 年全省重大动物疫病防控和畜产品安全监管目标考核管理考核优秀</td><td>县防治动物疫病指挥部</td><td>省防治动物疫病指挥部／浙防指发〔2019〕3 号</td></tr>
<tr><td colspan="2">第四批浙江省旅游风情小镇培育单位</td><td>芳村镇、新昌乡</td><td>省文化和旅游厅／浙文旅资源〔2019〕10 号</td><td rowspan="3">2019-06-11</td></tr>
<tr><td colspan="2">中央财政水利发展资金绩效评价优秀</td><td>县财政局</td><td>省财政厅、省水利厅／浙财农〔2019〕24 号</td></tr>
<tr><td colspan="2">2018 年度森林浙江建设目标责任制考核优秀单位</td><td>常山县</td><td>省绿化与湿地保护委员会、省林业局／浙绿湿委〔2019〕5 号</td></tr>
</table>

续表 54

荣誉称号	获奖单位或个人	颁发单位／文号	颁发时间
全国木本油料“一线工匠人才”入库名单	陈新建、张国良（县林水局油茶研究所）；徐俊、王昆喜（县林水局）；季文革（绿圣生物科技有限公司）	中国林业产业联合会木本油料分会／中产联木本油料〔2019〕5号	2019-06-24
全国木本油料“工匠精神”提名名单	王国进（鹏飞油茶专业合作社）		
浙江省学科教学的强化实践应用试点学校	育才小学	省教育厅办公室／浙教办基〔2019〕62号	
浙江省校内种养殖试点学校	常山三中		
浙江省校内实践活动试点学校	二都桥小学		
浙江省校外劳动实践系统化、制度化试点学校	城南中学		
浙江省社会服务活动多样化试点学校	县职业中专		
2018—2019年度省属监狱系统先进基层党组织	省三监八监区党支部、管教党支部	省监狱管理局党委／浙监党〔2019〕100号	2019-06-25
2018—2019年度省属监狱系统优秀共产党员	周鑫、相培尧（省三监）		
2018—2019年度省属监狱系统优秀党务工作者	徐力成、李波（省三监）		
“一元”众筹、“二类”奖惩、“三宝”联动——常山县有效推动农村垃圾分类规范运作获彭佳学副省长批示肯定	县农业农村局	省政府办公厅／浙江政务信息（专报）第810期	2019-06-26
浙江国寿2019年二季度重振国寿先锋奖	人寿保险常山支公司	人寿保险浙江省分公司／奖牌	2019-07
浙江国寿大个险北京表彰会70周年突出贡献奖	周强（人寿保险常山支公司）		
2018年度体坛报优秀宣传员	杨利剑	浙江《体坛报》社有限责任公司／荣誉证书	
浙江省2018年度体育宣传工作贡献奖	县文化和广电旅游体育局	省体育局、省体育总会／奖杯	
2018年度农机购置补贴政策落实绩效评价优秀等次	县农业农村局	省农业农村厅办公室／浙农办〔2019〕23号	2019-07-02
“庆祝新中国成立70周年暨党校建校70周年”理论研讨会三等奖	刘学峰（县委党校）	省党校（行政学院）系统中国特色社会主义理论体系研究中心／浙党研〔2019〕7号	2019-07-08
发展青少年儿童武术突出贡献奖	常山一小（洪氏斋公拳传承基地）	浙江国际传统武术比赛组委会／“鲁迅故里杯”第14届浙江国际传统武术比赛证书	2019-07-13
2019年全国农业产业强镇建设名单	青石镇	农业农村部办公厅、财政部办公厅／农办产〔2019〕7号	2019-07-20
浙江省避暑气候胜地	梅树底景区	省气候中心／浙气候发〔2019〕9号	

续表 54

荣誉称号	获奖单位或个人	颁发单位／文号	颁发时间
全国模范退役军人	胡兆富	人力资源和社会保障部、中共中央组织部、退役军人事务部、中共中央军委政治工作部等（全国退役军人工作会议表彰）	2019-07-26
浙江省首届“最美退役军人”	胡兆富、徐功武	浙江省纪念建军92周年暨双拥模范城（县）命名表彰大会通报表彰	2019-07-29
浙江省拥政爱民模范单位	武警衢州支队常山中队		
浙江省爱国拥军模范	徐红权（县退役军人事务局）		
2018年度全省征兵工作成绩突出的个人	朱军（大桥头乡武装部）	省政府、省军区／通报（便函发）	2019-07-31
2018年度浙江省农业丰收奖二等奖——柑橘新品种选育引进筛选试验与示范推广	县胡柚研究院	省农业农村厅／奖状	2019-08
2018年度浙江省农业丰收奖三等奖——浙西丘陵地区柑橘病虫绿色防控集成技术研究	县植物保护检疫站		
《浙江档案》杂志社2019年度发行工作先进单位（三等奖）	县档案馆	《浙江档案》杂志社／荣誉证书	
《浙江档案》杂志社2019年度宣传工作先进单位			
柑橘新品种选育引进筛选试验与示范推广项目获2018年度浙江省农业丰收奖二等奖，为该项目第七完成人	姜翔鹤（同弓乡）	省农业农村厅／证书	
第六届浙江省道德模范——孝老爱亲模范	周桔凤（芳村镇猷阁口村）	省委、省政府／荣誉证书	
“新时代好少年”主题教育读书活动“我为祖国点赞”先进集体	县教育局	教育部关工委秘书处／教关委函〔2019〕13号	2019-08-01
“新时代好少年”主题教育读书活动“我为祖国点赞”先进个人	王文卿（县教育局）		
在全省新时代美丽乡村建设业务培训班上作农村厕所运维业务交流	曾修明（县农业农村局）	省农业农村厅、省委党校干部培训服务中心／省“千村示范、万村整治”工作协调小组办公室关于举办全省新时代美丽乡村建设业务培训班的通知——全省新时代美丽乡村建设业务培训日程安排（便函发）	2019-08-13
浙江省机构改革成绩突出个人	吴雯霞（县委编办）、金雪白（芳村镇党委）	省委办公厅、省政府办公厅／通报（便函发）	2019-08-14
浙江省中小学心理健康教育示范点	城关中学、常山一小	省教育厅办公室／浙教办函〔2019〕5号	
全省民政系统先进集体	县民政局	省人社厅、省民政厅／浙人社发〔2019〕49号	2019-08-15
全省民政系统先进工作者	江宏伟（县殡仪馆）		

续表 54

荣誉称号	获奖单位或个人	颁发单位／文号	颁发时间
2018—2019 年度《中国公路》杂志优秀特约记者	徐莹（县公路管理局）	《中国公路》杂志社／中公社字〔2019〕11 号	2019-08-16
省双拥模范个人	桂美林（县人武部）	省双拥领导小组／浙拥〔2019〕2 号	2019-08-26
《梅树底，亮了》获第四届浙江省品牌故事大赛暨第七届全国品牌故事大赛（杭州赛区）演讲一等奖	县供电公司	省总工会、省工商业联合会、共青团浙江省委、省妇女联合会、省科学技术协会、省质量协会／荣誉证书	2019-09
《常山喝彩歌谣》在“第七届全国市县级电视台推优活动”中获电视专题类一等奖	县文化和广电旅游体育局	中国电视艺术家协会／证书	
第七届全国道德模范提名奖	周桔凤（芳村镇猷阁口村）	中共中央宣传部、中共中央文明办、全国总工会、共青团中央、全国妇联、中共中央军委政治工作部／荣誉证书	
全国科普教育基地	青石镇观赏石博览馆	中国科学技术协会／奖牌	
浙江省第六届师德先进个人	余连富（紫港中学）	省第六届师德标兵师德先进个人选树工作委员会（省教育工会）／荣誉证书	
2019 年浙江省中小学教坛新秀	王宝华（育才中学）	省人民教育基金会、省特级教师协会／荣誉证书	
全国优秀教师	王金良（宋畈小学）	教育部／教人〔2019〕15 号	2019-09-04
浙江省休闲农业和乡村旅游精品线路	常山县探寻常山三宝 享丰收喜乐 1 日游；常山县清凉一夏 浙西避暑休闲带 2 日游	省农业农村厅、省文化和旅游厅（便函发）	2019-09-19
2019 年浙江省“最美田园”	新昌乡黄塘油茶园、球川镇食药菌园、青石镇江家畈胡柚果园		
对新中国成立 70 周年大庆安保工作表现突出的个人予以通报表扬	徐一飞（县公安局交警大队溪口中队）	省公安厅（便函发）	2019-09-21
2019 年浙江省“十佳运动休闲绿道”	慢城绿道	省体育产业联合会／浙体产联〔2019〕12 号	2019-09-23
“学习强国”学习平台学习积极分子	陈戎倩（县人社局）	中宣部“学习强国”学习平台、中宣部宣传舆情研究中心／荣誉证书	2019-09-24
第九批全国“一村一品”示范村镇	青石镇	农业农村部／农产发〔2019〕2 号	
省防震减灾科普教育基地	青石镇东方巨石阵景区	省地震局／浙震发〔2019〕88 号	2019-09-27
最美共和国同龄人	危土根（招贤小学）、姚义迁（紫港中学）	省委老干部局（便函发）	
2019年浙江省健康促进学校(金牌)	天马二小、球川小学	省爱卫办、省教育厅、省卫健委／浙爱卫办〔2019〕11 号	
第三批全省“扫黄打非”进基层示范标兵	天马街道金川社区	省“扫黄打非”工作领导小组办公室／浙扫黄打非办〔2019〕20 号	2019-09-29
第三批全省“扫黄打非”进基层示范点	球川镇		

续表 54

荣誉称号	获奖单位或个人	颁发单位／文号	颁发时间
《浙江财税与会计》2019 年通联工作“优秀个人”	李阳彦（县财政局）	《浙江财税与会计》编辑部／荣誉证书	2019-10
摄影作品《晨曲》入选浙江省第六届群星视觉艺术综合大展	罗文富（县文化艺术中心）	省文化和旅游厅／入选证书	
摄影论文《艺术转型过程中对浙江省摄影理论发展之路的探究》在文化和旅游部主管的大型文化类核心期刊《文化月刊》上发表	罗文富（县文化馆）	《文化月刊》	
“中国梦·劳动美”浙江省职工排舞大赛规定曲目金奖、自选曲目银奖	县人民医院最美天使排舞队、徐丹（县文化馆）	省总工会／荣誉证书、奖杯	
浙江广播电视大学杰出校友	曾令兵	浙江广播电视大学／荣誉证书	
新中国成立 70 周年大庆安保工作表现突出个人	黄宇辰（县公安局球川派出所）	省公安厅（便函发）	2019-10-08
全省乡村产业发展大会，常山作书面交流	县农业农村局	省农业农村厅关于报送全省乡村产业发展大会交流材料的通知（便函发）	2019-10-09
全省审计机关干部职工书画摄影作品展评选书法类二等奖	徐世江（县审计局）	省审计厅党委／浙审党委便函〔2019〕32 号	2019-10-10
全省公益林建设成绩突出集体	县林业水利局	省政府（便函发）	2019-10-15
全省公益林建设成绩突出个人	杨羊根（县国有生态公益林保护站）、汪慧建（东案乡政府）		
第二批省级特色农业强镇	青石胡柚特色农业强镇	省粮食安全和推进农业现代化工作领导小组农业“两区”办公室（便函发）	2019-10-18
全省稻渔综合种养工作推进会，常山作书面交流	县农业农村局	省农业农村厅办公室关于召开全省稻渔综合种养工作推进会的通知（便函发）	
浙江省“优秀城市美容师”	洪春三（环卫处）	省住房和城乡建设厅、省总工会（便函发）	
最美银耀志愿者	江凯成	省委老干部局／通报（便函发）	
最美离退休干部党支部	招贤镇离退休干部党支部、常山一中退休教师党支部		
最美银耀志愿者服务团队	招贤镇老骥常青志愿服务队、县银色人才科技志愿队		
农村厕所革命典型范例	一厕一所长，一厕一风景（常山县）	农业农村部办公厅、国家卫健委办公厅／农办社〔2019〕5 号	2019-10-21
浙江省离退休干部先进集体	徐金妹工作室	省委组织部、省委老干部局／浙老干〔2019〕30 号	2019-10-22
浙江省离退休干部先进个人	陈云河（县公安局）		

续表 54

荣誉称号	获奖单位或个人	颁发单位／文号	颁发时间
2019年人寿保险浙江省分公司95519服务技能竞赛个人第二名	姚智燕（人寿保险常山支公司）	人寿保险浙江省分公司客户服务管理中心／获奖证书	2019－10－23
2019年全国青少年校园足球特色学校	白石小学	省教育厅办公室／浙教办函〔2019〕308号	
2019年浙江省青少年校园足球特色学校	常山一小		
第三届“浙江最美绿道”	慢城绿道	省住建厅、省发改委、省交通运输厅、省水利厅、省农业农村厅、省文旅厅、省林业局、省体育局／浙建城函〔2019〕606号	2019－10－25
获第四届全国智力运动会感谢	罗文富（县文化馆）	中国国际跳棋协会／第四届全国智力运动会国际跳棋比赛感谢信	2019－11
2019年度中国果业最受欢迎的柑橘区域公用品牌10强	常山胡柚	亚洲果蔬产业博览会组委会／奖牌	
2019中国果品区域公用品牌价值		中国果品流通协会、浙江大学CARD中国农业品牌研究中心／奖牌	
第二届长三角国际文化产业博览会“企业贡献奖”	常山祥泰喝彩歌谣文化传播有限公司	第二届长三角国际文化产业博览会组委会／荣誉证书	
动画片《胡柚娃》获得浙江省第十四届精神文明建设“五个一工程”优秀作品奖	市委宣传部、县委宣传部	省委宣传部／获奖证书	
浙江省2019年度“平安农机”示范镇（乡、街道）	何家乡、紫港街道	省农业农村厅、省应急管理厅（便函发）	2019－11－01
新中国成立70周年大庆安保维稳工作先进个人（三等功）	蔡黎明、李波、查冠军、叶竹青、王樟生、胡勤、周鑫、郑华、林建新、杨三彬（省三监）	省司法厅／浙司〔2019〕116号	2019－11－04
新中国成立70周年大庆安保维稳工作先进个人（嘉奖）	赵楠、徐进、颜渭良、吴丰丰、张迪、李晓建、汪弘、江仁国、安宁、吴富民、姜王栋、郑飞、张巍、喻利刚、胡一鸣、邱济宝、曹菊生、姜鹏、张建明、钟骏、童伟军（省三监）		
2018—2019年度全省消保委系统消费维权先进个人	熊素勇（县消费者权益保护委员会）	省消费者权益保护委员会／浙消保委〔2019〕26号	2019－11－11
2016—2018年全省无偿献血先进县（市、区）	常山县	省政府／通报（便函发）	2019－11－12
2016—2018年全省无偿献血先进个人	甘苏（县财政局）		
全省财政预算执行工作政府财务报告工作获表彰	县财政局	省财政厅（便函发）	
浙江省2019年“一师一优课、一课一名师”活动省级优课	张身贵（天马二小）、徐小俭（实验小学）、王如曦（钳口小学）、邓小宇（常山一中）、祝佳琪（城关中学）	省教育厅办公室／浙教办函〔2019〕319号	2019－11－14

续表 54

荣誉称号	获奖单位或个人	颁发单位／文号	颁发时间
2019 年全国足球特色幼儿园	教工幼儿园、大风车幼儿园	省教育厅办公室／浙教办函〔2019〕321 号	2019-11-18
2019 年浙江省足球特色幼儿园	球川镇龙绕手拉手幼儿园、招贤镇添乐幼儿园		
《关于网络餐饮服务监管问题公益诉讼案》入选 2019 年度浙江省互联网十大检察案例	县检察院	省检察院／浙检发办字〔2019〕168 号	2019-11-21
辅导作品《归州》获“百城联动·歌唱祖国”2019 第二届“追梦之声”浙江省青少年声乐大赛小学高段组三等奖	张正浩、王馥芸（县文化馆）	省文化馆／浙群文〔2019〕155 号	2019-11-25
个人二等功	张刚（县公安局城关派出所）	省公安厅／浙公令〔2019〕66 号	2019-11-27
浙江省重点培育品牌体育赛事名录库（2019 年）	中国山地自行车公开赛总决赛（浙江常山站）	省体育局／浙体经〔2019〕363 号	2019-11-29
浙江省 2017—2018 年度教科研先进集体	育才小学	省教育科学研究院、省教育科学规划领导小组办公室／浙教科院〔2019〕24 号	
浙江省 2017—2018 年度教科研先进个人	蔡水华（实验小学）		
“强素质　树形象”主题活动先进集体——“大学习”先进集体	省三监宣传保卫科	省监狱管理局／浙监〔2019〕136 号	
“强素质　树形象”主题活动先进个人——“大学习”先进个人	柴晓建、毛军帅（省三监）		
“强素质　树形象”主题活动先进个人——“大教育”先进个人	徐力成、张浩（大）（省三监）		
“强素质　树形象”主题活动先进个人——“大训练”先进个人	吴夏玮、杨斌（省三监）		
“强素质　树形象”主题活动先进个人——“大比武”先进个人	祝亮亮、留敬刚（省三监）		
“强素质　树形象”主题活动先进个人——个人三等功	谢一帆（省三监）		
“强素质　树形象”主题活动先进个人——嘉奖	刘福恩（省三监）		
乡村振兴示范单位	县农业农村局	美丽乡村博鳌国际峰会组委会／奖牌	2019-12
浙江省 2017—2018 年度师干训工作先进个人	洪琳（县教育局教研室）	省中小学教师培训中心、省教育行政干部培训中心／荣誉证书	
浙江省优秀教研员		省教育厅教研室／荣誉证书	
作品《上栋梁》在第七届浙江民间文艺“映山红奖”评选活动中获优秀民间文艺表演奖	县喝彩艺术团	省文学艺术界联合会、省民间文艺家协会／第七届浙江民间文艺“映山红奖”获奖证书	
2019 年度民革全省社会服务工作先进集体	民革常山县总支部	民革浙江省委会／荣誉证书	
浙江省第二届“教改实验先锋校长”	姜正德（育才小学）	省教育协会、省教育协会实验学校分会（便函发）	2019-12-04

续表 54

荣誉称号	获奖单位或个人	颁发单位／文号	颁发时间
省级数字乡村试点示范县	常山县	省农业农村厅／浙农产发〔2019〕6 号	2019—12—05
省级数字农业工厂试点示范主体	柚香谷数字植物工厂项目（浙江柚香谷投资管理股份有限公司）		
《浙江财政年鉴（2019 卷）》组稿工作先进单位	县财政局	省财政厅（便函发）	2019—12—09
2019 中国体育旅游精品项目目的地	慢城常山	国家体育总局体育文化发展中心（便函发）	
浙江省第一批特殊教育标准化学校	培智学校	省教育厅办公室／浙教办函〔2019〕347 号	
表演作品《这一声喝彩》获“百城联动·歌唱祖国”2019 浙江省第十八届音乐新作演唱演奏大赛银奖	王馥芸、徐丹、潘兵、曾令兵（县文化馆）	省文化和旅游厅（便函发）	2019—12—12
浙江省群文视觉艺术业务干部专业技能大赛获奖提名（摄影）	罗文富（县文化艺术中心）		
浙江省文旅系统政府数字化转型区县排名第四	常山县		2019—12—16
2019 年浙江省电商专业村	大桥头乡：大桥村、浮河村、友好村；金川街道：新都村；紫港街道：富足山村	省商务厅（便函发）	2019—12—17
“舒振柏寻衅滋事案”入选 2019 年度全省刑事检察精品案件	县检察院	省检察院／浙检发办字〔2019〕193 号	2019—12—18
“徐月英故意伤害案”“夏阳水非法收购珍贵、濒危野生动物案”入选 2019 年度全省刑事检察优秀案件			
离退休干部党建共享基地	紫港社区	省委老干部局（便函发）	
老干部品牌工作室	徐金妹工作室、紫港老娘舅工作室		
《郑炜黑社会性质组织虚假诉讼监督系列案》入选 2019 年度全省民事检察优秀案例	县检察院	省检察院／浙检发办字〔2019〕204 号	2019—12—19
2019 年财政课题成果三等奖	促进生态文明建设的财政政策研究（县财政局课题组）	省财政学会／浙财学〔2019〕4 号	
2019 年度全省财税政策研究人才库优秀个人	李阳彦（县财政局）	省财税政策研究室／浙财研〔2019〕9 号	2019—12—20
2019 年度全省普通国省道公路养护管理情况 通报表扬	县公路管理局	省公路与运输管理中心／浙公运〔2019〕97 号	
《胡某某司法救助案》入选 2019 年度全省检察机关践行“枫桥经验优秀案例”	县检察院	省检察院／浙检发办字〔2019〕198 号	

续表 54

荣誉称号	获奖单位或个人	颁发单位／文号	颁发时间
《浙里改（领跑者）》刊发文章《常山县持续推进城乡“厕所革命”，大力改善全域人居环境》	县农业农村局	省委全面深化改革委员会办公室、省最多跑一次改革办公室／《浙里改（领跑者）》第 62 期	2019-12-23
2019 年度全省财政信息工作三等奖	县财政局	省财政厅办公室／浙财办发〔2019〕47 号	
全国乡村治理示范村	球川镇黄泥畈村	中共中央农村工作领导小组办公室、农业农村部、中共中央宣传部、民政部、司法部／中农发〔2019〕22 号	2019-12-24
2019 年度“浙江省森林城镇”	芳村镇	省关注森林组织委员会／浙森组〔2019〕1 号	
2018 年度美丽浙江建设工作成绩突出个人	邹忠利（市生态环境局常山分局）	省委、省政府（便函发）	
第一批国家森林乡村	东案乡梅树底村、芳村镇新桥村、球川镇东坑村、何家乡黄冈村	国家林业和草原局／林生发〔2019〕126 号	2019-12-25
2019 年度浙江省美丽乡村示范乡镇	白石镇	省“千村示范、万村整治”工作协调小组办公室（便函发）	
2019 年度浙江省美丽乡村特色精品村	东案乡：梅树底村；新昌乡：郭塘村、达塘村		
2019 年度浙江省高标准农村生活垃圾分类示范村	同弓乡中和村、新昌乡郭塘村、何家乡樊家村		
2019 年度浙江省历史文化（传统）村落保护利用示范村	东案乡金源村		
2018—2019 年度全省电大系统思想政治工作先进单位	浙江电大常山学院	浙江广播电视大学党委、浙江广播电视大学／浙电大党委〔2019〕45 号	
闽浙赣毗连地区护林联防委员会第三联防区先进集体	县应急管理局	闽浙赣毗连地区护林联防委员会第三联防区／护联字〔2019〕2 号	2019-12-26
闽浙赣毗连地区护林联防委员会第三联防区先进个人	张志敢（县应急管理局）、汪鉴忠（县林业水利局）		
浙江省小城镇环境综合整治行动突出贡献集体	青石镇政府	省委办公厅、省政府办公厅／通报（便函发）	
全省首批“枫桥式公安派出所”集体二等功	县公安局球川派出所	省公安厅／浙公令〔2019〕70 号	2019-12-27
2019 年银行业文明规范服务三星级网点	邮政储蓄银行常山县支行营业部	省银行业协会／浙银协发〔2019〕98 号	
2019 年度浙江省园林式居住区（单位）	阳光名都小区	省住房和城乡建设厅／浙建城函〔2019〕730 号	
2019 年度浙江省优质综合公园	塔山公园		
2019 年度浙江省街容示范街	文教路		
浙江省农业绿色发展示范区	同弓省级农业绿色发展示范区	省农业农村厅（无文号）	2019-12-30
2019 年度浙江省县级防震减灾工作先进单位	县科技局	省地震局／浙震发〔2019〕114 号	

续表 54

荣誉称号	获奖单位或个人	颁发单位／文号	颁发时间
第二批国家森林乡村	新昌乡：黄塘村、西源村；白石镇：新塘岭村	国家林业和草原局／林生发〔2019〕127 号	2019-12-31
2019 年度全省老干部工作“优秀创新案例”	以“乡村振兴讲堂”为载体，全面升级“银龄志愿”品牌（县委组织部老干部局）	省委老干部局（便函发）	
2019 年度全省老干部工作部门十佳信息	《老英雄胡兆富走进“乡村振兴讲堂”传播红色信仰》（县委组织部）		
浙江省第四次经济普查省级成绩突出集体	天马街道办事处	省政府第四次经济普查领导小组／浙经普组〔2019〕1 号	
浙江省第四次经济普查省级成绩突出个人	张莉丽、祝家平（县统计局）；徐建军（辉埠镇政府）；徐鹏飞（青石镇政府）；崔巍（芳村镇政府）；肖瑞健（球川镇政府）		

地市级表彰（命名）的荣誉一览表

表 55

荣誉称号	获奖单位或个人	颁发单位／文号	颁发时间
《2018 年 9—12 月衢州分行普惠金融业务营销活动方案》中获 11 月份“惠懂你”APP 下载注册奖第五名	建设银行常山支行营业部	建设银行衢州分行／证书	2019-01
《2018 年 9—12 月衢州分行普惠金融业务营销活动方案》中获 12 月份“惠懂你”APP 下载注册奖第一名			
《2018 年 9—12 月衢州分行普惠金融业务营销活动方案》中获 12 月份“惠懂你”APP 下载注册奖第二名	建设银行常山城区支行		
2018 年市级文明单位	常山一小、县卫生监督所、芳村市场监管所、县运管所、金华银行衢州常山小微企业专营支行	市精神文明建设委员会／衢文明〔2019〕1 号	2019-01-04
2018 年市级文明乡镇（街道）	青石镇、紫港街道		
2018 年市级文明村（社区）	金川街道徐村村、青石镇溪口村、何家乡钱塘村、球川镇东坑村、新昌乡郭塘村、东案乡高峰村、天马街道渡口社区		
基层建设标兵单位	白石镇武装部	市军分区／衢政〔2019〕1 号	2019-01-08
军事训练先进单位	县人武部		
优秀专武干部标兵	项晓明（大桥头乡武装部）		
优秀民兵分队长标兵	包李俊（紫港街道渣濑村）		
优秀职工标兵	马强（县人武部）		

续表 55

荣誉称号	获奖单位或个人	颁发单位／文号	颁发时间
2018 年度国土资源工作目标责任制考核优秀单位	县国土资源局	市国土资源局／衢土资〔2019〕3 号	2019–01–10
2018 年度全市民政系统“十佳满意单位”	县民政局	市民政局／衢市民〔2019〕2 号	2019–01–14
2018 年度全市民政系统“十佳业务创新”	县“低保惠民联办”（县民政局）		
2018 年度全市民政系统“十佳学习标兵”	张志林（县民政局）		
2018 年度全市民政系统“十佳服务能手”	姚义清（县民政局）		
标准化工地	G60 沪昆高速金华互通至浙赣界改扩建 JT02 标、320 国道衢州航埠至常山草坪段改建（常山段）第 1 标段	市交通局／衢市交〔2019〕3 号	2019–01–15
2018 年度全市机关事务保障系统优秀管理服务单位	县机关事务管理局房产管理科	市机关事务保障中心／衢机事〔2019〕2 号	2019–01–18
2018 年度全市机关事务保障系统优秀管理服务工作者	范英富、毛苏霞（县机关事务管理局）		
全市农行 2018 年度优秀工会干部	胡青松（农行常山支行）	农业银行衢州分行工会委员会／农银衢工会〔2019〕1 号	
衢州市 2018 年度四星级农村文化礼堂	招贤镇古县村文化礼堂、白石镇草坪村文化礼堂、大桥头乡濛桥村文化礼堂、芳村镇芙蓉湖村文化礼堂、同弓乡彤弓山村文化礼堂、辉埠镇久泰弄村文化礼堂、球川镇东坑村文化礼堂、紫港街道外港村文化礼堂、何家乡长风村文化礼堂、新昌乡西源村文化礼堂、青石镇江家村文化礼堂、东岸乡金源村文化礼堂、金川街道新建村文化礼堂	市委宣传部、市农村文化礼堂建设工作领导小组／衢市宣〔2019〕3 号	2019–01–21
2018 年度通过全市“污水零直排区”建设复核验收省级试点镇	白石镇	市五水共治办公室、市河长制办公室／衢治水办通〔2019〕1 号	2019–01–22
2018 年度通过全市“污水零直排区”建设复核验收市级试点镇	招贤镇		
全市农行 2018 年度先进单位	农行常山红旗街支行	农业银行衢州分行办公室／农银衢办发〔2019〕7 号	2019–01–24
全市农行 2018 年度先进个人	谢明芳、郑菲（农行常山支行）		
2018 年度先进支行	泰隆银行常山招贤小微企业专营支行	泰隆银行衢州分行／泰银衢发〔2019〕19 号	
2018 年度先进营销团队	泰隆银行常山小企业业务一部		
2018 年度先进支行行长	席琪（泰隆银行常山支行）		
2018 年度先进员工	王恩君、李亮(泰隆银行常山支行)		
2018 年度新秀员工	余静（泰隆银行常山支行）		

续表 55

荣誉称号	获奖单位或个人	颁发单位／文号	颁发时间
2018年度运管所重点工作责任考核优秀等次	县运管所	市道路运输管理局／衢市运〔2019〕19号	2019-01-25
全市农行2018年度“先进党支部书记”	郑红军（农行常山红旗街支行）	农业银行衢州分行党委／农银衢党发〔2019〕1号	
2018年度信用卡与网络金融业务综合评价先进个人	胡倩雯（农行常山支行）	农业银行衢州分行办公室／农银衢办发〔2019〕8号	
2018年度全市农行优秀柜面经理	叶倩雯（农行常山支行）	农业银行衢州分行办公室／农银衢办发〔2019〕9号	2019-01-27
2018年度全市农行优秀客户经理	郑菲（农行常山支行）	农业银行衢州分行办公室／农银衢办发〔2019〕10号	
2018年度全市水库移民工作优秀单位	县移民办（县民政局）	市水库移民管理办公室／衢移办〔2019〕1号	2019-01-28
2018年度全市教育信息、宣传工作先进单位	县教育局	市教育局／衢市教综〔2019〕7号	
2018年度全市十佳教育新媒体	常山教育官微（微博）		
2018年度全市教育信息宣传工作先进个人	傅秀秀（县教育局）、郑晓（常山一小）		
全市扫黑除恶工作先进单位	县公安局扫黑办	市公安局／内部网络传真	
全市扫黑除恶工作先进个人	黄华（县公安局）		
2018年农村互联网金融业务提升先进网点	农行常山支行营业部	农业银行衢州分行办公室／农银衢办发〔2019〕18号	2019-01-29
2018年农村互联网金融业务提升先进个人	谭俊捷、高建平、姜明华（农行常山支行）		
2018年度社会治安综合治理工作优秀支行	农行常山县支行	农业银行衢州分行安全保卫部／农银衢保〔2019〕1号	2019-01-30
2018年度全市民政信息宣传工作先进单位	县民政局	市民政局／衢市民〔2019〕5号	2019-01-31
2018年度全市民政信息宣传工作先进个人	张志林（县民政局）		
衢州市七届人大三次会议优秀建议	《关于推进衢常一体发展的建议》（孙衣云）	市人大常委会／荣誉证书	2019-02
2018年度衢州市乡镇（街道）统战工作先进集体	新昌乡政府	市委统战部／奖牌	
衢州市卫生健康系统2018年度援助工作先进个人	沈惟良（县中医医院）；樊小平、徐伍洪、潘利福（县人民医院）	市卫健委／衢卫发〔2019〕7号	2019-02-02
“活力新衢州、美丽大花园”建设先锋战队——改革创新先锋战队	县“无差别受理”改革推进团队、县医共体改革推进团队	市委、市政府／衢委发〔2019〕4号	2019-02-12
“活力新衢州、美丽大花园”建设先锋战队——产业创新先锋战队	村上酒店		
“活力新衢州、美丽大花园”建设先锋战士——改革创新先锋战士	谢黎丽（县行政服务中心管理办公室）		

续表 55

<table>
<tr><th>荣誉称号</th><th>获奖单位或个人</th><th>颁发单位／文号</th><th>颁发时间</th></tr>
<tr><td>2018 年度全市科技行政管理系统政务信息工作先进单位</td><td>县科技局</td><td rowspan="2">市科技局／衢市科发办〔2019〕3 号</td><td rowspan="2">2019-02-13</td></tr>
<tr><td>2018 年度全市科技行政管理系统政务信息工作先进个人</td><td>陈建平、叶琴</td></tr>
<tr><td>化妆品“百千万”美丽消费示范工程创建先进集体通报表扬</td><td>县市场监管局</td><td>市市场监管局／衢市监综〔2019〕11 号</td><td>2019-02-14</td></tr>
<tr><td>2018 年度信息化建设软件运维工作获表彰</td><td>县财政局</td><td>市财政局（便函发）</td><td>2019-02-18</td></tr>
<tr><td>2018 年度全市公安工作综合实绩评估优秀单位</td><td>县公安局</td><td>市公安局／衢公通字〔2019〕7 号</td><td>2019-02-19</td></tr>
<tr><td>先进人大代表联络站</td><td>青石镇人大代表联络站、招贤镇人大代表联络站</td><td rowspan="3">市人大常委会／衢人大常〔2019〕17 号</td><td rowspan="5">2019-02-20</td></tr>
<tr><td>先进代表小组</td><td>县第二代表小组</td></tr>
<tr><td>代表履职先进个人</td><td>金雪白、叶继强、郑俏（常山中心组）</td></tr>
<tr><td>团结协作奖</td><td>县综合行政执法局</td><td>市综合行政执法局／衢执法发〔2019〕9 号</td></tr>
<tr><td>2018 年度科技管理系统工作目标考核优秀单位</td><td>县科技局</td><td>市科学技术局／衢市科发办〔2019〕4 号</td></tr>
<tr><td>2019 年度全市在建公路水运项目农民工工资支付优秀施工项目部</td><td>① 320 国道衢州航埠至常山草坪段改建（常山段）第 1 标段；②淳安至江山公路常山界牌岭至新桥段公路工程</td><td>市交通局／衢市交〔2019〕16 号</td><td>2019-02-21</td></tr>
<tr><td>2018 年度“二十佳”执法标兵</td><td>刘晓东（县公安局城关派出所）、姜林（县公安局法制大队）</td><td>市公安局／内部网络传真</td><td>2019-02-22</td></tr>
<tr><td>2018 年度衢州市“巾帼文明岗”</td><td>县不动产登记窗口、教工幼儿园</td><td>市妇女儿童工作委员会／衢妇儿工委办〔2019〕2 号</td><td>2019-02-25</td></tr>
<tr><td>2018 年度全市平安建设突出贡献集体</td><td>县公安局、县信访局、球川镇、天马街道、白石镇</td><td rowspan="4">市委、市政府／衢委发〔2019〕6 号</td><td rowspan="5">2019-02-26</td></tr>
<tr><td>2018 年度全市信访工作突出贡献集体</td><td>县委政法委、县人力社保局、县民政局、紫港街道</td></tr>
<tr><td>2018 年度全市平安建设突出贡献个人</td><td>甘全明、程栋（县委政法委）；吴刚（县国土资源局）；曹斌（县安监局）；刘羽（共青团常山县委）；黄海波（金川街道）；祝金成（辉埠镇）；王木星（东案乡）</td></tr>
<tr><td>2018 年度全市信访工作突出贡献个人</td><td>宋飘（县 12345 政府热线服务中心）、江俊（县综合执法局）、郑俊毅（天马街道）、张斌（芳村镇）、江啸（县公安局）</td></tr>
<tr><td>2018 年度市信访工作目标管理考核优秀县（市、区）</td><td>常山县</td><td>市委办公室、市政府办公室／办字〔2019〕6 号</td></tr>
</table>

续表 55

荣誉称号	获奖单位或个人	颁发单位／文号	颁发时间
2018年度全市法院档案工作先进单位	县法院	市中级人民法院／衢中法〔2019〕19号	2019-02-27
2018年度全市法院信息化工作先进单位			
2018年度各县（市、区）药品不良反应监测工作先进单位	县药品不良反应监测中心	市市场监管局／衢市监药测〔2019〕3号	2019-02-28
2018年度各县（市、区）药品不良反应监测工作先进个人	杨鑫（县人民医院）		
2018年各县（市、区）医疗器械不良事件监测工作先进个人	李红（县市场监管局）		
2018年度衢州市优秀志愿服务站（点）	东明社区银龄管家党员志愿者服务站	市文明办、团市委、市志愿者协会／衢市文明办〔2019〕3号	
2018年度衢州市志愿服务工作先进单位	常山农商银行		
2018年度最美小锦鲤志愿者	林晓剑（县春泥公益协会）、蒋淳振（同弓乡政府）、周美华（县阳光志愿者协会）		
2018年度衢州市教育考试工作先进工作者	邹志英（县教育局）	市教育考试院／荣誉证书	2019-03
"好玩衢州"衢州市第三届少先队脑力无极限趣味挑战赛24点大赛项目团队一等奖	天马一小	少先队衢州市工作委员会／奖状	
2018年度民革优秀党员	曾令兵、吴小丽	民革衢州市委会／荣誉证书	
2018年度全市烟草系统安全生产先进集体	县烟草专卖局办公室车队	市烟草专卖局（公司）／衢烟安联〔2019〕11号	2019-03-04
2018年度全市烟草系统安全生产先进个人	姜勇（县烟草专卖局）		
2018年度全市烟草系统安全文明驾驶员	占松良（县烟草专卖局）		
2018年度全市保护电力设施先进个人	黄华、黄慧岗（县公安局）；刘乾藩（县供电公司）	市公安局、市供电公司／内部网络传真	2019-03-05
2018年"平安交通"建设目标管理责任制考核优秀等次	县交通运输局	市交通局／衢市交〔2019〕21号	2019-03-06
2018年"平安交通"先进个人	王斌（县交通运输局）		
2018年度公路工作考核优秀等次	县公路管理局	市公路管理局／衢市公路〔2019〕12号	
2018年度全市好民警（辅警）	雷云超（县公安局特巡警大队）、季媛媛（县公安局城关派出所）、项红军（县公安局特巡警大队）	市公安局政治部／内部网络传真	2019-03-07
2018年度工作目标责任制考核优秀等次	县交通运输局	市交通局／衢市交〔2019〕22号	2019-03-08
2018年度全市宣传思想文化工作十佳创新案例	"宋诗之河"文化品牌打造（县委宣传部）	市委宣传部／衢市宣〔2019〕14号	2019-03-18

续表 55

荣誉称号	获奖单位或个人	颁发单位／文号	颁发时间
2018 年度全市民政工作优秀单位	县民政局	市民政局／衢市民〔2019〕18 号	2019-03-20
2018 年度司法行政工作综合考评优秀单位	县司法局	市司法局／衢市司〔2019〕12 号	
2018 年度司法行政工作推进项目奖	法治副校长为青少年护航（县司法局）		
人寿保险衢州分公司“巾帼建功能手”	刘新燕、林莉（人寿保险常山支公司）	人寿保险衢州分公司／国寿人险衢工发〔2019〕2 号	
2018 年度全市安全生产工作先进集体	辉埠镇、县消防大队、县教育局、南方水泥有限公司	市政府／衢政发〔2019〕10 号	2019-03-25
2018 年度全市安全生产工作先进个人	郑俊（金川街道）、胡俊（县安监局）、吴小丽（白石镇）、郑魏波（县招商局）、黄土福（芳村镇）		
2018 年全市推进“放心消费在衢州”行动先进集体	县市场监管局直属分局	市消费者权益保护工作联席会议办公室／衢市消联办〔2019〕1 号	
2018 年全市推进“放心消费在衢州”行动先进个人	郑丽（县市场监管局）、熊素勇（县消保委秘书处）、张磊（县市场监管局芳村所）		
2018 年度优质服务“五星级员工”	琚玉洁（工行常山支行）	工行衢州分行／工银衢发〔2019〕13 号	2019-03-26
2018 年度优质服务“四星级员工”	黄秋芳、杜娟、黄莹（工行常山支行）		
2018 年度参政议政先进个人	付美华（县疾控中心）	农工党衢州市委员会／荣誉证书	2019-04-02
2018 年度社会服务先进个人	邹志英（县教育局）		
衢州市三八红旗集体	白石镇妇联、县人民医院重症医学科	市妇联／衢妇〔2019〕8 号	2019-04-03
衢州市三八红旗手	王婧（紫港街道）、张秀珍（县妇联）、雷春香（球川镇吴家村妇联）		
2018 年度全市检察网评工作优秀个人	余露（县检察院）	市检察院政治部／衢市检政〔2019〕1 号	
集体三等功	县检察院检察监督部	市检察院／衢市检发政字〔2019〕6 号	2019-04-04
个人三等功	饶立飞（县检察院刑事检察部）		
2018 年工行衢州分行服务明星	陈建枫、严颖光（工行常山支行）	工行衢州分行／工银衢发〔2019〕22 号	2019-04-17
2018 年工行衢州分行营销先锋	占丽、吕龙女（工行常山支行）		
2018 年工行衢州分行合规标兵	傅璇（工行常山支行）		
2018 年工行衢州分行保障能手	徐文清（工行常山支行）		
衢州市 2018 年度粮食生产先进乡镇	白石镇	市政府办公室／衢政办发函〔2019〕7 号	2019-04-18
衢州市 2018 年度优秀乡镇农技员	陈新建（同弓乡）、徐永坤（金川街道）		
衢州市 2018 年度优秀种粮大户	陈清明（金川街道新建村）、李志根（白石镇新塘岭村）、张春良（球川镇九都村）		

续表 55

荣誉称号	获奖单位或个人	颁发单位／文号	颁发时间
2018 年度衢州市民政系统“志愿服务工作先进单位”	县民政局	市民政局／衢市民〔2019〕31 号	2019-04-23
2018 年度衢州市民政系统“最美民政小锦鲤”	杨忠群、段家国、刘静（县民政局）		
衢州市中小学生研学实践教育基地（第一批）	国家地质公园研学基地、石博园研学基地、徐村研学基地、国家油茶公园研学基地、梅树底研学基地	市教育局办公室、市文广旅局办公室／衢教办基〔2019〕26 号	
衢州市中小学生研学实践教育营地（第一批）	赛得健康小镇研学营地		
在“弘美德 承家风”衢州市未成年人读书节“家风少年说”大赛活动中获优秀组织奖	县图书馆	市文化广电旅游局／荣誉证书	2019-04-28
全市检察机关“十佳团队”	县检察院检察监督部	市检察院／衢市检发政字〔2019〕9 号	2019-04-29
全市检察机关“十佳干警”	郑勤（县检察院）		
衢州市劳动模范	徐利忠（虎跃水泥有限公司）、徐桂芳（正丽机电有限公司）、栾文贵（常山一中）、陈重良（新昌乡达塘村）、何水清（县农业科学研究所）、洪云海（乐海家庭农场）、李松根（县公路管理局）、揭雨兴（县新闻传媒集团）、谢祖木（县法院）	市委、市政府／衢委发〔2019〕10 号	
衢州市模范集体	赛得健康产业投资管理集团		
纪念《行政诉讼法》颁布 30 周年征文活动优胜奖	黄琴琴（县市场监管局）	市中级人民法院、市司法局／衢中法〔2019〕56 号	2019-04-30
2019 年度“衢州市首届电视少儿英语风采大赛”被评为优秀辅导老师	鲁红蓝（常山一小）	衢州广电传媒集团、市电视少儿英语风采大赛组委会／荣誉证书	2019-05
保险赢在首爆周奖网点序列第二名	建设银行常山城区支行	建设银行衢州分行／奖状	
旺季营销私人银行业务拓展条线先锋奖第四			
2019 网络金融旺季营销中获善融商务拓展优胜奖“九大机构”序列一等奖	建设银行常山支行		
2019 网络金融旺季营销中获网络金融场景建设二等奖	建设银行常山支行营业部		
2019 网络金融旺季营销中获裕农通拓展先锋奖			
2019 网络金融旺季营销中 CTS 客户拓展先锋奖第五名			
2019 网络金融旺季营销中第三方理财资金承接先锋奖第四名			
2019 网络金融旺季营销中私人银行业务拓展先锋奖第二名			
2019 网络金融旺季营销中商蓉商务拓展优胜奖网点序列三等奖			

续表 55

荣誉称号	获奖单位或个人	颁发单位／文号	颁发时间
2018 年度全市福利彩票工作优秀单位	县民政局	市民政局／衢市民〔2019〕33 号	2019-05-05
2018 年度全市福利彩票工作先进个人	林骏（县民政局）		
2019 年一季度全市检察“网评之星”	余露（县检察院）	市检察院政治部／衢市检政〔2019〕2 号	2019-05-14
2018 年度全市烟草系统优秀质量管理小组成果二等奖	《打击破网原始数据处理分析软件的研发》（县烟草专卖局）	市烟草专卖局（省烟草公司衢州市公司）／衢烟企联〔2019〕28 号	2019-05-17
2019 年 5 月—2022 年 4 月衢州市监察委员会第一届特约监察员	孙衣云（县教师进修学校、教研室）	市监察委员会／聘书	2019-05-21
衢州市乡村学校少年宫成果展银奖	龙绕小学	市委宣传部、市精神文明建设指导中心／奖杯	2019-06
衢州市首批“城乡儿童协同发展乡村学校少年宫”	阁底小学		
全市党建治理大花园基层组织建设和基层治理先锋战队	天马街道文峰社区、紫港街道紫港社区、金川街道徐村村、球川镇黄泥畈村、何家乡长风村	市委办公室、市政府办公室／衢委办发〔2019〕19 号	2019-06-06
全市党建治理大花园组团联村（社）服务先锋战队	东案乡田蓬村联村组团		
全市党建治理大花园农房体系构建和风貌提升先锋战队	新昌乡政府、紫港街道渣濑湾村		
全市党建治理大花园全域土地综合整治先锋战队	县自然资源和规划局土地开发整理中心		
全市党建治理大花园小城镇环境综合整治先锋战队	大桥头乡政府		
全市党建治理大花园消除集体经济薄弱村和农民增收先锋战队	辉埠镇政府、新昌乡达塘村		
全市党建治理大花园农村改革先锋战队	白石镇政府		
全市党建治理大花园基层组织建设和基层治理先锋战士	郑建华（大桥头乡浮河村）、张荣（新昌乡郭塘村）		
全市党建治理大花园组团联村（社）服务先锋战士	汪媛（何家乡）		
全市党建治理大花园网格服务管理先锋战士	裴国平（辉埠镇）、王美香（青石镇）、邵余芳（芳村镇）、胡平（同弓乡）、陈安庆（招贤镇）、刘抒妍（白石镇）		
全市党建治理大花园农房体系构建和风貌提升先锋战士	杨芝冬（县农民建房专班综合组）		
全市党建治理大花园全域土地综合整治先锋战士	杨力军（青石镇）		
全市党建治理大花园小城镇环境综合整治先锋战士	樊金国（县人大常委会）		
全市党建治理大花园农民增收和扶贫开发先锋战士	王新（麦卡电子商务有限公司）		
全市党建治理大花园产业发展先锋战士	徐荣新（浙江天子股份有限公司）、钦韩芬（爱佳果蔬开发有限责任公司）		
2019 年全市交通运输安全生产知识竞赛一等奖	胡小琴（县道路运输管理所）、刘云峰（县公路管理局）	市交通运输局／荣誉证书	

续表 55

荣誉称号	获奖单位或个人	颁发单位／文号	颁发时间
衢州市第十一届实验学校“教改之星”银奖	黄薇（育才小学）	市教育科学研究所、市教育学会实验学校研究分会／荣誉证书	2019-06-07
衢州市第十一届实验学校“教改之星”铜奖	余琅（实验小学）	市教育科学研究所、市教育学会实验学校研究分会／荣誉证书	2019-06-07
衢州市第八届中小学生艺术节声乐节目一等奖	实验小学	市教育局办公室／衢教办基〔2019〕44 号	2019-06-12
衢州市第八届中小学生艺术节声乐节目二等奖	城南中学	市教育局办公室／衢教办基〔2019〕44 号	2019-06-12
衢州市第八届中小学生艺术节声乐节目三等奖	育才小学、天马一小、常山一小、职业中专、紫港中学、育才中学	市教育局办公室／衢教办基〔2019〕44 号	2019-06-12
衢州市第八届中小学生艺术节器乐节目二等奖	大桥头小学、实验小学	市教育局办公室／衢教办基〔2019〕44 号	2019-06-12
衢州市第八届中小学生艺术节器乐节目三等奖	天马一小、新昌小学、常山一小	市教育局办公室／衢教办基〔2019〕44 号	2019-06-12
衢州市第八届中小学生艺术节现场展演器乐专场三等奖 c	天马一小	市教育局办公室／衢教办基〔2019〕44 号	2019-06-12
衢州市第八届中小学生艺术节现场展演声乐专场三等奖	天马一小	市教育局办公室／衢教办基〔2019〕44 号	2019-06-12
衢州市专家工作站	同弓乡	市委人才工作领导小组／奖牌	2019-07
优秀共产党员	徐湛军、洪芦俊（工行常山支行）	工行衢州分行党委／工银衢党〔2019〕26 号	2019-07-01
2018 年度实行最严格水资源管理制度考核等级优秀县（市、区）	常山县	市水利局、市发改委、市经信局、市财政局、市自然资源和规划局、市生态环境局、市住建局、市农业农村局、市统计局／衢州水利〔2019〕135 号	2019-07-08
2019 年二季度全市检察机关“网评之星”	魏霄璐（县检察院）	市检察院政治部／衢市检政〔2019〕4 号	2019-07-17
2019 年衢州市青少年田径锦标赛暨市青少年学生阳光体育田径比赛优秀裁判员	姚丁丁（常山三中）	市体育局、市教育局／衢州市体育竞赛获奖证书	2019-08
2019 年衢州市青少年田径锦标赛暨市青少年学生阳光体育田径比赛优秀教练员	余通通（龙绕小学）	市体育局、市教育局／衢州市体育竞赛获奖证书	2019-08
衢州市第五届“红烛奖”	汪雨根（紫港中学）、郑爱英（城南中学）、吴银娟（育才中学）、黄河英（二都桥小学）、张洪良（阁底小学）、何绍叶（钳口小学）	市教育局、市孔子教育基金会／衢市教师〔2019〕47 号	2019-08-07
2019 年衢州市中小学教坛新秀	胡鸽平（常山一中）、陈伟芳（城关中学）、杨焕（育才中学）、郑秀枫（球川小学）、凌佳（招贤小学）、李燕君（教工幼儿园）	市教育局／衢市教师〔2019〕46 号	2019-08-08
选送作品：女声独唱《清晰的记忆》《父亲的草原母亲的河》获“东方・金衢通杯”衢州市首届群众声乐大赛暨“百城联动、歌唱祖国”浙江省庆祝建国七十周年群众声乐大赛衢州赛区选拔赛青年组（美声）铜奖	县文化馆	市文化广电旅游局、市文学艺术界联合会、衢州广电传媒集团／衢市文旅通〔2019〕41 号	2019-08-08

续表 55

荣誉称号	获奖单位或个人	颁发单位／文号	颁发时间
集体三等功	县公安局城郊派出所、县公安局交警大队法制中队、县公安局警务保障室	市公安局／衢公令〔2019〕3 号	2019-08-09
个人三等功	胡吉庆（县公安局城关派出所）、徐文进（县公安局外港派出所）、杨海波（县看守所）、何珍珍（县公安局巡特警大队）		
全市法院“优质服务群众先进个人”	方程、徐晓莉（县法院）	市中级人民法院／衢中法〔2019〕85 号	2019-08-14
2019 年 1—6 月衢州市涉烟大要案件表彰奖励	常山县“2018·12·03”无证运输重大案件；常山县“2019·04·05”无证运输重大案件（县烟草专卖局）	市烟草专卖局／衢烟专〔2019〕14 号	2019-08-21
2019 年衢州市教师文化专业知识考试团体优胜奖	常山一中、职业中专	市教育局办公室／衢教办师〔2019〕62 号	2019-08-26
2019 年衢州市教师文化专业知识考试个人优胜奖	余土英、黄雪刚、王立平、叶水爱、洪笑英、吕小羽、谢歆（常山一中）；洪道良、刘砾、祝俭、汪洋（紫港中学）；朱璟、金鑫、徐堇夏、徐兵、徐志奇、张华明、韩淑群、许和英（职业中专）；甘美娟、江倩、祝文靓、姚丽玲、陈晓俊（城南中学）；朱国明（常山二中）；江露霞、陈伟明、徐金铭、叶海霞、王有平、朱元英、李爱丽、毛玲玲、琚秋萍（育才中学）；戴玲玲、朱莹（龙绕初中）；何洋洋、叶超、徐丽红、金秀成（常山三中）；陈用良、胡小珍、郑水善、章伟利、王雪利（城关中学）；蓝思琪、黄贤平（城东中学）；兰红霞（招贤小学）；高红霞、施莉芳、陈雯（青石小学）；何慧慧、俞晓宏、王奕、郑荣明、徐艺文（常山一小）；洪丽春（同弓小学）；刘丽君、俞梦霞、徐捷、李宇飞（天马一小）；王燕芝（阁底小学）；杨艳、聂茂林（何家小学）；郑凌倩（辉埠小学）；舒华清、叶青韵、罗美玲（东案小学）；程光洪、蒋振威（宋畈小学）；蔡水华、徐燕玲（实验小学）；陈雨华、胡苏莹（大桥头小学）；汪艳婷、余佳佳（芳村小学）；徐扬、程咪（育才小学）；徐礼军、曾雅、陈玲玲（新昌小学）；余利奇、徐子晴（球川小学）；余青、周兰兰（白石小学）；郑亚娜、周丽仙（龙绕小学）；毛学芳（天马二小）；洪彩霞、邱超颖（教工幼儿园）；琚冬仙、钱春华（二都桥小学）		

续表 55

荣誉称号	获奖单位或个人	颁发单位／文号	颁发时间
国网衢州供电公司抗击“利奇马”台风先进集体	县供电公司	市供电公司党委／衢电党〔2019〕58 号	2019-08-29
国网衢州供电公司抗击“利奇马”台风先进个人	朱礼华、胡良墩、汪建平、缪钦、袁武、兰晓华、周宏铭、余雷、徐建华、吴立峰（县供电公司）		
2019 年全员业务技术竞赛总团体第一名	工行常山支行	工行衢州分行工会／工银衢工委〔2019〕11 号	
2019 年全员业务技术竞赛网点主任团体第一名			
2019 年全员业务技术竞赛公司业务条线团体第三名			
2019 年全员业务技术竞赛个人业务条线团体第一名			
2019 年全员业务技术竞赛现场经理、运行主管团体第一名			
2019 年全员业务技术竞赛客服经理团体第二名			
2019 年全员业务技术竞赛公司业务条线个人二等奖	汪丽芸（工行常山支行）		
2019 年全员业务技术竞赛公司业务条线个人三等奖	洪芦俊、吕龙女、刘玲（工行常山支行）		
2019 年全员业务技术竞赛个人业务条线个人三等奖	陈丽琦、陈秀珍（工行常山支行）		
2019 年全员业务技术竞赛现场经理、运行主管个人一等奖	江也方（工行常山支行）		
2019 年全员业务技术竞赛现场经理、运行主管个人二等奖	周欣（工行常山支行）		
2019 年全员业务技术竞赛现场经理、运行主管个人三等奖	李玲玲（工行常山支行）		
2019 年全员业务技术竞赛客服经理（50 岁〈不含〉以下）个人二等奖	徐子望、张诗萌（工行常山支行）		
2019 年全员业务技术竞赛客服经理（50 岁〈不含〉以下）个人三等奖	饶冬学（工行常山支行）		
2019 年全员业务技术竞赛客服经理（50 岁〈含〉以上）个人一等奖	杜娟（工行常山支行）		
2019 年全员业务技术竞赛客服经理（50 岁〈含〉以上）个人三等奖	黄秋芳（工行常山支行）		
2019 年全员业务技术竞赛综合保障个人二等奖	赵丽雅（工行常山支行）		
2019 年全员业务技术竞赛综合保障个人三等奖	陈荣华（工行常山支行）		
2019 年衢州市班主任基本功大赛一等奖	刘丽君（天马一小）、陈华锋（常山一中）、詹小峰（紫港中学）	市教育局办公室／衢教办学〔2019〕63 号	
2019 年衢州市班主任基本功大赛二等奖	蓝君红（实验小学）、郑有英（城关中学）、付卫芳（育才中学）、曾卫民（职业中专）		

续表 55

荣誉称号	获奖单位或个人	颁发单位／文号	颁发时间
衢州市“做一颗永不生锈的‘螺丝钉’——学‘三老’守初心担使命”主题演讲比赛一等奖	张正浩（县文化馆）	市委组织部、市委直属机关工委、共青团衢州市委／荣誉证书	2019-09
衢州市第八届中小学生艺术节优秀指导教师奖	徐燕玲、汪琦（实验小学）	市教育局／荣誉证书	2019-09-01
衢州市第八届中小学生艺术节“艺术教育先进工作者”	徐燕玲（实验小学）		
衢州市示范型乡镇（街道）退役军人服务站	紫港街道、辉埠镇、青石镇	市退役军人事务局／衢市退役军人局发〔2019〕9 号	2019-09-03
示范型村（社区）退役军人服务站	天马街道：屏山社区；紫港街道：紫港社区、外港村；辉埠镇：久泰弄村；白石镇：草坪村；球川镇：后弄村；青石镇：砚瓦山村；招贤镇：古县村；芳村镇：芙蓉湖村；新昌乡：西源村		
全市卫生健康系统抗台救灾工作先进集体	县疾控中心	市卫健委党委／衢卫党发〔2019〕31 号	2019-09-04
全市卫生健康系统抗台救灾工作先进个人	刘文峰（县疾控中心）		
衢州市第七届名师	徐春红（职业中专）、王芳（常山一中）、郑仁飞（育才中学）、陈正（育才小学）、林国芳（实验小学）、张建君（天马一小）、胡小燕（城东小学）	市政府／衢政发〔2019〕16 号	
2017—2018 年度衢州市教育科研先进集体	紫港中学、招贤小学	市教育科学规划领导小组办公室、市教育科学研究所／荣誉证书	2019-09-06
2017—2018 年度衢州市教育科研先进个人	洪琳、杨剑萍（县教育局教研室）；罗慧（紫港中学）、蔡水华（实验小学）		
2019 年全市优秀兼职教官	龚进升（县公安局）	市公安局政治部／衢公政治〔2019〕44 号	2019-09-09
2018 年全市征兵工作成绩突出单位	辉埠镇政府、青石镇政府、芳村镇政府	市征兵办／衢征〔2019〕7 号	2019-09-10
2018 年全市征兵工作成绩突出个人	马强（县人武部）、郑涛（白石镇政府）、陈思佳（青石镇政府）、林木青（县人民医院）		
衢州市自强模范	马金花（大拇指蛋糕店）、朱阿康（华康家庭农场）	市政府残疾人工作委员会秘书处（便函发）	2019-09-16
衢州市助残先进集体	县财政局、县教育局		
衢州市助残先进个人	林辉（白石卫生院残疾人社区康复站）、江敏（紫港街道紫港社区）		
衢州市残疾人工作先进集体	县残联		
衢州市残疾人工作先进个人	王诚（县残联）、徐仕和（芳村镇残联）、徐兰英（金川街道）		

续表 55

荣誉称号	获奖单位或个人	颁发单位／文号	颁发时间
最具影响力卫健人——医界楷模	胡兆富（县人民医院离休）	市卫健委／衢卫发〔2019〕42 号	2019—09—23
最具影响力卫健人——医改先锋	饶祖华（县人民医院）		
最具影响力卫健人——健康卫士	张建平（新桥卫生院）		
最具影响力卫健人——优秀村医	王贤涛（新昌乡西源村卫生室）、徐根英（招贤镇鲁士村卫生室）		
个人三等功	徐峰峰（县公安局巡特警大队）、郑英秀（县公安局刑侦大队视频侦查中队）、魏建宏（县公安局招贤派出所）、徐一飞（县公安局交警大队溪口中队）	市公安局／衢公令〔2019〕5 号	2019—09—27
三等治安荣誉奖章	黄昊龙、汪郑毅（县公安局巡特警大队）		
2019 年度衢州市改革创新最佳实践案例	常山县基层车事“一站办到底”服务新模式（县公安局）	市委全面深化改革委员会办公室、市“最多跑一次”改革办公室／衢改办发〔2019〕2 号	2019—09—30
2019 年度衢州市改革创新优秀实践案例	常山县建设油茶产业“一区两园四中心”综合体（县林业水利局）、常山县推行低保惠民联办（县民政局）		
2019 年衢州交通“回顾 70 周年·展望新时代”主题摄影及书画作品大赛中获摄影十佳作品	徐莹（县公路管理局）	市交通运输局／荣誉证书	2019—10
第四届衢州市文化人才“香樟奖”入选人员	郭裕文（县人武部）、周华诚（稻之谷文化传播有限公司）	市委宣传部／衢市宣〔2019〕39 号	2019—10—06
第四届衢州市文艺精品“南孔奖”入选作品	文艺图书类作品《草木滋味》、歌曲类作品《常山喝彩》、电视动画片《胡柚娃》（县委宣传部）；戏剧类作品《琼驽与苕郎》（浙江泓影文化传播有限公司）		
2019 年 8 月份营商环境建设“有礼之星”	李勤勤（县民政局）	市营商办、市改革办／衢营商发〔2019〕26 号	2019—10—08
衢州市第一批特殊教育示范性资源教室	常山一小、球川小学	市教育局办公室／衢教办基〔2019〕74 号	2019—10—10
“聚力拼首善 忠诚筑平安”衢州市公安机关庆祝新中国成立 70 周年合唱会演“最佳表现奖”	县公安局	市公安局／内部网络传真	2019—10—14
衢州市人大代表智慧监督治水工作先进集体	青石镇人大主席团、同弓乡人大主席团	市人大常委会办公室／荣誉证书	2019—10—22
衢州市市容环卫先进集体	县环境卫生管理处	市住建局、市总工会／衢住建办〔2019〕179 号	2019—10—28
衢州市优秀城市美容师	郑国伟		
衢州市 2019 年全国科普日活动优秀组织单位	白石镇政府、金川街道办事处、辉埠镇政府	市委宣传部、市科协、市教育局、市科技局、市农业农村局、市卫健委／衢市科协〔2019〕42 号	
衢州市 2019 年全国科普日优秀活动	“喜看常山新变化”科技工作者征文大赛（县科协）、“体验科技，提高素质”为主题的科技月系列活动（县青少年活动中心）		

续表 55

荣誉称号	获奖单位或个人	颁发单位／文号	颁发时间
衢州市“四好农村路”示范乡镇	白石镇	市交通运输局／衢市交〔2019〕121号	2019–10–30
《电力魔方——数据重组定制中小微企业多元服务》获衢州市第四届数据挖掘大赛一等奖	祝健君、吴忠、琚军、徐明、徐峰、章羽、廖爱连、方慧斌、洪灵、严翔、毛欣柳、程曦（县供电公司）	市总工会、市大数据发展管理局、市人力资源和社会保障局／荣誉证书	2019–11
2019年衢州市中小学生足球比赛暨青少年学生阳光体育足球比赛优秀教练员	余通通（龙绕小学）	市体育局、市教育局／衢州市体育竞赛获奖证书	2019–11
“南孔圣地·衢州有礼”衢州市校园智力运动对抗赛暨第四届少先队“脑力无极限”趣味挑战赛——24点大战团队一等奖	天马一小	共青团衢州市委、市体育局、少先队衢州市工作委员会／获奖证书	2019–11
衢州市第二批“文明校园”	常山一中、职业中专、城关中学、东案小学、常山一小、湖东小学	市精神文明建设委员会／衢文明〔2019〕9号	2019–11–01
衢州市第十五届哲学社会科学优秀成果论文类二等奖	罗丽君（县委党校）	市哲学社会科学规划领导小组办公室／衢社科规办〔2019〕4号	2019–11–13
衢州市第十五届哲学社会科学优秀成果论文类三等奖	刘学锋（县委党校）、周元良（县委编办）	市哲学社会科学规划领导小组办公室／衢社科规办〔2019〕4号	2019–11–13
“江山农商银行杯”2019年衢州市金融系统气排球比赛男子组第六名	常山联合村镇银行	人民银行衢州市中心支行／奖杯	2019–11–16
个人三等功	高琪磊（县公安局经侦大队）、姜波（县公安局大桥头派出所）	市公安局／衢公令〔2019〕6号	2019–11–19
2019年度市级民主法治村（社区）	同弓乡：彤弓山村；东案乡：前库村、弄坞村、田蓬村；白石镇：聚宝村、十八里村、新塘岭村、曹会关村；球川镇：新店村、常周村、芙蓉村、东坑村；紫港街道：富足山村、狮东村；青石镇：马车村、新站村；芳村镇：上猷阁村、东源村、河边山村、泮坑村；大桥头乡：浮河村、客弄村、大桥村；金川街道：湖东村、朱家坞村	市司法局、市民政局／衢市司发〔2019〕30号	2019–11–20
2019年衢州市“五好”学校关工委	天马一小、天马二小、实验小学、辉埠小学、白石小学、同弓小学、芳村小学、招贤小学、紫港中学、城南中学	市教育局关心下一代工作委员会／衢教关工委〔2019〕3号	2019–11–20
第二届衢州市住房金融礼仪大赛，团体三等奖	市住房公积金中心常山分中心	市住房金融大数据应用联盟／通报（便函发）	2019–11–28
第二届衢州市住房金融礼仪大赛，个人三等奖	徐昕煜、黄莹（市住房公积金中心常山分中心）	市住房金融大数据应用联盟／通报（便函发）	2019–11–28

续表 55

荣誉称号	获奖单位或个人	颁发单位／文号	颁发时间
2019 衢州市中小学田径苗子精英赛优秀裁判员	余通通（龙绕小学）	市体育局、市教育局／衢州市体育竞赛获奖证书	2019–12
ZSBL 浙江省第十三届中小学生篮球联赛衢州赛区初中女子组第一名、初中男子组第二名、优秀组织奖	城关中学	市教育局、市体育局／奖牌	
创作歌曲《木龙榨声声香》获得衢州市第九届群众文艺会演表演金奖，创作银奖	潘兵（县文化馆）	市文旅局／衢市文旅通〔2019〕60 号	
创作歌曲《你我的爱》获得衢州市第九届群众文艺会演表演银奖，创作银奖			
“裕农通村村通”中，全市第一个实现乡村全覆盖	建设银行常山支行	建设银行衢州分行／贺信	
2019 年度全市信息工作考核排名第三	县财政局	市财政局／荣誉证书	
2019 年度“优秀通讯员”	潘金金（县财政局）		
2019 年度“信息积极分子”	汪卓成（县财政局）		
衢州第三届绿色金融十佳产品	排污权质押贷（常山农商银行）	市绿色金融改革创新试验区建设工作领导小组／奖牌	
第三批衢州市非物质文化遗产代表性项目、代表性传承人——民间文学	常山喝彩歌谣：曾令兵（县文化馆）	市文化广电旅游局／衢市文旅通〔2019〕56 号	2019–12–02
第三批衢州市非物质文化遗产代表性项目、代表性传承人——传统音乐	新桥十番锣鼓：姜水根（芳村镇）；青石唢呐：胡来古（青石镇）		
第三批衢州市非物质文化遗产代表性项目、代表性传承人——传统舞蹈	洗马舞：李树有，钢叉舞：涂水林（新昌乡）		
第三批衢州市非物质文化遗产代表性项目、代表性传承人——传统戏剧	常山婺剧：刘小军（五里小学）		
第三批衢州市非物质文化遗产代表性项目、代表性传承人——传统体育、游艺与杂技	常山猷辂拳：谢章华（新昌乡）；武当太乙拳（宋氏门）：左琦（天马街道）		
第三批衢州市非物质文化遗产代表性项目、代表性传承人——传统技艺	常山传统榨油技艺：王国进（鹏飞油茶专业合作社）；木杆秤手工制作技艺（天马街道）；常山竹编技艺：章嘉水（章嘉水工作室）、毛春良（竹间堂文化艺术传播有限公司）；传统榨糖技艺：胡良军（中军家庭农场）；常山焙馃（糕）：胡富英（天马街道）		
执行“十条军规”正面典型事项通报表扬	县政府、金川街道	市委办公室、市政府办公室／办字〔2019〕81 号	2019–12–04

续表 55

荣誉称号	获奖单位或个人	颁发单位／文号	颁发时间
全市超声技能比武个人三等奖	杨子昂（县人民医院）	市卫生健康委、市总工会／衢卫发〔2019〕46 号	2019-12-05
全市血液净化基本技能比武个人二等奖	马彩霞（县人民医院）	市卫生健康委、市总工会／衢卫发〔2019〕46 号	2019-12-05
全市检验医学技能比武个人三等奖	杜小强（县人民医院）	市卫生健康委、市总工会／衢卫发〔2019〕46 号	2019-12-05
全市检验医学技能比武团体三等奖	县临床检验质控中心	市卫生健康委、市总工会／衢卫发〔2019〕46 号	2019-12-05
全市急危重症孕产妇抢救演练技能比武个人三等奖	江水琴（县妇保院）	市卫生健康委、市总工会／衢卫发〔2019〕46 号	2019-12-05
全市急危重症孕产妇抢救演练技能比武团体三等奖	县妇保院	市卫生健康委、市总工会／衢卫发〔2019〕46 号	2019-12-05
全市中药炮制调剂鉴定技能比武个人二等奖	胡赛（县人民医院）	市卫生健康委、市总工会／衢卫发〔2019〕46 号	2019-12-05
全市中药炮制调剂鉴定技能比武团体三等奖	县人民医院	市卫生健康委、市总工会／衢卫发〔2019〕46 号	2019-12-05
全市儿童保健技能比武团体三等奖	县卫健局	市卫生健康委、市总工会／衢卫发〔2019〕46 号	2019-12-05
全市基层公卫项目技能比武团体三等奖	县卫健局	市卫生健康委、市总工会／衢卫发〔2019〕46 号	2019-12-05
医共体下慢病管理技能比武个人一等奖	蒋婷婷（县人民医院）	市卫生健康委、市总工会／衢卫发〔2019〕46 号	2019-12-05
医共体下慢病管理技能比武团体三等奖	县卫健局	市卫生健康委、市总工会／衢卫发〔2019〕46 号	2019-12-05
全市结核病社区管理与疾病控制技能比武社区管理类个人二等奖	宋昀（芳村卫生院）	市卫生健康委、市总工会／衢卫发〔2019〕46 号	2019-12-05
全市结核病社区管理与疾病控制技能比武社区管理类个人三等奖	何时英（县中医医院）	市卫生健康委、市总工会／衢卫发〔2019〕46 号	2019-12-05
全市结核病社区管理与疾病控制技能比武团体二等奖	县卫健局	市卫生健康委、市总工会／衢卫发〔2019〕46 号	2019-12-05
全市病媒生物防制技能比武个人二等奖	黄业伟（县疾控中心）	市卫生健康委、市总工会／衢卫发〔2019〕46 号	2019-12-05
全市病媒生物防制技能比武团体三等奖	县卫健局	市卫生健康委、市总工会／衢卫发〔2019〕46 号	2019-12-05
全市卫生健康监督技能比武医疗和传染病防治卫生监督组个人二等奖	徐美君（县卫生监督所）	市卫生健康委、市总工会／衢卫发〔2019〕46 号	2019-12-05
全市卫生健康监督技能比武放射诊疗和职业卫生监督组个人二等奖	江晨露（县卫生监督所）	市卫生健康委、市总工会／衢卫发〔2019〕46 号	2019-12-05
全市卫生健康监督技能比武计划生育卫生监督组个人三等奖	王智斌（县卫生监督所）	市卫生健康委、市总工会／衢卫发〔2019〕46 号	2019-12-05

续表 55

荣誉称号	获奖单位或个人	颁发单位／文号	颁发时间
音乐剧《最美时代·一生喝彩》、组歌《宋诗之河系列主题套曲》入选衢州市文艺精品扶持工程第七批项目	县文化馆	市委宣传部／衢市宣〔2019〕49 号	2019-12-10
国家 AAA 级旅游景区	青石镇东方巨石阵景区	市旅游景区质量等级评定委员会／衢旅质评〔2019〕9 号	2019-12-11
通报表扬	潘荣浪（县市场监管局）	市市场监管局／衢市监人〔2019〕12 号	2019-12-12
2018 年度全市财政预算执行工作质量政府财务报告工作排名第一	县财政局	市财政局（便函发）	2019-12-16
2019 年度浙江省 AAA 级景区村庄	何家乡长风村、白石镇新塘岭村、东案乡金源村、辉埠镇路里坑村、新昌乡达塘村、球川镇东坑村	市文化广电旅游局、市农业农村局／衢市文旅通〔2019〕64 号	
政务督查通报（2019 年 11 月份向上对接情况通报）	2019 年省级乡村振兴产业发展示范建设项目——油茶产业发展（常山县）	市政府办公室／〔2019〕44 号	2019-12-17
2019 年度市白蚁防治先进集体	县房地产管理处	市房地产管理处／衢房管〔2019〕22 号	2019-12-18
男声独唱《夏夜遐想曲》获衢州市第九届群众文艺会演音乐类创作金奖	县文化馆	市文化广电旅游局／衢市文旅通〔2019〕60 号	
男声表演唱《木龙榨声声香》、女声独唱《你我的爱》获衢州市第九届群众文艺会演音乐类创作银奖			
男声独唱《夏夜遐想曲》、男声表演唱《木龙榨声声香》获衢州市第九届群众文艺会演音乐类表演金奖			
女声独唱《你我的爱》获衢州市第九届群众文艺会演音乐类表演银奖			
群舞《阿婆的糯糕》获衢州市第九届群众文艺会演舞蹈类创作银奖、表演金奖	县文化馆、职业中专		
小品《你还爱我吗》、音乐小品《最美时代·一生喝彩》获衢州市第九届群众文艺会演小品类创作银奖	县文化馆		
小品《你还爱我吗》获衢州市第九届群众文艺会演小品类表演金奖			

续表 55

荣誉称号	获奖单位或个人	颁发单位／文号	颁发时间
2019 年衢州市移动支付业务推广劳动竞赛先进推广集体	常山农商银行	中国人民银行衢州市中心支行、市总工会／衢银发〔2019〕63 号	2019-12-19
2019 年衢州市移动支付业务推广劳动竞赛移动支付示范商户	周亚娟食品超市（常山农商银行）、芳村镇三毛生鲜（农行衢州分行）		
2019 年衢州市移动支付业务推广劳动竞赛移动支付示范服务点	球川镇红旗岗村银行卡助农服务点（常山农商银行）		
2019 年衢州市未成年人思想道德建设工作先进学校	实验小学	市精神文明建设委员会办公室／衢市文明办〔2019〕11 号	2019-12-20
2019 年衢州市未成年人思想道德建设工作先进乡村学校少年宫	新昌小学乡村小学少年宫		
衢州市第九批“群体师德创优达标先进单位”	五里小学、新桥小学、育才小学	市教育局办公室、中国教育工会衢州市委员会／衢市教办〔2019〕90 号	2019-12-26
2019 年衢州市公路水运“平安工地”示范施工合同段	① G60 沪昆高速金华互通至浙赣界改扩建 5 标；② 320 国道衢州航埠至常山草坪段改建（常山段）第 1 标段	市交通局／衢市交〔2019〕143 号	2019-12-27
2019 年衢州市公路水运“平安工地”示范监理合同段	杭金衢改扩建二期第 5 监理合同段		
《垃圾分类》获 2019 年全市婺剧进校园展演赛优秀现实题材奖	五里小学	市教育局、市文化广电旅游局、市婺剧促进会／衢市婺促〔2019〕9 号	2019-12-30
2019 年衢州市小学数学教师素养大赛中获《数学小故事》单项二等奖、《教学案例设计》单项二等奖	蒋小芬（五里小学）	市教育学会小学数学教学研究分会／荣誉证书	
衢州市第四次经济普查先进集体	县政府第四次经济普查领导小组办公室、芳村镇政府、金川街道办事处、球川镇政府、辉埠镇政府、青石镇政府	市政府第四次经济普查领导小组／衢经普组〔2019〕1 号	2019-12-31
衢州市第四次经济普查先进个人	吴正元（县经济开发区统计分局）；朱朝阳、顾洁夏、江骏霞、鲍忠亮、占慧臻、陈文雅、陈蓉、柯世瑾、胡美芳、叶翠（县统计局）；詹国香、陈烨（天马街道办事处）；刘士全（紫港街道办事处）；王怡露（金川街道办事处）；徐丽娟、陈伟俊（白石镇政府）；郑敏敏、吴曙红（紫港街道）；王鑫（招贤镇政府）；林晨（青石镇政府）；余安（辉埠镇政府）；江建平（何家乡政府）；毛昌飞（大桥头乡政府）；方西（新昌乡政府）；盛路（东案乡政府）		

县委、县政府表彰（命名）的荣誉一览表

表 56

荣誉称号	获奖单位或个人	颁发单位／文号	颁发时间
中国辣村	长风村（何家乡）	县政府、中国食文化研究会／奖牌	2019-01-18
2018 年度优秀代表小组	金川街道代表小组、何家乡代表小组、大桥头乡代表小组、球川镇代表小组	县人大常委会／常人大〔2019〕12 号	2019-01-21
代表信息化履职先进组织单位	同弓乡人大主席团、招贤镇人大主席团	县人大常委会／常人大〔2019〕13 号	2019-01-21
代表信息化履职先进个人	李华、徐晓俊（天马街道）；占小锋、黄盖民（紫港街道）；刘昌其、刘启忠、林文雅（金川街道）；魏土良（辉埠镇）；何晓荣、朱爱华（何家乡）；黄国新、邹根生、郑仕民（招贤镇）；钟素芳、张美华、余丽芳（青石镇）；徐建芳（东案乡）；张田凤（大桥头乡）；张辉良（芳村镇）；黄军英（新昌乡）；朱卸英、甘花（白石镇）；林学明、官平平（球川镇）；陈宣辉、章玉君、胡平（同弓乡）	县人大常委会／常人大〔2019〕13 号	2019-01-21
集体三等功	县行政服务中心、县教育局、县自然资源和规划局、县公安局、县新闻传媒集团、县开发区管委会、新昌乡	县政府／常政发〔2019〕5 号	2019-02-01
常山县“东接新衢州、慢城大花园”先锋战队	“最多跑一次”改革专班、农民建房服务专班、“三个三”基层党建工程专班、综合交通推进专班、“三改一拆”“四边三化”专班、县域医疗服务共同体专班、全域土地综合整治专班、驻点招商工作专班、非洲猪瘟疫情防控工作组、省级文明城市复评专班	县委、县政府／常委〔2019〕14 号	2019-02-03
常山县“东接新衢州、慢城大花园”先锋战士	陈黎晖（县委编办）、王伟（县发展和改革局）、陈文军（县教育局）、杨斌（县财政局）、龚建成（县自然资源和规划局）、徐焕（县交通运输局）、曾修明（县农业农村局）、严维民（县农业农村局）、徐安平（县采砂办）、毛永清（县林业水利局）、樊海笑（县卫生健康局）、谢成（县招商局）、姚长征（县供销联社）、胡立宏（天马街道渡口社区）、徐亮（紫港街道办事处）、朱奕楠（辉埠镇政府）、许舵（招贤镇政府）、陈霞（青石镇政府）、程礼锋（新昌乡西源村）、周燕清（球川镇黄泥畈村）	县委、县政府／常委〔2019〕14 号	2019-02-03

续表 56

荣誉称号	获奖单位或个人	颁发单位／文号	颁发时间
常山县第七批劳动模范	马朝虎（县新闻传媒集团）、王伟（县发改局）、王玉林（浙江雪村制冷设备有限公司）、毛式祥（常山江山虎水泥有限公司）、史君齐（浙江哲丰新材料有限公司）、朱桂贞（钳口小学）、朱硕霞（青石镇湖头村）、江宏伟（县殡仪馆）、许飞（县供电公司）、李巧（县农业农村局）、何超（县气象局）、余根良（县文广旅体局）、张冰心（金川街道）、陈兆俊（县人民医院）、陈先平（青石镇塘边村）、林芳仙（白石镇草坪村）、周智水（何家乡钱塘村）、郑勤（县检察院）、郑文祥（良友酒家有限责任公司）、徐谟清（县住建局）、涂国红（浙江赛得健康产业投资管理集团）、黄华（县公安局）、傅贵生（县档案馆）、曾金龙（皮尔轴承有限公司）	县政府／常政发〔2019〕22 号	2019-04-29
常山县第七批劳动模范集体	县财政局、育才中学、同弓乡全域土地综合整治工作专班、县公安局城关派出所、县油茶公园管理处		
乡村振兴主办银行	常山农商银行	县委、县政府／奖牌	2019-06-20
“党建统领·宋诗田园”建设先锋战队	金川街道徐村村、辉埠镇东乡村、辉埠镇彭川村、东案乡田蓬村、大桥头乡濛桥村、新昌乡郭塘村、新昌乡西源村、白石镇草坪村、球川镇黄泥畈村、同弓乡同心村、紫港街道渣濑湾村联村组团、何家乡长风村联村组团、新昌乡达塘村联村组团、天马街道南前坊村网格党小组、金川街道十里山村第一网格党小组、辉埠镇鸭坞村第一网格党小组、招贤镇高埂村第一网格党小组、芳村镇横山路村第一网格党小组、白石镇聚宝村范村网格党小组、同弓乡中和村第二网格党小组	县委、县政府／常委信笺〔2019〕2 号	2019-07-08
“党建统领·宋诗田园”建设先锋战士	曾智盛（招贤镇）、刘小莉（何家乡）、王为平（东案乡）、廖红俊（新昌乡）、江月军（芳村镇）、方高生（球川镇）、徐爱荣（紫港街道）、宋伟（浙江柚香谷投资管理股份有限公司）、王勇（爱佳果蔬开发有限责任公司）、余家富（村上酒店管理有限公司）、余丽仙（大桥头乡）、盛颖洁（新昌乡）、揭超（球川镇）、何小英（何家乡）、毛可光（青石镇）、秦根文（东案乡）、王土根（辉埠镇）、樊永平（何家乡）、江洪标（青石镇）、徐德明（白石镇）		

续表 56

荣誉称号	获奖单位或个人	颁发单位／文号	颁发时间
2018年度全县平安建设突出贡献集体	紫港街道、辉埠镇、大桥头乡、新昌乡、团县委、县住建局、县国土资源局、县委维稳办、县检察院、县消防大队、县市场监管局、县教育局	县委、县政府／常委信笺〔2019〕2号	2019-07-08
2018年度全县信访工作突出贡献集体	白石镇、球川镇、县公安局、县综合执法局	县委、县政府／常委信笺〔2019〕2号	2019-07-08
2018年度全县平安建设突出贡献个人	胡水刚（天马街道）、吴红芳（何家乡）、余文胜（青石镇）、汪建新（东案乡）、徐立臣（大桥头乡）、徐升（芳村镇）、詹金锋（白石镇）、张铨金（球川镇）、胡伟星（同弓乡）、郑君（县委办）、吴业勤（县政府办）、陈金龙（县机关事务管理局）、郭海涛（县人大机关）、顾哲洁（县政协机关）、黄建新（县纪委监委）、徐皇峰（县委组织部）、郭永平（县委宣传部）、樊有卫（县委统战部）、朱万华（县委政法委）、陈桂强（县信访局）、樊寒宜（县编办）、饶贤福（县档案局）、徐斌（县妇联）、朱万洪（县残联）、徐先宏（县发改局）、赵聪（县商务和粮食局）、郑燕（县统计局）、郑秀平（县经信局）、祝慧虹（县科技局）、管威京（县经济技术开发区管委会）、朱瑜（县人力社保局）、严盛（县住建局）、翁绍志（县交通运输局）、刘宁（县新闻传媒集团）、方程（县法院）、鲁祖夏（县公安局）、汪益华（县司法局）、廖小兵（县民政局）、郑汉（县水利局）、杨兴良（县林业局）、江俊庭（县财政局）、张孝菲（县市场监管局）、李珍（县审计局）、罗立新（县教育局）、黄国华（县卫计局）、廖伟军（县文广新局）、刘启忠（金川街道十五里村）、琚正堂（何家乡钱塘村）、周燕清（球川镇黄泥畈村）、姜云水（浙江云泰纺织有限公司）、王玉林（浙江雪村制冷设备有限公司）	县委、县政府／常委信笺〔2019〕2号	2019-07-08
2018年度全县信访工作突出贡献个人	宁玮亮（天马街道）、金丽军（紫港街道）、郑建（金川街道）、蒋宝（辉埠镇）、钱小平（招贤镇）、郑有福（大桥头乡）、汪林宏（芳村镇）、徐文艳（新昌乡）、张铨金（球川镇）、王建坤（同弓乡）、余金富（县委办）、郭金清（县委政法委）、李宏疆（县人社局）、周焱（县国土资源局）、徐焕（县交通运输局）、徐坚兵（县城东新区管委会）、徐德成（县信访局）、董梦丹（县住建局）、王兵（县开发区管委会）、郑昕（县人社局）、胡长锋（县卫计局）、张志林（县民政局）、吴明芳（县综合执法局）、黄丽丽（县采砂办）、姚长征（县供销联社）	县委、县政府／常委信笺〔2019〕2号	2019-07-08

续表 56

荣誉称号	获奖单位或个人	颁发单位 / 文号	颁发时间
常山县 2019 年“效率之星”单位	白石镇、县林业水利局、县新闻传媒集团	县委、县政府 / 常委〔2019〕31 号	2019-10-24
常山县 2019 年“效率之星”干部	徐勋（天马街道）、苏恒俊（紫港街道）、吴小丽（辉埠镇）、王伟荣（招贤镇）、徐鹏飞（青石镇）、黄建（芳村镇）、占锋（新昌乡）、汪正满（县退役军人事务局）、胡龚雅（县自然资源和规划局）、徐臣（县交通运输局）、吴利军（县林业水利局）、郑小英（县财政局）		
常山县 2019 年“拖拉机干部”	李建军（天马街道五联村）、陈利东（紫港街道）、陈松禄（辉埠镇东鲁村）、徐藤燕（招贤镇）、汪和生（青石镇阁底村）、洪威（大桥头乡）、周文明（县城投集团）、翁思思（县自然资源和规划局）、曹斌（县应急管理局）、余连荣（县住房和城乡建设局）		

重 要 文 件 目 录

中共常山县委、常山县人民政府联发文件一览表

表 57

序号	文 号	文 件 标 题
1	常委〔2019〕1 号	关于促进低收入农户高水平全面小康的意见
2	常委〔2019〕15 号	关于印发《健康常山 2030 行动纲要》的通知
3	常委〔2019〕18 号	关于深化常山县国有企业改革的意见
4	常委〔2019〕20 号	关于印发《常山县创建全省禁毒示范县工作实施方案》的通知
5	常委〔2019〕21 号	关于印发《关于进一步推进农民集聚工程的实施意见》的通知
6	常委〔2019〕27 号	关于印发《常山县工业园区整合实施意见和实施方案》的通知
7	常委〔2019〕43 号	关于全面推进预算绩效管理的实施意见
8	常委〔2019〕44 号	关于进一步加强新时代乡贤工作同心共筑慢城大花园的实施意见

（县委办公室）

中共常山县委文件一览表

表 58

序号	文 号	文 件 标 题
1	常委〔2019〕11 号	关于撤销中共常山县委老干部局局务会议制度的通知
2	常委〔2019〕12 号	关于建立常山县档案馆馆务会议制度的通知
3	常委〔2019〕13 号	关于建立中共常山县委机构编制委员会办公室室务会议制度的通知
4	常委〔2019〕16 号	关于建立交通项目“大会战”行动五个临时党委的通知
5	常委〔2019〕25 号	关于开展向胡兆富同志学习活动的决定
6	常委〔2019〕30 号	关于建立常山县社会治理综合服务中心室务会议制度的通知
7	常委〔2019〕33 号	关于高水平推进新时代人大工作和建设的实施意见
8	常委〔2019〕34 号	关于进一步加强干部作风建设的意见
9	常委〔2019〕35 号	关于禁止村干部承揽或插手本村工程项目建设的暂行规定
10	常委〔2019〕39 号	关于新时代加强改进人民政协工作的实施意见

（县委办公室）

常山县人民政府文件一览表

表 59

序号	文 号	文 件 标 题
1	常政发〔2019〕4 号	关于淳安至江山公路常山屈牌岭至新桥段公路工程跨越饮用水源准保护区的批复
2	常政发〔2019〕5 号	关于授予行政服务中心等 7 家单位集体三等功的决定
3	常政发〔2019〕7 号	关于印发《浙江省常山县钱江源矿山生态环境综合治理方案》的通知
4	常政发〔2019〕8 号	关于印发《常山港流域生态环境保护综合治理方案》的通知
5	常政发〔2019〕9 号	关于印发《常山县生态文明建设规划（2019—2025 年）》的通知
6	常政发〔2019〕10 号	关于县长、副县长及党组成员分工的通知
7	常政发〔2019〕11 号	关于融资平台公司市场化转型的公告
8	常政发〔2019〕12 号	关于印发《常山县人民政府工作规则》的通知
9	常政发〔2019〕14 号	关于优化普高学考、高考选考等教育招生考试环境维护考试秩序的通告
10	常政发〔2019〕15 号	关于调整常山县专业安全生产委员会的通知
11	常政发〔2019〕16 号	关于清明期间禁止林区野外用火的通告
12	常政发〔2019〕17 号	常山县人民政府 常山县人民武装部 关于 2019 年度民兵组织整顿工作的实施意见
13	常政发〔2019〕18 号	关于印发常山县中心城区声环境功能区划分方案的通知
14	常政发〔2019〕19 号	关于表彰 2019 年度县长特别奖等奖项的通报
15	常政发〔2019〕20 号	关于公布常山县城区住宅区片标定地价成果的通知
16	常政发〔2019〕22 号	关于表彰常山县第七批劳动模范和模范集体的决定
17	常政发〔2019〕23 号	关于下达常山县 2019 年重点建设、重大前期项目计划和政府投资项目支出计划的通知
18	常政发〔2019〕25 号	关于印发《常山县城区危旧房治理改造中储藏室有关问题补充意见》的通知
19	常政发〔2019〕28 号	关于明确县政府党组成员李德生同志工作分工的通知
20	常政发〔2019〕29 号	关于授予韩金铭、姚金环二位同志三等功的决定
21	常政发〔2019〕32 号	关于调整常山港干流禁渔时间的通知
22	常政发〔2019〕38 号	关于印发《常山县“小微企业三年成长计划”（2019—2020 年）》的通知
23	常政发〔2019〕47 号	关于下达常山县 2019 年重点建设项目中期调整计划的通知
24	常政发〔2019〕51 号	关于印发《常山县城镇老旧小区改造三年方案（2020—2022 年）》的通知
25	常政发〔2019〕53 号	关于授予常山育才中学集体三等功的决定
26	常政发〔2019〕59 号	关于 2019 年征兵的命令
27	常政发〔2019〕61 号	关于印发《常山县突发环境事件应急预案》的通知
28	常政发〔2019〕62 号	关于 2019 年常山县食品安全工作自查报告
29	常政发〔2019〕64 号	关于公布常山县第三批历史建筑保护名录的通知

（县政府办公室）

县委办公室、县政府办公室联发文件一览表

表 60

序号	文 号	文 件 标 题
1	常委办〔2019〕3 号	关于印发《常山县乡镇（街道）机构改革方案》的通知
2	常委办〔2019〕5 号	印发《关于构建新型政商关系的实施意见（试行）》的通知
3	常委办〔2019〕6 号	关于印发《中共常山县委常山县人民政府政协常山县委员会 2019 年度协商视察监督工作计划》的通知
4	常委办〔2019〕10 号	关于开展“常青藤”行动进一步发挥退出现职领导干部作用的通知
5	常委办〔2019〕11 号	关于印发《常山县“服务企业破山”行动推进工业经济高质量发展的实施方案》的通知
6	常委办〔2019〕64 号	关于建立县“服务企业服务群众服务基层”活动协调督查办公室及有关运行机制的通知
7	常委办〔2019〕65 号	关于建立大督考工作体系的实施意见
8	常委办〔2019〕67 号	关于开展效率革命年“一号攻坚”暨交通项目“大会战”行动的通知
9	常委办〔2019〕71 号	关于开展“厕所革命”提升行动的实施方案
10	常委办〔2019〕76 号	关于加快推进工业经济高质量发展的若干政策意见
11	常委办〔2019〕77 号	关于融资平台公司市场化转型的实施方案
12	常委办〔2019〕80 号	关于印发《常山县创建省级示范文明县城实施方案》的通知
13	常委办〔2019〕83 号	关于印发《常山县基层治理年活动实施方案》的通知
14	常委办〔2019〕84 号	关于印发《常山县国家卫生县城复审工作实施方案》的通知
15	常委办〔2019〕85 号	关于大力整治形式主义切实减轻基层负担的实施意见
16	常委办〔2019〕86 号	关于印发《东南数字经济发展研究常山分院建设方案》的通知
17	常委办〔2019〕88 号	关于加快推进退役军人服务保障体系建设的通知
18	常委办〔2019〕89 号	关于印发《常山县文学艺术发展扶持奖励办法（试行）》的通知
19	常委办〔2019〕93 号	关于加快职业教育改革发展的若干意见
20	常委办〔2019〕95 号	关于印发《防范化解重大风险重点任务分工抓落实方案》的通知
21	常委办〔2019〕96 号	关于印发《常山县机关事业单位借用人员管理办法（试行）》的通知
22	常委办〔2019〕97 号	关于印发《常山县国有企业人事管理办法（试行）》的通知
23	常委办〔2019〕99 号	关于印发《常山县社会治理综合服务中心实施方案》的通知
24	常委办〔2019〕102 号	关于印发《常山县农村网格工作考核管理办法（试行）》的通知
25	常委办〔2019〕106 号	关于印发《常山县乡镇（街道）模块化运行改革实施意见（试行）》的通知
26	常委办〔2019〕110 号	关于公布《常山县乡职责边界事项清单》的通知
27	常委办〔2019〕113 号	关于建立“廉政灶”制度的通知
28	常委办〔2019〕114 号	关于印发《常山县机关企事业单位工作人员考实积分管理办法（试行）》的通知
29	常委办〔2019〕119 号	关于进一步加强办公用房使用管理的实施细则（试行）
30	常委办〔2019〕120 号	关于印发《常山县机关事业单位编外用工管理办法》的通知
31	常委办〔2019〕121 号	关于印发《常山县干部作风治理“1530”行动实施方案》的通知
32	常委办〔2019〕123 号	关于进一步落实生态环境监管网格化管理的通知

（县委办公室）

县委办公室文件一览表

表 61

序号	文　号	文　件　标　题
1	常委办〔2019〕28 号	关于开展乡村振兴七大专项行动的通知
2	常委办〔2019〕63 号	关于深化“三个三”基层党建工程　深入开展“服务企业服务群众服务基层”活动的通知
3	常委办〔2019〕69 号	关于印发《中共常山县委巡察工作人员管理暂行办法》的通知
4	常委办〔2019〕92 号	关于印发《常山县受处分党员干部教育管理实施办法（试行）》的通知
5	常委办〔2019〕94 号	关于印发《关于深化常山县纪委县监委派驻机构改革的意见》的通知
6	常委办〔2019〕101 号	关于印发《常山县公务员职务与级别并行制度实施方案》的通知
7	常委办〔2019〕109 号	关于印发《常山县文联深化改革实施方案》的通知
8	常委办〔2019〕116 号	关于印发《进一步加强检察机关法律监督工作的实施意见》的通知
9	常委办〔2019〕117 号	关于印发《常山县落实〈中国共产党问责条例〉实施办法》的通知
10	常委办〔2019〕118 号	关于印发《常山县机关事业单位及其工作人员履职不力行为处置办法》的通知

（县委办公室）

常山县人民政府办公室文件一览表

表 62

序号	文　号	文　件　标　题
1	常政办发〔2019〕2 号	关于印发《常山县集体土地房屋重置价格标准》的通知
2	常政办发〔2019〕5 号	关于切实做好“大棚房”问题再排查再清理工作的通知
3	常政办发〔2019〕6 号	关于启用部门单位印章的通知
4	常政办发〔2019〕8 号	关于印发《常山县第六届全民运动会－常山县第二届百村农民运动会工作实施方案》的通知
5	常政办发〔2019〕9 号	关于开展“十百千”人才服务企业专项行动工作方案
6	常政办发〔2019〕10 号	关于进一步规范政府投资项目工程变更的意见
7	常政办发〔2019〕13 号	关于印发《农村饮用水达标提标专项行动计划》的通知
8	常政办发〔2019〕14 号	关于印发《2019 年政府工作报告重点工作责任分解》的通知
9	常政办发〔2019〕15 号	关于调整县政府办公室班子成员及科级领导工作分工的通知
10	常政办发〔2019〕16 号	关于印发《常山县高水平推进国土绿化美化行动实施方案（2018–2022 年）》的通知
11	常政办发〔2019〕17 号	关于印发《2019 年县政府民生实事项目》的通知
12	常政办发〔2019〕18 号	关于进一步加强公共资源统筹利用的若干意见

续表 62

序号	文 号	文 件 标 题
13	常政办发〔2019〕19 号	关于印发《常山县进一步巩固和推进农房风貌提升整治工作实施方案》的通知
14	常政办发〔2019〕23 号	关于各乡镇（街道）启用县自然资源和规划局规划审批专用章的通知
15	常政办发〔2019〕26 号	关于开展常山县“谋划好项目 擂台大比拼”专项行动的通知
16	常政办发〔2019〕28 号	关于进一步加强文物安全工作的通知
17	常政办发〔2019〕30 号	关于做好 2019 年政策性粮食数量和质量大清查工作的通知
18	常政办发〔2019〕31 号	关于印发《常山县部门间“最多跑一次”改革实施方案》的通知
19	常政办发〔2019〕32 号	关于印发《常山县深化“最多跑一次”改革重点工作实施方案》的通知
20	常政办发〔2019〕33 号	关于印发《常山县创建“浙江省食品安全县”宣传工作方案》的通知
21	常政办发〔2019〕34 号	关于印发《常山县食品安全事故应急预案》的通知
22	常政办发〔2019〕35 号	关于印发《常山县加快行政审批中介服务市场化改革实施方案》的通知
23	常政办发〔2019〕36 号	关于印发《常山县创建“无证明办事之城”实施方案》的通知
24	常政办发〔2019〕37 号	关于集体土地房屋重置价格标准的补充意见
25	常政办发〔2019〕38 号	关于印发《常山县长江经济带生态环境问题排查整改工作方案》的通知
26	常政办发〔2019〕39 号	关于印发《常山县打击非法倾倒处置危废和危化副产品“雷霆斩污”专项行动方案》的通知
27	常政办发〔2019〕40 号	关于 2019 年常山县参与推动长江经济带发展的工作意见
28	常政办发〔2019〕43 号	关于印发《常山县 2019 年度无偿献血工作安排》的通知
29	常政办发〔2019〕44 号	关于同意延长浙江天子股份有限公司白龙洞地块国有商住用地建设期的批复
30	常政办发〔2019〕45 号	关于同意 2019 年部分事业单位公开引进紧缺急需人才拟录用人员名单的批复
31	常政办发〔2019〕46 号	关于印发《常山县综合供能服务站项目推进方案》的通知
32	常政办发〔2019〕49 号	关于公布常山县暂停收取证明事项清单（第一批）和常山县可替代办理证明事项清单（第一批）的通知
33	常政办发〔2019〕50 号	关于常山县生态园区清退企业的补偿意见
34	常政办发〔2019〕51 号	关于印发《常山县生态园区整治提升工作方案》的通知
35	常政办发〔2019〕52 号	关于认真做好异地搬迁、地质灾害避让搬迁和大中型水库移民安置问题核查整改工作的通知
36	常政办发〔2019〕53 号	关于下达 2019 年度森林采伐限额的通知
37	常政办发〔2019〕55 号	关于完善常山县扩大有效投资相关工作机制的通知
38	常政办发〔2019〕56 号	关于印发《常山县县级部门预算调整管理办法（试行）》的通知
39	常政办发〔2019〕57 号	关于印发《进一步健全精准招生工作机制意见》的通知
40	常政办发〔2019〕58 号	关于同意成立金川街道二都桥社区的批复
41	常政办发〔2019〕59 号	关于印发《常山县节地生态安葬奖励实施办法（暂行）》的通知

续表 62

序号	文　号	文　件　标　题
42	常政办发〔2019〕62 号	关于印发《常山县环境污染问题有奖举报暂行办法》的通知
43	常政办发〔2019〕64 号	关于印发《常山县治水长效战、常山县治气攻坚战暨打赢蓝天保卫战、常山县治土持久战、常山县贯彻落实中央和省环保督察反馈意见整改 2019 年工作计划》的通知
44	常政办发〔2019〕65 号	关于印发《常山县关停淘汰烧结墙材轮窑企业工作方案》的通知
45	常政办发〔2019〕66 号	关于印发《常山县创建省级信用县工作实施方案》的通知
46	常政办发〔2019〕67 号	关于印发《进一步健全经济型人才共享共育机制实施意见》的通知
47	常政办发〔2019〕68 号	关于印发《常山县项目生命周期管理实施方案》的通知
48	常政办发〔2019〕69 号	关于印发《常山县规范公款存放管理领导小组议事规则》的通知
49	常政办发〔2019〕70 号	关于印发《常山县规划委员会联系会议制度》的通知
50	常政办发〔2019〕71 号	关于进一步规范被征地农民基本生活保障征地参保程序的通知
51	常政办发〔2019〕74 号	关于印发《常山县农村宅基地“三权分置”登记暂行办法》的通知
52	常政办发〔2019〕75 号	关于印发《常山县农村饮用水达标提标行动实施方案》的通知
53	常政办发〔2019〕76 号	关于印发《进一步支持大学生就业创业打造“青年常山”意见》的通知
54	常政办发〔2019〕78 号	常山县深化收费公路制度改革大力推广 ETC 发行应用工作方案
55	常政办发〔2019〕79 号	常山县人民政府办公室关于印发《常山县农房确权登记政策补充意见》的通知
56	常政办发〔2019〕80 号	关于印发《常山县防汛防台抗旱应急预案》的通知
57	常政办发〔2019〕81 号	关于印发《常山县“十四五”规划编制工作方案》的通知
58	常政办发〔2019〕86 号	关于印发《常山县工业企业“退散进集”工作实施方案》的通知
59	常政办发〔2019〕88 号	关于推进工业企业“退散进集”的政策意见（试行）
60	常政办发〔2019〕90 号	关于印发《常山县国有资产管理办法（试行）等文件》的通知
61	常政办发〔2019〕91 号	关于公布常山县暂停收取证明事项清单（第二批）
62	常政办发〔2019〕93 号	关于印发《常山县主城区红线范围内集体土地上房屋征收相关政策调整意见（试行）》的通知
63	常政办发〔2019〕95 号	关于调整县政府办公室部分领导工作分工的通知
64	常政办发〔2019〕97 号	关于印发《常山县低效企业改造提升实施方案》的通知
65	常政办发〔2019〕98 号	关于印发《常山县 209 年高标准农田建设实施方案》的通知
66	常政办发〔2019〕99 号	关于举办常山县第六届职工职业技能大赛的通知
67	常政办发〔2019〕100 号	关于印发《常山县政府投资项目工程变更管理办法》的通知
68	常政办发〔2019〕102 号	关于印发《常山县国有资产投资运营有限责任公司等三家国有企业职能定位内设机构和人员规模规定》的通知
69	常政办发〔2019〕104 号	关于印发《招商引资优惠奖励政策》的通知

续表 62

序号	文　号	文 件 标 题
70	常政办发〔2019〕113 号	关于印发《常山县畜牧业绿色发展示范县创建实施方案》的通知
71	常政办发〔2019〕114 号	关于印发《常山县轴承产业改造提升省级试点实施方案》的通知
72	常政办发〔2019〕115 号	关于印发《常山县村级耕地保护监督员试点工作方案》的通知
73	常政办发〔2019〕117 号	关于推进土地大流转推动产业大提升的若干意见的通知
74	常政办发〔2019〕121 号	关于印发《常山县 110 社会应急联动工作方案》的通知
75	常政办发〔2019〕122 号	关于印发《关于构建乡村振兴涉农资金统筹整合机制的实施意见》的通知
76	常政办发〔2019〕125 号	关于印发《常山县企业应急专项资金委托运作管理办法》的通知
77	常政办发〔2019〕126 号	关于印发《常山县废弃矿山生态修复工作推进方案》的通知
78	常政办发〔2019〕128 号	关于印发《常山县 2019 年度部分垂直部门工作目标考核办法》的通知
79	常政办发〔2019〕129 号	关于进一步加强违规涉企收费治理工作的通知
80	常政办发〔2019〕133 号	关于废止有关文件的通知
81	常政办发〔2019〕134 号	关于做好 2020 年度城乡居民基本医疗保险参保缴费工作的通知
82	常政办发〔2019〕138 号	关于公布常山县实行告知承诺制证明事项项目的通知
83	常政办发〔2019〕139 号	关于印发《常山县万洋众创城工业厂房开发经营管理规定和常山县万洋众创城工业厂房产权分割管理办法》的通知
84	常政办发〔2019〕140 号	关于公布 2019 年度县政府重大行政决策事项目录的通知
85	常政办发〔2019〕142 号	关于印发《常山县融资平台公司转型债务处置办法》的通知
86	常政办发〔2019〕144 号	关于印发《常山县人民医院医共体“有礼医院、智慧服务”实施方案》的通知
87	常政办发〔2019〕145 号	关于印发《关于最多跑一次改革向公共场所延伸扩面工程的实施方案》的通知
88	常政办发〔2019〕147 号	关于印发《常山县集中式饮用水水源地突发环境应急预案》的通知
89	常政办发〔2019〕148 号	关于印发《常山县促进社会组织发展若干意见》的通知
90	常政办发〔2019〕149 号	关于印发《常山县安全生产和环境污染综合责任保险扩面工作实施方案》的通知
91	常政办发〔2019〕152 号	关于印发《常山县 2019 年退役士兵安置方案》的通知
92	常政办发〔2019〕154 号	关于印发《常山县农民集聚工程操作办法》的通知
93	常政办发〔2019〕156 号	关于同意录用蒋晓勇等 19 位同志为相关单位工作人员的批复
94	常政办发〔2019〕157 号	关于印发《常山县小额工程项目交易管理办法》的通知
95	常政办发〔2019〕159 号	关于印发《常山县政务钉钉群管理办法》的通知
96	常政办发〔2019〕160 号	关于印发《常山县重污染天气应急预案》的通知
97	常政办发〔2019〕161 号	关于印发《常山县生态工业园区突发环境事件应急预案》的通知
98	常政办发〔2019〕162 号	关于完善常山县经济开发区、辉埠镇和金川街道财政体制的通知
99	常政办发〔2019〕163 号	关于《印发常山县辐射事故应急预案》的通知

续表 62

序号	文　号	文　件　标　题
100	常政办发〔2019〕164 号	关于印发《常山县农村饮用水达标提标工程建设管理办法》《常山县农村饮用水工程运行管理办法（试行）》的通知
101	常政办发〔2019〕165 号	关于印发《常山县工业数字化转型三年行动计划（2020−2022 年）》的通知
102	常政办发〔2019〕166 号	关于印发《常山县工业投资项目负面清单管理办法》的通知
103	常政办发〔2019〕167 号	关于进一步健全特困人员救助供养制度的实施意见
104	常政办发〔2019〕168 号	关于印发《常山县生态园区化工企业重组提升方案》的通知
105	常政办发〔2019〕169 号	关于调整乡镇（街道）征地拆迁工作经费标准的通知
106	常政办发〔2019〕170 号	关于印发《常山县国土空间规划编制工作方案》的通知
107	常政办发〔2019〕171 号	关于印发《常山县工程中矿产资源规范处置及防范打击非法采矿行为暂行办法》的通知

（县政府办公室）

国民经济若干统计资料

2019年常山县经济与社会发展主要指标

表63

指　标	计量单位	2019年
一、基本情况	—	—
年末总人口	人	343587
其中：乡村人口	人	230011
年平均人口（公安口径数据）	人	343927
年出生人口（公安口径数据）	人	3028
年死亡人口（公安口径数据）	人	1926
人口出生率（公安口径数据）	‰	8.8
人口死亡率（公安口径数据）	‰	5.6
人口自然增长率(公安口径数据)	‰	3.2
年末总户数	户	124002
全社会从业人员数	万人	16.47
第一产业从业人员数	万人	3.06
第二产业从业人员数	万人	7.67
第三产业从业人员数	万人	5.75
年末城镇登记失业人员	人	623
城镇登记失业率	%	1.95
土地面积	平方千米	1097.3
其中：建成区面积	平方千米	17.7
街道	个	3
建制镇	个	6
乡	个	5
城市社区	个	10
行政村	个	180
居委会	个	4
二、农业	—	—
农林牧渔总产值（现价）	万元	126067
其中：农业	万元	76389
林业	万元	19606
牧业	万元	19228
渔业	万元	6621
农林牧渔服务业	万元	4223
主要农产品播种面积	—	—
农作物总播种面积	公顷	19443
粮食播种面积	公顷	9586
棉花播种面积	公顷	20
油料作物播种面积	公顷	3624
柑橘面积	公顷	6683
茶园面积	公顷	455
桑园面积	公顷	15
主要农产品产量	—	—
粮食	吨	55942
油料	吨	6956
其中：油菜籽	吨	6383
花生	吨	355
水果	吨	171103
其中：柑橘	吨	24761
胡柚	吨	116649
猪　肉	吨	6113
牛羊肉	吨	286
禽　肉	吨	3312
油茶籽	吨	6013
水产品	吨	6553
蔬　菜	吨	100071
茶　叶	吨	225
蚕　茧	吨	16
食用菌	吨	5572

续表 63

指　标	计量单位	2019 年
其中：金针菇	吨	2029
造林面积	公顷	159
果园面积	公顷	7224
三、工业	—	—
国有及 2000 万元以上销售收入企业数	个	118
其中：内资企业	个	116
港、澳、台商投资企业	个	1
外商投资企业	个	1
企业总产值（当年价）	万元	1305074
其中：内资企业	万元	1258311
港、澳、台商投资企业	万元	40127
外商投资企业	万元	6636
销售费用	万元	25394
利税总额	万元	188862
其中：利润总额	万元	135546
资产总计	万元	1604317
负债总计	万元	944776
应收账款	万元	180507
产成品存货	万元	95863
新产品产值	万元	425065
平均用工人数	人	15925
应付职工薪酬	万元	104548
规下产值（当年价）	万元	660814
四、交通、邮电	—	—
境内公路里程	千米	1072
民有汽车拥有量	辆	44826
其中：私人汽车拥有量	辆	40374
公路客运量（全社会）	万人	399
公路货运量（全社会）	万吨	1427
年末邮电局（所）数	所	15
邮政业务收入（含快递）	万元	7075
电信业务收入	万元	22044
年末固定电话用户数	户	23307
年末移动电话用户数	户	253296
互联网宽带接入用户数	户	91067
全年用电量	万千瓦时	163908
其中：工业用电	万千瓦时	122514
城乡居民生活用电	万千瓦时	21244
第一产业用电	万千瓦时	775
第二产业用电	万千瓦时	124345
第三产业用电	万千瓦时	17543
五、贸易、外经、市场主体	—	—
社会消费品零售总额	万元	725718
外商直接投资合同项目	个	2
当年实际利用外资金额	万美元	11
外贸进出口额	万美元	209276
其中：出口额	万美元	151627
个体工商户	户	19958
个体工商户从业人员	人	49665
个体工商户资金数额	万元	362402
私营企业户数	户	362402
私营企业从业人员	人	69854
私营企业注册资本（金）	万元	2023857
六、固定资产投资	—	—
固定资产投资	万元	745556
其中：国有投资	万元	262568
基础设施投资	万元	304232
第一产业投资	万元	16118
第二产业投资	万元	225592
其中：工业技改投资	万元	78264
第三产业投资	万元	503846
其中：房地产开发投资	万元	120269
全年新增固定资产	万元	265488
房屋施工面积	平方米	1483175
房屋竣工面积	平方米	650935
商品房销售面积	平方米	189904
商品房销售额	万元	172286
七、财政、金融	—	—
财政总收入	万元	189447
公共财政预算收入	万元	117850
其中：税收收入	万元	90457
公共财政预算支出	万元	556540

续表 63

指　标	计量单位	2019 年
其中：一般公共服务	万元	61524
公共安全	万元	25878
教育	万元	69310
科学技术	万元	15754
社会保障和就业	万元	76105
医疗卫生	万元	54555
节能环保	万元	14671
城乡社区	万元	75575
年末金融机构人民币存款余额	万元	2357608
其中：住户存款余额	万元	1426755
年末金融机构人民币贷款余额	万元	1958410
其中：住户贷款	万元	1221294
保险费收入	亿元	4.09
支付各类保险赔付款	亿元	1.55
八、人民生活	—	—
在岗职工平均人数（不含私营）	万人	1.39
在岗职工平均工资（不含私营，含劳务派遣）	元	123836
养老服务机构数	个	25
养老服务机构床位数	床	3620
农村居民人均可支配收入	元	22149
农村居民人均生活消费支出	元	39654
城镇居民人均可支配收入	元	22992
城镇居民人均消费支出	平方米	45.5
城镇居民人均住宅建筑面积	平方米	76.9
农村居民人均住宅建筑面积	万元	189447
九、教育、科技、文化、卫生	—	—
学校数	所	95
其中：中等职业教育学校	所	1
普通中学	所	11
普通小学	所	27
成人高等教育学校	所	1
幼儿园	所	55
专任教师数	人	2763
其中：中等职业教育学校专任教师数	人	138
普通中学专任教师数	人	977
普通小学专任教师数	人	1091
特殊教育学校专任教师数	人	16
幼儿园专任教师数	人	541
在校学生数	人	40088
其中：中等职业教育学校在校学生数	人	2024
普通中学在校学生数	人	12721
普通小学在校学生数	人	16313
特殊教育学校在校学生数	人	116
幼儿园在园幼儿数	人	8914
R&D 经费内部支出	亿元	1.54
剧场、电影院数	个	3
公共图书馆数	个	1
公共图书馆图书数量	万册	35.82
体育场馆数	个	1
医院卫生机构数	个	289
其中：医院数	个	9
医院卫生机构床位数	张	1548
其中：医院床位数	张	1259
卫生技术人员数	人	1972
执业（助理医师）数	人	771
注册护士	人	820
十、综合统计	—	—
地区生产总值（当年价）快报	万元	1503682
第一产业	万元	79963
第二产业	万元	630248
其中：工业	万元	477919
建筑业	万元	152328
第三产业	万元	793471
人均地区生产总值（常住）	元／人	58933
人均地区生产总值（常住）增长率	万元	1421070
地区生产总值（按 2015 年不变价）	万元	80924
第一产业	万元	619298
第二产业	万元	484475
其中：工业	万元	134888
建筑业	万元	720848
第三产业	所	95

2019年常山县社会消费品零售总额一览表

表64

统　计　指　标	计量单位	2018年	2019年
社会消费品零售总额	万元	699077	743118
一、按销售地区分组	—	—	—
县	万元	518969	551873
县以下	万元	180108	191245
二、按行业分组	—	—	—
1. 批发零售贸易业	万元	569897	605879
限额以上	万元	62594	55285
限额以下	万元	507303	550594
2. 住宿餐饮业	万元	129180	137239
星级（限额以上）企业	万元	6595	10019
星级以外（限额以下）企业和个体户	万元	122585	127220

（占慧臻）

2019年常山县私营企业户数、从业人数一览表

表65

指标名称	私营企业户数（户）			私营企业从业人数（人）		
	2019年	2018年	±%	2019年	2018年	±%
合　计	4645	4479	3.71%	62108	61819	0.47%
1.农、林、牧、渔业	522	567	−7.94%	5498	5846	−5.95%
2.采矿业	23	23	0.00%	379	379	0.00%
3.制造业	809	877	−7.75%	29082	30799	−5.57%
4.电力、燃气及水的生产和供应业	25	23	8.70%	314	281	11.74%
5.建筑业	208	203	2.46%	1815	1717	5.71%
6.交通运输、仓储业和邮政业	230	200	15.00%	1840	1600	15.00%
7.信息传输、计算机服务和软件业	112	92	21.74%	896	736	21.74%
8.批发和零售业	1487	1434	3.70%	11896	11472	3.70%
9.住宿和餐饮业	32	26	23.08%	418	332	25.90%
10.房地产业	128	92	39.13%	1045	736	41.98%
11.租赁和商务服务业	411	364	12.91%	3304	2953	11.89%
12.居民服务和其他服务业	114	106	7.55%	954	890	7.19%
13.卫生、社会保障和社会福利业	10	6	66.67%	98	72	36.11%
14.文化、体育和娱乐业	116	107	8.41%	930	858	8.39%
15.其他行业	418	359	16.43%	3639	3148	15.60%

2019年常山县个体工商业户数、从业人数一览表

表66

指标名称	个体工商业户数（户）			个体工商业从业人数（人）		
	2019年	2018年	±%	2019年	2018年	±%
合计	19958	16708	19.45%	49665	42128	17.89%
1.农、林、牧、渔业	1119	895	25.03%	6307	5048	24.94%
2.采矿业	9	9	0.00%	38	38	0.00%
3.制造业	873	739	18.13%	5718	5037	13.52%
4.电力、燃气及水的生产和供应业	4	4	0.00%	8	8	0.00%
5.建筑业	41	33	24.24%	229	174	31.61%
6.交通运输、仓储业和邮政业	851	473	79.92%	1619	868	86.52%
7.信息传输、计算机服务和软件业	47	40	17.50%	124	79	56.96%
8.批发和零售业	12517	10569	18.43%	23899	20599	16.02%
9.住宿和餐饮业	2193	1991	10.15%	5970	5536	7.84%
10.房地产业	18	30	−40.00%	38	59	−35.59%
11.租赁和商务服务业	799	597	33.84%	1908	1335	42.92%
12.居民服务和其他服务业	1331	1195	11.38%	3120	2713	15.00%
13.卫生、社会保障和社会福利业	31	29	6.90%	89	84	5.95%
14.文化、体育和娱乐业	75	58	29.31%	428	384	11.46%
15.其他行业	50	46	8.70%	170	166	2.41%

（姜 毅）

艺 文

常山宋诗十六首及其注释

入常山界二首（其二）

昨日愁霖今喜晴[1]，
好山夹路玉亭亭[2]。
一峰忽被云偷去[3]，
留得峥嵘半截青[4]。

● 作者

杨万里（1127 — 1206），字廷秀，号诚斋，吉州吉水（今江西吉安市吉水县）人。高宗绍兴二十四年(1154)进士。曾任太常博士、东宫侍读、秘书少监等职。杨万里是南宋诗坛“中兴四大家”（亦称“南宋四大家”）之一，诗风轻快，生动风趣，被称为“诚斋体”。著有《诚斋集》《易传》。《宋史》卷四三三有传。

● 注释

[1] 霖：连绵的雨。《晏子春秋》卷一《谏上五》：“景公之时，霖雨十有七日”。

[2] 此句用美玉来比喻群山。《全唐诗》卷二三五（贾至）《自蜀奉册命往朔方途中呈韦左相文部房尚书门下崔侍郎》：“亭亭昆山玉，皎皎无缁磷。”亭亭：明亮美好貌。

[3]“一峰”句：用拟人手法，巧妙地描写了云雾遮山的情景。杨万里《诚斋集》卷三《三月三日雨作遣闷十绝句》（其二）：“春染万花知未了，云偷千嶂忽何之？”

[4] 峥嵘：高峻貌。《文选》卷一一（孙绰）《游天台山赋》：“披荒榛之蒙茏，陟峭崿之峥嵘。”

过查濑

眼底常山一武中，上滩更得半帆风。
青天以水为铜镜[1]，白鹭前身是钓翁。
旧日岸头浑改尽[2]，数尖山鬅忽搀空[3]。
老夫只费五六日[4]，行尽浙山西复东。

● 作者

杨万里（1127 — 1206），同上。

● 注释

[1] 此句用铜镜来比喻水，形容水面的清澈平静。韦庄《浣花集》卷四《润州显济阁晓望》：“清晓水如镜，隔江人似鸥。”

[2] 浑：副词，都。王建《王司马集》卷五《晚秋病中》：“霜下野花浑着地，寒来溪鸟不成群。”

[3] 搀空：高耸入云。徐寅《徐正字诗赋》卷二《塔院小屋四壁皆是卿相题名因成四韵》：“雁塔搀空映九衢，每看华宇每踟蹰。”

[4] 老夫：年老男子的自称。《礼记注疏》卷一《曲礼上》：“大夫七十而致事……适四方，乘安车，自称曰老夫。”

题常山草萍驿

才过常山到草萍，驿亭偏喜雨初晴[1]。
麦畦水涨黄云重[2]，柳絮风吹白雪轻[3]。
身世自今忘俗虑[4]，宦途从此快吟情[5]。
魏公已辍江西镇[6]，犹有甘棠颂政声[7]。

● 作者

赵鼎（1085—1147），字元镇，号得全居士，原籍解州闻喜（今山西闻喜县），后寓居常山县黄冈山，宋徽宗崇宁五年（1106年）进士，官至左金紫光禄大夫、尚书左仆射、同中书门下平章事、兼枢密使，被誉为南宋“中兴贤相”，有《忠正德文集》《得全居士词》传世，《宋史》卷三六〇有本传。

● 注释

[1] 驿亭：驿站所设的供行旅止息的处所。杜甫《秦州杂诗》：“今日明人眼，临池好驿亭。”

[2] 畦：田块。李贺《新夏歌》：“野家麦畦上新垄，长畛徘徊桑柘重。”黄云：比喻成熟的麦稻。王安石《同陈和叔游齐安院》：“缲成白雪桑重绿，割尽黄云稻正青。”

[3] 柳絮：即柳树的种子，上面有白色绒毛，随风飞散如飘絮，故称柳絮。杜甫《绝句漫兴》：“癫狂柳絮随风舞，轻薄桃花逐水流。”白雪：比喻纷飞的柳絮。卢挚《沉醉东风·春情》：“白雪柳絮飞，红雨桃花坠。”

[4] 身世：指人生的经历、遭遇。杜甫《北征》：“缅思桃源内，益叹身世拙。”俗虑：世俗的思想情感。孟郊《答韩愈李观别因献张徐州》：“世途非一险，俗虑有千结。”

[5] 宦途：做官的经历。白居易《短歌行》：“三十登宦途，五十被朝服。”吟情：指诗情、诗兴。郑谷《送进士韦序赴举》：“秋山晚水吟情远，雪竹风松醉格高。”

[6] 魏公：疑指魏矼。魏矼有《次韵赠了空》。辍：停止，这里指不再做官。杜甫《送樊二十三侍御赴汉中判官》：“幕府辍谏官，朝廷无此例。”

[7] 甘棠：木名，即棠梨。《甘棠》，《诗经·召南》的一篇，一般认为是怀念召伯的诗作。《史记·燕召公世家》：“周武王之灭纣，封召公于北燕……召公巡行乡邑，有棠树，决狱政事其下，自侯伯至庶人各得其所，无失职者。召公卒，而民人思召公之政，怀棠树不敢伐，哥咏之，作《甘棠》之诗。”后遂以“甘棠”称颂循吏的美政和遗爱。李白《题瓜洲新河饯族叔舍人贲》：“爱此如甘棠，谁云敢攀折。”政声：政治声誉。杜牧《登澧州驿楼寄京兆韦尹》：“政声长与江声在，自到津楼日夜闻。”

还家示诸幼

避地重遭乱[1]，还家幸再生[2]。
一身今见汝[3]，寸禄敢留情[4]。
更恐死生隔[5]，浑疑梦寐惊[6]。
吾今犹有愧[7]，未遂鹿门耕[8]。

● 作者

赵鼎（1085—1147），同上。

● 注释

[1] 避地：避难而逃往他乡，这里指赵鼎举家避乱居常山。杜甫《南征》：“偷生长避地，适远更沾襟。”

[2] 幸：侥幸。杜甫《入衡州》：“久客幸脱免，暮年惭激昂。”再：继续。陶渊明《拟古九首》：“此士难再得，吾行欲何求。”生：活着。《论语·子张》：“其生也荣，其死也哀。”

[3] 一身：独自一人。王维《老将行》："一身转战三千里，一剑曾当百万师。"

[4] 寸禄：微薄的俸禄。左思《咏史》："外望无寸禄，内顾无斗储。"敢：岂敢。《玉台新咏·古诗为焦仲卿妻作》："奉事循公姥，进止敢自专？"留情：指留心、留意。骆宾王《代女道士王灵妃赠道士李荣》："何曾举意西邻玉，未肯留情南陌金。"

[5] 死生隔：生与死相隔离。苏轼《题文与可墨竹》："谁云生死隔，相见如龚隗。"

[6] 浑疑：简直就像是怀疑。释道潜《次韵少游寄李济州》："画船京口见停桡，萧洒浑疑谢与陶。"梦寐：睡梦。杜甫《羌村》："夜阑更秉烛，相对如梦寐。"

[7] 犹有：仍然还有。李白《自代内赠》："犹有旧歌管，凄清闻四邻。"

[8] 未遂：没有成功或未能如愿。孟浩然《和宋太史北楼新亭》："返耕意未遂，日夕登城隅。"鹿门：鹿门山之省称，在荆州襄阳（今湖北襄阳市）界。汉光武帝梦苏岭山神，命习郁立神祠，刻二石鹿夹道口，故名。东汉末，庞德公携妻子登鹿门山，托言采药而不返。唐代庞蕴、孟浩然、皮日休俱隐于此山。后鹿门山或鹿门用指隐士所居之地。杜甫《冬日有怀李白》："未因乘兴去，空有鹿门期。"

独往亭

亭前旧种碧琅玕[1]，
别后何人著眼看[2]。
山下溪流接潮水，
时凭双鲤报平安[3]。

作者

赵鼎（1085—1147），同上。

注释

[1] 琅玕：本指似玉的美石，后形容竹之青翠，此处代指竹。梅尧臣《和公仪龙图新居栽竹》："闻种琅玕向新第，翠光秋影上屏来。"

[2] 著：显明，显出。罗隐《除夜寄张达》："梅花已著眼，竹叶况粘唇。"

[3] 双鲤：古时对书信的称谓。纸张出现以前，书信多写在白色丝绢上，为使传递过程中不致损毁，常把书信扎在两片竹木简中，简多刻成鱼形，故称。双鲤典故出自汉乐府诗《饮马长城窟行》："客从远方来，遗我双鲤鱼。"

和元长书怀二首（其一）

神灵久愤敌尘侵[1]，畀付经营惜寸阴[2]。
闻道倒戈回易水[3]，行看休战牧桃林[4]。
宁论少壮非前日[5]，及见升平亦本心[6]。
乱后亲朋无恙否[7]，试凭北雁寄归音[8]。

作者

赵鼎（1085—1147），同上。

注释

[1] 尘：烟尘，比喻战乱。杜甫《北征》："况我堕胡尘，及归尽华发。"侵：侵犯。杜甫《近闻》："近闻犬戎远遁逃，牧马不敢侵临洮。"

[2] 畀付：付与。畀（bì）：给予，赏赐。《诗经·鄘风·干旄》："彼姝者子，何以畀之？"苏轼《徐州谢上表》："安全陋躯，畀付善地。"经营：指经办管理。柳宗元《田家》："努力慎经营，肌肤真可惜。"寸阴：日影移动一寸的光阴，指极短的时间。陶渊明《杂诗（其五）》："古人惜寸阴，念此使人惧。"

[3] 闻道：听说。杜甫《秋兴》："闻道长安似弈棋，百年世事不胜悲。"倒戈：掉转武器向己方攻击，指投降敌方。杜甫《草堂》：

"西卒却倒戈，贼臣互相诛。"易水：河流名，在河北省西部，源出易县境，入南拒马河。荆轲入秦行刺秦王，燕太子丹饯别于此。

[4] 休战：暂时停止战斗。宋祁《送马军范太尉》："已封头尚黑，休战髀还生。"桃林：古地名，在今河南灵宝以西、陕西潼关以东地区，传说周武王在此放牧。

[5] 宁论：岂可评定，难以评说。杜甫《秋雨叹三首（其二）》："城中斗米换衾，相许宁论两相值？"

[6] 升平：太平。杜甫《诸将》："独使至尊忧社稷，诸君何以答升平。"本心：原来的心愿。苏辙《闲居五咏·移竹》："本心初不尔，百口居未足。"

[7] 无恙（yang）：平安。杜甫《得家书》："熊儿幸无恙，骥子最怜渠。"

[8] 凭：请。岑参《逢入京使》："马上相逢无纸笔，凭君传语报平安。"归音：回来的音信。黄庭坚《寄上叔父夷仲三首（其二）》："艰难闻道有归音，部曲霜行壁月沉。"

同年王中甫挽词

先帝亲收十五人[1]，四方争看击鹏鹍[2]。
如君才业真堪用[3]，顾我衰迟不足论[4]。
出处升沉十年后，死生契阔几人存[5]。
他时京口寻遗迹[6]，宿草犹应有泪痕[7]。

作者

苏轼（1037—1101），字子瞻，一字和仲，号东坡居士，四川眉山人。苏洵子。仁宗嘉祐二年（1057）进士，嘉祐六年（1061）再中制科。宋神宗时，历知密州、徐州、湖州。神宗二年（1079），因"乌台诗案"被贬黄州团练副使。宋哲宗时，任翰林学士兼侍读，知杭州、颍州、扬州、定州。晚年因新党执政被贬至惠州、儋州。宋徽宗时赦还，病逝常州。谥"文忠"。有《东坡七集》等传世。

注释

[1] 冯应榴《苏诗合注》云：《续通鉴长编》载：仁宗朝策试贤良方正、能直言极谏科，天圣八年七月何咏，景祐元年六月苏绅，五年即宝元元年七月田况、张方平，庆历六年七月钱彦远，皇祐元年八月吴奎，嘉祐四年八月钱藻，六年八月王介、苏轼、苏辙，共十人。又茂才异等科，天圣八年七月富弼。才识兼茂明于体用科，景祐元年六月吴育，庆历三年八月钱明逸，嘉祐二年七月夏噩，四年八月陈舜俞，共五人。《东都事略》"宋史通谓之贤良科。故先生自注亦统云'仁宗朝贤良十五人'也。"

[2] 鹏鹍：即"鲲鹏"。《庄子·逍遥游》："北冥有鱼，其名为鲲……化而为鸟，其名为鹏……鹏之徙于南冥也，水击三千里。""鹍"字是"鲲"字的讹变。后以"鲲鹏"或"鹏鹍"比喻怀有雄才大略的人。陆游《白鹤馆夜坐》："岂知云海中，九万击鹏鹍。""击鹏鹍"即"鹏鹍击"之倒装。此句大意是说国中之人都在看着这批有识之士如何施展才学。

[3] 才业：才学。苏舜钦《维舟野步呈子履》："古人负才业，未必为世用。吾侪性疏拙，摈弃安足痛。"堪，值得。

[4] 顾：只是，但。衰迟：衰年迟暮。郑谷《中年》："衰迟自喜添诗学，更把前题改数联。"

[5] 死生契阔：《诗经·邶风·击鼓》："死生契阔，与子成说。执子之手，与子偕老。"契阔，分离聚合。句中"死生"偏"死"义，"契阔"偏"分离"义。

[6] 京口：古城名，其地在宋代的润州，今之江苏镇江，王介死后葬于此。王安石《王中甫学士挽辞》："蒜山东路春风绿，埋没谁

知太守阡。”蒜山即在润州州治西。

[7] 宿草：隔年的草。《礼记·檀弓上》：“朋友之墓，有宿草而不哭焉。”孔颖达疏：“宿草，陈根也，草经一年则根陈也，朋友相为哭一期，草根陈乃不哭也”最后两句是说，什么时候来寻觅王介的坟墓，坟墓边上的草还有今天留下的泪痕。

元日偶成

人生七十古云稀[1]，
加我新年复过期[2]。
住在三衢山好处，
望中还赋《式微》诗[3]。

● 作者

赵抃（1008—1084），字阅道，号知非子，衢州西安（今浙江衢州）人，景祐元年（1034）登进士第，历知崇安、海陵、江原三县。治平元年（1064）龙图阁直学士知成都，晚年历知杭州、青州等地。元丰二年（1079）以太子少保致仕，死后追赠太子少师，谥“清献”。赵抃在朝弹劾不避权贵，时称“铁面御史”，平时以一琴一鹤自随，为政简易，长厚清修。著有《赵清献公集》。

● 注释

[1] 人生七十古云稀：杜甫《曲江》二首之二：“酒债寻常行处有，人生七十古来稀。”

[2] 三衢山：在常山县辉埠镇，三衢一般代指常山或衢州。

[3] 式微：指事物由兴盛而衰落。朱熹《集传》：“式，发语辞。微，犹衰也。”《诗经·邶风·式微》：“式微，式微，胡不归？”后以赋《式微》表示思归之意。

仲春三衢道中

隔闰年芳早[1]，天风泛暖晖。
酒香迎社重[2]，村语向蚕稀[3]。
林际新莺出，楹间故燕归。
湖头春在否，人去柳花飞。

● 作者

胡宿（995—1067），字武平，常州晋陵（今江苏常州）人，宋仁宗天圣二年（1024）进士，历官扬子尉、通判宣州、知湖州、两浙转运使、修起居注、知制诰、翰林学士、枢密副使。英宗治平三年（1066）以尚书吏部侍郎、观文殿学生知杭州。死后谥“文恭”，著有《胡文恭集》。

● 注释

[1] 隔闰：间隔闰月。杨亿《章频得解后之陕府谒严洪二从事》：“春闱犹隔闰，逆旅苦栖遑。”

[2] 社：古时于春耕前祭祀土神，以祈丰收，谓之春社。《礼记·明堂位》：“是故，夏礿，秋尝，冬烝，春社，秋省，而遂大蜡，天子之祭也。”郑玄注：“春田祭社。”

[3]“村语”句：谓因春天蚕事繁忙，村民之间的交谈都变得稀少了。

送客之三衢

今日忽相见，
俄然又相别[1]。
三衢山水清，
好赏中秋月。

● 作者

释净端（1032—1103），俗姓邱，字表明，自号安闲和尚。浙江吴兴人。著有《吴山集》，已佚。

● 注释

[1] 俄然：一会儿，形容短暂的时间。宋吕颐浩《襄城大热喜雨》：“大暑方蒸湿，云兴忽蔽空。俄然飘细雨，快矣濯清风。”

招贤渡溪阁晚望

溪流清到底，十顷浸秋光[1]。
烟重山加色，风狂雁失行[2]。
尘埃双老鬓，天地几斜阳。
何处一声笛，征人暗断肠[3]。

● 作者

赵汝鐩（1172—1246），字明翁，号野谷，袁州（今江西宜春）人，宋太宗八世孙。宁宗嘉泰二年（1202）进士。曾任郴州知州、广南东路转运使、刑部郎中等职。著有《野谷集》。刘克庄撰《刑部赵郎中墓志铭》，事见《后村集》卷四一《墓志铭》。

● 注释

[1] 浸：喻映照。《花间集》卷五(牛希济)《中兴乐》(池塘暖碧浸晴晖)：“池塘暖碧浸晴晖，濛濛柳絮轻飞。”

[2] 雁失行：雁行指飞雁的行列，故此处指雁行被狂风吹乱。《乐府诗集》卷三二(梁简文帝)《杂句从军行》：“迤逦观鹅翼，参差睹雁行。”

[3]“何处”二句：化用李益诗句。《全唐诗》卷二八三(李益)《夜上受降城闻笛》：“不知何处吹芦管，一夜征人尽望乡。”

常山道中闻诸将屡捷

一雨四十日[1]，羲和安在哉[2]。
路忧石头滑[3]，云怕天心开[4]。
隔水唤舟渡[5]，逢人骑马来。
闻言江北好[6]，一笑为传杯[7]。

● 作者

汪藻（1079－1154），字彦章，号浮溪，又号龙溪，饶州德兴（今属江西）人，宋徽宗崇宁二年（1103）进士，官至显谟阁学士、左大中大夫，有《浮溪集》传世，《宋史》卷四四五有本传。

● 注释

[1]“一雨”句：据《宋史·五行志三》，“(绍兴)四年六月，淫雨害稼，苏、湖二州为甚。九月，久雨，时刘豫连金人入寇”。

[2] 羲和：驾驭日车的神，此借指太阳。屈原《离骚》：“吾令羲和弭节兮，望崦嵫而勿迫。”哉：表示疑问的语气。

[3] 忧：担心。范仲淹《依韵和提刑太博嘉雪》：“南阳风俗常苦耕，太守忧民敢不诚。”

[4] 天心：天空中央。李白《临江王节士歌》：“白日当天心，照之可以事明主。”

[5] 唤：呼叫。白居易《琵琶行》：“千呼万唤始出来，犹抱琵琶半遮面。”

[6] 江北好：指对金人战事获胜，捷报频传。

[7] 传杯：宴饮中传递酒杯劝酒。杜甫《九日》：“旧日重阳日，传杯不放杯。”

保安寺

扰扰尘埃日日忙[1]，偶然来谒赞公房[2]。
行登峻岭跻攀倦[3]，坐俯清泉笑傲凉[4]。
林静鸟声融客语，风来花气逐人香。

此时已觉凡尘断，分得高僧兴味长[5]。

● 作者

江景房（915—987），字汉臣，五代十国时吴越国衢州常山（1958年，其出生地划归开化县）人，北宋乾德年间（963—968），随吴越王钱弘俶至宋廷朝贡，宋太祖赐爵，授殿中侍御史，充镇海、镇东两镇节度使判官。后因事被贬，遂还乡卜居桂岩，躬耕以殁。

● 注释

[1] 扰扰尘埃：喻烦扰的俗世。贯休《山居诗》二十四首之十四："可怜扰扰尘埃里，双鬓如银事似麻。"

[2] 谒：拜见。《史记•范雎蔡泽列传》："唯雎亦得谒，雎请为君见于张君。"赞公房：杜甫有《宿赞公房》诗，原注：赞，京师大云寺主，谪此安置。此处以之况保安寺。

[3] 跻攀：犹攀登。杜甫《白水县崔少府十九翁高斋三十韵》："清晨陪跻攀，傲睨俯峭壁。"

[4] 笑傲：嬉笑游玩。李白《江上吟》："兴酣落笔摇五岳，诗成笑傲凌沧洲。"

[5] 兴味：趣味、兴趣。李中《思九江旧居》三首之二："门前烟水似潇湘，放旷优游兴味长。"

题常山孔坞碧照阁（第70首）

门前尘土暗衣冠，
池馆[1]无多意已宽。
试问主人闲适味，
冰蚕正自不知寒[2]。

● 作者

汪应辰（1118－1176），字圣锡，初名洋，登进士第时宋高宗改赐为应辰。信州玉山（今上饶市玉山县）人。高宗绍兴五年（1135），年十八，进士第一。历任婺州知州、权户部侍郎兼侍讲、吏部尚书兼侍读等职。曾寓居常山永年院（今浙江常山县）。着有《文定集》五十卷，已佚。《宋史》卷三八七有传。

● 注释

[1] 池馆：池苑馆舍。张九龄《曲江集》卷五《敕赐宁王池宴》："贤王有池馆，明主赐春游。"

[2] 冰蚕：传说中的一种蚕，不畏严寒。王嘉《拾遗记》卷一〇《员峤山》："有冰蚕，长七寸，黑色，有角有鳞，以霜雪覆之，然后作茧。长一尺，其色五彩，织为文锦，入水不濡，以之投火，经宿不燎。"冯应榴辑注《苏轼诗集合注》卷二四《徐大正闲轩》："冰蚕不知寒，火鼠不知暑。知闲见闲地，已觉非闲侣。"正自：恰好是。刘义庆《世说新语》卷中《品藻》："与何次道语，唯举手指地曰：'正自尔馨。'"

常山县

常山县东足可惜[1]，山光半紫溪全碧。
柳屿阴中轧轧车[2]，桑畴径里青青麦[3]。
溪流终日伴人行，隔岸青山唤得应。
石季伦家新步障[4]，李将军画小围屏[5]。
多情小艇招贤渡[6]，载我溪南看山去。
黄昏我宿溪自行，只有青山伴人住。

● 作者

项安世（1129—1208），字平甫，号平庵，其先括苍（今浙江丽水）人，后居江陵（今属湖北）。孝宗淳熙二年（1175）进士。曾任秘书省正字、鄂州知州、户部员外郎、湖广总领等职。著有《易玩辞》《项氏家说》《平庵悔稿》等。《宋史》卷三九七有传。

● 注释

[1] 可惜：可爱。李商隐《李义山诗集》卷上《巴江柳》："巴江可惜柳，柳色绿侵江。"

[2] 轧轧：象声词。《全唐诗》卷五二九（许浑）《旅怀》："征车何轧轧，南北极天涯。"

[3] 桑畴：桑田。杨万里《诚斋集》卷二七《过瓜州镇》："南北休兵三十载，桑畴麦垄正连天。"

[4] 此句化用石崇锦步障的典故，用新步障比喻道路两边的青山。《晋书》卷三三《石崇传》载，石崇与王恺斗富，"恺作紫丝布步障四十里，崇作锦步障五十里以敌之"。石季伦：指石崇。石崇，字季伦。

[5] 李将军：唐代画家李思训。李思训，曾任江都令、宗正卿，开元（713—741）初，封彭国公，擢右武卫大将军。《新唐书》卷七八《彭国公思训传》："思训善画，世所谓'李将军山水'者。"

[6] 招贤渡：位于常山县东三十五里。

出知湖州

吴兴太守美如何[1]，
太守从来恶祝鮀[2]。
生若不为上柱国，
死时犹合替阎罗[3]。

● 作者

王介（1015—1076），字中甫、中父，常山县芙蓉章舍（今芳村镇）人。仁宗庆历六年（1046）登进士第，仁宗嘉祐六年（1061）应试直言极谏科，名列贤良第一。历任秘书丞、静海知县、秘阁校理，迁开封试官主判，知湖州。晚年无心仕途，嗜书成癖。著有《王中甫诗集》。

● 注释

[1] 吴兴：即湖州，宋时称吴兴郡。

[2] 祝鮀（tuó）：字子鱼，春秋时期卫国大夫，卫灵公时的重要大臣，管理国家的祭祀。有口才，以能言善辩受到卫灵公重用。宋代魏泰《东轩笔录》载："王介性轻率，语言无伦，时人以为心风。"这句话的意思是自己不以辩才逞强。

[3]"生若"二句：上柱国，官名。战国时期楚国规定，凡立下斩杀敌军首领之功的人，官封上柱国，位极尊崇。北魏置柱国大将军，北周增置上柱国大将军，唐宋也以上柱国为武官勋爵中的最高等级。《隋书·韩擒虎传》："无何，其邻母见擒门下仪卫甚盛，有同王者，母异而问之。其中人曰：'我来迎王。'忽然不见。又有人疾笃，忽惊走至擒家曰：'我欲谒王。'左右问曰：'何王也？'答曰：'阎罗王。'擒子弟欲挞之，擒止之曰：'生为上柱国，死作阎罗王，斯亦足矣。'因寝疾，数日竟卒。"此二句即用此意。

（县文联供稿）

索　引

A

ai　艾滋病防治 327b
an　安全生产监督管理 271a
安全知识和安全文明标准化宣贯 245b
安置帮教工作 172a

B

bai　白石镇规划建设 238b
白蚁虫害防治工作 243b
bao　保障和改善民生 276a
bang　帮困助学活动 100a
ben　本土人才培育 97a
bian　编发《三衢山》杂志 325a
bin　殡葬管理工作 344b
bing　病媒生物监测 328a
病死动物无害化处理 200b
bo　博爱救助 349b
博爱社区创建试点 350b
博士后科研工作站成立 334a
bu　不动产登记工作 254b
不良贷款清收 301a
“不忘初心、牢记使命”主题教育专题读书班举办 113b
部分退役士兵社保接续工作 177a

C

cai　财政涉农项目专项资金同级审计 265b
财政收入 275b
can　参加全县性公益活动 301b
参加统战理论实践学习 144b
参政议政 142a
残联组织改革 348b
ce　“厕所革命”在全省推广 262a
“厕所革命”深入推进 239a
“厕所革命”工作 356b
cha　茶叶籽食用油生产线建成 198a
chan　产业转型升级 181b
产城一体化项目加快实施 183b
chang　“常青藤”行动 95a
“常山阿姨”在亚洲区家政学会国际双年会上推介 89a
常山党史三卷编写工作动员会召开 117b
常山地方特色调解品牌打造 171b
常山第六届职工职业技能大赛 333b
常山港治理二期工程 249b
常山港治理二期工程“宋诗之河”项目完工验收 250a
常山—古蔺东西部扶贫协作 185a
常山胡柚“进超入市” 198b
常山胡柚优质果园评选活动 198b
常山江“宋诗之河”文化品牌打造 105b
常山江航运开发项目前期工作 232a
常山界牌岭至新桥段公路工程第二标段开建 229a
《常山年鉴（2018）》出版发行 118a
《常山年鉴（2019）》编纂工作开展 118b
常山气象防灾减灾综合工程（一期）项目 315b

《常山宋诗一百首选注》整理编印 323b
常山赏石小镇2018年度考核结果“优秀” 370b
常山县滨江一期人行景观桥建设工程项目竣工验收 250b
常山县成为衢州市第一个“浙江省诗词之乡”325a
常山县第六届全民运动会举行 321b
常山县第七批县级劳模评选工作 146b
《常山县芳村镇历史文化名镇保护规划》编制完成 234a
常山县公安局火车站派出所成立 160b
常山县公厕建管“所长制”被列为全国九大“农村‘厕所革命’典型范例” 195a
《常山县领导联系结对文艺家工作制度》制定出台 323b
常山县年轻干部培训班举办 112b
常山县农村饮用水达标提标工程获同类项目最大审批额度 251a
《常山县球川镇历史文化名镇保护规划》编制完成 234b
《常山县人才公寓布点规划》编制完成 234a
常山县社会治理综合服务中心在全市率先建成运行 157b
常山县通过中国语言资源保护工程汉语方言调查2018年立项项目验收并获得优秀 305b
《常山县危旧房地块周边配套设施规划》编制完成 234a
常山县委党校迁建工程项目完成 249b
常山县文昌阁重建工程完工 250b
《常山县文艺发展扶持奖励办法》制定出台 324a
常山县无欠薪工作通过省级考核 336a
常山县学校武术队 308b
常山县域医院龙头学科建设 327a
常山县职业教育大会召开 310a
常山县职业教育高峰论坛举行 310a
常山一中入选浙江省第二批普通高中化学学科基地 309b
“常雁回归”助力招才引智 149b
che 车辆全生命周期一件事改革 263b
cheng 成立培智学校学前教育部 307b
成品油市场乱象整治 161a
承办浙江省青少年皮划艇赛艇锦标赛 321b
承办浙江省青少年山地自行车冠军赛 321b
城区“五水共治”管网提标改造 240a
城市公园改造 240b
城市交通规划管理 236b
城市亮化建设及设施改造提升 239b
城市天然气利用工程完成年度投资 239b
城投集团及下属子公司挂牌成立 249a
城乡居民“两费”工作机制建设 284a
chu 储备粮收储贷款发放 298b
畜禽排泄物综合利用 200a
“除险安居”三年行动 255b
初中教育大会召开 309a
chuan 传播方式创新 107a
“传媒讲坛”每周举办 108a
chuang 创建“浙江省食品安全县” 268b
创新“一村万树”绿化美化常山模式 211b
创新公安办证模式 160a
创新乡贤服务机制 108b
创业创新平台建设 182a
ci 慈善工作 345b
cun 村级班子整顿提升 95b
村级财务管理规范年活动 206a
村级集体经济 361b
村级“消薄”完成 375b

D

D D5689次动车组常山段火灾扑救 274b

da 打击非法占用林地等涉林违法犯罪 212a
打击河道非法采砂行为 214a
打造餐饮风味主题 387b
打造“枫桥派出所”常山模式 160a
大爱“三献” 350a
“大棚房”整治和“扫黑除恶”专项行动 255b
大桥头乡规划建设 237a
dai 贷款结清“小金”代办 246b
dang “党建+”活动 98a
党建工作 283a
党建统领基层治理示范 382a
党校新校区正式启用 114a
党员联户“至少办一件”成何家乡党建品牌 388a
党政机构改革完成 102b
di “低保惠民联办” 342b
“低保惠民联办”改革 263a
地名管理工作 345a
第52届中小学田径运动会举办 309a
第12个国际档案日系列宣传活动 117a
第八届灵隐佛教文化论坛在常山县落幕 88a
第二次污染源普查基本完成 257b
第二届异地常山商会会长会议在福州召开 151b
第三次全国国土调查工作 254b
第四次经济普查工作 267b
第十届全浙书法篆刻大展活动 325a
第十一期初任公务员培训班举办 114a
第一家老年客户旗舰店打造 291a
dian 典型选树宣传 105b
电商和文传 223a
电网建设及规划 190b
电信助推常山“智慧城市”建设 224a
电子商务 215a
diao 调研“常山阿姨”工作 154a
调研反映社情民意 144a
调研服务企业 151b
调研改革 93a
调研考察 113b
调研基层数据质量 267b
调研课题成果转化 136b
调研民间文艺工作 324b
调研普通高中分类办学教育工作 309b
dong 东明湖公园防汛防火保平安 240b
东南数字经济发展研究院首家分院成立 87b
东西部扶贫劳务协作 334b
动物卫生监督执法 200b
du 督查考核 93a
dui 对烈士家庭和优秀退（现）役军人的走访调研活动 176a
对台基层交流 110b
对县住建局、市场监管局进行工作评议 122b
兑现各项惠企减负红利政策 335a
duo 多党合作新成效 109a
多个主题报道专栏开设 107b

E

e “e抵快贷”产品推广 291a
er 2019·海峡两岸赏石文化交流展暨第三届常山赏石文化节 88a
2019·海峡两岸（常山）赏石文交流展在青石镇举办 369b
2019常山江“宋诗之河”与旅游融合发展论坛 89a
2019中国·常山乡村振兴产业发展大会 87a
2019中国·常山乡村振兴产业发展大会 199a
“24小时移动营业厅”系统开发成功 302b

F

fa 发债融资工作 251b
法律服务紧跟政府中心工作 170a

法律服务中心三个平台实现一体化 171b
法院干部队伍建设 169a
法治民政工作 345b
法治宣传 172b
fang 芳村镇规划建设 238a
防范信用风险 289b
“防风险、保安全、迎大庆”专项行动 271a
防汛减灾 271b
防震减灾数字智慧平台建设 315a
放心食品提升工程 269b
“放心消费在常山”行动 270a
纺织服装行业 186a
fei 非法成品油整治 215b
非法成品油专项整治 231a
非法行医打击 329b
肺结核防治 327b
feng 风貌提档升级 355b
风貌提升行动 357b
fo 佛教优秀文化挖掘 109b
fu 扶贫开发 194a
扶贫协作交流 306b
芙蓉水库灌区节水配套改造项目建设 213b
服务经济发展 275b
服务民生 248a
服务企业用工 334b
服务社会扶贫帮困 142a
福利彩票销售服务工作 344b
福利企业管理工作 345a

G

gai 改水改厕工作 330a
gan 干部队伍建设 283b
干部管理考核 94b
干部教育培训 94b
干部选拔任用 94a
干警队伍建设 173a
ge 个人全生命周期改革 262a
geng 耕地保护监督员试点工作 256a
耕耘小镇公交班车开通 230b
gong 工程建设 180a
工程质量监管 242a
工行基层党组织设置的优化调整 291a
工会服务阵地规范化建设 147a
工会实名制工作 146b
公安窗口服务品牌打造 162b
公安服务一站式办法 163a
公共安全气象管理 316a
公共场所便利化改革扩面 264a
公共服务项目 386b
公共绿地养护 241a
公积金贷款“一证通办” 246b
公积金业务“掌上办”“网上办”推行 246b
公务员招录 100b
公务员职务与职级并行工作 100b
共青团基层组织改革建设 148a
工作调研 153b
工作指导 306a
gou 构建集中财力办大事体系 276b
guang 广告经营模式创新 108b
gui 规范财政管理 276b
规划免疫 328a
guo 国防教育工作 174b
国土空间规划编制 254a
国际慢城联盟总部到常山考察 88b
国庆安保工作 162a

H

hai 海内外交友交流活动 110a
hang 杭金衢高速公路常山段拓宽工程主线段开建 228b
he 何家乡规划建设 237b
河道整治疏浚保清洁 240b

hong 红色经典歌剧舞剧选段展演 324a
弘扬雷锋精神主题实践活动 99b
hou 后勤保障工作 173b
hu “胡柚助农贷”获省分行批复 293b
胡兆富英雄事迹学习宣传 80a
胡兆富被评为全国模范退役军人 177b
胡兆富先进事迹宣讲报告会暨县管领导干部主题教育专题读书班 86b
huan 环保“最多跑一次”工作改革 257b
环保项目谋划和实施 257a
环境执法行动 257b
hui 辉埠镇规划建设 238a
hun 婚姻登记工作 344a
huo “活力新衢州、美丽大花园”建设院士专家恳谈会 86a
获评区域推进语言文字规范化县 307a
火灾防控基础建设 273a
霍乱等肠道传染病防控 327b

J

ji 机构改革 94a
机构改革后续管理工作 104a
机关党建“三服务”101b
机关党建“三联创建” 101b
基本养老保险精准扩面 335b
基层党建基础 378b
基层党建 358b
基层服务站分类管理 176a
基层改革和基层治理 379b
基层气象灾害防御工作管理 315b
基层社会治理球川模式 375a
基层渔技体系改革与建设 201b
基层治理 356a
基层治理模式 384b
集体经济发展试点项目扶持 205b
集镇风貌 378b
集中式供水卫生监督检测 329a
集中消毒餐饮具的消毒效果监测 329a
计生家庭奖特扶及计保险情况 327a
纪念县教育局关工委成立30周年和县退教协会成立20周年大会召开 306b
寄递包裹 222b
jia 加强修复性司法机制运用 166b
加入“加快发展县干部教育培训帮扶项目” 113a
家庭医生签约服务 326a
家政服务业提质扩容 261a
jian 监管安全规范 173a
建成“浙江省山茶油及食用植物油质量检验中心” 269a
建成非公党建服务中心 270a
建房储备金制度 387b
建设工程安全生产 245a
建设工程造价代理机构备案管理 244a
建筑节能改造及示范工程建设 242a
建筑业企业发展扶持政策落实 242a
jiang “僵尸企业”司法处置工作 168a
jiao 交流合作 305a
交通大会战 361a
交通建设项目“百日决战”行动 230b
交通运输安全生产 229b
交通运输行业春运工作 230a
交通运输行业扫黑除恶专项斗争 231a
交通运输综合行政执法改革 230b
jie 接待台胞到常山考察交流 111a
解决执行难工作 168b
jin 金融风险有效控制 288b
金融服务“一站式办” 296b
金融服务与支农支小 299a
金属加工行业 186b
jing “经营快贷”推出 291a
精准服务院士工作站建设 150b
警示教育 90b
jiu 救护培训 350a
九景衢铁路运营情况 232b
ju 举办“一乐杯”创业创新大赛 145b
jun 军事集训和比武考核 179a
军事训练 175a
军转干部安置工作 176b

K

kai 开设“常山阿姨”异地认证 153b
开展初级水产品和养殖水质检测 202a
开展“三服务”活动 305b
kao 考察调研 310b
ke 科技保姆“三服务”工作 315a
科技型企业培育 314a
客户服务 221a
kuang 矿产资源管理职能调整 256b
狂犬病防控 328a
kuo 扩大固定资产投资 285a

L

la 垃圾分类工作 241b
lao 劳资纠纷妥善处置 336b
老干部服务保障 98b
老少同乐庆“六一”活动 100a
li 离退休干部“三项建设” 97b
理论武装 105a
历史文化古村落保护 195a
利用高校资源拓展办学 112a
lian 联动服务解决企业和群众实际困难 108a
联通助力城乡建设 224b
联通助推常山“智慧城市”建设 224a
liang 粮食生产功能区提标改造 196b
粮油产业项目建设 196b
“两大中心”标准化打造 173a
“两法衔接”办案中心实体化运行 157b
lie 烈士褒扬纪念 178a
lin 邻居银行品牌文化建设 297b
林业资源保护 212a
ling 领导干部经济责任审计 266a
lu 陆域机制砂整治行动 214a
luo 落实认罪认罚从宽制度 166a
lü 旅游产业经济 317b

M

ma 麻风病防控 327b
man 慢性病社区综合防治 328b
mo 模块化改革 375a
模块化运行改革 358a
mei 媒体融合 105b
“美丽河湖”建设 211b
美丽生态牧场创建 200a
美丽乡村建设 373a
美丽乡村特色创建 385a
meng 盟员服务社会 143a
mi 密码通信 93b
min 民兵组织整顿 175a
“民盟同心·专家工作站”牵线服务企业 143a
民生保障项目资金使用审计 266a
民生工程 317b
民生项目 381b
民营企业融资 289a
民主法治村的创建与复评 171b
民族宗教和谐发展 109b
ming 名特优新农产品展示展销 202a

N

nei 内部管理制度健全 331a
neng 能耗“双控”监管 261a
nian 年度征兵任务完成 175a
年垃圾无害化处理率达100% 241a
nong 农产品购销合作 220a
农产品质量安全监管体系构建 203b
农产品质量安全巡查抽检 203b
农产品质量安全专项整治 203b
农村产权制度改革试点 206a
农村普惠金融服务 301b
农村蓝海“裕农通+”建设 294a

农村能源利用调查 207a
农村生活污水处理设施运维 239a
农村文化礼堂建设 106a
农村宅基地使用权与房屋所有权确权登记工作 254b
农村沼气安全运维服务 206b
农村支部书记培训班举办 112b
农房风貌提升 353a
农房整治拆后利用 373b
农房整治 375b
农房整治 386b
农房整治 390a
农工党参政议政 144a
农机安全管理 207b
农机安全生产宣传教育 208a
农机化发展 207b
农机注册登记换证 208a
农民书法家进城送福送春联活动 323b
农民素质提升工程 194a
农田氮磷生态拦截沟渠建设 206b
农药废弃包装物回收处置 205a
农药实名制改革试点 208b
农业固定资产投资 203a
农业龙头企业 202b
农业农村部核查组实地核查典型事例 88b
农业项目决策咨询 203a
农业执法行动 209a
农业执法宣传工作 208b
农业重大项目谋划和建设 203a
农作物秸秆综合利用 207a
nuan 暖警爱警工作 163a
nüe 疟疾监测 328a

P

P PAD金融移动服务送上门 300a
pan 盘活闲置低工资企业 183b
pei 培育数字经济产业 181b
ping 平安护航新中国成立70周年大会战 158a

Q

qi 其他各领域机构改革 103b
企业服务 182a
企业管理制度完善 299b
企业全生命周期改革 262b
企业事项全程代理 183b
企业研发平台建设 314a
起重机械专项检查 245a
气象科普宣传 316b
qiang 强化机构审慎监管 290a
qing 青石镇规划建设 238b
青石镇被评为省农业产业强镇 370a
青石镇列入国家农业产业强镇示范建设单位 198b
轻钙产业整治 361b
“清廉残联”建设 349a
“清廉常山”建设 90b
清廉企业建设 151b
庆祝第35个教师节大会召开 306a
“情指行”一体化建设 162b
qiu 球川蓝莓基地初步建成 197b
球川镇蓝莓基地建设 219b
球川镇规划建设 237a
qu “衢枳壳”抗呼吸道感染儿科新药研究获省科技厅立项 199a
衢州市中考标准化考场建设工作现场会召开 308b
衢州市沿江公路（常山段）工程进入扫尾阶段 228a
“衢州有礼·慢城常山”城市品牌打造 81a
quan 全国第一张取水许可电子证照落地常山 212a
全国国际跳棋赛事在常山举行 321a
全国皮划艇赛艇U系列锦标赛浙江站安保工作 161a
全国首个县级“工匠日”启动 89a

全媒体传播格局构建运行 107b
全媒体宣传消防知识 273b
全面创新改革联系点创建工作 314b
全民读书周活动 320b
全省农村饮用水达标提标行动暨冬修水利工作现场会 86b
全省农村饮用水达标提标行动暨冬修水利工作现场会在常山召开 211a
全省首家拘留所专业调解委员会成立 159b
全省县域医共体建设工作推进会在常山县召开 86b
全市档案业务测评暨省级数字档案馆系统评估推进会在常山召开 116b
全市基础教育半年工作会议 306a
全市社区精准康复业务培训会 348a
全市助残服务“最多跑一次”工作改革推进会在常山召开 348a
全县“不忘初心、牢记使命”主题教育工作部署会 86b
全县“丰收驿站”建成204家 296b
全县残疾人工作会议召开 348a
全县第三届乡贤才俊评选 80b
全县工业经济发展大会 86a
全县公安机构人员 159a
全县公务员“学法用法”培训班举办 112b
全县机构改革动员大会 85b
全县民营经济高质量发展专项监督 123a
全县计划生育指标情况 327a
全县农村饮用水达标提标行动 211a
全县食用菌培训班举办 199b
全县统战骨干进修班举办 113a
全县幼儿园教师16学时培训 307b
全县职工文体活动 147a
“全域景区化”建设 392a
全域旅游迸发新鲜活力 392a
全域旅游 386a
全域土地整治和土地开发 255a
全域土地综合整治项目 390a
qun 群众文化活动 318a

R

ren 人才发展环境优化 97a
人才平台建设 96b
人大监督与舆论监督相结合模式创新 123a
人感染H7N9禽流感防控 327a
人居环境新面貌 381b
rong 融媒体技术平台建设 108a
融入基层社会治理 168b
融资畅通工程 297a
ruo 弱势群体社会保障 358b

S

san 320国道改建工程决战誓师大会在青石镇举行 369b
320国道衢州航埠至常山草坪段改建工程 227b
351国道常山段建设工程 228a
36个村“抱团消薄” 357b
“三个三”基层党建工程 95a
“三联工程” 388b
“三年”动员大会 86a
“三强一制造”建设 269a
“三支队伍”助力“三服务” 149a
散装水泥管理 215b
sao 扫黑除恶专项斗争 157a
扫黑除恶专项斗争 170a
sen 森林防火工作 212a
森林防灭火 272a
shan 山地自行车公开赛总决赛安保工作 163b
山海协作和科技合作 314a
山海协作 185a
山水林田湖生态修复 255b

shang 商标和专利质押贷在常山率先推出 300a
商品房销售 243a
上级机关工作指导 174a
she 社会福利和养老服务工作 343a
社会救助工作 342b
社会组织管理工作 343b
社会治理 358b
社会治理综合服务中心正式启用 88b
社区和社会工作 344a
社区教育学习品牌创建 312b
shen 深化“双随机、一公开”检查 270a
深化“最美常山”建设 79b
深化红色物业联盟 101a
审计调研服务工作 266b
sheng 生活饮用水保障 330a
生活垃圾治理 194b
生活污水治理 194a
生态环保宣传活动 258b
生态环境治理 362b
生态园区整治 183a
生猪屠宰管理 200a
省级可持续发展创新示范区创建工作 314b
省级食品安全县协同创建 203b
省级星创天地项目申报成功 313b
省级幼儿园评估专家组评估指导 307b
省级重点项目 186b
省水利厅领导检查指导 213a
省特级教师团队开展准提培训 307b
省委巡视反馈及整改 91a
省委第四巡视组巡视常山县工作动员会 86a
shi 施工合同履约检查 244b
施工现场扬尘治理 245b
“十百千”人才服务企业专项行动 334a
“十类地”盘活处置 255a
石姆岭矿区道路修复 229b
食用菌科研成果 199b
食用农产品合格证管理制度推行 204a
士兵退役办理手续 176b
市容市貌 247b
事业单位改革 103a
适龄儿童窝沟封闭 328b
shou 手足口病监测与防控 327b
首笔“房管家”业务成功办理 290b
首笔项目贷和网络供应链贷申报获批 293b
首次成功探索“信访听证”终结 115a
首次社会主义核心价值观示范基地评选 80b
首个村校书法联谊教育基地揭牌 308a
首个“红十字”主题文化方志建成 350b
首届常山鲜辣美食节 87a
首届常山鲜辣美食节暨世界首届斗辣会在何家乡举行 387b
首届最美厨娘技能大赛活动 153a
首推退休“老年类”事项联办 335b
shu 数字经济突破 96b
shuang “双随机、一公开”监管 264b
“双招双引”积蓄动能 372b
shui 水产健康养殖示范创建 201a
水产养殖病害防控 201b
水稻新品种推广和高产创建 196b
水库移民工作 344b
水泥建材行业 186a
税收法治建设 283b
si “四大区块”一体化改革 183a
思想政治教育 108b
斯凯孚中国小圆锥滚子轴承生产基地建成开业 87b
“四个平台”运行 353b
“四个小哥”青春联盟助力基层治理 149b

“四好农村路”近期规划开始实施 229a
《四好农村路规划》获县政府批复 229a
song 宋畈小学王金良被评为“全国优秀教师” 308b
“宋诗之河”工程建设 211b
“送药上山进岛”便民服务点建设 269b
sui 遂行应急抢险任务 175b

T

te 特色产业培育 373a
特赦工作 172a
ti 提案议案 135b
体育基础设施建设 322a
tian 天马梯级下移方案调整纪事 232a
tiao 调处民事纠纷 168a
tong 通过PAD实现整村批量授信 302a
通过省级数字档案馆系统评估 117a
通过移动PAD实现全流程上门办理 302b
同弓乡规划建设 237a
统防统治与绿色防控融合示范县建设 204b
统计法治工作 268a
tu 土地规划设计制订 236a
土地开发、农村土地综合治理 353b
tui 推广事项告知承诺制 335b
推进从严治党 287b
推进从严治检 166b
推进国有企业市场化转型 284b
推进司法公开 169a
推进信访“最多跑一次”工作改革 115a
退休“一件事”联办 246b
退役军人就业创业扶持工作 177a
退役军人信息采集和光荣牌悬挂工作 176a
退役军人优待政策 177b

W

wan 完成《常山孝经》编印 80b
完成常山县中心城区及重点片区航测 235a
完成年度各类接待任务 137b
完成全县机构改革办公用房调整 137b
完成县社会治理综合服务中心项目 137b
完成资产审计 251b
完善诉讼机制改革 166b
wang “亡人交通事故防控”项目攻坚 162a
网上办税“最多跑一次” 284a
wei 维护特殊群体合法权益 166a
危旧仓库气密性改造和信息化智能提升工程建设 220b
危旧房项目建设 252b
违反建筑整治规划管理 236b
违建管控 248a
围绕中心参与社会服务 144a
卫健系统人才队伍建设 326b
为省级以上文明村授信 293b
卫生行政处罚 329a
卫生行政许可 329a
wen 文化产业发展 106b
文化活动 106b
文化礼堂建设 367a
文化旅游市场环境 318b
文化旅游营销推广 318b
文明城市创建 81b
文艺服务调研 324a
wu “无本续贷”业务 291a
“无证明之城”创建 262b
“5·8”世界红十字日宣传义诊活动 349a
“五比亮剑”考核活动 94b
“五大融合”提升县域治理能力 161b
“五四三”整治 375b

X

xi 习近平新时代中国特色社会主义思想进修班举办 112a
西泠印社艺术家采风团走进常山活动 324b
“希望工程”关爱困难学生 150a
xia 下山脱贫工作 375b
xian 闲置资产盘活 251b
县城危旧房治理改造 353a
县第十六届人大常委会会议 121a
县第十六届人民代表大会第三次会议 120b
县发改局机构改革 260a
县工商联助力常山—古蔺扶贫协作和对口支援工作 151b
县级机关内部“最多跑一次”工作改革 103a
县纪委十三届四次全会召开 90a
县农合联服务农村经济发展 219b
县农饮水工作超额完成 250a
县情县力三项统计调查工作 267b
县委第一巡察组巡察县教育局党委工作动员会召开 306b
县委机关工委自身建设 102a
县委十三届六次全体（扩大）会议 85b
县委十三届五次全体会议 85b
县委巡察工作 91a
县文联入驻新“文艺之家” 324b
县文联所属文艺协会组织建设 325a
县域医共体建设 326a
县政府第32次常务会议 128b
县政府第33次常务会议 128b
县政府第34次常务会议 129a
县政府第35次常务会议 129a
县政府第36次常务会议 129a
县政府第37次常务会议 129a
县政府第38次常务会议 129b
县政府第39次常务会议 129b
县政府第40次常务会议 130a
县政府第41次常务会议 130a
县政府第42次常务会议 130a
县政府第43次常务会议 130b
县政府第44次常务会议 130b
县政府第45次常务会议 130b
县政府第46次常务会议 131a
县政府第47次常务会议 131a
县政府第48次常务会议 131b
县政府第49次常务会议 131b
县政府第50次常务会议 131b
县政府第51次常务会议 132a
县政府第52次常务会议 132a
县政府第53次常务会议 132a
县政府第54次常务会议 132a
县政府第55次常务会议 132a
县政府第56次常务会议 132b
县政府第57次常务会议 132b
县政府第58次常务会议 132b
县政府第59次常务会议 133a
县政府第60次常务会议 133a
县政府第61次常务会议 133a
县政府第62次常务会议 133b
县政府第63次常务会议 133b
县政府第64次常务会议 134a
县政府第65次常务会议 134a
县政府第66次常务会议 134a
县政府第67次常务会议 134a
县政府第68次常务会议 134b
县政府第69次常务会议 134b
县政府第70次常务会议 134b
县政府第71次常务会议 134b
县政府第72次常务会议 135a
县政协常委会议 139b
县政协九届三次会议召开 139a
县政协主席会议 139b
xiang 乡村保洁 387b

乡村环境整治 362a
乡村基层“最多跑一次”工作改革深化 263b
乡村旅游 390b
乡村休闲旅游 193b
乡村振兴讲堂建设 95b
“乡村振兴讲堂”创新昌模式 392b
乡村振兴讲堂在全市先试先行 372b
乡村学校少年宫建设 81a
乡风文明建设 379b
乡风文明建设 382b
乡镇延伸“就近办” 246b
乡镇（街道）模块化运行改革 102b
香柚产业发展 198a
项目服务 184b
项目建设 366a
项目建设 379a
项目全生命周期改革 262b
项目申报 196a
项目推进 196a

xiao “消薄”攻坚战 96a
“消薄”工作 386b
消除集体经济薄弱村 205b
消除麻疹工作 328a
消防安全检查和消防比武活动 273b
消防宣教场地建成 273b
小额工程专项检查行动 265a
小额信贷产品创新 299a
小区物业管理 243a
小微企业金融支持 301a
小微企业无缝续贷还款方式创新 299b
小微企业续贷业务实现无须还本发放 302a
“孝老之城”建设 342a
“孝善文化馆”打造 148b

xin 心安公司面向行政事业单位及国资公司拓展服务业务 252a
“心系公益，情暖校园”爱心捐赠活动 309a
新版排污许可证核发 257b
新材料行业 185b
新昌乡规划建设 238a
新成立3个异地常山商会 152a
信贷规模扩大 295a
新发展农工党党员2人 144a
新型农业主体培育 206b
新中国成立70周年纪念活动 99b
信访投诉 248a
信息工作 92b
信息工作 135b
“信用示范之城”建设 263a
信用县创建工作 288a

xing “幸福爷爷·快乐奶奶”孝老品牌建设 149a
幸福指数提升 366b
行政复议体制改革 171a
行政执法监督指导 171a

xiu 休闲观光农业与全省同步发展 202b

xuan 宣传报道 92b
宣传教育 180b

xue 学习考察 87b
学习考察 305b
“学英雄、践三永、悟初心、担使命”主题系列活动 147b
血吸虫病防治 328a

xun 巡察县委党校工作 113a

Y

ya 压路机侧翻事故救援 274a

yi “110”宣传日活动 159a
15名中层干部竞聘上岗 108a
186件立案提案全部办复 141a
“一事一议”项目 205b
“一长三员”绩效考核办法率先推出 388b
医保“最多跑一次”工作改革 331a
医保36个子项网上办理 332b

医保基金监管 331b
医保支付方式改革 331b
医共体机构改革 103b
医共体建设 332a
医疗救助政策落实 331b
医疗卫生服务“最多跑一次”工作改革 326b
依法惩治犯罪 168a
移动大数据分析服务 224a
“以案为鉴正风肃纪”教育整顿活动 161a
yin 引导民营企业参与社会公益活动 109a
ying 营商环境优化 375a
营商环境指标和政务服务指标提升 264a
应急管理机构改革 271a
应急管理体系建设 272a
应急救援 349b
yong 拥军优抚宣传 178a
拥政爱民 180a
用电服务模式 190b
you 优化法治营商环境 166a
优化诉讼服务 169a
优化人才队伍 268a
优化做大“资产池” 284b
邮政储蓄 222b
油茶产业创新服务综合体建设项目获省科技厅奖励 313b
有害生物防控综合施策 212b
有效规范金融市场 288a
yu 渔业资源增殖放流 201b
渔政执法行动 209b
与常山万洋众创城签订战略合作协议 301a
与常山县不动产中心签订合作协议 301a
育才中学教学质量庆功表彰会召开 309a
yuan 园区整合 361a
“院士之家”平台运行 151a
yun “云河工作室”在青石镇揭牌成立 370b

Z

zai 在编《常山江宋诗田园总体规划》 235a
在编《常山县国土空间总体规划》 236a
在编《常山县黄冈山文化旅游区总体规划及策划方案》 235b
在编《常山县万寿寺规划及建筑方案设计》 235b
在编《常山县综合交通专项规划》 235b
在建工程无欠薪 242b
zao 早稻订单合同签订 220b
zeng 增进对台文化经贸交流 110b
zhan 战狼精神文化品牌建设 163a
“战役贷”“中银通宝”产品 294b
zhang “掌上办事之城”建设 263a
zhao 招商工作机制创新 184a
招商引资 375a
招贤古渡建设 366b
招贤镇规划建设 237b
zhe 浙江（常山）万洋众创城项目启动暨奠基仪式 88a
浙江省首届“青春诗会”暨常山江“宋诗之河”采风活动 324a
浙江省网络作家协会体验营活动 324b
“浙江鲜辣美食之乡”创建 215a
zheng 政策扶持 181a
征迁补偿工作 256a
证明事项清理与法制审核 170b
政法一体化办案 172a
政府涉法事务风险防范 170b
政府投资项目审计 266a
政工人事 136a
政务公开 136a
政协对口协商 140b

政协专题视察 140b
政治读物征订工作 320b
政治改造工作 173b
zhi 指挥通信 180b
直管公房管理 243b
职工医疗互助保障报销实现“零跑腿”147a
执勤任务 179a
制石制砂规范化管理 214b
职业卫生监测 328b
“志愿之城”升级版打造 148a
“智慧工地”综合管理平台推广应用 245a
“智慧金融圈”打造 297a
zhong 中标住建系统对公存款项目 293b
中队党支部建设 178b
中队后勤建设 179b
中国报告文学协会采风团走进常山活动 323b
“中国好粮油示范县”项目 220b
中国人民财产保险股份有限公司常山支公司 302b
中国人寿保险股份有限公司常山县支公司 303a
中国人寿财产保险股份有限公司常山县支公司 303b
中国太平洋财产保险股份有限公司常山支公司 303b
中长期项目贷款投放6笔 298b
重大动物疫病防控 201a
重大危险源管控 245a
重点项目信贷投放 289a
重大项目新增贷款 294b
重点专项整治 270a
zhou “周二集中办文日”制度实行 93b
周桔凤获第七届全国道德模范提名奖 80b
轴承行业 185b
zhu 助力常山胡柚网售 222a
助力非公有制经济发展 109a
住建审批事项实现“最多跑一次”244b
主题教育 292b
“驻网联商”警务新模式 163b
zhuan 专卖管理 221b
专项行动护航常山经济发展 161b
专项严打整治行动 159b
zi 资产管理迈入“云时代” 285b
资规局信访办理工作 256a
紫港社区创建省级无障碍社区 348b
自觉接受监督 167a
zong 综合工作 135b
综合文稿 92b
zou 走访慰问培智学校 305b
zu 组织参与志愿服务 110a
组织企业参加相关展交（博览）会 216b
组织青少年到教育阵地参观 100b
组织系列读书活动 320a
zui “最多跑一次”改革 269b